정신과
의사가
들려주는

초기
불교
32강

정신과
의사가
들려주는

초기
불교
32강

정신과 전문의 **전현수** 지음

불광출판사

이 책은 2010년에서 2011년 그리고 2016년에서 2017년까지 일 년씩 두 차례 진행했던 불교 텔레비전 '전현수 박사의 마음테라피' 1편과 2편의 내용을 기반으로 한 것입니다.

방송 출연을 결심했던 이유는 그때까지 제가 공부하고 경험한 불교를 사람들과 나누고 싶어서였습니다.

사실 방송은 크게 두 부분으로 나눠져 있었습니다. 한 부분은 초기불교의 교리와 수행에 대한 내용입니다. 제 입장에서는 초기불교는 '종교'로서의 불교라기보다는 보편적 경험이고 검증된 '진리'입니다. 저는 항상 이런 관점으로 불교를 대해왔습니다. '부처님 말씀이니 믿어야지.' 하는 생각은 별로 해 본 적이 없습니다. 말씀을 따라 해보거나 부처님이 보는 대로 보려고 했습니다. 이 책에도 그런 관점을 꾸준히 견지하고 있습니다.

또 한 부분은 정신과 의사로서 사람들을 관찰하고 환자들을 돌보면서 경험하고 터득한 '인간의 지혜'에 관한 것입니다. 이 부분에서는 '불교'라는 말을 전혀 쓰지 않았지만 오롯이 불교의 시각이 녹아져 들어 있습니다. 불교를 공부하고 수행한 정신과 의사의 시각이라고 할 수 있습니다. 세상과 사람을 보는 올바른 시각은 그것이 어떤 것이든 넓은 의미에서 볼 때 불교와 일맥상통한다고 생각합니다.

이 책은 방송에서 했던 말을 그대로 반영하지는 않았습니다. 방송에서는 했던 말이지만 책에는 불필요하다고 생각한 부분은 과감히 삭제했고 또 어떤 부분은 많이 보강하기도 했습니다. 특히 경전 내용은 대폭 보충되었습니다. 그러면서 앞에 말씀 드린 '초기불교'의 내용을 중심으로 두 번째 말씀드린 '인간의 지혜'에 대한 내용을 부분적으로 삽입하는 형식을 취했습니다.

이 책은 초기불교를 크게 세 부분으로 나눠 설명하고 있습니다. 첫째, 불교를 창시한 부처님은 어떤 분인가 하는 것입니다. 그분이 부처님이 되기 위해 어떤 과정을 거쳤고, 어떤 노력을 했는지, 자신이 경험한 것에 대해서 어떻게 검증을 했는지, 자신의 가르침을 어떻게 세상에 알리려고 했는지, 그리고 부처님의 실제의 모습은 어땠는지, 제자들을 어떻게 대했는지에 대해 경전의 내용을 토대로 살펴보고 있습니다.

둘째, 그런 부처님의 가르침은 무엇인지를 살폈습니다. 그 당시 종교 사상인 바라문교, 6사외도와의 관계 그리고 차이점에 대해 알아보고 그런 외도들과의 대비를 통해 불교가 어떤 종교인가를 설명했습니다. 부처님 가르침의 가장 핵심은 철저한 인과의 법칙이고 그 기반 위에서 모든 존재는 자기 자신의 몸과 마음을 눈곱만큼도 통제할 수 없다는 무아와 죽으면 법칙에 따라 윤회한다는 것입니다. 자신을 조금도 통제하지 못하며 끝없이 윤회하면서 겪는 괴로움으로부터 벗어나라고 하는 것이 부처님의 핵심 가르침이라고 생각합니다. 부처님의 모든 가르침은 사성제, 팔정도에 다 포함되어 있습니다. 이런 가르침을 우리의 삶에 어떻게 적용할 수 있고 그렇게 했을 때 어떤 도움이 되는지를 살펴보았습니다.

셋째, 검증된 진리로서의 불교에 대해 살펴보았습니다. 저는 초기불교를 공부하고 수행하면서 항상 불교는 완벽한 진리라고 생각해왔습니다. 불교가 완벽한 진리인 이유는 한마디로 한다면 불교는 만드는 데 시간이 엄청 많이 걸렸고 철저했기 때문이라고 생각합니다. 그것이 부처님의 제자들에 의해서도 검증된 것이 초기불교 경전인 니까야에 계속 나옵니다. 그 당시 부처님의 뛰어난 제자들은 그들이 찾은 것은 진리였고 그것을 철저히 부처님에게서 검증했다고 생각합니다. 뛰어난 제자들의 검증을 부처님이 통과했다고 볼 수 있습니다. 그러한 검증이 이 강의의 사리뿟따의 설법, 부처님 제자들 이야기, 밀린다 왕과 나가세나 존자의 대화편에 특히 잘 나와 있습니다.

2600여 년 전 이 땅에 부처님이 오시고 그 생에서 부처님이 깨닫고 난 뒤 무수한 깨달은 제자들을 만들고 열반에 들었습니다. 부처님의 가르침이 위대한 진리라고 확신한 깨달은 제자들, 그리고 그 중에서도 뛰어난 아라한 제자 500분이 결집을 통해 부처님의 가르침을 암송했습니다. 이후 600여 년 동안 암송 형태로 전해지던 부처님의 가르침은 마침내 문자로 기록되었습니다. 문자로 기록된 내용을 독자들과 같이 살펴보면서 새기는 시간을 갖게 되어 기쁘기도 하고 영광이기도 합니다.

이렇게 할 수 있었던 데는 많은 사람의 도움이 있었습니다. 제 불교 여정에 항상 같이 하면서 큰 힘이 되어준 아내의 도움은 저에게 무척 소중했습니다. 지면을 빌어 다시 한번 고맙다는 말을 전하고 싶습니다.

또 만 2년에 걸쳐 진행된 텔레비전 프로그램을 모두 녹취해 준 임미정 씨의 도움이 없었으면 이 책의 출간은 쉽지 않았을 것입니다. 이런 쉽지 않은 노력을 해 준 임미정 씨에게 고마움을 전합니다.

'전현수 박사의 마음테라피'라는 프로그램을 제작해준 불교 텔레비전에도 고마움을 전합니다.

마지막으로 방송을 녹취한 원고라 읽기 쉬운 책으로 만드는 것이 어려웠을 것인데 최선을 다해 읽기 좋은 책으로 만들어준 불광출판사 이상근 주간에게도 심심한 감사의 말을 전합니다.

끝으로 이 책이 나오기까지 도움을 준 모든 분께 감사하다는 말씀을 전합니다.

2020년 가을
전현수

2600여 년 전 이 땅에 부처님이
오시고 그 생에서 부처님이 깨닫고
난 뒤 무수한 깨달은 제자들을
만들고 열반에 들었습니다.
부처님의 가르침이 위대한
진리라고 확신한 깨달은 제자들,
그리고 그중에서도 뛰어난 아라한
제자 500분이 결집을 통해
부처님의 가르침을 암송했습니다.
이후 600여 년 동안 암송 형태로
전해지던 부처님의 가르침은
마침내 문자로 기록되었습니다.
문자로 기록된 내용을 독자들과
같이 살펴보면서 새기는 시간을
갖게 되어 기쁘기도 하고
영광이기도 합니다.

일러두기

○

이 책은 지난 2010년~2011년, 2016년~2017년 모두 두 차례, 만 2년간 진행되었던
불교텔레비전 〈마음테라피〉의 강연 내용을 저자가 수정 보완한 것입니다.
일부 내용은 대폭 삭제되었으며 새로운 내용이 많이 추가되어 방송 당시
내용과는 많이 다르다는 점 미리 알려드립니다.

○

이 책에 사용된 니까야 출처 중 M은 맛지마 니까야, S는 상윳따 니까야,
D는 디가 니까야, A는 앙굿따라 니까야를 가리킵니다.

○

이 책에 인용된 빨리 경전은 초기불전 연구원에서 번역한 것과
한국빠알리성전협회에서 번역한 것을 인용하였습니다. 인용 게재를 허락해 주신
각묵 스님, 대림 스님 그리고 전재성 박사님께 다시 한번 감사의 말씀드립니다.
그밖에 『자따까』는 동국역경원에서 번역하고 발행한 한글대장경에서 발췌 인용하였으며,
부처님 제자들 이야기에서는 오원탁 선생님이 번역하신 『부처님의 제자들』(경서원)에서
일부를 발췌 인용하였습니다.
또 『밀리다 왕문경』, 『장로(니)게』 등은 박용길 선생님과 동봉 스님의 번역을 참고했으나
번역본과 원본을 비교해 일부 내용을 수정해 사용한 것임도 밝힙니다.

○

혹시 출처를 다 밝히지 못한 인용이 있으면 출판사로 연락 부탁드립니다.
재쇄 시 표기하거나 수정하도록 하겠습니다.

2장 부처님이 들려주는 수행과 실천

3장 범부와 성자의 길

4장 부처님과 제자들

1장

부처님은
어떤 분이고

불교란
무엇인가?

믿음

시작은 믿음입니다. 믿음은 사다리와 같습니다. 높은 곳에 오르려면 사다리가 필요합니다. 믿음은 바로 그런 역할을 합니다. 그런데 사실 믿음은 우리가 잘 모르기 때문에 필요한 겁니다. 모두 다 알면 믿음이 필요 없습니다.

　부처님은 믿음이 필요 없었을 겁니다. 부처님의 상수제자인 사리 뿟따나 마하목갈라나는 믿음이 아주 적었을 겁니다. 이렇게 얘기하면 좀 의아해 하실 분들도 있을 겁니다.

모르는 만큼 믿음이 필요하다

초기경전에는 대부분 주석서가 있습니다. 『담마빠다(법구경)』나 『자따까』의 주석서는 거의 경전급입니다. 이들 경전은 게송으로 되어 있기 때문에 내용을 제대로 알려면 항상 주석서와 함께 읽어야 합니다.

　『법구경』 「아라한 품」 8번 게송은 다음과 같습니다.

　　믿음을 여의고 무위를 아는 님,

　　결박이 끊어진 님,

기회가 부수어진 님, 소망을 여읜 님,
그가 참으로 위없는 사람이다.

이 게송에 대한 주석서의 설명은 이렇습니다.

숲속에서 사는 서른 명의 비구가 부처님을 찾아옵니다. 부처님이 보니 이 비구들은 아라한이 될 수 있는 상태였습니다. 그래서 사리뿟따에게 질문을 합니다.

사리뿟따여, 그대는 믿음의 능력을 닦고 익히면 불사, 즉 죽지 않는 경지에 들어가고 그것에 도달할 수 있다고 믿느냐?

세존이시여, 제가 '믿음의 능력을 닦고 익히면 불사, 즉 죽지 않는 경지에 들어가고 그것에 도달할 수 있다.'는 사실을 받아들이는 것은 세존에 대한 믿음 때문이 아닙니다. 물론 세존이시여, 불사를 모르고, 보지 못하고, 인식하지 못하고, 실현하지 못하고, 지혜로 파악하지 못하는 사람이 '믿음의 능력을 닦고 익히면 불사, 즉 죽지 않는 경지에 들어가고 그것에 도달할 수 있다.'는 사실을 받아들이는 것은 타인에 대한 믿음 때문입니다.

사리뿟따의 이 대답을 듣고 옆에 있던 비구들이 '사리뿟따는 삿된 견해를 가지고 있다. 오늘까지조차 부처님을 믿지 못한다.'고 의문을 제기합니다. 이에 대해 부처님은 이렇게 말합니다.

사리뿟따가 다섯 가지 능력을 닦지 않고 사마타와 위빠사나를 계발하지 않고는 도와 과를 실현할 수 없다는 것을 분명히 했다. 사리뿟따가 보시나 행해진 것의 과보와 같은 것이 있다는 사실을 믿고, 부처님 등의 덕성을 믿지만 그 스스로가 선정과 지혜를 통해 도와 과를 성취하는 마음의 상태를 획득했기 때문에 타인 때문에 믿는 것이 아니라는 것을 분명히 했으며 비난의 여지가 없다.

이 가르침을 듣고 서른 명의 비구는 네 가지 분석적인 앎을 갖춘 아라한이 되었습니다.

예를 들어서 어떤 멋진 곳에 다녀온 사람이 '그곳은 정말 멋지다. 풍광도 좋고 사람도 좋다.'고 하는데 듣는 사람이 '아니 그런 좋은 곳이 어디 있어. 난 그런 말 안 믿어.' 하고 생각하면 그 사람은 그곳에 갈 리가 없습니다. 하지만 그 말을 듣고 '그 사람이 거짓말 할 리는 없을 텐데. 한번 가 봐야지.' 하는 사람은 기회가 되면 그곳에 가보려고 할 겁니다. 가보지 않았지만 말한 사람을 믿고 그곳에 가려는 겁니다. 또 하나, 이미 그곳에 간 사람은 그 말을 믿을 필요가 없습니다. 그에게는 믿음이라는 차원이 이미 없는 겁니다. 사리뿟따는 부처님한테 배워서 알게 됐다고 하지 믿는다고 하지는 않습니다. 저 역시 마찬가지입니다. 수행을 해 가며 체험한 것은 믿는 것이 아니라 그냥 아는 겁니다. 부처님의 제자들 역시 마찬가지였을 겁니다. 그 사람들의 목적은 부처님을 믿는 게 아니었습니다. 부처님을 따르고 수행한 제자들은 부처님이 말씀하신 게 진리냐 아니냐를 치열하게 검증한 사람들이라고 보면 됩니다.

믿음은 참 미묘한 문제입니다. 믿음이 필요하지만 그 믿음에만 눌러앉아 있어도 안 됩니다. 사실 우리가 부처님하고 너무 차이가 나면 믿음도 생기지 않습니다. '정말 저게 맞을까? 그게 말이나 될 법한 말인가?' 이렇게 생각이 갑니다. 결국 우리의 믿음이 확고하게 자리 잡으려면 우리도 경험한 게 좀 있어야 됩니다. 경험한 것에 대해서는 같이 알고 경험 못한 것에 대해서는 경험한 게 충분히 확실하기 때문에 '이것도 맞을 것이다.'라고 생각해야 됩니다. 또 나보다 수행을 많이 한 사람들이 다 믿었기 때문에 믿을 만한 것이라고 생각해야 됩니다.

제 생각에는 초기경전을 읽을 때 무상·고·무아 정도는 수행을 해서 체험을 해야 합니다. 어느 정도 체험을 하고 부처님 말씀을 이해하고 나서 또 경전을 읽다보면 아는 대목도 나오고 공감할 대목도 나올 겁니다. 물론 안 되는 게 있습니다. 그때는 믿음이 생길 수 있습니다. 앞에도 설명했지만 너무 모르는 상태에서 무조건 '믿음'을 강조하는 건 좀 곤란합니다.

이런 측면에서 볼 때 믿음이 어떤 속성이고 우리가 어떤 믿음의 자세를 가져야될지 잘 알려주는 경이 있어서 소개합니다. 『시하 경』(A5:34)입니다.

불교에서 믿음의 역할

시하는 부처님 당시 왓지국이라는 나라의 수도 웨살리의 대장군이었습니다. 그는 원래 니간타 나따뿟따의 제자이기도 했습니다. 그러다가 부처님을 만나게 됩니다. 니간타 나따뿟따가 부처님을 만나지 말라고 하는데도 만났고 결국 부처님의 제자가 되어 예류자가 된 사람입니다. 시하 장군과 부처님의 대화는 경전에 자주 등장합니다. 하루는 시하가 부처님을 만나서 이런 이야기를 합니다. "세존이시여, 지금 여기서 스스로 알고 볼 수 있는 보시의 과보를 천명하실 수 있습니까?" 부처님께서는 "시하여, 천명할 수 있다." 하시면서 보시의 과보 다섯 가지를 말씀하십니다. 우선은 보시하는 사람들을 많은 사람들이 좋아하고 마음에 들어 한다고 했습니다. 두 번째는 선하고 참된 사람들이 보시하는 사람들을 가까이 한다고 했습니다. 세 번째는 이 사람들이 좋은 명성을 가지게 된다고 했습니다. 네 번째는 보시를 하는 사람들은 크샤트리아, 바라문, 사문, 장자 그룹 사람들이 모이는 데 갈 때 당당하다고 했습니다. 마지막으로 하나를 더 말씀하십니다. 보시를 한 사람은 죽은 뒤에 좋은 곳에 태어난다고 했습니다. 그러니깐 시하 장군이 앞의 네 가지는 부처님에 대한 믿음뿐만 아니라 자신도 그걸 알고 있다고 합니다. 그렇지만 맨 마지막으로 말한 죽은 뒤에 좋은 곳에 태어나는 것은 자신은 모르지만 부처님을 믿으니까 믿음으로 받아들이겠다고 말합니다. 여기에 믿음의 속성이 잘 드러나고 있습니다.

제일 안타까운 사람은 자기가 모르는 건 무조건 못 믿겠다는 사람들입니다. 그런 사람들은 자기 테두리를 벗어날 수가 없습니다. 새로운 세계로 발돋움할 시도가 불가능합니다. 그게 제일 안타깝습니다. 분명히 이건 참 관심을 기울일 내용인데, '아, 나는 그런 거 몰라. 그런 거 믿지 않아.' 이런 사람들이 있습니다. 그럴 때 참 안타깝습니다.

믿음은 앞에서도 얘기했지만 내가 모르는 겁니다. 또 경험하지 못한 겁니다. 그렇지만 의미가 있는 일입니다. 그러니깐 '아, 내가 한번 해보고 싶다. 해야겠다. 나도 저걸 경험할 수 있다.'는 마음을 갖게 하고 그에 따라 노력을 하게 합니다. 특히 어려운 수행이라든지 어려운 일일 때 믿음이 없으면 '아, 나는 저걸 할 수 없을 거야.' 이렇게 생각하겠지만 믿음이 확실하면 어떻게든 노력을 하게 될 겁니다. 그게 믿음의 첫 번째 기능입니다. 두 번째는 우리가 믿지만 해보면 한계에 부딪히고 여건이 안 맞는 경우도 있습니다. 그럴 때 정말로 믿으면 그대로 살게 됩니다. 예를 들면, 보시의 공덕을 믿는다면 자연스레 보시를 하게 되고, 선한 의도가 중요하다고 믿으면 탐·진·치가 없이 순간순간 자기 마음을 잘 다스리면서 그렇게 살게 됩니다. 예를 들면 아비담마를 읽을 때 수행을 통해 그것을 경험한 사람들은 아비담마에 있는 내용을 잘 알 수 있습니다. 그렇지만 경험하지 못한 사람들은 그걸 잘 모를 겁니다. 그때 믿음이 있으면 거기에 있는 그대로 살게 됩니다. 그러면 그 효과가 자기한테 있게 됩니다.

불교에서의 믿음과 타종교에서의 믿음에는 차이가 있습니다. 제가 볼 때는 타종교는 내용을 믿어야지 그걸 안 믿으면 성립이 안 됩니다. 그런데 불교는 내용을 믿는 걸 강요하지 않습니다. 그냥 좀 마음에 들고 '아, 나도 한 번 해봐야지.' 하고 길을 나서게 하는 그 정도만 하면 믿음으로 충분하다고 생각합니다. 그러니까 내용을 믿을 필요가 없습니다. 내용을 너무 믿고 노력 안 하면 그것도 경계해야 합니다. 그러니까 불교에서는 '나도 한 번 해봐야지. 나도 한 번 검증해보자. 나도 한 번 체험해보자.' 하는 정도의 마음이 들게끔 한다면 믿음의 역할을 다한 거라고 봅니다.

그런데 지금까지 말한 것처럼 믿음은 한계가 있습니다. 내가 경험하지 못한 것을 믿을 때, 특히 윤회 문제 같은 경우 믿음은 나한테만 통하는 겁니다. 그렇기 때문에 남을 설득하는 것은 어렵습니다. 내가 믿는 그 정도는 됩니다. 사람마다 또 믿는 이유도 다릅니다. 그게 다른 사람한테 안 맞을 수 있습니다. 그래서 믿음의 한계는 나한테만 통한다는 겁니다. 남에게 내가 믿는 것같이 믿게끔 하기는 그렇게 쉽지 않습니다. 두 번째는 내가 본 게 아니기 때문에, 경험한 게 아니기 때문에 흔들릴 때가 있습니다. 확실하지 않은 한계가 있습니다. 믿음은 언제나 그런 한계와 불충분을 가지고 있기 때문에 그 믿음을 바탕으로 해서 노력해서 그걸 경험해야 흔들리지 않게 됩니다. 그리고 남에게도 충분하게 내 경험을 가지고 설명할 수 있습니다.

믿음은 수행자가 갖추어야 할 다섯 가지 요소 중 하나입니다. 수행자가 갖추어야 요소는 시스템을 말합니다. 요소는 빨리어로 인드리아(indriya)입니다. 인드리아는 왕국의 의미도 있습니다. 독자적인 영역이란 뜻입니다. 눈·귀·코·혀·몸·정신을 육근이라고 합니다. 이때도 빨리어로 인드리아를 씁니다. 눈이 있어야 볼 수 있습니다. 볼 수 있는 시스템입니다. 들을 수 있는 시스템, 코로 냄새 맡을 수 있는 시스템이듯이 수행자는 수행할 때 필요한 어떤 시스템이 있어야 합니다. 그 중의 하나가 믿음입니다. 믿음의 시스템이 있어야 됩니다. 흔들리지 않으면 제일 좋습니다. 그다음에 정진이 필요합니다. 자기한테 부족한 걸 자꾸 보충하는 노력이 필요합니다. 해로운 것을 없애고 유익한 것을 증장하는 정진의 시스템이 있어야 합니다. 그다음은 마음챙김, 현재에 대한 집중이 있어야 합니다. 그다음이 삼매입니다. 마음이 딱 하나로 집중된 상태가 삼매입니다. 그다음에는 지혜입니다.

믿음·정진·마음챙김·삼매·지혜 이 다섯 가지가 있어야 합니다. 여기서 믿음과 지혜가 균형을 잘 이루어야 됩니다. 처음에는 믿음을 발판으로 시작을 했지만 노력해서 믿음이 지혜로 전환돼야 합니다. 믿음만 있고 지혜가 하나도 없으면 맹신으로 가는 지름길입니다. 그다음에 정진하고 삼매가 균형을 잘 이뤄야 됩니다. 정진을 하지만 잘못하면 들뜰 수 있습니다. 그럴 때 과도한 정진을 해서 들떴다는 것을 알고 적절한 노력을 통해 고요한 삼매에 듭니다. 고요하게 딱 집중하면 삼매에 드는데, 삼매는 자칫하면 편안하고 고요하고 좀 정체될 수 있는 위험성이 있습니다. 우리가 분발이 필요할 때는 삼매에서 분발로 가야 합니다. 삼매에 너무 빠져 있으면 정진이 안 될 수 있습니다. 그래서 이 둘이 조화를 이뤄야 됩니다. 마음챙김은 언제나 현재에 집중하기 때문에 과도해도 상관없습니다. 저울의 균형추처럼 균형을 잡아줄 수 있습니다. 마음챙김은 어찌 보면 불교에서 가장 중요한 겁니다. 마음챙김은 빨리어로 하면 사띠(Sati)인데 극단적으로 말하면 불교는 사띠교라고까지 할 수 있습니다. 현재에 집중하는 것은 모든 것의 근본이기 때문입니다. 아라한들은 항상 사띠가 유지되는 상태입니다. 이 다섯 가지의 출발점이 믿음이라고 볼 수 있습니다.

『믿음 경』(A5:38)에는 믿음의 다섯 가지 이익이 나옵니다. 경전에는 '선하고 착한 사람'이라고 표현했는데 불교로 치면 아라한입니다. 이들이 △ 믿음을 가진 자를 먼저 연민하고 믿음이 없는 자에겐 그렇게 하지 않는다. △ 믿음을 가진 자에게 먼저 다가가고 믿음이 없는 자에겐 그렇게 하지 않는다. △ 믿음을 가진 자를 먼저 섭수하고 믿음이 없는 자에겐 그렇게 하지 않는다. △ 믿음을 가진 자에게 먼저 법을 설하고 믿음이 없는 자에겐 그렇게 하지 않는다고 하며 믿음을 가진 자의 이익에 대해 말하고 마지막으로 △ 믿음을 가진 자는 몸이 무너져 죽은 뒤에 좋은 곳[善處]에 태어난다고 했습니다.

사이비 종교 같은 경우 어떻게 저럴 수 있을까? 싶을 정도로 굉장히 맹목적으로 믿습니다. 이게 어떻게 가능할까요? 믿어야 될 사람은 믿고 안 믿어야 될 사람은 안 믿어야 됩니다. 그런데 믿어야 될 사람을 잘못 판단한 겁니다. 이에 대해서 부처님께서 경전에서 말씀하신 게 있습니다. 『외모 경』(A4:65)에 사람을 어떻게 판단해야 할지 나와 있습니다.

비구들이여, 세상에는 네 부류의 사람이 있다. 무엇이 넷인가? 외모를 재어보고 외모에 청정한 믿음을 가진다. 소리를 재어보고 소리에 청정한 믿음을 가진다. 난행고행을 재어보고 난행고행에 청정한 믿음을 가진다. 법을 재어보고 법에 청정한 미음을 가진다. 비구들이여, 세상에는 이러한 네 부류의 사람이 있다.

이어 게송으로 말씀하십니다.

어떤 이는 외모로 [덕을] 재고
어떤 이는 명성을 따라가나니

욕심과 탐욕에 가려 상대를 알지 못하며,

안도 알지 못하고 밖도 보지 못하네.

온통 덮개에 싸인 어리석은 자 명성에 따라 좌우되리니

안은 알지 못하고 밖만 보누나.

밖의 결실만을 보는 자도 또한 명성을 따르네.

덮개(장애)를 걷고 보는 자만이

안도 알고 밖도 보아서

명성에 따라 좌우되지 않으리.

　　부처님 말씀에 의하면 어떤 사람은 외모로 평가해서 외모에 대해서 청정한 믿음을 가집니다. 외모를 보고 '아, 저 사람은 믿을 만한 사람이구나.' 해서 외모로 판단한다는 겁니다. 그런 사람이 한 부류의 사람입니다. 어떤 사람을 보면 이렇게 모습이나 얼굴을 보고 선택하는 사람도 있습니다. 두 번째는 명성입니다. 유명한 걸 판단 기준으로 삼는 겁니다. 그래서 이 명성을 가진 자에 대해서 청정한 믿음을 가지는 겁니다. 세 번째가 고행의 정도입니다. 옷이라든지 발우 이런 것이 오래되고 험하고 옷도 아주 나쁜 것을 입고 수행을 많이 한 것 같은 느낌, 고행을 많이 한 것 같은 느낌을 판단 기준으로 삼고 그런 사람한테 청정한 믿음을 가지는 겁니다. 모두 제대로 된 것이 아닙니다. 마지막은 법이 판단의 기준이 되는 겁니다. 법이 평가의 기준이 돼서 법에 대해서 청정한 믿음을 가지는 겁니다. 법은 보통 계·정·혜 삼학을 말합니다. 삼학은 수행자나 제대로 된 출가자가 가지고 있는 덕목입니다. 그런데 주석서에 보면 상당히 재밌는 대목이 나옵니다. 보통 2/3정도의 사람들이 외모를 가지고 판단한다고 합니다. 나머지 1/3은 그렇지 않다고 합니다. 4/5는 명성으로 판단한다고 합니다. 그러니까 외모보다는 명성이 사람들을 현혹시킬 가능성이 크다는 얘기죠. 9/10는 고행의 정도로, 다시 말해 고행의 어떤 그 모습을 보여주는 그런 것으로 판단을 합니다. 반면에 십만 명 있으면 한 명이 법으로 판단한다고 합니다. 그러니까 정말 사람을 볼 때 그에게 법이나 삼매나 지혜가 얼마나 있나 하고 유심히 판가름하는 사람은 십만 명에 한 명이라는 겁니다.

믿을 수 있는 사람을 검증하는 방법

법을 제대로 볼 줄만 알아도 잘못된 믿음을 가질 확률은 적습니다. 그렇다면, 믿을 수 있는 사람인지 아닌지 검증할 수 있는 방법을 알 수 있다면 참 좋겠지요. 『검증자 경』(M47)에 그 방법이 나와 있습니다.

부처님께서 이런 이야기를 하십니다. 우리가 어떤 사람 마음에 있는 것을 모를 때 부처님 자신을 믿으라고 하지 않고 '나를 제대로 검증해라.' 하면서 어떻게 검증하는지 그 방법을 알려주십니다. 우선은 두 가지 측면에서 자세히 살펴봐야 됩니다.

'눈으로 봐서 또는 귀로 들어서 오염된 법이 여래에게 있는지, 없는지?'

부처님이라고 무조건 믿으면 안 됩니다. 그건 불교가 아닙니다. 자세히 살펴봐야 합니다. 의심이라기보다 자세히 살펴보는 겁니다. 부처님께서 나를 그렇게 대하라고 말씀하신 겁니다.

그래서 제일 첫 번째가 눈으로, 또 귀로 잘 살펴보아서 오염된 법이 있는지 부처님을 관찰하는 겁니다. 그게 없으면 이제는 부처님에게 눈으로, 귀로 확인할 수 있는 청정한 법이 있는지 보는 겁니다. 아는 겁니다. 그래서 만약에 청정한 법이 있다고 하면 부처님에 대한 검증은 끝난 겁니다. 끝나고 난 뒤에 제자들에 대한 검증에 들어갑니다.

당시 모든 사람이 부처님을 만나기는 힘들었을 겁니다. 그래서 우선 가까이 있는 부처님의 제자들에 대한 검증을 부처님이 말씀하십니다. 어떤 존자가 있습니다. 그러면 그 존자에게 유익한 법이 있는 것이 오래됐는지 최근에 얻었는지를 봅니다. 행동으로 하는 세 가지 유익한 업이 있습니다. 말로 하는 네 가지 업이 있고, 바른 생계가 있습니다. 이 것을 유익한 업이라고 합니다. 그것이 이 존자에게 오래 전부터 있었는지 얼마 안 됐는지, 이걸 보는 겁니다. 그리고 오래돼야 합니다. 잠깐 있으면 되지 않습니다. 만약에 그 존자가 그것이 오래됐다 하면 오래된 사람은 유명하겠지요. 오래되면 이 존자가 유명하고 명성을 얻어서 그로 인한 허물이 있나 없나를 보는 겁니다. 그래서 유명하고 명성이 있는데 허물이 없다고 하면 그다음에 이 존자가 허물이 없는 이유가 두려움 때문에, 두려워서 자기 자신을 잘 제어하는지 안 그러면 두려움 없이 잘 제어하는지, 또는 어떤 욕망을 부수어 버렸고 욕망을 건넜기 때문에 감각적 욕망에 빠지지 않는지를 잘 관찰하는 겁니다. 그래서 이분이 두려움 때문에 뭘 하는 게 아니라, 또 욕망 때문에 하는 게 아니라, 그 욕망을 부수고 없앴기 때문에 감각적 욕망에 빠지지 않는다는 걸 알 겁니다. 알면 그때 다른 사람들이 질문을 할 수 있습니다. '당신은 어떻게 그 존자에 대해서 무슨 이유로 무슨 증거를 가지고 두려움 없이 제어하고 그다음에 욕망에 빠지지 않는다고 말하느냐?' 그 근거를 물어보는 겁니다. 물어보면 그 근거에 대해서 이렇게 대답합니다. '그 존자는 승가에 사람들하고 같이 머물 때나 혼자 머물 때나 언제나 사람을 볼 때 어떤 사람이 바른 행실을 하든 바르지 않은 행실을 하든, 또 무리가 있든 없든 네 가지 필수품인 옷, 거처, 약품, 음식에 대해서 막 얻으려고 노력하는지 아니면 초연한지 어떻든지 그런 사람들 자체에 대해서 나쁘다 해서 경멸한다든지 다르게 대한다든지 그런 것 없이 한결같이 평등하게 대하는 것으로 인해서 그렇게 판단한다.'고 이야기합니다.

여기서 끝나지 않고 부처님께서는 『검증자 경』(M47)에서 이런 이야기를 합니다. 제자들에 대한 검증이 되고 나면 그다음에 부처님께 실제로 확인을 하는 겁니다. 부처님에게 '눈으로 알 수 있고 귀로 알 수 있는 오염된 법이 여래에게 있습니까?'라고 물어봅니다. '없다.'고 하면 그다음에 부처님에게 '청정한 법이, 우리가 눈으로 귀로 확인할 수 있는 청정한 법이 여래에게 있습니까?'라고 묻습니다. 그러면 부처님께서 '있다. 있고 그것은 나의 길이고 나의 영역이지만 나는 거기에 집착하지 않는다.'고 대답합니다.

검증을 통해 아주 훌륭한 스승을 만나면 그를 믿고 따라야 합니다. 부처님 당시 '검증된 스승'은 두 가지 측면에서, 그러니깐 밝은 법, 어두운 법 양 측면에서 법을 가르쳐줬습니다. 시간이 지날수록 점점 더 높고 점점 더 수승한 법을 가르쳤습니다. 궁극에는 도(道)와 과(果)와 열반에 대한 법입니다. 배우는 사람은 정점에 도달합니다. 법에 대해서는 환해지는 겁니다. 그러면서 부처님에 대한 흔들리지 않는 믿음이 생깁니다. '세존께서는 바르고 완전하게 깨달으신 분이고, 세존에 의해서 법은 잘 설해졌고, 세존과 제자인 승가는 도를 잘 닦는다.' 는 흔들림 없는 믿음을 가지게 됩니다. 그런데 사람들이 질문을 할 수도 있습니다. '당신은 어떤 이유와 증거로 세존께서 바르게 완전하게 깨달으셨고, 가르침은 세존에 의해 잘 설해졌고, 승가는 도를 잘 닦는다고 말하는가?' 부처님은 그럴 때 잘 설명하라고 말씀하십니다. 그 답변은 앞의 말의 반복입니다. '세존에게 가서 세존의 가르침을 받을 때 세존께서는 밝은 면 어두운 면에서 법을 점점 더 높게 점점 더 수승한 법을 가르쳐주면 우리가 그걸 배우다가 도와 과와 열반을 최상의 지혜로 알게 됩니다. 최상의 지혜로 알게 돼서 법의 정점에 도달합니다. 그리고 세존에 대해서 청정한 믿음을 가지게 됩니다. 그런 나는 이유로 그렇게 세존에 대한 흔들림 없는 믿음을 가집니다.' 이렇게 말하는 겁니다.

으뜸 되는 대상에 믿음을 가져라

『청정한 믿음 경』(A4:34)에서 부처님은 네 가지 으뜸 되는 대상이 있다고 말씀하십니다. '네 가지 으뜸 되는 대상이 있으니 그 대상에 믿음을 가져라. 그러면 으뜸가는 청정한 믿음이 된다.'고 하셨습니다. 그 대상에 믿음을 가지고 보시를 하면 그 과보는 헤아릴 수 없다고 했습니다. 첫째, 사람 중에서는 부처님께서 가장 으뜸입니다. 그래서 부처님에 대해서 믿음을 가지면 그게 으뜸 믿음입니다. 그리고 으뜸 과보를 가지고 옵니다. 두 번째는 법입니다. 법에는 유위법이 있고, 무위법이 있습니다. 유위법 중에 가장 으뜸은 팔정도입니다. 팔정도에 대해서 믿음을 가지는 겁니다. 그다음에 유위법과 무위법에 관한 한 최고가 열반입니다. 열반은 여러 가지 말로 표현이 됩니다. 탐욕의 빛바램, 갈애가 부서짐, 소멸로 열반이 표현되기도 합니다. 열반에 대해서 믿음을 가지는 것, 이것이 으뜸가는 믿음입니다. 그다음에 부처님의 승가가 가장 으뜸입니다. 그래서 승가에 대한 믿음을 가지는 겁니다. 그에 대해서 어떤 형태로든 간에 보시하면 그 보시는 한량없는 과보를 가져옵니다.

경전을 보다 보면 참 재미있는 이야기가 많습니다. 그냥 나는 믿음이 좋다 하는데, 믿음이 좋은 사람의 특징을 보여줘야 될 것 아닙니까? 믿음만 좋다고 하면서 어떻게 좋은지를 보여주지 않으면 믿음이 빛을 발하지 못합니다. 이것과 관련돼서 믿음 가진 사람들의 특징을 알려주는 경이 있습니다. 『수부띠 경』(A11:15)입니다. 수부띠는 바로 우리가 잘 아는 수보리입니다. 수부띠 존자가 어떤 비구를 데리고 같이 부처님을 찾아갑니다. 부처님께서 '이 비구는 누구냐?'고 물어봅니다. 그러니까 수부띠가 '이 비구는 믿음 있는 집안에서 태어나서 믿음을 가지고 출가해서 지금 믿음을 가진 비구입니다.'고 말합니다. 그러니깐 부처님께서 이렇게 말씀하십니다. '그러면 믿음을 가진 비구가 가지고 있는 특징을 가지고 있느냐?' 그러니까 수부띠가 '그걸 말씀해 주십시오.' 하고 청합니다. 이에 부처님은 믿음을 가진 비구는 열한 가지 특징이 있다고 말씀하십니다. 다음과 같습니다.

1. 계를 잘 지킨다.
2. 많이 배우고[多聞] 배운 것을 잘 호지하고 배운 것을 잘 정리한다.
3. 좋은 친구, 좋은 동료, 좋은 벗을 가졌다.
4. 훈계를 잘 받아들이나니 훈계하기 쉬운 성품들을 지니고 있고 인욕하고 교계를 받아들임에 능숙하다.
5. 동료 수행자들의 중요하고 사소한 여러 가지 소임들을 열심히 하고 거기에 숙련되고 게으르지 않으며 그것을 완성할 수 있는 검증을 거쳐 충분히 실행할 수 있고 충분히 연구할 수 있는 자가 된다.
6. 법을 갈구하는 자여서 [법]담을 나누기를 좋아하고 아비담마(對法)와 아비위나야(對律)에 대해 크나큰 환희심을 가진다.
7. 해로운 법은 제거하고 유익한 법들을 두루 갖추기 위해서 불굴의 정진으로 머문다.
8. 의복이나 탁발음식이나 거처나 병구완을 위한 약품이 좋은 것이든 안 좋은 것이든 그것으로 만족한다.
9. 숙명통을 가지고 있다.
10. 천안통을 가지고 있다.
11. 누진통을 가지고 있다.

이런 열한 가지 특징이 있습니다. 그러니까 아라한이라는 겁니다. 아라한이면서 행실도 좋고 다 좋은 겁니다. 부처님께서 그가 이것을 가지고 있냐고 물으니 수부띠가 그렇다고 답합니다. 그러니까 부처님께서 수부띠 보고 '이 비구와 항상 같이 머물러라. 그리고 나를 보고 싶으면 언제든지 이 비구와 같이 오라.'고 말씀하십니다. 당시 부처님을 친견하는 건 굉장한 일이었습니다. 그런데 부처님께서 '언제든 오고 싶으면 이 사람하고 같이 오라.'고 말씀하신 겁니다.

혼자 수행을 하다보면 잘못된 길로 빠질 수 있습니다. 가능하면 지도해 줄 수 있는 사람을 꼭 찾아야 합니다. 그게 안 되면 항상 경전을 보면서 '내가 제대로 하고 있나?' 해야지 아니면 혼란이 오기 쉽고 또 잘못된 위험도 큽니다. 부처님에 대한 믿음을 가지고 좋은 스승을 만나 경전을 보고 수행을 항상 점검한다면 잘못될 리가 없습니다.

믿음이라는 게 출발점입니다. 믿음을 가지고 믿음의 대상이 되는 걸 하나하나 노력해서 우리 것으로 만들어 가는 게 좋습니다.

02
___

불교란
무엇인가?

제가 불교를 본격적으로 만난 건 신경정신과 전공의 2년차 때입니다. 그 후로 30년이 지났습니다. 그동안 경전도 읽고 수행도 해보았습니다. 이렇게 시간이 지나면서 더욱 확고해지는 생각은 '불교는 참 대단하다.'는 것입니다. 부처님 말씀 중에는 틀린 게 없다는 걸 계속 알아가기 때문입니다. 이는 저의 단순한 '믿음'에만 기인한 것이 아닙니다. 누구나 알 수 있습니다. 왜냐하면 불교는 '보편적 진리'이기 때문입니다.

불교가 보편적인 경험, 보편적인 진리라는 근거는 관찰에서 나온 것입니다. 사유에서 나온 게 아닙니다. 머리로 생각한 게 아니라는 말입니다. 전부 다 본 것입니다. 볼 수 있는 상태를 만들어서 본 것입니다. 우리 역시 그런 상태를 만들어서 보면 부처님과 똑같은 경험을 할 수 있습니다. 그런 면에서 불교는 과학과 같이 갈 수 있는 종교라고 할 수 있습니다. 관찰하고 실험한 결과를 누구든지 똑같이 관찰하고 똑같이 실험하면 똑같은 결과가 나올 때 과학적인 진리로 인정받습니다. 그런 면에서 볼 때 과학의 검증을 통과할 수 있는 종교는 불교라고 생각합니다.

이런 생각은 부처님이 말씀하신대로 수행하여 부처님이 말씀하신 것을 경험하고 니까야를 읽으면서 더욱 확고해졌습니다.

과학자와 역사학자를 매료시킨 불교

본격적인 초기불교 강의를 하기 전에, 안이 아닌 밖에서 불교를 어떻게 보았는지 한번 살펴보겠습니다.

한 명의 과학자 그리고 한 명의 역사가 이야기입니다.

우선 알베르트 아인슈타인(Albert Einstein, 1879~1955)입니다. 아인슈타인은 인류가 공인한 천재입니다. 사후에 그의 뇌를 연구할 정도였습니다. 알다시피 아인슈타인은 이론물리학자입니다. 그의 아버지 헤르만 아인슈타인과 어머니 파브리네는 매주 교회에 나가는 로마 가톨릭 신자였으며, 집안에는 청동으로 만든 십자가상이 걸려 있을 정도로 열성이었습니다. 아인슈타인은 아마 불교를 접할 기회가 없었을 겁니다. 그런데 결정적 계기가 있었습니다. 1949년 일본인 최초로 노벨 물리학상을 받은 유카와 히데키(湯川 秀樹) 박사라는 분이 있었습니다. 한때 일본의 핵개발 프로젝트에도 참여했던 분입니다. 1948년 9월 유카와는 프린스턴 고등연구소의 초청을 받아 미국에 가게 됩니다. 유카와 부부가 프린스턴에 도착했을 때 가장 먼저 아인슈타인이 부부를 찾았다고 합니다. 이때의 우정으로 아인슈타인과 유카와 히데키는 나중에 반핵운동을 위해 서로 손을 잡기도 했습니다.

그런데 하루는 유카와 히데키 박사가 아인슈타인한테 이런 이야기를 합니다. "아인슈타인 박사님은 상대성 이론을 발견해 기존의 뉴턴 물리학에서 벗어나서 현대 과학을 급속히 발전시킨 대단히 위대하신 분입니다. 하지만 당신이 발견한 상대성 이론은 2,500년 전 이미 동양에 있었습니다."

아인슈타인의 호기심이 발동합니다. "그게 뭡니까? 무슨 이론입니까?" 물으니 유카와 히데키 박사가 "석가모니 부처님이 설파한 불교의 초기 가르침 중에 연기법이 있는데, 이 연기법이 박사님께서 세우신 상대성 이론과 완전히 똑같습니다. 연기법은 우주에서 생멸하는 모든 존재는 우주 총체적 상대성 이론에 의하여 이것에 의하여 저것이 있게 되고, 저것에 의하여 이것이 있게 되며, 상대가 멸하면 그 상대도 멸한다는 것입니다. 부처님은 연기법으로 이것을 상세히 설명했습니다."고 말합니다. 아인슈타인의 귀가 번쩍 트입니다. 어느 정도 경지에 오르면 그 정도 말만 들으면 다 아는 것 같습니다. 아인슈타인이 "그러면 당신이 일본에 가게 되면 그와 관계되는 영어로 된 자료를 좀 보내 달라."고 부탁합니다. 그래서 유카와 히데키 박사가 영어로 번역된 중요한 경전들을 아인슈타인에게 보내게 됩니다. 아인슈타인이 그걸 쭉 보고 난 뒤에 주위 사람들한테 이런 말을 했다고 합니다. "학계에서는 나를 현대 과학의 아버지라고 하지만 과학의 진짜 아버지는 석가모니 부처님이다." 그리고 다음과 같이 종교에 대해서 딱 못을 박는 이야기를 합니다. "미래의 종교는 우주적인 종교가 될 것이다. 그것은 인간적인 하느님을 초월하고 교리나 신학을 넘어서는 것이어야 한다. 그것은 자연의 세계와 정신적인 세계를 모두 포함하면서, 자연과 정신 모두의 경험에서 나오는 종교적인 의식에 기초를 둔 것이어야 한다. 불교가 이런 요구를 만족시키는 대답이다. 만약 현대 과학의 요구에 부합하는 종교가 있다면, 그것은 곧 불교가 될 것이다."

불교를 언급한 또 다른 유명한 학자가 있습니다. 영국의 역사학자 아놀드 토인비(Arnold Toynbee, 1889~1975)입니다. 영국 옥스퍼드대학교

교수였던 그는 세상을 떠나기 몇 년 전 옥스퍼드 학술회의에서 연설을 한 적이 있습니다. 이 자리엔 수많은 학자들과 학생, 언론인들이 참석했습니다. 연설이 끝나자 누군가 자리에서 일어나 그에게 흥미로운 질문 하나를 던집니다. "앞으로 200~300년 후의 역사에서 20세기에 일어난 사건 중 우리 시대 최고의 사건으로 볼 것은 무엇일까요? 토인비 박사님, 2차 대전입니까, 아니면 나치 정권의 몰락, 유대인 대량 학살, 공산주의의 출현, 여권 신장? 무엇이라고 생각하십니까?" 이렇게 물으니 토인비가 대답합니다. "동양의 불교가 서양으로 건너간 것입니다." 참가자들에게는 너무나 의외의 답변이었습니다. 수군거림까지 있었다고 합니다. 하지만 그날 그의 말은 생전에 남긴 대표적인 말로 기억되고 있습니다. 그리고 그의 예언은 느리지만 서서히 현실이 되고 있습니다.

유명한 과학자나 역사학자들이 이런 얘기를 할 수 있는 것도 불교가 보편적인 진리이기 때문이니까 가능했다고 생각합니다.

끝없이 계속된 바라밀 수행

초기 경전 중에 『자따까』라는 게 있습니다. 석가모니 부처님이 전생에 보살이었던 때의 이야기를 모은 것입니다. 이 책의 주석서 서문에 보면 다음과 같은 내용이 있습니다.

석가모니 부처님도 부처님이 되기 전에는 끝없는 윤회를 합니다. 셀 수 없는 윤회. 그 전에도 무수한 생이 있긴 있었지만 그 중에 오늘날 석가모니 부처님과 관계되는 생이 있었습니다. 바로 4아승지 10만 겁 전입니다. 아승지란 수로 표현할 수 없는 가장 많은 수를 가리키고, 겁이란 건 무한히 긴 시간을 가리킵니다. 셀 수 없는 네 번의 시간 그리고 또 10만 겁 전 어느 때 아마라바티이[不死城]라는 곳에 수메다[善慧]라는 현자가 살고 있었습니다. 수메다 현자는 굉장한 부잣집 아들이었습니다. 그의 모계와 부계는 모두 태생이 청정한 좋은 가문으로 7대를 내려왔습니다. 청정함이 흐트러진 적 없었고 또한 족성(族性)으로부터도 비난받은 일이 없었다고 합니다. 혈통이 좋은 만큼 사회적 지위도 높았고 재산도 많았습니다. 그런데 부모님이 일찍 돌아가십니다. 어린 나이에 가장이 된 거죠. 그러자 그 재산을 맡아 관리하던 집사가 청동으로 만든 재산 목록을 갖고 와서 금·은·보석·진주 등으로 가득 찬 보물창고를 열고 그에게 아룁니다. "수메다여, 이만큼이 당신 어머님의 재산이고 이만큼이 아버님의 재산, 이만큼이 할아버님, 증조할아버님의 재산입니다." 그러자 수메다가 이렇게 말합니다. "이만한 재산을 모아 두고도 우리 아버지나 할아버지나 그 밖의 조상님네는 세상을 떠날 때는 한 푼도 가져가지 못했다. 그러나 나는 이것을 가져갈 원인을 만들겠다." 수메다는 이런 생각을 해요. '이 세상에는 고통의 반대인 안락이 있는 것처럼, 생존이 있으면 비생존이 없어서는 안 된다. 뜨거움이 있으면 그것이 없어진 차가움이 있는 것처럼 탐욕 등이 없어진 열반도 없어서는 안 된다. 삿되고 천한 길의 반대인 선하고 허물이 없는 길이 있는 것처럼 삿된 생이 있으면 일체의 생을 버림으로 말미암아 생이 없다고 생각하는 열반이 없어서는 안 된다.' 수메다는 다시 또 이런 생각을 합니다. '사방으로 도적에게 포위된 사람이 달아날 길이 있는

데도 달아나지 않는다면 그것은 길의 허물이 아니라 사람의 허물인 것처럼, 사방으로 번뇌에 얽매인 사람이 열반으로 갈 안전한 길이 있는데도 그 길을 찾지 않는다면 그것은 그 길의 허물이 아니라 그 사람 자신의 허물인 것이다.' 이런 생각을 하고 난 뒤 왕을 찾아갑니다. 옛날에 부자들은 자신의 재산을 처리하는데도 왕의 허락을 받아야 했습니다. 왕한테 "이걸 내가 필요한 사람들한테 다 나누어 주겠다."고 말을 합니다. 우리가 지금 뭘 가지고 있어도 죽을 땐 다 놓고 갑니다. 그런데 필요한 사람에게 주면 죽어서도 가져가는 겁니다. 그래서 다 나누어 줍니다. 그러고는 길을 떠납니다. 어린 나이임에도 불구하고 수메다가 이런 생각을 할 수 있었던 건 물론 전생에 많은 수행을 했기 때문입니다. 집을 떠난 수메다는 숲으로 향합니다. 숲에 가서 수행을 하게 됩니다. 그는 그곳에서 8선정(禪定) 5신통(神通)을 얻게 됩니다.

선정은 삼매[三昧, samadhi]의 하나입니다. 삼매는 마음이 딱 하나에 집중된 상태입니다. 그런데 삼매에는 세 종류가 있습니다. 순간(찰나) 삼매라고 해서 순간적으로 삼매에 탁 들어가는 게 있습니다. 근접 삼매라 해서 본 삼매에 들어가기 전 단계가 있습니다. 약간 약한 삼매죠. 그다음에 본 삼매가 있습니다. 본 삼매가 선정입니다. 선정에 색계(色界) 사선정이 있고 무색계(無色界) 사선정이 있습니다. 그 둘을 합해서 8선정이라고 합니다. 색계 사선정의 초선, 이선, 삼선, 사선과 무색계 사선정의 공무변처(空無邊處), 식무변처(識無邊處), 무소유처(無所有處), 비상비비상처(非相非非相處)를 8선정이라고 합니다.

신통은 인간이 가진 탁월한 능력인데, 우리가 노력을 하지 않기 때문에 우리한테 없습니다. 노력하면 누구나 가질 수 있는 게 신통입니다. 신통에는 여섯 가지가 있습니다. 수메다는 그 중에 다섯 가지를 얻은 겁니다. 신족통(神足通), 천이통(天耳通), 천안통(天眼通), 숙명통(宿命通), 타심통(他心通)입니다. 신족통은 공중이나 물 위에서 걷는다든지 벽을 뚫고 나가는 능력입니다. 천이통은 멀리서 나는 소리도 들을 수 있는 능력입니다. 천안통은 멀리 있는 걸 볼 수 있는 것은 물론 어떤 사람이 업에 따라 태어나는 것도 볼 수 있는 능력입니다. 숙명통은 과거생을 보는 능력입니다. 타심통(他心通)은 상대의 마음을 아는 능력입니다. 나머지 하나가 누진통(漏盡通)인데, 누진통을 얻으면 아라한이 되기 때문에 윤회를 하지 않습니다. 그래서 수메다는 8선정 5신통을 가지고 있는 겁니다.

　　그런데 수메다 현자 때 연등 부처님[Dipamkara-buddha]이 출현합니다. 그래서 사람들이 연등 부처님을 보러갑니다. 사람들에게 그 사실을 듣고 수메다도 연등 부처님을 친견하러 갔습니다. 그런데 비가 많이 온 후라 땅이 질었습니다. 8선정 5신통이 있으면 그 땅도 어떻게 할 수 있는데, 수메다는 긴 머리를 땅에 깔아 연등 부처님이 자신을 밟고 지나가게 합니다. 부처님의 발을 더럽히지 않기 위해서입니다. 수메다 현자가 연등 부처님을 보고 난 뒤에 마음이 바뀌게 됩니다. 그 전에는 혼자만의 열반을 얻으려고 했습니다. 그런데 연등 부처님을 보고 난 뒤에 '나는 연등 부처님처럼 최상의 뛰어난 깨달은 자가 되어 많은 사람을 법의 배에 싣고 윤회의 바다에서 구해낸 뒤에 열반에 들어가자. 이것이 내게 알맞은 일이다.'라는 큰마음을 일으킵니다. 그게 부처님의 힘인지 안 그러면 수메다 과거 생의 업인지, 여하튼 마음에 그런 변화가 일어났습니다. 연등 부처님이 수메다의 등을 밟고 지나간 뒤에 수메다한테 수기(授記)를 합니다. 수기라는 건 장차 어떻게 된다는 것을 가르쳐 주는 겁니다. '당신은 4아승지 10만 겁 후에 부처님이 된다. 아버지는 누구고 어머니는 누구고 당신의 상수제자는 누구고 시자는 누구다.' 하고 쭉 이야기를 합니다. 그 얘기를 듣고 수메다는 생각합니다. '연등 부처님이 거짓말 할 리는 없다. 나는 미래에 부처가 될 것이다. 그러면 내가 부처가 되는 준비를 해야 되겠다.' 그러고 나서 과거 부처님들이 어떻게 해서 부처님이 됐나를 살펴보니 열 가지 덕성을 완성하고 부처가 됐다는 사실을 알게 됩니다. 열 가지 덕성을 완성하는 것을 십바라밀이라고 합니다. 바라밀은 완성한다는 겁니다.

십바라밀은 다음과 같습니다. ① 보시 ② 지계 ③ 출리 ④ 지혜 ⑤ 정진 ⑥ 인욕 ⑦ 진실 ⑧ 결정 ⑨ 자애 ⑩ 평온 (십바라밀에 대한 자세한 내용과 초기불교, 대승불교의 십바라밀 차이는 25강 참조)

이 열 가지를 완성을 하고 부처님이 되었는데, 수메다 현자의 바라밀 완성에는 세 가지 종류가 있었습니다. 보시를 예로 들면, 낮은 단계가 있고, 보통 단계가 있고, 수승한 게 있었습니다. 낮은 단계는 남이 필요한 것을 다 줍니다. 특히 물건이나 재물입니다. 보통 단계는 자신의 신체 일부를 주는 것입니다. 배고픈 사람에게 허벅지 살을 준다든지 하는 것입니다. 가장 수승한 단계에서는 목숨까지 바치게 됩니다. 이 세 가지를 경우에 따라서 실천했습니다. 필요할 때마다 다합니다. 인욕바라밀을 할 때는 왕이 보살을 불러다가 '너 화 안낸다고 들었어. 팔 잘라도 화 안내?' 하면서 손과 발을 차례로 자르고, 귀와 코를 뱁니다. 하지만 수메다 현자는 화를 내지 않습니다.(『자따까』 313 「감인종의 전생 이야기」) 이렇게 수메다 현자는 열 가지 바라밀을 경우에 따라 세 가지로 완성을 합니다. 그런데 이 중에서도 지혜바라밀을 가장 중시합니다. 어떤 것도 다 아는 일체지를 얻기 위해서 굉장히 노력을 합니다. 이 수메다 현자가 오늘날 우리가 아는 석가모니 부처님이 됩니다.

그렇게 준비를 다 하는 무수한 생 동안에 8선정 5신통만 가지는 겁니다. 누진통을 가지면 아라한이 되어 윤회가 끝납니다. 그러면 더 이상 바라밀을 닦고 일체지를 얻을 수 없어서 누진통을 얻을 준비는 다 돼 있지만 누진통을 얻지는 않습니다. 십바라밀을 완성한 후 도솔천(兜率天)에 태어납니다. 거기 계시다가 인간세상으로 내려옵니다. 우리처럼 인간으로 태어나죠. 왕자로 태어나서 29세 때 출가해서 35세 때 깨닫습니다. 그리고 깨닫고 난 뒤에 철저히 검증을 합니다. 제자들을 가르치고 난 뒤에 열반하시고, 열반 뒤에 제자들이 부처님의 가르침을 전해서 오늘날까지 이어진 겁니다. 이게 불교입니다.

가르침의 시작

부처님께서는 29세에 출가하고 35세에 깨달았습니다. 사실 부처님은 깨닫는 6년의 과정 전에 이미 왕자로서 여러 학문을 두루 공부했습니다. 어쨌든 간 출가하고 6년간 수행하고 노력하고 깨달을 때 철저하게 검증을 합니다. 경전 도처에 보면 검증에 대한 이야기가 있습니다. 아래는 『꼬띠가마 경 1』(S 56:21)에 나오는 내용입니다.

비구들이여, 네 가지 성스러운 진리(사성제)를 깨닫지 못하고 꿰뚫지 못하였기 때문에, 나와 그대들은 이처럼 긴 세월을 [이 곳에서 저곳으로] 치달리고 윤회하였다. 비구들이여, 이제 괴로움의 성스러운 진리를 깨닫고 꿰뚫었다. 괴로움의 일어남의 성스러운 진리를 깨닫고 꿰뚫었다. 괴로움의 소멸의 성스러운 진리를 깨닫고 꿰뚫었다. 괴로움의 소멸로 인도하는 도 닦음의 성스러운 진리를 깨닫고 꿰뚫었다. 그러므로 존재에 대한 갈애는 잘라졌고, 존재로 인도함은 부수어졌으며, 다시 태어남은 이제 더 이상 존재하지 않는다.

이렇게 우리와 같은 입장이었을 때도 있었다는 것을 이야기합니다. 굉장히 솔직합니다. '내가 이런 거를 모를 때는 내가 깨달았다고 말하지 않았다. 이런 걸 하나하나 단계적으로 철저히 내가 알게 됐을 때 나는 세상에 다 안다고 이야기했다.' 하면서 자신이 깨달은 걸 철저히 검증을 합니다.

그러고 난 뒤에 제자들을 가르치는데, 가르치는 것도 누구부터 먼저 가르칠까 살펴봅니다. 철저하십니다. 출가하고 깨닫기 전에 부처님에게는 두 명의 스승이 있었습니다. 무색계 선정의 무소유처(無所有處)를 가르쳐준 알라라 깔라마가 있었고 비상비비상처(非想非非想處)를 가르쳤던 웃다까 라마뿟따가 있었습니다. 부처님께서 '누구에게 내가 가장 먼저 가르침을 설할까? 누가 이 가르침을 빨리 이해할 수 있을까? 알라라 깔라마는 현자로서 유능하고 슬기로운 자이며, 오랜 세월 동안 눈에 티끌을 여읜 자이다. 내가 알라라 깔라마에게 가장 먼저 가르침을 설하면 어떨까?' 하고 생각하여 보니 알라라 깔라마는 죽은 지 칠일이 되었습니다. 그래서 다시 웃다까 라마뿟따를 찾아봤더니 지난밤에 죽었습니다. 그 두 사람은 '내가 아는 법을 존자가 알고 존자가 아는 법을 내가 알았습니다. 존자여, 우리들 둘이서 이 무리를 수호합시다.' 라고 했던 사람입니다. 그래서 부처님이 처음 설법을 하려고 마음을 먹었던 겁니다.

그 당시 인도의 수행자들은 마음이 굉장히 열려 있었던 것 같습니다. 솔직하기도 하고 여하튼 굉장히 부러웠습니다. 이 두 사람이 사라졌으니 그러면 누구를 가르칠까? 그래서 부처님은 예전에 같이 수행했던 오비구(五比丘)를 찾아갑니다. 이들은 부처님이 성도하기 전에 함께 수행하였던 사람들입니다. 이들은 싯다르타와 수행하면서 그의 처절하고도 힘든 고행에 감탄했습니다. 하지만 부처님이 고행을 포기하자 싯다르타의 곁을 떠납니다. 고행을 포기하고 중도를 통해 깨달음의 길에 이른 부처님은 바로 이 오비구에서 첫 설법(초전법륜)과 두 번째 설법(무아 특징 법문)을 하고 다섯 사람을 아라한으로 만들었습니다.(초전법륜 때 꼰단냐가 유학이 되고 두 번째 법문에서 나머지 네 명 모두 아라한이 됩니다.) 그 이후 무수한 아라한이 출현합니다.

아라한은 번뇌가 없고 윤회를 끝냈다는 점에서는 부처님과 같은 경지입니다. 그러니까 제자들이 부처님이 가르친 대로 해보니까 깊이는 차이가 있지만 똑같은 것을 경험한 겁니다. 그걸 경험한 제자들이 또 부처님 말씀대로 해보니까 그대로 되더라 하는 걸 증명합니다. 초기 경전은 다 그런 증명입니다. 그런 면에서 불교는 보편적인 진리입니다. 많은 세월이 흐른 끝자락에 지금 저도 수행을 해보니까 경험할 수 있었고, 누구든지 하면 되는 겁니다.

부처님의 상수제자 사리뿟따와 마하목갈라나

사리뿟따(사리불)와 마하목갈라나(목건련)는 '출가' 당시 부처님의 제자
는 아니었습니다. 부처님이 활동하던 때인 기원전 500년 무렵 인도에
는 모두 여섯 명(혹은 학파)의 유력한 종교사상가가 등장합니다. 이에 대
해서는 다음 강의에서 좀 더 상세히 설명하겠습니다. 이 중에는 산자
야라는 회의론자도 있었습니다. 사리뿟따와 마하목갈라나는 애초에
이 산자야 밑으로 출가를 했습니다. 산자야는 인식의 객관적인 타당성
이란 있을 수 없다는 주장을 폈습니다. 또한 진리를 있는 그대로 인식
하고 서술하는 것 역시 불가능하다고 주장했습니다. 그래서 회의론자,
불가지론자로 불립니다. 알기 쉽게 얘기하면 모든 게 애매모호하다고
주장한 것입니다. 산자야는 그 당시 마가다 국 왕인 아자따삿뚜의 질
문에 대해 "만일 당신이 '저 세상이 있소?' 하고 내게 묻고 내가 '저 세
상은 있다.'고 생각한다면 나는 '저 세상은 있다.'고 대답해야 할 것입니
다. 그러나 나는 이러하다고도 하지 않으며, 그러하다고도 하지 않으
며, 다르다고도 하지 않으며, 아니라고도 하지 않으며, 아니지 않다고
도 하지 않습니다."고 대답할 정도였습니다.

    사리뿟따와 마하목갈라나는 육사외도 중 다른 다섯 명이 '업은 없
다.'라든가 '사람을 죽여도 아무런 과보도 없다.'는 식으로 얘기하는 데
비해 산자야는 애매모호하게 얘기하니깐 진리를 모르는 입장에서는
그 편에 서는 것이 더 낫다고 생각했던 모양입니다. 물론 산자야에게
뛰어난 능력과 다른 우수한 점이 많았을 수도 있습니다. 여하튼 그 밑
에서 수행하던 사리뿟따와 마하목갈라나는 결국 부처님을 만나게 됩

니다.

앞에서 오비구(五比丘) 이야기를 하였습니다. 이들은 부처님이 성도하기 전에 함께 수행하였고, 성도 후에는 초전법륜을 듣고 최초로 부처님께 귀의했습니다. 이중에 가장 먼저 깨달은 이가 콘단냐 그리고 마지막에 깨달은 이가 앗사지입니다.

그런데 오비구 중 한 명인 앗사지가 어느 날 탁발을 나갔는데 그 모습을 우연히 사리뿟따가 보게 됩니다. 한눈에 앗사지의 비범함을 알아차린 사리뿟따는 '당신의 스승은 누구이며 무엇을 가르치냐?'고 물어봅니다. 앗사지 존자는 스승이 부처님이라고 말하면서 사성제에 대해 부처님께 들은 대로 설명합니다. "도반이여, 괴로움의 진리라고 하는 오온은 그 원인이 갈애이고 이것은 괴로움의 원인의 진리입니다. 우리의 스승이신 깨달은 분께서는 괴로움의 진리와 괴로움의 원인의 진리를 가르칩니다. 그분께서는 괴로움의 소멸의 진리도 가르치시며, 괴로움의 소멸로 이끄는 길의 진리도 가르칩니다. 사성제를 분석적으로 상세하게 설명하시는 것이 위대한 사문인 우리 스승의 가르침입니다." 이 법문의 전반부를 들었을 때 사리뿟따는 이미 예류과(豫流果)를 얻었고, 예류자가 되고 난 뒤 후반부를 들었습니다. 사리뿟따가 산자야 밑에서 같이 수행을 하고 있던 도반 마하목갈라나에게 자신이 들었던 앗사지 존자의 법문을 이야기해 주자 마하목갈라나도 예류과를 얻게 됩니다.

사리뿟따와 마하목갈라나는 먼저 자신들을 따르는 250명의 수행자들에게 이 소식을 전했습니다. 그러자 그들도 부처님께 같이 가겠다고 나섭니다. 스승인 산자야에게도 소식을 전했지만 산자야는 가지 않겠다고 합니다. 그래서 사리뿟따와 마하목갈라나는 자신들을 따르는 250명과 함께 부처님을 찾아갑니다. 사리뿟따와 마하목갈라나는 앗 사지의 게송에서 '진리'를 찾은 것입니다. 부처님이 알려주신 진리 말 입니다.

앞에서도 강조했지만 사리뿟따와 마하목갈라나의 예를 든 것은 불교의 가르침은 듣고 실천하면 누구나 원하는 경지에 도달할 수 있는 보편적인 것이라는 이야기를 하고 싶어서입니다.

경전 속 많은 부처님의 제자들은 직접 부처님께 듣고 가르침을 받 았든 아니면 그의 제자들에 의해 듣고 가르침을 받았든 깨달음의 길로 가는 문을 열고 들어갈 수 있었습니다.

사리뿟따와 마하목갈라나는 대단한 사람입니다. 요즘으로 치면 천재들이라고 볼 수 있습니다. 게다가 엄청난 노력이 더해졌습니다. 이 사람들의 관심사는 오직 '진리'였습니다. 부처님 역시 마찬가지였 습니다. 그런데 부처님은 진리를 주장만하지 않았습니다. 실천했고 검 증했습니다. 초기 경전을 보면 부처님이 이 진리에 대해 엄청난 검증 과정을 거친 걸 알 수 있습니다. 검증된 진리는 보편적인 것을 말합니 다. 누구나 실천하면 그렇게 될 수 있다는 겁니다. 부처님은 깨닫고 나 서 80세로 열반에 들 때까지 이런 진리를 통해 장대한 쇼를 벌인 겁니 다. 그 영향은 아마도 인류의 역사가 계속되는 동안 지속될 것입니다. 누가 그렇게 할 수 있겠습니까? 그리고 그 과정을 다 적어놓은 것이 바 로 경전입니다. 누구나 보고 듣고 실천하면 그렇게 될 수 있습니다. 저 역시 그랬습니다. 그래서 전 경전에 대해 한 치의 의심도 없습니다.

경전 결집

부처님이 열반하시고 약 두 달 후에 아라한 제자 오백 명이 모입니다. 이 내용은 디가 니까야 주석서 서문에 있습니다. 이 회합을 주재한 사람은 마하깟사빠입니다. 제 1차 경전 결집입니다. 경전 결집은 총 여섯 번 있었습니다. 가장 최근의 결집은 1954년에 미얀마에서 있었던 6차 결집입니다. 첫 번째 결집 때 마하깟사빠가 "도반들이여, 우리는 먼저 무엇을 암송해야 합니까? 법입니까 율입니까?"라고 묻습니다. 비구들이 "마하깟사빠 존자시여, 율은 부처님 교법의 생명입니다. 율이 확립될 때 교법도 확립됩니다. 그러므로 율을 첫 번째로 합송해야 합니다."라고 합니다. "누구를 지주로 삼아야 합니까?" 하니까 "우빨리 존자입니다."라고 대답합니다. 사실 부처님 계실 때 부처님께서 "비구들이여, 율을 호지하는 나의 제자 비구들 가운데 우빨리가 최상이다."라고 말씀하셨습니다. 그래서 마하깟사빠가 묻고 우빨리 존자가 답하여 첫 번째 바라이죄가 결집되어 상정하였을 때 500명의 비구들은 결집을 상정하는 방법으로 대중이 함께 암송합니다. 그렇게 해서 율장이 모두 결집되었습니다.

그다음에 경장 4부 니까야가 결집됩니다. 4부 니까야는 아난다에게 묻습니다. 아난다가 언제 어디서 등의 육하원칙에 따라서 대답을 했다고 볼 수 있습니다. 율장을 결집할 때처럼 한 경 한 경 결집하고 상정한 후 합송으로 결정되었습니다. 처음에 디가 니까야가 결집이 됩니다. 디가 니까야가 결집이 되고 난 뒤에 아난다에게 "도반이여, 이것은 그대의 제자들에게 설해주시오."라고 부탁을 합니다. 이 말은 디가 니까야를 아난다 그룹에서 잘 보호 전승하라는 겁니다. 그다음 맛지마 니까야가 결집되고 난 뒤 사리뿟따의 제자들에게 "그대들이 호지하십시오."라고 부탁하였습니다.(사리뿟따는 부처님보다 먼저 입멸에 들었습니다.) 그다음에 상윳따 니까야가 결집되고 이건 마하깟사빠가 맡습니다. 그다음에 앙굿따 니까야는 아누룻다가 맡고, 이렇게 4부 니까야가 결집이 됩니다. 그 후 아비담마 7장이 결집되고, 그다음 소부 니까야가 결집됩니다.(디가 니까야 주석서 서문 참조)

그렇게 부처님의 가르침이 복원이 돼서 약 600년 정도 암송으로만 전해집니다. 아라한들이 쭉 암송을 했을 겁니다. 니까야는 양이 방대합니다. 저는 니까야를 다 읽는 데 약 6년이 걸렸습니다. 물론 뭐 다른 일도 했지만, 꼼꼼히 다 읽는 데 그 정도 걸렸습니다. 그것을 그대로 다 외워서 전한다는 것은 두 가지가 되지 않으면 할 수 없습니다. 첫째, 이것이 진리라는 확신이 없으면 절대로 못합니다. 자신의 인생을 다 바쳐야 할 수 있는 일입니다. 둘째, 그 세계를 같이 경험한 사람이 아니면 힘듭니다. 내용을 확실히 알아야 됩니다. 그러니까 이 둘이 된 사람들이 계속해서 암송해서 전하게 됩니다. 어떤 사람은 암송? 그걸 어떻게 믿나 하시는 분도 있는데, 암송은 노래라고 보시면 됩니다. 전 미얀마에 두 번 갔습니다. 그곳에서는 아침마다 독송(찬팅)이라는 걸 합니다. 경전을 암송하는 거죠. 노래입니다. 똑같은 노래를 부르고 있습니다. '돌아와요. 부산항에'라고 한다면 '돌아와요. 부산항에'를 부르는 겁니다. 누가 가락이 틀리면 딱 알아챌 수 있습니다. 그래서 오히려 글보다 정확하게 전해질 수 있습니다. 글은 바꿔치기 하고 뭔가 왜곡될 수 있다고 하는데, 이 암송이란 건 왜곡될 수가 없습니다. 부처님의 가르침은 완벽하며 왜곡하면 그것이 엄청난 과보를 가져온다는 것을 아는 제자들에게 그것은 불가능한 것이라고 생각합니다. 철저한 전통 아래서 이렇게 내려온 겁니다. 그렇게 600년 정도 암송되어 전해지다가 스리랑카에서 4차 결집이 일어납니다. 그때는 암송자도 줄어들고 기타 여러 우려 때문에 문자로 기록이 돼서 오늘날까지 전해내려 오는 겁니다.

초기불교의 삼장(三藏)은 부처님 말씀인 경(經), 율(律), 그리고 부처님의 가르침의 진수인 아비담마 7장을 이릅니다. 물론 오늘날 전하는 형태로 완성된 것은 부처님 열반 후입니다. 그런데 니까야를 꼼꼼히 보면 부처님이 열반에 들기 전에도 '이 위대한 말씀을 전해야 되겠다.'는 생각이 있어서인지 모여서 합송을 했습니다. 『합송경』(D33)이라는 게 있습니다. 거기에 보면 그때 부처님이 열반에 드시기까지 그리 많지 남지 않은 시기에 이런 경이 있었고, 그 뒤에 열반에 드셨습니다. 그러니까 상당히 후반기 일입니다. 부처님 당시 육사외도 중 한 사람인 니간타 나따뿟따라는 사람이 죽었습니다. 죽고 난 뒤에 그의 제자들 사이에서 굉장한 분쟁과 혼란이 일어났습니다. '그대는 이 법과 율을 제대로 모른다. 나야말로 이 법과 율을 제대로 안다.' 등 니간타 나타뿟따의 제자들 사이에 오직 투쟁만이 있는 듯 했습니다. 그걸 지켜보는 재가자들이 거기에 넌더리를 내고 질려버리고 실망하는 일들이 벌어진 겁니다.

부처님께서 하루는 사리뿟따를 보고 '오늘 내가 등이 아프다. 좀 쉬어야겠다. 그러니까 사리뿟따 네가 나를 대신해서 법문을 해라.'고 말씀하십니다. 사리뿟따가 법문을 할 때 이런 이야기를 합니다. "니간타가 죽고 난 뒤에 제자들 사이에 이렇게 분쟁이 일어났습니다. 재가 신자들도 그에 실망했습니다. 그 이유는 법과 율이 제대로 설해지지 못하고, 잘못 선언되고, 출리로 인도하지 못하고, 고요에 이바지하지 못하고, 바르게 깨달은 분에 의해서 선언된 것이 아니기 때문에 그렇습니다. 우리 법은 세존에 의해서 제대로 설해졌고, 잘 선언되고, 출리로 인도되고, 고요에 이바지하고, 바르게 깨달은 분에 의해서 선언된 것입니다. 그래서 우리는 이 청정범행이 길이 전해지고 오래 머물게 해야 합니다. 이것이 많은 사람의 이익을 위하고, 많은 사람의 행복을 위하고, 세상을 연민하고, 신과 인간의 이상과 이익과 행복을 위하는 것입니다.' 하면서 합송을 합니다. 하나의 법, 그러니까 한 가지로 구성된 법, 두 가지로 구성된 법, 세 가지로 구성된 법, 열 가지로 구성된 법 등 총 230가지 법에 대해서 이야기를 합니다.

한 가지로 구성된 법은 '모든 중생들은 음식으로 생존합니다.', '모든 중생들은 상카라(행)로 생존합니다.'이고 두 가지로 구성된 법은 '사마타와 위빠사나', '양심과 수치심' 등입니다. 그걸 합송하니 부처님께서 '참 훌륭하다.'라고 하신 걸로 미루어봐서 부처님이 살아계실 때부터 부처님의 가르침을 전해야 한다는 생각이 있었던 것 같습니다. 그러니까 사리뿟따도 그랬을 겁니다. '이 청정범행이 오래 계속 돼서 신과 인간들의 행복과 이익을 위하도록 우리는 해야 된다.'

부처님의 법을 곁에서 가장 많이 들은 제자 중 한 명이 아난다입니다. 부처님 시자로만 25년간 생활했습니다. 그런데 아난다는 시자로 임명되기 전에 부처님께 부탁을 합니다. "내가 하는 부탁을 부처님께선 들어주셔야 됩니다." 여러 가지를 말하는데 그 중의 하나가 "제가 없는 자리에서 법문한 건 저한테 꼭 말씀해주셔야 됩니다."입니다. 그것은 외우겠다는 겁니다. 자기가 들은 건 자기가 다 외우고, 못 들은 건 들어서 외워가지고 전하겠다는 겁니다.

다섯 가지 갈래의 불교

많은 시간을 거쳐 오면서 불교도 많은 변화를 겪습니다. 특히나 지역이나 사상에 따라서도 여러 갈래로 나누어졌습니다. 부처님께서 세상에 오시고, 또 열반에 드셨지 않습니까? 이제 열반 후 2,500여 년의 세월이 흘렀습니다. 불교가 인도에서 다른 나라로 전파되고 또 시간도 흐르고 사회도 많이 변했습니다. 그러다 보니까 오늘날은 부처님 당시 부처님의 가르침만 있는 불교에서 많은 변화가 왔습니다. 제가 생각할 때는 크게 이야기하면 현재 다섯 가지의 불교가 있습니다. 첫 번째가 부처님의 가르침의 원형이 잘 보존된 불교로 오늘날 미얀마, 스리랑카, 태국을 중심으로 있습니다. 이걸 상좌부 불교라고 합니다. 부처님의 가르침의 원형이 보존된 이유에는 제가 볼 때는, 스리랑카, 미얀마, 태국이 인도와 문화가 비슷합니다. 그리고 이들 나라에 특별히 어떤 문화적인 세계나 종교적인 사상이 있었던 건 아닙니다. 그러니까 부처님 불교의 원형이 그대로 보존될 수 있었을 겁니다. 상좌부 불교는 니까야와 주석서를 중심으로 해서 공부하고 수행하는 시스템입니다. 경·율·론 삼장에 입각해 있습니다.

　두 번째는 대승불교입니다. 부처님이 열반하시고 나서 기원 전후에 생겼다는 설이 유력합니다. 그 당시 교단의 구성원들 중 일부는 초기불교의 어떤 단점이나 문제점을 봤을 겁니다. 그래서 대승불교가 생겼습니다. 그것이 북방 쪽으로 뻗어 몽골이나 베트남, 중국, 우리나라까지 전파되었습니다. 북방을 중심으로 한 대승불교가 또 하나의 불교입니다. 세 번째는 티베트불교입니다. 티베트불교는 대승불교를 근간으로 하면서 초기불교를 받아들입니다. 하지만 티베트에는 불교를 받아들이기 전에도 자기 나름대로 어떤 수행 체계가 있었습니다. 제가 파악하기로는 요가 전통입니다. 불교를 받아들여 보니까 불교가 참 위대한 가르침이고 좋았습니다. 그런데 뭔가 좀 빠진 게 있는 것 같다 하는 것들을 나름대로 보충해 티베트만의 불교, 흔히 금강승이라고 하는 체계가 된 것입니다. 그다음 네 번째는 중국으로 들어간 대승불교입니다. 중국은 불교를 받아들이기 전에 이미 도교의 수련문화가 자리 잡고 있었습니다. 이런 문화 때문에 대승불교는 중국 고유의 선불교 문화를 만들었습니다. 그리고 마지막 다섯 번째는 서양으로 넘어간 불교입니다. 토인비도 이야기했지만 20세기에 가장 놀라운 사건은 불교가 서양에 전래된 것입니다. 미국이나 유럽에서는 '마음'의 문제를 심리학으로 연구하고 있었습니다. 그런데 인간의 본질이 뭔지 우리의 괴로움을 어떻게 해결할 건지를 담당한 심리학과 불교가 만나면서 불교심리학 또는 불교심리치료 형태로 발전하게 됩니다. 이 분야는 앞으로 세계에 영향을 크게 미칠 겁니다. 이 분야가 '원래' 불교에서 너무 멀리 나간 것 아니냐고 우려하시는 분도 있습니다. 하지만 불교심리학은 제가 볼 때는 원래의 불교로 돌아갔다고도 볼 수 있습니다. 인간이 뭐냐를 탐구하고 인간의 문제를 해결하는 쪽은 원래 불교가 목표로 한 겁니다. 물론 아쉬운 점도 있습니다. 건강을 위주로 한 테크닉으로만 발전한다든지 불교의 핵심 가르침인 윤회를 인정하지 않는다든지, 불교에 있는 진리를 체득하고 괴로움을 완벽히 해결하게 해 주는 수행법들을 온전히 다 활용하지 못하는 것입니다. 불교심리학에서는 불교가 온전하게 다 존재하기는 어려울 것 같습니다. 앞으로 그게 보완이 돼야할 것입니다. 보완되기를 바랍니다.

지금까지 본격적인 초기불교 강의에 앞서 서론격으로 불교는 보편적인 진리라는 점, 그리고 이를 검증해 나갔던 부처님과 제자들의 이야기, 경전이 전해지게 된 과정, 마지막으로 불교가 어떤 흐름으로 발전해 갔는지를 살펴봤습니다.

불교를 철학으로 보는 사람도 있는데 저는 이런 규정을 별로 좋아하지 않습니다. 철학이라 하시는 분은 종교는 아니라 해서 좋은 의미로 말합니다. 그렇지만 우리가 보통 생각하는 철학은 사유가 많이 들어 있습니다. 철학에는 사유가 있고 그 철학에서 주장하는 것이 검증이 안 된 경우가 많습니다. 종교를 어떻게 정의하느냐에 따라서 불교가 종교가 될 수도 있고, 안 될 수도 있습니다. 예를 들어서 창조주 신과 인간과의 관계를 종교다 하면 불교는 종교가 아닙니다. 그렇지만 종교를 인간이 가질 수 있는 궁극적인 의문, 그것을 추구하고 또 발견해서 실천하는 걸 종교라 한다면 불교는 훌륭한 종교입니다.

앞으로의 강의는 각각의 주제를 통해 불교가 왜 검증된 진리고 훌륭한 종교인지 같이 알아보도록 하겠습니다.

03 삼종외도 ①

한국은 지구촌에서 유례를 찾아보기 힘든 다종교 사회입니다. 여럿의 종교들이 각자의 특수성을 인정받아 공존하는 사회입니다.

다종교 사회에서는(그렇지 않다 해도) 우선 내 것이 소중하면 다른 것도 소중하다는 마음을 갖는 것이 중요합니다. 종교를 이유로 다른 사람의 마음을 아프게 한다든지 기분 나쁘게 하는 일을 해서는 절대 안 됩니다.

하지만 조심해야 할 것이 있습니다. '모든 종교에는 진리가 있다.'는 말을 자주 듣습니다. 다른 종교의 말에도 귀를 기울이고 존중하는 것은 좋지만 '모두 다 진리'라고 말하는 것에는 신중해야 합니다. 진리가 모든 종교에 다 있다는 말은 정확히 보면 맞지 않는 말입니다. 가령 사람이 죽었을 때 어떤 현상이 일어나는지를 예로 들어보면, 어떤 종교에서는 이런 일이 벌어진다고 하고 다른 종교에서는 이런 일이 벌어진다고 합니다. 그러나 사람이 죽었을 때 실제로 일어나는 일이 있습니다. 각 종교에서 말하는 것이 다 맞다고 하면 말이 안 됩니다. 종교라는 건 세상을 설명하는 어떤 방법이고 길입니다.

물론 사람이 종교를 믿으면 개인적으로 수양이 되고 사회는 좀 더 밝아질 것이라고 말하면, 모든 종교에는 그런 길이 다 있습니다. 하지만 '진리'라는 말을 쓸 때는 조심해야 합니다. 또 진리를 어떻게 볼 것인가에 따라 실천 방법 역시 천양지차입니다.

『사문과경』에 나타난 육사외도 이야기

부처님 당시(2,600여 년 전)에도 오늘날 우리가 말하는 '종교'는 있었습니다. 부처님 이전 그리고 당시까지 바라문교(브라마니즘)는 가장 강력한 종교였습니다. 그런데 바라문교에 반기를 든 사상들이 비슷한 시기에 우후죽순 일어납니다. 정통 바라문을 믿지 않은 새로운 종교사상가들이 나타났다고 볼 수 있습니다. 어찌 보면 정통 바라문이 아닌 6사외도와 불교가 나타난 거죠. 당시는 경제적으로도 상당히 안정된 시기였다고 합니다. 그래서 많은 종교들이 나타났다고 봅니다. 정통 바라문이 아닌 것이다 해서 6사외도인데, 불교에서는 바라문교하고 6사외도를 합쳐 삼종외도라고 합니다. 세 가지 진리가 아닌 길이라는 뜻입니다.

삼종외도는 세 가지 불교 외적인 가르침이라는 뜻입니다. 각각의 대강을 설명하면 다음과 같습니다. ① 전지전능한 신이 창조해 다 관장한다. ② 숙명이 있어서 숙명을 반복할 수밖에 없다. ③ 모든 건 우연이다.

육사외도는 부처님 당시 가장 유력했던 여섯 명의 종교사상가와 그 집단을 일컫는 말입니다.

육사외도가 재밌게 드러난 경은 『사문과경』(D2)입니다. 그 당시에 인도에는 16개의 주요 국가가 있었습니다. 그 중 강력한 두 나라가

있었는데 하나는 인도 대륙 중동부에 있던 마가다 국이었고, 또 하나
는 서북부에 있던 꼬살라 국이었습니다. 이 중 부처님 당시 마가다 국
의 왕은 빔비사라 – 아자따삿뚜로 이어집니다. 그런데 아자따삿뚜는
아버지인 빔비사라 왕을 살해하고 왕위에 올랐습니다. 비록 왕위에 올
랐지만 많은 번민에 시달리게 됩니다. 그가 달빛이 좋은 어느 날 대신
들에게 묻습니다.

> 달빛 교교한 밤은 참으로 즐겁도다. 달빛 교교한 밤은 참으로
> 멋지도다. 달빛 교교한 밤은 참으로 편안하도다. 달빛 교교한
> 밤은 참으로 상서롭도다. 오늘 같은 밤에 참으로 어떤 사문이
> 나 바라문을 친견하면 마음에 깨끗한 믿음이 생길까?

이렇게 말하니 대신들이 육사외도 교단을 이끄는 창시자의 이름
을 하나씩 말하며 '믿음이 생길 것'이라고 말합니다. 그런데 왕은 여섯
명의 이름을 하나씩 듣고도 대답을 안 하고 가만히 있습니다. 그러다
가 아자따삿뚜가 부처님 주치의인 지와까에게 "여보게 지와까여, 왜
그대는 침묵하고만 있는가?" 하고 묻습니다. 이에 지와까는 부처님께
서 자신의 망고 숲에 머물고 계시다면서 부처님을 친견하면 깨끗한 믿
음이 생길 것이라고 대답합니다.

그렇게 하여 아자따삿뚜가 부처님을 뵈러 갑니다. 왕은 부처님께
큰 절을 올리고 비구 승가에게 합장을 한 뒤 한 곁에 앉은 후 부처님께
질문을 해도 좋으냐고 묻고 다음과 같이 여쭤봅니다.

세존이시여, 세상에는 여러 가지 기술 분야들이 있습니다. 즉 코끼리몰이꾼, 말몰이꾼, 전차병, 궁수, 기수, 군대참모, 보급병, 고위관리, 왕자, 정찰병, 영웅, 용사, 동체갑옷 입은 자, 하인의 아들, 요리사, 이발사, 목욕 보조사, 제과인, 정원사, 염색인, 직공, 바구니 만드는 자, 항아리 만드는 자, 경리인, 반지 만드는 자, 그 외에 여러 가지 기술 분야들이 있습니다. 그런 기술의 결실은 지금 여기서 스스로 보아 알 수 있으며 그들은 그런 결실로 살아갑니다. 그들은 그것으로 자신을 행복하게 하고 만족하게 하고, 그들은 그것으로 부모를 행복하게 하고 만족하게 하고, 그들은 그것으로 처자식을 행복하게 하고 만족하게 하고, 그들은 그것으로 친구와 동료를 행복하게 하고 만족하게 하며, 사문 바라문에게 많은 보시를 합니다. 그러한 보시는 고귀한 결말을 가져다주고 신성한 결말을 가져다주며 행복을 익게 하고 천상에 태어나게 합니다. 세존이시여, 세존께서도 이와 같이 지금 여기에서 스스로 보아 알 수 있는 출가생활의 결실을 천명하실 수 있습니까?

이에 부처님은 아자따삿뚜에게 다른 사문 바라문에게도 이런 질문을 한 적이 있는지 되묻습니다. 그런 질문을 한 적이 있다고 아자따삿뚜가 대답하자 부처님은 그들이 대답한 대로 말해 줄 수 있는지 묻고 아자따삿뚜는 그렇게 하겠다고 답합니다.

이렇게 해서 육사외도들에 대한 이야기가 나옵니다.

뿌라나 깟사빠 – 어떤 것을 해도 결과는 없다

맨처음 왕은 뿌라나 깟사빠라는 사람을 찾아갔습니다. 찾아가서 부처님에게 한 질문을 그대로 합니다. 이에 뿌라나 깟사빠가 다음과 같이 대답을 합니다.

> 대왕이여, [자기 손으로 직접] 행하고 [명령하여] 행하게 하고 [남의 손 등을] 자르고 자르게 하고 [막대기로] 고문하고 고문하게 하고 [재물을 뺏는 등으로] 슬프게 하고 [다른 이들에게 시켜서] 슬퍼하게 하고 억압하고 억압하게 하고 생명을 죽이고 주지 않은 것을 가지고 문을 부수어 도둑질하고 약탈하고 주거침입을 하고 노상강도질을 하고 남의 아내를 범하고 거짓말을 하더라도 그 사람은 죄악을 범한 것이 아닙니다. 만일 날카로운 원반을 가진 바퀴로 이 땅의 생명들을 모두 하나의 고깃덩어리로 만들고 하나의 고기무더기로 만들지라도 그로 인한 어떤 죄악도 없으며 죄악이 생기지도 않습니다. 강가 강의 남쪽 기슭에 가서 죽이고 죽게 하고 자르고 자르게 하고 고문하고 고문하게 하더라도 그로 인한 어떤 죄악도 없으며 죄악이 생기지도 않습니다. 강가 강의 북쪽 기슭에 가서 보시하고 보시하게 하고 공양하고 공양하게 하더라도 그로 인한 어떤 공덕도 없으며 공덕이 생기지도 않습니다. 보시하고 자신을 길들이고 제어하고 바른 말을 하더라도 공덕도 없으며 공덕이 생기지도 않습니다.

그 대답을 듣고 나서 받은 느낌에 대해 왕은 부처님께 다음과 같이 말합니다.

세존이시여, 참으로 저는 뿌라나 깟사빠에게 지금 여기에서 스스로 보아 알 수 있는 출가생활의 결실을 물었는데 그는 [업]지음이 없음을 설명했습니다. 세존이시여, 예를 들면 망고에 대해서 물었는데 빵나무를 설명하고 빵나무에 대해서 물었는데 망고를 설명하는 것과 같습니다. 그와 마찬가지로 참으로 저는 뿌라나 깟사빠에게 지금 여기에서 스스로 보아 알 수 있는 출가생활의 결실을 물었는데 그는 [업]지음이 없음을 설명했습니다. 세존이시여, 그렇지만 제게는 '어찌 나 같은 왕이 나의 영토에 거주하고 있는 사문이나 바라문을 경시할 수 있겠는가.'라는 생각이 들었습니다. 세존이시여, 그래서 저는 뿌라나 깟사빠의 말을 기뻐하지도 않았고 비난하지도 않았습니다. 기뻐하지도 비난하지도 않은 채, 마음이 언짢았지만 언짢은 것에 대한 어떤 말도 내뱉지 않고, 그의 말을 받아들이지도 않고 냉소하지도 않으면서 자리에서 일어나 나왔습니다.

뿌라나 깟사빠 주장은 어떤 것을 해도 결과가 없다는 겁니다. 도덕부정주의론자입니다.

막칼리 고살라 – 아무런 원인도 없고 또 어떤 결과도 초래하지 않는다

그다음으로 아자따삿뚜는 막칼리 고살라라는 스승을 찾아갑니다. 막칼리 고살라에게 역시 같은 질문을 하고 다음과 같은 대답을 듣습니다.

대왕이여, 중생들이 오염되는 것에는 어떤 원인도 어떤 조건도 없습니다. 어떤 원인도 어떤 조건도 없이 오염됩니다. 중생들이 청정하게 되는 어떤 원인도 어떤 조건도 없습니다. 어떤 원인도 어떤 조건도 없이 청정하게 됩니다. 자신의 행위도 남의 행위도 인간의 행위도 없습니다. 힘도 없고 정진력도 없고 근력도 없고 분발도 없습니다. 모든 중생들과 모든 생명들과 모든 존재들과 모든 영혼들은 [자신의 운명을] 지배하지 못하고 힘도 없고 정진력도 없이 운명과 우연의 일치와 천성의 틀에 짜여서 여섯 종류의 생에서 즐거움과 괴로움을 겪습니다. 그런데 대왕이여, 1백4십만 가지의 주요한 모태가 있고, 육천육백 가지 [모태]가 있습니다. 오백 가지의 업이 있고, 다섯 가지, 세 가지의 업이 있고, 완전한 업이 있고 반쯤의 업이 있습니다. 62가지 길이 있고 62가지 중간 겁이 있습니다. 여섯 가지 종이 있고 8가지 인간계가 있고 4,900의 생명체가 있고 4,900의 유행승이 있고 4,900의 용이 있습니다. 2천의 감각기관이 있고, 3천의 지옥이 있고, 36가지의 티끌의 요소가 있고, 일곱 가지 인식이 있는 모태와 일곱 가지 인식이 없는 모태가 있고, 일곱 가지 신, 일곱 가지 인간, 일곱 가지 유

령, 일곱 가지 호수, 일곱 가지 [큰] 융기물, 7백 가지 [작은] 융
기물, 일곱 가지 갈라진 틈, 7백 가지 [작은] 갈라진 틈, 일곱 가
지 [중요한] 꿈, 일곱 가지 [사소한] 꿈이 있습니다. 그리고 8백4
십만의 대겁이 있습니다. 어리석은 자나 현자나 같이 그것을
모두 치달리고 윤회하고 나서야 괴로움의 끝을 냅니다. 그러
므로 여기에 '나는 계나 서계(誓戒)나 고행이나 청정범행으로
[아직] 익지 않은 업을 익게 하겠다.'라거나 '익은 업은 점차로
없애겠다.'는 것은 있을 수 없습니다. 즐거움과 괴로움의 크
기가 정해져 있는 이 윤회에서 아무것도 줄이거나 늘일 수 없
으며 아무것도 증가시키거나 감소시킬 수 없습니다. 마치 감
긴 실타래를 던지면 [실이 다 풀릴 때까지] 굴러가는 것처럼 그와
마찬가지로 어리석은 자나 현자나 같이 치달리고 윤회하고
나서야 괴로움의 끝을 냅니다.

막칼리 고살라의 주장은 흔히 숙명론이라고 불립니다. 아자따삿
뚜 왕은 뿌라나 깟사빠의 대답에서 받았던 느낌을 똑같이 받았습니다.

아지따 께사깜발라 – 선악에 대한 과보는 없다

세 번째로 아자따삿뚜 왕은 아지따 께사깜발라라는 스승을 찾아갑니
다. 그에게도 역시 같은 질문을 하고 다음과 같은 대답을 듣습니다.

대왕이여, 보시한 것도 없고 제사지낸 것도 없고 헌공한 것
도 없습니다. 선행과 악행의 업들에 대한 열매도 과보도 없습
니다. 이 세상도 없고 저 세상도 없습니다. 어머니도 없고 아
버지도 없습니다. 화생하는 중생도 없고 이 세상과 저 세상을
스스로 최상의 지혜로 알고, 실현하여, 드러내는 바른 도를
구족한 사문 바라문들도 이 세상에는 없습니다. 이 인간이라
는 것은 사대로 이루어진 것이어서 임종하면 땅은 땅의 몸으
로 들어가고 돌아가고, 물은 물의 몸으로 들어가고 돌아가고,
불은 불의 몸으로 들어가고 돌아가고, 바람은 바람의 몸으로
들어가고 돌아가고, 감각기능들은 허공으로 건너갑니다. 관
을 다섯 번째로 한 [네] 사람이 시체를 매고 갑니다. 송덕문은
화장터까지만 읊어질 뿐입니다. 보시란 어리석은 자의 교설
일 뿐이니 누구든 [보시 등의 과보가] 있다고 설하는 자들의 교
설은 공허하고 거짓되고 쓸데없는 말에 지나지 않습니다. 어
리석은 자도 현자도 몸이 무너지면 단멸하고 멸절한 뿐이라
서 죽고 난 다음이라는 것은 없습니다.

아지따 께사깜발라는 도덕을 부정하고 단멸론을 주장합니다. 왕
은 앞서 두 사람의 대답에서 받았던 느낌을 똑같이 받았습니다.

빠꾸다 깟짜나 - 생명은 나지도 죽지도 않는다

네 번째는 빠꾸다 깟짜나라는 사람입니다. 빠꾸다 깟짜나에게도 역시 같은 질문을 하고 다음과 같은 대답을 듣습니다.

대왕이여, 일곱 가지 몸들이 있나니, 만들어지지 않았고, 만들어진 것에 속하지 않고, 창조되지 않았고, 창조자가 없으며, 생산함이 없고, 산꼭대기처럼 움직이지 않고, 성문 앞의 기둥처럼 견고하게 서 있습니다. 그들은 움직이지 않고, 변하지 않고 서로를 방해하지 않습니다. 서로서로에게 즐거움도 괴로움도 그 둘 모두도 주지 못합니다. 무엇이 일곱인가요? 땅의 몸, 물의 몸, 불의 몸, 바람의 몸, 즐거움, 괴로움, 그리고 일곱 번째로 영혼입니다. 이들 일곱 가지 몸들이 있나니, 만들어지지 않았고, 만들어진 것에 속하지 않고, 창조되지 않았고, 창조자가 없으며, 생산함이 없고, 산꼭대기처럼 움직이지 않고, 성문 앞의 기둥처럼 견고하게 서 있습니다. 그들은 움직이지 않고, 변하지 않고 서로를 방해하지 않습니다. 서로서로에게 즐거움도 괴로움도 그 둘 모두도 주지 못합니다. 그러므로 여기서 죽이는 자도 없고 죽이게 하는 자도 없고 듣는 자도 없고 말하는 자도 없고 아는 자도 없고 알게 하는 자도 없습니다. 날카로운 칼로 머리를 자른다고 해도 누구도 누구의 생명을 빼앗은 것이 아닙니다. 다만 칼이 이 일곱 가지 몸들의 가운데를 통과한 것에 지나지 않습니다.

빠꾸다 깟짜나는 존재는 위에서 말한 일곱 가지 실재로 이루어져 있어 어떤 것도 영향을 줄 수 없다는 주장을 합니다. 왕은 앞서 세 사람의 대답에서 받았던 것과 같은 느낌을 받았습니다.

니간타 나따뿟따 – 네 가지 제어로 단속함

다섯 번째는 니간타 나따뿟따입니다. 니간타 나따뿟따에게도 역시 같은 질문을 하고 다음과 같은 대답을 듣습니다.

> 대왕이여, 니간타는 네 가지 제어로 단속합니다. 대왕이여, 니간타는 어떻게 네 가지 제어로 단속할까요? 대왕이여, 여기 니간타는 모든 찬물을 금하고, 모든 악을 금하고, [모든 악을] 철저하게 금하여 모든 악을 제거하고, 모든 악을 금하여 [해탈을] 얻습니다. 대왕이여, 이와 같이 니간타는 네 가지 제어로 단속합니다. 대왕이여, 이를 일러 니간타 나따뿟따는 자아에 도달했고 자아에 계합했고 자아에 머문다고 합니다.

니간타 나따뿟따는 자이나교의 창시자입니다. 자이나교는 아직도 인도에서 그 명맥을 유지하고 있습니다. 불교와 마찬가지로 업에서 해방되는 것이 윤회에서 벗어나는 길임을 말했지만 붓다가 거부한 고행주의를 추구했습니다. 무소유를 실천하기 위해 발가벗은 채로 살고 미생물을 살리려고 물도 걸러서 먹었습니다. 왕은 앞서 네 사람의 대답에서 받았던 느낌을 받았습니다.

산자야 벨랏티뿟따 - 애매모호함

마지막으로 산자야 벨랏티뿟따라는 사람이 있습니다. 왕은 벨랏티뿟따에게도 역시 같은 질문을 하고 다음과 같은 대답을 듣습니다.

> 대왕이여, 만일 당신이 '저 세상이 있소?'라고 내게 묻고 내가 '저 세상은 있다.'고 생각한다면 나는 '저 세상은 있다.'고 대답해야 할 것입니다. 그러나 나는 이러하다고도 하지 않으며, 그러하다고도 하지 않으며, 다르다고도 하지 않으며, 아니라고도 하지 않으며, 아니지 않다고도 하지 않습니다. (2) 만일 당신이 '저 세상이 없소?'라고 ⋯ (3) 만일 당신이 '저 세상이 있기도 하고 없기도 하오?'라고 ⋯ (4) 만일 당신이 '저 세상이 있는 것도 아니고 없는 것도 아니오?'라고 ⋯ (5) 만일 당신이 '화생은 있소?'라고 ⋯ (6) 만일 당신이 '저 세상이 없소?'라고 ⋯ (7) 만일 당신이 '화생이 있기도 하고 없기도 하오?'라고 ⋯ (8) 만일 당신이 '화생이 있는 것도 아니고 없는 것도 아니오?'라고 ⋯ (9) 만일 당신이 '잘 지은 업과 잘못 지은 업의 결실과 과보는 있소?'라고 ⋯ (10) 만일 당신이 '잘 지은 업과 잘못 지은 업의 결실과 과보는 없소?'라고 ⋯ (11) 만일 당신이 '잘 지은 업과 잘못 지은 업의 결실과 과보는 있기

도 하고 없기도 하오?'라고 … (12) 만일 당신이 '잘 지은 업과 잘못 지은 업의 결실과 과보는 있는 것도 아니고 없는 것도 아니오?'라고 … (13) 만일 당신이 '여래는 사후에도 존재하오?'라고 … (14) 만일 당신이 '여래는 사후에도 존재하지 않소?'라고 … (15) 만일 당신이 '여래는 사후에 존재하기도 하고 존재하지 않기도 하오?'라고 … (16) 만일 당신이 '여래는 사후에 존재하는 것도 아니고 존재하지 않는 것도 아니오?' 라고 내게 묻고 내가 '여래는 사후에 존재하는 것도 아니고 존재하지 않는 것도 아니다.'라고 생각한다면 나는 '여래는 사후에 존재하는 것도 아니고 존재하지 않는 것도 아니다.'라고 대답해야 할 것입니다. 그러나 나는 이러하다고도 하지 않으며, 그러하다고도 하지 않으며, 다르다고도 하지 않으며, 아니라고도 하지 않으며, 아니지 않다고도 하지 않습니다.

산자야 벨랏티뿟따는 시종일관 애매모호하게만 말합니다. 흔히 회의론자로 분류합니다. 왕은 앞서 다섯 사람의 대답에서 받았던 느낌을 받았습니다. 그런데 산자야 벨랏티뿟따에게는 엄청나게 많은 제자들이 있었습니다. 지금 이렇게 그 사람들의 주장을 간단히 요약할 때는 이해가 안 되지만 그 사람들 나름대로 교리를 가지고 있었고 신통과 같은 뛰어난 능력을 가지고 있었다고 합니다.

세 가지 외도의 가르침에 대한 부처님의 논박

그러면 부처님은 이런 외도의 가르침에 어떻게 대처하셨을까요? 우선 삼종외도를 설명하고 이에 대처하는 장면이 담긴 경전을 보겠습니다. 『외도주장 경』(A3:61)에 나오는 내용입니다.

> 비구들이여, 세 가지 외도의 주장이 있다. 현자들이 그것에 대해 질문을 던지고 집요하게 이유를 묻고 반복해서 질문하면 그것은 [스승 등의] 계보에는 이르겠지만 결국에는 [업]지음 없음에 도달하고 만다. 어떤 것이 셋인가?
> 비구들이여, 어떤 사문 바라문은 이런 주장과 이런 견해를 가지고 있다. '사람이 즐거운 느낌이나 괴로운 느낌이나 즐겁지도 않고 괴롭지도 않은 느낌을 경험하는 것은 모두 전생의 행위에 기인한 것이다.'
> 비구들이여, 어떤 사문 바라문은 이런 주장과 이런 견해를 가지고 있다. '사람이 즐거운 느낌이나 괴로운 느낌이나 즐겁지도 않고 괴롭지도 않은 느낌을 경험하는 것은 모두 신이 창조했기 때문이다.'
> 비구들이여, 어떤 사문 바라문은 이런 주장과 이런 견해를 가지고 있다. '사람이 즐거운 느낌이나 괴로운 느낌이나 즐겁지도 않고 괴롭지도 않은 느낌을 경험하는 것은 모두 원인도 없고 조건도 없다.'"

이 세 가지 주장인데, 이 세 가지 주장은 전부다 업이 없다는 걸로 결론이 납니다. 업이란 것은 원인이 되는 행동이고, 그것은 결과를 가져옵니다. 그런데 그게 없다는 겁니다. 행위가 있는데, 행위의 결과가 없다는 것입니다. 말하자면 무엇을 하든 결과를 남기지 않는다는 겁니다. 지금 우리가 뭘 경험하는 것은 신에 의해서 또는 어떤 전생의 행위에 의해서 또는 어떤 원인도 없이 된다는 겁니다.

이에 대해 경전에는 다음과 같이 반박하는 장면이 나옵니다.

> 비구들이여, [이 세 가지 주장을] 진심으로 믿는 자들에게는 해야 할 것과 하지 말아야 할 것에 대해 [하려는] 열의와 노력과 [하지 않으려는] 열의와 노력이 없다. 해야 할 것과 하지 말아야 할 것에 대해 진실함과 확고함을 얻지 못하고 마음챙김을 놓아버리고 [여섯 가지 감각기능의 문을] 보호하지 않고 머물기 때문에 자기들 스스로 정당하게 사문이라 주장하지 못한다. 비구들이여, [이 세 가지 주장을] 가진 사문 바라문에 대한 나의 정당한 논박이다.
>
> (중략)
>
> 비구들이여, 내가 설한 법은 현명한 사문 바라문들에게 논박당할 수 없고 오염될 수 없고 비난받지 않고 책망 받지 않는다. 비구들이여, 그러면 현명한 사문 바라문들에게 논박당할 수 없고 오염될 수 없고 비난받지 않고 책망 받지 않는 내가 설한 법은 어떤 것인가?

경전에는 이어서 보편적인 진리로서의 부처님 가르침의 핵심적인 내용을 말씀하십니다.

먼저 '여섯 가지 요소'가 있다고 말씀하십니다. 여섯 가지 요소는 지(地)·수(水)·화(火)·풍(風)·공(空)·식(識)입니다. 세상 모든 것은 지·수·화·풍·공·식에 다 들어간다는 것은 불교에서 굉장히 중요한 교설입니다. 그다음에 '여섯 감각장소의 접촉'을 말씀하십니다. 우리에게 눈·귀·코·혀·몸·정신이 있고 그것들이 그 대상과 접촉하는 것은 분명하지 않습니까? 그다음에 열여덟 가지 지속적 고찰을 말씀하십니다. 우리가 눈·귀·코·혀·몸·정신을 가지고 어떤 사랑스러운 대상 또는 즐거운 대상, 괴로운 대상, 즐겁지도 괴롭지도 않은 대상을 지속적으로 고찰합니다.

이어서 네 가지 성스러운 진리를 말씀하십니다.

우리는 살아가면서 좋은 일을 해야 합니다. 하지만 삼종외도는 좋은 일을 해야 된다는 것을 확실하게 우리한테 심어주질 못합니다. 그러면서 안 좋은 일을 하는 것은 쉽게 할 수 있게 부추기는 요소가 있습니다. 왜냐하면 들어보면 '업이 없다.' '결과가 없다.' 하니까 사람들은 이 감각적 욕망을 취하고 싶지 않겠습니까?

아인슈타인도 이와 관련된 말을 했습니다. "만약 신이 전능하다면 모든 인간의 행위, 생각, 느낌과 열망을 포함해서 모든 사건 또한 신의 일이다. 그런 전능한 존재 앞에서 인간이 그들의 행위와 생각에 책임이 있다고 생각하는 것이 어찌 가능하겠는가?"

외도의 세 가지 여읨과 진정한 수행자의 세 가지 여읨

외도 유행승과 부처님 법을 따르는 제자들은 법과 율에서도 차이가 많았습니다. 물론 그 당시 외도들도 '세 가지 멀리 여읨'이라 해서 세 가지에 집착하는 것을 경계했습니다. 세 가지는 옷, 음식, 거처입니다. 부처님의 가르침에도 '세 가지 멀리 여읨'이 있었는데 외도가 말하는 것과는 그 내용이 다릅니다.『멀리 여읨 경』(A 3:92)에 그 차이가 나옵니다.

> 비구들이여, 외도 유행승들은 세 가지 멀리 여읨을 천명한다. 무엇이 셋인가? 의복[과 관련된 오염원들을] 멀리 여읨, 탁발 음식[과 관련된 오염원들을] 멀리 여읨, 거처[와 관련된 오염원들을] 멀리 여읨이다.
> 비구들이여, 여기 외도 유행승들은 의복[과 관련된 오염원들을] 멀리 여읨에 대해서 천명한다. 그들은 삼베로 만든 옷을 입고, 마포로 된 거친 옷을 입고, 시체를 싸맨 헝겊으로 만든 옷을 입고, 넝마로 만든 옷을 입고, 나무껍질로 만든 옷을 입고, 영양 가죽을 입고, 영양 가죽으로 만든 외투를 입고, 꾸사 풀로 만든 외투를 입고, 나무껍질로 만든 외투를 입고, 판자로 만든 외투를 입고, 머리털로 만든 담요를 입고, 꼬리털로 만든 외투를 입고, 올빼미 털로 만든 옷을 입는다.
> 비구들이여, 이렇게 외도 유행승들은 의복[과 관련된 오염원들을] 멀리 여읨에 대해서 천명한다.
> 비구들이여, 여기 외도 유행승들은 탁발 음식[과 관련된 오염원

들을] 멀리 여윔에 대해서 천명한다. 그들은 채소를 먹고, 수수, 니바라쌀, 가죽 부스러기, 수초, 등겨, 뜨물, 깻가루, 풀, 소똥을 먹는 자이며, 야생의 풀뿌리와 열매를 음식으로 해서 살고, 떨어진 열매를 먹는다.

비구들이여, 이렇게 외도 유행승들은 탁발 음식[과 관련된 오염원들을] 멀리 여윔에 대해서 천명한다.

비구들이여, 여기 외도 유행승들은 거처[와 관련된 오염원들을] 멀리 여윔에 대해서 천명한다. 그들은 숲속이나 나무 아래나 산이나 골짜기나 산속 동굴이나 묘지나 밀림이나 노지나 짚더미나 탈곡장을 [거처로 가진다.] 비구들이여, 이렇게 외도 유행승들은 거처[와 관련된 오염원들을] 멀리 여윔에 대해서 천명한다.

비구들이여, 이 법과 율에 [머무는] 비구에게 세 가지 멀리 여윔이 있다. 무엇이 셋인가?

비구들이여, 여기 비구는 계를 지닌 자가 되어 나쁜 계행을 버린다. 나쁜 계행을 버림으로써 그는 멀리 여윈다. 그는 바른 견해를 가진 자가 되어 삿된 견해를 버린다. 삿된 견해를 버림으로써 그는 멀리 여윈다. 그는 번뇌 다한 자가 되어 번뇌들을 버린다. 번뇌들을 버림으로써 그는 멀리 여윈다.

비구들이여, 비구가 계를 지닌 자가 되어 나쁜 계행을 버리고 나쁜 계행을 버림으로써 멀리 여의고, 바른 견해를 가진 자가 되어 삿된 견해를 버리고 삿된 견해를 버림으로써 멀리 여의고, 번뇌 다한 자가 되어 번뇌들을 버리고 번뇌들을 버림으로써 멀리 여읠 때, 이와 같은 비구를 일러 '최고가 되었다, 본질을 얻었다, 청정하다, 본질에 확고하다.'고 한다.

이어서 부처님께서 말씀하십니다.

비구들이여, 예를 들면 가을의 구름 한 점 없는 높은 창공에 떠오르는 태양은 허공의 모든 어두움을 흩어버리면서 빛나고 반짝이고 광휘롭듯이 비구들이여, 그와 같이 성스러운 제자에게 티끌 없고 때 없는 법의 눈이 생긴다. 비구들이여, 견이 생김과 더불어 성스러운 제자는 [불변하는] 자기 존재가 있다는 견해[유신견]와 의심과 계율과 서계에 대한 집착[계금취]의 세 가지 족쇄들을 제거한다. 그다음에 그는 탐욕과 악의의 두 가지 법들로부터 벗어난다. 그는 감각적 욕망들을 완전히 떨쳐버리고 해로운 법들을 떨쳐버린 뒤, 일으킨 생각과 지속적인 고찰이 있고, 떨쳐버렸음에서 생겼고, 희열과 행복이 있는 초선을 구족하여 머문다.
비구들이여, 이러한 때에 성스러운 제자가 임종을 맞으면 성스러운 제자에겐 다시 이 세상에 돌아오게 하는 그런 족쇄가 존재하지 않는다.

하루는 어떤 사람이 부처님을 찾아와서 다음과 같은 대화를 나누는데 잘못된 견해와 관계가 있어 소개합니다.

고따마 존자시여, 저는 이런 주장과 이런 견해를 가졌습니다. '자신의 행위도 없고 남의 행위도 없다.'라고.

바라문이여, 나는 이런 주장과 이런 견해를 보지도 못했고 듣지도 못했다. 자기 스스로 앞으로 나아가고 뒤로 물러나면서 어떻게 '자신의 행위도 없고 남의 행위도 없다.'라고 말인가? 바라문이여, 이를 어떻게 생각하는가? 시작하는 요소가 있다고 생각하는가?

그렇습니다, 존자시여. '시작하는 요소가 있기 때문에 [일을] 시작한 중생들이라고 불리는 것입니다. 그렇습니다, 존자시여.

바라문이여, '시작하는 요소가 있기 때문에 [일을] 시작한 중생들이라고 불린다.'는 이것이 바로 중생들 사이에서 자신의 행위이고 이것이 바로 남의 행위이다. 바라문이여, 이를 어떻게 생각하는가? 벗어나는 요소가 있다고 생각하는가? … 분발하는 요소가 있다고 생각하는가? … 힘을 내는 요소가 있다고 생각하는가? … 확고한 요소가 있다고 생각하는가? … 착수하는 요소가 있다고 생각하는가?

그렇습니다, 존자시여. '착수하는 요소가 있기 때문에 [일을 정력적으로] 착수하는 중생들이라고 불리는 것입니다. 그렇습니다, 존자시여.

바라문이여, '착수하는 요소가 있기 때문에 [일을 정력적으로] 착수하는 중생들이라고 불린다.'는 이것이 바로 중생들 사이에서 자신의 행위이고 이것이 바로 남의 행위이다.

이 대화 후 이 사람은 부처님께 귀의합니다. 이 사람도 굉장히 깊은 사유 끝에 본질적으로 볼 때 그렇게 말했을 겁니다. 그렇지만 자기가 놓치고 있는 걸 부처님이 지적하신 것이죠.

『찟따 경』의 가르침

앞서 이야기한 대로 육사외도 중 한 명인 니간타 나따뿟따는 자이나교의 교주입니다. 육사외도 중 그 무리가 가장 많았습니다. 이 니간타 나따뿟따와 부처님의 제자 찟따 장자가 만난 일이 경전에 나와 있습니다. 찟따 장자는 예류과, 일래과를 넘어 아라한 바로 밑에 단계인 불환과를 얻은 성자입니다. 상윳따 니까야에 보면 「찟따 품」이 있을 정도로 경전에 자주 등장하는 인물입니다. 그런데 선정의 요소로 '일으킨 생각과 지속적인 고찰'이라는 게 있습니다. 일으킨 생각은 명상의 대상으로 향하고 지속적 고찰은 명상의 대상을 탁 잡는 것입니다. 니간타 나따뿟따 생각에는 이것을 안 잡고 있는 선정이 어떻게 가능한가 이런 생각을 한 것 같습니다. 그래서 니간타 나따뿟다는 찟따 장자에게 이렇게 묻습니다. 『니간타 나따뿟따 경』((S 41:8)에 나오는 이야기입니다.

> 장자여, 그대는 사문 고따마가 '일으킨 생각이 없고 지속적인
> 고찰이 없는 삼매가 있다. 일으킨 생각과 지속적인 고찰의 소
> 멸은 존재한다.' 라고 하는 것을 믿습니까?

> 존자시여, 저는 세존께서 '일으킨 생각이 없고 지속적인 고찰
> 이 없는 삼매가 있다. 일으킨 생각과 지속적인 고찰의 소멸은
> 존재한다.' 라고 하신 것을 믿음으로 다가가지 않습니다.

이렇게 말하자 니간타 나따뿟따는 의기양양하게 자신의 회중을
둘러본 뒤 말합니다.

> 존자들은 찟따 장자의 올곧음을 보시오. 찟따 장자는 참으로
> 정직합니다. 찟따 장자는 남을 현혹시키지 않습니다. 일으킨
> 생각과 지속적인 고찰을 소멸시킬 수 있다고 생각하는 사람
> 은 마치 그물로 바람을 잡으려고 하는 것과 같습니다. 일으킨
> 생각과 지속적인 고찰을 소멸시킬 수 있다고 생각하는 사람
> 은 강가 강의 흐름을 자신의 주먹으로 막으려고 생각하는 것
> 과 같습니다.

그러자 찟따 장자가 묻습니다.

존자시여, 이를 어떻게 생각하십니까? 지혜와 믿음 가운데 어떤 것이 더 수승합니까?

장자여, 믿음보다는 지혜가 더 수승합니다.

존자시여, 저는 원하기만 하면 감각적 욕망들을 완전히 떨쳐 버리고 해로운 법들을 떨쳐버린 뒤, 일으킨 생각과 지속적인 고찰이 있고, 떨쳐버렸음에서 생겼고, 희열과 행복이 있는 초선을 구족하여 머뭅니다.

존자시여, 저는 원하기만 하면 일으킨 생각과 지속적인 고찰을 가라앉혔기 때문에 [더 이상 존재하지 않으며], 자기 내면의 것이고, 확신이 있으며, 마음의 단일한 상태이고, 일으킨 생각과 지속적인 고찰은 없고, 삼매에서 생긴 희열과 행복이 있는 제2선에 들어 머뭅니다.

존자시여, 저는 원하기만 하면 희열이 빛바랬기 때문에 평온하게 머물고, 마음 챙기고 알아차리며 몸으로 행복을 경험하고, 이 [禪 때문에] '평온하고 마음챙기며 행복하게 머문다.'라고 성자들이 묘사하는 제3선에 들어 머뭅니다.

존자시여, 저는 원하기만 하면 행복도 버리고 괴로움도 버리고, 아울러 그 이전에 이미 기쁨과 슬픔이 소멸되었으므로 괴롭지도 즐겁지도 않으며, 평온으로 인해 마음챙김이 청정한 제4선에 들어 머뭅니다.

존자시여, 저는 참으로 이와 같이 알고 이와 같이 봅니다. 그러므로 '일으킨 생각이 없고 지속적인 고찰이 없는 삼매가 있다. 일으킨 생각과 지속적인 고찰의 소멸은 존재한다.'라고 하는 것에 대해서 제가 어떤 사문이나 바라문에게 믿음으로 다가가겠습니까?

이렇게 말하자 니간타 나따뿟따는 자신의 회중을 곁눈질로 둘러본 뒤 이렇게 말했다.

존자들은 찟따 장자의 올곧지 못함을 보시오. 찟따 장자는 참으로 교활합니다. 찟따 장자는 남을 현혹합니다.

존자시여, 조금 전에 존자께서는 '존자들은 찟따 장자의 올곧음을 보시오. 찟따 장자는 참으로 정직합니다. 찟따 장자는 남을 현혹 시키지 않습니다.'라고 말씀하신 것을 우리는 알고 있습니다. 그런데 지금은 다시 '존자들은 찟따 장자의 올곧지 못함을 보시오. 찟따 장자는 참으로 교활합니다. 찟따 장자는 남을 현혹시킵니다.'라고 하신 것을 우리는 알고 있습니다. 존자시여, 만일 당신의 첫 번째 말씀이 거짓이라면 나중 것은 진실입니다. 존자시여, 만일 당신의 첫 번째 말씀이 거짓이라면 나중 것은 진실입니다.
존자시여, 그리고 열 가지 법다운 질문이 있습니다. 만일 이것의 뜻을 아신다면 니간타의 회중과 더불어 제게 대꾸를 하실 것입니다

하나에 대한 질문과 하나에 대한 개요와 하나에 대한 설명이
있고,

둘에 대한 질문과 둘에 대한 개요와 둘에 대한 설명이 있고,

셋에 대한 질문과 셋에 대한 개요와 셋에 대한 설명이 있고,

넷에 대한 질문과 넷에 대한 개요와 넷에 대한 설명이 있고,

다섯에 대한 질문과 다섯에 대한 개요와 다섯에 대한 설명이
있고,

여섯에 대한 질문과 여섯에 대한 개요와 여섯에 대한 설명이
있고,

일곱에 대한 질문과 일곱에 대한 개요와 일곱에 대한 설명이
있고,

여덟에 대한 질문과 여덟에 대한 개요와 여덟에 대한 설명이
있고,

아홉에 대한 질문과 아홉에 대한 개요와 아홉에 대한 설명이
있고,

열에 대한 질문과 열에 대한 개요와 열에 대한 설명이 있습
니다.

그러나 찟따 장자는 니간타 나따뿟따에게 이 열 가지 법다운 질문
에 대해 더 이상 묻지는 않고 자리에서 일어나서 나옵니다. 이 대화를
통해 당시의 외도 사상과 불교와의 관계를 잘 알 수 있습니다.

흉년에 탁발을 나간 부처님

부처님 당시 외도 사상과 불교와의 관계를 잘 알 수 있는 또 다른 일화
가 있어 소개합니다. 『가문 경』(S42:9)에 나오는 이야기입니다.

그 당시 어느 해에 흉년이 들었습니다. 흉년이 들었지만 부처님
께서는 많은 비구승과 더불어 유행을 했습니다. 니간타 나따뿟따가
기회를 포착했습니다. 니간타 나따뿟따가 부처님이 탁발하는 지역의
촌장 아시반다까뿟다를 불러서 고따마 존자가 오면 이렇게 질문하라
고 말합니다. 또 이렇게 질문했는데, 이렇게 대답하면 또 이렇게 하라
고 이야기를 합니다. 이 대화를 봐도 당시의 외도 사상과 불교와의 관
계를 잘 알 수 있습니다.

세존이시여, 세존께서는 가문을 동정하는 것을 칭송하시고
보호하는 것을 칭송하시고 연민하는 것을 칭송하십니까?

그러하다, 촌장이여. 여래는 여러 가지 방법으로 가문을 동정
하는 것을 칭송하고 보호하는 것을 칭송하고 연민하는 것을
칭송한다.

세존이시여, 그러면 왜 세존께서는 이렇게 흉년이 들어 식량
이 부족하고 농작물은 하얗게 타들어가 지푸라기로 변해버
린 시기에 많은 비구 승가와 함께 유행을 하십니까? 세존께
서는 가문들을 파괴하기 위해서 도 닦으십니다. 세존께서는

가문들의 재앙을 위해서 도 닦으십니다. 세존께서는 가문들의 파멸을 위해서 도 닦으십니다.

촌장이여, 내가 지난 91겁을 기억해 보건데 전에 어떤 가문도 단지 요리된 탁발음식을 공양한 것만으로 파멸된 가문을 나는 알지 못한다. 오히려 부유하고 많은 재물과 재산과 풍부한 금은과 풍부한 재물과 재산과 풍부한 가산과 곡식을 가진 가문들은 모두 보시와 진실과 제어를 통해서 그렇게 된 것이다.

이어서 부처님은 이렇게 이야기합니다.

촌장이여, 여덟 가지 원인과 여덟 가지 조건 때문에 가문들은 파멸한다.
왕 때문에 가문들은 파멸한다. 도둑 때문에 가문들은 파멸한다. 불 때문에 가문들은 파멸한다. 물 때문에 가문들은 파멸한다. 비밀리에 보관해둔 것을 찾아내지 못한다. 사업을 잘못하여 실패한다. 재물을 낭비하고 허비하고 탕진하는 사치꾼이 가문 안에서 생긴다. 무상한 것이 여덟 번째이다.
촌장이여, 이러한 여덟 가지 원인과 여덟 가지 조건 때문에 가문들은 파멸한다.
촌장이여, 이러한 여덟 가지 원인과 여덟 가지 조건이 따로 있는데도 불구하고 누가 나에게 말하기를, '세존께서는 가문들을 파괴하기 위해서 도 닦으십니다. 세존께서는 가문들의 재앙을 위해서 도 닦으십니다. 세존께서는 가문들의 파멸을 위해서 도 닦으십니다.' 라고 한다 하자. 촌장이여, 만일 그가 이런 견해를 제거하지 않고 이런 마음을 제거하지 않고 이런 견해를 포기하지 않고 죽으면, 마치 누가 그를 데려가서 놓는 것처럼 [반드시] 지옥에 떨어질 것이다.

이와 같이 말씀하시자 아시반다까뿟따 촌장은 세존께 이렇게 말씀드렸습니다.

경이롭습니다, 세존이시여. 경이롭습니다, 세존이시여. 마치 넘어진 자를 일으켜 세우시듯, 덮여 있는 것을 걷어내 보이시듯, [방향을] 잃어버린 자에게 길을 가리켜 주시듯, 눈 있는 자 형색을 보라고 어둠 속에서 등불을 비춰 주시듯, 세존께서는 여러 가지 방편으로 법을 설해 주셨습니다. 저는 이제 세존께 귀의하옵고 법과 비구 승가에 귀의합니다. 세존께서는 저를 재가 신자로 받아주소서. 오늘부터 목숨이 붙어 있는 그날까 지 귀의하옵니다.

세 가지 명지(明知)를 가진 부처님

그 당시에 육사외도 스승이나 바라문 지도자들에 비하면 부처님은 정말 탁월한 존재였습니다. 그걸 알 수 있는 이런 이야기도 있습니다. 『왓차곳따 삼명 경』(M71)에 나오는 이야기입니다.

부처님께서 하루는 에까뿐다리까라는 유행승들의 원림으로 왓차곳따 유행승을 찾아가셨습니다. 그렇게 하는 것이 필요하다고 생각하신 것 같습니다. 왓차곳따 유행승이 부처님께 먼저 질문을 하면서 대화가 시작됩니다. 그 대화를 보겠습니다.

세존이시여, 저는 이렇게 들었습니다.
"사문 고따마는 일체를 아는 자이고, 일체를 보는 자이다. 그는 완전한 지와 견을 선언하여 '나는 걸을 때도 서 있을 때도 잠잘 때도 깨어있을 때도 항상 끊임없이 지와 견이 현전한다.'고 한다."
세존이시여, "사문 고따마는 일체를 아는 자이고, 일체를 보는 자이다. 그는 완전한 지와 견을 선언하여 '나는 걸을 때도 서 있을 때도 잠잘 때도 깨어 있을 때도 항상 끊임없이 지와 견이 현전한다.'고 한다."라고 말하는 그들은 세존께서 말씀하신 대로 말했고, 혹시 거짓으로 세존을 헐뜯는 것은 아닙니까? 어떤 이유로도 그들의 주장은 비난받지 않겠습니까?

이에 대해 부처님은 이렇게 답변합니다.

왓차여, "사문 고따마는 일체를 아는 자이고, 일체를 보는 자이다. 그는 완전한 지와 견을 선언하여 '나는 걸을 때도 서 있을 때도 잠잘 때도 깨어있을 때도 항상 끊임없이 지와 견이 현전한다.'고 한다."라고 말하는 그들은 내가 말한 대로 말하는 자들이 아니다. 그들은 거짓으로 나를 헐뜯는 것이다.

이어 왓차곳따가 다시 질문합니다.

세존이시여, 그러면 제가 어떻게 설명해야 세존께서 말씀하신 대로 말하는 것이고, 거짓으로 세존을 헐뜯는 것이 아니고, 어떤 이유로도 이 주장이 비난 받지 않겠습니까?

왓차여, '사문 고따마는 삼명(三明, 세 가지 명지)을 가진 자이다.'라고 설명하면 그대는 내가 말한 대로 말하는 것이고, 거짓으로 나를 헐뜯는 것이 아니고, 어떤 이유로도 이 주장이 비난받지 않을 것이다.

왓차여, 나는 한량없는 전생의 갖가지 삶들을 기억할 수 있다. 즉 '한 생, 두 생 세 생, 네 생, 다섯 생, 열 생, 스무 생, 서른 생, 마흔 생, 쉰 생, 백 생, 천 생, 십만 생, 세계가 수축하는 여러 겁 세계가 팽창하는 여러 겁, 세계가 수축하고 팽창하는 여러 겁을 기억합니다. 어느 곳에서 이런 이름을 가졌고, 이런 종족이었고, 이런 용모를 가졌고, 이런 음식을 먹었고, 행복과 고통을 경험했고, 이런 수명의 한계를 가졌고, 그곳에서 죽어 다른 어떤 곳에 다시 태어나 그곳에서 이런 이름을 가졌고, 이런 종족이었고, 이런 용모를 가졌고, 이런 음식을 먹었고, 행복과 고통을 경험했고, 이런 수명의 한계를 가졌고, 그곳에서 죽어 여기 다시 태어났다.'라고. 이처럼 한량없는 전생에 갖가지 모습들을 그 특색과 더불어 상세하게 기억해 낼 수 있다[宿命通].

왓차여, 나는 청정하고 인간을 넘어선 신성한 눈[天眼]으로 중생들이 죽고 태어나고, 천박하고 고상하고, 잘생기고 못생기고, 좋은 곳[善處]에 가고 나쁜 곳[惡處]에 가는 것을 보고, 중생들이 지은 바 그 업에 따라 가는 것을 꿰뚫어 알았다. '이들은 몸으로 못된 짓을 골고루 하고 말로 못된 짓을 골고루 하고 또 마음으로 못된 짓을 골고루 하고, 성자들을 비방하고, 아주 나쁜 견해를 지니어 사견업(邪見業)을 지었다. 이들은 몸이 무너져 죽은 뒤 처참한 곳(苦界), 불행한 곳(惡處), 파멸처, 지옥에 태어났다. 그러나 이들은 몸으로 좋은 일을 골고루 하고 말로 좋은 일을 골고루 하고 또 마음으로 좋은 일을 골고루 하고, 성자들을 비방하지 않고 바른 견해를 지니고 정견업(正見業)을 지었다. 이들은 몸이 무너져 죽은 뒤 좋은 곳[善處], 천상세계에 태어났다.'라고 이와 같이 나는 청정하고 인간을 넘어선 신성한 눈[天眼]으로 중생들이 죽고 태어나고, 천박하고 고상하고, 잘생기고 못생기고, 좋은 곳[善處]에 가고 나쁜 곳[惡處]에 가는 것을 보고, 나는 중생들이 지은 바 그 업에 따라가는 것을 꿰뚫어 안다[天眼通].

왓차여, 나는 모든 번뇌가 다하여 아무 번뇌가 없는 마음의 해탈[心解脫]과 통찰지를 통한 해탈[慧解脫]을 바로 지금·여기에서 스스로 최상의 지혜로 알고 실현하고 구족하여 머문다

왓차여, '사문 고따마는 삼명(三明)을 가진 자이다.'라고 설명
하면 그대는 내가 말한 대로 말하는 것이고, 거짓으로 나를
헐뜯는 것이 아니고, 어떤 이유로도 이 주장은 비난받지 않을
것이다.

이 대화가 끝난 후 왓차곳따 유행승이 부처님께 또 질문을 합니
다. 앞의 대화에서 부처님께서 천안통을 가지고 중생들이 자신의 업에
따라 어디에 다시 태어나는지를 안다고 하니 외도의 삶을 살았을 때
다음 생이 어떻게 되나 궁금했는지 다음과 같이 질문을 합니다.

고따마시여, 재가자의 삶의 족쇄를 버리지 않고도 몸이 무너
진 뒤에 괴로움을 끝낸 재가자가 있습니까?

왓차여, 재가자의 삶의 족쇄를 버리지 않고도 몸이 무너진 뒤
에 괴로움을 끝낸 재가자는 아무도 없다.

고따마 존자시여, 그러면 재가자의 삶의 족쇄를 버리지 않고
도 몸이 무너진 뒤에 천상에 태어난 재가자가 있습니까?

왓차여, 백 명뿐만 아니라 이백, 삼백, 사백, 오백 명, 아니 더
나아가 훨씬 많은 재가자들이 재가자의 삶의 족쇄를 버리지
않고도 몸이 무너진 뒤에 천상에 태어났다.

고따마 존자시여, 아지와까(막칼리 고살라의 제자들로서 나체수행자들-필자주)로서 몸이 무너진 뒤에 괴로움을 끝낸 자가 있습니까?

왓차여, 아지와까로서 몸이 무너진 뒤에 괴로움을 끝낸 자는 아무도 없다.

고따마 존자시여, 그러면 아지와까로서 몸이 무너진 뒤에 천상에 태어난 자가 있습니까?

왓차여, 내가 지금부터 구십한 겁을 회상해 보더라도 단 한 사람을 제외하고는 아지와까로서 몸이 무너진 뒤에 천상에 태어난 것을 기억하지 못한다. 그는 업의 교설을 따르고 [도덕적] 행위 교설을 따르는 자였다.

고따마 존자시여, 그렇다면 외도의 무리들은 천상에 태어나는 것에 대해서조차도 텅 비어 있습니다.

왓차여, 그러하다. 외도의 무리들은 천상에 태어나는 것에 대해서조차도 텅 비어 있다.

한 번에 모든 것을 알고 모든 것을 보는 사문이나 바라문은 없다

앞에서 '사문 고따마는 일체를 아는 자이고, 일체를 보는 자이다. 그는 완전한 지와 견을 선언하여 나는 걸을 때도 서 있을 때도 잠잘 때도 깨어있을 때도 항상 끊임없이 지와 견이 현현한다고 한다.'와 관계된 다른 경이 있습니다. 이 경의 내용은 중요하기 때문에 소개를 합니다. 『깐나깟탈라 경』(M90)입니다. 이 경에 보면 빠세나디 왕이 등장합니다. 빠세나디 왕은 북쪽에 있는 꼬살라 국의 왕이었습니다. 부처님하고 생년월일도 똑같았습니다. 부처님한테 도움을 많이 받아 니까야에 자주 등장합니다. 부처님을 찾아와서 빠세나디 왕이 이런 이야기를 합니다.

> 세존이시여, 저는 '사문 고따마는 〈모든 것을 알고 모든 것을 보며 완전한 지와 견을 공언할 사문이나 바라문은 없다. 그런 것은 불가능하다.〉라고 말씀하신다.'고 들었습니다. 세존이시여, '모든 것을 알고 모든 것을 보며 완전한 지와 견을 공언할 사문이나 바라문은 없다. 그런 것은 불가능하다고 사문 고따마가 말했다.'라고 이렇게 말하는 그들은 세존께서 말씀하신 대로 말했고, 혹시 거짓으로 세존을 헐뜯는 것은 아닙니까? 어떤 이유로도 그들의 주장은 비난 받지 않겠습니까?

> 대왕이여, 〈모든 것을 알고 모든 것을 보며 완전한 지와 견을 공언할 사문이나 바라문은 없다. 그런 것은 불가능하다.〉고

사문 고따마가 말했다고 이렇게 말하는 그들은 내가 말했던 대로 말하는 자들이 아니고, 사실이 아닌 거짓으로 나를 헐뜯는 것입니다.

부처님의 말씀을 듣고 빠세나디 왕이 '그러면 부처님께서 어떻게 말한 것을 그렇게 오해한 것 같습니까' 하는 뜻으로 다시 부처님께 물어서 다음과 같은 대화가 이어집니다.

세존이시여, 세존께서 다른 어떤 것을 두고 말씀하신 것을 사람들이 달리 이해하게 될 수도 있습니까? 세존이시여, 세존께서 어떤 것에 관해 그런 말씀을 하신 것을 기억하십니까?

대왕이여, 나는 '한 번에 모든 것을 알고 모든 것을 보는 사문이나 바라문은 없다. 그런 경우는 있을 수 없다.' 라고 말을 한 것을 기억합니다.

마음이란 것은 한 번에 한 곳만 가게 되어 있습니다. 그래서 한 번에 모든 것을 다 알 수는 없습니다. 예를 들어서, 부처님께서 일체지를 가졌다지만, 일체지에 대한 것이 언제나 머리에 있는 건 아닙니다. 내가 이것을 알고 싶다 하고 마음을 향하면 그때 알게 되거든요. 그래서 한 번에 모든 것을 알고 보는 건 불가능하다고 하신 것 같습니다.

04 삼종외도 ②

부처님은 열반하시기 전 웨살리에서 안거를 나신 걸 제외하고는 교화 기간 후반기(21년~43년) 내내 우기 안거를 꼬살라 국의 도시인 사와티에서 보냈습니다. 사와티 중에서도 제따와나라마(기원정사)에서 열여덟 안거를 나시고 나머지는 뿝빠라마(녹자모강당)에서 지내셨습니다.

그런데 교화 기간 첫해를 제외하고는 두 번째에서 네 번째 안거를 모두 마가다 국의 라자가하에서 보내게 됩니다. 안거 기간을 포함해 약 1,000일을 라자가하에 계셨다고 합니다.

부처님이 라자가하로 가신 것은 수행자 시절 '깨닫게 되면 찾아와 달라.'는 마가다 국 빔비사라 왕의 부탁이 있기도 했지만 또 라자가하가 교화활동을 펼치기 맞춤하기도 했기 때문일 겁니다. 당시 라자가하는 육사외도가 모두 안거를 날 정도로 종교의 각축장이었습니다.

외도였던 우루웰라 깟사빠(가섭) 3형제를 교화한 후 그들과 함께 라자가하에 입성하는 부처님의 모습은 무척 상징적입니다. 사람들은 부처님과 우루웰라 깟사빠가 함께 라자가하에 입성하자 어느 쪽이 스승이고 어느 쪽이 제자인지 궁금해 할 정도였습니다. 믿지 못했을 겁니다. 우루웰라 깟사빠 3형제는 이미 일천 명이 넘는 교단의 지도자였는데 부처님의 신통과 가르침에 감동해 모두 부처님의 제자가 되었기 때문입니다.

부처님은 라자가하에 입성한 후 약 1,000일 동안 머물며 외도를 교화합니다. 이 시기에 나중에 상수제자가 되는 사리뿟따와 마하목갈라나가 귀의하고, 마하깟사빠도 귀의하게 됩니다. 아래 인용할 『사꿀루다이 긴 경』(M77)을 비롯해 육사외도와의 관계 그리고 교화과정을 실은 많은 경전이 이때 등장합니다.

어느 날 부처님이 발우와 가사를 수하고 라자가하로 탁발을 나가셨습니다. 그런데 탁발을 가는 것이 너무 이르다고 판단하시고 우다이(사꿀루다이) 유행승을 만나러 가기로 결정합니다.

부처님이 그곳에 도착했을 때 우다이를 비롯한 많은 유행승들이 이런저런 잡담을 목소리 높여 하고 있었습니다. 그런데 부처님이 오시자 우다이가 좌중을 조용히 시킵니다.

> 존자들은 조용히 하시오. 존자들은 소리를 내지 마시오. 사문 고따마께서 오고 계시오. 저 존자께서는 조용함을 좋아하고 조용함으로 길들여져 있고 조용함을 칭송합니다. 이제 우리 회중이 조용한 것을 알면 저분이 우리에게 다가올 것이라 생각합니다.

이렇게 말하자 좌중은 금방 조용해집니다. 경전에도 자주 등장하지만 보통 이런 경우 부처님께서는 항상 물어봅니다. "무슨 이야기를 하기 위해 지금 여기에 모였는가? 그리고 그대들이 하다만 이야기는 무엇인가?"

그러자 우다이가

세존이시여, 저희들이 지금 앉아서 하던 이야기에 대해서는 그냥 두십시오. 그 이야기는 세존께서 나중에라도 들으실 수 있습니다.
세존이시여, 요 근래에 여러 이교도의 사문·바라문들이 토론 장소에 모여 함께 자리를 했는데 이것이 화제가 되었습니다.

그러면서 뿌라나 깟사빠, 막칼리 고살라, 아지따 께사깜발라, 바꾸다 깟짜야나, 산자야 웰랏타뿟따, 니간타 나따뿟따가 모두 우기철에 머물기 위해 라가자하에 왔음을 말합니다.
이어 우다이는 뿌라나 깟사빠가 제자들에 외면 받은 일을 고합니다. 앞 강의에서도 이야기했지만 뿌라나 깟사빠는 육사외도 중 한 명으로 남의 재물을 빼앗거나 도둑질을 하거나 사람을 죽여도 죄악이 되지 않으며, 보시하고 공양해도 어떤 공덕도 생기지 않는다는 주장을 한 도덕부정론자입니다.
뿌라나 깟사빠의 제자들이 뿌라나 깟사빠에게 이렇게 이야기 합니다.

당신은 이 법과 율을 제대로 모릅니다. 나는 이 법과 율을 제대로 압니다. 어떻게 당신이 이 법과 율을 제대로 알겠습니까? 당신은 그릇된 도를 닦고, 나는 바른 도를 닦습니다. 나의 말은 일관되지만 당신의 말은 일관되지 않습니다. 당신은

먼저 설해야 할 것을 뒤에 설했고 뒤에 설해야 할 것을 먼저
설했습니다. 당신의 훌륭한 학식은 논파되었고, 나는 당신의
교설에 허점을 지적했고 당신은 패했습니다. 교설에서 자유
롭기 위해 떠나시오. 만약 자신 있다면 지금 당장 설명해 보
시오.

이처럼 뿌라나 깟사빠는 제자들에게 존경 받지 못하고, 존중 받지
못하고, 공경 받지 못하고, 숭배를 받지 못했으며, 나머지 다섯 명의 육
사외도 역시 마찬가지였습니다. 우다이는 이 경전에서 "그의 법을 향
한 경멸로 인해 경멸을 당했다."고 표현합니다.

반면 부처님과 부처님 제자들 사이는 그렇지 않았습니다. 이 경전
에서 우다이는 외도들 사이에서 이런 말이 있다고 부처님께 말합니다.
어떤 사람이 헛기침이라도 하면 부처님 말씀하시는데 헛기침하지 말
라고 핀잔을 주었다고 합니다. 그렇게 해서 다 경청하고 부처님을 존
중하고 의지합니다. 또 설사 교단을 떠나 환속하는 사람도 종무원이
돼서 그 사원에서 일하거나 오계를 지키고 부처님을 비방하지 않는다
고 이야기합니다.

그런 말을 하는 우다이라는 유행승한테 부처님은 이렇게 이야기
를 합니다.

우다이여, 나의 제자들이 그 법 때문에 나를 존경하고 존중하
고 공경하고 숭배하고 의지하면서 머무는 바, 그대는 내게서
몇 가지 법을 보는가?

우다이는 '다섯 가지 법을 보고 그렇게 따른다고 생각합니다.'고 말합니다. 우다이가 말한 다섯 가지는 △ 적게 드시고 적게 먹는 것을 칭찬하는 것 △ 어떤 옷으로도 만족하고 어떤 옷으로도 만족하는 것을 칭찬하는 것 △ 어떤 음식으로도 만족하고 어떤 음식으로도 만족하는 것을 칭찬하는 것 △ 어떤 거처로도 만족하고 어떤 거처로도 만족하는 것을 칭찬하는 것 △ 한거(閑居)를 하며 한거를 칭찬하는 것 등입니다.

그 대답에 부처님은 다음과 같이 말씀하십니다.

그 다섯 가지는 나보다 더 잘 하는 제자가 많다. 나의 제자들은 그것 때문에 나를 존경하고 의지하여 머물지 않는다. 다음의 다섯 가지 법에 의해서 제자들이 나를 존경하고 의지하여 머문다.

다른 외도들과 달리 부처님은 이처럼 제자의 좋은 면을 존중해 주셨습니다. 부처님께서는 누가 다섯 가지 법에서 의해서 한다고 하면 다른 다섯 가지 법으로 또 말씀하십니다. 효과적으로 전달하기 위해서일 수도 있습니다. 다섯 가지는 다음과 같습니다.

1. 높은 계
2. 뛰어난 앎과 봄
3. 높은 통찰지
4. 사성제
5. 도 닦음.

1) 네 가지 마음챙김의 확립(사념처)

2) 네 가지 바른 노력(사정근)

3) 네 가지 성취 수단(사여의족)

4) 다섯 가지 기능(오근)

5) 다섯 가지 힘(오력)

6) 일곱 가지 깨달음의 구성요소(칠각지)

7) 성스러운 팔정도(팔정도)

8) 여덟 가지 해탈(팔해탈)

9) 여덟 가지 지배의 경지(팔승처)

10) 열 가지 까시나의 장소

11) 네 가지 선정

12) 위빠사나 지혜

13) 마음으로 다른 몸을 만드는 신통

14) 신족통

15) 멀리서 나는 소리를 들을 수 있는 능력(천이통)

16) 남의 마음을 읽는 능력(타심통)

17) 전생을 기억하는 능력(숙명통)

18) 업에 따라 태어나는 것을 보는 능력(천안통)

19) 번뇌를 소멸하는 능력(누진통)

도 닦음은 몇 가지로 나눌 수 있습니다. 첫째가 37조도품 또는 37
보리분법입니다. 깨달음을 이루는 데 관계되는 37가지 수행입니다. 5.
도 닦음 중에서 1)~7)입니다. 둘째가 8)~11)입니다. 12)~19)까지는 탁월한 능력 또는 지혜인데 신통이라고도 합니다. 인간이 노력하면 얻을 수 있는 능력입니다. 신통은 여덟 가지(12~19)로 말하기도 하고, 여섯 가지(14~19)로 말하기도 하고, 세 가지(17~19)로 말하기도 합니다.

　여기서 마음으로써 만드는 몸은 다른 사람이 볼 수 있습니다. 쭐라빤타까라는 비구는 머리가 아주 나빠 깨닫지 못했습니다. 그런데 부처님 가르침에 의해서 깨닫고 난 뒤에 깨달았다는 걸 증명하기 위해서 부처님이 사람을 시켜서 쭐라빤타까를 오라고 할 때 사람이 가니 여기저기에 쭐라빤타까가 나타납니다. 사람들은 쭐라빤타까의 능력을 알고 인정하게 됩니다. 니까야에 마음으로써 만드는 몸이 나오는 것은 여기 한 군데뿐입니다. 부처님께서 필요하다고 생각하신 것 같습니다.

자아를 주장한 삿짜까의 패배

육사외도 중 니간타를 제외한 다른 스승은 엉뚱한 말을 하고, 이 세상을 보는 게 바르지 못했던 것 같습니다. 니간타는 진리를 보려고 노력도 했고, 지나치게 건전했습니다. 그래서인지 니간타 제자들이 부처님에게 많이 도전을 합니다. 니간타 제자 중에 삿짜까(악기웻사나)라는 인물이 있었습니다. 『삿짜까 짧은 경』(M35)에 의하면 논객이고 스스로 학문이 깊은 자라 말하며 많은 사람들에게 인정을 받았습니다. 그는 사람들이 많이 모인 데서 이렇게 말했습니다.

어떤 사문이나 바라문이든 간에, 그가 승가를 가졌든 무리를 가졌든 무리의 스승이든, 또한 아라한. 정등각자라고 자처하든, 나와 논쟁을 시작하면 동요하지 않고 떨지 않고 전율하지 않고 겨드랑이에 식은땀을 흘리지 않는 자를 보지 못했다. 비록 내가 무정물인 기둥과 논쟁을 시작하더라도 막상 논쟁이 시작되면 그 기둥도 동요하고 떨고 전율할 것인데 하물며 인간이야 말해서 무엇하겠는가?

오비구라고 해서 처음 부처님 설법을 듣고 제자가 된 다섯 명이 있습니다. 다섯 명 중에 앗사지라는 비구가 있습니다. 하루는 삿짜까가 앗사지 존자를 만났습니다. 부처님과의 논쟁을 염두에 두고 삿짜까가 앗사지 존자한테 물어봅니다. '고따마 존자가 가르치는 게 무엇이냐?' 그러니까 앗사지 존자가 5온, 즉 우리 존재를 이루는 색·수·상·행·식인 몸과 마음이 무상하고 무아다 그리고 모든 행이 무상하고 무아라는 걸 가르친다고 답합니다. 그런데 삿짜까가 그 대답에서 허점을 본 것 같습니다. 삿짜까가 '아, 부처님을 깰 수 있겠구나.' 하는 생각을 합니다. 그래서 삿짜까가 사람들한테 공언을 합니다.

존경하는 릿차위들께서는 어서 오십시오. 존경하는 릿차위들께서는 어서 오십시오. 오늘 나는 사문 고따마와 함께 대화를 나눌 것입니다. 만일 그의 가장 잘 알려진 제자인 앗사지라는 비구가 내게 주장한 것처럼 사문 고따마가 내게 그렇게 주장하면, 마치 힘센 사람이 긴 머리털의 숫양을, 그의 머리

채를 잡고 앞으로 끌고 뒤로 끌고 때로는 앞으로 때로는 뒤로 끌 듯이, 그와 같이 나도 논쟁에서 사문 고따마를 앞으로 끌고 뒤로 끌고 때로는 앞으로 때로는 뒤로 끌겠습니다.

삿짜까는 그 지역사람들인 릿차위 종족 500명을 이끌고 부처님한테 도전을 하러 갑니다.

그때 부처님께서는 큰 숲에 들어가서 어떤 나무 아래 머물고 계셨습니다. 한 곁에 앉은 삿짜까가 묻습니다. "고따마 존자께서는 제자들을 어떻게 가르칩니까?" 부처님께서는 앗사지 존자가 말한 그대로를 이야기합니다.

그러자 삿짜까가 비유가 떠올랐다며 말합니다.

고따마 존자시여, 예를 들면 씨앗이나 식물이라면 그것이 어떤 종류이건 성장하고 번성하고 충만하게 되고, 다시 예를 들면 힘을 많이 써서 해야 하는 일이라면 그것이 어떤 종류이건 모두 땅을 의지하고 땅에 바탕을 두어 힘쓰는 일들을 하듯이, 고따마 존자시여, 이 인간이란 물질을 자아로 삼아 그 물질에 바탕을 두고 공덕을 짓기도 하고 악덕을 짓기도 합니다. 이 인간이란 느낌을 자아로 삼아 그 느낌에 바탕을 두고 공덕을 짓기도 하고 악덕을 짓기도 하며, 이 인간이란 인식을 자아로 삼아 그 인식에 바탕을 두고 공덕을 짓기도 하고 악덕을 짓기도 하며, 이 인간이란 행들을 자아로 삼아 그 심리현상들에 바탕을 두고 공덕을 짓기도 하고 악덕을 짓기도 하며, 이 인간이란 알음알이를 자아로 삼아 그 알음알이에 바탕을 두고 공덕을 짓기도 하고 악덕을 짓기도 합니다.

그러니까 지금 부처님께서는 무아라고 했는데, 그 허점이 있지 않냐는 겁니다. 자기가 볼 때는 이 몸을 근거로 해서 이것도 들고 남도 도와주고 쌀도 갖다 주는 건데 그걸 당신은 부정하고 있지 않냐? 하고 공격하는 겁니다.

부처님께서 다시 물어봅니다. '그러면 당신은 5온이 자아라고 지금 말하는 거냐?' 하니까 '아, 여기 있는 많은 사람도 다 그렇게 알고 나도 그렇다.'고 합니다. 그러니까 '다른 사람 말은 빼고 당신이 5온이 자아라고 생각하냐?' 하고 물어봅니다. 자아란 건 내 것이라는 뜻입니다. '이 몸과 정신이 당신 것이라고 생각하느냐?'고 물어보는 겁니다. 삿짜까가 '그렇게 생각한다.'고 말합니다. 그러니까 부처님께서 다시 이야기를 합니다. '그러면 아주 강력한 힘을 가진 왕이 그 왕의 힘으로 누구를 처형할 수도 있고 추방할 수도 있느냐?' 물으니 '할 수 있다.'고 대답합니다. 그러자 부처님께서 다음과 같이 말합니다.

악기웻사나여, 이를 어떻게 생각하는가? 그대는 '물질은 나의 자아다.'라고 주장하는데, 그대는 '내 물질은 이렇게 되고, 이렇게 되지 마라.'고 그 물질을 지배할 수 있는가?

그런데 삿짜까가 대답을 못합니다. 정확히 보면 몸과 마음은 우리 마음대로 움직이는 게 아닙니다. 삿짜까가 이를 몰랐을 리가 없습니다. 그러니까 가만히 머뭇거리고 대답을 못했던 겁니다. 다음 대목은 '비유'라고 생각하셔도 되고 '실제'라고 생각하셔도 됩니다. 금강수라는 야차가 나타납니다. 나타나서 '너 지금 고따마 존자 세존께서 법답게 질문하는데 지금 대답을 안 하면 네 머리를 일곱 동강으로 만들겠다.'고 합니다. 삿짜까가 겁이 나니까 부처님한테 보호를 요청하면서 다시 질문해 주시면 대답하겠다고 합니다. 부처님께서 '그러면 5온이 네 것이라고 생각하냐?'고 다시 묻습니다. 삿짜까는 '아니라고 생각한다.'고 답합니다. 그러니까 부처님이 다시 '5온은 무상하냐? 변하지 않느냐?' 하니까 '변한다.'고 대답을 합니다. 변하니까 괴롭습니다. '괴롭고 또 변하고 내 마음같이 안 되는 걸 무아라고 보느냐?'고 부처님께서 물으니 삿짜까는 '그렇게 본다.'고 대답합니다. 그러니까 부처님께서 "이를 어떻게 생각하는가? 악기웻사나여? 괴로움에 들러붙고 괴로움에 의지하고 괴로움을 고수하여 괴로움을 두고 '이것은 내 것이다. 이것은 나이다. 이것은 나의 자아다.'라고 보는 자가 그 스스로 괴로움을 통달하여 알 수 있거나 혹은 괴로움을 철저히 부수어 버리고 머물 수 있겠는가?"라고 묻습니다. 삿짜까는 '어찌 그럴 수 있겠습니까, 고따마 존자시여. 참으로 그렇지 않습니다, 고따마 존자시여.'하고 대답했습니다. 옆에서 보고 있던 릿차위 족의 한 사람이 부처님에게 비유를 이용해서 삿짜까는 박살났다는 말을 하자 삿짜까가 '아, 그런 말을 하지 마라.'고 하면서 다시 또 부처님께 질문을 합니다. 이건 그냥 듣고 싶어서 한 건지, 마지막으로 확인하려고 했는지 삿짜까가 부처님한테 이런 말을 합니다. '고따마 존자의 제자들이 어떻게 당신의 가르침을 실천하고 당신의 가르침 훈계를 받들어 행하고 의심을 극복하고 두려움을 없애고 다른 사람을 의지 않고 스승의 가르침에 머뭅니까?' 더 확실하게 물어본 것 같습니다. 그러니까 부처님께서, 이 5온에 대해서 열한 가지로 언급합니다. 과거, 미래, 현재, 안과 밖, 거친 것, 미세한 것, 저열한 것, 수승한 것, 멀리 있는 것, 가까이 있는 것입니다. 열한 가지의 5온을 그 어떤 것도 내 것이라고 생각하지 않고, 그것을 나라고 생각하지 않고, 나의 자아라고 생각하지 않는다. 그렇게 해서 가르침을 실천하고 훈계를 받들어 행하고 의심을 극복하고 두려움이 없고, 다른 사람을 의지 않고 스승의 가르침에 머문다고 말씀하십니다. 그러니까 삿짜까가 그다음에 또 질문을 합니다. '그러면 어떻게 해서 당신의 제자들이 아라한이 되어 해탈하느냐?' 아라한이란 건 참된 이상을 다 실현하고 모든 짐을 내려놓고 윤회를 끝낸 겁니다. 구경의 지혜를 얻고 열반에 든 것입니다. 그러니깐 부처님은 '아까 말한 그 열한 가지로 색·수·상·행·식을 바른 통찰지로써 보아 취착 없이 해탈한다.'고 이야기를 합니다.

이렇게 마음이 해탈한 내 제자는 세 가지 위없음, 즉 위없는 견해, 위없는 도 닦음, 위없는 해탈을 얻는다. 그렇게 해탈한 제자는 '깨달으신 세존께서는 깨달음을 위해 법을 설하신다. 스스로 제어하고 난 뒤에 제어하게 하기 위해서 법을 설하신다. 고요에 도달하고 난 뒤에 고요에 도달하게끔 하기 위해 법을 설하신다. 건너가신 세존께서는 건너게 하기 위해 법을 설하신다. 구경열반을 얻고 난 뒤에 구경열반을 얻게 하기 위해서 법을 설하신다.'고 안다.

그때야 삿짜까가 자기가 무례한 것, 무모한 것에 대해 다 용서를 빌고 공양을 신청합니다. 그리고 나서 다음날 공양을 대접합니다.

그런데 그때도 삿짜까가 자기 처지를 모르고 자만심에 빠져 있었던 것 같습니다. 그래서 다음과 같이 말합니다. "고따마 존자시여, 이 보시의 공덕과 큰 과보가 이 음식을 보시한 자들에게 큰 행복이 되기를 바랍니다."

부처님은 허점이 보이면 언제나 지적하십니다.

악기웻사나여, 탐욕을 여의지 못하고 성냄을 여의지 못하고 어리석음을 여의지 못한 그대 같은 자에게 보시하여 얻는 것은 무엇이든지 보시자들을 위한 것이 될 것이다. 악기웻사나여, 그러나 탐욕을 여의고 성냄을 여의고 어리석음을 여읜 나 같은 자에게 보시하여 얻는 것은 무엇이든지 그대를 위한 것이 될 것이다.

당신과 같은 탐진치가 남아 있는 사람한테 공양을 올리면 그것은 올린 사람의 몫이다. 언제나 올린 사람들이 좋은 걸 받는다. 말하자면 당신하고 관계없이 좋은 마음으로 올렸으니까. 그렇지만 오늘 탐진치가 없어진 나에게 올리면 그것은 당신이 받게 된다는 것입니다.

약간의 남은 자만심이 있는 것을 부처님이 간파하신 것 같습니다.

잘못된 견해로 악처에 태어난다

부처님께서는 상대의 주장에 뭔가 잘못이 있거나 허점이 있으면 항상 지적하십니다. 지적해서 그걸 분명히 밝히십니다.

『소라고둥 불기 경』(S42:8)에는 니간타 나따뿟따의 제자 아시반다까뿟따 촌장과 부처님의 대화가 나옵니다.

부처님이 촌장에서 묻습니다. 니간타 나따뿟따는 어떤 법을 설하는지.

> 세존이시여, 니간타 나따뿟따는 이렇게 제자들에게 법을 설합니다. '생명을 죽이는 자는 누구든지 악처에 떨어질 것이고 지옥에 떨어질 것이다. 주지 않은 것을 가지는 자는 누구든지 악처에 떨어질 것이고 지옥에 떨어질 것이다, 삿된 음행을 하는 자는 누구든지 악처에 떨어질 것이고 지옥에 떨어질 것이다. 거짓말을 하는 자는 누구든지 악처에 떨어질 것이고 지옥에 떨어질 것이다. 그가 많이 머무는 그대로 그는 [다음 생으로] 인도될 것이다.'라고.
> 세존이시여, 니간타 나따뿟따는 이렇게 제자들에게 법을 설합니다.
>
> 촌장이여, 그런데 만일 '그가 많이 머무는 그대로 그는 [다음 생으로] 인도될 것이다.'라고 한다면 이러한 니간타 나따뿟따의 말에 의하면 누구도 악처에 떨어지지 않을 것이고 지옥에 떨

어지지 않을 것이다.

촌장이여, 이를 어떻게 생각하는가? 생명을 죽이는 사람을 예로 들면, 낮이나 밤에 그가 생명을 죽이는 경우가 더 많은가, 아니면 그가 생명을 죽이지 않는 경우가 더 많은가? 어떤 경우가 더 많은가?

세존이시여, 생명을 죽이는 사람을 예로 들면, 낮이나 밤에 그가 생명을 죽이는 경우가 훨씬 더 적습니다. 그가 생명을 죽이지 않는 경우가 훨씬 더 많습니다.

촌장이여, 그러므로 만일 '그가 많이 머무는 그대로 그는 [다음 생으로] 인도될 것이다.'라고 한다면, 이러한 니간타 나따뿟따의 말에 의하면 누구도 악처에 떨어지지 않을 것이다.

촌장이여, 이를 어떻게 생각하는가? 주지 않은 것을 가지는 사람을 예로 들면, … 삿된 음행을 하는 사람을 예로 들면, … 거짓말을 하는 사람을 예로 들면, 낮이나 밤에 그가 거짓말을 하는 경우가 더 많은가? 어떤 경우가 더 많은가?

세존이시여, 거짓말을 하는 사람을 예로 들면, 낮이나 밤에 그가 거짓말을 하는 경우가 훨씬 더 적습니다. 그가 거짓말을 하지 않는 경우가 훨씬 더 많습니다.

촌장이여, 그러므로 만일 '그가 많이 머무는 그대로 그는 [다음 생으로] 인도될 것이다.'라고 한다면, 이러한 니간타 나따뿟따의 말에 의하면 누구도 악처에 떨어지지 않을 것이고 지옥에 떨어지지 않을 것이다.

부처님은 니간타의 말은 잘못됐다고 선언하십니다. 이어서 다음과 같은 가르침을 설합니다. '생명을 죽이거나 또 훔치거나 사음을 하거나, 거짓말을 하면 언제나 지옥이나 악처에 떨어진다.'를 진실되게 믿는 제자는 그것에 대해서 이렇게 생각할 것이다. '나는 생명을 죽였다. 그래서 나는 악처에 태어난다. 그런데 그 사람이 이런 견해에 빠져 있고, 이런 견해를 버리지 않으면 그 상태로 계속 있다가 죽으면, 악처에 태어난다.' 이 가르침으로 볼 때 분명한 것은 잘못된 견해가 악처에 태어나게 한다는 겁니다. 업의 원리를 정확하게 보시니까, 어떤 행동이 어떤 결과로 오는 걸 분명히 보시니까, 대충 막 말하는 사람의 허점을 알 수 있는 겁니다.

부처님은 부처님의 가르침에 대해서도 말씀하십니다. "여래가 세상에 출현한다. 그래서 '생명을 죽이거나 훔치거나 사음을 하거나 거짓말 하는 것을 멀리 하라.'고 가르친다." 부처님의 가르침은 멀리 하라는 겁니다. 그것을 한 사람은 누구나 악처나 지옥에 떨어진다는 게 아닙니다. 부처님께서는 니간타 나따뿟따의 제자에게 다음과 같이 말씀하십니다.

촌장이여, 그런데 제자가 이런 스승에 아주 깊은 믿음을 가지고 있다. 그는 이와 같이 숙고한다. 세존께서는 여러 가지 방법으로 생명을 죽이는 것을 책망하시고 비난하시며 '생명을 죽이는 것을 멀리 여의라.'고 말씀하신다. 그런데 나는 이런 저런 정도까지는 생명을 죽였다. 그것은 옳지 않았으며 좋지 않은 것이었다. 그래서 나는 그것에 대해서 후회하고 있지만 그러한 나쁜 업을 짓지 않을 수는 없을 것이다.'라고. 그는 이와 같이 숙고한 뒤에 생명을 죽이는 것을 버리고 미래에 생명을 죽이는 것을 멀리 여읜다. 그는 이렇게 해서 이 나쁜 업을 넘어서 버린다.

이 가르침을 우리는 다음과 같이 적용해 실천할 수 있습니다. '아, 내가 이런저런 정도까지는 생명 가진 것을 죽였다. 예를 들면 뭐 청소하다가도 죽일 수 있고, 농사 짓다가도 죽일 수 있다. 내가 이런 정도는 생명 가진 것을 죽였다. 또는 내가 남의 것에 손을 댔다. 사음을 하였다. 그렇지만 내가 앞으로 살아가면서 또 그런 걸 안하기는 쉽지 않을 거다. 그렇지만 부처님의 가르침에 의해서 이걸 내가 멀리 해야 되겠구나.' 하고 노력을 하는 겁니다.

열 가지 불선업이 있습니다. 몸으로 짓는 것 세 가지, 말로 짓는 것 네 가지, 마음으로 짓는 탐욕이나 성냄이나 또 삿된 견해. 이것들을 멀리 하는 겁니다. 그걸 멀리하다 보니까 마음이 흔들림이 없고, 탐욕과 악의를 다 여의고 마음챙김 하면서, 어떤 마음을 가지냐 하면 모든 방향에 있는 중생에 대해서 자애의 마음을 가집니다. 연민의 마음 또 같이 기뻐함, 이 세 가지에 바탕을 두고 업에 따라서 사람이 다 살 수밖에 없다고 하면서 담담하게 보는 평온의 마음, 이걸로 가득 채우게 됩니다. 이것을 사범주(四梵住)라 하는데 욕계를 떠난 마음 상태입니다. 색계 상태예요. "이처럼 자애를 통한 마음의 해탈을 많이 닦은 자에게, 제한 된 [욕계의] 업은 어떠한 것도 여기에는 남아 있지 않고 여기에는 머물러 있지 않는다."라고 부처님께서 말씀하십니다.

우리가 부처님을 보고 대할 때 항상 두 가지를 생각해야 합니다. 하나는 지혜이고 또 하나는 자비입니다. 항상 지혜를 가지고 저 사람이 잘못된 걸 뭘 하고 있나 보고 사랑의 마음으로 하기 때문에 부처님은 흔들림이 없습니다. 앞서 언급했던 삿짜까는 부처님과의 대화의 끝에 이런 이야기를 하면서 부처님과 육사외도를 비교합니다.

니간타 나따뿟따와 논쟁을 벌였던 것을 기억합니다. 그는 논쟁을 시작하더니 엉뚱한 말로 받아넘기고 회피하고 화를 내고 분노하고 불만을 드러내었습니다. 그러나 고따마 존자께서는 이와 같이 거듭되는 무례한 말과 비방하는 조의 말투로 대응해도 피부색이 깨끗하고 안색이 밝아서 참으로 아라한·정등각자에게 어울립니다.

그 당시에 바라문교는 유력한 종교였습니다. 이 바라문교에 대항해 새롭게 일어난 종교 사상이 바로 육사외도와 불교입니다. 그런데 워낙 부처님이 출중하신 분이니까 바라문들도 많이 찾아왔습니다. 『숫따니빠따』 「바라문의 삶에 대한 경」을 보면 그 당시에 나이도 많고 또 부유한 바라문이 찾아와서 부처님께 이런 질문을 합니다. "지금 바라문이 옛날에 그 바라문들이 했던 걸 그대로 우리가 따르고 있습니까?"

그런데 부처님은 "그렇지 않다."고 대답하십니다. "그러면 옛날에 바라문들이 어떻게 했습니까?" 하고 바라문이 물으니 부처님께서 옛날 바라문들에 대해서 이야기를 해 줍니다.

옛날에 살던 선인들은 자신을 다스리는 고행자였습니다. 그들은 감각적 쾌락의 대상들을 버리고, 자기의 참된 이익을 위해 유행하였습니다. 그들 바라문들은 가축도 갖지 않고, 황금도 곡식도 갖지 않고, 그러나 베다의 독송을 재보와 곡식으로 삼아, 하느님의 보물을 지켰던 것입니다. 갖가지 채색으로 물들인 의복과 잘 만들어진 침상과 주거를 갖춘 풍요로운 지방과 왕국의 사람들은 모두들 바라문에게 경의를 표했습니다. 바라문들은 처형을 면하고 재산의 압류를 면하였으며, 정의의 보호를 받았습니다. 또한 그들이 집집마다 방문하더라도, 아무도 그들을 결코 방해하지 않았습니다. 그 옛날의 바라문들은 사십팔 년 동안이나 동정을 지키며 청정한 삶을 살았고, 명지와 덕행을 구했습니다. 그 후에 바라문들은 다른 계층으로 가서 아내를 구하지 않았고, 아내를 사지도 않았습니다. 그들은 오로지 서로 사랑하면서 함께 살고 화목하여 즐거워했습니다. 월경 기간이 끝난 후에, 바른 시기를 제쳐두고, 그 사이에 바라문들은 결코 성적 교섭을 갖지 않았습니다. 청정한 삶과 계행을 지키는 것, 정직하고 친절하고, 절제하고, 온화하고 남을 해치지 않는 것, 그리고 또한 인내하는 것을 칭찬했습니다. 그들 중에서 으뜸가는 용맹스런 바라문들은 성적 교섭에 빠지는 일을 꿈속에서조차 하지 않았습니다. 그 행동을 본받아, 이 세상에 일부 양식 있는 사람들은 청정한 삶을 사는 것과 계행을 지키는 것과 인내하는 것을 찬탄했습니다.

그들은 쌀과 침구와 의복과 버터와 기름을 정의롭게 모아 그것으로 제사를 지냈고, 제사를 지낼 때에 결코 소를 잡지 않았습니다. 어머니와 아버지와 형제 또는 다른 친척들과 마찬가지로 소들은 우리들의 최상의 벗입니다. 그리고 소들한테서는 약들이 생깁니다. 소들은 음식을 제공하고, 근력을 제공하고, 훌륭한 용모를 제공하고, 또 좋은 건강을 제공합니다. 소에게 이러한 이익이 있음을 알아, 그들은 소를 죽이지 않았던 것입니다. 바라문들은 손발이 부드럽고 몸이 크며 용모가 단정하고 명성이 있으며, 몸소 실천하며 할 일은 하고, 해서는 안 될 일은 하지 않으려고 노력하였습니다. 그들이 세상에 있는 동안에 이 세상 사람들은 안락하고 번영했습니다.

부처님께서 하시는 말씀을 들어보면 그 사람들이 제사를 지낼 때도 법답게 마련한 기름이라든지 밥이나 초를 가지고 제사를 지내면서 잘 살았던 거죠. 그걸 본받아서 지혜로운 사람들은 그 사람들처럼 청정한 생활도 하고 계도 지키고 사회의 모범이 되려고 했던 거죠. 그런데 이제 사람들이 변질이 됩니다. 시간이 많이 흘렀겠죠. 변질될 만한 뭘 가지고 있었는지 이 사람들이 왕자들이 화려한 생활을 하고 여자들이 아름답게 치장해서 아주 매력적인 그런 걸 보면서 욕망에 사로잡혀 잘못된 생각을 합니다. '아, 우리도 저렇게 살아야 되겠다.' 잘 사는 사람들 집에 가 보니까 잘 꾸며져 있잖아요. 그리고 수레도 있고, 소도 있고, 풍족하게 살고, 여자들도 미인이잖아요. 거기에 마음이 사로잡힌 겁니다.

그 전까지는 항상 독송만 했거든요. 가르침을 독송만 하다 이제부터는 편찬을 한 겁니다. 책을 만든 겁니다. 책을 만들어 가지고 왕을 찾아갔습니다. 그 당시에 옥까까 왕이라고 있었습니다. 그 왕을 찾아 가서 '당신은 참 재산이 많고 부유하다. 제사를 지내자.' 제사를 지내고 나니까 수고했다고 무언가를 줍니다. 그 전에는 자기 혼자 법답게 마련한 걸로 제사를 지냈는데, 이제는 왕을 찾아가서 성대하게 제사를 지내자 해가지고 제사를 지내고 나니까 고맙다고 돈도 주고, 여자도 주고, 집도 주고, 마차도 주고, 막 그렇게 한 겁니다. 그때까지만 해도 소를 죽이진 않았습니다. 그 전의 바라문들은 아무것도 죽이지 않았습니다. 소는 농사에도 도움을 주고 우유나 버터, 치즈와 같은 유제품들도 우리에게 제공하고, 변은 약이나 거름으로도 썼습니다. 그래서 소를 무척 귀중하게 생각했습니다. 그런데 이제 이 사람들이 베다 경전을 편찬해서 가져가서 주면서 제사를 지내 많은 부를 축적합니다. 그러고 난 뒤에 이제 다시 또 편찬해가지고 또 들고 갑니다. 가면서 이제는 '소도 재산이다. 이 소를 또 제사지내자.' 해가지고 소를 수백 수천 마리 죽입니다. 그때 하늘의 천신들이 '아, 이것은 법답지 못하다.' 하고 비난하기 시작합니다. 그러면서 양식 있는 사람도 귀한 소를 죽이니까 비난하기 시작합니다. 그러면서 이 사람들이 자기 부는 축적했지만 비난을 많이 받습니다.

옛날에는 병이 별로 없었다고 합니다. 세 가지 병만 있었다고 합니다. 탐욕과 굶주림 늙음. 그런데 아흔여덟 가지 병도 생기고, 노예와 평민으로 나누어지고, 왕족끼리도 분열하고, 아내는 남편을 경멸하게 되었다고 합니다. 그다음에 과거에는 소위 사회 지도층 인사들은 다 자기 본분을 다했다고 합니다. 그런데 그것들도 막 무너지면서 세상이 혼란하기 시작했다고 합니다. 그 이야기를 듣고 그 바라문들이 부처님께 귀의하는 이야기가 있었습니다. 오늘날의 종교인들에게 귀감이 되는 이야기라고 생각합니다. 제가 보면 어떤 종교든 돈하고 여자 문제가 깨끗하지 못하면 무너지게 되어 있습니다. 시작부터 그것을 목적으로 했거나 처음엔 그게 목적이 아니었는데, 변질됐거나 둘 중의 하나일 겁니다.

05 업①

업(業)이란 우리가 어떤 행위를 하면 그 행위에 대한 결과가 있다는 겁니다. 우리가 말로써 또는 행동으로써 심지어는 생각으로써 무언가를 일으키면 그것에 상응하는 결과가 있습니다. 하지만 앞에서도 알아봤지만 부처님 당시 우후죽순 일어났던 여러 사상가들에게는 이 업 개념이 뚜렷하지 않았습니다. 부처님은 이 업의 법칙을 관찰해 알아냈습니다. 업과 인과의 법칙은 불교에서 가장 중요한 개념 중 하나입니다.

업은 어떻게 생기는가?

그렇다면 업은 어떻게 생기는 걸까요?

의도에 의해서 업이 생깁니다. (의도에 의해) 우리가 어떤 행위를 합니다. 또는 우리가 정신으로 뭔가를 일으키면 그때 우리의 마음이 작동을 합니다. 우리는 정확하게 보지 못하기 때문에 정신이 하나인 줄 알지만 주된 마음(citta)이 있고, 마음을 작용하게 하는 마음부수(cetasika)가 있습니다. 정신은 마음과 마음부수로 이루어져 있습니다. 마음부수에는 52가지가 있는데 이중 항상 작용하고 있는 마음부수는 일곱 가지입니다. 그 중의 하나가 바로 의도(cetan)입니다. 이 의도란 것은 우리가 어떤 행위를 할 때 그것을 시작하게도 하고 그 행위가 완수되게끔 하기도 합니다. 마음부수들이 어떤 행위를 완수하게끔 의도가 도와주는 겁니다. 이렇게 어떤 행위의 중심에는 의도가 있습니다. 따라서 의도가 없으면 업이 생성되지 않습니다. 그리고 그 의도란 건 꼭 우리가 바깥을 향해서 어떤 행위를 해서 결과가 오는 것도 있고, 그냥 생각으로 탐진치(貪瞋癡)를 일으켜도 우리 마음에서 어떤 작용을 합니다. 그래서 결과를 가져옵니다. 그런데 우리가 업에 대해서 완전히 알기는 어렵습니다. 업에 대해 정확히 아는 분은 부처님뿐입니다.

『네 가지 생각할 수 없음 경』(A4:77)에서 부처님은 '네 가지 생각할 수 없는 것'이 있고 그것을 생각해서는 안 된다고 말씀하십니다. 그것을 생각하면 미치거나 곤혹스럽게 된다고 하는데, 바로 다음의 네 가지입니다. 첫째, '부처님들의 부처의 경지'입니다. 생각해도 되지를 않습니다. 둘째, 선정의 경지입니다. 선정은 마음이 집중된 삼매의 한 형태인데 선정의 경지에 대해서도 생각으로는 알 수 없습니다. 셋째, 업의 과보입니다. 생각해서 알 수도 없고 생각하면 미치거나 곤혹스럽게 됩니다. 넷째, 세상에 대한 사색입니다. '아, 태양이 왜 생겼을까?', '나무는 왜 생겼을까?' 같은 것입니다. 물론 과학이 발달하면서 조금씩 단서를 찾아가는 것도 있긴 하지만 아직 전모를 알 수는 없습니다. 범부가 이런 것을 생각한다고 해도 알 수도 없고, 미치거나 곤혹스러워진다는 겁니다.

이 경전에도 등장하지만 업에 대해서는 정말 알 수가 없습니다. 세상에는 정말 많은 사람들이 있습니다. 업 역시 홀로 존재하지 않습니다. 그 많은 사람들의 업끼리 충돌하고 또 결합하기도 합니다. 이런 복잡한 업들을 정확히 아는 것은 쉽지 않습니다.

업을 알려면 연기를 알아야

물론 '정확한 업과 과보'에 대해 이해하는 것은 어렵지만 그 원리를 단순화시켜 도식화 할 수는 있습니다. 적어도 이 정도는 필요할 겁니다. 예를 들어 여러분이 어떤 사람을 때린다고 가정해 보겠습니다. 그러면 상대방으로부터 반발이 오거나 또는 후회할 수 있는 결과가 옵니다. 이것을 아는 것은 아주 쉽습니다. 하지만 생각으로 하는 업이라든지 또 우리 업이 어떤 영향을 미쳐서 다음 생에 영향을 주는 것을 아는건 굉장히 어렵습니다. 이것을 아는 방법 중의 하나는 12연기 수행을 통해 업들이 어떻게 연결되는지 확인하는 겁니다. 무명(無明)이 있어서 행(行)이 생기고, 행이 있어서 식(識)이 생깁니다. 이 과정 중에 행(行)이 바로 의도입니다. 무명과 행은 과거 전생의 어떤 원인입니다. 무명은 잘못 아는 것인데 무명이 있으면 그것이 원인이 되어 업을 짓습니다. 업을 짓는 기저에 있는 의도, 이것이 어떻게 업을 일으키는지 알 수 있습니다. 그다음에 행이 어떻게 과보의 식을 불러오는지도 12연기 수행을 하면 알 수 있습니다. 그러니까 업에 대해서 정말 심도 있게 알려면 12연기를 공부해야 합니다. 12연기를 확실히 알면 인과의 법칙을 알 수 있고, 12연기를 알면 어떤 현상이 있을 땐 그것이 왜 있는지를 알게 됩니다. 그 이유를 하나도 빼지 않고 따지고 밝히고 보는 것이 연기 수행입니다.

해로운 업과 유익한 업

업이라는 건 우리의 행위입니다. 행위라는 것은 몸으로 하는 것도 있고, 말로 하는 것도 있고, 정신으로 하는 것도 있습니다. 몸이나 말로 하는 것은 쉽게 이해가 되지만 정신으로 하는 건 쉽게 이해가 되지 않을 수도 있습니다. 하지만 불교에서는 정신으로 하는 행위도 포함시키고 있습니다. 예를 들면, 우리가 욕심을 낸다든지, 화를 낸다든지, 어리석은 생각을 일으킨다든지, 하는 것들이 정신 행위입니다. 경전에 나오는 용어로 간단히 정리하면 탐진치(貪瞋癡)입니다. 탐욕·성냄·어리석음이 있거나 탐욕이 없거나(無貪), 성냄이 없거나(無瞋), 어리석음이 없음(無癡) 역시 정신 행위입니다. 탐진치에 의해서 일어난 업은 해로운 업이라고 합니다. 무탐·무진·무치를 바탕으로 일어난 것은 유익한 업이라고 합니다. 유익한 업은 유익한 과보를 가져오고, 해로운 업은 해로운 과보를 가져옵니다. 그런데 어떻게 하면 탐진치가 되고 어떻게 하면 탐진치가 없는 것이 될까요? 대상을 볼 때 지혜로운 주의로 보면 유익한 마음이 되고 어리석은 주의로 보면 해로운 마음이 됩니다. 지혜로운 주의라는 건 있는 그대로 아는 겁니다. 예를 들어서 사물을 볼 때 무상(無常)·고(苦)·무아(無我)로 보거나 또는 깨끗하지 못하다고 보는 겁니다. 또 정신 현상 같으면 정신 현상으로 알고, 물질 같으면 물질 현상으로 아는 것입니다. 화가 났을 때 일어나는 궁극적 실재인 마음과 마음부수로 보아야 합니다. 물질 현상도 마찬가지입니다. 손이나 발로 보는 것이 아니라 궁극적 실재인 지·수·화·풍 등과 같은 구체적 물질로서 봐야 합니다. 물론 이렇게 보기는 쉽지 않습니다. 수행을 통해 보거나 아비담마 공부를 통해 충분히 이해해야 가능합니다. 탐진치가 없는 것으로 보면 유익한 마음이 되고, 사물을 볼 때 어리석은 주의를 하면 탐진치의 마음이 됩니다.

흔히 법 앞에 평등하다고 합니다. 하지만 사실은 업 앞에 평등한 겁니다. 자작자수(自作自受), 즉 자기가 짓고 자기가 받기 때문입니다. 세상을 창조한 것은 신이라고 말하는 사람들이 있는데 진정한 창조자는 업입니다. 그리고 또 그 업은 내가 지은 것입니다. 부처님은 『경우경』(A5:57)에서 다음과 같이 말씀하십니다.

> 나의 업이 바로 나의 주인이고, 나는 업의 상속자이고, 업에서
> 태어났고, 업이 나의 권속이고, 업이 나의 의지처이다. 내가
> 선업을 짓건 악업을 짓건 나는 그 업의 상속자가 될 것이다.

행위와 과보

업에 대해 잘 설명하고 있는 경전이 있습니다. 『업 분석의 짧은 경』(M135) 그리고 『업 분석의 긴 경』(M136)입니다.

많은 분들이 어떻게 하면 건강하고, 부자가 되고, 오래 사는지 궁금해합니다. 『업 분석의 짧은 경』에는 어떤 업으로 이런 과보를 받을 수 있는지 잘 설명되어 있습니다.

그런데 『업 분석의 짧은 경』이 설해진 계기 자체가 무척 재밌습니다. 이 경에서 부처님께 질문하는 사람은 바라문교를 배우는 수바

(Subha)라는 사람입니다. 이 경의 주석서의 의하면 수바의 아버지는 또데아(Todeyya)였습니다. 또데아는 굉장히 부자였지만 인색했습니다. 부처님이 멀리 있는 승원에서 오셨을 적에도 한 국자의 죽이나 한 주걱의 밥도 드리지 않았습니다. 이렇게 인색하게 굴다가 결국 죽어서 그 집의 개로 다시 태어납니다. 수바는 이 개에게 무척 친근감을 느꼈던 모양입니다. 당시 분위기와는 맞지 않게 자기가 먹던 것을 주기도 하고 또 좋은 침상에 재우기도 합니다. 그런데 부처님이 수바에게 그 개가 전생에 수바의 아버지였다고 말해줍니다. 수바는 아버지가 자기 눈으로 봤을 때는 훌륭하신 분이니까 저 하늘에 태어났을 것이다, 범천에 태어났을 것이다, 하고 생각했는데, 부처님께서 개로 태어났다고 말씀하시니 수바는 믿지 못합니다. 그러고는 오히려 부처님을 비난하는데, 부처님이 그 개가 전생의 또데아임을 증명하십니다. 어떻게 증명을 하냐면, 옛날에는 은행이 없었기 때문에 재산이나 보물 같은 귀중한 걸 어디 숨겨놓았습니다. 또데아가 어디 숨겨놓고 그걸 유언하기 전에 죽은 것 같습니다. 부처님께서 또데아한테 아주 맛있는 걸 주겠다고 하면서 찾아냅니다. 또데아는 개로 태어나서도 부처님을 좋아하지 않았습니다. 그렇지만 맛있는 걸 준다고 하니 거기에 현혹돼서 보물을 찾아옵니다. 그걸 보고 수바가 부처님이 전지전능하신 전지자다, 하고 생각하면서 부처님한테 업에 대한 질문을 합니다.

> 고따마 존자시여, 어떤 원인과 어떤 조건 때문에 [같은] 인간으로서 천박한 사람들도 있고 고귀한 사람들도 있습니까? 고따마 존자시여, 수명이 짧은 사람들도 있고 수명이 긴 사람

들도 있으며, 병약한 사람들도 있고 건강한 사람들도 있으며, 못생긴 사람들도 있고 잘생긴 사람들도 있으며, 세력이 없는 사람들도 있고 세력이 있는 사람들도 있으며, 가난한 사람들도 있고 부유한 사람들도 있으며, 낮은 가문의 사람들도 있고 높은 가문의 사람들도 있으며, 통찰지가 없는 사람들도 있고 통찰지를 갖춘 사람들도 있습니다. 고따마 존자시여, 어떤 원인과 어떤 조건 때문에 [같은] 인간으로서 천박한 사람들도 있고 고귀한 사람들도 있습니까?

이 질문에 대해 부처님은 다음과 같은 게송으로 대답하십니다.

바라문 학도여, 중생들은 업이 바로 그들의 주인이고, 업의 상속자이고, 업에서 태어났고, 업이 그들의 권속이고, 업이 그들의 의지처이다. 업이 중생들을 구분 지어서 천박하고 고귀하게 만든다.

부처님의 게송을 듣고 수바가 '잘 모르니까 제가 좀 알아듣게 좀 자세히 얘기해 달라.'고 말합니다. 그래서 부처님은 일곱 가지 각각의 경우가 어떻게 해서 그렇게 되는지 이야기를 하십니다.

첫째, 수명이 긴 사람과 짧은 사람이 있습니다. 수명이 짧은 사람은 생명이 있는 것을 죽인 경우입니다. 생명 가진 것을 죽이고 나면 그 업으로 해서 보통은 처참한 곳, 불행한 곳, 파멸처, 지옥에 태어납니다. 그렇지 않고 인간으로 온다면 어떠한 곳에 태어나더라도 수명이 짧다고 합니다. 그런데 이 생명 죽이는 것을 멀리하고 연민을 가지게 되면 죽고 난 뒤에 천상에 태어나거나 인간으로 태어나도 수명이 깁니다. 이게 첫 번째입니다. 우리가 생명 가진 걸 잘 죽이면 수명이 짧다는 겁니다. 그렇지 않고 연민으로 대하면 수명이 길게 됩니다.

둘째, 막대기나 칼로써 중생을 해코지 하면 역시 죽어서 처참한 곳, 불행한 곳, 파멸처, 지옥에 태어납니다. 그렇지 않고 인간으로 온다면 어떠한 곳에 태어나도 병이 많습니다. 반대로 해코지하지 않고 주위 사람들을 잘 돌보면 천상에 태어나거나 인간으로 태어나더라도 건강합니다.

셋째, 잘 생기게 태어나거나 못 생기게 태어나는 이유입니다. 성을 잘 내고 성미가 급하며 사소한 비난에도 노여워하고 화를 내고 분노하고 분개하며 분노와 성냄과 불만족을 거침없이 드러내면 처참한 곳, 불행한 곳, 파멸처, 지옥 등에 태어납니다. 그렇지 않고 인간으로 태어나더라도 못생기게 태어납니다. 반대의 경우는 천상에 태어나거나 인간으로 태어나도 잘생긴 얼굴을 갖게 됩니다.

넷째, 세력이 있고 없고입니다. 이건 질투와 관련이 있습니다. 잘된 사람 있으면 그 사람이 얻은 이익과 인정과 명예에 대해 질투심에 샘내고 그걸 인정 안하고 어떤 경우는 험담도 하는데, 이런 경우 죽으면 악처에 태어나거나 사람으로 태어나도 세력이 약합니다. 질투했기 때문에 따르는 사람이 없는 겁니다. 반대로 이런 질투와 시샘이 없으면 인간으로 태어나도 세력이 있습니다.

다섯째, 부자가 되고 가난한 사람이 되는 경우입니다. 그 당시에 사문과 바라문에게 필요한 것, 예를 들면 옷이라든지 음식이라든지 또 향료라든지 등불이라든지 거처라든지 탈 것 등을 보시한 사람은 천상이나 선처에 태어나거나 인간으로 태어나면 부자가 되는 겁니다. 돕지 않은 사람들은 악처에 태어나거나 인간으로 태어나면 가난합니다.

여섯째, 어떤 사람은 좋은 가문에 태어나고 어떤 사람은 낮은 가문에 태어나는데, 이것을 결정하는 것은 다음과 같습니다. 덕이 높고 존경해야 하고 예의를 표해야 될 사람들한테 예의를 표하고, 양보해야 될 때는 양보하고, 숙여야 될 땐 숙이고 자기 처지에 맞게 사는 사람은 좋은 가문에 태어납니다. 그렇지 않고 존경해야 될 때 존경 안 하고, 일어날 때 안 일어나고, 굽힐 때 안 굽히면 낮은 가문에 태어납니다.

마지막으로 지혜가 있는 사람은 공부를 많이 하신 사문이나 바라문에게 가서 '어떤 것이 유익한 것이고 어떤 게 해로운 것이고, 어떤 것이 비난받을 일인지, 어떤 것이 비난받을 일이 없는 것인지, 내가 또 어떤 것을 가까이해야 되고 어떤 걸 또 멀리 해야 되고. 어떤 걸 하면 내가 앞으로 살아가는 데 이로움이 있고, 어떤 것을 하면 해가 있고 괴로움이 있는지 이런 것들을 질문해서 그것을 익힌 사람은 죽어서 좋은 곳에 태어나거나 또는 인간으로 태어나면 지혜가 많은 사람이 되고, 그렇지 않은 사람은 악처에 태어나거나 인간으로 태어나도 지혜가 없는 사람이 됩니다.

선업으로 악처에 태어나는 경우와 선처에 태어나는 경우

부처님께서는 "네 부류의 사람이 있다."고 말씀하십니다.

이걸 알아보기 전에 우선 부처님이 말씀하신 열 가지 악업(十不善業)과 열 가지 선업(十善業)에 대해 알아보겠습니다.

열 가지 불선업이란 몸과 입과 마음으로 짓는 열 가지의 악업입니다. 몸으로 짓는 것이 세 가지, 말로 짓는 것이 네 가지, 마음으로 짓는 것이 네 가지입니다. 몸으로 짓는 세 가지는 사람을 죽이거나(殺生) 남의 것을 훔치거나(偸盜) 배우자가 아닌 자와 음행(邪淫)을 하는 것입니다. 입으로 짓는 네 가지는 거짓말하거나(妄語), 이간질시키는 말을 하거나(兩舌), 욕설을 하거나(惡口), 잡담이나 의미 없는 말(綺語)을 하는 것입니다. 마음으로 짓는 세 가지는 탐욕(貪慾), 성냄(瞋恚), 삿된 견해(邪見)를 이릅니다. 삿된 견해란 예를 들면 '죽으면 저 세상은 없다.', '죽으면 끝이다.', '부모도 없다.', '좋은 행위의 과보도 없다.', '나쁜 행위의 과보도 없다.', '바른 지혜로 해탈한 사문 이런 건 없다.' 등의 생각입니다.

십선업은 십불선업의 반대입니다. 십선업과 십불선업을 지은 사람이 다음 세상에 태어나는 경우는 다음과 같이 네 가지가 있다고 부처님은 말씀하십니다.

1. 열 가지 불선업을 짓고 난 뒤 다음 생에는 악처에 태어나는 경우
2. 열 가지 불선업을 짓고 난 뒤 다음 생에는 선처에 태어나는 경우
3. 열 가지 선업을 짓고 난 뒤 다음 생에는 선처에 태어나는 경우

4. 열 가지 선업을 짓고 난 뒤 다음 생에는 악처에 태어나는 경우

『업 분석의 긴경』은 어떤 사람이 죽으면 어디에 태어나는지에 대해 부처님께서 말씀하신 내용이 실려 있습니다. 어떤 사문과 바라문이 수행을 많이 해서 삼매를 얻었습니다. 삼매를 통해서 천안통을 얻으면 어떤 업을 지은 사람이 어디 태어나는지 알 수 있습니다. 삼매를 닦은 수행자가 첫 번째 경우, 그러니깐 열 가지 불선업을 짓고 악처에 태어나는 것을 보게 됩니다. 보고난 뒤에 이렇게 이야기합니다. '참으로 악한 행은 있다. 참으로 그릇된 행위의 과보도 있다.' 그건 바로 본 것입니다. 하지만 그다음에 잘못된 생각을 합니다. '열 가지 불선업을 지은 사람은 누구나 모두 다 악처에 태어난다.' 그러면서 '이렇게 보는 사람은 바르게 보는 사람이고, 다르게 보는 사람은 잘못 보는 사람이다. 이것만이 진리고 다른 것은 진리가 아니다.'라고 이야기합니다. 이게 잘못된 겁니다. 하나만 보고 마치 전체가 그렇다고 생각을 하는 겁니다.

두 번째는 어떤 사문은 수행을 해서 삼매를 얻고 불선업을 짓고 선처, 좋은 곳에 태어난 경우를 보게 됩니다. 그래서 이 사문은 '참으로 악행은 없다. 참으로 그릇된 행위의 과보는 없다.' 하고 잘못 생각을 합니다. 그러면서 '열 가지 불선업을 한 누구든지 선처에 태어난다.'고 이야기합니다. 딱 자기가 본 것만 믿는 겁니다. 그러면서 '이렇게 아는 사람은 바르게 아는 사람이고, 이와 같이 알지 않는 사람은 잘못 아는 것이다. 이것만이 진리다.'라고 말합니다.

세 번째는 십선업을 짓고 선처에 태어난 걸 삼매를 닦아서 본 겁니다. 보고 난 뒤에 '참으로 선행은 있다. 참으로 좋은 행위의 과보도 있

다. 십선업을 지은 자는 무조건 누구나 다 선처에 태어난다. 이것만이 진리다.'라고 말합니다.

네 번째는 십선업을 짓고 악처에 태어난 걸 보고 '참으로 선행은 없다. 참으로 좋은 행위의 과보도 없다. 십선업을 하는 사람은 누구나 다 악처에 태어난다. 이것만이 진리다.' 이렇게 주장을 합니다.

부처님은 항상 인정할 건 인정하고 인정하지 않을 건 인정하지 않았습니다. 부처님께서는 첫 번째 '열 가지 불선업을 지은 자가 악처에 태어났다. 이렇게 말한 것은 내가 인정한다. 그리고 이 사람이 악업은 과보가 있다는 건 인정하고, 이 사람이 본 것은 인정한다. 그렇지만 그다음에 열 가지 불선업을 지은 사람은 누구나 악처에 태어난다. 이것은 인정하지 않는다.'고 말합니다. 그다음 경우도 마찬가지입니다. 인정할 건 인정합니다. '열 가지 불선업을 지은 자가 선처에서 태어났다 할 때 본 것은 인정한다. 과보는 없다 하면 그건 인정 안한다. 이 사람이 본 건 인정하고 모든 사람이 그렇다고 하는 것은 인정 안한다.' 하는 식으로 이야기합니다. 그러니까 어찌 보면 아주 능숙한 외과의사가 병이 있는 부위와 병이 없는 부위를 잘 구별하듯이 부처님께서는 옳은 건 옳고 그른 건 그르다고 정확하게 말씀하십니다.

부처님의 지혜는 아주 자세하고 정확합니다. 부처님께서 위의 네 가지 경우가 왜 그렇게 되는지를 이야기를 하십니다.

첫째, 열 가지 불선업을 짓고 악처에 태어난 것. 아까 잘못 생각하는 사람들은 열 가지 불선업을 짓는 것과 악처에 태어난 것을 연결시켰는데, 둘은 따로따로입니다. 우선 열 가지 불선업을 지었다는 것은 원인을 지었다는 겁니다. 그건 과보가 따로 있습니다. 그다음에 악처에 태어났다는 건 과보입니다. 그것에 대한 원인이 있는 것입니다. 그것이 겹쳐지면 곤란합니다. 그래서 먼저 이 악처에 태어나는 경우를 부처님께서 말씀하십니다. 이 사람이 어떤 악처에 태어난다는 것은 악처에 태어날 만한 뭔가를 했기 때문입니다. 아까 말한 바라문이 삼매를 닦아서 본 그 생 이전에 악처에 태어날 만한, 괴로움을 초래할 만한 악행을 한 게 있는 것입니다. 이게 있어서 악처에 태어났거나 안 그러면 그 사람이 본 그 어떤 생에서 악행을 해서 악처에 태어났거나입니다. 그다음에 죽을 때 당시 임종 시의 어떤 상태에 따라서 악처에 태어납니다. 죽을 때 삿된 견해를 가집니다. 삿된 견해에 푹 빠져 있습니다. 그러면 악처에 태어나게 됩니다. 그러니까 악처에 태어나는 건 세 가지입니다. 그냥 좀 쉽게 이야기하면 우리가 이번 생에 지은 어떤 악행에 의해서 악처에 태어날 수 있고. 이번 생 이전에 과거 생에서 지은 어떤 악행에 의해서 악처에 태어날 수 있고, 또 죽을 때 어떤 삿된 견해 속에 빠져서 죽으면 악처에 태어날 수 있습니다. 이 세 가지입니다. 그다음에 불선업을 한 것은 과보가 있습니다. 불선업을 한 것은 그 생에 과보를 받을 수 있고, 그다음 생에 과보를 받을 수 있고. 그다음 다음 생부터 윤회를 끝낼 때까지 받을 수 있습니다. 어떤 결과에는 그 원인이 있고 또 어떤 원인은 그 결과가 있다는 겁니다.

두 번째 경우를 보겠습니다. 십불선업을 짓고 선처에 태어난 경우. 우선 왜 선처에 태어났는지를 볼 때 삼매를 통해서 천안통을 얻은 그 수행자가 보지 못한, 그 이전 생에 즐거움을 가져올 만한 선행을 한 것이 있을 수 있습니다. 또 죽을 때 바른 견해를 확고히 가지고 있어도 다음 생에 선처에 태어납니다. 수행을 해서 바라문이 본 것 외에 다른 것에 의해서 될 수 있다는 겁니다. 열 가지 불선업을 한 것은 언젠가 과보를 가져온다는 겁니다. 그 생에 과보를 가져오든지 다음 생에 가져오든지. 그다음 생 또 윤회를 끝날 때까지 언젠가 받을 수 있다는 겁니다.

세 번째, 열 가지 선업을 지은 사람이 선처에 태어난 것은 이전에 어떤 즐거움을 줄 수 있는 선행에 의해서, 수행한 사람이 본 그것에 의해서 혹은 보지 못한 것에 의해서, 임종 시에 어떤 바른 견해를 확고히 가지고 있어서라는 것입니다. 그러니까 세 가지 요인에 의해서 됐고 열 가지 선업을 지은 것은 과보가 있다는 겁니다. 이것은 그 생에 있거나 안 그러면 다음 생 또는 그다음 생 … 윤회를 끝낼 때까지 있다는 겁니다.

마지막으로 열 가지 선업을 짓고 악처에 태어난 사람은 악처에 태어날 만한 업이 있었다는 겁니다. 열 가지 선업은 과보를 가져온다는 것입니다. 살아 있는 동안에 뭔가 과보가 오거나, 죽고 난 다음 생에 오거나, 다다음 생 언제라도 올 수가 있다는 겁니다.

이것이 부처님의 업에 대한 정확한 이해입니다. 수행을 하면 이렇게 볼 수 있습니다. 부처님께서 말씀하신대로 업을 정확히 이해하지 않은 상태에서 수행을 통해 위에서 말한 수행자처럼 보고 나름대로 생각한다면 사견이 생길 수 있습니다. 사견이 생기면 외도의 길을 갈 수 있습니다. 굉장히 조심해야 됩니다.

어떻게 하면 선처에 나고 어떻게 하면 악처에 나나

『저승사자 경』(M130)에는 어떻게 하면 선처, 어떻게 하면 악처에 태어나는지 나와 있습니다. 수행을 많이 하면 천안통(天眼通)이라는 걸 얻습니다. 천안통을 얻으면 어떤 사람이 업에 따라서 다음 생에 태어나는걸 볼 수 있습니다.

부처님께서 이렇게 말씀하십니다.

비구들이여, 예를 들면 대문이 있는 두 집이 있는데, 눈 있는 어떤 사람이 그 가운데 서서 사람들이 문으로 들어오고 나가고 계속적으로 움직이고 이 집 저 집을 들락거리는 것을 보는 것처럼, 나는 청정하고 고상하고, 잘 생기고, 좋은 곳[선처]에 가고 나쁜 곳[악처]에 가는 것을 보고, 중생들이 지은 바 업에 따라 가는 것을 본다.

이 말에 이어서 부처님은 '몸·말·마음으로 선행을 하고, 성자를 비방하지 않고, 바른 견해를 가지면 죽고 난 뒤에 천상에 태어나거나 사람으로 태어난다.'고 말씀하시고, 또 '몸·말·마음으로 악행을 하고 성자를 비방하고 삿된 견해를 가지면 아귀·축생·지옥에 태어난다.'고 말씀하십니다.

어떤 사람이 지옥에 태어날 업을 짓습니다. 그러면 지옥에 딱 태어납니다. 지옥지기가 염라대왕한테 데려가죠. 염라대왕이 그 사람한테 내가 보낸 사자를 못 봤는지 물어봅니다. 이 사람은 못 봤다고 말합니다. 그러니깐 '갓난아이가 태어나서 뒤척이지도 못하고 누워서 자신의 똥, 오줌에 범벅이 되어 악취 내는 것을 못봤는가?'라고 물으며 '그게 바로 내가 보낸 사자'라고 합니다. 그걸 보고 지혜로운 사람은 '나도 역시 태어나기 마련이고 태어남을 극복하지 못했다. 참으로 나는 몸과 말과 마음으로 선행을 하리라.' 그렇게 생각해야 된다고 하면서 다섯 명의 사자를 이야기합니다. 첫 번째가 갓난아이이고, 두 번째가 늙은 사람, 세 번째가 병든 사람, 네 번째가 죄지은 사람, 마지막이 시체라고 말합니다. 옛날에는 고문을 엄청 심하게 했습니다. 피부를 벗기는 벌을 주는 등 아주 끔찍했다고 합니다. 그런 사람을 보고 '아, 죄지으면 이렇게 되는데, 죽으면 얼마나 더한 과보를 받겠나.' 하고 몸과 말과 마음으로 선행을 해야 되겠다고 마음먹어야 된다고 말합니다. '이게 내가 보낸 다섯 명의 사자다.' 하면서 '당신이 악행을 한 것은 부모가 한 것도 아니고, 친지나 친구 어떤 누군가 한 것도 아니고, 사문이나 바라문이 한 것도 아니다. 당신이 했다. 당신이 나태해서 했으니까 그 과보를 받아야 된다.'고 말하며 지옥으로 가는 겁니다. 지옥이 쫙 펼쳐집니다. 열네 가지 지옥이 나옵니다. 첫 번째 지옥에서는 시뻘건 쇠꼬챙이로 다섯 군데를 막 찌릅니다. 그다음 막 도끼로 피부를 벗겨냅니다. 이런 식으로 열네 가지의 지옥이 펼쳐집니다. 『저승사자경』의 끝 무렵에 부처님이 이렇게 말씀하십니다. "비구들이여, 나는 이것을 다른 사문이나 바라문으로부터 듣고 그대들에게 말하는 게 아니다. 내가 스스로 알고 스스로 보고 스스로 발견한 것을 그대들에게 말하는 것이다."

　우리는 보통 윤회를 당시 인도 전통인 힌두교에서 빌려왔다든지

교화를 위한 방편이라고 말하는 경우를 종종 듣습니다. 하지만 경전에
서도 보듯이 결코 그렇지 않습니다.

06   업②

지은 대로 받습니다. 그래서 모두 업 앞에 평등합니다.

그런데 선업(善業)만 지으면 참 좋겠지만 악업(惡業)을 짓게 되는 경우도 있습니다. 하지만 악업을 지은 것에 너무 연연하며 살면 안 됩니다. 선업을 다시 쌓으면 됩니다. 선업은 악업보다 훨씬 강력합니다.

선업은 악업보다 강하다

기원전 2세기경에 인도의 서북방에 건설되어 있던 그리스 왕국의 통치자 메난드로스(밀린다)가 불교에 대해 의문을 품고 승려 나가세나에게 묻고 나가세나가 대답한 것을 묶은 대화록이 『밀린다 왕문경』입니다. 부처님께서 직접 말씀하신 것은 아니지만 꿋다까 니까야(小部)에 들어 있고 한역은 『미란다왕문경』 혹은 『나선비구경』으로 번역되어 있습니다. 이 책에 선업과 악업에 대한 아주 좋은 비유가 나옵니다.

물고기를 죽이는 것을 업으로 살아가는 사람이 있었습니다. 그런데 이런 업을 지었던 사람이 죽을 때 마음 깊이 삼귀의를 하고는 천상에 태어납니다. 이걸 보고 메난드로스가 묻습니다. '생명을 죽이는 것은 악업이다. 백 년 동안 악행을 했더라도 죽을 때 삼귀의 한 번 하고

어떻게 그렇게 천상에 태어나는 좋은 과보를 받을 수가 있는가? 나는 믿지 못하겠다.'

이 말에 나가세나가 아주 재미있는 비유를 듭니다. '돌멩이는 크든 작든 간에 물에 떨어뜨리면 가라앉는다. 하지만 그 돌멩이를 배에 실으면 가라앉지 않고 목적지까지 갈 수 있다. 선업은 마치 그 배와 같다.' 선처에 태어난 사람은 삼귀의라는 아주 강력한 선업을 쌓았습니다. 그 힘 때문에 천상에 태어날 수 있었습니다. 선업은 이처럼 강력합니다. 그러니 악업을 지은 것에 대해 후회하고 걱정하기보다는 선업을 쌓는 쪽으로 계속 마음을 향하게 해야 합니다.

악업도 선업도 다 의도입니다. 유익한 업에는 이 유익한 업에 공통적인 아름다운 마음부수, 그러니까 아름다운 마음 기능을 하는 게 열아홉 가지가 있습니다. 이것들은 굉장히 강력한 힘을 가집니다. 그에 비해서 해로운 마음, 탐진치에 근원을 둔 해로운 마음의 공통적인 마음부수는 네 가지뿐입니다. 열아홉 대 넷입니다. 그러니까 우선 숫자로도 해로운 마음보다는 선한 마음이 많고, 또 선한 마음부수들이 이 해로운 것에 비해서 강력한 힘을 가집니다. 그렇기 때문에 자꾸 선업을 개발해서 좋은 마음의 어떤 기능을 하는 요소들로 채우면 해로운 것들을 제압할 수가 있습니다.

예를 들어 물이 든 커다란 대야에 파란 잉크를 한 방울 떨어뜨립니다. 그러면 물이 금방 파란색으로 물이 듭니다. 그런데 이 물에서 잉크만 따로 빼내 다시 맑은 물을 만들 수 있을까요? 그렇지 않습니다. 그런데 맑은 물을 계속 부으면 파란색은 점점 옅어져갑니다. 이런 과정을 수없이 반복하면 대야는 다시 맑은 물로 가득 찹니다. 선업과 악업의 관계도 그렇습니다. 피치 못해 악업을 지었다면 참회하고 계속 선업을 쌓아나가시면 됩니다.

흔히 우리는 계속 똑같은 존재라고 느낍니다. 그런데 수행을 해보면 순간적으로 일어났다가 사라지고 또 새로운 존재가 일어났다 사라진다는 걸 알 수 있습니다. 존재는 색·수·상·행·식의 오온입니다. 이게 일어났다 사라지고를 반복합니다. 이 오온 중에서 마음인 식(識)이 일어났다 사라지고 다음으로 이어지지 않으면 우리는 지난 일을 기억할 수 없습니다. 그렇지만 우리는 지난 과거를 기억할 수 있지 않습니까? 어떤 사람은 과거 생까지도 기억합니다. 이것은 마음이 사라지면서 다음 마음에 정보를 전달해서 그렇습니다. 그러니까 지금까지 우리가 배운 것이라든지, 또 좋은 마음 낸 것, 나쁜 마음 낸 것 전부다 기억합니다. 만약 우리가 좋은 마음으로 가득 채우면 좋은 마음들이 훨씬 더 많이 일어나고 또 강력한 힘을 가지고 일어나게 됩니다. 좋은 마음으로 가득 채우면 좋은 마음이 항상 활동할 수 있는 상태가 됩니다.

우수한 공덕이 되는 세 가지 경우

우리 마음속에 어떤 게 있으면 그 마음 자체가 어떤 걸 만들어 냅니다. 물질도 만들어 냅니다. 내 행동으로 드러난 것은 그 행동의 대상이 됐던 사람한테 결과를 바로 일으킵니다. 그래서 그 사람이 나한테 따지기도 하고 복수를 하기도 합니다. 그게 없더라도 어떤 마음을 먹으면 그것이 또 결과를 가져옵니다. 그러니까 유익한 마음은 유익한 마음과 마음부수를 가져오고 유익한 어떤 과보도 가져옵니다. 우리가 어떤 행동을 하든지 다 결과를 남깁니다. 생각 하나 한 것도 다 결과를 남깁니다. 마음의 어떤 작용을 통해서 결과를 남기는 겁니다. 예를 들면 우리가 실제로 남을 때리는 행위를 할 때는 안 좋은 의도가 있습니다. 그러면 그때 안 좋은 의도가 바로 탁 일어나서 결과를 남깁니다. 그러고 난 뒤에 그 의도가 사라지면서 그것이 마음에 어떤 결과를 남기면서 또 다음 결과를 남깁니다. 나쁜 일을 하면 당장 처벌 받지 않아도 그것들이 다음에 결과를 가져올 수 있는 여지를 가지고 있기 때문에 반드시 과보를 받게 됩니다. 이런 걸 알면 절대 나쁜 일을 하지 못합니다.

이렇게 말이나 행동은 마음에 기반을 두고 있습니다. 마음이 일어나고 그에 따라서 말이나 행동으로 연결되기도 하고, 또 연결이 되지 않더라도 일으킨 마음 자체가 과보를 가져옵니다. 온갖 업들이 있는데 그 중에 센 놈이 이깁니다. 무수한 업들이 서로 경쟁해 우리의 다음 생을 결정합니다. 그러니까 우리 속에 나쁜 놈들만 많이 있으면 나쁜 게 쉽게 나오겠지만 좋은 것들이 많으면 설사 좀 나쁜 게 있더라도 그 놈들이 힘을 못 쓸 수 있습니다.

가장 중요한 것 중 하나가 '세상을 어떻게 보느냐'입니다. 보는 것에 따라서 마음이나 행동이 따라오게 됩니다. 팔정도 중에 첫 번째가 바로 정견(正見)입니다. 바로 보는 것입니다. 정견은 보통 두 가지로 분류합니다. 세속적인 정견과 출세간적인 정견이 있습니다. 세속적인 정견은 업을 아는 것입니다. 업이 있고 업의 결과가 있다는 걸 아는 것이 세속적인 정견입니다. 출세간적인 정견은 바로 사성제인 고집멸도를 아는 것입니다.

　공덕도 두 종류가 있습니다. 우수한 공덕이 있고 열등한 공덕이 있습니다. 업도 우수한 유익한 업이 있고 열등한 유익한 업이 있습니다. 마음가짐에 따라서, 어떻게 공덕을 행하느냐 그 마음에 따라서 우수하기도 하고 열등하기도 합니다. 공덕은 공덕입니다. 그렇지만 그 과보가 다릅니다. 우수한 공덕이 되려면 세 가지 경우에 있어서 우수한 공덕이 되게끔 해야 합니다. 내가 어떤 공덕을 행하기 전에 공덕의 행위가 어떤 이익을 가져오는지 잘 알아야 합니다. 그래서 '아, 이걸 해야지.' 하고 기꺼이 할 수 있어야 합니다.

　반대되는 경우도 있습니다. 도와 줄 때 '돈 아까운데', '나중에 후회할 텐데' 하면서 '내가 이걸 꼭 도와야 되나?' 생각하는 건 좋지 않습니다. 결국 마지못해 돕게 되면 열등한 공덕이 됩니다. 물론 공덕은 있습니다. 하지만 열등합니다. 선행을 시작하기 전에 마음가짐에 따라서 우수하기도 하고 열등하기도 합니다.

　하는 동안에 업과 업의 결과를 알고 즐거운 마음으로 열성적으로 하면 우수하게 됩니다. 하고 난 뒤에도 기쁘고 만족스럽고 행복해야 됩니다. 그걸 생각하면서 또 기분 좋은 겁니다. 이 세 가지에 의해서 이 공덕행이 훨씬 좋은 과보가 더 많이 오게 됩니다. 공덕행이라는 게 사실은 유익한 마음으로 하는 것입니다. 좋은 데 집착을 하게 되면 불선업이 끼어들 수 있겠죠. 왜냐하면 탐욕의 마음이 생길 수 있기 때문입니다. 한 것에 대해서 정말 저 사람이 알아줄까? 하면 자칫하면 후회의 마음도 올 수 있습니다. 또 집착의 마음, 이것은 잘못하면 불선업으로 가기 쉽습니다. 그래서 남을 돕는 공덕행을 할 때는 이런 마음을 가지는 게 제일 좋습니다. '이 공덕이 앞으로 열반을 성취하는 조건이 되기를.' 남방 스님들한테 보시를 할 때는 항상 그 자리서 '지금 행한 선업이 열반의 조건이 되기를' 하고 항상 그렇게 말을 해줍니다. 우리가 정말 괴로움에서 벗어나려고 열반에 드는 것이거든요. 그래서 '지금 내가 하는 어떤 행위가 열반의 조건이 되기를' 하고 마음을 먹는다면 집착 같은 것은 없어질 겁니다. 집착이 있으면 열등한 공덕으로 바뀔 수가 있습니다. 지혜가 있어서 이 행위가 어떤 결과가 온다는 걸 정확히 알고 그에 합당한 마음가짐을 가져야 합니다.

업과 노력 그리고 지혜

우리는 누구나 행복과 성공을 원합니다. 물론 나쁜 게 아닙니다. 남을 도우면 자연스럽게 성공이라는 결과가 돌아오기도 합니다. 물론 세속적인 가치만의 성공을 이야기 하는 건 아닙니다. 불교에서는 잘 살고, 성공하는 데 세 가지 요인이 있다고 봅니다. 업과 노력 그리고 지혜입니다. 그런데 업에는 두 가지가 있습니다. 과거의 업과 내가 지금 일으킨 업입니다. 과거의 업보다는 현재의 업이 훨씬 강력합니다. 현재의 업은 가까이 있기 때문에 과보를 일으키기가 쉽습니다. 그리고 현재의 좋은 업은 또 과거의 좋은 업이 좋은 결과를 가져오게끔 하는 조건이 됩니다. 그래서 과거에 연연할 필요가 없습니다. 새 출발이 굉장히 중요합니다. 그런데 업이 아무리 중요해도 노력하지 않으면, 그리고 지혜가 없으면 아무 소용이 없습니다. 과거에 좋은 업이 있으면 그 좋은 업을 바탕으로 노력을 하되 지혜를 가지고 그 노력이 올바른 것이 되도록 해서 좋은 결과가 오도록 해야 합니다. 이 셋이 적절해야 합니다. 이에 대한 재미있는 비유가 있습니다.

물고기가 그물에 걸려 올라왔는데 업만 믿고 대책 없이 있는 낙관주의자 물고기가 있습니다. '아, 나는 업이 좋으니 잡혔지만 풀려날 거야.' 하지만 그럴 리가 없습니다. 그렇다고 노력을 하는 것만으로는 부족합니다. 이 그물을 뚫고 나가겠다고 무턱대고 팔딱 팔짝 뛰어봐야 어부의 눈만 거스를 겁니다. 가장 지혜로운 물고기는 자신의 선업을 믿고 기회를 기다렸다 적절한 때, 그러니깐 어부가 자신을 들어 올리는 때라든지, 그물을 이동할 때라든지 할 때 적절한 노력을 해 물로 다시 도망칠 수 있는 물고기입니다. 업과 노력 그리고 지혜가 이렇게 적절히 조화를 이뤄야 합니다.

우리가 얻기 어려운 다섯 가지가 있습니다. 그 중에 첫째가 사람으로 태어나는 겁니다. 상식적으로 생각해도 쉽지 않습니다. 그다음이 불법을 만나는 겁니다. 이렇게 불법을 만났다고 해도 불·법·승 삼보에 귀의하기 어렵고, 그다음에 법을 배우는 것이 어렵습니다. 그리고 마지막으로 이렇게 불법을 배웠다 해도 출가수행자가 되는 것이 어렵습니다. 보통 업으로는 되지 않는 일입니다.

좋은 업은 빨리 과보를 맺고, 나쁜 업은 사라지게 할 수 있는 방법이 있습니다. 좋은 업이 있더라도 환경이나 여건이 안 좋으면 업이 발현되기가 어렵습니다. 예를 들어서 우리가 참 좋은 업은 가졌지만 전쟁을 하고 있는 나라에 태어난다든지 범죄와 부패가 만연한 나라에 태어난다면 그 좋은 업이 발현되기 쉽지 않습니다. 좋은 업이 과보를 맺고 나쁜 업이 과보를 안 맺을 수 있는 조건 네 가지가 있습니다.

1. 좋은 삶을 살고 있는 겁니다. 좋고 행복한 삶이 있을 때 좋은 과보를 맺을 수 있습니다.
2. 좋은 외모입니다. 호감 가는 외모, 좋은 외모 이것도 들어갑니다. 그런데 오해하지 마시기 바랍니다. '잘 생겼다.' 하고는 좀 다릅니다. 그러니까 우리가 아무리 좋은 업을 가지고 태어나도, 예를 들어서 외모가 안 좋으면 그건 기회가 오기 좀 어려울 수가 있습니다. 이것도 합리적인 생각입니다.
3. 유리한 조건이나 때를 만나는 겁니다. 대공황이나 어려운 시기에는 좋은 업이 있어도 발현되기 어렵습니다.
4. 지혜입니다. 좋은 업과 노력도 이것이 없으면 아무 소용이 없습니다.

이 네 가지가 좋은 업은 맺게 하고 나쁜 업은 맺는 걸 좀 방해하는 좋은 요소입니다.

반대의 조건도 있습니다. 그러니깐 좋은 업이 실현되기 어렵고 나쁜 업이 쉽게 이루어지는 조건입니다.

1. 아주 불행하거나 힘든 삶을 살거나
2. 외모가 아주 안 좋거나
3. 전쟁이라든가 불리한 때를 만나거나
4. 노력 그리고 지혜가 없는 겁니다.

노력이라든지, 근면이라든지, 지혜 이것들을 자기가 자꾸 계발하고 노력해서 가지고 있으면 업은 안 좋더라도 그것을 조금 좋게 할 수 있는 여지를 우리가 만들 수 있습니다.

그런데 업에 대해 잘 모르니깐 나쁜 업만 짓게 됩니다. 업이 어떻다는 걸 정확히 알면 절대로 나쁜 행동을 하지 않습니다. 도둑질을 할 때는 완전범죄를 꿈꿉니다. 하지만 완전범죄라는 게 없다는 걸 알면 절대하지 않을 겁니다. 업에 대해서 공부를 하고 수행을 해서 잘 알게 되면 절대 나쁜 짓을 못합니다. 그런데 그건 잘 모르기 때문에 여러 가지 다른 생각들이 끼어들고, 다른 마음이 끼어들고, 유혹에 넘어가서 나쁜 일을 하게 됩니다.

공덕을 쌓는 열 가지 행위가 있습니다.

1. 보시, 2. 지계, 3. 수행, 4. 공덕을 모두에게 회향함 5. 남의 공덕을 함께 기뻐함 6. 선지식이나 연장자 공경 7. 섬김 8. 법을 배움 9. 법을 가르침 10. 바른 견해입니다.

그런데 공덕을 쌓는 열 가지 행위는 다시 다음과 같이 세 가지로 분류할 수 있습니다.

보시 : 보시, 공덕을 모두에게 회향함, 남의 공덕을 함께 기뻐함
지계 : 지계, 존경, 섬김
수행 : 수행, 법을 배움, 법을 가르침, 바른 견해

우리는 죽는 순간까지 노력할 수 있고, 좋은 업을 지을 수 있습니다. 그런데 조심할 것은 죽는 순간까지 노력하는 게 중요한데, 안 아프고 죽어야지 하는 것은 불자로서 하면 안 됩니다. 마지막 순간까지 우리가 노력해야 합니다. 나이 드신 분들한테 희망을 줄 수 있는 경이 있습니다.

『두 바라문 경 1』(A3:51)에 보면, 120살 된 바라문 두 분이 부처님을 찾아와서 다음과 같이 묻습니다.

고따마 존자시여, 저희들은 늙고, 나이 들고, 태어난 지 오래되었고, 오래 살았고, 생의 마지막에 이르렀고, 120살이 된 바라문입니다. 저희들은 아직 덕행을 하지 못했고 선행을 하지 못했고, 위험에서 보호해 줄 행을 하지 못했습니다. 고따마 존자께서 저희들을 훈도해 주시고 고따마 존자께서 저희들을 가르쳐주십시오. 그것은 저희에게 오래도록 이익과 행복이 될 것입니다.

부처님은 그들의 요청에 다음과 같이 말씀하십니다.

참으로 그대 바라문들은 늙고, 나이 들고, 태어난 지 오래되었고, 오래 살았고, 생의 마지막에 이르렀고, 120살이 되었습니다. 그러나 그대들은 아직 덕행을 하지 못했고, 선행을 하지 못했고 위험에서 보호해 줄 행을 하지 못했습니다. 바라문들이여, 늙음과 질병과 죽음이 이 세상을 휩쓸어갑니다. 바라문들이여, 이와 같이 이 세상이 늙음과 질병과 죽음에 의해 휩쓸려 갈 때 몸으로 자제하고 말로 자제하고 마음으로 자제합니다. 그러면 그러한 자제가 그가 이 세상을 떠날 때 그에게 보호, 의지, 섬, 귀의처, 버팀목이 됩니다.

이어서 게송이 이어집니다.

삶은 휩쓸려가고 생명은 덧없고
늙음에 휩쓸린 자에게 보호란 없네.
죽음에 대한 두려움을 직시하면서
행복을 가져올 공덕을 지으시라.
이생에서 몸과 말과 마음으로
자제하고 살면서 공덕을 지은 것
그것이 죽을 때 그에게 행복을 가져오리.

의도에 의해 업이 결정된다

어떤 종교에서는 의식'을 통해서 나쁜 업이 없어진다고 주장하기도 합니다. 불교로 보면 계금취(戒禁取)에 해당됩니다. 그릇된 행위를 올바른 것이라고 집착하는 것입니다.

부처님 당시 '대장장이의 아들 쭌다(cunda)'라는 사람이 있었습니다. 이 사람은 부처님이 돌아가기 전에 마지막 공양을 올린 사람으로 유명합니다. 결국 그 음식을 먹고 탈이 난 부처님이 열반에 이르게 됩니다.

쭌다와 부처님의 대화가 『쭌다 경』(A10:176)에 나옵니다. 부처님이 쭌다에게 어떤 정화의식을 좋아하는지 묻습니다. 쭌다는 서쪽지방의 바라문들이 행하는 정화의식을 좋아한다면서 이렇게 얘기합니다.

> 세존이시여, 서쪽지방의 바라문들은 물병을 들고 세왈라 수초로 만든 화환을 두르고 불을 숭배하고 물에 들어가서는, 그의 제자들에게 이와 같이 가르칩니다. '오시오, 아무개 사람이여, 그대는 좋은 시간에 침상에서 일어나 땅을 만지시오. 땅을 만지지 못하면 젖은 소똥을 만지시오. 젖은 소똥을 만지지 못하면 푸른 풀을 만지시오. 푸른 풀을 만지지 못하면 불을 숭배하시오. 불을 숭배하지 못하면 합장하고 태양에 예배하시오. 만일 합장하고 태양에 예배하지 못하면 밤의 삼경에 물에 들어가시오.' 세존이시여, 서쪽지방의 바라문들은 이와 같이 물병을 들고 세왈라 수초로 만든 화환을 두르고 불을 숭배하고 물에 들어가는 정화의식을 천명합니다. 저는 그들의 정화의식을 좋아합니다.

그런데 부처님은 이렇게 물병을 들고 세왈라수초로 만든 화환을 두르고 불을 숭배하고 물에 들어가는 정화의식과 성스러운 율에서의 정화의식은 다르다고 말씀하십니다.

쭌다여, 이것이 열 가지 해로운 업의 길[十不善業道]이다. 쭌다여, 이러한 열 가지 해로운 업의 길을 갖춘 자는 적당한 시간에 침상에서 일어나 땅을 만지더라도 청정하지 못하며, 땅을 만지지 않더라도 청정하지 못하다. 젖은 소똥을 만지더라도 청정하지 못하며, 젖은 소똥을 만지지 않더라도 청정하지 못하다. 푸른 풀을 만지더라도 청정하지 못하며, 푸른 풀을 만지지 않더라도 청정하지 못하다. 불을 숭배하더라도 청정하지 못하며, 불을 숭배하지 않더라도 청정하지 못하다. 합장하고 태양에 예배하더라도 청정하지 못하며, 합장하고 태양에 예배하지 않더라도 청정하지 못하다. 밤의 삼경에 물에 들어가더라도 청정하지 못하며, 밤의 삼경에 물에 들어가지 않더라도 청정하지 못하다. 그것은 무슨 이유 때문인가? 이러한 열 가지 해로운 업의 길 자체가 청정하지 못하고, 또 청정하지 못함을 만들기 때문이다. 쭌다여, 이러한 열 가지 해로운 업의 길을 갖춤으로써 지옥이 알려졌으며, 축생의 모태가 알려졌으며, 아귀계가 알려졌으며, 여러 비참한 세계[惡趣]들이 알려진 것이다.

이어서 똑같은 형식으로 열 가지 선업을 지으면 정화의식을 하더라도 청정하고 안하더라도 청정하다고 하시고 열 가지 선업을 지으면 인간과 천상에 태어난다고 말씀하십니다. 그러니까 이 부처님의 율에서는, 열 가지 좋은 행을 하면 우리는 정화되는 것이고, 열 가지 좋은 행을 하지 않으면 그것은 정화되지 않는다는 것입니다.

의도가 없는 것은 업이 되지 않습니다. 의도에 의해서 업이 결정이 됩니다. 그 의도가 좋은 마음, 유익한 마음이면 좋은 업이 되고, 해로운 마음이면 나쁜 업이 됩니다.

부처님 전생담인 『자따까』에도 비슷한 비유가 나옵니다. 『자따까』에 「자고새 전생이야기」가 있습니다. 자고새는 꿩과에 속하는데, 꿩보다는 작고 메추라기보다는 좀 큰 새입니다. 이 새는 무척 온순해서 가축으로 기르기도 합니다. 그런데 이 자고새가 포수한테 사로잡혔습니다. 자고새를 잡은 포수는 이 자고새를 미끼로 씁니다. 다른 새를 잡기 위해 이 자고새를 이용한 겁니다. 쩍쩍 소리를 듣고 동료가 오면 포수가 다른 자고새를 잡았습니다. 그런데 사로잡힌 자고새는 자기로 인해 동료들이 잡혀 죽자 고민합니다. 그래서 보살에게 물어봅니다. '내가 업을 받는 것이 아닌가?' 그런데 보살은 이렇게 이야기합니다. '의도가 없는 것은 업이 되지 않는다. 걱정하지 마라.' 그렇습니다. 우리가 길을 걷다가 모르고 개미를 밟아죽일 수 있습니다. 그런데 죽이려는 의도가 없었다면 그건 업이 되지 않습니다.

『의도 경』(A10:206)에도 같은 이야기가 나옵니다. 그 경에서 부처님께서는 '의도를 가지고 행한 업은 과보를 받지 않으면 절대로 그게 해결되지 않는다.'고 말합니다. 의도를 가지고 한 어떤 행위는 이생에 받거나 다음 생에 받거나 언젠가 꼭 과보를 받습니다.

팔정도의 하나가 정명(正命)입니다. 우리는 살아가려면 돈이 필요합니다. 그래서 직업을 가질 수밖에 없습니다. 그런데 '제대로'된 직업을 가져야 합니다. 적어도 오계에서 금지한 내용이 포함된 직업을 갖는 것은 피해야 합니다. 이런 내용이 담긴 재미있는 경이 있습니다.

『물고기 경』(A6:18)입니다. 한번은 부처님과 제자들이 함께 길을 가고 있는데 어떤 사람이 물고기를 계속 낚아서 파는 것을 보게 됩니다. 낚아가지고 팔고, 낚아가지고 팔고 하는 것을 보시고는 부처님이 이렇게 말씀하십니다.

> 비구들이여, 이를 어떻게 생각하는가? 그대들은 '어부가 그물로 물고기를 계속해서 낚아서 팔아 이러한 업과 이러한 생계 수단으로 코끼리를 타고 다니거나 말을 타고 다니거나 마차를 타고 다니거나 수레를 타고 다니거나 재물을 즐기거나 많은 재물을 축적하면서 산다.'라고 보거나 들은 적이 있는가?

제자들이 그렇지 않다고 답하자 부처님은 이렇게 말씀하십니다.

> 장하구나, 비구들이여, 나도 '어부가 그물로 물고기를 계속해서 낚아서 팔아 이러한 업과 이러한 생계 수단으로 코끼리를 타고 다니거나 말을 타고 다니거나 마차를 타고 다니거나 수레를 타고 다니거나 재물을 즐기거나 많은 재물을 축적하면서 산다.'라고 보거나 들은 적이 없다. 그것은 무슨 이유 때문인가? 비구들이여, 죽어가고 죽음으로 내몰린 물고기들을 나쁜 마음으로 쳐다보기 때문이다. 그래서 그는 코끼리를 타고 다니지도 못하고 말을 타고 다니지도 못하고 마차를 타고 다니지도 못하고 수레를 타고 다니지도 못하고 재물을 즐기지

도 못하고 많은 재물을 축적하면서 살지도 못한다.

이어서 다른 동물들을 도살하는 사람을 언급하시고 그 경의 끝에서 다음과 같은 말씀을 하십니다.

그러니 죽어가고 죽음으로 내몰린 인간을 나쁜 마음으로 쳐다보는 것이야 더 말해 무엇하겠는가? 비구들이여, 참으로 그에게는 오랜 세월을 해로움이 있고 괴로움이 있으며, 몸이 무너져 죽은 뒤에는 처참한 곳[苦界], 불행한 곳[惡處], 파멸처, 지옥에 태어난다.

피치못해 나쁜 업을 쌓을 수밖에 없는 직업을 어쩔 수 없이 가져야 한다면, 예를 들어 고기를 죽이고 팔아야 하는 직업이라면 그 동물에 대해 자애의 마음을 가져야 합니다. '내가 참 이 일을 할 수밖에 없는데, 잡힌 물고기가 그래도 별 고통 없이 죽기를'이라든지 또는 '좋은 곳에 태어나기를'이라고 빌어야 합니다. 어쩔 수 없이 그러한 직업을 가지게 됐지만 그 동물이 고통 없이 좋은 곳에 태어나기를 바라는 마음은 선업입니다. 업이라는 건 의도입니다. 그래서 선업의 마음으로, 자애로운 마음, 연민의 마음으로 어떤 존재의 고통을 좀 덜어 주는 행위를 하면 훨씬 좋습니다. 물론 여건이 되면 언제라도 직업을 바꾸는 것이 더 좋은 방법입니다.

07 팔정도

불교 교리의 근간을 이루는 것은 사성제, 팔정도, 십이연기입니다.

사성제와 팔정도는 서로 포함관계에 있습니다. 사성제 안에 팔정
도가 들어 있고 팔정도 안에 사성제가 들어 있습니다.

여덟 가지의 바른 길

팔정도(八正道)는 정견(正見), 정사유(正思惟), 정어(正語), 정업(正業), 정
명(正命), 정정진(正精進), 정념(正念), 정정(正定)입니다.

정견(正見)은 바른 견해입니다. 바른 견해에 대해 『분석 경』(S48:9)
에서 부처님은 다음과 같이 말씀하셨습니다.

> 비구들이여, 괴로움에 대한 지혜, 괴로움의 일어남에 대한 지
> 혜, 괴로움의 소멸에 대한 지혜, 괴로움의 소멸로 인도하는
> 도닦음에 대한 지혜 – 이를 일러 바른 견해라 한다.

네 가지 성스러운 진리(사성제)를 아는 것을 바른 견해라고 하신 겁
니다.

'난 행복하다.'고 말하는 사람이 있습니다. 하지만 그 '행복'이 영원할 수는 없습니다. 시간 차이는 있지만 반드시 괴로움이 찾아옵니다. 모든 존재가 겪어야 하는 괴로움은 여덟 가지가 있습니다. 생로병사의 괴로움이 있고 여기에 좋아하는 사람과 헤어져야 하고, 미운 사람과 만나야 하고, 원하는 데 얻을 수 없는 괴로움이 있습니다. 경전에서는 부처님께서 앞의 일곱 가지 괴로움을 말씀하신 후 '요약하면 오취온이다.'라고 말씀하셨습니다. 부처님께서는 8고라고 8이라는 숫자를 직접 말씀하지 않으셨지만 우리가 흔히 8고라고 할 때 앞에 말한 일곱 가지 괴로움에 오취온을 포함한 여덟 가지를 말합니다. '요약하면 오취온이다.'는 말은 제가 이해하기로는 다음과 같습니다. 태어나 존재하면 누구나 오취온을 가지게 됩니다. 그러면 오취온을 이루는 몸과 마음으로 어떠한 것이든 경험하지 않을 수 없습니다. 만약 오취온이 없다면 어떤 것도 경험하지 않을 수 있겠지요. 오취온을 근본 원인으로 해서 모든 괴로움을 겪을 수밖에 없는 것이 우리 존재가 처한 본질적 상황입니다. 이것이 괴로움에 대한 지혜, 고성제(苦聖諦)입니다.

괴로움의 일어남에 대한 지혜, 집성제(集聖諦)는 고통의 원인은 갈애에 있다는 것입니다. 즉 괴로움의 일어남은 "다시 태어남을 가져오고 향락과 탐욕이 함께하며 여기저기서 즐기는 갈애"(『교리문답의 짧은 경』(M44))입니다. 갈애에는 감각적 욕망에 대한 갈애, 존재에 대한 갈애, 존재하지 않는 것에 대한 갈애가 있다고 합니다. 이러한 갈애로 인해 오취온이 시작되고 괴로움이 시작된다는 겁니다.

괴로움의 소멸에 대한 지혜, 멸성제(滅聖諦)는 갈애가 남김없이 빛바래어 '소멸함, 버림, 놓아버림, 벗어남, 집착 없음'입니다. 어떤 사람들은 '인생이 뭐 그렇지.' 하며 자신에게 닥친 고민과 괴로움에 대해 체념합니다. 하지만 부처님은 그렇게 가르치지 않으셨습니다. '괴로움을 완전히 없앨 수 있다.'고 가르치셨습니다. 그 방법은 바로 도성제(道聖諦), 즉 괴로움의 소멸로 인도하는 도 닦음에 대한 지혜에 담겨 있습니다. 그 길이 팔정도입니다. 우리가 진정으로 괴로움 없이 살고 싶으면 팔정도의 길을 걸어야만 합니다.

정사유(正思惟)는 세 가지 사유입니다. 출리에 대한 사유, 성내지 않는(악의 없음에 대한) 사유, 해코지 않음에 대한 사유입니다. 바른 견해를 바탕으로 바른 마음을 내는 겁니다. 바른 생각 내지는 의도를 내는 것입니다. 사성제가 바른 견해입니다. 바른 견해를 가지게 되면 그다음에 자연스럽게 어떤 마음을 낼 겁니다. 그걸 정사유라고 하기도 하고 바른 의도라고도 합니다. 세속적인 또는 감각적인 그런 욕망을 추구하지 않겠다는 의도를 냅니다. 그다음은 화를 내지 않겠다는 겁니다. 화를 낸다는 건 우리가 뭔가 싫어하는 겁니다. 거부하는 것입니다. 어떤 사람이 그 자리에 당연히 있을 수 있는 권리가 있는데 그 사람이 거기에 없었으면 하고 바라는 것, 그것도 화입니다. 그다음 남을 해치고자 하는 마음을 없애는 겁니다. 그게 정사유 또는 바른 의도의 내용입니다.

정어(正語)는 바른 말입니다. 앞 강의에서 해로운 법 열 가지, 즉 십불선업에 대해 살펴본 적이 있는데, 이중에서 말과 관련된 것이 네 가지나 됩니다. 거짓말, 이간질 시키는 말, 거칠고 난폭한 말, 실없는 말이 그것입니다. 이것이 악업을 만들고 과보를 받게 합니다. 정견, 정사유에 따라 정어를 하는 것입니다.

정업(正業)은 바른 행동입니다. 살아 있는 걸 죽이지 않고(不殺生), 남의 것을 훔치지 않고(不偸盜), 아내 이외의 여성, 남편 이외의 남성과 부정한 관계를 맺지 않는 것(不邪婬)입니다.

정명(正命)은 바른 생계를 말합니다. 속인의 경우 돈 버는 수단이 깨끗한 겁니다. 불교에서는 남한테 해를 주고 돈 버는 것은 바르지 않다고 봅니다. 예를 들면 무기를 판다든지, 인신매매를 한다든지, 또 넓게 말하면 술집을 한다든지, 남한테 피해되는 건 안하는 게 바른 생계입니다.

정정진(正精進)은 바르게 노력하는 겁니다. 바른 노력은 내 속에 안 좋은 게(불선법) 있으면 그것을 없애려고 하는 겁니다. 내 속에 아직 안 좋은 게 일어나지 않았다면 계속해서 일어나지 않게 하는 겁니다. 내 속에 좋은 것(선법)이 있으면 자꾸 더 많이 만드는 겁니다. 내 속에 아직 좋은 게 안 일어났으면 좋은 게 일어나게 만드는 겁니다. 이것이 바른 노력입니다. 여기에서 '좋은 것'은 세속적으로 좋은 것도 있겠지만 열반을 얻는데 도움이 되는 것을 말합니다.

정념(正念)은 바른 마음챙김입니다. 사념처를 닦는 것입니다. 사념처는 몸·느낌·마음·법을 항상 면밀히 관찰하는 것입니다.

정정(正定)은 사선정을 얻는 것을 말합니다. 선정은 초선, 이선, 삼선, 사선이 있는데 이 네 가지 선정을 얻는 것이 바른 삼매입니다. 우리 마음은 항상 흩어지려는 경향이 있습니다. 삼매는 흩어진 마음이 하나로 딱 집중이 된 상태입니다. 삼매에는 순간 삼매, 근접 삼매, 본 삼매(선정)가 있습니다. 본 삼매인 선정을 네 단계까지 얻는 겁니다.

팔정도는 정견(正見)에서 정정(正定)까지 모두 연결되어 있습니다.

처음에 바른 견해를 바탕으로 나머지가 쭉 일어납니다. 부처님은 『무명 경』(S45:1)에서 다음과 같이 말씀하셨습니다.

> 비구들이여, 명지(明知)가 선구자가 되어 유익한 법[善法]들이 일어남으로써 양심과 수치심이 이것을 따르게 된다. 비구들이여, 명지를 가진 현명한 자에게 바른 견해가 생긴다. 바른 견해를 가진 자에게 바른 사유가 생긴다. 바른 사유를 하는 자에게 바른 말이 생긴다. 바른 말을 하는 자에게 바른 행위가 생긴다. 바른 행위를 하는 자에게 바른 생계가 생긴다. 바른 생계를 가진 자에게 바른 정진이 생긴다. 바른 정진을 하는 자에게 바른 마음챙김이 생긴다. 바른 마음챙김을 가진 자에게 바른 삼매가 생긴다.

바른 견해를 바탕으로 나머지가 쭉 일어나긴 하지만 처음부터 완벽한 바른 견해를 얻는 것은 어렵습니다. 어느 정도 바른 견해를 가지고 수행을 하다 보면 이것이 더욱 깊어지고 또 잇따라 일어나는 것들의 깊이도 더욱 깊어집니다.

이 팔정도는 계·정·혜 삼학으로 나눌 수도 있습니다. 계를 지키고, 삼매를 닦고, 지혜를 얻는 겁니다. 팔정도 중에서 정견하고 정사유는 혜(慧)에 포함됩니다. 정어, 정업, 정명은 말을 바로하고 행동을 바로하고 생계를 바로 하는 것으로 계(戒)를 지키는 데 포함됩니다. 바른 정진, 바른 마음챙김, 바른 삼매는 정(定)에 해당됩니다. 이렇게 팔정도에 불교의 모든 것이 들어 있습니다. 팔정도는 항상 향하는 곳이 있습니다. 욕심, 분노, 어리석음을 없애고 열반으로 향하고 있습니다. 그리고 팔정도는 항상 멀리 여읨, 사라짐, 소멸, 완전히 버림에 기반을 두고 있습니다.

팔정도는 불교의 핵심입니다. 이것으로 다른 종교와 확연히 구분이 됩니다. 부처님께서는 『대반열반경』에서 '팔정도가 있으면 사문이 있고, 팔정도가 없으면 사문이 없다.'고 하셨습니다. 여기서 사문은 성자입니다. 부처님의 가르침의 핵심을 경험한 사람입니다. 부처님 말씀에 의하면 팔정도가 없으면 불교가 없다고 볼 수 있습니다. 부처님께서는 『일어남 경』(S45:14)에서 이렇게도 말씀하셨습니다.

> 비구들이여, 아직 일어나지 않은 여덟 가지 법들은 비록 닦고 많이 [공부]짓더라도 여래·아라한·정등각자가 출현하지 않으면 일어나지 않는다. 무엇이 여덟인가?
> 그것은 바른 견해, 바른 사유, 바른 말, 바른 행위, 바른 생계, 바른 정진, 바른 마음챙김, 바른 삼매이다.

부처님이 출현하기 전에는 팔정도가 없었습니다. 부처님께서 깨닫기 전에 다섯 가지 꿈을 꿉니다. 굉장히 큰 꿈인데, 그 두 번째 꿈에 부처님 배꼽에서 띠리아 풀이라는, 넝쿨풀 비슷한 것이 자랍니다. 그게 자라서 구름에 닿은 뒤에 멈추는 꿈을 꿉니다. 그리고 난 뒤에 부처님께서 말씀하시길 '그 꿈을 꾸고 내가 팔정도를 깨달은 뒤 모든 천신과 인간들에게 잘 드러내었다.'(『꿈 경』(A5:196))고 할 정도로 팔정도는 굉장한 법입니다.

십이연기와 팔정도

십이연기도 불교의 굉장히 중요한 교리 중의 하나입니다. 모든 것은 원인이 있어서 결과가 있다는 겁니다. 이런 연기의 개념에도 팔정도의 역할이 있습니다.

　무명(無明)이 있어서 행(行)이 있습니다. 행이 있어서 식(識)이 생기고 식이 있어서 정신과 물질[名色]이, 또 정신과 물질이 있어 여섯 가지 감각장소[六處]가 있고 그걸 인연으로 해서 촉(觸)이 생기고, 촉을 인연으로 해서 느낌[受]이 생기고, 느낌을 인연으로 해서 갈애[愛]가 생기고, 갈애를 인연으로 해서 취착[取]이 생깁니다. 취착을 인연으로 해서 존재[有]가 생기고, 존재가 생기게 되면 출생[生]하게 됩니다. 태어나게 되면 늙고 죽는다[老死]는 것이, 그리고 여러 가지 고통을 당한다는 것이 12연기입니다. 우리가 늙고 죽는 것을 가만히 보면 태어남이 있기 때문입니다. 태어나지 않은 사람이 늙을 수 있겠습니까? 죽을 수도 없겠지요. 그런데 그 태어남이 없어지면 늙고 죽는 건 없어집니다. 팔정도를 잘 알면 태어남을 없앨 수 있습니다. 『조건 경』(S12:27)에 12연기와 팔정도의 관계가 나옵니다.

> 태어남이 일어나면 늙음·죽음이 일어나고 태어남이 소멸하면 늙음·죽음이 소멸한다. 여덟 가지 구성요소를 가진 성스러운 도[八支聖道=팔정도]가 늙음·죽음의 소멸로 인도하는 도닦음이니 그것은 바른 견해, 바른 사유, 바른 말, 바른 행위, 바른 생계, 바른 정진, 바른 마음챙김, 바른 삼매이다.

이런 식으로 쭉 올라가서 무명을 없애면 행이 없어지겠죠. 그래서 우리가 무명에 의해서 늙고 죽는 고통은 이 팔정도에서 하나하나 다 없어질 수 있다는 겁니다.

대승불교의 이상형은 보살입니다. 부처님이 될 때까지 노력하는 게 보살입니다. 그런데 초기불교에서는 부처님께서 붓다가 되라고 이야기하진 않습니다. 붓다가 되는 것은 엄청난 일입니다. 초기불교는 윤회를 끊으라는 가르침을 계속해서 펼칩니다. 중생들을 제도하는 것은 불·법·승 삼보가 합니다. 윤회는 아라한이 돼야 완전히 끊을 수 있습니다. 불교에서는 평범한 사람과 성스러운 사람을 구분합니다. 성스러운 사람은 다시 예류자, 일래자, 불환자, 아라한으로 구분합니다. 예류자에서 불환자까지는 더 닦아야 할 게 있다고 해서 유학(有學)이라 하고 아라한은 무학(無學)이라고 합니다.

『유학 경』(S45:13)에 유학이 되는 길이 나옵니다.

세존이시여, '유학(有學), 유학'이라고들 합니다. 어떻게 해서 비구는 유학이 됩니까?

비구여, 여기 비구는 유학의 바른 견해를 구족하고, 유학의 바른 사유를 구족하고, 유학의 바른 말을 구족하고, 유학의 바른 행위를 구족하고, 유학의 바른 생계를 구족하고, 유학의 바른 정진을 구족하고, 유학의 바른 마음챙김을 구족하고, 유학의 바른 삼매를 구족한다. 비구여, 비구는 이렇게 해서 유학이 된다.

팔정도를 완전히 자기 것으로 만들면 최소한 예류자가 됩니다. 예류자가 되면 사악처에 태어나지 않습니다. 우리는 지금 이렇게 사람으로 있지만 죽고 나면 아수라, 아귀, 동물이 될 수도 있고, 지옥에 갈 수도 있는데, 이걸 사악처라고 합니다. 예류자가 되면 사악처에는 절대로 태어나지 않습니다. 아무리 많아봤자 일곱 생 내에 열반에 들게 됩니다. 초기불교에서는 최소한 여러분들이 이생에 예류자가 되도록 노력하는 게 좋다고 봅니다.

팔정도가 우리 속에 딱 있으면 마음이 흔들리지 않는다는 표현을 부처님은 『항아리 경』(S45:27)에서 다음과 비유하십니다.

> 비구들이여, 예를 들면 버팀목이 없는 항아리는 쉽게 엎어지지만 버팀목을 가진 것은 잘 엎어지지 않는 것처럼 버팀목이 없는 마음은 쉽게 엎어지지만 버팀목을 가진 마음은 잘 엎어지지 않는다.
> 비구들이여, 그러면 어떤 것이 마음의 버팀목인가?
> 바로 이 여덟 가지 구성요소를 가진 성스러운 도이니, 그것은 바른 견해, … 바른 삼매이다. 비구들이여, 이것이 마음의 버팀목이다.

팔정도와 팔사도

팔정도는 여덟 가지 바른 길입니다. 그런데 여덟 가지 잘못된 길도 있습니다. 팔사도(八邪道)입니다. 어떤 사람은 수행을 하지만 잘못되게 하는 사람이 있습니다. 또 잘못되게 살아가는 사람도 있습니다. 이렇게 잘못된 견해부터 잘못된 삼매까지, 쭉 이어진 것이 팔사도입니다.

『위대한 마흔 가지 경』(M117)에서는 팔정도의 정견, 정사유, 정어, 정업, 정명에는 두 가지 종류가 있다고 이야기합니다. 번뇌에 물들 수 있고 공덕의 편에 있으며 재생의 근거를 가져오는 것이 있고, 번뇌에 물들지 않고 출세간의 것이고 도의 구성요소인 것이 있습니다.

정견의 경우 다음과 같이 나옵니다.

비구들이여, 어떤 것이 번뇌에 물들 수 있고 공덕의 편에 서 있으며 재생의 근거를 가져오는 바른 견해인가?
비구들이여, '보시도 있고 공물도 있고 제사(헌공)도 있다. 선행과 악행의 업들에 대한 결실도 있고 과보도 있다. 이 세상도 있고 저 세상도 있다. 어머니도 있고 아버지도 있다. 화생하는 중생도 있고 이 세상과 저 세상을 스스로 최상의 지혜로 알고 실현하여 선언하는, 덕스럽고 바른 도를 구족한 사문·바라문들도 이 세상에는 있다.'라고 하는 것이 번뇌에 물들 수 있고 공덕의 편에 있으며 재생의 근거를 가져오는 바른 견해이다.
비구들이여, 그러면 어떤 것이 번뇌에 물들지 않고 출세간의 것이고 도의 구성요소인 성스러운 바른 견해인가?
비구들이여, 성스러운 마음을 가졌고 번뇌 없는 마음을 가졌으며 성스러운 도를 구족하여 성스러운 도를 닦는 자가 있으니, 그가 가진 통찰지, 통찰지의 기능, 통찰지의 힘, 법을 간택하는 깨달음의 구성요소[擇法覺支], 바른 견해, 도의 구성요소 – 이것이 번뇌에 물들지 않고 출세간의 것이고 도의 구성요소인 성스러운 바른 견해이다.

번뇌에 물들 수 있고 공덕의 편에 있으며 재생의 근거를 가져오는 정어는 거짓말하는 것을 삼가고, 중상모략하는 것을 삼가고, 욕설하는 것을 삼가고, 잡담하는 것을 삼가는 것입니다. 번뇌에 물들지 않고 출세간의 것이고 도의 구성요소인 정어에 대해 부처님께서는 다음과 같이 말씀하십니다.

비구들이여, 성스러운 마음을 가졌고 번뇌 없는 마음을 가졌으며 성스러운 도를 구족하여 성스러운 도를 닦는 자가 있으니, 그가 네 가지 말로 짓는 나쁜 행위를 억제하고 절제하고 제어하고 금하는 것 – 이것이 번뇌에 물들지 않고 출세간의 것이고 도의 구성요소인 성스러운 바른 말이다.

정업의 경우도 정업의 내용이 들어가면서 정어의 경우와 같다고 보면 됩니다. 정명의 경우도 정명의 내용이 들어가면서 정어의 경우와 같다고 보면 됩니다.

『참되지 못한 사람 경 1』(S45:25)과 『참되지 못한 사람 경 2』(S45:26)에 참된 사람과 참된 사람보다 더 참된 사람, 참되지 못한 사람과 더 참되지 못한 사람을 말하고 있습니다. 여기서 참된 사람은 팔정도를 가진 사람입니다. 이보다 더 참된 사람은 팔정도에다가 둘을 더 보태서 십정도(十正道)를 가진 사람입니다. 팔정도의 바탕 위에 올바른 지혜가 생기고 올바른 해탈이 되면 열 개가 됩니다. 이걸 십정도라고 합니다. 그래서 참된 사람은 팔정도를 가진 사람이고 그보다 더 참된 사람은 십정도를 가진 사람입니다. 참되지 못한 사람은 팔사도를 가진 사람이고, 더 참되지 못한 사람은 삿된 지혜와 삿된 해탈 두 개를 붙여서 십사도를 가진 사람입니다.

팔정도를 통해 얻는 것

'팔정도'를 통해서 얻을 수 있는 것이 있습니다. 먼저 무명을 없애고 지혜를 얻고 열반을 실현할 수 있습니다. 이것이 『꺼끄러기 경』(S45:9)에 나와 있습니다.

> 비구들이여, 여기 비구는 떨쳐버림을 의지하고 탐욕의 빛바램을 의지하고 소멸을 의지하고 철저한 버림으로 기우는 바른 견해를 닦는다. … 바른 사유를 닦는다. … 바른 말을 닦는다. … 바른 행위를 닦는다. … 바른 생계를 닦는다. … 바른 정진을 닦는다. … 바른 마음챙김을 닦는다. … 바른 삼매를 닦는다.
> 비구들이여, 이렇게 하여 그 비구는 바르게 향하고 있는 견해와 바르게 향하고 있는 도를 수행하여 무명을 찌르고 명지를

일으키고 열반을 실현한다.

두 번째는 팔정도를 닦으면 열반으로 향하고 열반으로 나아가고 열반으로 들어갑니다. 첫 번째 얻는 것에서 열반을 실현한다고 했지만 팔정도를 닦으면 열반으로 향하고, 열반으로 나아가고, 열반으로 들어간다는 겁니다.

세 번째는 팔정도를 닦으면 나쁜 것을 다 뱉어냅니다. 우리를 괴롭히는 악하고 나쁜 법은 밑빠진항아리에 물을 부으면 다 없어지듯이 그렇게 없어집니다.

네 번째는 팔정도를 닦으면 37조도품을 다 얻을 수 있습니다. 37조도품은 사념처, 사정진, 사여의족, 오근, 오력, 칠각지, 팔정도입니다.

다섯 번째는 팔정도를 열심히 닦아서 홀로 머물고 욕심을 없앤 사람은 다시 삿된 길로 가지 않습니다. 갠지스 강이 동쪽으로 흐르는데, 사람들이 호미 들고 와서 서쪽으로 돌리려고 하면 가능하지 않듯이 팔정도를 열심히 닦아서 홀로 머물고 욕심을 없앤 사람을 다시 그 길로 가게 할 수는 없습니다. 왕이나 누구나 어떻게 해도 그건 안 된다는 겁니다. 팔정도를 닦으면 그렇게 욕심을 버린 좋은 길로 갑니다.

여섯 번째는 팔정도를 닦으면 알아야 할 것은 다 압니다. 비유하기를 여관에 왕도 와서 머물고 귀족도 와서 머물고 평민도 와서 머물듯이 팔정도를 닦으면 알아야 할 것은 다 알게 됩니다. 불교에서 알아야 할 것은 오취온입니다. 집착이 가해진 우리의 몸과 마음, 이것을 알게 된다는 겁니다.

일곱 번째는 팔정도를 닦으면 알고 버려야 할 것을 분명히 압니다. 우리가 알고 버려야 할 것은 무명과 존재에 대한 갈애입니다.

　여덟 번째는 우리가 알고 실현해야 될 게 있습니다. 지혜와 혜탈입니다. 그것을 얻을 수 있습니다.

　아홉 번째는 알고 닦아야 할 것이 있습니다. 알고 닦아야 할 것은 사마타와 위빠사나입니다. 그걸 할 수 있다는 겁니다.

　다음의 스물한 가지를 최상의 지혜로 알기 위해서, 철저히 알기 위해서, 철저히 멸진하기 위해서, 제거하기 위해서는 성스러운 팔정도를 닦아야 한다고 부처님께서 말씀하셨습니다.(『추구 경』, 『자만심 경』, 『번뇌 경』, 『존재 경』, 『괴로움의 성질 경』, 『삭막함 경』, 『때 경』, 『근심 경』, 『느낌 경』, 『갈애 경』, 『목마름 경』 이상 S45:161~170-1)

1. 세 가지 추구(감각적 욕망, 존재, 삿된 견해에 입각해서 청정한 삶을 추구하는 것)

2. 세 가지 자만심(내가 더 뛰어나다, 나와 동등하다, 내가 더 못하다)

3. 세 가지 번뇌(감각적 욕망, 존재, 무명)

4. 세 가지 존재(욕계, 색계, 무색계)

5. 세 가지 괴로움의 성질(고통스런 괴로움, 형성된 괴로움, 변화에 기인한 괴로움)

6. 세 가지 삭막함(탐욕, 성냄, 어리석음)

7. 세 가지 때(탐욕, 성냄, 어리석음)

8. 세 가지 근심(탐욕, 성냄, 어리석음)

9. 세 가지 느낌(즐거운 느낌, 괴로운 느낌, 괴롭지도 즐겁지도 않은 느낌)

10. 세 가지 갈애(감각적 욕망, 존재, 비존재)

11. 세 가지 목마름(감각적 욕망, 존재, 비존재)

12. 네 가지 폭류(감각적 욕망, 존재, 견해, 무명)

13. 네 가지 속박(감각적 욕망, 존재, 견해, 무명)

14. 네 가지 취착(감각적 욕망, 견해, 계율과 의례의식, 자아의 교리)

15. 네 가지 매듭(간탐의 몸, 악의의 몸, 계율과 의례의식에 대한 취착의 몸, 이것만이 진리라고 천착하는 몸)

16. 일곱 가지 잠재 성향(감각적 욕망, 적의, 자만, 사견, 의심, 존재, 무명)

17. 다섯 가지 감각적 욕망(형상, 소리, 냄새, 맛, 감촉)

18. 다섯 가지 장애(감각적 욕망에 대한 욕구, 악의, 해태와 혼침, 들뜸과 후회, 의심)

19. 다섯 가지 무더기(물질, 느낌, 인식, 행, 식)

20. 다섯 가지 낮은 단계의 족쇄(유신견, 의심, 계율과 의례의식에 대한 취착, 감각적 욕망, 악의)

21. 다섯 가지 높은 단계의 족쇄(색계에 대한 탐욕, 무색계에 대한 탐욕, 자만, 들뜸, 무명)

청정범행과 팔정도

불교에서는 청정범행을 굉장히 중요시합니다. 그리고 탐진치의 소멸을 중요시하는데 이 둘과 팔정도의 관계를 알 수 있는 경이 있어 소개합니다. 『어떤 비구 경 1』(S45:6)입니다.

어떤 비구가 세존께 다가가 절을 올리고 한 곁에 앉아 묻습니다.

세존이시여, '청정범행, 청정범행'이라고들 합니다. 세존이시여, 도대체 어떤 것이 청정범행입니까? 도대체 어떤 것이 청정범행의 완성입니까?

비구여, 바로 이 여덟 가지 구성요소를 가진 성스러운 도[八支聖道]가 청정범행이니, 그것은 바른 견해, 바른 사유, 바른 말, 바른 행위, 바른 생계, 바른 정진, 바른 마음 챙김, 바른 삼매이다. 비구여, 그리고 탐욕의 멸진, 성냄의 멸진, 어리석음의 멸진이 바로 청정범행의 완성이다.

『탐욕의 빛바램 경』, 『족쇄를 제거함 경』(이상 S45:41~48) 등에는 청정범행을 닦는 이유에 대해 이렇게 말하고 있습니다.

비구들이여, 만일 외도 유행승들이 그대들에게 '도반들이여, 무슨 목적을 위해서 사문 고따마 아래서 청정범행을 닦습니까?'라고 질문을 한다 하자. 이렇게 질문을 받으면 그대들은 그 외도 유행승들에게 '도반들이여, 탐욕을 빛바래게 하기 위해서 우리는 세존 아래서 청정범행을 닦습니다.'라고 이렇게 설명해야 한다.

비구들이여, 그리고 만일 외도 유행승들이 그대들에게 '도반들이여, 그러면 탐욕을 빛바래게 하기 위한 도가 있고 도닦음이 있습니까?'라고 질문하면 그대들은 그 외도 유행승들에게

'도반들이여, 탐욕을 빛바래게 하기 위한 도가 있고 도닦음이
있습니다.'라고 설명해야 한다.

비구들이여, 그러면 어떤 것이 탐욕을 빛바래게 하기 위한 도
이고 어떤 것이 도닦음인가?
그것은 바로 여덟 가지 구성요소를 가진 성스러운 도이니, 바
른 견해, 바른 사유, 바른 말, 바른 행위, 바른 생계, 바른 정진,
바른 마음 챙김, 바른 삼매이다.
비구들이여, 이것이 탐욕을 빛바래게 하기 위한 도이고 도닦
음이다.
비구들이여, 이렇게 질문을 받았을 때 그대들은 그 외도 유행
승들에게 이렇게 설명해야 한다.

팔정도를 지키기 위한 조건

팔정도는 굉장히 중요하지만 아무나 지킬 수 있는 건 아닙니다. 지킬
수 있는 조건이 있어야 됩니다. 불교적으로 보면 모든 것은 언제나 조
건에 따라 움직입니다. 이런 조건이 있으면 이렇게 될 수 있습니다. 팔
정도를 이루려면 조건을 갖춰야 합니다. 부처님은 일곱 가지 조건을
말씀하십니다. 첫째, 좋은 친구하고 사귀는 것입니다. 좋은 사람, 훌륭
한 사람과 가까이 있어야 합니다. 둘째, 계를 잘 지키는 것입니다. 셋째,
열의입니다. 넷째, 자신의 마음을 잘 다스릴 수 있는 것입니다. 다섯째,

올바른 견해입니다. 여섯째, 부지런함입니다. 일곱째, 대상을 접할 때 지혜로워야 합니다. 이런 일곱 가지 조건이 있어야 팔정도를 잘 닦아 나갈 수 있습니다.(『선우 경』~『계의 구족 경』이상 S45:49~55)

　팔정도 중 정념은 현재에 집중하는 겁니다. 몸과 마음에 무슨 일이 일어나는지 또 어떤 이뤄야 될 법이 나한테 있는지 없는지 보는 게 정념입니다. 자등명(自燈明) 법등명(法燈明)이라는 말을 자주 들어보셨을 겁니다. 자신을 등불로 삼고 법을 등불로 삼으라는 뜻입니다. 이것은 부처님이 돌아가시기 전 3개월간의 행적을 기록한 『대반열반경』(D16)에 나옵니다.

> 아난다여, 그러므로 여기서 그대들은 자신을 섬으로 삼고[自燈明] 자신을 귀의처로 삼아[自歸依] 머물고, 남을 귀의처로 삼아 머물지 말라. 법을 섬으로 삼고[法燈明] 법을 귀의처로 삼아[法歸依] 머물고, 다른 것을 귀의처로 삼아 머물지 말라. 아난다여, 그러면 어떻게 비구는 자신을 섬으로 삼고 자신을 귀의처로 삼아 머물고, 남을 귀의처로 삼아 머물지 않는가? 어떻게 비구는 법을 섬으로 삼고 법을 귀의처로 삼아 머물고, 다른 것을 귀의처로 삼아 머물지 않는가?
> 비구들이여, 여기 비구는 몸에서 몸을 관찰하며[身隨觀] 머문다. 세상에 대한 욕심과 싫어하는 마음을 버리면서 근면하게, 분명하게 알아차리고 마음 챙기는 자 되어 머문다. 느낌에서 느낌을 관찰하며[受隨觀] 머문다 … 마음에서 마음을 관찰하며[心隨觀] 머문다 … 법에서 법을 관찰하며[法隨觀] 머문다.

세상에 대한 욕심과 싫어하는 마음을 버리면서 근면하게, 분명히 알아차리고 마음챙기는 자 되어 머문다.

아난다여, 이와 같이 비구는 자신을 섬으로 삼고 자신을 귀의처로 삼아 머물고 남을 귀의처로 삼아 머물지 않으며, 법을 섬으로 삼고 법을 귀의처로 삼아 머물고 다른 것을 귀의처로 삼아 머물지 않는다.

아난다여, 누구든지 지금이나 내가 죽고 난 후에 자신을 섬으로 삼고 자신을 귀의처로 삼아 머물고 남을 귀의처로 삼아 머물지 않으며, 법을 섬으로 삼고 법을 귀의처로 삼아 머물고 다른 것을 귀의처로 삼아 머물지 않으면서 공부짓기를 원하는 비구들은 최고 중의 최고가 될 것이다.

정념의 내용인 사념처 속에 또 팔정도가 들어있습니다. 사념처의 법념처에 사성제가 들어 있습니다.

마음을 다스리는 팔정도

팔정도를 열심히 닦으면 정신건강에도 도움이 됩니다. 정신 치료에서 '의존심'이라고 부르는 게 있습니다. 이 의존심이 좌절되면 적개심이 생깁니다. 화가 난다는 거죠. 적개심을 억압하면 정신적인 병이 됩니다. 적개심이 폭발을 하면 폭력이나 법적인 문제가 됩니다. 불교로 볼 때 의존심이란 것은 욕심입니다. 의존심은 상대방 상황을 정확히 모르기 때문에 생기는 겁니다. 불교의 탐진치와 정신치료의 의존심, 적개심은 유사한 측면이 있습니다. 정확히 알아 지혜로우면 욕심을 일으키지 않습니다. 지혜가 없기 때문에 욕심을 일으키는 겁니다. 그 욕심이 좌절될 때 화가 나는 겁니다. 팔정도를 잘 닦으면 현실을 정확하게 보고, 또 좋은 마음을 내고, 또 말도 제대로 하고, 행동도 제대로 하고, 생활도 제대로 하기 때문에 남하고 갈등이 생기거나 문제 생길 게 하나도 없습니다. 그렇기 때문에 편안하고 건강하게 살 수 있습니다. 바른 노력이나 바른 마음챙김, 바른 삼매를 닦게 되면 마음이 잘 다스려집니다.

저는 정신과 의사입니다. '정신과 의사가 웬 불교냐?'고 말하시는 분이 있을지 모르지만 불교 공부가 저한테는 '다른 길'이 아닙니다. 제가 볼 때 불교 그 자체가 심리학입니다. 왜냐하면 불교에서는 우리의 몸과 마음이 어떻다는 것, 마음이 어떻게 움직인다는 것, 마음이 어떨 때 우리에게 괴로움이 온다는 것, 마음을 어떻게 해서 괴로움을 없앨 수 있다는 것, 이 모든 것이 완벽하게 구비돼 있습니다. 물론 심리치료하고 차이는 있습니다. 우리같이 치료하는 분은 환자하고 오랜 시간을 같이 있습니다. 병이 깊은 환자일수록 아무래도 번뇌가 많습니다. 꼼꼼히 짚어주고 같이 의논하고 해야 하기 때문에 많은 시간을 들이는 겁니다. 누가 수행하러 왔는데, 번뇌가 많으면 우리한테 와야 될 겁니다. 와서 꼼꼼하게 그분에게 맞는 뭘 해야 되겠죠. 그것에 비해서 불교는 비교적 건강한 사람들이 부처님이 제시한 이정표대로 갈 수 있기 때문에 그렇지 근본적으로 불교는 심리학이라고 볼 수 있습니다.

마음챙김을 강조할 수밖에 없는 게, 사실 우리가 살아가면서 우리에게 영향을 주는 것은 바깥에서 일어난 일이 아닙니다. 그 바깥에서 일어난 일로 인해서 내 속에서 어떤 현상이 일어나느냐에 따라서 우린 영향을 받습니다. 예를 들면 지금 전쟁이 터졌다고 생각해 보세요. 어떤 사람은 막 불안에 떨 겁니다. 그렇지만 아주 극소수일 테지만 어떤 사람은 '야, 기회가 왔다.' 이런 사람도 있을 겁니다. 그런 사람한테는 전쟁이 굉장히 즐거운 겁니다. 그렇듯이 자세히 보면 우리 정신에 지금 뭐가 있냐에 따라서 우린 영향을 받습니다. 그래서 마음챙김을 제가 강조하는 것은 이 순간에 내 마음 속에 뭐가 자리 잡고 있나? 잘 살피라는 겁니다. 그래서 나한테 도움 되지 않는 것은 자꾸 없애는 것이 중요합니다.

부처님은
어떤 분인가?

부처님의 능력이 워낙 뛰어나다 보니 어떤 사람들은 부처님을 신이라고 생각합니다. 하지만 부처님은 우리와 똑같은 '사람'이었습니다. 그리고 우리 역시 부처님과 똑같은 '요소'를 가지고 있습니다. 다만 그것을 충분히 계발하지 못했기 때문에 부처님이 아닌 것뿐입니다.

고시 준비하는 사람들을 보면 주위에 합격된 사람이 많으면 많을수록 그 집단의 합격자 숫자가 더욱 많아집니다. 주위에 한 명도 합격된 사람이 없을 때는 합격에 대한 엄두를 쉬이 내지 못합니다. 그런데 주위에서 한 사람이 고시에 합격하면 이후에 한 명 두 명 합격하는 사람들이 늘어납니다. 사람들에게 '아, 나도 저렇게 하면 되겠다.'는 생각이 일기 때문입니다. 우리 역시 부처님의 실제 모습을 알게 되면 알게 될수록 '아, 나도 저렇게 될 수도 있겠구나.' 하는 마음이 들 수 있고 부처님에 좀 가깝게 다가갈 수 있을 겁니다.

2020년은 부처님이 열반하신지 2564년이 되는 해입니다. 서기는 예수님이 탄생한 해부터 연도를 세는데 불기는 부처님이 열반하신 때를 기준으로 연도를 셉니다. 그런데 2564년 하면 굉장히 오래전으로 생각할 수도 있지만 어찌 보면 그리 먼 옛날도 아닙니다. 당시 인도 지역은 우후죽순으로 새로운 종교, 사상이 태동하던 때입니다. 이 사상들은 교단을 이루고 포교를 하면서 종교로 성장합니다. 많은 종교, 사상이 있다 보니 현재 우리가 명명한 여러 종교, 사상들이 모두 있었다고 해도 과언이 아닙니다. 그 중에 가장 세력이 컸던 것은 역시 전통적인 바라문교였습니다. 하루는 브라흐마유라는 바라문이 제자에게 부처님에 대해서 좀 알아오라고 시킵니다.(『브라흐마유 경』(M91)) 브라흐마유는 당시 120살이었습니다. 베다는 물론 언어와 역사, 세간의 철학에 능통한 사람이었습니다. 그런데 이 사람이 역시 삼(三) 베다에 능통한 제자에게 부처님이 정말 소문대로 아라한 정등각과 같은 여래 10호의 능력을 가지고 있는 분인지 확인하라고 시킵니다. 제자가 부처님을 직접 뵙고는 부처님이 정말 위대한 사람이라는 걸 알게 됩니다. 그는 7개월을 더 부처님 곁에 머뭅니다. 그러고 나서 제자는 자신의 스승 브라흐마유에게 보고를 합니다. 이 경전에는 소위 32상(부처님이 갖추고 있는 서른두 가지 뛰어난 신체 특징)이 자세히 나옵니다. 그런데 이보다 더 제 눈을 끈 건 바로 부처님의 일상입니다. 걸을 때는 어떠했으며, 앉을 때는 어떠했으며, 누울 때는 어떠했는지가 잘 나옵니다. 또 밥을 먹고 발우를 씻을 때, 설법을 할 때 어떠했는지도 자세히 나옵니다. 이 경전을 통해 우리는 부처님의 실제 모습을 볼 수 있습니다. 이 경전을 통해 부처님의 실제적인 모습과 부처님이 어떤 분이다 하는 것을 우리는 알 수 있습니다. 실제적인 부처님의 모습을 보기 전에 부처님이 어떤 분이라는 것을 먼저 보려고 합니다. 부처님의 많은 모습이 있지만 오늘은 세 가지 측면, 그러니깐 무조건적인 행복과 자유를 추구한 부처님, 탁월한 치료자로서의 부처님, 진정한 지도자로서의 부처님에 대해 살펴보고자 합니다.

조건 없는 행복을 추구하신 부처님

부처님은 무조건적인 행복과 자유를 추구하신 분입니다. 우리는 보통 조건이 있는 자유와 행복을 추구합니다. '이런 조건이 있으면 나는 행복해.', '이런 조건이 없어지면 나는 행복하지 못해.'라고 생각합니다. 예를 들면 돈이 있으면 행복하다고 생각하고 돈이 없으면 불행하다고 생각합니다. 하지만 부처님은 무조건적인 행복을 추구했고 무조건적인 행복을 얻으신 분입니다.

『탁발음식 경』(S4:18)을 보면 부처님이 빤짜살라 바라문 마을로 탁발을 나갑니다. 하지만 악마 빠삐만이라는 존재가 장난을 칩니다. 빤짜살라에 사는 바라문과 장자들에게 부처님에게 공양을 거부하도록 시킵니다. 부처님은 하루에 한 끼를 드셨는데 탁발 시간을 놓치거나 탁발을 나갔는데도 음식을 얻지 못하면 식사를 하지 않았습니다. 결국 부처님은 종일 음식을 먹지 못하게 됐습니다. 그때 악마 빠삐만이 부처님께 묻습니다. "사문이여, 탁발음식은 얻으시었고?" 그러자 부처님이 대답합니다. "빠삐만이여, 내가 탁발음식을 얻지 못하도록 그대가 만들지 않았던가?" 이에 악마 빠삐만이 부처님께 다시 빤짜살라의 바라문 마을로 가면 탁발음식을 얻도록 해 주겠다고 합니다. 이에 부처님은 악마 빠삐만을 꾸짖고 다음과 같은 게송을 읊습니다.

> 그 무엇도 가지지 않았지만
> 그러기에 우리는 참으로 행복하게 사노라.
> 우리는 희열을 음식으로 살 것이니

마치 광음천의 신들이 그러하듯이

아무것도 가지지 않았지만 부처님은 행복하다고 말합니다. 이것이 바로 조건이 없는 행복입니다.

최초의 사원인 웰루와나라마(죽림정사)는 부처님이 깨닫고 약 1년후 빔비사라 왕이 희사한 것입니다. 제따와나라마(기원정사) 건립은 그보다 2년이 더 늦습니다. 하지만 부처님은 한 곳에만 머무르지 않았습니다. 우기 안거를 제외하고는 끝없이 유행을 하셨습니다. 『알라와까』(A3:34)의 첫대목은 노숙하고 있는 부처님과 어떤 왕자의 만남으로 시작하는데, 나뭇잎 더미에서 주무시고 계신 부처님 앞에 왕자가 나타나 '안녕히 주무셨습니까?'라고 묻습니다. 그러자 부처님은 '나는 이 세상에서 잠을 가장 잘 자는 사람 중에 하나'라고 대답합니다. 대화가 있던 당시는 사방에서 바람이 불어오던 추운 계절이었습니다. '지금 날씨가 겨울철이고, 지금 부처님 입고 있는 옷은 얇고, 바람은 사방에서 불고, 눈도 내리고, 달도 없는데 어떻게 그렇게 잘 잘 수가 있는지' 왕자가 묻습니다. 이에 부처님이 말씀하십니다. 큰 부자가 있다. 그 집은 바람막이도 잘 돼 있고 좋은 가구도 있고 좋은 침대도 있고 여러 명의 부인이 있다. 그리고 그 부인이 열심히 시중을 든다. 그 사람은 잠을 잘 자겠냐고 묻습니다. 이에 왕자가 잠을 잘 잘 것이라고 대답합니다. 그러자 부처님이 그런데 그 부자가 만약에 어떤 욕심으로 인해서 몸과 마음에 어떤 열기가 있으면 잠을 잘 자겠냐고 다시 묻습니다. 그러자 왕자는 잠을 잘 자지 못할 거라고 말합니다. 이어 부처님은 분노, 어리석음이 함께 하면 잠을 잘 자냐고 물어보고 왕자에게 그렇지 않다는 답을 듣습니다.

그리고 부처님은 이렇게 말씀하십니다.

> 왕자여, 그러하다. 장자나 장자의 아들이 욕심, 분노, 어리석음의 열기로 불탈 때 잠을 잘 못잘 것이다. 그러나 여래는 그러한 욕심, 분노, 어리석음을 버렸고 그 뿌리를 잘랐고 줄기만 남은 야자수처럼 만들었고 멸절시켰고 미래에 다시는 일어나지 않게끔 하였다. 그러므로 나는 잠을 잘 자노라.

『웨나가뿌라 경』(A3:63)에 보면 재가 신자들이 찾아와서 '세상에 어떤 부자는 좋은 침대를 가지고 있는데 부처님께서도 그런 좋은 침대를 잘 구할 수 있습니까?' 하니 부처님께서 '그런 침대는 구하기도 어렵고 나한테는 적합하지도 않고 나는 그런 것을 줘도 쓰지도 않는다. 나에게는 세 개의 침대가 있다.'고 답변하십니다. 하나의 침대는 천상의 침대고, 두 번째는 범천의 침대고, 세 번째는 성자가 쓰는 침대라고 말씀하십니다. 그러면서 '내가 지금 바로 그것을 원하기만 하면 얻을 수 있다.'고 말씀하십니다. 이에 신자들이 어떻게 얻을 수 있냐고 묻습니다.

우선 부처님은 '천상의 침대'에 대해 말씀하십니다. 부처님이 옷 매무새를 가다듬고 탁발을 하기 위해 마을로 나갑니다. 공양을 마치고는 숲으로 들어가 풀이나 낙엽을 한곳에 모아서 가부좌를 틀고 상체를 곧추세우고 마음챙김을 확립하여 앉습니다. 그리고 감각적 욕망들을 떨치고 해로운 법들을 떨쳐 초선, 이선, 삼선, 사선을 구족하여 머뭅니다. 이런 상태로 경행을 하면 천상의 경행, 이런 상태로 서 있으면 천상의 서 있음, 이런 상태로 앉으면 천상의 앉음, 이런 상태로 눕는다면 천상의 누움입니다.

범천의 침대는 앞과 같이 탁발하고 돌아와서 편안하게 앉아서 자애, 연민, 더불어 기뻐함, 평온이 함께한 마음으로 가득 채우고 머뭅니다. 이런 상태로 경행을 하면 범천의 경행, 이런 상태로 서 있으면 범천의 서 있음, 이런 상태로 앉으면 범천의 앉음, 이런 상태로 눕는다면 범천의 누움입니다.

성자의 침대는 앞과 같이 탁발하고 돌아와서 욕망은 제거되었고 그 뿌리가 잘렸고 줄기만 남은 야자수처럼 되었고 멸절되었고 미래에 다시는 일어나지 않게끔 되었습니다. 성냄도 어리석음도 그리되었다고 꿰뚫어 압니다. 이런 상태로 경행을 하면 성자의 경행, 이런 상태로 서 있으면 성자의 서 있음, 이런 상태로 앉으면 성자의 앉음, 이런 상태로 눕는다면 성자의 누움입니다.

비록 숲에서 나뭇가지와 낙엽을 깔고 자지만 어디든 천상, 범천, 성자의 침대를 만들 수 있습니다. 이렇게 부처님은 우리와는 좀 다릅니다. 하지만 우리도 그렇게 될 수 있습니다. 우리는 어떤 조건과 제약을 받지만 부처님은 그렇지 않습니다. 이 차이만 잘 알면 됩니다.

부처님은 탁월한 치료자

경전을 보니까 부처님은 훌륭한 정신과 의사였습니다. 아픈 사람도 치료했지만 보통 사람도 많이 치료하셨고 종교인들도 많이 치료하셨습니다. 부처님이 말씀하시고 교화한 것은 모두 치료라고 볼 수 있습니다. 그 중에 하나를 소개할까 합니다.

부처님 당시 재가 신자 중에 아나따삔디까(Anāthapiṇḍika)라는 분이 있었습니다. 보통 급고독장자라고 부르는 이분은 우리에게는 제따와나라마(기원정사)의 기부자로 더 잘 알려져 있습니다. 이분은 제따와나라마의 희사뿐 아니라 남 돕는 일에 평생을 바치신 분입니다. 부처님은 아나따삔디까를 일러 '보시의 으뜸'이라고도 했습니다.

하루는 부처님께서 아나따삔디까의 집을 방문하셨습니다. 그런데 집이 무척 소란스러웠습니다. 부처님은 '꼭 어부가 물고기들을 끌어올리는 것 같다.'고 비유하셨습니다. 아나따삔디까는 우리 며느리 때문이라고 말을 합니다. 그러면서 그녀가 '부유한 집에서 시집을 왔는데 시어머니도 몰라보고 시아버지도 몰라보고 남편도 몰라보고 부처님을 존경하지도 존중하지도 숭상하지도 않고 예배도 하지도 않는다.'고 말합니다.

그러자 부처님이 며느리인 수자따를 부릅니다. 그러면서 '수자따야, 일곱 가지 종류의 아내가 있다. 살인자 아내, 도둑질하는 아내, 악질 주인과 같은 아내, 밑에 사람을 막 부리는 고압적인 아내, 어머니 같은 아내, 누이 같은 아내, 친구 같은 아내, 하인 같은 아내가 있는데 너는 어떤 아내냐?'고 묻습니다. 수자따가 부처님께 자세한 설명을 부탁합니다. 부처님은 하나하나 설명해 주십니다. 살인자 같은 아내는 기회를 봐서 남편을 죽이고 도망을 가려고 하는 아내입니다. 도둑과 같은 아내는 물건을 빼돌리는 사람입니다. 악질 주인과 같은 아내와 밑에 사람을 막 부리는 고압적인 아내는 자기가 대단한 사람이라도 된 것처럼 고압적으로 남을 무시하고 하인도 함부로 부리고 안하무인한 아내입니다. 어머니 같은 아내는 어머니처럼 자식을 잘 보살피고 항상 자식을 생각하고 도와주는 아내입니다. 누이 같은 아내는 항상 잘 대해 주는 아내입니다. 친구 같은 아내는 언제나 만나면 반갑고 진정으로 염려해 주는 아내입니다. 하녀 같은 아내는 설사 남편이 잘못을 해도 말을 잘 들어주고 어떤 경우에도 잘 참는 아내입니다. 그러면서 부처님께서 수자따에게 '그럼 너는 어느 아내냐?' 하니까 '저를 이 순간부터는 하녀와 같은 아내로 기억해 주십시오.' 하고 답합니다.(『아내경』(A7:59))

그때와 지금은 시대적인 상황이 다릅니다. 미덕 역시 다를 수밖에 없습니다. '하녀와 같은 아내'라고 하면 '본인이 지은 죄가 많으니 이제부터는 잘 하겠다.' 정도의 의미로 받아들이면 될 것 같습니다. 사실 사람의 성격이나 행동을 한순간에 바꾸는 건 어렵습니다. 하지만 경전에는 부처님이 때론 엄하게 때론 부드럽게 교화해 사람을 변화시키는 이야기가 많이 나옵니다. 마음을 치료하셨기 때문입니다.

다른 종교인들을 '치료'한 이야기도 많습니다.

앞에서 『브라흐마유 경』을 소개하면서 스승이 제자에게 부처님이 어떤 분인지 확인해 보고 오라고 한 이야기를 했습니다. 그처럼 뽁카라사띠 바라문도 암밧타라는 제자에게 부처님이 과연 소문처럼 아라한 정등각과 같은 여래 10호의 능력을 가지고 있는지를 확인하고 오라고 시킵니다. 바라문교의 만뜨라에 있는 서른두 가지 대인상들이 있는데 그걸 확인하면 된다고 말합니다. 이 두 사람은 다 바라문교의 삼 베다에 통달한 사람이었습니다. 그런데 암밧타가 부처님을 만나서 부처님은 앉아 있는데 걸으면서 이야기하고 서서도 이야기를 합니다. 그러자 부처님이 암밧타에게 묻습니다.

암밧타여, 그대는 늙고 나이든, 스승들의 전통을 가진 바라문들과 [대화를 할 때도] 걷거나 선 채로, 지금 앉아 있는 나에게 하듯이 이렇게 이런저런 환담을 나누면서 대화를 하는가?

이에 암밧타가 대답합니다.

아닙니다. 고따마 존자여, 고따마 존자여, 바라문은 걷고 있는 바라문과는 걸으면서 대화를 합니다. 고따마 존자여, 바라문은 서있는 바라문과는 서서 대화를 합니다. 고따마 존자여, 바라문은 앉아 있는 바라문과는 앉아서 대화를 합니다. 고따마 존자여, 바라문은 누워 있는 바라문과는 누워서 대화를 합니다. 고따마 존자여, 그러나 까까머리 사문, 비천한 깜둥이들은 우리 조상의 발에서 태어난 자들입니다. 내가 그들과 대화를 할 때는 지금 고따마 존자와 하듯이 이렇게 합니다.

이에 부처님이 말씀하십니다.

암밧타여, 그대가 여기 온 것은 목적이 있었기 때문일 것이다. 그러니 목적이 있어서 왔다면 그 목적을 마음에 잘 새겨

라. 암밧타 바라문 학도는 아직 삶의 완성을 하지 못했구나. 그대가 삶을 완성했노라고 자만하는 것은 아직 삶을 완성하지 못했기 때문이 아니고 무엇이겠는가?

'아직 삶을 완성하지 못했다.'는 말에 부처님이 자신에게 욕설과 경멸을 했다고 생각하고 화가 난 암밧타가 부처님께 비난을 퍼부으면서 다음과 같이 말합니다.

고따마 존자여, 사꺄 출신들은 거만하기 짝이 없습니다. 고따마 존자여, 사꺄 출신들은 거칩니다. 고따마 존자여, 사꺄 출신들은 성미가 급합니다. 고따마 존자여, 사꺄 출신들은 포악합니다. 아주 비천하면서도 바라문들을 존경하지 않고 바라문들을 존중하지도 않고 바라문들을 숭상하지도 않고 바라문들을 예배하지도 않고 바라문들을 공경하지도 않는 것은 적당하지 않고 어울리지 않습니다.

그러자 부처님께서 "그런데 암밧타여, 사꺄들이 그대에게 무슨 잘못을 저질렀는가?" 하고 묻습니다. 암밧타가 대답하기를 한번은 까삘라왓투에 가서 사꺄들의 집회소에 들어갔는데 많은 사꺄들과 사꺄의 소년들이 집회소의 높은 자리에 앉아서 서로서로 손가락 끝으로 쿡쿡 찌르며 놀고 있었다고 합니다. 암밧타는 그것이 자기를 비웃는 것처럼 보였다고 했습니다. 또 아무도 그에게 자리를 권하지 않았습니다. 그런 이야기를 하면서 비천한 사꺄들이 바라문들을 공경하지 않는 것은 적당하지 않다고 말했습니다. 그 말을 듣고 부처님께서는 "암밧타여, 메추리라는 새도 자기들 둥지에서는 자기들 좋을 대로 지저귀기 마련이다. 암밧타여, 까뻴라왓투는 사꺄들의 보금자리이다. 암밧타가 이런 사소한 것으로 그들을 비난해서야 되겠는가?" 하고 타일렀습니다. 암밧타의 조상에 대한 우월감을 깨주기 위해 '너의 조상이 누구냐?'고 물으니 깐하야나라고 대답을 했습니다. 그러자 부처님께서 "암밧타여, 그대의 조상들의 이름과 성을 기억하건데 사꺄들은 주인이고 그대는 사꺄들의 여자 노비의 아들이다."라고 말해 주십니다. 부처님께서는 남의 족보를 그 사람들보다 더 잘 아셨습니다. 그리고 이어서 역사적으로 크샤뜨리아가 바라문보다 더 우위에 있었다는 사실을 차근차근 일깨워주십니다. 그리고 바라문교가 잘못된 것을 일깨워주십니다. 마지막으로 서른두 가지 대인상을 보여주십니다.

암밧타가 스승에게 돌아와 있었던 일을 그대로 전하자 스승이 암밧타를 야단친 후 부처님을 찾아갑니다. 암밧타를 용서해 달라고 하고, 부처님께서는 용서해 줍니다. 그 후 스승이 부처님의 서른두 가지 대인상을 확인한 후 공양을 대접하겠다고 하고 부처님께서는 허락하십니다. 부처님께서 공양을 마치신 후 순차적으로 가르침을 주셔서 스승 바라문이 예류자가 되어 부처님과 법과 승가에 귀의합니다. (『암밧타경』(D3))

위대한 치료자들의 특징은 아는 것이 많다는 겁니다. 세상에 대해 평소 관심이 많고 잘 관찰하고 듣고 공부해 전반적으로 아는 것이 많다는 뜻입니다. 칼 로저스라는 유명한 심리학자는 철도청에 근무하던 사람을 치료한 적이 있었는데 치료 받은 철도청 직원에게 사람들이 로

저스는 어떤 사람이냐고 물어보면 '자기보다 철도청 일을 더 잘 알더라.'고 말했을 정도입니다. 프로이트를 비롯한 많은 심리학자들의 치료 과정을 들여다 봐도 마찬가지입니다.

부처님 역시 아는 게 굉장히 많았습니다. 남의 족보까지 훤히 꿰뚫고 있습니다. 많은 사람들이 부처님께 귀의하다보니 시기하고 질투하는 사람도 생겨났습니다. 헛소문도 퍼져나갑니다. 『밧디야 경』(A4:193)에 이런 내용이 잘 나와 있습니다. '사문 고따마는 요술쟁이다. 그는 개종시키는 요술을 알아서 다른 외도들을 제자로 개종시킨다.' 말하자면 정당하지 못한 방법으로 사람을 확 홀린다 이겁니다. 그래서 밧디야라는 사람이 부처님께 가서 질문을 합니다. '그런 말이 맞습니까? 안 맞습니까?' 그러니까 부처님께서는 이렇게 말씀하십니다.

보라, 밧디야여, 그대는 소문으로 들었다 해서[나의 말을 따르지 말라], 대대로 전승되어 온다고 해서, '그렇다고 들었다.'고 해서, [우리의] 성전에 써 있다고 해서, 논리적이라고 해서, 추론에 의해서, 이유가 적절하다고 해서, 우리가 사색하여 얻은 견해와 일치한다고 해서, 유력한 사람이 한 말이라 해서, 혹은 '이 사문은 우리의 스승이시다.'라는 생각 때문에 [그대로 따르지는 말라.] 밧디야여, 그대는 참으로 스스로가 '이러한 법들은 해로운 것이고, 이러한 법들은 비난받아 마땅하고, 이런 법들은 지자들의 비난을 받을 것이고, 이러한 법들을 전적으로 받들어 행하면 손해와 괴로움이 있게 된다.'라고 알게 되면 그때 그것들을 버리도록 하라.

이어서 부처님과 밧디야의 대화가 이어집니다.

밧디야여, 이를 어떻게 생각하는가? 사람의 내면에서 탐욕이 일어나면 그것은 그에게 이익이 되겠는가. 손해가 되겠는가?"

손해가 됩니다. 세존이시여.

밧디야여, 심한 탐욕을 가진 사람은 탐욕에 사로잡히고 그것에 얼이 빠져 생명을 죽이고, 주지 않는 것을 갖고, 남의 아내에게 접근하고, 거짓말을 하게 된다. 또 다른 사람마저도 그렇게 하도록 유도한다. 그러면 이것은 오랜 세월 그에게 손해와 괴로움이 되지 않겠는가?

그렇습니다. 세존이시여.

밧디야여, 이를 어떻게 생각하는가? 사람의 마음속에 성냄이 … 어리석음이 … 폭력이 일어나면 그것이 그에게 이익이 되겠는가 불행이 되겠는가?

불행이 됩니다. 세존이시여.

밧디야여, 폭력적인 사람은 폭력적인 [생각]에 사로잡히고, 그것에 얼이 빠져 생명을 죽이고, 주지 않는 것을 갖고, 남의 아내에게 접근하고, 거짓말을 하게 된다. 또 다른 사람마저도 그렇게 하도록 유도한다. 그러면 이것은 오랜 세월 그에게 손해와 괴로움이 되지 않겠는가?

그렇습니다. 세존이시여.

밧디야여, 이를 어떻게 생각하는가? 이러한 법들은 유익한 것인가. 해로운 것인가?

해로운 것입니다. 세존이시여.

비난받아 마땅한 것인가, 그렇지 않을 일인가?

비난받아 마땅한 것입니다. 세존이시여.

지자에 의해 비난받을 일인가, 칭찬받을 일인가?

비난받을 일입니다. 세존이시여.

전적으로 받들어 행하면 손해가 있고 괴롭게 되는가, 아닌가? 그대의 생각에는 어떠한가?

세존이시여, 전적으로 받들어 행하면 손해가 되고 괴롭게 됩니다. 저는 이렇게 생각합니다.

밧디야여, 그래서 우리는 이렇게 말했던 것이다. '그대는 소 문으로 들었다.' 해서, 대대로 전승되어 온다고 해서, '그렇다 고 들었다.'고 해서, [우리의] 성전에 써 있다고 해서, 논리적이 라고 해서, 추론에 의해서, 이유가 적절하다고 해서, 우리가 사색하여 얻은 견해와 일치한다고 해서, 유력한 사람이 한 말 이라 해서', 혹은 '이 사문은 우리의 스승이시다.'라는 생각 때 문에 그대로 따르지는 말라. 밧디야여, 그대는 참으로 스스로 가 이러한 법들은 해로운 것이고, 이러한 법들은 비난받아 마 땅하고, 이런 법들은 지자들의 비난을 받을 것이고, 이러한 법들을 전적으로 받들어 행하면 손해와 괴로움이 있게 된다 고 알게 되면, 그때 그것들을 버리도록 하라.
밧디야여, 세상에 있는 참된 사람들은 그들의 제자에게 이렇 게 가르친다. '이리 오시오, 아무개 사람이여, 그대는 탐욕을 길들이고 머무시오. 그대가 탐욕을 길들이고 머물면 몸과 말 과 마음으로 탐욕에서 생긴 업을 짓지 않을 것이오. 그대는 성냄을 … 어리석음을 … 폭력적인 마음을 길들이고 머무시 오. 그대가 폭력적인 마음을 길들이고 머물면 몸과 말과 마음 으로 폭력적인 마음에서 생긴 업을 짓지 않을 것이오.'라고.

이러한 가르침을 들은 밧디야가 기뻐하며 다음과 같이 말합니다.

세존이시여, 세존의 개종시키는 요술은 축복입니다. 세존이
시여, 그 개종시키는 요술은 훌륭합니다. 세존이시여, 나의 사
랑하는 혈육과 친척들이 이러한 개종으로 개종한다면 나의
사랑하는 혈육과 친척들에게 오랜 세월을 이익과 행복이 있
을 것입니다.

부처님은 강압으로가 아니라, 그 사람 마음의 변화를 일으켜서 불
교로 인도하는 능력을 가지셨습니다. 상대방도 자신한테 도움이 되고
이치에 맞으니 받아들이는 겁니다.

부처님은 가장 순리적인 사람입니다. 제가 볼 때는 본질을 정확하
게 보신 분입니다. 우리는 누가 뭐라고 했다고 해서 믿는 경우가 무척
많습니다. 부처님은 그런 건 믿지 않으셨습니다. 그러니까 부처님 말
씀하시는 것을 자세히 들어보면 '아 맞구나.' 하고 고개가 끄덕여집니
다. 그런 대단한 부처님이지만 또 개인적인 감회를 드러낸 부분도 제
가 보기에는 몇 군데 있습니다. 그 중에 하나를 소개합니다.

부처님은 제자들이 굉장히 많았습니다. 그 중에서 두 명의 상수제
자가 있었습니다. 사리뿟따(사리불)와 마하목갈라나(목건련)입니다. 수
행과 교학 그리고 통솔력이 무척 뛰어난 훌륭한 분이셨습니다. 그런
데 안타깝게도 두 분이 부처님보다 먼저 열반에 듭니다.『욱까쩰라 경』
(S47:14)에 다음과 같은 내용이 있습니다. 그 두 분이 돌아가신 지 얼마
되지 않은 때 부처님께서 갠지스 강 근처에 머물고 계셨습니다. 부처
님은 수많은 제자들 앞에서 이런 이야기를 합니다.

비구들이여, 사리뿟따와 목갈라나가 완전한 열반에 들자 내게는 회중이 텅 빈 것처럼 여겨지지만, 나의 회중은 텅 비지 않았고 사리뿟따와 목갈라나가 머물던 곳에 대해서는 아무 관심이 없다.

비구들이여, 지금의 나에게 사리뿟따와 목갈라나라는 고결한 두 상수제자가 있듯이 과거의 세존 아라한 정등각자들께도 고결한 두 상수제자가 있었다. 비구들이여, 지금의 나에게 사리뿟따와 목갈라나라는 고결한 두 상수제자가 있듯이 미래의 세존 아라한 정등각자들께도 고결한 두 상수제자가 있을 것이다.

비구들이여, 제자들의 입장에서 보자면 그들은 경이롭다. 비구들이여, 제자들의 입장에서 보자면 그들은 놀랍다. 왜냐하면 그들은 스승의 교법에 따라 행할 것이고 스승의 교계에 따를 것이며, 사부대중이 좋아하고 마음에 들어 하며 존중하고 높이 평가할 것이기 때문이다. 비구들이여, 여래의 입장에서 보자면 참으로 경이롭다. 비구들이여, 여래의 입장에서 보자면 참으로 놀랍다. 왜냐하면 이러한 두 제자가 완전한 열반에 들었는데도 여래에게는 근심과 탄식이 없기 때문이다.

비구들이여, 그러니 여기서 [그대들이 슬퍼한들] 무슨 소용이 있겠는가? 비구들이여, 태어났고 존재했고 형성된 것은 모두 부서지기 마련인 법이거늘 그런 것을 두고 '절대로 부서지지 말라.'고 한다면 그것은 있을 수 없는 일이다. 그런 경우란 존재하지 않는다.

이어서 사념처에 의해 자신을 의지처로 삼고, 법을 의지처로 삼으라고 말씀하십니다. 물론 부처님은 절대로 냉정하신 분은 아닙니다. 착각해서는 안 됩니다. 그분이 제자들과 가진 시간은 굉장히 소중했을 겁니다. 그렇지만 또 이렇게 순리대로 죽는 것에 대해선 또 그대로 받아들인 겁니다. 그렇지만 여기서 어떤 개인적인 감회도 우리가 좀 엿볼 수 있습니다. 그건 극히 드문 경우입니다.

진정한 지도자, 부처님

또 제가 참 감명 깊게 본 부처님의 모습은 '지도자'로서의 모습입니다. 부처님의 전도선언 이후 교단은 급속히 성장해 갑니다. 출가자도 많았고 유명한 정치가, 재력가도 부처님의 신도였습니다.

『대반열반경』(D16)에 보면 부처님께서 돌아가시기 얼마 전 아난다와 부처님이 다음과 같은 대화를 나누는 모습이 있습니다.

세존이시여, 저는 세존께서 인내하시는 모습을 뵈었습니다. 저는 세존께서 삶을 지탱하시는 모습을 뵈었습니다. 세존이시여, 그런 저의 몸도 [세존께서 아프셨기 때문에] 마치 술에 취한 것과 같이 되어버렸습니다. 세존께서 아프셨기 때문에 저는 방향 감각을 잃어버렸고, 어떠한 법들도 제게 분명하게 드러나지 않았습니다. 그래도 제게는 '세존께서는 비구 승가를 두고 아무런 분부도 없으신 채로 반열반에 들지는 않으실 것이다.'라는 어떤 안심이 있었습니다.

아난다여, 그런데 비구 승가는 나에 대해서 무엇을 [더] 바라는가? 아난다여, 나는 안과 밖이 없이 법을 설하였다. 아난다여, 여래가 [가르친] 법들에는 스승의 주먹과 같은 것이 따로 없다. 아난다여, '나는 비구 승가를 거느린다.'거나 '비구 승가는 나의 지도를 받는다.'라고 생각하는 자는 비구 승가에 대해서 무엇인가를 당부할 것이다. 아난다여, 그러나 여래에게는 '나는 비구 승가를 거느린다.'거나 '비구 승가는 나의 지도를 받는다.'라는 생각이 없다. 그러므로 여래가 비구 승가에 대해서 무엇을 당부한단 말인가?

이것을 보고 저는 '부처님은 진정한 지도자구나.' 하고 느꼈습니다. 보통 지도자는 자신을 드러내려고 하는 경향이 있습니다. 좋은 지도자라면 남이 해놓은 것에 대해 좋은 건 살리고 나쁜 건 버리면서 가야 하는데 일반적으로는 자신의 무엇에 대해 드러내려는 경향이 있습니다. 그런데 부처님은 전혀 그런 게 없으십니다. 부처님은 가장 순리대로 가장 이익 되는 길을 가신 분입니다. 자기 개인적인 게 없는 그런 모습을 보고 저는 아, 이런 것은 우리 지도자가 배워야 되지 않을까 그런 생각을 했습니다.

부처님의 일상

이제 『브라흐마유의 경』에 보이는 부처님의 모습을 알아보겠습니다.

분명한 사실은 부처님도 우리와 같은 몸을 가지고 있었다는 겁니다. 몸을 가지고 있었기 때문에 밥도 먹었겠죠. 그 당시에 설거지는 먹은 사람이 직접 했습니다. 부처님께서도 설거지를 직접 하셨습니다. 부처님께서는 걸을 때 항상 오른발부터 먼저 내딛었다고 합니다. 오른발 걷고 왼발 걷는 데 이 보폭이 길지도 않고 짧지도 않았습니다. 빨리 걷지도 않고 천천히 걷지도 않고, 걸을 때 허벅지를 올리거나 내리거나 하지도 않고, 벌리거나 오므리지도 않고 걸으면서 항상 하체를 움직여서 걸었다고 합니다. 하체를 움직여서 걷는 데 힘을 써서 걷는 것 같지 않았다고 합니다. 분명히 걸어 다니기는 다니는데, 스르륵 걸어 다니는 것 같은 느낌인 것 같습니다. 걸어 다닐 때 고개를 들거나 내리지도 않고 두리번거리지도 않고 오로지 앞을 멍에 길이만큼 봤다는데, 제가 볼 때는 120~130센티미터 정도만 항상 보면서 걸으신 겁니다. 보통 사람은 이렇게 걸으면 옆이 안 보일 겁니다. 그런데 부처님은 다 알고 계시는 겁니다. 세상에 대해서 훤히 알고 계시면서 걸어 다니시는 거예요. 돌아 볼 때는 온몸으로 돌아서 봤다고 합니다.

실내로 들어설 때에 몸을 쳐들거나 낮추거나 앞으로 굽히거나 뒤로 굽히지 않습니다. 자리에 앉을 때도 자리에서 너무 멀리서나 너무 가까이서 몸을 돌리지 않으며, 손으로 짚고 자리에 앉지 않고 자리에 몸을 던지지 않았다고 합니다. 의자가 있으면 의자 쪽으로 접근할 거 아닙니까? 의자 쪽으로 접근할 때 가까이도 접근 않고 멀리도 가지 않고 적당하게 접근해 계시다가 싹 앉으셨습니다. 그러니까 우리하고 똑같이 행동을 했는데, 보면 특이한 느낌이 든 것 같습니다.

실내에 앉아 있을 때 손이 좀 불안정해 보이는 사람들이 있습니다. 발도 불안정해 보이는 사람이 있습니다. 그런데 부처님은 그런 게 전혀 없었다고 합니다. 손과 발이 그냥 편안하게 놓이면서 두리번거리거나 불안해하거나 그런 게 전혀 없이 앉으셨습니다. 무릎과 무릎을 꼬거나 발목과 발목을 꼬거나 턱을 괴고 앉지 않습니다. 앉아 있을 때도 고요히 계셨다고 합니다.

발우에 물을 받을 때 발우를 쳐들거나 낮추거나 앞으로 기울이거나 뒤로 기울이지 않습니다. 발우에 물을 받을 때 너무 적게도 너무 많이도 받지 않습니다. 물을 튀기면서 발우를 씻지 않았다고 합니다. 발우를 뒤쪽부터 씻지 않았다고 합니다. 손을 씻기 위해 발우를 땅에 내려놓지 않았다고 합니다. 손을 씻을 때 발우도 씻어졌고 발우를 씻을 때 손도 씻어졌습니다. 씻을 때 여러분들하고 차이가 있을 겁니다. 발우 씻은 물을 너무 멀리도 너무 가까이에도 버리지 않고 흩뿌리지도 않습니다.

밥을 받을 때도 발우를 쳐들거나 낮추거나 앞으로 기울이거나 뒤로 기울이지 않습니다. 밥을 너무 적게 받지도 않고 너무 많이 받지도 않습니다. 반찬도 적당량을 취합니다. 한 입의 밥과 적당량의 반찬을 초과하지 않습니다. 두세 번 입에서 음식을 굴리고 삼키셨습니다. 그런데 그쪽 밥이 우리 밥하고 좀 다릅니다. 손으로 버무려서 적당하게 한 입 딱 넣습니다. 한 입 딱 넣고 나면 두세 번 씹고 넘기는데 씹지 않은 채 넘어가는 밥알이 하나도 없습니다. 입안에 밥알이 남아 있지 않습니다. 그리고 밥을 드실 때 다음과 같이 생각하십니다. '즐기기 위해서가 아니며 취하기 위해서도 아니며 치장을 하기 위해서도 아니며 장식을 위해서도 아니며, 단지 이 몸을 지탱하고 존속하고 잔인함을 쉬고 청정범행(梵行)을 잘 지키기 위해서'입니다. '그래서 나는 오래된 느낌을 물리치고 새로운 느낌을 일어나게 하지 않을 것이다. 나는 잘 부양될 것이고 비난받을 일 없이 편안하게 머물 것이다.'라고 하십니다.

공양 후에 발우를 씻을 때는 앞서 발우를 씻을 때와 같이 합니다. 공양 후에 발우를 바닥에 놓을 때 너무 멀지도 않고 너무 가깝지도 않게 내려놓습니다. 발우에 부주의하지도 않고 지나치게 조심하지도 않습니다.

공양 후에 잠시 침묵 속에 앉아 계시지만 축원 법문을 할 시간을 지나쳐버리게 하지도 않습니다. 축원 법문을 하실 때 그 음식을 불평하지 않고 다른 음식을 기대하지 않습니다. 대신에 법문으로 대중을 가르치고 격려하고 분발하게 하고 기쁘게 하시고는 그 자리에서 일어나 떠납니다. 그때 너무 빨리 걷거나 너무 느리게 걷지 않으며 벗어나기를 원하는 사람처럼 가지 않는다고 합니다.

옷을 몸에서 너무 높게도 너무 낮게도 입지 않고 몸에 너무 꽉 끼거나 너무 헐렁하게 입지도 않습니다. 바람이 불어도 옷이 움직이지 않습니다. 부처님의 몸에 먼지와 때가 끼지 않습니다.

그분은 원림으로 돌아가시면 마련된 자리에 앉으십니다. 앉아서 발을 씻습니다. 그분 고따마 존자님은 발을 돌보는 것에는 관심을 두지 않고 머뭅니다. 그분은 발을 씻고서 가부좌를 틀고 상체를 곧추세우고 전면에 마음챙김을 확립하고 앉습니다. 그분은 결코 자신을 해칠 생각을 하지 않고 남을 해칠 생각을 하지 않고 둘 다를 해칠 생각을 하지 않습니다. 그분 고따마 존자님은 자신의 이로움과 남의 이로움과 둘 다의 이로움과 온 세상의 이로움을 생각하면서 앉아 있습니다.

그분은 원림에 가시면 대중에게 법을 설하십니다. 대중에게 아첨하거나 대중을 꾸짖지도 않고 오로지 법문으로 그 대중을 가르치고 격려하고 고무하고 기쁘게 하십니다. 그분 고따마 존자님의 입에서 나오는 말씀은 여덟 가지 요소들을 구족합니다. 편견 없고, 분명하고, 감미롭고, 듣기 좋고, 울려 퍼지고, 음조가 좋고, 심오하고, 낭랑합니다. 그분 고따마 존자님의 목소리는 그곳에 모인 대중은 듣게 하지만 대중을 넘어서는 목소리가 나가지 않습니다. 그들은 그분 고따마 존자님의 법문으로 가르침을 받고 격려를 받고 분발하고 기뻐하며 자리에서 일어나 오직 그분을 우러러보면서 다른 것에는 관심 없이 물러갑니다.

이 사람이 자기 스승한테 이런 보고를 하면서 지금 내가 말한 것과 같지만, 이것보다 훨씬 많다고 합니다. 경전을 가만히 보니까 부처님이 우리와 같은 것을 하는데 그 느낌이 묘했던 것 같습니다. 이렇게 부처님의 실제적인 모습을 묘사한 경은 드뭅니다. 부처님이 어떤 분이었다는 것을 우리가 짐작할 수 있는 그런 경입니다.

부처님이 보이신 모습은 우리도 그대로 할 수 있습니다. 그런데 우리는 그걸 계발 안했을 뿐입니다. 부처님은 오랫동안 계발하신 분입니다. 우리도 이제 마음먹고 계발하면 언젠가 가까이 갈 수 있습니다.

지금까지 경전을 통해서 느낀 무조건적인 행복과 자유를 추구하는 부처님, 탁월한 치료자로서의 부처님, 진정한 지도자로서의 부처님 그리고 인간적인 감회를 가진 부처님의 모습까지 만나보았고 부처님의 일상까지 보면서 부처님은 어떤 분인가 살펴보았습니다.

09

부처님이 말하는
우리 존재

우리는 어떤 상황에 놓여 있고 그 상황에서 우리는 어떻게 해야 할지, 그 해결책을 부처님은 제시하고 있습니다. 종교적인 얘기지만 넓은 의미에서 본다면 누구에게나 도움이 되는 그런 말씀입니다. 들어보면 납득이 가는 분도 있을 테고 납득이 가지 않는 분들도 있을 겁니다. 너무 지나치지 않나 생각할 수도 있지만 본질에서는 맞는 이야기입니다.

『독사 경』의 비유

아래 이야기는 『독사 경』(S35:238)에 나오는 이야기입니다. 이 경은 상윳따 니까야의 서른다섯 번째 주제인 '육처 상윳따'에 속해 있습니다. 육처는 육입(六入) 또는 육근(六根)이라고도 합니다. 눈·귀·코·혀·몸·정신입니다. '지각기관'이라고 할 수 있습니다. 육근이 대상인 육경(六境)을 만나고 육식(六識)을 만듭니다.

　　저는 경전에 있는 이야기만 합니다. 저의 이야기는 하지 않습니다. 말하자면 경전에 있는 이야기를 저 나름대로 이해하고 터득해서 해설을 하는 것입니다. 지금 소개할 『독사 경』은 비유로 된 아주 짧은 경이지만 불교의 핵심이 다 들어 있습니다. 이 경을 제대로 이해하신다면 불교를 잘 알고 있다고 볼 수 있습니다.

부처님께서는 그냥 말씀 하시는 경우도 있고 비유를 들어서 말씀 하시는 경우가 있습니다. 비유를 들어서 말씀하시는 것은 한 번 들어도 기억이 잘 납니다. 이 경에서도 비유를 들어서 말씀하셨습니다. 이 경 속에는 부처님께서 보는 우리 존재, 또 우리가 처한 상황, 또 거기서 우리가 어떻게 해야 된다는 해결책을 제시하셨습니다. 불교의 모든 것이 들어 있다고 볼 수 있습니다.

부처님께서 비구들에게 말씀하십니다.

예를 들면 빛을 발하고 맹독을 가진 네 종류의 독사가 있다 하자. 그때 살기를 바라고 죽기를 바라지 않으며 행복을 바라고 괴로움을 혐오하는 사람이 온다고 하자. 그런데 그에게 이렇게 말한다 하자. '여보시오 빛을 발하고 맹독을 가진 네 종류의 독사가 있습니다.'

이 뱀은 아주 강력합니다. 엄청난 독과 열을 뿜어냅니다. 그런데 그 놈들을 때때로 들어 올려야 하고, 때때로 목욕을 시켜야 하고, 때때로 먹을 것을 주어야 하고, 때때로 보금자리를 내놓아야 합니다. 이 네 마리 독사 중 어떤 한 마리가 화를 내면 그 사람은 죽거나 죽음에 버금가는 고통을 겪습니다.

여러분 이 이야기를 들으면 어떻겠습니까? 도망가겠지요. 그 근처는 안 가겠지요.

그런데 독사가 두려워 이리저리 도망치는 그에게 이렇게 말을 합니다.

다섯 명의 살인을 일삼는 원수들이 '우리가 이놈을 보기만 하면 바로 그 자리에서 목숨을 빼앗아 버리겠다.'고 하면서 그대의 등 뒤를 쫓아오고 있다. 이 사람은 네 종류의 독사가 두렵고 다섯 명의 살인을 일삼는 원수가 두려워 이리저리 도망 다닐 겁니다. 그런데 다시 여섯 번째 살인자가 등장합니다. 칼을 빼들고 '내가 이놈을 보기만 하면 바로 그 자리에서 머리를 잘라버릴 것이다.'

더 겁이 납니다. 또 도망을 치겠죠. 정신없이 도망을 가다 보니 마을이 하나 있습니다. 그 사람은 '아, 이제 살았다'는 생각이 듭니다. 마을에 가면 사람도 있고 도움도 받을 수 있을 테니깐요. 그런데 마을에 들어가니 마을이 텅텅 비어 있습니다. 사람도 없고, 숨을 데도 없고, 무기도 없고, 먹을 것도 없고, 아무것도 없습니다. 도망치는데 아무 쓸모가 없는 겁니다. 하지만 그래도 마을이니까 마음을 붙이고 거기 있습니다.

그런데 어떤 사람이 또 와서 하는 말이 지금 도둑들이 이 빈 마을을 습격하려고 한다고 합니다. 그러니까 이 마을에서도 나와야 되는 겁니다. 마을에서 나와서 정신없이 도망을 칩니다. 그러다 어떤 언덕에 도달합니다. 언덕에 올라가서 탁 보니까 저쪽 언덕이 보입니다. 저쪽 언덕을 보니 아주 안전하고 두려움이 없어 보입니다. 저기로 가기만 하면 살겠다는 생각이 듭니다. 그런데 이 언덕과 저 언덕 사이에 엄청난 물이 있습니다. 그냥은 도저히 건널 수 없는 엄청난 물입니다. 그런데 배도 없고 다리도 없습니다. 지금 자기를 죽이려고 네 마리의 독사, 여섯 명의 살인자가 쫓아오니 어쨌든 건너기는 해야 합니다. 그래서 뗏목을 만듭니다. 풀과 나뭇잎, 잔가지, 큰 가지를 함께 모아서 어쨌든 뗏목을 하나 만들었습니다. 뗏목을 만들어서 손과 발을 다 이용해서, 정말 초인적인 노력을 해서 건너편으로 갑니다. 편안하게 살게 된 거죠. 이 경의 비유가 이런 겁니다. 숫자들과 비유들이 등장합니다. 네 마리의 뱀, 다섯 살인자, 여섯 번째 살인자는 숫자로서 등장하고, 또 마을, 도둑 떼, 이 언덕, 저 언덕, 홍수, 뗏목 그리고 그 뗏목을 이용한 노력이 등장합니다.

이제부터는 수수께끼를 풀 차례입니다. 불교를 좀 아는 분들은 짐작을 하실 겁니다. 문제를 풀었다면 불교에 대해 정확히 이해하고 계신 분입니다. 정확히는 아닐지라도 푸는 정도에 따라서 그 사람의 불교의 이해 정도를 알 수 있습니다.

이 경은 앞에는 비유로 그리고 뒷부분은 이에 대한 부처님의 풀이로 끝납니다.

네 종류의 뱀은 뭘까요? 지수화풍(地水火風), 그러니깐 불교에서 말하는 네 가지 근본물질입니다. 흔히 사대(四大)라고 합니다. 불교에서는 우리 몸이 사대로 구성되어 있다고 이야기합니다. 우리 몸에 땅의 요소가 있고, 물의 요소가 있고, 불의 요소가 있고, 바람의 요소가 있습니다.

예를 들어 손은 무엇일까요? 형태를 갖추고 있고 딱딱한 고체로 이뤄졌으니 지수화풍 중에 지(地)가 우세합니다. 혈액, 침, 콧물 등은 수(水)가 우세합니다. 우리 몸에 화(火)의 성분이 있을까요? 살아 있는 사람에게는 체온이 있습니다. 따뜻합니다. 이렇게 따뜻하게 만드는 성분이 화(火)입니다. 또 음식물을 소화시킬 때 열이 납니다. 그것도 불의 요소입니다. 늙는 것도 마찬가지입니다. 머리가 하얘지는 것은 불의 성분 때문입니다. 다음은 풍(風)의 요소입니다. 우리는 숨을 들이쉬거나 내쉽니다. 이것이 바람의 요소입니다.

자, 이제 언제 우리를 죽일지 모르는 뱀이라는 비유가 좀 이해가 되셨는지 모르겠습니다. 그런데 사실 저는 처음에는 이게 잘 이해가 안 됐습니다. 네 마리 중 한 마리가 화를 내면 우리가 죽는다는 것이 잘 이해가 안 됐습니다. 그런데 곰곰이 생각해 보면 우리 몸은 우리의 말을 듣지 않습니다. 언젠가 몸이 생겨서 그 조건에 따라 움직이고 있는 겁니다. 혈압이 높아졌는데 '혈압이 낮아져라.'고 말하면 말을 듣습니까? 암이 생겼는데 '없어져라.'고 말한다고 듣겠습니까? 안 되는 겁니다. 예를 들어서 암이 생겼다면 네 마리 중 한 마리, 그러니깐 지수화풍 중에서 지(地)라는 뱀에게 물립니다. 요즘 어린이들에게 많이 생기는 혈액암에 걸렸다면 수(水)라는 뱀에게 탁 물린 겁니다. 중풍에 걸렸다면 풍(風)이라는 뱀한테 물린 거죠. 언제 어떻게 어떤 뱀에게 물릴지 모릅니다. 그러니 조심해야겠죠. 우리가 건강검진을 받는 것은 '저놈들이 어떻게 하고 있나' 살피는 겁니다.

이제 다섯 명의 살인자에 대해 알아보겠습니다. 불교에서는 인간을 구성하는 다섯 가지 범주로 오온, 즉 색온·수온·상온·행온·식온을 제시합니다. 다섯 명의 살인자는 바로 오취온입니다. 다섯 가지의 집착이 된 온이라 해서 오취온이라고 합니다.

색은 쉽게 말해서 우리의 몸입니다. 수·상·행·식은 정신입니다. 불교에서는 인간을 구성하는 범주로 두 가지를 제시할 경우 몸과 마음, 다섯 가지로 제시할 경우 색·수·상·행·식을 말합니다. 이 다섯 가지를 두 가지 범주에 넣으면 몸은 색, 정신은 수·상·행·식입니다. 앞에서 설명했듯이 색은 바로 지수화풍이 되겠지요. 우리가 몸에 무슨 문제가 있어서 죽었다 하면 이 살인자 중에 첫 번째 살인자한테 걸린 겁니다. 예를 들면 색은 몸이고 수는 우리 정신 중에 느낌입니다. 상은 기억이랄까 인식입니다. 예를 들어 이게 책이다 하고 아는 것입니다. 행은 의도나 의지를 말합니다. 내가 이걸 해야지 저걸 해야지 하는 것은 행입니다. 식은 마음입니다. 예를 들면 누가 인생이 괴로워서 자살을 했다고 하면 수라는 살인자가 먼저 탁 친 겁니다. 괴로워서 나는 죽어야 되겠다고 생각하고 목을 매달았다면 행이라는 살인자가 죽인 거지요. 엄밀하게 이야기하면 이 수취온과 행취온에 의해서 그 사람이 죽은 겁니다.

여섯 번째 살인자는 즐김과 탐욕입니다. 이것도 지나치면 사람을 죽인다는 겁니다. 예를 들면 마약을 투여해 죽은 사람이 있지 않습니까? 그 사람들은 여섯 번째 살인자에 의해서 죽었다고 볼 수 있습니다. 어떤 환락이나 쾌락, 욕망에 의해서 주사를 맞고 죽은 거죠. 어떤 사람이 돈 때문에 범죄를 하고 살인을 했다고 하면 여섯 번째 살인자가 자기 속에서 죽인 겁니다.

위험한 상황을 피해 마을로 갔는데 마을이 텅텅 비었습니다. 이건 육근을 상징합니다. 육근은 눈·귀·코·혀·몸·정신입니다. 상황이 안 좋으니까 어떻게 해보려고 눈으로 뭔가를 찾고, 귀로 듣고, 머리를 막 굴리는 데, 실제 도움이 안 된다는 겁니다. 마을이 비었다는 건 이걸 비유한 겁니다. 우리가 살려고 발버둥치지만 본질적으로는 그걸 피할 수 없다는 겁니다. 저는 이걸 보고 굉장히 탁월한 비유와 해석이라는 생각이 들었습니다.

그런데 그렇게 아무 도움이 안 되는 마을에 또 도둑 떼가 몰려옵니다. 이건 바로 육경을 뜻합니다. 육경은 색·성·향·미·촉·법으로 육근의 대상이 되는 겁니다. 눈으로 사물을 봅니다. 귀로 소리를 듣습니다. 코로 냄새를 맡고, 혀로써 맛을 보고, 몸으로 접촉합니다. 또 정신으로 뭘 감지합니다. 이런 대상이 또 자기를 봐 달라고 아우성을 치는 겁니다. 내가 어떤 일을 해야 하는데 뭔가 나타나면 눈은 그쪽으로 향합니다. 내가 하고자 하는 대로 절대 도와주지 않습니다. 소리, 냄새, 맛, 감촉, 정신도 모두 마찬가지입니다. 그런 식으로 우리가 곤궁에 처해서 뭘 하는 데 이놈들이 또 와서 우리를 괴롭히는 겁니다. 사형수가 사형장에 죽으러 가는데도 뭔가 나타나면 탁 보게 되어 있습니다. 다 그렇습니다.

또 비유 중에 이 언덕은 뭐냐면, 이런 모든 것의 총체라고 볼 수 있습니다. 이것은 나라는 존재입니다. 이 모든 상황이 다 나라는 존재가 있기 때문에 가능한 것입니다. 나라는 존재가 있어서 이런 모든 것이 발생하는 겁니다. 저 언덕은 열반입니다. 모든 괴로움이 없어진 상태, 이게 열반입니다.

그래서 이쪽으로 건너가야 하는데 엄청 많은 물이 있다고 했습니다. 경전에서는 보통 네 가지 격류, 네 가지 홍수라고 표현합니다. 첫 번째가 감각적 욕망에 의한 홍수입니다. 눈·귀·코·혀·몸·정신을 가지고 자꾸 충족하려는 것, 이게 감각적 욕망입니다. 이런 것들 때문에 저 언덕에 도달을 못하는 겁니다. 떠밀려 가는 겁니다. 두 번째는 존재에 대한 욕망입니다. 좋은 존재로 있고 싶은 욕망이 있습니다. 특히 조금 나은 존재인 천상에 나고 싶은 욕망, 이것이 존재의 홍수입니다. 세 번째는 견해의 홍수입니다. 올바른 견해가 아니라 우리에겐 여러 가지 견해가 있습니다. 단멸론, 회의론 등 여러 가지 견해가 있습니다. 이 견해의 홍수에 빠지는 겁니다. 네 번째는 무지의 홍수입니다. 불교에서 무지는 지혜가 없는 겁니다. 여기서 지혜가 있다는 건 사성제를 바로 아는 것을 말합니다. 네 가지 성스러운 진리, 이것이 없는 상태입니다. 보통 사람은 이 네 가지 홍수에 쓸려가는 겁니다.

그 홍수에 쓸려가지 않으려고 뗏목을 만들었는데, 이건 우리를 열반에 가게끔 하는 도구겠죠. 바로 팔정도입니다. 여덟 가지 올바른 길을 실천하면 열반에 도달한다는 겁니다. 여덟 가지 바른 길에 의해서 열반에 가는 노력은 정진입니다. 이게 부처님이 보는 우리 존재의 본질이고, 또 우리가 처해 있는 상황이고, 거기에 대한 해결책입니다.

윤회를 극복하는 방법, 팔정도

불교는 초기불교가 있고, 대승불교가 있고, 티베트불교가 있습니다. 초기불교적인 입장에서 이야기하면 윤회가 가장 핵심입니다. 윤회하면서 괴로움을 받는 것으로부터 벗어나라는 게 부처님의 가르침입니다. 물론 괴로움도 차이가 많습니다. 괴로움이 많은 사람도 있고 적은 사람도 있지만 어쨌든 괴로움은 있는 겁니다. 괴로움에서 벗어나라는 게 어찌 보면 부처님이 우리에게 주는 가르침입니다. 참 안타까운 것은 죽으면 끝이라고 생각하는 사람이 너무 많다는 겁니다. 그래서 시간을 낭비하고, 함부로 살고, 욕심내고 화를 내면서 정작 해야 할 노력을 하지 않습니다. 불교의 진리를 받아들이면 보는 게 달라집니다. 불교에서 가장 중요한 진리는 고성제입니다. 괴로움의 진리입니다. 존재가 괴로움이라는 진리가 제일 중요합니다. 괴로움이 아니고 즐거움이라고 생각할 수 있습니다. 그러면 다르게 사는 겁니다. 괴로움이란 것은 존재함으로서 생기는 겁니다. 한번 생각해 보십시오. 여러분들이 존재하면 몸과 마음을 가지게 됩니다. 그러면 몸에서 오는 고통, 마음에서 오는 고통을 피할 수 있습니까? 못 피하죠. 이제 막 결혼한 사람이 있습니다. 축복해야 할 일입니다. 하지만 이들의 앞길에는 행복만 있지는 않을 겁니다. 좋은 일 궂은 일 모두 경험해야 합니다. 또 둘만 살 수는 없습니다. 각자 주변 사람들하고도 함께 지내야 합니다. 거기에 아이가 생기면 아이하고 어려운 문제가 생기기도 합니다. 예를 들어 교도소에 가면 교도소에서 일어나는 일을 다 겪게 되어 있습니다. 존재로 태어나면 존재로 태어나서 겪는 걸 다 겪어야 됩니다. 물론 사람은 상당히 좋은 존재입니다. 하지만 사람이라는 존재만 있는 게 아닙니다. 육도윤회라 해서 여섯 군데를 계속 왔다 갔다 합니다. 천상, 아수라, 인간, 아귀, 축생, 지옥을 왔다 갔다 하는 겁니다. 사실 사람은 살 만합니다. 하지만 폭력과 방화가 끊임없는 남미의 어느 나라에 태어나거나 자유라고도 없는 북한에서 태어난다고 생각해 보십시오. 부처님께서는 어떤 경전에서 손가락을 튕길 정도의 짧은 시간에 존재하더라도 나는 존재를 좋아하지 않는다 하시면서 '똥은 아무리 적어도 냄새가 난다. 그렇듯이 존재가 있으면 악취가 난다.'고 하셨습니다. 부처님께서는 그런 정도입니다. 여러분들 오해는 하시면 안 됩니다. 부처님은 굉장히 본질적으로 보신 분입니다. 생이 끝없이 연결되고 그 생들에서 고통 받는 것을 안타깝게 보셨습니다. 『삼십 명 경』(S15:13)에 보면 이렇게 나와 있습니다. '이처럼 그대들이 오랜 세월 치달리고 윤회하는 동안 머리가 잘려 흘리고 내뿜은 피가 더 많다. 사대양에 있는 물이 많은 것은 아니다. 그것은 무슨 이유 때문인가? 비구들이여, 그 시작을 알 수 없는 것이 바로 윤회기 때문이다. … 비구들이여, 그러므로 형성된 것들은 모두 염오해야 마땅하며 그것에 대한 탐욕이 빛바래도록 해야 마땅하며 해탈해야 마땅하다.' 그래서 부처님께서 항상 하신 말씀이 이겁니다. '빈 집에 가서 수행해라. 후회할 일 하지 마라.' 부처님 당신의 아들이 라훌라입니다. 라훌라 보고도 항상 그렇게 말씀하십니다. 출가하게 되면 네 가지 필수품이 있습니다. 옷, 먹는 것, 집, 약품입니다. 그 네 가지에 욕심내지 마라. 네가 거기에 욕심을 내면 다시 태어나야 된다 하면서 다시는 태어나지 말라는 말씀을 하십니다. 열심히 살지 말라는 게 아닙니다. 열심히 사는 데 그 시간을 잘 활용하셔야 합니다. 이런 걸 잘 아시고 이렇게 사람으로 태어났을 때 이 소중한 시간을 잘 보내야 합니다. 간단하게 이야기하면 탐·진·치에 빠져 있는 것은 좋지 않습니다. 탐은 욕심입니다. 본질적으로 볼 때 내 것이 아니거나 그렇게 욕심 내지 않아야 할 것에 욕심내는 것이 다 탐욕입니다. 화내는 것, 잘못 보는 것, 어리석은 것을 안해야 합니다. 부처님처럼 정확하게 봐야 합니다. 정확하게 보고 그에 따라서 살아야지 '아, 세상은 이런 거다.' 하면서 나름대로 생각하면서 그에 따라 살면 안 됩니다. 탐·진·치를 없애는 데 중점을 둬야 되고, 열심히 사셔야 됩니다. 윤회를 벗어나기 위해서는 이런 것들을 극복해야 되는 겁니다. 다시 한 번 강조하지만 팔정도가 윤회를 극복하는 방법입니다.

게으른 비구, 부지런한 비구

정신분석의 창시자인 프로이트는 본능을 없앨 수 없는 것으로 봤습니다. 하지만 불교에서는 없앨 수 있다고 봤습니다. 본능도 언젠가 생긴 겁니다. 생겼으면 없애는 게 가능하겠지요. 그것을 없애는 방법이 바로 팔정도입니다.

강을 건너는 뗏목이 있습니다. 하지만 그 배를 아무리 튼튼히 만들었다고 해도 강을 건너려면 노를 젓거나 줄을 당기거나 해야 합니다. 노력을 해야 한다는 이야기입니다.

그런데 어떻게 노력해야 할까요? 『십상경』(D34)에 그 방법이 나와 있습니다.

게으른 비구하고 부지런한 비구 이야기가 있습니다. 게으른 비구도 여덟 가지 요소를 가지고 있고, 부지런한 비구도 여덟 가지 요소를 가지고 있습니다.

게으른 비구가 가지고 있는 여덟 가지 요소는 이렇습니다.

당시 비구는 물론 탁발을 해서 생활을 영위했지만 바느질, 설거지, 청소 등 개인 정비는 모두 직접 했습니다. 그런데 일을 하는데 게으른 비구는 이렇게 합니다. 일을 하려고 생각하면 귀찮고 피곤한 생각이 듭니다. '좀 쉬었다 하자.' 그래서 조금 쉬고 일합니다. 그다음에 일을 하고 난 뒤에 '아, 일한다고 피곤했다. 좀 쉬었다 해야지.' 또 먼

길을 가야할 일이 있으면 게으른 비구는 그 생각에 피곤이 몰려옵니다. 그러면 '좀 쉬었다 가자.'고 생각하고 또 쉽니다. 쉬고 난 뒤에 또 길을 갑니다. 그런데 다리도 아프고 피곤하니까 좀 쉬어야 되겠다 하고 또 쉽니다. 탁발을 가서 밥을 얻지 못하는 경우가 있습니다. 그러면 게으른 비구는 얻지도 못하고 피곤하다고 또 쉬어요. 그러다 때로는 탁발한 음식의 양이 많아 배불리 먹습니다. 게으른 비구는 잘 먹었으니까 '좀 쉬어야겠다.' 하고 또 쉽니다. 일곱 번째는 뭐냐면 감기 같은 잔병에 걸립니다. 걸리니까 '아, 쉬어야 된다.' 해서 또 쉬어요. 그러다 잔병에서 회복했어요. '아, 그동안 병으로 체력이 많이 떨어졌다.' 하고 또 쉽니다.

부지런한 비구는 어떨까요? 안 쉬겠죠? 구체적으로 이야기하면 일을 해야 될 경우에 '내가 일하는 동안에 수행을 못할 수 있다. 빨리 수행하자.' 하고 수행을 먼저 하고 일을 합니다. 일하고 난 뒤에 '내가 일하느라고 수행을 못했다. 이제 수행하자.' 하고 수행을 합니다. 길을 떠나면 수행을 못하겠지요. 그러면 부지런한 비구는 그 전에 수행을 합니다. 여정을 마치면 '내가 오는 동안에 수행을 못했다.'고 또 수행을 합니다. 밥 얻으러 나갔는데 밥을 못 얻습니다. '아, 밥은 못 얻었지만 피곤하진 않다.' 하고 또 수행을 합니다. 그러다 배불리 먹었습니다. '잘 먹었으니까 수행해야지.' 하고 또 수행을 합니다. 감기나 사소한 병에 걸렸습니다. 그러면 '아, 이제 더 큰 병이 올지 모르지만 아직은 괜찮다. 수행하자.' 하고 수행을 합니다. 앓고 난 뒤는 '앓는 동안 수행을 못했다.' 하고 또 수행을 합니다. 부지런한 비구는 그렇게 합니다.

차이가 뭘까요? 부지런한 비구는 수행을 우선 생각합니다. 언제나 그걸 잊지 않는 겁니다. 시간이 언제나 나를 기다려준다고 생각하지 않습니다. 그래서 항상 수행할 시간부터 확보하는 겁니다. 게으른 비구는 자기 몸부터 생각합니다. 이게 차이입니다. 자기가 꼭 해야 될 게 있는데 그걸 우선순위에 두면 부지런한 사람이 됩니다. 그렇지 않으면 게으른 사람이 됩니다. 중요한 건 밀쳐두는데 그 사이 무슨 일이 벌어질지 어떻게 알 수 있습니까. 앞에서 말했듯이 네 가지 홍수에 언제 떠내려갈지 모릅니다. 부모가 자식을 걱정하는 것처럼 부처님께서도 윤회로 인한 괴로움에서 우리를 구해주기 위해서 팔정도를 제시해주셨습니다. 팔정도가 핵심입니다. 이건 다른 종교에는 없습니다. 불교의 특징이자 장점이라고 할 수 있습니다.

IO

윤회는 왜
불교의 핵심인가
①

이번 강의의 주제는 윤회입니다. 굉장히 어려운 주제입니다. 왜냐하면 우리가 경험하기 힘든 이야기이기 때문입니다. 경험하기 힘든 주제이기 때문에 '그걸 어떻게 믿어?'라는 의문을 갖는 분이 많습니다.

2018년 3월에 작고한 세계적 물리학자 스티븐 호킹은 '신은 없다.'고 했습니다. 그런데 그는 사후세계 역시 없다고 주장했습니다. '마지막 순간 뇌가 깜빡거림을 멈추면 그 이후엔 아무것도 없다.'는 것입니다. 마치 컴퓨터처럼 CPU라는 뇌가 고장이 나면 컴퓨터는 작동을 멈추게 되고 '이런 고장 난 컴퓨터를 위해 마련된 천국이나 사후세계는 없다.'고 했습니다. 하지만 스티븐 호킹이 틀렸습니다. 제 이야기를 모두 듣고 나면 조금 이해가 되실지 모르겠습니다.

앞에서 누누이 이야기 했지만 불교는 사실을 확인하고 검증하는 종교입니다. 어떤 사람이 발견을 했고 그것을 실천해 보았고 그것이 사실이라는 것을 알았습니다. 이 사람이 다른 사람에게 말했고 그 얘기를 들은 사람 역시 실천해 보았더니 똑같더라는 겁니다. 실험실에서 실험을 하는데 동일한 조건을 갖추고 반복하면 계속 똑같은 결과가 나오는 것과 같습니다. 부처님께서 경험했던 사실을 다른 사람들도 해보니 똑같은 경험을 할 수 있더라, 이게 불교의 특징 중의 하나입니다. 윤회 역시 경험하는 길이 다 있습니다.

윤회를 믿는 것은 상당히 어렵습니다. 오늘 제 이야기를 쭉 들어보면 '아, 적어도 경전에서는 그렇게 말하고 있구나.' 하는 것을 알 수 있습니다. 저 역시 처음에는 확신이 없었습니다. 하지만 2007년부터 2013년 사이에 니까야 전체(5부 니까야)를 거의 다 읽으면서 확신이 생겼습니다.

불교의 가장 핵심은 두 가지로 말할 수 있습니다. 하나는 내가 나의 모든 것을 본질적으로 통제 못하기 때문에 내가 원하지 않는 것도 일어날 수 있다는 겁니다. 이것을 무아(無我)라고 합니다. 두 번째는 윤회한다는 사실입니다. 우리가 우리 자신을 통제도 못하면서 어떤 조건에 따라 윤회하는 것입니다. 사람과 사람으로만 윤회하는 것이 아닙니다. 크게 여섯 군데가 있습니다. 이렇게 윤회하면서 굉장한 고통을 받고 있다는 것이 불교의 가르침입니다. 부처님께서는 그것을 보신 겁니다. 보고 나서 제자들한테 이야기했고 제자들 역시 해보니깐 틀림이 없음을 알았습니다.

윤회를 알아야 불교를 이해할 수 있다

사성제가 불교의 가장 핵심입니다. 부처님의 상수제자인 사리뿟따는 『코끼리 발자국 비유의 큰 경』(M28)에서 '동물들 발자국이 아무리 커도 코끼리 발자국에 다 들어가듯이 모든 가르침은 사성제 안에 다 들어간다.'고 했습니다. 그런데 이 사성제 안에 윤회가 들어 있습니다.

집성제인 갈애를 정의하는 데 보면, 갈애가 다시 태어나게 한다고 합니다. 다시 태어나는 것이 윤회입니다. 멸제는 갈애가 없어진 상태입니다. 그러니 윤회하지 않겠지요. 불교는 어찌 보면 윤회를 없애기 위해 계속 가는 겁니다.

윤회가 없으면 부처님과 그 제자들의 삶을 설명할 수가 없습니다. 만약 윤회가 없다면 부처님께서 다르게 설명하셨겠죠. 윤회란 건 없고, 세상은 이렇게 됐으니까 이렇게 살아라, 그렇게 말씀하셨겠지요. 윤회가 있기 때문에 또는 윤회의 고통이 굉장히 크기 때문에 '피와 살이 마를 때까지 수행해라. 후회할 짓 하지 마라.'라는 극단적인 말씀을 많이 하셨습니다. 윤회가 없다면 부처님같이 대단한 존재가 계속 그렇게 살 이유가 없었을 겁니다. 많은 부처님 제자들도 굉장한 경지에 올랐습니다. 어느 정도 경지에 도달하면 마음대로 살 수도 있었을 겁니다. 그런데 욕심·화·무지를 없앤 상태를 계속 유지합니다. 여러 가지를 볼 때 윤회가 없다면 그럴 이유가 없습니다. 윤회가 있다고 보면 불교는 다 이해가 됩니다. 그런데 없다고 생각하면 이해가 안 되고 복잡해집니다.

경전을 보면 부처님께서 이런 말씀을 자주하십니다. '내가 뭘 몰랐을 때는 완전히 안다고 말 안했다. 그래서 나는 노력해서 알게 됐다. 알고 난 뒤에, 내가 완전히 알았다고 이야기했다.' 이런 이야기를 계속 하십니다. 천신이 있는데, 천신에 대해 아는 것도 여덟 가지가 있습니다. '그걸 완전히 알기 전에는 내가 말하지 않았다.'고 했습니다.

『존중 경』(A6:2)에는 부처님께서 깨닫고 난 뒤 며칠 되지 않았을 때 이야기가 있습니다.

아무도 존중할 사람이 없고 의지할 사람이 없이 머문다는 것
은 괴로움이다. 참으로 나는 어떤 사문이나 바라문을 존경하
고 존중하고 의지하여 머물러야 하는가?

그러자 세존께 이런 생각이 일어났다.

내가 아직 완성하지 못한 계의 무더기[戒蘊]가 있다면 그것을
완성하기 위해서 나는 다른 사문이나 바라문을 존경하고 존
중하고 의지하여 머물러야 할 것이다. 그러나 나는 신과 마라
와 범천을 포함한 세상에서, 사문, 바라문과 신과 사람을 포
함한 무리 가운데에서, 나보다도 더 계를 잘 구족하여 내가
존경하고 존중하고 의지하여 머물러야 할 다른 어떤 사문이
나 바라문도 보지 못한다.

계속해서 삼매, 지혜, 해탈, 해탈지견에 대해서 나은 사람을 찾아
보았지만 아무도 없는 겁니다. 그래서 '참으로 나는 내가 바르게 깨달
은 바로 이 법을 존경하고 존중하고 의지하여 머무르리라.'고 마음을
먹습니다. 그때 범천이 나타나 "참으로 그러하옵니다, 세존이시여." 하
고 말합니다. 부처님이 스스로 경험한 게 맞는지 맞지 않는지를 철저
히 보신 겁니다. 그러고 난 뒤에 다른 사람이 해보니까 그대로 된 겁니
다. 그래서 지금까지 이어져 온 겁니다.

부처님의 제자는 굉장히 많았습니다. 그 중에서도 지혜제일은 사
리뿟따입니다. 부처님은 사리뿟따에 대해 '내 대신에 이 법의 바퀴를
굴릴 것'이라고 말씀하시기도 했습니다. 부처님 가까이 가신 분이라고
볼 수 있습니다. 물론 그렇다 해도 부처님의 경지보다는 못했겠지요.

아시겠지만 부처님의 상수제자 중에 사리뿟따와 마하목갈라나는 부처님보다 먼저 열반에 듭니다. 『확신경』(D28)은 사리뿟따가 거의 열반하기 직전 이야기입니다. 그 경에서 사리뿟따는 부처님에 대해 이렇게 얘기합니다.

> 세존이시여, 저는 전에 법문을 듣기 위해서 여기 세존께 왔었습니다. 그런 제게 세존께서는 점점 더 높고 점점 더 수승하게, 검고 흰 부분들을 잘 갖추어 법을 설해 주셨습니다. 세존께서 점점 더 높고 점점 더 수승한, 검고 흰 부분들을 잘 갖추어 법을 설해 주실 때마다 저는 그 법에 대해서 최상의 지혜로 안 뒤, 법들 가운데서 여기 어떤 법을 통해서 완성에 도달하게 되었습니다. 그리고 스승님께 '세존께서는 정등각이시다. 법은 세존에 의해서 잘 설해졌다. 세존의 제자들의 승가는 잘 도를 닦는다.' 라는 청정한 믿음이 생겼습니다.

그리고 자신이 부처님께 배워서 경험한 것을 다 이야기합니다. 그 중에 윤회하고 관계된 부분은 숙명통도 있고 많지만 재미있는 것은 입태에 대한 법문입니다.

> 세존이시여, 나아가서 세존께서 해 주신 입태(入胎)에 대한 법문도 위없는 것입니다. 세존이시여, 이들 네 가지 입태가 있습니다.
> 세존이시여, 여기 어떤 자는 알아차리지 못하면서 모태에 들

어가고 알아차리지 못하면서 모태에 머물고 알아차리지 못하면서 모태에서 나옵니다. 이것이 첫 번째 입태입니다.

다시 세존이시여, 여기 어떤 자는 알아차리면서 모태에 들어가지만 알아차리지 못하면서 모태에 머물고 알아차리지 못하면서 모태에서 나옵니다. 이것이 두 번째 입태입니다.

다시 세존이시여, 여기 어떤 자는 알아차리면서 모태에 들어가고 알아차리면서 모태에 머물지만 알아차리지 못하면서 모태에서 나옵니다. 이것이 세 번째 입태입니다.

다시 세존이시여, 여기 어떤 자는 알아차리면서 모태에 들어가고 알아차리면서 모태에 머물고 알아차리면서 모태에서 나옵니다. 이것이 네 번째 입태입니다.

이것이 네 가지 입태입니다. 세존이시여, 입태에 대한 이 [법문]도 위없는 것입니다.

부처님의 가르침을 배우고 직접 경험해 보니 맞더라는 겁니다.

선정을 닦으면 숙명통을 얻습니다. 스티븐 호킹이 '사후 세계가 없다.'고 했는데 과학자로서는 당연한 결론인지 모르겠습니다. 하지만 제가 볼 때는 머릿속으로만 생각한 것 같습니다. 마음을 하나로 모으는 선정을 닦고 그 경지가 높게 되면 우리가 온 길을 다 알 수 있습니다.

예류자가 되는 조건

『장로게』, 『장로니게』라는 경전이 있습니다. 여기서 장로는 출가한 지 오래 되고 공부를 많이 했으며 훌륭한 비구 스님을 말하고, 장로니는 출가한 지 오래되고 공부를 많이 했으며 훌륭한 비구니 스님을 말합니다. 이분들이 부처님을 만나고 수행한 이야기를 게송으로 묶은 경전이 바로 『장로게』, 『장로니게』입니다. 두 경전에 등장하는 비구와 비구니의 숫자는 대략 330명~340명 정도입니다. 이 중에 이름이 밝혀지지 않은 분을 포함해서 모두 84명이 숙명통 얻은 걸로 나옵니다. 등장인물 중에 1/4정도 되는 셈입니다. 그렇게 많은 분들이 전생을 기억해 낸 겁니다.

그런데 숙명통, 전생을 아는 게 불교에만 있는 게 아닙니다. 『청정도론』에서는 숙명통은 여섯 부류의 사람이 얻는다고 나옵니다. 굳이 '불교'가 아니라도 다른 수행을 통해서도 숙명통 정도는 얼마든지 얻을 수 있다는 겁니다.

불교의 수행법을 총칭해서 부르는 말 중에 37조도품이라는 것이 있습니다. 사념처(四念處), 사정근(四正勤), 사신족(四神足), 오근(五根), 오력(五力), 칠각지(七覺支), 팔정도(八正道) 등 총 7종 37가지로 구성되어 있습니다. 저 나름대로 경전도 보고, 수행도 하고, 직접 경험도 해보니 이 모든 수행이 전부 윤회를 해결하는 쪽으로 가고 있었습니다.

어떤 분들은 불교의 윤회는 불교 이전에 이미 있던 개념으로 중생 제도를 위해 '방편'으로 말씀하신 것이라고 말하는 분도 있습니다. 심지어 학술대회에서도 그런 발표를 하는 사람을 봤습니다. 하지만 경전을 제대로 보신 분이라면 절대로 이런 말을 할 수가 없습니다. 불교가 어떤 종교라는 걸 잘 모르는 겁니다.

불교의 가르침은 바닥에서부터 높은 차원까지 다 있습니다. 우선은 고통에서 벗어나게 하는 게 초점입니다. 욕심이 많고 화가 많으면 괴롭겠죠. 그것에서 시작해 점점 우리한테 도움이 안 되는 것을 없애가는 것이 불교입니다. 우리한테 도움이 안 되는 것을 다 없애면 그때 우리는 지혜를 얻으면서 내가 어떤 존재라는 것을 압니다. 무아면서 윤회를 하며 끝없는 고통 속에 있다는 것을 알게 됩니다. 그래서 그 고통을 끝내는 겁니다.

심리학에서 불교를 받아들여 치료에 이용하기도 하는데 충분히 가능한 이야기고 실제 효과를 얻은 사례들이 많습니다. 불교는 욕심을 버리고 화낸 걸 잘 다스리게끔 체계가 잘 돼 있습니다. 이런 체계를 잘 활용하면 얼마든지 심리적인 문제를 해결할 수 있습니다. 잘못 알고 마음을 잘못 다스려서 괴로움이 있는 것을 해결해가는데, 그것이 완전히 어떤 정점에 이르게 되면 우리의 실상을 잘 알게 되고 우리가 어떻게 해야 되는지, 남을 어떻게 도와야 되는지가 바로 나옵니다. 초기 경전에서는 앞에서 말한 정점, 그러니깐 제일의 목표가 아라한입니다. 아라한이 되면 윤회가 끝나는 겁니다.

소부 니까야에 『자따까』라는 경전이 있습니다. 부처님의 전생 이야기가 들어 있습니다. 부처님 승단에 어떤 일이 생겼을 때 그 일을 한 비구나 비구니가 그때 그런 일을 했지만 전생에도 그와 같은 것이 있었다고 하면서 그 사람들과 부처님의 과거 생인 보살 때 있었던 일을 알려주는 형식입니다. 그 경전에 이런 이야기가 있습니다. 어떤 비구가 있었습니다. 출가하기 전에 결혼생활을 했던 비구입니다. 그런데 출가 후에도 집에 두고 온 부인 생각이 자꾸 났습니다. 괴로움에 공부도 안하고 하니 다른 비구들이 그를 부처님에게 데려갑니다. 부처님께서 '너는 과거 생에도 그 여자 때문에 고생을 많이 했는데, 이생에서도 마찬가지다.'고 말씀하시면서 과거 생 이야기를 쭉 합니다. 그러니까 그 사람과 부처님이 같이 했던 생이겠죠. 같이 했으니까 아는 겁니다. 이렇게 『자따까』에는 부처님의 전생 또는 과거 생 547생이 담겨 있습니다.

경전을 보면 일상을 뛰어넘는 신비한 이야기들이 많이 나옵니다. 그런데 부처님은 굉장히 신통도 했고 초능력도 많았지만 그걸 시도 때도 없이 사용하지는 않았습니다. 어떤 때는 홍수 때문에 모든 게 휩쓸려 나가 탁발을 나가도 음식을 구할 수가 없었습니다. 그러자 제자가 부처님이 신통을 써서 먹을 것을 해결하자고 제안합니다. 하지만 부처님은 굶어죽더라도 그렇게는 할 수 없다고 했습니다. 만약 그렇게 하면 사람들이 우리 종교를 의심할 거라고 말합니다. 이렇게 부처님은 신통을 사용하는 것에 대해서는 굉장히 신중했습니다.

부처님의 10대 제자 중에 마하목갈라나는 흔히 신통제일(神通第一)로 불립니다.

『락카나 상윳따』(S19:1)에는 이런 이야기가 나옵니다.

마하목갈라나가 하루는 동료 비구하고 걸어가다가 어떤 장소에서 미소를 짓습니다. 그러자 동료 비구가 묻습니다. "도반 목갈라나여, 무슨 원인과 무슨 조건 때문에 그대는 미소를 짓습니까?" 마하목갈라나가 대답합니다. "도반 락카나여, 지금은 그 질문을 하기에 적당한 때가 아닙니다. 그 질문은 세존의 곁에서 제게 해 주십시오." 그러고는 두 사람이 부처님을 찾아갑니다. 부처님 앞에 가서 동료 비구가 마하목갈라나에게 앞서 한 그 질문을 다시 합니다. 그러자 마하목갈라나가 다음과 같이 대답합니다. "도반이여, 오늘 나는 독수리봉 산을 내려오면서 해골이 허공을 날아가는 것을 보았습니다. 그런데 그것을 독수리들과 까마귀들과 솔개들이 계속해서 달려들어 갈비뼈 사이를 쪼아대고 찢어대자 그것은 비명을 질러댔습니다. 도반이여, 그러자 내게는 이런 생각이 들었습니다. '참으로 경이롭구나, 참으로 놀랍구나, 이런 모습을 한 중생이 있고 이런 모습을 한 약카가 있고 이런 모습의 몸을 받은 자가 있다니!'" 그러자 부처님께서는 비구들을 불러서 다음과 같이 말씀하십니다.

비구들이여, 안목을 갖춘 제자들이 있고 지혜를 갖춘 제자들이 있나니 나의 제자 가운데 이러한 모습을 알고 보고 목격하는 자가 있기 때문이다. 비구들이여, 나도 전에 그 중생을 보았지만 설명을 하지 않았다. 만일 내가 이것을 설명하였다면 남들이 나를 믿지 않았을 것이고, 나를 믿지 않는 자들에게는 오랜 세월 손해가 되고 괴로움이 될 것이기 때문이었다.

비구들이여, 이 중생은 라자가하에서 소 도살업자였다. 그는 그 업의 과보로 여러 해 동안, 여러 백 년 동안, 여러 천 년 동안, 여러 백 천 년 동안 지옥에서 고통을 받은 뒤에 그 업의 과보가 남았기 때문에 이런 모습의 몸을 받는 것을 겪는 것이다.

숙명통은 과거를 아는 능력이지만 천안통을 얻으면 사람이 죽어서 어떻게 된다는 것을 알게 됩니다. 천안통은 경전에서 이렇게 비유합니다. '어떤 집이 있는데, 집에 문이 있다. 그래서 문으로 어떤 사람들이 들어오고 또 어디로 간 것을 알 수 있다. 그렇듯이 죽으면 어디로 간다는 것을 난 알고 있다.'

부처님을 25년 동안 모셨던 아난다가 항상 누가 죽고 나면 부처님께 물어봅니다.

상윳따 니까야 『벽돌집 경 1』(S55:8)에 그에 관한 아난다와 부처님 사이의 대화가 있습니다.

> 세존이시여, 살하라는 비구가 냐띠까에서 임종을 했습니다. 그의 태어날 곳[行處]은 어디이고 그는 내세에 무엇이 되겠습니까? 세존이시여, 난다라는 비구니가 냐띠까에서 임종을 했습니다. 그의 태어날 곳은 어디이고 그는 내세에 무엇이 되겠습니까? 세존이시여, 수닷따라는 청신녀가 냐띠까에서 임종을 했습니다. 그의 태어날 곳은 어디이고 그는 내세에 무엇이 되겠습니까? 세존이시여, 수자따라는 청신녀가 냐띠까에서 임종을 했습니다. 그의 태어날 곳은 어디이고 그는 내세에 무엇이 되겠습니까?

> 아난다여, 살하 비구는 모든 번뇌가 다하여 아무 번뇌가 없는 마음의 해탈[心解脫]과 통찰지의 해탈[慧解脫]을 바로 지금·여기에서 스스로 최상의 지혜로 실현하고 구족하여 머물렀

다.[阿羅漢]

아난다여, 난다 비구니는 다섯 가지 낮은 단계의 족쇄를 완전히 없애고 [정거천에] 화생하여 그곳에서 완전히 열반에 들어 그 세계로부터 다시 돌아오지 않는 법을 얻었다. [不還者]

아난다여, 수닷따 청신사는 세 가지 족쇄를 완전히 없애고 탐욕과 성냄과 어리석음이 엷어져서 한 번만 더 돌아올 자[一來者]가 되어, 한 번만 더 이 세상에 와서 괴로움의 끝을 만들 것이다.

아난다여, 수자따 청신녀는 세 가지 족쇄를 완전히 없애고 흐름에 든 자[預流者]여서 [악취에] 떨어지지 않는 법을 가졌고 [해탈이] 확실하며 완전한 깨달음으로 나아간다.

아난다여, 사람으로 태어난 자가 죽는 것은 놀랄만한 일이 아니다. 그런데 이런저런 사람이 죽을 때마다 여래에게 다가와서 이러한 뜻을 묻는다면 이것은 여래에게 성가신 일이다.

아난다여, 그러므로 여기서 법의 거울[法鏡]이라는 법문을 하리니 이것을 구족한 성스러운 제자는 그가 원하기만 하면 '나는 지옥을 부수었다. 나는 축생의 모태를 부수었고, 아귀계를 부수었으며, 나는 처참한 것, 불행한 곳, 파멸처를 부수어서 흐름에 든 자[預流者]가 되어, [악취에] 떨어지지 않는 법을 가지고 [해탈이] 확실하며 완전한 깨달음으로 나아간다.'라고 스스로 자신에 대해서 설명을 할 수 있을 것이다.

이어서 어떻게 하면 예류자가 되는지를 말씀해주십니다. 불·법·

228

승 삼보에 대한 흔들림 없는 청정한 믿음을 가지고 계를 잘 지키면 예류자가 될 수 있다고 하십니다.

불교에서는 범부하고 성스러운 사람을 나눕니다. 성스러운 사람에는 네 종류가 있습니다. 순서대로 예류자, 일래자, 불환자, 아라한입니다. 가장 낮은 단계이지만 예류자만 해도 굉장한 의미가 있습니다. 죽고 나면 천상·아수라·인간·아귀·축생·지옥 여섯 군데 중 하나에서 태어납니다. 아수라·아귀·축생·지옥은 나쁜 곳입니다. 그래서 사악처라고 합니다. 예류자가 되면 사악처에 떨어지지 않습니다. 인간과 천상만 최대한 일곱 번을 왔다 갔다 합니다. 그러다가 열반에 드는 거죠. 예류자가 되려면 첫 번째는, 부처님에 대한 흔들리지 않는 믿음을 가져야 합니다. 어떤 때는 부처님 말씀이 좀 맞는 것 같다, 하다가 '에이 그럴 리가 있겠어?' 이러면 흔들리지 않는 믿음은 아닙니다. 언제나 '아, 그건 맞다. 이 세상에 내가 기댈 곳은 그곳뿐이다. 그분은 절대로 거짓말할 리가 없다.'고 믿어야 합니다.

제가 2009년도에 수행을 하려고 말레이시아 숲속을 간 적이 있습니다. 거기서 지도해 주신 미얀마 스님이 맨 마지막 날 이렇게 말씀하셨습니다. '부처님이 말씀하신 것은 모두 맞습니다. 의심하지 마세요.' 그분은 세계적으로 유명한 수행자입니다. 우리나라에도 몇 번 오셨습니다. 어릴 때 일찍 출가해서 공부를 많이 하신 분인데, 부처님께서 거짓말 절대로 안하셨으니까 믿고 그대로 하라고 말씀하셨습니다. 하여튼 부처님에 대해서 흔들리지 않는 믿음을 가지는 것이 중요합니다. 두 번째는 부처님이 가르친 법에 대해서 흔들리지 않는 믿음을 가지고 있는 겁니다. 세 번째는 승단에 대해서 흔들리지 않는 믿음을 가지는 겁니다. 불·법·승 삼보라고 합니다. 세 가지 보물이라는 뜻입니다. 이 삼보에 대해 흔들리지 않는 믿음을 가져야 합니다. 가끔 불보와 법보에 대해서는 흔들리지 않는 믿음이 있지만 스님들에 대해서는 고개를 갸우뚱하시는 분들이 있습니다. 스님들은 부처님의 가르침이 맞다는 걸 증명해 주는 사람입니다. 부처님과 부처님의 법만 있고 아무도 실천하는 사람이 없으면 누가 믿겠습니까? 그래서 스님, 승가가 중요합니다. 네 번째는 계(戒)에 대해 철저해야 합니다. 남방에서는 출가한 수행자는 227계를 지켜야 합니다. 재가 신자인 우리 같은 사람은 5계를 지킵니다. 그 계를 철저히 지키는 겁니다. 이렇게 되면 예류자가 된다고 했습니다.

여기에 하나 더 덧붙이는 경우도 있습니다. 사람이 어떻게 해서 태어나고 어떻게 죽는지 지혜로써 잘 이해해야 된다는 겁니다. 흔히 12연기라고 하죠. 보통은 세 가지 족쇄를 없애면 된다고 합니다. 유신견(有身見), 즉 내가 있다는 생각을 버려야 됩니다. 무아를 깨쳐야 됩니다. 두 번째는 어떤 의식이나 계를 지키기만 하면 된다고 하는 집착, 즉 계금취((戒禁取)를 없애야 되고, 세 번째는 불·법·승에 대한 의심이 없어야 됩니다.

부처님 당시는 전생을 기억하는 사람도 많았고 누구나 전생을 받아들이는 분위기였습니다. 그 당시에 부처님 제자들이 '윤회를 못 믿는 사람들에게 어떻게 구체적으로 알게 할 수 있는 길이 없습니까?' 하고 질문을 좀 했으면 오늘날 우리에게 좀 도움이 될 텐데 그런 질문이 별로 없어서 아쉽습니다.

그런데 유추해서 해석할 수 있는 단서는 많습니다. 부처님이 천신에 대해서 자세히 이야기를 하십니다.『가야 경』(A8:64)에 나와 있습니다.

> 비구들이여, 내가 깨닫기 전, 아직 바른 깨달음을 성취하지 못한 보살이었을 때 광명은 인식하였지만 형상은 보지 못하였다. 그런 내게 '만일 내가 광명도 인식하고, 형상도 보게 된다면 나의 지와 견은 더욱 청정해질 것인데'라는 생각이 들었다. 비구들이여, 그런 나는 나중에 방일하지 않고 열심히, 스스로 독려하며 지내면서 광명도 인식하였고, 형상도 보았다. 그러나 나는 신들과 함께 머물지 못했고 대화하지 못했고 토론하지 못했다.

이어서 굉장히 노력해서 천신들과 함께 머물고 대화하고 토론을 합니다. 또 그 신이 어디에 소속되는지를 알고 그 신이 어떤 업을 지어서 그 신이 되었는지 알게 됩니다. 또 무슨 음식을 먹고 무슨 즐거움과 괴로움이 있다는 것을 알게 되고 수명이 어떤지를 알게 됩니다. 맨 마지막으로 내가 저 천신하고 과거에 지낸 적이 있다 없다를 알게 됩니다. 이렇게 천신에 대해서 다 알았을 때 부처님은 다음과 같이 말씀하십니다.

> 비구들이여, 내게 이와 같이 높은, 신들에 대해 여덟 가지 연속적인 지와 견이 아주 청정해지지 않았더라면 나는 신을 포함하고 마라를 포함하고 범천을 포함하고 사문·바라문을 포

함하고 신과 인간을 포함한 이 세상에서 내 스스로 위없는 바른 깨달음을 실현하였다고 천명하지 못하였을 것이다. 비구들이여, 그러나 내게 이와 같이 높은, 신들에 대해 여덟 가지 연속적인 지와 견이 아주 청정해졌기 때문에 나는 신을 포함하고 마라를 포함하고 범천을 포함하고 사문·바라문을 포함하고 신과 인간을 포함한 이 세상에서 내 스스로 위없는 바른 깨달음을 실현하였다고 천명하였다. 그리고 내게는 '나의 해탈은 확고부동하다. 이것이 나의 마지막 태어남이며, 이제 더 이상 다시 태어남[再生]은 없다.'라는 지와 견이 일어났다.

사람들이 자신이 보지 못했다고 막연하게 '천신이 어디 있어?'라고 생각합니다. 하지만 부처님이 이상한 분이 아니라면 천신은 있는 겁니다.

부처님께서 깨닫고 난 뒤, 읊으신 게송에서도 윤회사상을 엿볼 수가 있습니다. 『법구경』 「늙음의 품」 8번째~9번째 게송은 부처님이 깨닫고 나서 읊으신 걸로 잘 알려져 있습니다.

나는 집을 짓는 자를 찾으며
그러나 발견하지 못하고
많은 생애의 윤회를 달려왔으니,
거듭 태어남은 고통이다.

집 짓는 자여, 그대는 알려졌다.

그대는 다시는 집을 짓지 못하리.

서까래는 부서졌고 대들보는 꺾였다.

많은 생애의 윤회를 달려왔으나,

마음은 형성을 여의고

갈애의 부숨을 성취했다.

여기서 집은 제 생각에는 우리 몸과 마음입니다. 집 지은 자가 갈애인데 그 갈애를 이제 부처님이 해결해서 다시는 집이 없다는 겁니다. 윤회하지 않는다는 것이죠. 갈애가 있으니까 윤회를 하고 윤회의 결과 존재가 있으니깐 고통을 계속 받고 있는 겁니다. 그 고통에서 벗어나라는 게 부처님의 말씀입니다. 어떤 사람은 이런 이야기를 많이 합니다. '아, 죽으면 끝이지.' 죽으면 끝이라고 주장하는 사람들 이야기를 잘 들어보면 '아, 그거 뭐 더 있겠어요?'라고 말합니다. 그냥 볼 때 있을 게 없다 이거지요. 죽으니까 움직이지도 않고…. 과학은 확정된 것 외에는 믿지 않습니다. 제 생각에는 윤회를 밝히기에는 과학이 아직 충분히 발전하지 못했습니다. 그러니까 그냥 죽으면 끝이라고 생각하는 겁니다. 그런데 사실은 죽으면 끝이라는 것도 완전히 알고 하는 이야기입니까? 그건 아닙니다. 그런 것 같다고 생각하는 겁니다. 사실은 모르는 겁니다. 부처님이나 제자는 분명히 그것을 발견한 겁니다. 부처님 같은 경우는 검증이 다 끝나고 난 뒤에 '확실히 있다.', 이렇게 이야기하는 겁니다.

실존 인물 중에서 천신이 된 경우도 찾아볼 수 있습니다. 경전을 읽으면서 그 부분을 보고 가장 놀랐습니다. 불교의 대표적인 재가 신자 중에 아나타삔디까(급고독)라고 있습니다. 의지할 곳 없는 사람들을 많이 도와준 사람입니다. 제따와나라마(기원정사)를 보시하기도 한 사람이고, 부처님을 계속 후원한 사람입니다. 굉장한 부자였는데 자기 재산이 거의 없어질 정도로 보시를 했습니다. 이분의 임종 전 사리뿟따하고 아난다가 찾아가서 법문도 하고 임종도 지켜보았습니다.

그런데 이분이 죽고 난 뒤에 도솔천에 태어납니다. 도솔천의 천신이 되어 하루는 밤에 부처님을 방문합니다. 『급고독 경』(A2:20)에 있는 이야기입니다. 제따와나라마에 계시는 부처님을 보고 다음과 같은 게송을 읊습니다.

> 이것이 바로 제따숲
> 선인의 승가가 머물고
> 법왕께서 거주하시니
> 내게 희열이 생기는 곳이라.

> 의도적 행위와 명지가 있고
> 법과 계와 최상의 삶 갖춰 있으면
> 이것으로 사람들은 청정해지지
> 가문·재산 때문이 아니라네.

> 그러므로 여기서 현명한 사람
> 자신의 이로움을 꿰뚫어 보아
> 지혜롭게 법을 깊이 검증할지라.

이와 같이 그곳에서 청정해지리.

사리뿟따께서는 통찰지와 계
고요함을 두루 구족했나니
저 언덕에 도달한 비구 있다면
잘해야 그분과 동등할 정도

그 밤이 지나고 부처님께서 비구들을 불러서 지난밤에 어떤 천신이 방문하여 앞서 말한 게송을 읊고 갔다고 말씀하십니다. 그러자 아난다가 "세존이시여, 그는 분명히 신의 아들 급고독일 것입니다. 급고독 장자는 사리뿟따 존자에 대한 청정한 믿음이 아주 컸습니다." 하고 말합니다. 부처님께서는 "장하고 장하구나, 아난다여. 아난다여, 그대가 추론한 것이 옳다. 그가 바로 신의 아들 급고독이었다."고 말씀하십니다.

알라위 국의 핫타까 왕자도 죽고 난 뒤에 천신이 돼서 부처님을 방문합니다. 부처님을 방문해서 이런 저런 대화를 합니다.

핫타까여, 그대가 인간이었을 때에 그대에게 나타났던 그 법들이 지금도 나타나는가?

세존이시여, 제가 인간이었을 때 제게 나타났던 그 법들이 지금도 나타나고 있습니다. 그리고 인간이었을 때에 제게 나타나지 않았던 법들도 지금 제게 나타납니다. 세존이시여, 예를 들면 세존께서 지금 비구들과 비구니들과 청신사들과 청신 녀들과 왕들과 대신들과 외도들과 외도의 제자들에 둘러싸 여서 머무시는 것처럼 저도 신의 아들들에 둘러싸여서 지냅 니다. 세존이시여, 신의 아들들은 멀리서도 '신의 아들 핫타 까의 곁에서 법을 들으리라.'고 하면서 옵니다.

세존이시여, 저는 세 가지 법에 만족을 모르고 피곤을 모르고 죽었습니다. 무엇이 셋일까요?

세존이시여, 저는 세존을 친견하는 것에 만족을 모르고 피곤 을 모르고 죽었습니다. 세존이시여, 저는 정법을 듣는 것에 만족을 모르고 피곤을 모르고 죽었습니다. 세존이시여, 저는 승가를 시중드는 것에 만족을 모르고 피곤을 모르고 죽었습 니다. 세존이시여, 저는 이러한 세 가지 법에 만족을 모르고 피곤을 모르고 죽었습니다.

저는 세존을 친견하는 것에
결코 만족을 몰랐습니다.
승가를 시중드는 것도
정법을 듣는 것도 그러하였습니다.
높은 계를 공부짓고
정법 듣는 것을 좋아하고
[이러한] 세 가지 법에 만족하지 못한 핫타까는
무번천(無煩天)에 태어났습니다.

마하목갈라나에게는 까꾸다라는 제자가 있었습니다. 까꾸다는 죽어서 천신이 되어 마하목갈라나를 방문합니다. 데와닷따라고 있어요. 부처님의 처남 또는 사촌이라고 알려진 사람인데 부처님을 넘어뜨리고 자기가 지도자가 되려고 한 사람입니다. 까꾸다 천신이 마하목갈라나에게 이런 이야기를 합니다. 『까꾸다 경』(A5:100)에 나오는 이야기입니다. "존자시여, 데와닷따에게 '내가 비구 승가를 관리하리라.'라는 이런 바람이 생겼습니다. 데와닷따에게 이런 마음이 일어나자 그의 신통은 사라져버렸습니다." 그걸 마하목갈라나가 듣고 부처님한테 가서 이야기를 합니다. 부처님께서 "목갈라나여, 그대의 말을 비밀로 지켜라. 목갈라나여, 그대의 말을 비밀로 지켜라. 그 쓸모없는 인간은 자기 스스로를 드러낼 것이다." 라고 말씀하십니다.

『눈물 경』(S15:3)에서 부처님과 제자들이 윤회에 대해 다음과 같은 문답을 주고 받습니다.

비구들이여, 그 시작을 알 수 없는 것이 바로 윤회다. 무명에 덮이고 갈애에 묶여서 치달리고 윤회하는 중생들에게 [윤회의] 처음 시작점은 결코 드러나지 않는다.
비구들이여, 이를 어떻게 생각하는가? 그대들이 오랜 세월 치달리고 윤회하는 동안 마음에 들지 않는 사람과 만나고 마음에 드는 사람과 헤어지면서 비탄에 빠지고 울부짖으며 흘린 눈물과 사대양(四大洋)에 있는 물 가운데 어느 쪽이 더 많겠는가?

세존이시여, 저희들이 세존께서 설하신 법을 바르게 이해하기로는 저희들이 오랜 세월 치달리고 윤회하는 동안 마음에 들지 않는 사람과 만나고 마음에 드는 사람과 헤어지면서 비탄에 빠지고 울부짖으며 흘린 눈물이 더 많습니다. 사대양에 있는 물이 많은 것이 아닙니다.

장하고 장하구나, 비구들이여. 그대들이 내가 설한 법을 이와 같이 바르게 이해하니 참으로 장하구나.
비구들이여, 이처럼 그대들이 오랜 세월 치달리고 윤회하는 동안 마음에 들지 않는 사람과 만나고 마음에 드는 사람과 헤어지면서 비탄에 빠지고 울부짖으며 흘린 눈물이 더 많다. 사대양에 있는 물이 많은 것이 아니다.

아버지, 형제, 누이, 아들, 딸이 죽어서, 친척을 잃고, 재산을 잃고, 병을 앓으면서 흘린 눈물이 사대양에 있는 물보다 많다고 하셨습니다. 또 윤회하는 동안 머리가 잘려 흘리고 내뿜은 피가 사대양에 있는 물보다 많다고도 하십니다. 긴 윤회의 여정에서 전에 어머니, 형제, 아들, 딸이 되지 않았던 중생을 만나기란 쉬운 일이 아니라고도 말씀하십니다. 그래서 우리들에게 다음과 같은 당부의 말씀을 하세요.

비구들이여, 이와 같이 오랜 세월 그대들은 괴로움을 겪었고 혹독함을 겪었고, 재앙을 겪었고 무덤을 증가시켰다. 비구들이여, 그러므로 형성된 것들[諸行]은 모두 염오해야 마땅하며

그것에 대한 탐욕이 빛바래도록 해야 마땅하며 해탈해야 마
땅하다.

우리가 경전을 공부하고 수행을 하면 경험할 수 있도록 그 길이
경전에 다 제시가 되어 있습니다. 그리고 그 길을 간 사람들이 있고 지
금도 있습니다. 이것은 믿을 만한 가르침입니다. 여러분들 잘 한번 생
각해보세요. 여러분 주위에 누구 믿을 만한 사람 있습니까? 여러분들
이 곤경에 처하고 아프고 죽을 때 누구 도움 될 사람 있습니까? 저는
보니까 없더라고요. 그때 제가 '아, 부처님은 믿을 수 있겠구나.'라고 생
각했습니다. 여러분들도 불교에 관심을 가지시고 또 수행도 하고 경전
도 보시면 새로운 세계가 열릴 수 있습니다.

II

윤회는 왜
불교의 핵심인가
②

여러분은 어제 있었던 일을 기억할 수 있습니까? 있을 겁니다. 1년 전이나 심지어 10년 전에 일어났던 일 역시 굵직굵직한 건 기억을 하고 계실 겁니다. 아주 자세하게 기억하는 사람도 있습니다. 소위 과잉기억증후군(Hyperthymesia)이라고 하는 희귀한 증상을 갖고 있는 사람입니다. 전 세계에서 80명 정도만 보고되어 있습니다. 이 사람들은 예컨대, 20년 전 오늘 자신이 뭘 했는지는 물론 그날 있었던 뉴스까지도 아주 정확히 기억해 냅니다.

과학자들은 기억력은 뇌 구조 차이와 관련이 있음을 밝혀냈습니다. 뇌와 척수에서 신경 세포가 모여 있는 회백질이라는 곳이 있습니다. 기억력이 좋은 사람은 그곳이 일반인들에 비해 훨씬 두텁다고 합니다. 또 이 영역과 머리 앞부분, 즉 이마 부위를 중심으로 한 전두엽피질 사이의 연결이 증대되어 있다고 합니다.

하지만 많은 사람들은 몇 년만 지나도 그때 있었던 일을 잘 기억하지 못합니다. 그런데 과거에 있었던 일은 우리가 기억을 못할 뿐이지 사실이 아닌 건 아닙니다. 시간을 좀 거슬러 올라가 어머니 뱃속에 있었던 때를 예로 들어볼까요? 우리는 분명히 어머니의 뱃속에서 태어났습니다. 하지만 기억하는 사람은 없습니다. 기억은 하지 못하지만 우리가 어머니 뱃속에 있었던 건 분명한 사실입니다. 물론 어떤 사람은 뱃속에 있었던 순간을 기억한다고 합니다. 그 기억이 사실인지 아닌지는 모르겠습니다. 다시 한번 물어보겠습니다. 기억하지 못한다고 사실이 아닐까요? 아니라고 대답하실 겁니다. 그렇다면 한 걸음 더 나아가서, 우리가 뱃속에 있기 전에 무엇이었다면 그건 어떨까요? 여기서부터는 반신반의하시는 분들이 많을 것으로 짐작합니다.

경전을 읽으면 읽을수록 윤회에 대한 확신이 생긴다고 말씀드린 적이 있습니다. 그 중에 1990년대 초반에 접했던 『톱의 비유 경』(M21)이 있습니다. 한 구절 소개해드리겠습니다.

비구들이여, 만일 양쪽에 날이 달린 톱으로 도둑이나 첩자가 사지를 마디마다 잘라낸다 하더라도 그들에 대해 마음을 더럽힌다면 그는 나의 가르침을 따르는 자가 아니다. 비구들이여, 여기서 그대들은 이와 같이 공부지어야 한다. '내 마음은 그것에 영향을 받지 않으리라, 악담을 내뱉지 않으리라. 이로움과 함께 연민을 가지고 머물리라. 자애로운 마음을 가지고 증오를 품지 않으리라. 나는 그 사람에 대해 자애가 함께한 마음으로 가득 채우고 머물리라. 그리고 그 사람을 [자애의 마음을 내는] 대상으로 삼아 모든 세상을 풍만하고, 광대하고, 무량하고, 원한 없고, 악의 없는, 자애가 함께한 마음으로 가득 채우고 머물리라.'라고 그대들은 이와 같이 공부지어야 한다.

이 경에는 구체적으로 '윤회'라는 단어는 등장하지는 않습니다. 그런데 이 경을 읽으면서 윤회를 믿지 않으면 이 내용은 설명할 수 없다는 생각이 들었습니다. 누가 내 사지를 톱으로 자르는 데 화내지 않을 수 있겠습니까. 그런데 부처님은 화를 내고 거기에서 나쁜 영향을 받으면 내 제자가 아니라고 하시면서 '악담을 내뱉지 말고 이로움과 함께 연민을 가지고 머물라.'고 말씀하십니다. 또 자신에게 해를 끼친 사람을 '자애의 마음을 내는 대상으로 삼아' 그 자애심을 가득 채우라고 말씀하십니다. 죽어서 모두가 끝이면 죽는 순간까지 이런 노력을 할 필요가 없을지 모릅니다. 하지만 다음 생이 있다는 걸 전제로 한다면 우리는 죽는 순간에도 자애를 키워야 하겠죠. 저는 이 대목을 읽으면서 분명히 윤회가 있지 않고는 이야기가 성립할 수 없다고 생각했습니다.

못 보았다고 없는 것이 아니다

부처님 당시에도 윤회에 대해 의심하는 사람이 있었습니다. 『빠야시경』(D23)에 나오는 이야기입니다.

부처님 당시에 꼬살라 국이라는 나라가 있었고 그 나라의 한 지방 태수인 빠야시라는 사람이 있었습니다. 빠야시는 '저 세상은 없다. 화생하는 중생도 없다. 착한 일, 악한 일의 과보도 없다.'는 나쁜 견해를 가지고 있었습니다. 그런데 어느 날 꾸마라깟사빠라는 지혜롭고 표현력도 뛰어난 아라한이 제자 오백 명과 함께 빠야시가 태수로 있는 마을로 옵니다. 사람들이 몰려들었고 빠야시 태수도 그들이 있는 곳으로 갑니다. 꾸마라깟사빠를 대면한 빠야시 태수는 이렇게 주장합니다. '저 세상은 없다. 화생하는 중생도 없다. 착한 일, 악한 일의 과보도 없다.' 꾸마랏깟사빠는 그렇게 얘기하는 근거가 무엇인지 빠야시 태수에게 묻습니다. 빠야시 태수는 이렇게 대답합니다.

깟사빠 존자여, 여기 제게는 친구·동료와 일가친척들이 있는데 그들은 생명을 죽이고, 주지 않은 것을 가지고, 삿된 음행을 하고, 거짓말을 하고, 중상모략을 하고, 욕설을 하고, 잡담을 하고, 탐욕을 가지고, 악의에 찬 마음을 가지고, 삿된 견해를 가졌습니다. 그들은 나중에 중병에 걸려 아픔과 고통에 시달립니다. 저는 '이제 이들은 이 중병으로부터 일어나지 못하겠구나.'라고 알게 되었을 때 그들에게 다가가서 이렇게 말했습니다.

존자들이여, 어떤 사문·바라문들은 '생명을 죽이고, 주지 않은 것을 가지고, 삿된 음행을 하고, 거짓말을 하고, 중상모략을 하고, 욕설을 하고, 잡담을 하고, 탐욕을 가지고, 악의에 찬 마음을 가지고, 삿된 견해를 가진 자들은 몸이 무너져 죽은 뒤에 비참한 곳[惡處], 파멸처, 지옥에 태어난다.'는 이런 주장과 견해를 가지고 있습니다.

존자들은 참으로 생명을 죽이고, 주지 않은 것을 가지고, 삿된 음행을 하고, 거짓말을 하고, 중상모략을 하고, 욕설을 하고, 잡담을 하고, 탐욕을 가지고, 악의에 찬 마음을 가지고, 삿된 견해를 가졌습니다. 만일 저 사문·바라문 존자님들의 말이 사실이라면 존자들은 몸이 무너져 죽은 뒤에 비참한 곳, 나쁜 곳[惡處], 파멸처, 지옥에 태어날 것입니다.

존자들이여, 만일 그대들이 몸이 무너져 죽은 뒤에 비참한 곳, 나쁜 곳[惡處], 파멸처, 지옥에 태어나게 되면 나에게 와서 '이런 [이유로] 저 세상이란 존재합니다. 화생하는 중생도 존재합니다. 선행과 악행의 업들에 대한 열매도 과보도 존재합니다.'라고 알려주시오. 존자들은 내가 믿을 만하고 의지할 만한 사람들이니 '존자들이 본 것은 내가 직접 본 것과 다름이 없을 것입니다.'라고.

그들은 제게 '좋습니다.'라고 대답하고 [죽었지만] 아직 아무도 와서 알려주지 않았고 전령도 보내지 않았습니다.

깟사빠 존자시여, 이것도 제가 '이런 [이유로] 저 세상도 없고 화생하는 중생도 없고 선행과 악행의 업들에 대한 열매도 과보도 없다.'라는 것을 [입증하는] 방법입니다.

앞의 이야기를 다시 요약해보겠습니다. 살생, 투도, 사음, 망어 등을 한 사람이 중병에 걸려 일어나지 못하자 빠야시 태수가 '어떤 사문·바라문은 살생, 투도, 사음, 망어 등을 한 사람은 나쁜 곳에 태어난다고 하는데 그게 사실이라면 죽은 뒤에 그곳에 태어나면 나에게 와서 알려달라.'고 했다고 합니다. 그런데 아직 아무도 와서 알려주지 않았고 전령도 보내지 않았다고 말합니다. 그래서 윤회를 믿을 수 없다는 겁니다.

이에 대해 꾸마라깟사빠는 '사형장에 가는 죄수가 아무개 마을이나 성읍에 저희 친구·동료들과 일가친척이 있는데 그가 그들을 만나고 올 테니 기다려 달라고 하면 들어주겠냐?'고 반문합니다.

그래도 빠야시 태수는 꾸마라깟사빠의 말을 믿지 못하겠다고 합니다. 그러면서 반대로 아주 착한 일을 한 사람이 천상에 가면 나에게 와서 알려달라고 말했지만 아직 아무도 오지 않았다고 합니다.

그러자 꾸마라깟사빠가 이런 비유를 듭니다. 어떤 사람이 똥통에 빠졌습니다. 똥통에 빠진 사람을 건져내 깨끗이 씻기고 닦이고 옷도 갈아입히고 잘 치장해줬습니다. 그런데 그 사람에게 '너 다시 똥통에 들어갈래?'라고 물으면 그렇게 할 것 같냐고 묻습니다.

그러자 빠야시 태수가 다시 반박을 합니다. '33천에 태어날 선업을 지은 사람이 있어 그곳에 나면 자신에게 알려달라.'고 했지만 아무도 찾아오지 않았다는 겁니다.

그러니까 꾸마라깟사빠가 이런 비유를 듭니다. 33천에 태어나면 천 년을 산다고 합니다. 그런데 그곳의 하루는 인간 세상의 100년에 해당합니다. 얼마나 긴 시간입니까. 그런데 33천에 가면 우선 2~3일은 하늘나라의 감각적 욕망을 즐긴다고 합니다. 그렇게 즐기고 인간 세상에 내려오려고 하면 자기가 아는 사람들은 모두 그곳에 없겠지요. 무려 몇백 년이 지났을 테니깐요.

그러니까 빠야시 태수가 또 이런 이야기를 합니다. 그러면 누가 존자님에게 '33천의 신들은 존재한다.'라거나 '33천의 신들은 이러한 긴 수명을 가졌다.'고 알려주었냐고.

그러자 꾸마라깟사빠가 이렇게 대답합니다. '선천적으로 눈이 먼 사람은 아무것도 보지 못한다. 그 사람이 못 보았다고 해서 사물의 색깔과 모습이 없는 것이 아니다. 천상의 세계도 그냥 우리의 눈으로는 그걸 볼 수가 없다. 수행을 해서 천안을 얻는다. 그러면 그때 이 세상도 보고 저 세상도 보고 화현하는 중생도 볼 수 있기 때문에 당신이 못 보는 것은 당연하다. 그것을 얻으면 본다.'

다시 빠야시 태수가 '그래도 나는 못 믿겠다.'면서 계를 지키고 유익한 법을 지닌 사문·바라문이 죽어서 더 좋은 데에 태어난다면 왜 자살을 해서 좋은 곳으로 가지 않느냐고 말합니다.

그에 대해 꾸마라깟사빠는 이런 이야기를 들려줍니다. 옛날에 어떤 바라문에게 두 명의 아내가 있었습니다. 한 명의 아내에게서 낳은 아들은 열 살이나 열두 살 정도 되었다고 합니다. 그리고 다른 아내는 임신 중이었습니다. 그런데 바라문이 갑자기 죽었습니다. 그러자 첫째 부인에게서 난 사내아이가 두 번째 부인에게 이렇게 말합니다. '여보세요, 이 재산은 모두 제 것입니다. 여기에 당신 것은 아무것도 없습니다. 아버님이 제게 유산으로 물려주셨습니다.' 그러자 두 번째 부인이 '애야, 내가 출산할 때까지만 기다려다오. 만일 사내아이면 한 부분은 그의 몫이 될 것이다. 만일 여자아이면 그 애는 너의 소유물이 될 것이다.' 그 사내아이는 그 말을 받아들이지 않았습니다. 그러자 두 번째 부인이 칼을 가지고 방으로 들어가서 '사내아인지 여자아인지 알아보리라.'면서 배를 갈랐습니다. 어리석은 두 번째 부인과 뱃속의 아이는 모두 죽게 됩니다. 그처럼 계를 갖추고 유익한 법을 지닌 사문·바라문들은 아직 익지 않은 것을 설익게 하지 않습니다. 그들은 익기를 바랍니다. 그러면서 꾸마라깟사빠는 '그들은 오랜 세월을 머무르면 머무를수록 많은 사람의 이익을 위하고 행복을 위하고 세상을 연민하고 신과 인간의 이상과 이익과 행복을 위하여 많은 공덕을 쌓는다.'고 말합니다.

빠야시 태수는 굉장히 탐구심이 많았던 사람이었던 것 같습니다. 빠야시 태수는 그래도 자기주장을 굽히지 않고 또 다음과 같이 자신이 믿는 것의 근거를 댑니다. 자기가 범죄 저지른 사람을 산 채로 항아리에 넣고 철저히 밀봉한 후 화덕 위에 놓고 불을 때웠고 죽었다고 판단되면 항아리를 열어 살펴보았는데, 목숨이 빠져나가는 것을 못 보았다고 합니다. 그래서 못 믿겠다고 합니다. 그에 대해 존자는 살아 있는 사람의 목숨도 들어오고 나가는 것을 못 보는데 하물며 죽은 자의 목숨이 들어오고 나가는 것을 보려고 하냐고 대답합니다.

빠야시 태수는 범죄를 저지른 사람을 죽이기 전에 저울에 재고, 죽이고 난 뒤에 저울에 쟀다고 합니다. 그런데 죽은 사람이 더 무겁다고 말합니다. 그러면서 '영혼이 날아갔으면 가벼워야 되지 않느냐? 말이 안 된다. 그래서 나는 그래서 못 믿겠다.'고 합니다.

존자가 비유를 들어 계속 이야기를 해 줍니다. 그래도 빠야시 태수는 못 믿겠다고 말합니다. 이 대목에서 빠야시 태수는 아주 재미있는 이야기를 합니다. '그렇게 말해도 나는 안 바꾼다. 내가 만약 바꾸면 다른 사람들이 빠야시 태수는 잘못된 견해를 갖고 있다가 바꿨다.'라고 할 거라는 겁니다. 우리도 그런 경우가 있지 않습니까? 이치를 따지다 보면 혹은 앞뒤를 자세히 살피다 보면 자신의 생각이나 판단이 잘못됐다는 걸 알 때가 있습니다. 그런데 '자존심' 때문에 자신의 주장을 계속 고집하는 경우가 있습니다. 여하튼 빠야시 태수가 계속 견해를 바꾸지 않자 꾸마라깟사빠가 마지막 비유를 하나 듭니다.

돼지를 키우는 사람이 마른 똥을 보자 돼지에게 먹이기 위해 주워서 이고 갑니다. 그런데 비가 오자 마른 똥이 흘러내립니다. 보통 사람 같으면 이미 모두 흘러내린 똥은 버리고 가겠지요. 그런데 이 사람은 계속 지고 가는 겁니다. 이런 비유를 하자 빠야시 태수가 돌아섭니다. "저는 깟사빠 존자께서 해 주신 바로 처음의 비유로 마음이 흡족하고 크게 기뻤습니다. 그래도 이러한 여러 가지 뛰어난 답변을 듣고 싶어서 깟사빠 존자께 이의를 제기해야겠다고 생각했습니다." 그러고는 빠야시 태수는 불교에 귀의를 합니다.

'저 세상'이 있을 때와 없을 때

진료를 하다보면 가끔 '죽고 싶다.'고 말씀하시는 분을 만나게 됩니다. 심신이 괴로우니 그런 생각이 드는 분도 있을 겁니다. 그렇게 말씀하시는 분들에게는 제가 묻습니다. '죽으면 어떻게 됩니까?' 대부분 '죽으면 끝이지 뭐가 있습니까?'라고 반문합니다. 그냥 그렇게 믿으시는 겁니다. 어떤 확신도 없습니다. 윤회가 있다고 믿으면 절대 그런 생각을 못하겠지요. 물론 윤회를 믿기는 굉장히 어렵습니다. 보통의 수행으로 체험한다는 건 불가능합니다. 그렇다면 우리의 태도는 '그냥 모른다.' 정도에 남겨놓는 게 좋습니다. 죽으면 끝이라고 생각하는 것보다는 훨씬 합리적인 태도일 겁니다.

앞에 『빠야시 경』에서도 살펴봤지만 부처님 당시에도 천신이나 지옥을 못 믿겠다는 주장들이 있었습니다. 이에 대해서 합리적으로 접근하라는 가르침을 주는 경전이 있습니다. 『확실한 가르침 경』(M60)입니다. 요즘 사람들에게 시사하는 바가 큰 경입니다.

부처님께서 어느 마을을 방문합니다. 그 마을에는 각종 종교가 우후죽순처럼 혼재돼 있었습니다. 사람들은 굉장히 혼란스러웠습니다. 진리를 모르는 사람은 누가 이 말을 하면 이런 것 같기도 하고 또 누가 저 말을 하면 저런 것 같기도 했습니다. 확고한 뭔가가 없으니 흔들렸습니다. 확실히 주장하는 사람이 있으면 '근거가 있겠지.' 하고 생각합니다. 그런 걸 잘 아시고 부처님께서 이런 이야기를 합니다. '장자들이여, 그대들에게는 합당한 이유가 있어서 마음으로 믿는 스승이 있습니까?' 그러자 사람들이 '스승이 없다.'고 답합니다. '그러면 내가 확실한 가르침을 줄 테니까 그에 따라서 앞으로 실천하며 살라.'고 하면서 가르침을 폅니다. 그 중에 윤회와 관련된 것을 중심으로 인용해 보겠습니다.

> 장자들이여, 어떤 사문·바라문들은 이런 주장과 이런 견해를 가졌다.
> '보시도 없고 공물도 없고 제사(헌공)도 없다. 선행과 악행의 업들에 대한 결실도 없고 과보도 없다. 이 세상도 없고 저 세상도 없다. 어머니도 없고 아버지도 없다. 화생하는 중생도 없고 이 세상과 저 세상을 스스로 최상의 지혜로 알고 실현하여 선언하는, 덕스럽고 바른 도를 구족한 사문·바라문들도 이 세상에는 없다.'

장자들이여, 어떤 사문·바라문들은 그들 사문·바라문들과 상반된 주장을 내세운다.

'보시도 있고 공물도 있고 제사(헌공)도 있다. 선행과 악행의 업들에 대한 결실도 있고 과보도 있다. 이 세상도 있고 저 세상도 있다. 어머니도 있고 아버지도 있다. 화생하는 중생도 있고 이 세상과 저 세상을 스스로 최상의 지혜로 알고 실현하여 선언하는, 덕스럽고 바른 도를 구족한 사문·바라문들도 이 세상에는 있다.'

장자들이여, 이를 어떻게 생각하는가? 이들 사문·바라문들은 서로에게 상반된 주장을 내세우고 있지 않은가?

그렇습니다. 세존이시여.

장자들이여, 여기서 '보시도 없고 공물도 없고 제사(헌공)도 없다. 선행과 악행의 업들에 대한 결실도 없고 과보도 없다. 이 세상도 없고 저 세상도 없다. 어머니도 없고 아버지도 없다. 화생하는 중생도 없고 이 세상과 저 세상을 스스로 최상의 지혜로 알고 실현하여 선언하는, 덕스럽고 바른 도를 구족한 사문·바라문들도 이 세상에는 없다.'라는 이런 주장과 이런 견해를 가진 사문·바라문들에게는 이런 것이 예상된다. 즉 그들은 몸으로 짓는 선행과 말로 짓는 선행과 마음으로 짓는 선행의 세 가지 유익한 법[善法]들을 피하고 몸으로 짓는 악행과 말로 짓는 악행과 마음으로 짓는 악행의 세 가지 해로운 법[不善法]들을 받아 지녀 실천하게 될 것이다. 그것은 무슨 까닭인가? 그 사문·바라문 존자들은 해로운 법들에서 재난과 비열함과 오염원을 보지 못하고, 유익한 법들에서 출리의 공덕과 깨끗함을 보지 못하기 때문이다.

저 세상이 실제로 있기 때문에 '저 세상은 없다.'라는 견해를 가지면, 그는 그릇된 견해를 가진 것이다. 저 세상이 실제로 있기 때문에 '저 세상은 없다.'라고 사유하면, 그는 그릇된 사유를 하는 것이다. 저 세상이 실제로 있기 때문에 '저 세상은 없다.'라고 말을 하면, 그는 그릇된 말을 하는 것이다. 저 세상이 실제로 있기 때문에 '저 세상은 없다.'라고 하면 그는 저 세상을 아는 아라한들에게 대항하는 것이다. 저 세상이 실제로 있기 때문에 '저 세상은 없다.'라고 다른 사람에게 알린다면 그는 그에게 정법이 아닌 것을 받아들이도록 설득하는 것이다. 정법이 아닌 것을 받아들이도록 설득하면서 자신을 칭찬하고 다른 사람을 비방한다. 이처럼 그가 이전에 행한 좋은 행실은 제거되고 나쁜 행실이 자리 잡게 된다.

이러한 그릇된 견해와 그릇된 사유와 그릇된 말과 성자들에 대한 대항과 정법이 아닌 것을 받아들이도록 설득함과 자신을 칭찬하고 다른 사람을 비방하는 이런 여러 가지 나쁘고 해로운 법들이 그릇된 견해를 조건으로 생겨난다.

장자들이여, 여기서 지자는 이처럼 숙고한다.

'만일 저 세상이 없다면 이 사람은 몸이 무너지면 그 자신은 안전할 것이다. 그러나 만일 저 세상이 있다면 이 사람은 몸이 무너져 죽은 뒤 처참한 곳[苦界], 불행한 곳[惡處], 파멸처, 지옥에 태어날 것이다.

이제 저들 사문·바라문들의 말이 옳건 그르건 간에 저 세상은 없다고 하자. 그렇더라도 이 사람은 바로 지금·여기에서 '이 사람은 나쁜 행실을 가졌고 그릇된 견해를 가졌고 허무주의를 말한다.'라고 지자들의 비난을 받는다.

그러나 만일 저 세상이 있다면 이 사람은 양쪽 모두에서 최악의 패를 가진 것이 된다. 즉 바로 지금·여기에서 지자들의 비난을 받고, 몸이 무너져 죽은 뒤 처참한 곳[苦界], 불행한 곳[惡處], 파멸처, 지옥에 태어날 것이다.

이와 같이 그는 이 확실한 가르침을 잘못 받아 지녀 실천하여 유익한 경우를 배제하고 한 면만을 충족시킨다.

장자들이여, 여기서 '보시도 있고 공물도 있고 제사(헌공)도 있다. 선행과 악행의 업들에 대한 결실도 있고 과보도 있다. 이 세상도 있고 저 세상도 있다. 어머니도 있고 아버지도 있다. 화생하는 중생도 있고 이 세상과 저 세상을 스스로 최상의 지혜로 알고 실현하여 선언하는, 덕스럽고 바른 도를 구족한 사문·바라문들도 이 세상에는 있다.'라는 이런 주장과 이런 견해를 가진 사문·바라문들에게는 이런 것이 예상된다.

즉 몸으로 짓는 악행과 말로 짓는 악행과 마음으로 짓는 악행의 세 가지 해로운 법들을 피하고 몸으로 짓는 선행과 말로 짓는 선행과 마음으로 짓는 선행의 세 가지 유익한 법[善法]들을 받아 지녀 실천하게 될 것이다. 그것은 무슨 까닭인가? 그 사문·바라문 존자들은 해로운 법들에서 재난과 비열함과 오염원을 보고, 유익한 법들에서 출리의 공덕과 깨끗함을 보기 때문이다.

저 세상이 실제로 있기 때문에 '저 세상은 있다.'라는 견해를 가지면, 그는 바른 견해를 가진 것이다. 저 세상이 실제로 있기 때문에 '저 세상은 있다.'라고 사유하면, 그는 바른 사유를 하는 것이다. 저 세상이 실제로 있기 때문에 '저 세상은 있다.'라고 말을 하면, 그는 바른 말을 하는 것이다. 저 세상이 실제로 있기 때문에 '저 세상은 있다.'라고 하면 그는 저 세상을 아는 아라한들에게 대항하는 것이 아니다. 저 세상이 실제로 있기 때문에 '저 세상은 있다.'라고 다른 사람에게 알린다면 그는 그에게 정법을 받아들이도록 설득하는 것이다. 정법을 받아들이도록 설득하면서 자신을 칭찬하지 않고 다른 사람을 비방하지 않는다. 이처럼 그가 이전에 행한 나쁜 행실은 제거되고 좋은 행실이 자리 잡게 된다.

이러한 바른 견해와 바른 사유와 바른 말과 성자들에게 대항하지 않음과 정법을 받아들이도록 설득함과 자신을 칭찬하지 않고 다른 사람을 비방하지 않는 이런 여러 가지 유익한 법들이 바른 견해를 조건으로 생겨난다.

장자들이여, 여기서 지자는 이처럼 숙고한다.

'만일 저 세상이 있다면 이 사람은 몸이 무너져 죽은 다음에는 좋은 곳, 천상 세계[天界]에 태어날 것이다.

이제 저들 사문·바라문들의 말이 옳건 그르건 간에 저 세상

은 없다고 하자. 그렇더라도 이 사람은 바로 지금·여기에서
'이 사람은 좋은 행실을 가졌고 바른 견해를 가졌고 내생이
있다고 주장한다.'라고 지지자들의 칭송을 받는다.

그러나 만일 저 세상이 있다면 이 사람은 양쪽 모두에서 최고
의 패를 가진 것이 된다. 즉 바로 지금·여기에서 지지자들의 칭
송을 받고, 몸이 무너져 죽은 뒤 좋은 곳, 천상 세계에 태어날
것이다.

이와 같이 그는 이 확실한 가르침을 잘 받아 지녀 실천하여
해로운[不善] 경우를 배제하고 양면을 모두 충족시킨다.

외도들의 주장인 원인이 없다는 것에 대해 똑같은 논리를 반박하
고 계십니다. 그 사람들은 이런 논리에 부딪힐 것이라는 겁니다. 상당
히 일리가 있지 않습니까? 잘 모르면 조금 안전한 길을 택하는 게 좋습
니다.

윤회를 믿으면 바뀌는 우리의 일상

어느 불교 잡지에 몽골에서 온 스님의 인터뷰가 실렸습니다. 그 스님
한테 한국불교와 몽골불교의 차이가 뭐냐고 물어보니까 '한국은 윤회
를 안 믿는 것 같다.'고 대답합니다. 몽골은 티베트불교의 힘이 강한 곳
입니다. 티베트 불교도들은 모두 윤회를 믿습니다. 반면에 우리나라나
일본은 불교도라도 윤회를 잘 믿지 않는다고 합니다. 우리나라의 경우

심지어는 윤회가 없다고 말씀하시는 스님도 있습니다. 불교는 윤회가 사실이 아니면 성립이 될 수 없습니다. 니까야나 아함경의 내용은 모두 윤회와 떼려야 뗄 수 없는 구조를 갖고 있습니다.

경전에서 자주 보셨을 겁니다. 아라한이 되면 선언을 합니다. '다시 태어남은 없다. 태어남은 부서졌다. 청정한 삶은 이루어졌다. 할 일은 마쳤고 이제 윤회는 없다.' 윤회가 없다면 모든 걸 바쳐서 탐·진·치를 해결하기 위해서 노력할 이유가 없고, 또 해결되신 분은 그걸 유지하기 위해서 계속 노력할 이유가 없습니다. 그렇게 살 이유가 없다는 겁니다.

그런데 경전에 이렇게 분명히 언급되고 있는 '윤회'에 대해서 우린 왜 계속 의구심을 가질까요? 그건 경전이 서구에 소개되는 과정과도 연관이 있습니다. 서구의 근현대 불교학은 사실상 문헌학이라고 해도 과언이 아닙니다. 서구의 학자들이 불교를 소개하면서 불교를 '신앙'으로 받아들인 것이 아니라 고대 문헌으로 해석합니다. 그러다 보니 그들 입장에서 '합리적'이라고 생각한 부분들에만 집중합니다. 그런데 누차 얘기하지만 윤회는 굉장한 수행을 하지 않으면 이해하기 어렵습니다. '합리적'이라는 이유로 본인들이 체험할 수 없는 건 빼거나 애써 무시했던 겁니다.

윤회를 한다고 보면 현재 우리 삶은 굉장히 짧습니다. 다음에 기다리는 삶은 엄청납니다. 사람으로 태어나기가 굉장히 어렵다고 합니다. 전 세계 인구가 60억이라지만 동물들은 수도 없이 많습니다. 경전에 보면 아까 말하는 아귀, 축생, 지옥은 무지하게 많습니다. 사람, 천상은 드뭅니다. 어쩌면 우리 고향은 삼악도라고 볼 수 있습니다. 사실, 거기 많이 떠돌다 한 번씩 사람으로 오는 거라고 할 수 있습니다. 윤회를 알면 굉장히 열심히 살게 됩니다. 경전에는 예류자·일래자·불환자·아라한이 되기 위해서 무엇을 해야 된다는 것이 다 적혀 있습니다. 지도가 다 있는 종교입니다. 그래서 검증된 종교라는 하는 겁니다.

윤회를 믿게 되면 달라집니다.

첫째, 자살은 절대로 하지 않습니다. 주위에 좀 힘든 사람 있으면 걱정이 됩니다. 혹시 자살을 하지 않을까? 자살은 멀리 있는 게 아닙니다. 그런데 윤회를 믿으면 자살은 절대 하지 않게 됩니다. 다음 생을 위해서 지금 할 일이 많습니다. 자살하는 사람이 많다는 것은 불교가 제 역할을 못한다는 겁니다.

2019년 자살률 통계에 따르면 우리나라는 전 세계에서 4위, 아시아에서는 1위입니다. 일본은 14위 아시아에서는 2위입니다. 반면 스리랑카는 29위, 라오스 78위, 미얀마 86위입니다.

티베트 같은 경우는 사람 몸 받게 하기 위해서 힘들어도 애를 낳습니다. 사람으로 태어나는 기회를 주고 싶다는 겁니다.

둘째, 시간을 허비하지 않게 됩니다. 시간을 굉장히 아껴 쓰게 됩니다. 주위에 보면 불교 공부 열심히 하고 수행하는 사람들은 대부분 윤회를 믿는 사람입니다. 살다보면 바쁜 일이 많습니다. 그러면 불교 공부와 수행에 우선순위를 둘 수가 없습니다. 그런데 윤회를 믿게 되면 적어도 예류자는 되고 싶거든요. 그래서 예류자가 되기 위해서 계속 노력하게 됩니다. 또 우리한테 손해 보는 일은 안하게 됩니다. 화내고 욕심 부리고, 모르면서 막 이럴 거라고 하는 것은 안 좋습니다. 모두 윤회하게 만드는 겁니다. 탐·진·치에서 벗어나게 됩니다. 지혜로워집니다. 윤회를 받아들이게 되면 지금 어쨌든 내 이 모습은 과거의 결과라고 생각합니다. 원망이 없어집니다. 그냥 만족하게 됩니다. 현실 안주가 아니라 열심히 살아가게 되는 거죠. 길거리에서 구걸을 해도 당당하겠지요. 인간관계를 굉장히 소중하게 생각합니다. 많은 생에서 부모 아닌 사람이 없다고 경전에 나와 있습니다. 누구를 보면 아, 저 사람이 과거에 나하고 어떤 관계였을 수 있다고 하면서 인간관계를 굉장히 소중하게 하게 됩니다. 티베트 사람들은 다른 사람을 참 존중을 합니다. 그 사람들은 그런 생각 항상 하거든요. 내 부모 아니었던 사람 없다고. 그러니까 인간관계를 굉장히 소중히 생각하게 됩니다.

셋째, 다른 사람을 진정 돕게 됩니다. 그리고 보시를 많이 하게 됩니다. 보시의 공덕은 무한합니다. 경전에 보면 보시를 숫자로 계산한 게 있습니다. 요즘 애완견 많이 키우잖아요. 애완견에게 무언가를 주면 그것의 백배를 받습니다. 아주 괜찮은 사람한테 하면 십만 배를 받습니다. 훌륭한 사람한테 하면 할수록 더 많이 받습니다. 사리뿟따 같은 경우는 탁발할 때 항상 상수멸에 들었다고 합니다. 상수멸이라고 해서 굉장히 높은 단계가 있습니다. 그 단계에서 보시를 받았다고 합니다. 그러면 보시 주는 사람이 굉장히 이득이 많은 거죠. 절에도 보시를 많이 하게 됩니다. 절이 살림걱정 안 해도 될 겁니다. 경전에 보시의 공덕이 굉장히 많이 나와 있습니다. 예를 들면 참 가난한 여자가 축제에 가고 싶어서 그 옷을 집에 가서 해 달라고 하니까 집에선 돈이 없다, 어디 다른 데 가서 해결하라고 합니다. 이 여자는 지혜로운 사람이어서 어느 부잣집에 가서 내가 여기서 열심히 하인으로 일할 테니까 나한테 옷 한 벌 사 달라고 합니다. '그럼 네가 일하는 것을 보고 결정하겠다.'고 합니다. 그래서 열심히 일해서 인정을 받아 옷을 얻습니다. 그 옷을 들고 입으려고 하던 차에 보니까 길을 가던 어떤 스님의 옷이 남루한 거예요. 그래서 그 옷을 스님에게 줍니다. 그리고 남은 옷도 마저 줍니다. 그러고 난 뒤에 굉장한 미인으로 태어나고 싶다는 마음을 먹고 미인으로 태어납니다. 불교경전을 보면 보시라는 게 굉장한 공덕입니다. 보시를 할 때는 기쁜 마음으로 해야 합니다. 기쁜 마음으로 하지 않은 보시는 공덕이 적습니다. 훌륭한 사람을 잘 찾아서 보시를 해야 되고, 보시할 때는 목적을 밝혀주시는 게 좋습니다. 예를 들면 그냥 주면 덕이 높으신 분은 잘 쓰겠지만 그렇지 않은 분도 있습니다. 그분 나름대로 생각할 것 아닙니까. 용돈 하라고 주나 이럴 수도 있잖아요? 그럴 때 '어디에 좀 썼으면 좋겠다.' 하면 그건 절대로 안 어깁니다. 그대로 하게 되죠.

윤회를 받아들이면 마음이 편안해집니다. 윤회를 믿지 않을 때는 우리 삶이 이생에 딱 국한됩니다. 이생에 국한되면 굉장히 답답합니다. 이렇게 살면 손해가 아닐까? 이렇게 되지만 전생과 미래 생으로 탁 펼치면 답이 딱 나와 있습니다. 명약관화합니다.

2장

부처님이 들려주는

수행과 실천

12

번뇌
해결하기
①

국어사전에서 '번뇌'라는 단어를 찾으면 '마음과 몸을 괴롭히는 욕망이나 분노 따위의 모든 망념을 이르는 말'이라고 설명해 놓고 있습니다. 불교사전은 여기에서 한발 더 나아갑니다. 번뇌는 '중생이 일으키는 생각'이라고도 말합니다. 반대로 생각하면 지혜가 있는 사람은 번뇌가 없다고도 할 수 있습니다. 불교는 한마디로 번뇌를 없애는 종교라고도 볼 수 있습니다. 수행의 초점이 모두 번뇌를 없애는 데 가 있습니다.

번뇌를 탁 찍어서 이야기하는 경은 세 개가 있습니다.『모든 번뇌의 경』(M2),『두 가지 사유 경』(M19),『사유를 가라앉힘 경』(M20)입니다. 이 세 경에 나와 있는 내용을 중심으로 말씀드리겠습니다.

흔히 108가지 번뇌라고 말하지만 번뇌는 크게 세 가지로 분류할 수 있습니다.『번뇌 경』(S45:163)에서는 "감각적 욕망의 번뇌, 존재의 번뇌, 무명의 번뇌"라고 정의해 놓았습니다. 감각적 욕망이란 눈, 귀 등 감각기관이 대상을 대할 때 생기는 탐욕을 말합니다. 존재의 번뇌는 존재하고자 하는 욕망입니다. 쉽게 말하면 좋은 존재로 있고 싶은 욕망입니다. 무명의 번뇌는 지혜가 없는 겁니다. 구체적으로는 사성제에 대한 무지를 말합니다. 여기에 사견의 번뇌를 추가하는 경우도 있습니다. 이밖에 자주 들으셨던 번뇌 분류 방법에는 물론 탐·진·치로 정의

하는 것도 있을 겁니다.

『모든 번뇌 경』(M2)에는 또 이 번뇌를 일곱 종류로 분류해 놨습니다. ① 봄[見]으로써 없애야 할 번뇌들 ② 단속함으로써 없애야 할 번뇌들 ③ 수용함으로써 없애야 할 번뇌들 ④ 감내함으로써 없애야 할 번뇌들 ⑤ 피함으로써 없애야 할 번뇌들 ⑥ 버림으로써 없애야 할 번뇌들 ⑦ 수행으로써 없애야 할 번뇌들입니다.

그렇다면 번뇌를 해결하는 방법은 어떤 게 있을까요? 이것 역시 일곱 가지 방법에 의해 해결될 수 있습니다.

바르게 봄으로써 없애야 할 번뇌

첫 번째는 바르게 봄으로써 없애야 할 번뇌들입니다. 올바로 봄으로써 마음을 기울여야 할 대상과 기울이지 말아야 할 대상을 알아 번뇌를 없애는 겁니다. 감각적 욕망, 존재, 무명에서 번뇌가 생기면 그 대상에 마음을 기울이지 말아야 합니다. 예를 들면 지혜 없이 다음과 같이 주의를 기울입니다.

'나는 과거에 존재했을까? 아니면 나는 과거에 존재하지 않았을까? 나는 과거에 무엇이었을까? 나는 과거에 어떠했을까? 나는 과거에 무엇이었다가 무엇으로 변했을까? 나는 미래에 존재할까? 아니면 나는 미래에 존재하지 않을까? 나는 미래에 무엇이 될까? 나는 미래에 어떻게 될까? 나는 미래에 무엇이었다가 무엇으로 변할까? 지금 현재에 대해서도 안으로 의심한다. 나는 존재하기는 하는가? 나는 존재하지 않는가? 나는 무엇인가? 나는 어떠한가? 이 중생은 어디서 왔다가 어디로 가게 될 것인가?'라고.

지혜 없이 자꾸 생각하면 그 생각은 결론적으로 여섯 가지 견해 중 하나에 도달할 수밖에 없습니다. 금방 이해가 가지 않을 수도 있지만 하나씩 풀어보겠습니다. 1. '나에게 자아가 있다. 나에게 변치 않는 영혼 같은 게 있다.' 이런 겁니다. 2. '나에게 자아란 없다.' 3. '내가 자아로써 자아를 인식한다.' 4. '내가 자아로써 무아를 인식한다.' 5. '나는 무아로써 자아를 인식한다.' 6. '이러한 나의 자아는 말하고 경험하며, 여기저기서 선행과 악행의 과보를 경험한다. 그런 나의 자아는 항상하고 견고하고 영원하고 변하지 않는 법이고 영원히 지속될 것이다.'입니다. 이러한 여섯 가지 견해 중 하나를 가지게 됩니다. 그 견해는 올바른 게 아니기 때문에, 우리가 그로 인해서 또 윤회하고, 괴롭고, 죽고, 고통·비탄·슬픔·괴로움을 겪게 됩니다. 부처님께서는 사성제에 지혜롭게 마음을 기울이면 세 가지 족쇄, 유신견·계금취·의심이 제거된다고 말씀하십니다. 세 가지 족쇄가 없어지면 많은 번뇌가 없어질 수 있습니다.

단속함으로써 없애야 할 번뇌

두 번째 번뇌는 단속함으로써 없애야 할 번뇌들입니다. 우리는 눈으로 보고, 귀로 듣고, 혀로 맛봅니다. 그때 우리에게 번뇌가 생길 수 있습니다. 너무나 일상적인 건데 너무 심하지 않은가 생각할 수도 있습니다. 불교가 이것을 번뇌로 보는 이유가 있습니다. 불교가 보는 세상이 있습니다. 그리고 불교가 목표로 하는 세계가 있습니다. 그것을 기준으로 본다면 앞에 말한 것들은 모두 장애물입니다. '지혜'로 볼 때 그것들을 추구하는 존재가 있습니다. 존재에서 벗어나는 게 불교의 목적입니다. 앞에 일곱 가지 종류의 번뇌를 말했는데, 걸리고 집착을 일으킨다면 다 번뇌로 봐야 합니다. 불교에서는 한 생이 끝나도 끝이라고 보지 않습니다. 우리의 생은 계속 연결되어 있습니다. 윤회합니다. 그런데 이 존재 자체가 괴로움입니다. 존재하게 되면 몸과 마음을 가지게 됩니다. 그런데 몸에서 오는 고통을 피할 수 있습니까? 마음에서 오는 고통을 피할 수 있습니까? 핵심으로 들어가면 우리가 존재하기 때문에 괴로움이 온다고 보는 겁니다. 그래서 존재를 안 하는 쪽으로 가고자 하는 게 불교의 목적입니다. 존재하지 않기는 굉장히 어렵습니다. 조그만 집착이 있어도 우리는 다시 또 윤회하게 됩니다. 윤회를 끊는 방법은 어떤 것에도 집착이 없는 겁니다. 맛있는 음식을 먹으면 '다음에 그 집에 또 가야지.' 하고 생각합니다. 그것도 하나의 집착입니다. 그것이 우리 발목을 탁 잡는 겁니다. 부처님은 굉장히 본질적으로 세상을 보신 겁니다. 본질적으로 보고 '아, 이것은 하면 나한테 이런 결과가 오겠구나.' 해서 그런 괴로움을 하나하나 철저히 없앤 종교가 불교라고 볼 수 있습니다. 그런 면에서 번뇌를 보셔야지 그렇지 않고 그냥 이야기하는 걸 들으면 '아, 좀 이상하다' 이렇게 생각하실 수도 있습니다. 집은 우리를 보호하고 편히 쉬게 하기 위해 필요한 것입니다. 누구에게나 필요합니다. 그런데 그걸 넘어서 거기에 투자를 하고 투기를 합니다. 우리가 눈으로 보고, 귀로 듣고, 코로 냄새 맡고, 혀로 맛을 보고, 몸으로 뭘 부딪히잖아요. 그리고 우린 정신작용을 하잖아요. 생각도 하고. 이렇게 할 때 우리의 감각기관을 잘 단속하지 못하면 거기에서 우리에게 괴로움과 고통과 곤경과 또는 뭘 하고 싶은 열망 같은 것이 생깁니다. 그것을 통칭해서 번뇌라고 하는 겁니다. 이것이 두 번째 번뇌입니다.

우리가 무엇을 보면 즐거운 느낌, 괴로운 느낌, 괴롭지도 즐겁지도 않은 느낌이 드는데 이것에 대해 탐·진·치가 생기면 다 번뇌입니다. 어떻게 하면 번뇌가 생기지 않느냐? 단속을 잘하라는 겁니다. 대표적인 예를 하나 들어보겠습니다. 경전에는 '우리가 무엇을 눈으로 볼 때 그것의 전체적인 상도 취하지 말고 부분적인 상도 취하지 마라. 전체적인 상을 취하거나 부분적인 상을 취하면 그것을 원인으로 해서 욕심과 싫어함이 물밀듯이 밀려온다.'라고 나와 있습니다. 우리가 길을 가다 어떤 여자를 보게 됩니다. '아, 여자구나.'라는 생각이 밀려오면 전체적인 상을 본 겁니다. '옷을 잘 입었구나.'라는 생각은 부분적인 상이겠죠. '목걸이가 예쁘구나.', '반지가 멋있구나.' 이러면 그건 부분적인 상입니다. 어쨌든 사람을 보는데 이런 생각이 안 들 수는 없습니다. 귀로도 마찬가지입니다. 노래를 들을 때 '참 좋은 노래구나.'라고 하면 전체적인 상이 되겠지요. '비트가 훌륭해.', '멜로디가 좋아.'라고 하면 부분적인 상입니다. 맛도 마찬가지입니다. 그런데 이런 게 생기지 않게 하는 두 가지 방법이 있습니다. 경전에 나와 있는 얘기는 아니고 저 나름대로 터득한 겁니다. 일단 백 퍼센트 보면 이런 생각이 일어나지 않습니다. 제가 손을 들고 여러분에게 무엇을 보라고 했습니다. 그런데 여러분 머릿속에 '왜 보라고 했지.' 하고 생각하며 보면 그걸 보는 게 아닙니다. 생각하는 겁니다. '저거 멋있네.'라는 생각이 들어도 그건 보는 게 아닙니다. 생각하는 겁니다. 어떤 생각이나 판단도 없이 그냥 있는 대로 한번 보시기 바랍니다. 우리는 무언가를 볼 때 지난 경험이나 기억 등을 조합해 그것에 대해 판단을 합니다. 개념 처리를 한다고 할 수 있습니다. 실제를 보지 않습니다. 제가 어떤 것을 보라고 여러분한테 말하면 여러분들은 아무 생각 없이 자연스럽게 그걸 볼 수 있습니까? 이제부터는 딱 보기만 하시기 바랍니다. 그렇게 노력하고 훈련해야 합니다. 예를 들면 '아, 저 사람 나쁜 사람인데….', '저 사람 좋은 사람인데….' 이런 생각을 탁 내려놓고 보시기 바랍니다. 자꾸 이렇게 보다 보면 그것이 그냥 있는 그대로 보입니다. 그렇게 보면 욕심과 싫어함 없이 그대로 만나게 됩니다. 사물을 보면 사물을 있는 그대로 만나게 되고, 어떤 존재를 보면 그 존재를 그대로 만나게 됩니다. 그걸 앞으로 실천해 보시면 두 번째 번뇌를 해결할 수 있게 됩니다. 물론 저에게도 쉬운 일은 아닙니다. 하지만 자꾸 그런 방향으로 노력을 하다 보니 분명히 좀 더 잘 볼 수 있게 됐습니다. 전체적인 상도 취하지 말고 부분적인 상도 취하지 않을 수 있는 두 번째 방법은 뭘 볼 때 궁극적인 실재로서의 물질과 정신으로 보는 것입니다. 궁극적인 물질과 정신으로서 보려면 삼매를 얻어야 됩니다.

268

지혜롭게 잘 이용함으로써 다스릴 수 있는 번뇌

세 번째 번뇌는 지혜롭게 잘 이용함으로써 다스릴 수 있는 번뇌들입니다. 경전에 나오는 네 가지 필수품이 있습니다. 의식주 그리고 약(藥)입니다. 출가한 스님들에게도 그리고 재가자에게도 꼭 필요한 것들입니다. 그런데 여기에도 자칫하면 번뇌가 끼어듭니다. 맛있는 걸 보면 먹고 싶어지고, 멋있는 옷을 보면 입고 싶어집니다. 집도 더 크고 안락한 곳을 보면 집착이 생깁니다. 그런데 보통 사람은 이런 걸 번뇌로 생각하지 않습니다. 하지만 엄연히 번뇌입니다. 그래서 경전에서는 먹을 때는 어떤 마음으로 먹고, 입을 때는 어떤 마음으로 입고, 집을 장만할 땐 어떤 식으로 장만하고, 약은 어떤 마음으로 복용하라고 이야기하고 있습니다. 경전에 나와 있는 대로 하면 번뇌가 없어집니다.

제가 10여 년 전에 말레이시아 숲속 수행처에서 수행을 한 적이 있습니다. 그곳에서는 수행자들이 음식을 먹기 전에 항상 마음속으로 외우는 구절이 있습니다. '나는 지금 이 음식을 재미로 먹지 않겠다. 중독이 돼서 먹지 않겠다. 몸집을 키우려고 먹지 않겠다. 내가 아주 멋있게 보이려고 먹지 않겠다. 그러지 않고 단지 생존하기 위해서, 이 몸을 유지하기 위해서 먹겠다. 그리고 배고픈 괴로움을 없애기 위해서 먹겠다. 과식하여 오는 괴로움을 없애겠다. 의미 있고 가치 있는 삶을 살기 위해서 먹겠다. 앞으로 몸을 잘 유지하고 내가 허물이 없는 사람이 되고 편안하게 살겠다.' 이런 구절을 항상 암송하고 먹습니다. 앞에 이야기한 대로 번뇌가 없이 먹는 겁니다.

옷은 열기, 추위, 바람, 해충을 막기 위해 입습니다. 수치스러운 걸

막아주기도 합니다. 그런데 이런 기능을 넘어서 자신의 몸이나 재산을 뽐내기 위해 입는 경우도 있습니다. 번뇌가 끼어드는 겁니다.

집은 옷처럼 추위나 더위 그리고 바람을 막기 위해 존재합니다. 또 짐승들로부터 우리를 보호하기도 합니다. 일반인에게는 이정도로 족합니다. 수행자들에게는 안정적으로 수행을 할 수 있는 거처가 되기도 합니다. 그런데 역시 이정도로 만족하지 않고 더 크고 더 비싼 집을 계속 찾아다닙니다. 우리나라에서는 이걸 재산을 늘리기 위한 투기 수단으로 생각하기도 합니다. 번뇌가 끼이는 것은 물론이고 남들에게 큰 폐해나 절망을 가져오기도 합니다.

약품 역시 마찬가지입니다. 육신의 고통을 달래고 마음의 평화를 얻기 위한 수단으로만 생각해야 합니다.

경전을 독송하다 보면 앞에 얘기한 네 가지 필수품에 대한 내용이 등장합니다. 그런데 마지막에 이런 구절이 붙은 경전도 있습니다. '그렇게 먹는 나도, 그렇게 입는 나도, 그렇게 거처를 사용하는 나도, 그렇게 약물을 사용하는 나도 나는 아니다.' 무아라는 겁니다. 영원한 실체가 있어서 내가 이걸 취한다는 생각을 탁 놓게 만듭니다. 이런 구절을 독송하고 나면 수행이 잘 됩니다.

참음으로써 없애야 할 번뇌

네 번째는 참음으로써 없애야 할 번뇌들입니다.

덥고 추우면 짜증을 냅니다. 그런데 사실 이것도 번뇌입니다. 덥거나 추운 것은 자연스러운 겁니다. 특히 계절의 변화가 있는 우리나라는 더위와 추위가 반복이 됩니다. 좋아하든 싫어하든 계속 반복되는 일에 휘말려 짜증을 내거나 화를 내는 건 어찌 보면 어리석은 일입니다. 정말 덥고 정말 짜증난다고 하지만 '정말'이 어떤 건지도 확실하지는 않습니다. 인도 같은 나라는 겨울에 영상 10도로만 떨어져도 '몹시' 춥다고 합니다. 우리 몸이 버틸 수 없는 정도라면 모르겠지만 자연스레 계절이 바뀌고 날씨가 바뀌어 추워지고 더워지는 건 결국 참아서 해결해야 합니다.

또 살다보면 병이 오기도 합니다. 병이 오면 당연히 병원에 가야 하지만 통증이 왔다고 화를 내봐야 자기만 손해입니다. 남한테 싫은 소리를 듣고 화를 내는 것도 번뇌가 생긴 겁니다. 그것도 참아야 합니다. 참지 않으면 우선은 자신이 괴롭습니다. 그리고 결국은 안 좋은 선택으로 향하게 됩니다. 불교라는 것은 보면 어찌 보면 어떤 것에도 걸림이 없는 겁니다. 우리가 사람의 몸을 하고 자연처럼 되는 상태입니다. 예를 들어서 비가 올 때 땅이 거부합니까? 땅이 누가 오줌을 누어도 거부 안하죠. 오물을 버려도 거부 안하죠? 뭐든지 수용하잖아요. 그렇듯이 우리 마음도 그와 같이 모든 걸 수용하는 마음이 되는 게 번뇌를 다스리는 방법입니다. 그렇게 되면 우리는 어느 것에도 집착하지 않고 어떤 것을 위한 조건도 만들지 않습니다.

제가 불교 공부를 많이 하기 전에, 그때가 한 대학생쯤인가 대학교 졸업하고 그땐가 외우던 좋은 구절이 있었어요. 여러분도 아실 겁니다.

청산은 나를 보고 말없이 살라하고
창공은 나를 보고 티 없이 살라하네.
탐욕도 벗어놓고 성냄도 벗어놓고
물처럼 바람처럼 살다 가라 하네.

불교 공부를 하고 보니 이 구절은 바로 번뇌를 해결한 상태를 말하고 있는 겁니다. 살아 있는 사람이지만 자연처럼 된 상태입니다. 자연처럼 그냥 아무것도 거부하지 않고 그냥 자연처럼 물처럼 바람처럼 된 상태가 번뇌가 다스려진 상태입니다.

피함으로써 제거돼야 하는 번뇌

다섯 번째 번뇌는 피함으로써 제거돼야 하는 번뇌입니다. 지금은 동물원이나 가야 볼 수 있는 짐승들이 예전에는 사람이 있는 곳까지 와서 피해를 주곤 했습니다. 부처님 당시에도 그랬겠죠. 그런 위험은 피해야 해결할 수 있습니다. 그리고 자신에게 적당하지 않은 자리는 피해야 합니다. 준비가 되어 있지 않거나 능력이 되지 않거나 또 자신한테 별로 이득이 되지 않는, 적절하지 않은 자리를 피해야 합니다. 그렇지 않으며 번뇌입니다. 자신을 좋지 않은 곳으로 이끄는 친구나 위험에 빠뜨리는 친구도 피해야 합니다. 나한테 도움 안 되는 건 피함으로써 해결하는 겁니다. 피하지 않으면 우리한테 어떤 괴로움이나 곤경이나 손해되거나 또는 내가 거기에 막 마음이 이끌려서 내 할 일을 못하게 하는 그런 번뇌가 생길 수 있는 겁니다.

버림으로써 없애야 할 번뇌

여섯 번째는 버림으로써 없애야 할 번뇌입니다. 세 가지 불건전한 생각이 있습니다. 1. 감각적 욕망에 대한 생각입니다. 누굴 보고 싶고, 만나고 싶고 하는 것들이 감각적 욕망에 대한 생각입니다. 2. 남에게 대해서 가지는 악의입니다. 남에 대해 안 좋게 생각하고 심지어 남이 잘되는 걸 싫어하는 마음 그리고 화가 나는 생각입니다. 3. 악의보다는 조금 더 발전한 건데, 누굴 어떻게 좀 나쁘게 해야지, 괴롭혀야지, 해쳐야지 하는, 그런 남을 괴롭히거나 해치는 생각입니다.

　이런 세 가지 생각은 좋지 않습니다. 그래서 이 세 가지 생각은 우리가 제거를 해야 됩니다. 우리 머릿속에서 탁 없애버려야 됩니다. 그렇지 않으면 번뇌가 됩니다.

수행을 함으로써 없애야 할 번뇌

마지막 일곱 번째 번뇌는 수행을 함으로써 없애야 할 번뇌들입니다. 구체적으로 일곱 가지 수행입니다. 한자로 하면 칠각지(七覺支)입니다. 일곱 가지 깨달음의 요소라고 할 수 있습니다. 이것을 실천하면 괴로움을 해결할 수 있습니다. 언제나 편안하게 살 수 있습니다. 이생도 편안하게 살고 다음 생엔 괴로움을 주는 존재를 안 받을 수 있습니다. 윤회를 끝낼 수 있는데, 이 일곱 가지 수행을 함으로써 벗어나는 번뇌가 있습니다. 일곱 가지 수행을 안 하면 우리는 언제나 번뇌에 봉착하게 되는 겁니다. 괴로움을 주거나 곤경에 빠지거나 마음이 그쪽으로 휩쓸려가지고 자기한테 도움 안 되는데 막 해야 되는 그런 번뇌에 빠지게 됩니다.

1. **마음챙김의 깨달음의 요소입니다.** 이건 뭐냐면 여러분들이 항상 뭘 하든지 그것을 아는 겁니다. 그리고 지금까지 배우거나 경험한 유익한 것을 항상 잊지 않는 것입니다. 여러분이 지금 책을 읽고 있으면 딱 알면서 보는 겁니다. 지금 이 순간 딴 데 생각에 가 있지 않은 겁니다. 책을 읽다 보면 흐름을 놓치거나 앞에 무슨 내용이 나왔지 하고 헷갈리는 경우가 있습니다. 그 대목에서는 딴 데 정신이 가 있었던 겁니다. 그냥 딱 깨어서 자기가 뭘 하든지 알고 해야 합니다. 자기 몸과 마음에서 일어나는 현상을 딱 자각하는 겁니다. 그렇게 자기 몸과 마음에서 현재 일어나는 것을 그대로 아는 것을 갖추면 마음챙김의 깨달음의 요소를 갖췄다고 볼 수 있습니다. 그리고 지금까지 배우거나 경험한 유익한 것을 항상 잊지 않으면 마음챙김의 깨달음의 요소를 갖췄다고 볼 수 있습니다. 그런 시스템이 자기 안에 장착된 겁니다. 그 사람들은 항상 현재 속에 살고 있습니다. 그리고 자기에 대해서 분명히 압니다. 공연하게 딴 생각 안 하죠. 공연하게 딴 생각이 시작되면 '아, 생각이 시작됐구나.' 하고 딱 아는

겁니다. 어디 안 가 있는 겁니다. 현재에 탁 있는 겁니다. 그리고 지금까지 배우거나 경험한 유익한 것을 항상 잊지 않는 것입니다. 그게 첫 번째 깨달음의 요소입니다.

2. **법에 대한 고찰, 한자로는 택법각지**(擇法覺支)**입니다.** 이건 뭐냐면 뭐든지 올바르게 아는 겁니다. 좋은 마음의 상태면 좋은 마음의 상태라고 딱 아는 겁니다. 이것은 불건전한 마음 상태면 불건전한 마음 상태로 딱 아는 거예요. 이것은 열반으로 가는 길이다 하면 그것으로 딱 아는 겁니다. 이것이 열반에 도움이 된다 하면 딱 알고, 이거는 해로운 거다 어떤 거다 이 현상에 대해서 있는 그대로 아는 겁니다. 탐구 깨달음의 요소라고 하기도 합니다.

3. **올바르게 노력하는 겁니다.** 한자로는 정진각지(精進覺支)라고 합니다. 완전한 사람은 없습니다. 내 속에 안 좋은 게 있으면 그걸 없애고, 내 속에 아직 좋은 게 없으면 생기게 만들고, 좋은 것이 생기면 더 생기게 만들고, 나쁜 것은 없애고, 그런 끊임없는 노력을 자기 속에서 하는 것을 정진각지라고 합니다. 올바른 노력의 깨달음의 요소입니다. 자기를 점점 업그레이드 시키는 노력을 하지 않으면 그 틈에 번뇌가 생기겠죠.

4. **희열의 깨달음의 요소입니다.** 그렇게 노력을 하면 마음이 편안해집니다. 기쁨이 생겨요. 환희라는 말을 쓰는데, 아주 수행을 열심히 하고 마음이 딱 하나로 되면 희열이 생기거든요. 기쁜 마음이 자리 잡고 있으면 기쁜 사람은 화냅니까? 화내지 않습니다. 기쁨이 항상 있는 이런 상태에서는 번뇌가 자리 잡지

못합니다. 우리가 우울하고 짜증나면 다른 사람도 좀 불행해지
길 바라잖아요. 안 좋은 마음이 많이 생기거든요. 사람들은 왜
남이 안 됐단 이야기 들으면 기뻐하는지 아십니까? '야, 어느 집
애도 속 썩인다더라.' 하면 '아, 나만 불행한 게 아니구나.'라는
생각이 들거든요. 그런데 행복한 사람은 그렇게 생각하지 않습
니다. '아, 그 사람 안됐다. 그런 거 참 없어야 될 텐데.' 이렇게
생각합니다. 남의 불행을 듣고 싶어 하는 사람은 자기 속에 불
행이 있는 겁니다. 왜냐하면 그래야 마음에 위안이 되기 때문입
니다.

5. **고요한 마음입니다.** 고요한 깨달음의 요소가 있습니다. 우리가
아까 말한 건 기쁨이지만 이제는 마음이 고요한 겁니다. 고요한
마음이 있으면 언제나 안정되게 사물을 있는 그대로 보게 됩니
다.

6. **우리 마음이 하나로 탁 집중이 된 상태입니다.** 삼매 깨달음의
요소라고도 합니다.

7. **마음이 담담한 겁니다.** 좋게도 보지 않고 나쁘게도 보지 않고
담담하게 있는 그대로 보는 안정된 마음입니다. 이것이 평정 깨
달음의 요소입니다. 한자로는 사각지(捨覺支)라고 합니다.

부처님의 말씀에 의하면 계를 지키면서 이 일곱 가지 깨달음의 요
소를 닦으면 지혜가 커지고 깨달음을 얻는다고 했습니다. 이런 것들이
없을 때 생기는 번뇌가 있습니다. 『모든 번뇌의 경』에서 부처님은 이
번뇌에 대해 다음과 같이 말씀합니다. "비구들이여, 수행하지 않으면

그에게 속상하고 열 받는 번뇌들이 일어날 것이다. 그러나 그것을 수행하면 그러한 속상함과 열병을 초래하는 번뇌들이 없다."

『모든 번뇌 경』에서 제시한 번뇌를 해결하는 일곱 가지 방법 중에 각자 유달리 좀 잘 안되고 자기한테 많이 찾아오는 번뇌가 있을 겁니다. 어떤 사람은 잘 참지 못합니다. 누가 좀 기분 나쁜 소리하면 종일 인상 쓰는 그런 분들은 참는 노력을 하는 것이 필요합니다. 이 일곱 가지 중에 하나를 한번 정해 보십시오. 나는 이것을 한번 해보겠다. 그래서 그쪽에 주력을 자꾸 하면 자기한테 큰 변화가 오게 됩니다. 또 유달리 이런 사람들 있습니다. '나는 이상하게 나한테 손해되는 사람만 자꾸 만난다.' 그럴 때는 나한테 도움 안 되고 손해 보는 사람을 자꾸 피하도록 노력해 보는 것이 필요합니다. 피하지 않고 그런 사람을 만나는 사람은 그런 사람이 자기에게 미치는 영향을 잘 모르거나 자신이 그 사람의 영향을 받지 않는 방법을 잘 모르는 경우일 수 있습니다. 알코올 중독이 있는 사람들은 술집 근처를 가지 않아야 됩니다. 술집에 가서 참는다고 하는데, 그건 미련이 있어서 그러는 겁니다. 피하는 게 두려워서 피하는 게 아닙니다. 지혜롭게 멀리 하는 겁니다. 아직 내가 그걸 감당할 상태가 안 되니까. 그래서 어느 정도 자기한테 해당되는 걸 찾아서 실천을 하다 보면 번뇌를 이길 수 있는 힘이 커집니다.

13

번뇌
해결하기
②

번뇌는 우리의 감각기관을 통해서 들어옵니다. 그러니 눈·귀·코·혀·몸·정신을 잘 관찰하고 단속하시기 바랍니다. 흔히 108번뇌라고 이야기합니다. 그런데 108번뇌는 단순한 비유가 아닙니다. 우리의 감각기관과 대상 그리고 이에 대한 갈애를 하나씩 분석해 내놓은 숫자입니다.

안·이·비·설·신·의와 같은 여섯 가지 감각기관과 색·성·향·미·촉·법과 같은 여섯 가지 감각대상이 만나 좋아하고[好], 싫어하고[惡] 좋아하지도 않고 싫어하지도 않는[平等] 세 가지 반응을 하거나, 괴롭고[苦], 즐겁고[樂], 괴롭지도 즐겁지도 않은[捨] 세 가지 느낌이 일어나 모두 여섯 가지가 나타나기 때문에, 서른여섯 가지의 번뇌(6×6=36)가 생겨나고 이 서른여섯 가지는 각각 과거, 현재, 미래를 가지고 있기 때문에 108개(36×3=108)의 번뇌를 가지고 있다고 설명하시는 분도 있습니다.

반면 초기경전 주석서인 『청정도론』의 설명은 조금 다릅니다. 안·이·비·설·신·의와 같은 여섯 가지 감각기관과 색·성·향·미·촉·법과 같은 여섯 가지 감각대상이 만났을 때 갈애가 발생합니다. 각각 욕망에 대한 갈애, 존재에 대한 갈애, 비존재에 대한 갈애입니다. 모두 18개의 갈애입니다.(6×3=18)

그런데 이런 갈애는 내 안에서만 인식되는 것이 아니라 외부에도 있습니다. 그래서 『청정도론』에서는 이렇게 표현합니다. "안의 형상 등으로 18가지이고 밖의 형상 등으로 18가지가 되어 모두 36가지가 있다. 이와 같이 과거의 갈애 36가지, 미래의 갈애 36가지, 현재의 갈애 36가지로 108가지의 갈애가 있다."

앞서 말한 108번뇌에 대한 설명들은 모두 감각기관을 잘 단속하면 번뇌를 없앨 수 있다고 보는 건 같습니다.

사람들은 어떤 의미에선 번뇌를 찾아다닙니다. 왜? 번뇌가 아닌 건 재미가 없다고 생각하기 때문입니다. 도박이 재미있다고 느끼는 사람이 없으면 도박하는 사람은 없을 겁니다. 버젓이 가정이 있는데도 바람을 피우는 사람은 재미있다거나 스릴 있다고 얘기한다고 합니다. 그러고는 번뇌가 있는 사람이 번뇌가 없는 사람을 나쁘게 얘기하기도 합니다. 실제로는 그 반대인데 말이죠.

물론 이런 예는 극단적인 경우일 수 있습니다. 하지만 해롭지 않은 '재미'를 추구하다가도 자칫 번뇌에 빠질 수 있습니다. 우리가 일상에서 겪게 되는 일입니다.

우리 안에 있는 생각이 우리한테 영향을 준다

바깥 대상이 우리에게 바로 영향을 주지는 않습니다. 우리 안에 있는 생각이 우리한테 영향을 줍니다. 자세히 보시기 바랍니다. 머릿속에서 뭔가 작용하는 것이 영향을 주지 바깥 대상이 그대로 영향을 주진 않습니다. 바깥 대상과 관계된 생각이 우리한테 영향을 주는 겁니다.

제거하지 않으면 그로 인한 번뇌가 일어나는 것은 세 가지 해로운 생각의 경우입니다. 첫째는 감각적 욕망에 대한 생각입니다. 두 번째는 악의입니다. 악의라는 것은 남을 안 좋게 생각하는 겁니다. 남을 안 좋게 보고 화내는 마음이라고 볼 수도 있습니다. 세 번째는 해코지하려는 생각입니다. 어떻게 저 사람한테 복수를 해야지, 보복을 해야지, 저 사람 곤궁에 빠뜨려야지 하고 구체적인 생각을 할 수도 있습니다.

이 세 가지에 대한 반대도 있습니다. 불교는 기본적으로 우리는 괴로움 속에 있다고 봅니다. 즐거움 속에 있다고 보지 않습니다. 어찌 보면 불교는 이 세상 사람들 생각하고 반대로 가고 있습니다. 우리는 아이가 태어나면 축하를 합니다. 하지만 불교는 그렇게 보지만은 않습니다. '아, 저 아이도 힘들겠구나.' 불교는 어찌 보면 본질적으로 보는 겁니다. 하지만 괴로움을 없앨 수 있는 길이 있다고 제시합니다. 인간을 포함한 모든 존재가 겪는 것을 괴로움으로 보고 그 괴로움에는 원인이 있고 그 괴로움을 완전히 멸하는 것이 가능하고, 그 길이 있다는 겁니다. 괴로움을 멸하는 길이 바로 팔정도입니다. 팔정도 중에 두 번째가 정사유입니다. 바른 생각이죠. 정사유가 지금 얘기한 감각적 욕망·악의·해침에 대한 생각의 반대입니다. 정사유 세 가지는 출리에 대한 생각·악의 없음에 대한 생각·해침이 없는 생각입니다. 출리라는 건 세속을 떠나는 겁니다. 본질적으로 볼 때 괴롭고 우리를 위험에 빠뜨리고 힘들게 하는 그런 세속으로부터 떠나는 것이 출리에 대한 생각입니다. 괴로움을 없애는 세 가지 정사유의 반대편에 있는 게 앞에 말한 바르지 못한 생각입니다. 그런데 이걸 어떻게 없앨 수 있을까요?

앞에서 말한 세 가지 생각에 대해 지혜롭게 보셔야 합니다. 지혜롭지 않으면 괴로움이 있습니다. 지혜라는 것은 있는 그대로 정확히 아는 겁니다. 세상이 지금 이렇게 돌아가고 있는데, 자기는 다르게 생각하면 그건 지혜가 없는 겁니다. 주식을 하는데 지혜가 있는 사람은 한국 경제가 어떻고 세계 경제가 어떤지 확실히 알고 적정하게 분배해 투자하고 회수합니다. 이웃에 대해 지혜가 있는 사람은 이웃이 뭘 좋아하고, 뭘 싫어하고, 나한테 뭘 원하는지 잘 알고 있는 사람입니다. 이웃에 대한 이런 지혜가 없으면 이웃과 충돌할 수밖에 없습니다.

지혜롭게 감각적 욕망에 대해 잘 들여다보십시오. 감각적 욕망은 나한테 별로 도움이 되지 않습니다. 악의나 해침 역시 마찬가지입니다. 부정적인 생각을 가지고 있으면 우리는 부정적인 영향을 받습니다. 그래서 자기 할 일도 안하고 더 나아가 자기한테 손해되는 짓만 하는 겁니다. 이것이 또 지혜를 자꾸 가로막습니다. 지혜를 막고 우리에게 괴로운 결과가 오게 합니다. 불교에서 말하는 모든 괴로움을 없애는 열반에서 점점 멀어지게 됩니다.

더 큰 문제는 내가 이렇게 감각적 욕망, 악의, 해침에 대해 자꾸 생각하게 되면 그쪽으로 점점 길이 크게 난다는 겁니다. 일단 길이 나게 되면 가만히 있어도 그런 생각을 자꾸 하게 됩니다. 부처님께서는 『두 가지 사유 경』(M19)에서 이렇게 표현하셨습니다. '내가 보살이었을 때, 내가 감각적 욕망의 생각이 떠오르고, 나에게 악의의 생각이 떠오르고, 나에게 해침의 생각이 떠올랐을 때, 그것이 나에게 도움 안 되고, 남에게 도움 안 되고, 둘 다에게 도움 안 되고, 지혜를 억누르고, 괴로운 결과를 초래하고, 모든 괴로움 없애는 열반으로부터 멀어지게 했다. 그래서 나는 그 생각을 안했다. 그리고 그것을 여읜 생각, 그것이 없는 생각, 감각적 욕망이 없는 생각, 악의가 없는 생각, 해침이 없는 생각을 자꾸 하니까 나에게 해로운 그 감각적 욕망에 대한 생각은 점점 없어지고 이쪽 생각이 되더라. 자꾸 사유하면 마음의 경향이 된다.'

자꾸 생각하면 그쪽으로 길이 난다

옛날에 제가 상담했던 대학생 이야기입니다. 이 사람이 저한테 그러더라고요. "선생님 제가 어떤 생각을 많이 하니깐 그 생각이 큰 세계를 형성하고 나를 누르기 시작합니다." 자꾸 생각하면 그쪽으로 길이 나서 그런 겁니다. 가만히 있어도 그 생각을 하는 겁니다. 저는 진료실에서 매일 그걸 봅니다. 해로운 생각을 많이 하다가 신경증, 정신병이 되는 겁니다. 나중엔 안하고 싶어도 안할 수가 없습니다. 이미 세력이 너무 커졌기 때문입니다. 그걸 내 생각이라고 생각하시면 안 됩니다. 내가 언젠가 잘못 불러들인 나쁜 사람이 내 속에 꽉 차서 이제는 주인 노릇을 한다, 이렇게 생각하셔야 됩니다. 어떤 사람은 그런 생각에 또 자부심을 가지고 있는 사람도 있습니다. 하지만 정확히 아셔야 됩니다.

『두 가지 사유 경』(M19)에서 부처님은 소치는 목동의 비유를 드십니다. 소를 치는 목동이 있습니다. 그런데 마침 추수철이 된 겁니다. 주위에 먹을 게 많으니 소들이 이리저리 돌아다니며 마음껏 먹으려고 하겠지요. 하지만 목동은 소를 잘 단속해야 합니다. 그렇지 않으면 농부들에게 불려가 혼나거나 심하면 돈도 배상해야겠지요. 그러니 필요하면 소들을 회초리로 때리기도 하고 잘 단속해야 합니다. 그렇지 않으면 자신한테 큰 피해가 돌아옵니다. 해로운 생각은 마치 이와 같습니다. 우리 안에 해로운 생각이 있으면 내가 그 때문에 큰 곤궁에 처한다, 이렇게 생각하고 그 놈들을 잘 다스려야 합니다. 목동이 소 치듯이.

해로운 생각을 하지 않고 좋은 생각을 할 때 그것도 잘 관리해야 됩니다. 잘 관리하지 못하면 들어온 복이 또 나갈 수 있습니다. 좋은 생각이라는 것은 감각적 욕망을 여읜 생각, 악의가 없는 생각, 해침이 없는 생각입니다. 나쁜 건 잘 해결하지만 자칫 좋은 건 소중히 생각하지 않을 수도 있습니다. 그래서는 안 됩니다. 좋은 생각, 올바른 생각이 들면 이것은 나에게 좋고, 남에게도 좋고, 나와 남에게 좋고, 나의 지혜를 길러주고, 나에게 행복을 갖다 주고, 열반에 가깝게 해 준다고 자꾸 생각해야 됩니다. 자꾸 하면 이것 역시 길이 나겠죠. 그쪽 생각을 자꾸 하게 되고 해로운 생각을 안 하게 됩니다.

앞에 소치는 목동에 대한 부처님의 비유는 이렇게 이어집니다. 이제는 추수가 다 끝났습니다. 추수가 끝났으며 소만 잘 관리하면 됩니다. '아, 소가 있구나.' 하고 생각하고 잘 지키면 되는 겁니다. 우리한테 좋은 상태는 그냥 '있구나.' 하고 생각하고 잘 지키면 됩니다. 바른 생각을 하면 우리 마음에서 두려움이 없어집니다. 편안하고 행복합니다. 그런데, 그때 조심해야 될 건 뭐냐면, 그게 너무 좋으니까 자꾸 하는 수가 있습니다. 그건 곤란합니다. 자꾸 하게 되면 우리 몸과 마음이 감당을 못하고 피폐해집니다. 그러면 그 좋은 상태를 잃어버립니다. 수행도 그렇습니다. 수행도 자기한테 도움이 되지만 너무 자기한테 맞지 않게 과도하게 하면 피폐해집니다. 그렇듯이 이럴 때 좋은 상태가 됐을 때는 좋은 걸 하되 자기한테 맞게 적절하게 해야 됩니다. 좋다고 너무 하면 그것도 문제가 생깁니다. 나쁜 것은 철저히 열심히 해서 다스려야 됩니다. 그다음 좋은 게 생겼을 때는 적절하게 좋은 걸 유지해야 됩니다.

번뇌를 다스리는 다섯 단계

『사유를 가라앉힘 경』(M20)에는 번뇌를 다스리는 다섯 단계가 나옵니다. 원래 이 경은 삼매를 닦을 때 마음이 불건전한 대상으로 가면 그것을 수습하고 삼매에 들게 하는 가르침입니다. 그런데 보통 사람들도 번뇌를 다스리고, 마음을 다스리는 데 실제로 이 방법을 이용할 수 있을 것 같습니다. 번뇌는 그냥 생기는 게 아닙니다. 생기는 과정을 자세히 보게 되면 우리 마음이 어느 대상에 가 있습니다. 그 대상에 머물며 욕심이 생기고, 화가 나고, 무지할 수 있습니다. 불건전하고 악한 생각입니다. 번뇌가 탁 발동한 겁니다. 그걸 극복하는 다섯 단계입니다.

　1단계는 어떤 대상에 마음이 가서 욕심이나 화나 무지한 생각이 자기한테 자꾸 일어나면 그 대상을 옮기는 겁니다. 예를 들면, 도박을 좋아하는 사람은 거기에 마음이 가 있을 겁니다. 돈을 따고 싶다든가 돈이 없으면 돈을 만들어 보겠다는 데 마음이 가 있을 겁니다. 그럴 때는 어떤 쪽으로 생각을 탁 옮겨야 되냐면, 자기 아이들 또는 자기가 믿고 따르는 스승 등 좋은 사람, 그렇지 않으면 자신을 걱정하는 어머니를 딱 떠올려야 됩니다. 그런 생각을 떠올리면 보통은 나쁜 생각이 없어집니다. 안 좋은 대상에 가 있기 때문에 그에 관계된 해로운 생각이 드는 겁니다. 그래서 다른 대상으로 옮기면 없어집니다. 그게 1단계입니다. 이 단계를 부처님께서는 아주 미세한 못을 가지고 거친 못을 빼는 것에 비유했습니다. 못을 쓰긴 쓰는데, 미세한 못으로 거친 못을 뽑아내는 겁니다. 여러분도 혹시 어떤 사람을 생각할 때 화가 나면 화나지 않는 대상으로 생각을 옮겨 보십시오. 그게 지혜입니다. 대상을 옮기지 않고 '난 이거 생각할 거야.' 하면 화의 노예가 된 겁니다.

2단계는 1단계 방법이 실패한 경우에 쓰는 겁니다. 다른 대상으로 옮겼는데도 여전히 안 좋은 생각이 납니다. 예를 들면 나한테 욕심이나 화나 무지한 그런 생각이 자꾸 납니다. 옮겨가지고는 소용이 없습니다. 그래서 이게 나한테 해가 된다는 것을 생각하는 겁니다. 떠오른 것 자체가 불건전하고, 남이 그걸 알면 비난하고, 이게 나한테 손해가 된다, 괴로움을 초래할 뿐이다 하고 생각을 하는 겁니다. 사실 그렇습니다. 그걸 또 철저히 자각하면 없어집니다. 예를 들면 음란한 생각이 들면 '아, 내가 헛물켜고 있구나. 이건 나를 괴롭게 할 뿐이다.' 하고 생각하면 음란한 생각이 없어질 수도 있습니다. 부처님께서는 이 단계에 대한 비유를 이렇게 하십니다. '멋을 내기 좋아하고 치장하기 좋아하는 사람에게 개나 소나 사람의 사체를 목에 걸어주면 전율을 느끼고 혐오스러워 하고 넌더리를 낸다.' 그런 것처럼 사실 우리가 그런 생각을 한다는 것은 우리 목에 그걸 감고 있는 것과 똑같다 이겁니다. 그렇게 진절머리 낼 수 있으면 그걸 떨어뜨릴 수 있습니다.

2단계가 실패하면 3단계입니다. 3단계 실패하면 4단계. 4단계 실패하면 5단계까지 갑니다. 3단계는 2단계에서 '이게 나한테 도움이 안 된다, 해가 된다, 이건 남이 비난할 만한 것이다.' 하고 생각해도 그게 떨쳐지지가 않을 때 사용합니다. 힘이 강한 거죠. 미련이 많은 거고, 또 오랜 습성을 가지고 있을 수 있습니다. 그렇게 되면 생각을 안 하는 겁니다. 부처님께서는 다음과 말씀하십니다. '예를 들면 눈을 가진 사람이 시야에 들어온 형색을 보지 않으려고 하면 눈을 감거나 다른 것을 쳐다보는 것과 같다.' 그 대상으로부터 아예 완전히 생각을 안 하는 겁니다. 그런 마음이 있다는 것은 뭔가 생각이 가 있다는 겁니다. 그때 그 생각을 탁 끊어버리는 겁니다. 그런데 이때 마음은 어디에 가 있어야 할까요? 현재에 가 있게 해야 합니다.

3단계에서 그 생각을 안 해도 욕심이나 화나 무지한 것과 관련된 생각이 자꾸 떠오를 수 있습니다. 떠오를 만한 힘이 있으니까 떠오르는 것 아니겠습니까? 내가 원하지는 않지만 내 속에서 뭔가 힘이 있다는 겁니다. 이제는 그 힘을 탁 없애버리는 겁니다. 말하자면 그 근본 원인을 탁 없애버리는 겁니다. 이게 4단계입니다. '아, 내가 이런 걸 할 필요 뭐 있나?' 하고 마음에서 그 원인을 내려놓아 버리는 겁니다. 지금까지는 그 영향 아래에 있었는데, 이 마음에서 그 원인을 그냥 탁 놓아버리는 겁니다. 지금까지는 마음에서 놓지는 못한 겁니다. 다른 대상으로 옮기고, '아, 그건 나한테 손해돼.', 눈도 감고 했지만, 마음에서는 그 원인을 탁 놓지는 못한 겁니다. 이제는 마음에서 그 원인을 탁 놓는 겁니다. 이것을 부처님께서는 이렇게 비유하셨습니다. 누가 바삐 걸어가고 있었습니다. 바삐 걸어가다가 '아, 내가 뭐 이렇게 빨리 걸을 필요 뭐 있나? 좀 천천히 걷자.' 하고 천천히 걷는 겁니다. 또 천천히 걷다가 '내가 뭐 걸을 필요 뭐 있나 서자.' 하고 딱 서는 겁니다. 또 서 있다가 '내가

서 있을 필요 뭐 있나 앉자.', 또 앉아 있다가 '내가 앉아 있을 필요가 있나 눕자.' 하고 눕는 겁니다. 그와 마찬가지로 마음속에서 그런 생각을 하게끔 하는 원인을 그냥 마음에서 탁 놔버리는 겁니다. 이게 4단계입니다.

그래도 안 된다. 그러면 이제는 이를 악물고 그 놈을 없애야 됩니다. 이를 악물고 주먹을 불끈 쥐고 죽기 살기로 없애야 합니다. 이제는 네가 죽든지 내가 죽든지 하자, 그냥 내 온 의지를 다 발동해서 팍 없애는 겁니다. 부처님께서 이렇게 비유하시더라고요. 어떤 놈이 있습니다. 그놈이 있는데 그놈보다 힘이 센 놈이 이놈을 팍 제압하는 겁니다. 지금 내 속에 그런 탐욕과 분노와 어리석음의 힘이 있는데, 이놈 힘보다 더 큰 힘을 내가 내서 팍 없애는 겁니다. 이게 5단계입니다.

해가 되는 생각이 들면 '적'이라고 생각하라

1부터 5단계의 순서를 외우셔야 합니다. 1단계는 다른 대상으로 내 마음을 향하게 하는 것, 2단계는 그것이 나한테 손해다 하고 생각하는 겁니다. 그런데 사람들은 그게 '이익'이라고 생각하니깐 하는 겁니다. 그걸 보면 좋을 텐데, 스릴 있고 재미있는데…. 그런데 사실은 이익이 아니고 손해입니다. 손해인데 잘못 생각하고 있는 겁니다. 3단계는 현재 집중을 통해 아예 생각을 안 하는 겁니다. 4단계는 그래도 안 되면 그 원인을 탁 놓아버리는 겁니다. 5단계는 죽기 살기로, 네가 죽든지 내가 죽든지 너 있고는 나는 못 산다 이겁니다. 이런 과정을 통해 해로운 생각을 완전히 섬멸하는 겁니다.

　이렇게 생각하셔야 합니다. 앞으로 여러분들한테 해가 되는 생각이 들면 그게 내 생각이라고 생각하지 마십시오. 나의 적이다, 이렇게 생각하세요. 내 속에는 아군이 있고 적군이 있습니다. 적군은 언젠가 내 속에 들어온 겁니다. 내가 불러들인 겁니다. 그래서 내 속에서 진지를 구축한 겁니다. 이걸 내 생각이다, 나의 무엇이다 생각하지 마시고, 이것이 번뇌다 또는 내 속에 있는 적이다 하고 생각하고 그걸 경계해야 됩니다. 그렇지 않고 그냥 내 생각이다, 내 생각인데 소중히 여겨야지, 그렇게 생각하면 안 됩니다.

　일단 번뇌를 보는 눈이 좀 달라져야 됩니다. 번뇌를 보는 눈이 달라지고, 항상 깨어서 번뇌가 자리 잡지 않도록 해야 합니다. 번뇌가 처음부터 딱 들어오는 건 아닙니다. 한 놈이 싹 들어옵니다. 한 놈이 싹 들어오고 괜찮으면 또 친구를 불러옵니다. '아, 여기 경계가 지금 별로 없다. 너도 어서 들어와라.' 이래서 나중에 확 생깁니다. 처음에 들어온 한 놈은 우리가 다스리기가 쉽습니다. 그런데 많아지면 다스리기 어렵습니다. 나뭇가지 하나는 부러뜨리기 쉽습니다. 그런데 세 개 부러뜨리려면 힘들잖아요? 번뇌도 똑같습니다. 처음에 생겼을 때 잘 다스려야 됩니다. 여러분들에게 생각이 탁 생기면 이게 내 생각이다 생각하지 마시고, 내 머리 속에 불이 붙었다, 내지는 적이 침투했다 그렇게 생각하는 게 좋습니다. 왜냐하면 생각은 대부분 지혜가 결핍돼서 오는 게 많기 때문입니다. 분명히 아는 사람은 생각 안 합니다 머리 안 굴려요. 모르기 때문에 찾으려고 하는데 쉽게 찾아지지 않습니다.

　번뇌를 없애는 5단계는 순서만 외워도 됩니다. 이것이 부처님의 육성입니다. 부처님이 앞에 계신다 생각하고 믿음으로써 그대로 해보시면 마음이 달라집니다. 우리가 어떤 상태에 있다는 것은 그 대상에 마음이 가 있는 겁니다. 다른 대상으로 옮기면 이런 결과는 올 수 없습니다. 물론 이렇게 탁 옮겼을 때 다시 이 생각이 떠오를 수 있습니다. 그렇지만 여기 있는 동안은 마음이 깨끗해진 겁니다. 다시 오면 또 여기로 가면 됩니다. 왔다 갔다 하는 것을 어떤 사람은 좀 지겨워하는데, 그러면 안 되고 왔다 갔다 하는 것은 힘이 약해진 겁니다. 오로지 있는 것하고 왔다 갔다는 다릅니다. 우리가 살아가면서 힘들 때도 있습니다. 욕심이 생기기도 하고, 화가 나기도 하고, 무지하기도 하고, 내가 잘못 산 것 같기도 하고…. 이런 우리 마음을 불편하게 하는 게 찾아오는 순간이 있습니다. 그게 번뇌가 찾아오는 순간입니다. 번뇌라는 불청객이 내 문을 두드리고 들어오는 겁니다. 그럴 때 우리는 어떻게 해야 됩니까? 앞서 말한 5단계를 기억해야 합니다.

290

14   욕망의
      극복

욕망을 극복하는 것이 가능할까요?

정신분석을 창시한 프로이트는 인간의 의식은 초자아, 이드, 자아로 이루어져 있다고 했습니다. 욕망은 이드에 속합니다. 정신분석에서는 이드를 본능과 같은 것으로 보고 있습니다. 따라서 욕망도 본능과 같은 것으로 봅니다. 그러니 욕망을 가지고 살 수밖에 없다고 봅니다. 하지만 불교의 입장은 다릅니다. 욕망은 무지와 욕심으로 채워져 있습니다. 불교 수행은 이 무지와 욕심을 없애는 겁니다. 이걸 없애면 우리는 욕망의 족쇄에서 벗어날 수 있습니다.

욕망의 사전적 정의는 '뭘 갖고 싶거나 하고 싶은 간절한 바람'입니다. 조금 더 확장해 보면 내가 하고 싶은 건 하고, 하기 싫은 건 안 하는 것이라고 말할 수 있습니다.

눈으로 즐거운 대상을 찾는 것은 욕망입니다. 귀로 좋은 소리를, 코로 좋은 냄새를, 혀로 맛있는 음식을, 몸으로 좋은 감촉을 찾는 것도 욕망입니다. 흔히 불교에서 '다섯 가지 감각적 욕망'을 말할 때는 여기까지입니다. 하지만 넓게 생각하면 정신도 마찬가지입니다. 정신적으로 좋은 생각을 자꾸 하고 싶고, 그런 걸 추구하는 것까지 감각적 욕망에 넣습니다.

지혜로써 욕망을 다스리기 전에 욕망의 끝은 없다

'그걸 이루고 나면 없어지겠지.'라고 생각하지만 또 다른 욕망이 기다립니다. 집이 없는 사람은 '집을 갖게 되면 소원이 없겠다.'고 생각합니다. 하지만 집이 생기고 나면 좋은 차를 갖고 싶고, 좋은 차를 갖게 되면 좋은 옷을 입고 싶고…. 점점 그렇게 됩니다. 대상은 다를지 모르지만 누구나 경험해 보셨을 겁니다.

정확한 연도는 기억이 나지 않지만 중고등학교 시절에 이런 생각을 해봤습니다. '내가 뭘 달성하고 나면 그걸 쉽게 잊어버린다. 그래서 아, 내가 뭘 달성하더라도 그걸 바라던 상태를 잊어버리지 말아야지.' 하고 생각했던 기억이 있습니다. 우리는 보통 잊어버립니다. 내가 그렇게 원했던 큰 집인데도 나중에는 좀 작아 보입니다. 하지만 내가 그걸 갖기를 간절히 원했던 때를 떠올린다면 행복할 수 있겠죠. 욕망의 속성은 점점 더 커가는 겁니다. 그렇기 때문에 우리 마음을 잘 다스리지 않으면 자칫 욕망의 노예가 될 수 있습니다. 『자타카』「욕애의 전생 이야기」에는 이에 대한 이야기가 잘 나와 있습니다.

부처님이 어떤 사람을 보니 '이 사람은 내가 좀 도와주면 어떤 경지에 이르겠다.'고 아십니다. 평범한 농부였지만 깨달을 수 있는 자질이 있다는 걸 아신 겁니다. 그래서 목적이 달성될 때까지 그 사람을 계속 관리합니다. 이 사람이 강가에다 밭을 마련했습니다. 그리고 밭에다 씨를 뿌리니 부처님이 매일 가서 봅니다. 농부는 부처님께 말합니다. '지금 제가 이걸 뿌렸습니다. 지금 물을 주고 있습니다. 이만큼 컸습니다. 다 익으면 제가 부처님께 공양을 드리겠습니다.' 이런 이야기를 듣고 부처님은 머리를 끄덕이시고 거기를 떠나셨습니다. 그런데 한번은 비가 엄청 왔습니다. 작물이 모두 떠내려갔습니다. 이 사람이 슬퍼우니 부처님이 찾아가서 이렇게 말씀하십니다. '생긴 건 없어지게 돼 있다. 생길만 하면 생기고 없어질 만하면 없어진다. 비 왔으니까 없어지지 않느냐.' 이 이야기를 하면서 '사람이 욕망을 잘 다스려야 된다.'고 말하고 전생 이야기를 시작합니다.

　전생에 어떤 왕이 있었습니다. 왕에게는 두 아들이 있었습니다. 큰아들은 왕이 살아 있을 때 부왕이었습니다. 왕이 죽고 나니 부왕인 큰아들이 왕위에 올라야 했습니다. 그런데 큰아들은 '나는 왕이 싫다.' 하고 어느 시골 마을로 내려갑니다. 왕위는 동생이 물려받습니다. 큰아들은 시골의 어떤 부자 상인의 집 가까이 살면서 노동을 하면서 삽니다. 뒤에 사람들은 그가 왕자인 줄 알고 그에게는 일을 시키지 않고 왕자와 같이 대우를 해 주었습니다. 어느 날 왕이 보낸 관리가 국경의 경지를 조사하기 위해 그 마을에 왔습니다. 이때 그 마을의 부자 상인이 왕자를 찾아와 "왕자님, 우리는 당신을 부양하고 있습니다. 부디 왕에게 편지를 보내어 우리들의 세금을 면제해 주도록 해 주십시오." 하고 부탁하였습니다. 왕자가 승낙하고 왕에게 편지를 보냈는데 왕이 들어주었습니다. 그러자 그 마을이나 그 지방에 사는 사람들이 모두 와서 "우리는 당신에게 세를 낼 터이니 나라의 세는 면제하도록 해 주십시오." 하고 말했습니다. 왕자는 그렇게 해 주었습니다. 그렇게 그가 얻은 재물이나 명성은 대단했습니다. 그런데 흔들리지 않던 큰아들의 마음이 변합니다. 그의 욕망도 점차 커져갔습니다. 그 지방 사람들이 모두 자기편이니 이들을 이끌고 왕위를 물려받은 동생을 찾아갑니다. 그

리고 묻습니다. '나하고 전쟁을 할 것이냐? 나에게 왕위를 줄 것이냐?'
동생은 생각합니다. '내가 형과 싸우면 세상 사람들이 나를 욕할 것이
다.' 그래서 형에게 순순히 왕위를 물려줍니다. 그런데 왕이 된 큰아들
은 여기에 만족하지 못합니다. 이웃 나라를 넘봅니다. 이웃에는 세 개
의 나라가 있었습니다.

　　그때 제석천이 변장을 하고 왕 앞에 나타나 이렇게 말합니다. '내
가 당신이 얻고자 하는 세 나라의 지리도 잘 알고 사정도 잘 안다. 그러
니 당신이 세 나라를 가질 수 있도록 도와주겠다.' 왕이 당연히 솔깃하
겠죠. '그렇게 하라.'고 합니다. 그런데 변장을 했던 제석천이 사라져서
다시는 나타나지 않습니다. 왕은 목이 빠져라 기다렸지만 끝내 나타나
지 않았습니다. 욕심대로 되지 않으니 괴롭기도 했고 남들 보기에도
창피했습니다. 결국 병이 납니다. 내장이 터져 설사도 하고 하혈도 했
습니다. 의사들이 와봤지만 손을 쓸 수가 없었습니다.

　　그때 의술을 배운 부처님의 전생인 보살이 왕을 찾아가 병을 고쳐
주겠다고 합니다. 그런데 왕은 '필요 없다. 유명한 사람들도 나를 못 고
쳤는데, 저 풋내기가 어떻게 고치겠는가? 저자에게 돈이나 좀 줘서 보
내라.' 이렇게 얘기합니다. 그러니까 보살이 '나의 목적은 돈이 아니다.
그러니 약값만 주면 고쳐주겠다.'고 말합니다. 왕은 마지못해 보살에
게 들어오라고 말합니다. 보살이 왜 병이 났는지 그간 있었던 일을 이
야기해달라고 하니까 왕은 그건 들을 필요 없고 약이나 지으라고 합니
다. 그런데 보살이 '그걸 들어야 약을 지을 수 있다.'고 버팁니다. 그래
서 왕이 그간의 사정에 대해 보살에게 다 이야기합니다. 그러니까 '아,
욕망 때문에 대왕이 병이 났다.' 하면서 이런 이야기를 합니다. '네 개의

왕국을 가지고 있다 해서 한 번에 네 끼를 먹는 게 아닙니다. 또 네 개의 나라를 내 손에 들었다 해서 네 개의 침대에서 동시에 잘 수 있는 것도 아닙니다. 욕심내서 되는 게 아닙니다. 욕심이 많아서는 안 됩니다. 욕망이 크면 사악도를 면할 수 없습니다.'

그러면서 과거에 욕망을 잘 다스려 벽지불이 됐던 다섯 가지 경우 이야기를 합니다.

첫 번째 벽지불이 된 경우입니다. 한 사람이 자기 친구들과 함께 일을 하고 있었습니다. 각자에게는 자신들의 물병이 있었습니다. 이 사람이 일을 하다가 목이 말라 물을 마시러 갑니다. 그런데 자기 물은 놔두고 친구의 물을 마십니다. 친구 물을 마시고 나서 일이 끝나자 이런 생각이 듭니다. '내가 조그만 욕심은 부렸지만 이 욕심이 점점 커지면 내가 불행해지겠다, 위험해지겠다. 아, 이제 나는 욕심을 다스려야 되겠다.' 이런 생각 후에는 자기 욕심을 끊고 수행을 합니다. 그래서 세상의 이치를 깨달아서 벽지불이 됩니다.

두 번째 벽지불이 된 경우입니다. 한 사람이 길에 있었는데 자기 친구가 지나갑니다. 그런데 그 옆에는 그 사람의 부인이 같이 걷고 있었습니다. 길에 있던 이 사람에게 욕정이 일어납니다. 그 욕망을 탁 보고 난 뒤에 '아, 이 욕망이 커지면 나는 큰일 나겠다. 이제 욕망을 다스리고 내가 수행을 해야 되겠다.' 하고 수행해서 벽지불이 됩니다.

세 번째 벽지불이 된 경우입니다. 예전에는 도둑들이 두 사람을 잡으면 한 사람을 인질로 잡고 한 사람에게 돈을 가지고 오라고 했던 모양입니다. 아버지하고 아들이 잡히면 아버지는 남겨두고 아들더러 집에 있는 돈을 가지고 오라고 합니다. 아들에겐 아버지가 소중하니까 돈을 가져오거든요. 스승하고 제자가 잡히면 제자에게 돈을 가지고 오라고 보냅니다. 제자에게 스승은 중요했기 때문입니다. 그런데 어느 날 아버지하고 아들이 산길을 가다 아버지가 아들에게 이렇게 이야기 합니다. '혹시 도둑이 우리를 잡을지 모르니까 너는 나를 모른다고 해라. 나도 너를 모른다고 하겠다. 우연히 길을 가다가 만나게 됐다 하자.' 그런데 아버지와 아들이 도둑에게 잡힙니다. 아들은 아버지가 이야기 한대로 도둑에게 말하니 도둑이 둘 모두를 풀어줍니다. 풀려난 뒤에 아들에게 이런 생각이 들었습니다. '아, 내가 거짓말을 했구나. 이 거짓 말이 자꾸 커지면 나는 큰일 나겠다.' 이후 이 아들은 수행을 해서 벽지 불이 됩니다.

네 번째 벽지불이 된 경우입니다. 예전에는 동물을 희생시켜서 제 사를 많이 지냈습니다. 이 사람은 관직이 높은 사람이었는데, 누가 찾 아와서 제를 지내야 된다고 하니깐 관례대로 '그렇게 해라.' 하고 말합 니다. 그런데 동물을 막 죽이는 소리를 듣습니다. 그러니까 '아, 내가 잘 못했구나. 죄 없는 동물들이 많이 죽었구나. 내 마음을 잘 다스려야 되 겠다.' 해서 이 사람도 수행을 해 벽지불이 됩니다.

다섯 번째 경우입니다. 이 사람은 관직이 높았던 사람 같습니다. 술 축제가 벌어졌습니다. 술 축제가 벌어지는 데 하인들이 와서 술 축 제 어떻게 할까요? 하니까 '관례대로 해라.' 하고 말합니다. 그래서 하 인들이 술 축제에 참여합니다. 그런데 술을 많이 마시고 사고를 칩니 다. 그걸 보고 나중에 '아, 내가 신중하게 이야기 하지 않고 이렇게 이 야기해서 사람들이 술 마시고 서로 사고를 치고 그러는구나. 조심해야 되겠다.' 이래서 수행해서 벽지불이 됩니다.

이런 이야기 끝에 보살이 왕에게 다음과 같은 내용의 게송을 읊습니다. '욕망은 그 욕망을 이루려고 노력할 때까지 설레고 이루고 나면 즐겁다. 하지만 조금 지나면 또 욕망이 생긴다. 지혜로써 욕망을 다스리기 전에는 욕망은 끝이 없고 욕망은 우리를 괴로움에 빠뜨린다. 욕심을 줄이고 욕망을 줄일 때 우리는 편안할 수 있다.'

욕망을 채우는 방법

부처님의 설법은 굉장히 합리적입니다. '욕망을 꼭 채우고 싶은 사람은 올바른 방법으로 채워라.'고 이야기하십니다. 부처님께서 재산을 어떻게 모아야 하고 재산을 모은 후에는 어떻게 해야 하는지에 대해 열 가지로 자세하게 말씀하고 있는 경이 있어 소개합니다.

『라시야 경』(S42:12)에 나오는 이야기입니다.

촌장이여, 세상에는 세 부류의 감각적 욕망을 즐기는 자가 있다. 무엇이 셋인가?

(1) 촌장이여, 여기 감각적 욕망을 즐기는 어떤 자는 부당한 방법으로 폭력을 써서 재산을 모으고, 부당한 방법으로 폭력을 써서 재산을 모은 뒤 자신을 행복하게 하지 않고, 만족하게 하지 않고, 나누어 가지지 않고, 공덕을 짓지 않는다.

(2) 촌장이여, 그런데 여기 감각적 욕망을 즐기는 어떤 자는 부당한 방법으로 폭력을 써서 재산을 모으고, 부당한 방법으

로 폭력을 써서 재산을 모은 뒤 자신을 행복하게 하고, 만족하게 하지만, 나누어 가지지 않고, 공덕을 짓지 않는다.

(3) 촌장이여, 그런데 여기 감각적 욕망을 즐기는 어떤 자는 부당한 방법으로 폭력을 써서 재산을 모으고, 부당한 방법으로 폭력을 써서 재산을 모은 뒤 자신을 행복하게 하고, 만족하게 하고, 나누어 가지고, 공덕을 짓는다.

(4) 촌장이여, 그런데 여기 감각적 욕망을 즐기는 어떤 자는 정당한 방법과 부당한 방법으로 폭력을 쓰기도 하고 폭력을 쓰지 않기도 하여 재산을 모으고, 정당한 방법과 부당한 방법으로 폭력을 쓰기도 하고 폭력을 쓰지 않기도 하여 재산을 모은 뒤 자신을 행복하게 하지 않고, 만족하게 하지 않고, 나누어 가지지 않고, 공덕을 짓지 않는다.

(5) 촌장이여, 그런데 여기 감각적 욕망을 즐기는 어떤 자는 정당한 방법과 부당한 방법으로 폭력을 쓰기도 하고 폭력을 쓰지 않기도 하여 재산을 모으고, 정당한 방법과 부당한 방법으로 폭력을 쓰기도 하고, 폭력을 쓰지 않기도 하여 재산을 모은 뒤 자신을 행복하게 하고, 만족하게 하지만, 나누어 가지지 않고, 공덕을 짓지 않는다.

(6) 촌장이여, 그런데 여기 감각적 욕망을 즐기는 어떤 자는 정당한 방법과 부당한 방법으로 폭력을 쓰기도 하고 폭력을 쓰지 않기도 하여 재산을 모으고 정당한 방법과 부당한 방법으로 폭력을 쓰기도 하고 폭력을 쓰지 않기도 하여 재산을 모은 뒤 자신을 행복하게 하고, 만족하게 하고, 나누어 가지고,

공덕을 짓는다.

(7) 촌장이여, 그런데 여기 감각적 욕망을 즐기는 어떤 자는 정당한 방법으로 폭력을 쓰지 않고 재산을 모으고, 정당한 방법으로 폭력을 쓰지 않고 재산을 모은 뒤 자신을 행복하게 하지 않고, 만족하게 하지 않고, 나누어 가지지 않고, 공덕을 짓지 않는다.

(8) 촌장이여, 그런데 여기 감각적 욕망을 즐기는 어떤 자는 정당한 방법으로 폭력을 쓰지 않고 재산을 모으고, 정당한 방법으로 폭력을 쓰지 않고 재산을 모은 뒤 자신을 행복하게 하고, 만족하게 하지만, 나누어 가지지 않고, 공덕을 짓지 않는다.

(9) 촌장이여, 그런데 여기 감각적 욕망을 즐기는 어떤 자는 정당한 방법으로 폭력을 쓰지 않고 재산을 모으고, 정당한 방법으로 폭력을 쓰지 않고 재산을 모은 뒤 자신을 행복하게 하고, 만족하게 하고, 나누어 가지고, 공덕을 짓는다. 그러나 그는 재산에 묶이고, 홀리고, 집착하며, 위험함을 보지 못하고, 벗어남을 통찰하지 못하면서 사용한다.

(10) 촌장이여, 그런데 여기 감각적 욕망을 즐기는 어떤 자는 정당한 방법으로 폭력을 쓰지 않고 재산을 모으고, 정당한 방법으로 폭력을 쓰지 않고 재산을 모은 뒤 자신을 행복하게 하고, 만족하게 하고, 나누어 가지고, 공덕을 짓는다, 그리고 재산에 묶이지 않고, 홀리지 않고, 집착하지 않으며, 위험함을 보고, 벗어남을 통찰하면서 사용한다.

(1)부터 (10)까지의 순서는 안 좋은 것부터 가장 좋은 것의 순서라고 보시면 됩니다.

욕망, 달콤함은 적고 괴로움은 많다

감각적 욕망으로부터 벗어나려면 욕망이 어떤 속성을 가졌는지 정확하게 알아야 됩니다. 『괴로움의 무더기 짧은 경』(M14)에는 이런 욕망의 속성에 대해 잘 설명되어져 있습니다.

천안제일로 알려진 아누룻다와는 형제지간이고 부처님과는 사촌지간이었던 마하나마라는 분이 있었습니다. 이분 역시 상당히 높은 경지에 이르렀다고 합니다. 이분이 부처님께 이런 이야기를 합니다. '부처님께선 항상 탐욕도 마음의 번뇌고, 분노도 마음의 번뇌고, 어리석음도 마음의 번뇌라고 가르쳤고 나도 그렇게 생각하는데, 어떤 때는 탐욕이 제 마음을 사로잡고, 분노가 제 마음을 사로잡고, 어리석음이 제 마음을 사로잡습니다. 나한테 어떤 해결되지 않은 것이 있어서 그런 것들이 자꾸 제 마음을 사로잡습니까?' 부처님께서는 '맞다. 탐욕도 마음의 번뇌고, 분노도 마음의 번뇌고, 어리석음도 마음의 번뇌다. 이것이 해결되지 않으면 탐욕이 마음을 사로잡고, 분노가 마음을 사로잡고, 어리석음이 마음을 사로잡는다.' 하시면서 '감각적 욕망이라는 것이 달콤함은 적고 많은 괴로움과 많은 절망을 주는 것이어서 거기에는 위험이 더 많다는 것을 잘 알게 되면 그것에서 벗어난다.'고 말씀하십니다. 그러면서 부처님께서 '나도 깨닫지 못한 보살이었을 때, 나에게 감각적 욕망이라는 것이 달콤함은 적고 많은 괴로움과 많은 절망을 주는 것이어서 거기에는 위험이 더 많다는 것을 내가 잘 몰랐을 때는 그 욕망에 자꾸 내가 휩쓸렸다. 그런데 내가 이 감각적 욕망이라는 것이 달콤함은 적고 많은 괴로움과 많은 절망을 주는 것이어서 거기에는 위험이 더 많다는 것을 내가 확실히 알고 난 뒤에는 내가 감각적 욕망의 소용돌이에서 벗어났다.'고 말씀하십니다.

부처님께서는 또 이런 이야기를 합니다.

'감각적 욕망의 달콤함이란 눈·귀·코·혀·몸으로 원하고 좋아하고 마음에 들고 사랑스럽고 감각적 욕망을 짝하고 매혹적인 눈·귀·코·혀·몸으로 인식되는 형색·소리·냄새·맛·감촉을 즐겼을 때 오는 즐거움과 기쁨이다. 감각적 욕망의 위험은 감각적 욕망을 얻기 위해 겪고, 감수해야 하고, 치러야 할 대가다. 그것은 많이 있다.' 하시면서 여러 가지를 말씀하십니다. 감각적 욕망을 위해서 사업을 하고 돈을 벌면서 모험을 합니다. 모험을 하다가 고생도 하고, 과로로 쓰러지기도 하고 죽기도 합니다. 그런 여러 가지가 위험이라고 말씀하십니다. 또 어떤 위험과 재난이 있느냐면, 감각적 욕망을 위해서 돈을 모으는데 돈이 안 벌린다면 그런 돈 안 벌리는 아픔도 위험이고 재난입니다. 그리고 이건 옛날이야기입니다. 그 당시에 내가 열심히 노력해서 돈을 벌었는데, 그 돈을 '아, 이거 왕한테 뺏기면 안 되는데, 또는 누구한테 뺏기면 안 되는데,' 하는데 뺏겨버린다. 그것도 굉장한 괴로움입니다. 그리고 돈을 벌기 위해서 위험한 일을 하다가 목숨을 잃기도 하고, 감각적 욕망을 위해서 서로 싸우기도 하고, 돈 때문에 부모자식, 형제간에도 싸우고, 법을 어겨서 처벌을 받기도 하는데 이런 것들이 다 위험입니다. 그렇게 이야기를 하시면서 '감각적 욕망은 달콤한 맛은 있지만, 그 속에는 위험이 훨씬 더 많다. 이걸 확실히 깨달으면 그걸 멀리 하게 된다.' 그런 이야기를 하고 있습니다.

변하는 것은 괴로움이다

감각적 욕망은 우리의 감각기관에서 생깁니다. 욕망을 잘 다스리려면 감각적 기관에서 어떻게 욕망이 생기는지 알아야 됩니다.

『꼿티따 경』(S35:232)은 사리뿟따 존자와 마하 꼿티따 존자의 대화입니다. 마하 꼿티따는 그 당시에 유명한 비구였습니다. 그분이 사리뿟따한테 묻고 사리뿟따가 답했습니다. 그 대화를 보겠습니다.

> 도반 싸리뿟따여, 눈이 형색들의 족쇄입니까? 아니면 형색들이 눈의 족쇄입니까? 귀가 소리들의 족쇄입니까? 소리들이 귀의 족쇄입니까? … 마노가 법들의 족쇄입니까? 아니면 법들이 마노의 족쇄입니까?

> 도반 꼿티따여, 눈이 형색들의 족쇄도 아니고 형색들이 눈의 족쇄도 아닙니다. 이 둘을 반연하여 거기서 일어나는 욕탐이 바로 족쇄입니다. 귀가 소리들의 족쇄도 아니고 소리들이 귀의 족쇄도 아닙니다. 이 둘을 반연하여 거기서 일어나는 욕탐이 바로 족쇄입니다. … 마노가 법들의 족쇄도 아니고 법들이

마노의 족쇄도 아닙니다. 이 둘을 반연하여 거기서 일어나는 욕탐이 바로 족쇄입니다.

도반이여, 예를 들면 검은 황소와 흰 황소가 하나의 멍에나 기구에 묶여 있다 합시다. 그런데 이것을 보고 말하기를 '검은 황소는 흰 황소의 족쇄고 흰 황소는 검은 황소의 족쇄다.' 라고 한다면 이것은 바르게 말한 것입니까?

그렇지 않습니다. 도반이시여, 도반이여, 검은 황소는 흰 황소의 족쇄가 아니고 흰 황소는 검은 황소의 족쇄가 아닙니다. 이 둘은 하나의 멍에나 기구에 묶여 있을 뿐입니다.
도반이여, 그와 같이 눈이 형색들의 족쇄도 아니고 형색들이 눈의 족쇄도 아닙니다. 이 둘을 반연하여 거기서 일어나는 욕탐이 바로 족쇄입니다. 귀가 소리들의 족쇄도 아니고 소리들이 귀의 족쇄도 아닙니다. 이 둘을 반연하여 거기서 일어나는 욕탐이 바로 족쇄입니다. … 마노가 법들의 족쇄도 아니고 법들이 마노의 족쇄도 아닙니다. 이 둘을 반연하여 거기서 일어나는 욕탐이 바로 족쇄입니다.
도반이여, 만일 눈이 형색들의 족쇄고 형색들이 눈의 족쇄라면 바르게 괴로움을 멸진하기 위해서 청정범행을 닦는 것을 천명하지 못합니다. 그러나 눈이 형색들의 족쇄도 아니고 형색들이 눈의 족쇄도 아니고 이 둘을 반연하여 거기서 일어나는 욕탐이 바로 족쇄이기 때문에 바르게 괴로움을 멸진하기 위해서 청정범행을 닦는 것을 천명할 수 있는 것입니다.

눈이 죄가 있는 게 아닙니다. 대상이 죄가 있는 게 아닙니다. 우리 마음에서 욕망만 잘 정화하면 되는 겁니다.

본질적으로 잘 보셔야 됩니다. 눈에서 욕망이 일어납니다. 그런데 눈이라는 걸 잘 보면 계속 변하고 있습니다. 변하는 것은 괴로움입니다. 변하고 괴로운 것은 그 실체가 없는 겁니다. 귀·코·혀·몸·정신도 마찬가지입니다. 본질을 잘 알고 본질에 따라 사는 게 중요합니다. 거기서 욕망을 충족하다 보면 괴로움이 생깁니다. 눈의 속성을 본질적으로 정확히 보게 되면 그런 욕망을 떨치고 다르게 살게 됩니다. 욕망을 진정으로 극복하는 길은 우리의 존재, 우리의 몸과 마음, 이것의 본질을 그대로 보고 그에 맞게 사는 겁니다. 그 본질을 불교 용어로는 무상(無常)이라고 합니다. 계속 순간순간 바뀌면서 또 그것이 바뀌는 것이 괴로움이라는 걸 알게 됩니다. 그것이 내가 어떻게 통제가 안 되니 '나'가 아니라는 걸 알게 됩니다. 그러니까 그 욕망을 취해가지고 욕망을 충족하면서 사는 것보다는 그런 본질에 맞게 내가 할 일을 해야 되는 겁니다. 내가 할 일이 사실 따로 있습니다. 그렇게 되어 차원이 좀 달라지면 욕망에 휘둘리지 않게 됩니다.

욕망을 극복하는 법

욕망을 극복하는 방법은 간단합니다. 우리를 욕망에 빠뜨리지 않는 겁

니다. 우리를 욕망으로부터 안전한 곳에 둬야 합니다.『새매 경』(S47:6)
에는 이에 대한 아주 재미있는 이야기가 나옵니다. 자기 영역을 벗어
난 메추리가 매한테 탁 채입니다. 채여가면서 메추리가 이런 이야기를
합니다. '아, 내가 나의 영역을 벗어나서 있다가 너한테 내가 지금 채여
간다.' 그러니까 매가 자존심이 좀 상했습니다. '나는 네가 네 영역에 있
더라도 너를 챌 수 있다.'고 이야기합니다. 그러니 메추리가 '그래, 그러
면 내 영역으로 나를 한 번 내려놓고 나를 잡아가봐.'라고 이야기합니
다. 그래서 매가 메추리를 메추리 영역에 내려 줍니다. 메추리는 자기
영역을 잘 알고 있습니다. 그러니 매가 다시 잡아채려고 하니 자기가
파놓은 땅 속으로 쏙 들어갑니다. 메추리를 잡는데 그러니깐 매가 탁
채려다가 부리를 땅에 탁 부딪히고 실패합니다. 메추리가 이렇게 얘기
합니다. '사실 내가 있을 영역, 즉 내 아버지의 영역에서 벗어나 있다가
이런 변을 당했다.' 여기서 내 영역이 아닌 다른 영역은 바로 감각적 욕
망의 영역입니다. 그걸 추구하면 위험에 처하는 겁니다. 나의 영역은
사념처입니다. 사념처를 수행하고 있으면 나를 절대로 위험에 빠뜨리
지 않습니다. 사념처는 현재에 집중하면서 내 몸·느낌·마음·법에서
일어나는 것을 관찰하는 겁니다. 몸을 잘 관찰해서 몸에서 무슨 일이
벌어지고 있다는 것을 압니다. 느낌을, 마음을, 그리고 법을 이렇게 관
찰하는 겁니다. 자기의 몸과 마음에서 일어나는 현상을 항상 관찰하고
있으면 위험에 빠지지 않습니다. 여러분들이 감각적 욕망의 영역에 가
다가는 잘못하면 쏙 위험에 빠지게 되는 겁니다. 그렇지만 마음을 챙
기고 현재 일어나는 것에 집중하면 감각적 욕망의 매에게 채여갈 일이
없습니다. 불교에선 마음챙김을 중요시합니다. 어떤 사람은 불교는 마

음챙김의 종교라고 말하기도 합니다. 우리가 있어야 할 공간은 마음챙김의 영역입니다. 다른 데서 놀다가 잘못하면 다치는 겁니다.

『우빠와나 경』(S35:70)에서 우빠와나 존자가 부처님께 다음과 같이 묻습니다.

"세존이시여, '스스로 보아 알 수 있는 법, 스스로 보아 알 수 있는 법'이라고들 합니다. 도대체 어떻게 해서 법은 스스로 보아 알 수 있고, 시간이 걸리지 않고, 와서 보라는 것이고, 향상으로 인도하고, 지자들이 각자 알아야 하는 것입니까?"

이에 대해 부처님께서는 다음과 같은 요지의 말씀을 하십니다. '눈으로 형색을 보고 나서 형색을 경험하고 형색에 대한 탐욕도 경험한다. 그러면 형색에 대한 탐욕이 있다고 안다.' 귀로 소리를 듣고 나서도, 코로 냄새를 맡고 나서도, 혀로 맛을 보고 나서도, 몸으로 감촉을 느끼고 나서도, 정신으로 법을 경험하고 나서도 마찬가지입니다. 역으로도 마찬가지입니다. 탐욕이 없으면 탐욕이 없다고 그대로 아는 겁니다. 이렇게 꿰뚫어 아는 것을 두고 '법은 스스로 보아 알 수 있고, 시간이 걸리지 않고, 와서 보라는 것이고, 향상으로 인도하고, 지자들이 각자 알아야 하는 것'이라고. 이렇게 하라는 것이 부처님의 가르침입니다.

5계를 지키는 것도 욕망을 극복하는 방법 중 하나가 될 수 있습니다. 사람들은 계가 자기를 억압한다고 생각합니다. 자기가 좋아하는 것을 못하게 하고, 또 힘들고 피곤하게 한다고 생각합니다. 하지만 사실은 계는 자기를 잘 보호해 주는 겁니다. 예를 들면 우리가 욕망이 있으면 즐기기도 하지만 위험에 빠질 수도 있습니다. 즐기다가 또 버릇

이 돼서 자꾸 즐기고 싶고 형편에 맞지 않게 할 수 있습니다. 그럴 때 계가 우리를 지켜줍니다. 술을 마시지 말라는 계를 곤혹스럽게 생각하는 분들이 많습니다. 하지만 뉴스에서 흔히 보듯 많은 범죄가 술로부터 비롯됩니다. 그래서 하지 말라는 겁니다. 남의 것을 훔치지 않는 것, 거짓말 하지 않는 것, 외도하지 않는 것도 다 마찬가지입니다. 5계만 매일 지켜도 어지간한 욕망으로부터 우리를 보호할 수 있습니다.

욕망을 갖지 않고 사는 건 갖고 싶은 게 하나도 없을 것 같고, 하고 싶은 게 하나도 없을 것 같아서 재미없을 것 같다고 말하는 사람이 많습니다. 불교는 굉장히 합리적인 종교입니다. 욕망도 저급한 욕망부터 좋은 욕망까지 층이 있습니다. 그걸 그대로 인정해야 합니다. 나한테 좋은 욕망이 없으면 좋은 욕망이 생기게끔 해야 됩니다. 나쁜 욕망은 제거하고. 아무런 욕망도 없고, 살아가는 의미도 없고, 재미도 없고 그러면 그건 안 되지요. 그러니까 단계적인 겁니다. 욕망이 전혀 없다, 의욕이 없다, 살아가는 재미가 없다면 재미가 생겨야 됩니다. 그런데 어떤 사람은 남을 괴롭혀서 욕망을 충족하는 사람도 있죠. 그건 버려야 됩니다. 술 마시면서 욕망을 채운다, 이것도 버려야 됩니다. 마약을 하는 사람, 담배를 피우는 사람, 도박을 하는 사람은 그 저급한 욕망은 버려야 되고, 좋은 욕망을 가져야 합니다. 목표가 높으면 나중에는 모든 욕망을 다 버리게 됩니다. 왜냐하면 어떤 것이라도 잡으면 불교적으로 보면 괴로움이 생기고 계속 윤회하게 되기 때문입니다. 윤회하면서, 본질적으로 볼 때는 굉장히 바람직하지 못한 상태가 일어납니다. 욕망이라는 것은 층이 있습니다. 그래서 지금 내가 어떤 욕망이 있나 살펴봐서 저급하고 남에게도 도움이 안 되고 또 나한테 도움 안 되고 이런 것은 버려야 합니다. 좋은 것은 유지하고 더 질이 높은 것을 추구해야 됩니다.

우리 속에 욕망이 있으면 욕망이 있을 때, 그것이 나에게 정말 진정한 행복을 주는지 그걸 따져봐야 됩니다. 그다음에 남한테도 행복이 되는지를 따져봐야 됩니다. 그래서 그 욕망이 나도 좋고 남도 좋을 때 그 욕망은 추구할 만합니다. 그런데 내가 욕망을 가졌는데, 나는 좋은데 가까이 있는 사람은 안 좋은 경우도 있습니다. 좀 극단적인 경우를 이야기하면 내가 회사에서 아주 잘하고 싶습니다. 임원까지 가고 싶어요. 그렇게 할 때 가족을 내팽겨쳐야 된다, 그러면 그거는 생각을 해서 조화를 이뤄야 합니다. 불교는 나도 좋고 남도 좋은 것을 추구하는 겁니다. 욕망에도 마찬가지로 작용합니다. 내가 가진 욕망이 나의 인생에 도움이 되고 나한테 의미가 있고, 동시에 그에 관계되는 다른 사람에게도 그런가 하는 걸 봐야 합니다. 불교에서는 조금 더 차원을 확대하면, 우리는 죽으면서 끝이 아니거든요. 그렇기 때문에 이생에 이런 욕망이 어떤 의미가 있고, 다음 생에 어떤 의미가 있나 살펴봐서 이생에도 좋고 다음 생에도 좋은 것을 추구하는 게 좋습니다. 이생에는 되게 좋은데 다음 생은 별로 안 좋다. 그러면 그것은 곤란합니다.

술을 즐겨 마시는 사람은 술을 마시지 않고도 좋은 게 너무 많다는 걸 모릅니다. 그러니 술을 쉽게 포기 못합니다. 도박도 마찬가지입니다. 나는 별로 안 좋을 것 같고 별로 재미도 없는 것을 다른 사람이 좋아하면 뭐가 좋아할 만한 것이 있나 하고 연구해 봐야 합니다. 그것이 나도 좋을 수 있는 겁니다. 마음을 열고 정말 좋은 걸 찾아야 됩니다. 그래야 좋지 않은 걸 놓을 수 있는 겁니다. 부처님께서는 정말로 열반이라는 좋은 걸 봤기 때문에 모든 걸 다 놓을 수 있었던 겁니다. 눈치가 빠르고 머리가 약아야 됩니다. 그래서 정말 도움이 되는 걸 찾아야 됩니다. 그렇지 않고 어리석고 미련하게 안 좋은 걸 가지고 '이게 최고다.' 하면 곤란합니다. 나는 별로 안 좋아하지만 다른 사람이 정말 좋아하는 게 있습니다. 예를 들면 나는 음악이 별로 안 좋은데 어떤 사람은 음악을 계속 듣습니다. 그럴 때는 '나도 똑같이 귀가 있는데, 나도 뭔가 저기서 관심 가지고 의미를 발견하면 나도 재밌을 수 있을 것이다.' 하는 마음으로 관심을 좀 확대하면 됩니다. 편견이 있다면 편견을 버려야 됩니다. 어떤 사람이 역사가 재미있다고 하면 '아, 나는 재미없어. 골치 아프다.'고 생각합니다. 그러지 마세요. 다른 사람이 재미가 있을 때에는 그 사람은 재미있는 뭔가를 발견한 겁니다. 나도 그 사람처럼 재미있는 것을 자꾸 발견을 하려고 노력하다 보면 재미있어지는 겁니다. 외국어도 마찬가지입니다. 외국어도 어떤 사람은 재미있게 하는 사람이 있습니다. '나는 무조건 재미없어. 나는 절대로 재미없어.' 하는데 그렇지 않습니다. 지금 자기에게 재미가 없을 만한 조건이 있는 겁니다. 그 조건이 바뀌면 나도 얼마든지 재미있는 겁니다. 그래서 조건을 바꾸어가는 노력을 하는 것이 중요합니다. 그렇게 해서 내가 좀 더 여러 곳에서 재미를 발견할 수 있으면 사는 것이 훨씬 나을 수 있습니다. 어떤 사람은 뭘 해도 재미있게 하는 사람이 있습니다. 다른 사람이 어떤 사람을 만나면 재미가 없는데 어떤 사람은 그 사람을 만나면 재미있어하는 사람도 있습니다. 그러니까 그런 식으로 뭘 발견하셔야 됩니다. 나를 바꿈으로써 다르게 되는 것이 중요합니다. 그런 노력을 자꾸 해

나가면 달라집니다.

　저는 전공이 정신과 의사면서 불교 공부를 하는 입장이니까 가능하면 나한테 도움 안 되는 걸 자꾸 놓으려고 노력합니다. 본질적으로 보려고 노력하지요. 그리고 '내가 죽는 날이 온다. 죽을 수 있다.'는 생각을 합니다. 그러면 '내가 만약 죽는다면 내가 뭘 하고 싶을까?' 하는 걸 생각해 보면 정말 의미 있는 일은 불교 공부이고 수행이라는 생각이 듭니다. 경전을 자꾸 보다보면 사람이 바뀝니다. 지금 가진 마음을 잘 유지하시면 좋지만 보통 잊어버리죠. 유지하는 게 굉장히 중요합니다.

보시

어떤 정신치료학회에서 종교 수행과 정신치료라는 주제로 세미나를 한 적이 있습니다. 그때 불교, 기독교, 가톨릭, 힌두교, 이슬람교, 유교, 도교의 성직자 내지는 전문가들이 각각 발표를 했습니다. 종교마다 우리의 존재를 규정하는 방식, 사후세계를 정의하는 방식이 달랐습니다. 그런데 모두 듣고 보니 어떤 종교를 불문하고 두 가지 공통점이 있다는 걸 알았습니다. 하나는 자기 마음을 정화하라는 것이었고, 또 하나는 남을 도우라는 것이었습니다.

불교도 역시 남을 도우라고 이야기합니다. 보시가 그것입니다. 하지만 불교에서는 이것이 '선행'의 차원을 넘어서 있습니다. 수행의 차원으로 승화된 것입니다. 육바라밀, 십바라밀, 사섭법 등 불교의 제 수행에 보시는 빠짐없이 등장합니다.

실제 보시를 해 보면 우리가 욕심 때문에 필요 없는 걸 많이 가지고 있다는 걸 알 수 있습니다. 이런 걸 알아간다는 의미에서도 보시는 정말 좋은 수행입니다. 그리고 또 하나, 우리가 보시를 할 때는 유익한 마음이 작용합니다. 유익한 마음이란 탐·진·치 중 두 세 가지가 없는 마음입니다. 좋은 의도는 우리의 정신에 좋은 영향을 미치고 또 좋은 과보를 가져옵니다. 그런 점에서 볼 때 보시란 올바르게 세상을 보고 지혜롭게 살아가는 수단인 동시에, 세상에도 좋은 영향을 미치는 행위입니다. 남한테 주면서 나의 탐욕을 떨어내고, 또 정확하게 세상도 보면서 나한테도 좋은 결과가 오는 모든 것들이 보시를 통해 이루어집니다.

적개심을 누그러뜨리는 마지막 방법, 보시

보시는 내가 가지고 있지만 나한테는 절실히 필요하지 않은 것을 남한테 이동시키는 행위라고 볼 수 있습니다. 나한테는 별 필요가 없지만 남에겐 절실히 필요한 것을 필요한 사람에게 주니 나도 힘들지 않고 힘든 사람도 점점 없어집니다. 자연히 어떤 원망이나 분노가 사회에서 사라지니 그만큼 좋은 세상이 되겠지요. 살기 어려운 세상이란 서로 뺏고, 때리고, 심지어는 죽이는 세상입니다. 그럼 살기 좋은 세상은 무엇일까요? 서로 도와주는 세상입니다. 보시하는 사람이 많아질수록 살기 좋은 세상입니다. 다른 사람을 돕는 보시행을 보면 '아, 그래도 세상이 살만하구나.' 이런 생각을 하게 됩니다.

화가 났을 때도 보시를 통해서 평온한 마음을 찾을 수 있습니다. 내가 원하는 게 되지 않을 때 화가 납니다. 그런데 보시를 할 때는 원하는 게 없습니다. 자연히 화가 없어질 수밖에 없습니다.

자애 수행이라고 들어보셨을 겁니다. 모든 존재들이 잘되고 행복하기를 바라는 수행입니다. 『청정도론』에 보면 화를 다스리는 방법으로 자애 수행을 제시하는데 자애 수행은 크게 네 부류를 대상으로 합니다. △ 자신 △ 내가 좋아하는 사람 △ 좋아하지도 싫어하지도 않는 사람 △ 미워하는 사람입니다. 앞의 세 부류 사람들은 자애 수행의 대상이 되는 데 큰 어려움이 없습니다. 하지만 마지막, 미워하는 사람을 대상으로 자애 수행을 하는 건 쉽지 않습니다.

『청정도론』에는 원수(미워하는 사람)에 대한 적개심을 누그러뜨리는 열 가지 방법이 소개되어 있습니다. 첫째, 자신, 좋아하는 사람, 좋아하지도 싫어하지도 않는 사람 중 하나에 대해 자애를 닦고 난 뒤 미워하는 사람에 대한 자애를 닦아 화를 제거한다. 둘째, 화를 화로써 앙갚음 하지 않는다. 셋째, 그 사람의 고요함과 청정함과 같은 좋은 점을 떠올리는데 그래도 화가 가라앉지 않으면 연민을 통해 적개심을 가라앉힌다. 넷째, 자신을 훈계하여야 한다. 다섯째, 업이 각자 자기의 주인임을 반조한다. 여섯째, 부처님이 전생에 인욕 수행한 덕을 반조한다. 일곱째, 일체중생에 대하여 나를 한번쯤 낳아준 어머니, 아버지 혹은 형제자매로 생각한다. 여덟째, 자애수행의 열한 가지 이익에 대하여 생각한다. 아홉째, 자신이 화를 내고 있는 대상을 몸을 구성하는 32가지, 사대, 오온, 12처, 18계의 요소로 본다. 열째, 보시를 통하여 성냄을 제거한다.

보시는 대로 마지막 처방전이 바로 보시입니다. 왜 보시를 강조했을까요? 그 답도 역시 『청정도론』(9장 39절)에 나와 있습니다.

보시는 조어되지 않은 사람을 조어하고
보시는 모든 이로움을 성취시킨다.
보시와 상냥한 말씀을 통해 [시주자는] 편안해지고
[시물을 받는 자는] 머리를 숙인다.

부처님들이 가지고 있는 열 가지 덕목, 즉 십바라밀이 있습니다. 바라밀의 완성은 바로 열 가지 덕목을 완성했다는 겁니다. 그런데 이 바라밀의 출발이 바로 보시입니다. 보시 바라밀은 보시를 완성한 겁니다. 보시바라밀에도 세 종류가 있습니다. 저급한 보시바라밀, 보통의 보시바라밀, 최상의 보시바라밀입니다. 저급한 보시바라밀은 내가 가진 물질적인 것을 주는 겁니다. 돈을 주든지 옷을 주든지 하는 겁니다. 보통의 바라밀은 내 신체 일부를 주는 겁니다. 어떤 사람이 배가 고픈데, 먹을 거라곤 정말 아무것도 없다, 그러면 내 허벅지 살을 주는 겁니다. 최상의 바라밀은 목숨을 주는 겁니다. 부처님께서는 전생에서부터 상황에 따라 이 세 가지 바라밀을 다 실천하십니다.

경전에는 남자 재가 신도 중에 보시를 제일 잘한 사람으로 아나따삔디까를 꼽고, 여자 재가 신도 중에는 위사카를 꼽습니다. 아나따삔디까는 우리에게 급고독장자로 더 잘 알려져 있는데, 제따와나라마(기원정사)를 보시한 분입니다.

모든 보시가 필요한 사람에게 주어지니 다 의미가 크지만 음식 보시는 더욱 특별한 의미를 가지고 있습니다. 왜냐하면 비구들은 생산 활동에 종사하지 않고 탁발을 통해 살아갔기 때문입니다. 그래서 음식 보시에 대한 이야기가 경전에 종종 나옵니다. 『음식 경』(A 5:37)에서는 음식을 보시하는 것은 받는 자에게 다섯 가지를 보시하는 것이라고 이야기합니다. 바로 생명, 아름다움, 행복, 힘, 지혜입니다. 이 다섯 가지를 보시하면 신이 돼서나 인간이 돼서나 그걸 누리게 됩니다.

보시는 물질적인 것만 있는 게 아닙니다. 『넘쳐흐름 경』(A8:39)에 보면 부처님께서는 5계를 지키는 것이 엄청난 보시라고 하십니다. 물론 성스러운 제자가 한량없는 자애의 마음으로 지키는 5계이긴 하지만 5계의 중요성을 알 수 있습니다. 부처님 말씀을 들어보겠습니다.

비구들이여, 다섯 가지 보시가 있나니 이것은 위대한 보시이며, 최초의 것으로 인정되었고, 오랜 세월 동안 유지되어 왔고, [부처님 등 성자들의] 계보라고 알려졌고, 오래된 것이며, 그것은 거부하면 안 되는 것이고, 과거의 [부처님에 의해서도] 거부되지 않았고, 현재에도 거부되지 않으며, 미래에도 거부되지 않을 것이며, 지혜로운 사문들과 바라문들에 의해서 비난받지 않는 것이다. 무엇이 다섯인가?

비구들이여, 여기 성스러운 제자는 생명을 죽이는 것을 버리고 생명을 죽이는 것을 멀리 여의었다. 생명을 죽이는 것을 멀리 여읜 성스러운 제자는 한량없는 중생들에게 두려움 없음을 베풀고 증오 없음을 베풀고 악의 없음을 베푼다. 그는 한량없는 중생들에게 두려움 없음을 베풀고 증오 없음을 베풀고 악의 없음을 베푼 뒤 두려움 없음과 증오 없음과 악의 없음을 나누어 가진다.

비구들이여, 이것이 첫 번째 보시이니, 이것은 위대한 보시이며, 최초의 것으로 인정되었고, 오랜 세월 동안 유지되어 왔고, [부처님 등 성자들의] 계보라고 알려졌고, 오래된 것이며, 그것은 거부하면 안 되는 것이고, 과거의 [부처님에 의해서도] 거부되지 않았고, 현재에도 거부되지 않으며, 미래에도 거부되지 않을 것이며, 지혜로운 사문들과 바라문들에 의해서 비난

받지 않을 것이다. 이것이 네 번째 공덕이 넘쳐흐르고 유익함
이 넘쳐흐르고 행복을 가져오고 신성한 결말을 가져오고 행
복을 익게 하고 천상에 태어나게 하는 것이다. 이것은 원하는
것, 좋아하는 것, 마음에 드는 것, 이익, 행복으로 인도한다.

이어서 주지 않는 것을 가지는 것을 버리고 주지 않은 것을 가지
는 것을 멀리 여의는 것, 삿된 음행을 버리고 삿된 음행을 멀리 여의는
것, 거짓말을 버리고 거짓말을 멀리 여의는 것, 술을 섭취하는 것을 버
리고 술을 섭취하는 것을 멀리 여의는 것을 말씀하십니다. 오계 지키
는 것의 중요성을 잘 알아야 될 것 같습니다.

보시에 갖춰야 할 요소

보시를 할 때는 믿음이 있어야 합니다. 존중하면서 보시해야 하고 바
른 시기에 보시를 해야 합니다. 보시를 하면서 나와 남에게 손상이 없
어야 합니다. 빚지고 하면 안 됩니다. 이렇게 보시를 하면 원인이 결과
를 가져올 적절한 때가 옵니다.

『보시 경』(A 6:37)에는 보시를 주는 사람이 갖춰야 할 세 가지 요소
그리고 보시를 받는 사람이 갖춰야 할 세 가지 요소가 나옵니다.

보시할 때 주는 사람이 갖추어야 할 세 가지 요소입니다. 주기 전,
줄 때, 준 후로 나누어집니다.

1. 보시하기 전에 마음이 즐거울 것
2. 보시할 때 마음이 깨끗할 것
3. 보시한 뒤 마음이 흐뭇할 것

보시 받는 사람 역시 갖추어야 할 세 가지 요소가 있습니다.

1. 탐욕을 여의었거나 탐욕을 여의는 도를 닦을 것
2. 성냄을 여의었거나 성냄을 여의는 도를 닦을 것
3. 어리석음을 여의었거나 어리석음을 여의는 도를 닦을 것

이 여섯 가지 요소가 있는 보시는 그 과보가 헤아릴 수 없습니다. 유익함이 넘쳐흐르고 행복을 가져오고 천상에 태어나게 하고, 원하는 것에 이르게 합니다.

『보시 분석의 경』(M142)에는 네 가지 보시의 청정이 나옵니다.

1. 보시하는 자는 청정하지만 보시 받는 자는 청정하지 못한 보시
2. 보시 받는 자는 청정하지만 보시하는 자는 청정치 못한 보시
3. 보시하는 자도 보시 받는 자도 청정하지 못한 보시
4. 보시하는 자도 보시 받는 자도 청정한 보시

이 네 가지 경우의 보시에 대해 부처님께서 다음의 게송으로 각각의 경우의 보시가 청정한지 아닌지 청정한 경우 어떻게 청정해지는지

를 밝혀주십니다.

계행이 청정한 자가 계행이 청정치 못한 자들에게
행위의 결실이 크다는 것을 확신하면서
법답게 얻은 것을 아주 깨끗한 마음으로 보시할 때
그러한 보시는 보시하는 자에 의해 청정해진다.

계행이 청정하지 못한 자가 계행이 청정한 자들에게
행위의 결실이 크다는 것을 확신하지 못하고
법답지 않게 얻은 것 깨끗하지 못한 마음으로 보시할 때
그러한 보시는 받는 자에 의해 청정해진다.

계행이 청정치 못한 자가 계행이 청정치 못한 자들에게
행위의 결실이 크다는 것을 확신하지 못하고
법답지 않게 얻은 것 깨끗하지 못한 마음으로 보시할 때
그러한 보시는 어느 쪽에 의해서도 청정해지지 않는다.

계행이 청정한 자가 계행이 청정한 자들에게
행위의 결실이 크다는 것을 확신하면서
법답게 얻은 것을 아주 깨끗한 마음으로 보시할 때
그러한 보시는 풍성한 과보를 가져온다고 나는 말한다.

탐욕을 끊은 자가 탐욕을 끊은 자들에게

행위의 결실이 크다는 것을 확신하면서

법답게 얻은 것을 아주 깨끗한 마음으로 보시할 때

그러한 보시는 세속적인 보시 가운데

으뜸이라고 나는 말한다.

『들판 경』(A 8:34)에서 부처님께서 '팔정도를 갖춘 사문에게 보시를 하면 그 보시는 큰 결실이 있고, 큰 이익이 있고, 큰 빛이 있고, 과보가 크게 퍼진다.'라고 말씀하셨습니다. 팔정도를 잘 수행하고 계신 분한테 보시하는 건 정말 중요합니다. 또 어떤 마음으로 보시하느냐도 중요합니다. 어떤 마음으로 우리가 보시하느냐에 따라서 과보가 다 다릅니다. 뭐든지 있으면 그것이 결과를 남깁니다.

어떤 것을 어떤 마음으로 보시하는 게 중요하냐 하는 게 『참된 사람 경1』(A 8:37)에 나옵니다.

비구들이여, 여덟 가지 참된 사람의 보시가 있다. 무엇이 여덟인가?

깨끗한 것을 보시하고, 좋은 것을 보시하고, 적절한 시기에 보시하고, 적당한 것을 보시하고, 생각한 뒤 보시하고, 지속적으로 보시하고, 보시하는 마음을 청정하게 하고, 보시한 뒤 흡족한 마음을 가진다. 비구들이여, 이러한 여덟 가지 참된 사람의 보시가 있다.

어떤 사람에게 어떤 것을 보시할 것인가

이제 어떤 사람에게 어떤 것을 보시해야 하는지 살펴보겠습니다.

『보시 분석 경』(M142)에 나오는 이야기입니다.

이 경전에서 부처님은 개인과 승가에 하는 보시와 그 과보에 대해 말씀하십니다. 먼저 개인에게 하는 보시를 보겠습니다. 어떤 사람에게 보시하면 얼마만큼의 과보가 있는지 아주 구체적으로 잘 밝혀져 있습니다. 열네 가지 개인에게 하는 보시가 있고 각각에 대한 과보가 다 다릅니다.

1. 축생에게 보시하면 백배의 과보
2. 행실이 나쁜 범부에게 보시하면 천 배
3. 행실이 바른 범부는 십만 배
4. 감각적 욕망들에 대한 탐욕을 여읜 이교도한테 하면 천억 배
5. 예류자가 되기 위해서 노력하는 그런 사람에게는 헤아릴 수 없는 과보
6. 예류자.
7. 일래자가 되기 위해서 노력하는 사람.
8. 일래자
9. 불환자가 되기 위해서 노력하는 사람.
10. 불환자
11. 아라한이 되기 위해서 노력하는 사람.
12. 아라한

13. 벽지불
14. 부처님.

개인에게 보시하는 것은 이렇게 순서가 있습니다. 그러니까 보시라는 것은 아주 이익이 많이 남는 장사입니다. 하나 하면 한 것보다 훨씬 많이 받는 겁니다.

다음으로 승가에 대한 보시를 보겠습니다. 승가의 보시는 일곱 가지가 있습니다.

1. 부처님이 살아계실 때 부처님을 선두로 하는 승가가 있습니다. 부처님을 선두로 하는 비구, 비구니 승가, 여기에 보시하는 게 제일 큰 것이겠죠.
2. 부처님이 열반에 드시고 나면 비구 승가와 비구니 승가가 있을 것 아닙니까? 거기에 또 보시하는 것.
3. 비구 승가에 보시하는 것.
4. 비구니 승가에 보시하는 것.
5. 보시할 때 이렇게도 보시합니다. 비구 승가와 비구니 승가한테 내가 그 두 승가에 보시하고 싶으니까 비구와 비구니들을 정해 달라고 합니다. 그래서 보시하는 경우가 그다음입니다.
6. 비구 승가에만 내가 이렇게 보시하고 싶다 해서 비구들을 정해 달라고 합니다. 그래서 보시하는 경우가 그다음입니다.
7. 비구니 승가에만 내가 이렇게 보시하고 싶다 해서 비구니들을 정해 달라고 합니다. 그래서 보시하는 경우가 그다음입니다.

어떤 사람에게 보시를 했느냐에 따라서 공덕이 달라질 수도 있습니다. 『수마나 경』(A5:31)의 내용입니다.

수마나라는 공주가 있었습니다. 그 공주가 부처님을 찾아와서 이런 이야기를 합니다. '세존의 두 제자가 있다. 그들은 믿음과 계와 통찰지가 똑같은데 한 사람은 보시를 했고, 한 사람은 보시를 안했을 때 선처에 태어날 텐데 인간과 천신이 되었을 때 차이가 있습니까?' 수명이나 용모나 행복이나, 명예, 권위 면에서 보시한 사람이 보시하지 않은 사람을 능가한다고 대답합니다. 그러니 수마나 공주가 '둘이 만약 출가를 하면 차이가 있냐?'고 또 질문을 합니다. 부처님께서 '보시를 한 경우는 출가 후에 대부분의 경우 의복, 탁발 음식, 거처, 약품을 공양을 받아서 수용하고, 동료 수행자와 머물 때 동료 수행자들이 그에게 마음에 드는 몸·말·마음의 행위로 그를 대하고 마음에 들지 않는 몸·말·마음의 행위로 그를 대하는 경우는 드물고, 마음에 드는 선물을 하고 마음에 들지 않는 선물을 하는 경우는 드물다.'고 하면서 이 점에서 보시를 하는 사람을 능가한다고 말씀하십니다. 수마나 공주가 마지막으로 질문을 합니다. '두 사람이 모두 아라한과를 얻는다면 차이가 있습니까?' 부처님께서는 그 두 사람의 해탈에는 차이가 없다고 말씀하십니다.

『웰라마 경』(A9:20)에는 어떤 승가에게 보시는 것의 공덕이 더 큰지가 나와 있습니다.

거기에 보면 웰라마라는 바라문이 과거 생에 있었습니다. 그 바라문이 아주 잘 살았던 것 같습니다. 엄청난 보시를 했습니다. 은으로 가득 채운 팔만사천 개의 황금그릇, 금으로 가득 채운 팔만사천 개의 은 그릇, 칠보로 가득 채운 팔만사천 개의 동 그릇을 보시했고, 팔만사천의 코끼리, 팔만사천의 마차, 요즘 같으면 차를 팔만사천 대 보시한 겁니다. 팔만사천의 암소, 팔만사천의 처녀, 팔만사천의 침상, 팔만사천의 옷을 보시했습니다. 그런데 그걸 받을 만한 적당한 사람은 없었습니다. 그래서 아무도 그런 보시를 청정하게 하지 못했다고 합니다. 웰라마 바라문은 부처님의 전생입니다. 아무리 많은 것을 보시해도 한 사람의 예류자에게 뭐라도 보시하는 것보다는 못합니다. 그렇게 많이 보시해도 보시 받는 사람이 별로면 예류자한테 뭐라도 조금 보시하는 것보다 훨씬 못하다는 겁니다. 그리고 예류자 백 명에게 보시하는 것보다 일래자 한 명에게 보시하는 것만 못하고, 일래자 백 명에게 보시하는 것이 불환자 한 명에게 하는 것보다 못하다고 합니다. 그런 식으로 백 명이 한 명보다 못한 겁니다. 불환자 다음에 아라한 그다음 벽지불이라고 있습니다. 홀로 깨달은 사람입니다. 벽지불 다음에 여래, 아라한, 정등각 즉 부처님이죠. 그런데 승가를 위한 승원을 짓는 것보다 청정한 마음으로 불·법·승 삼보에 귀의하는 게 더 보시의 결과가 큽니다. 또 그것보다는 오계를 지키는 것, 계를 받아서 오계를 지키면 그 앞의 것보다 더 큽니다. 오계 지키는 것보다 소젖을 한 번 짜는 동안에 자애의 마음을 닦는 것, 그것이 훨씬 큽니다. 그것보다도 이 손가락 한 번 탁 튕기는 동안에 모든 게 변한다는 무상의 인식을 닦으면 그것이 훨씬 과보가 크다고 합니다. 주는 이것보다 내 마음에 좋은 어떤 선업을 짓는 것, 그것이 훨씬 과보가 크다는 겁니다.

보시의 공덕

여러분은 죽을 때 뭘 가져갈 것 같습니까? 가져가는 게 세 가지가 있습니다. 바로 보시, 지계, 그리고 수행입니다. 갖고 있는 건 가져가지 못하지만 남한테 준 것은 가져갈 수 있습니다. 그리고 계를 지킨 것과 수행한 것도 가져갈 수 있습니다. 이 세 가지 중에서 보시와 지계는 거의 급이 같습니다. 수행은 이 둘보다 훨씬 높은 급입니다. 수행의 공덕이 훨씬 강합니다.

『행위 경』(A 8:36)에는 이 세 가지 공덕의 과보에 대해 부처님께서 말씀하신 것이 나와 있습니다.

1. **보시와 계를 조금 지킨 공덕행과 수행의 공덕행의 토대를 만들지 못함**

   이 경우에는 불운한 사람으로 태어납니다. 행복이나 성공이 따르지 않습니다. 부처님 당시의 사회와 비교해 구체적으로 얘기하면 소위 다섯 가지 가문, 그러니깐 불가촉천민, 사냥꾼, 죽세공, 마차공, 넝마주이 가문에 태어나는 겁니다. 다만 보시와 계를 조금 지킨 공덕으로 인간으로 태어나기는 합니다.

2. **보시와 계를 보통 지킨 공덕행과 수행의 공덕행의 토대를 만들지 못함**

   이 경우는 사람으로 태어날 때 좋은 사람으로 태어납니다. 성공이나 행복이나 행운 면에서 잘 풀리는 사람으로 태어납니다.

3. **보시와 계를 굳건하게 지킨 공덕행과 수행의 공덕행의 토대를**

만들지 못함

이 경우는 욕계 천상에 태어납니다. 하지만 결국 수행의 공덕행의 토대를 만들지 못했기 때문에 해탈을 하거나 윤회를 끊지는 못합니다. 그만큼 수행의 공덕이 큽니다.

경전에 자주 등장하는 시하라는 대장군이 있습니다. 시하 장군이 보시에 대해서 부처님께 질문을 합니다. 『시하 경』(A7:54)에 나오는 이야기입니다. '보시를 하면 지금 여기서 바로 우리가 알고 볼 수 있는 그런 보시의 과보가 있습니까?' 하니까 부처님께서 '두 사람이 있다. 두 사람이 있는데 한 사람은 믿음도 없고 인색하고 남의 비방을 일삼는 사람이다. 또 한 사람은 믿음도 있고 보시를 하는 사람이고 끊임없이 베푸는 것을 좋아하는 사람이다. 그러면 아라한이 누구를 더 연민하겠나? 아라한은 보시를 하는 사람을 더 연민한다. 아라한들은 보시를 하는 사람을 방문한다.' 아라한이 한 번 간다는 건 대단합니다. 요즘 같은 때 아라한을 만나는 건 정말 어려운 일인지 모릅니다. 그런데 아라한을 만나서 보시할 기회를 가지면 그 공덕은 참 큽니다. 그 아라한이 그런 보시를 하고 또 보시의 기쁨을 알고 믿음 있는 사람 찾아간다 이거죠. 가서는 이 보시를 하는 사람의 보시를 받고, 법을 설한다. 보시하는 사람에게는 좋은 명성이 따라다닙니다. 보시하는 사람은 크샤트리아든 바라문이든 장자든지 사문이든지 어느 그룹에 가든 거리낌이 없고 당당하다. 보시를 하는 사람은 죽은 후에 좋은 곳, 천상 세계에 태어난다라고 보시의 이익을 말씀하셨어요.

이상으로 보시에 대한 경전의 내용을 살펴보았습니다.

16

진정한
축복의 삶

축복이나 행운은 어느 시대고 어느 장소고 빠지지 않았던 인간의 관심 사입니다.

경전과 주석서에서도 이를 놓고 갑론을박했던 사람들의 이야기가 나옵니다.

상서로운 것으로 그것에 의해 행운을 얻거나 축복을 받을 수 있는 것이 무엇인가에 대해 세 명이 각각 다른 주장을 합니다. 보는 것에 의해 축복이 온다고 하는 사람들은 상서로운 것이라고 인정된 형상을 보는 것이 축복이라고 주장했습니다. 예를 들어 당시 신성하게 여기던 소를 보거나 임산부를 보거나 잘 차려 입은 소년을 보는 것이 축복이라고 주장한 겁니다. 듣는 것에 의해 축복이 온다고 하는 사람들은 상서로운 것이라고 인정된 소리를 듣는 것이 축복이라고 주장했습니다. 희망차고 좋은 단어를 들으면 그것이 축복이라고 주장한 겁니다. 인식된 것을 통해 축복이 온다고 주장하는 사람들은 상서로운 것으로 인정된 향기와 맛과 감촉이 축복이라고 했습니다. 땅을 접촉하고 열매를 만지거나 아름다운 것을 입는 것이 축복이라고 주장한 겁니다.

이 이야기는 『숫따니빠다』 두 번째 품 네 번째 경전에 나옵니다. 주석서에는 이 논쟁이 성문이나 집회당에서 벌어졌다고 얘기합니다. 당시 어떤 종교적 주장을 하던 사람들의 논쟁일 수도 있고 세간의 논쟁일 수도 있습니다. 여하튼 이런 주장을 하는 흐름이 있었던 것처럼 보입니다.

이 논쟁이 쉽게 끝날 리가 없습니다. 급기야 천상에까지 이 소식이 전해집니다. 33천이 사는 도리천에까지 전해지게 되고 도리천을 다스리던 제석천의 귀에까지 들어갑니다. 그래서 제석천이 부처님께 여쭤보라며 천신을 파견합니다. 그 천신이 부처님을 방문해서 묻고 답한 것이 바로 이 경전의 내용입니다.

부처님이 말씀하신 최상의 축복

우리나라 사찰에서는 아침저녁으로 예불을 모실 때 반야심경, 천수경을 독송하고 정근도 합니다. 미얀마에서는 아침에 찬팅을 합니다. 찬팅은 우리 식으로 이야기하면 경전 독송입니다. 아침 찬팅 시간에 수지독송하는 것이 바로 지금 말씀드릴 『위대한 축복의 경(Mahanmangala sutta)』입니다.

천신이 부처님께 묻습니다. '많은 천신과 사람들이 행복을 바라면서 최상의 축복이 무엇인지 궁금해합니다. 최상의 축복은 무엇입니까?'

부처님이 게송으로 알려주십니다. 부처님께서 열한 가지 게송을 말씀하시지만 정리해 보면 아홉 가지로 볼 수 있습니다. 이걸 기억하면 여러분에게 큰 힘이 될 겁니다. 실제 남방에서 수행을 할 때 이 경을 찬팅하고 수행을 하면 수행이 아주 잘 되었던 경험이 있습니다.

1. 어리석은 사람을 사귀지 않으며 슬기로운 사람과 가까이 지내고 존경할 만한 사람들을 공경하니 이것이야말로 더없는 축복입니다.

제가 볼 때 우리 삶에 가장 큰 영향을 미치는 건 바로 사람입니다. 어떤 사람을 만나서 어떤 이야기를 나누고 또 그것에 따라 어떤 영향을 받는지가 우리의 인생을 결정한다고도 볼 수 있습니다.

잘 아시겠지만 중국과의 외교 마찰을 우려한 우리 정부의 불허 때문에 달라이 라마 존자는 아직 한국 방문을 하지 못하고 계십니다. 그럼에도 불구하고 많은 분들이 달라이 라마 존자의 한국 방문을 위해 다각도로 애를 쓰고 계십니다. 저 역시 달라이 라마 한국방문 추진위원회 추진위원으로 활동했습니다.

여하튼 방한이 불가하니 직접 찾아가 뵙는 수밖에 없는데 달라이 라마가 계신 인도의 다람살라까지 찾아가는 분도 계시고 한국과 가까운 일본에 매년 한 번 방문하실 때 찾아가 뵙는 분도 계십니다. 특히 일본 법회에는 매년 특별히 200석 정도를 한국인을 위해 비워놓습니다.

2003년 제가 달라이 라마의 일본 법회에 참가했을 때 법회 전에 한국인 불자들이 달라이 라마를 따로 친견할 기회가 있었습니다. 그때 달라이 라마 존자께서 우리를 보고 물을 게 있으면 물으라고 하셨는데 어떤 분이 이런 질문을 하더라고요. '한국에 오면 무얼 제일 먼저 하고 싶습니까?' 그랬더니 달라이 라마 존자가 '사람을 만나고 싶다.'고 하셨습니다. 아마 『위대한 축복의 경』에 나온 이야기와 맥이 맞닿아 있는 게 아닌가 싶습니다. 부처님도 위대한 축복의 첫 번째로 '사람'을 꼽았습니다. 그만큼 슬기롭고 존경할 만한 사람을 만나는 것이 우리에게 중요하다는 이야기일 겁니다. '우매한 사람들과 사귀지 않고 현명한 사람과 가까이 하며 존경할 만한 사람을 공경해라.' 이것 하나만 잘 실천해도 인생이 달라질 겁니다. 알게 모르게 우리 주변에는 위험한 사람들이 많습니다. 그런 사람들과 사귀면 자칫 우리도 위험에 빠지게 됩니다.

2. 분수에 맞는 곳에서 살고 일찍이 공덕을 쌓아서 스스로 바른 서원을 하니 이것이야말로 더 없는 축복입니다.

부처님은 하여튼 철저하십니다. 사는 데까지 말씀하시리라곤 생각을 못했는데, 나나 내 가족이 적절한 곳에 살아야 된다고 말씀하십니다. 저는 이것이 아주 중요하다고 절감할 때가 많습니다. 실제 자신에게 적절하지 못한 곳에 사는 것 때문에 스트레스를 받고 급기야 이게 마음의 병이 되어 병원에 찾아오는 사람들도 종종 있습니다. 나한테 맞지 않는 곳에 살면 문제가 생깁니다. 남들이 좋다고 말하지만 나한테 맞지 않는 경우가 있습니다. 경기도 북쪽 지역에 살다가 서울 강남으로 이사 온 학부모님이 계셨습니다. 원래 살던 곳에서는 아이가 잘 적응하고 행복하게 살았다고 합니다. 그런데 조금 더 나은 여건과 아이의 교육을 위해 강남으로 이사를 왔지만 불행이 찾아왔습니다. 아이가 학교에서 따돌림도 받고 아무리 공부를 해도 성적이 오르지 않았습니다. 부모에게도 어려움이 찾아왔습니다. 자신의 처지에 맞게 적절하게 살아야 했지만 주변 사람들 눈치를 보면서 무리하게 소비를 하게 되었습니다. 자신의 형편에 맞지도 않을 뿐더러 오히려 열등감도 더 커졌습니다.

남들이 좋다고 해도 자신에게 맞지 않는 곳이 있습니다. 그런 의미에서 자신에게 적절한 곳을 찾아야 합니다. 예를 들어 절에 다니시는 분은 절이 가까운 곳을 찾아 사는 것도 '적절한 곳'에 사는 겁니다. 가까우니 자주 찾아갈 수도 있고 또 필요하면 언제든 찾아가 마음의 위안도 얻을 수 있습니다. 다만 오해하지는 않으셨으면 합니다. 영원히 적절한 곳은 없습니다. 어떤 시기에는 어떤 곳이 적절할 수 있고 또 다른 시기에는 다른 곳이 적절할 수 있습니다.

두 번째 게송 말미에 있는 '바른 서원'은 인생의 목표라고 볼 수도 있습니다. 지금 살고 있는 이생은 짧습니다. 누구나 언제 죽을지 모릅니다. 그렇기 때문에 가능한 목표를 좁히고 집중해야 더 좋은 결과를 얻을 수 있습니다. 목표를 확실히 하지 않으면 시간을 허비할 수 있습니다. 시간을 하나에 집중되게 쓸 수 없습니다. 그래서 삶의 목표가 분명한 게 필요합니다. 부처님께서는 전생에 공덕을 닦아서 그 결과 바른 서원을 세우라고 하셨습니다. 바른 서원도 전생의 공덕이 있어야 세울 수 있습니다. 올바른 서원을 세우려면 그럴 수 있는 '전제조건'이 필요합니다. 그런데 우리는 보통 과거 생은 모르기 때문에 일단 '여기' 이생에서 시작하는 것으로 생각하는 게 좋습니다. 과거 생을 모르기 때문에 이생에 대해 불평불만도 하고 억울해하기도 하고 불공평하다고 생각하는데, 그렇지 않습니다. 여하튼 목표를 세우십시오. 목표를 분명히 하고 온갖 노력을 해야 합니다. 그러면 삶에 반드시 결실이 있을 것입니다.

3. 많이 배우고 익히며 절제하고 훈련하며 의미 있는 대화를 나누니 이것이야 말로 더 없는 축복이어라.

지식과 정보의 홍수인 세상입니다. 그래서 지혜가 필요하다고 말합니다. 하지만 지혜를 닦아나감과 동시에 지식, 정보, 기술에 대해서도 관심을 끊지 말아야 합니다. '아, 그게 나하고 무슨 상관이야?'라고 할 때가 있지만 세상을 살아가는 데 필요하니깐 그런 정보와 기술이 세상에 모습을 보인 겁니다.

제가 가끔 강연 때 돌아가신 정주영 현대그룹 명예회장님 이야기를 합니다. 이분의 별명 중에 하나가 '만수(萬數)'입니다. 수가 만 가지가 넘게 있다는 겁니다. 비록 소학교만 마쳤지만 누가 이야기하면 귀담아 듣고 어떤 것이 있으면 유심히 관찰해 자기 것으로 만들었을 겁니다. 자주 그렇게 하면 '아, 세상의 이치가 이렇구나.' 하고 알게 됩니다. 그러니 어려움이 닥쳤을 때마다 묘안이 나왔을 겁니다.

또 절제하고 훈련해야 합니다. 자신을 잘 다스릴 줄 알아야 하고 자기에 대해 좋은 이야기를 하거나 나쁜 이야기를 하거나 흔들리지 않아야 합니다.

4. 아버지와 어머니를 섬기고, 아내와 자식을 돌보고, 일을 함에 혼란스럽지 않으니 이것이야말로 더 없는 축복입니다.

가족은 어찌 보면 우리의 삶의 터전이라고 볼 수 있습니다. 위기에 처했거나 아프면 제일 먼저 오는 것이 가족입니다. 가정이 흔들릴

정도로 무언가를 추구하면 나중에 후회가 남습니다. 자신이 이뤄놓은 뭔가도 가정이 무너졌다면 허무하게 느껴질 수 있습니다. 가족을 그냥 있는 것으로 생각하는 사람도 있습니다. 하지만 우리에게 가장 많이 영향을 미치고 우리가 가장 많이 영향을 받는 것이 가족입니다. 가족이 가장 안정되고, 또 편안하고, 행복한 것을 일순위로 삼아야 합니다. 이걸 바탕으로 바깥일을 해야 합니다.

'일을 함에 혼란스럽지 않다.'는 것은 자신이 어떤 일을 하든지 분명한 의미를 가지라는 겁니다. 어떤 통계를 보니깐 신입사원 100명 중 30명 정도가 입사 후 1~2년 내에 회사를 그만둔다고 합니다. 물론 각자 충분한 이유가 있을 것이고 또 예전과는 다른 또 하나의 문화 현상일지도 모른다는 생각이 들긴 합니다. 하지만 결국 '의미'를 찾지 못했기 때문이 아닐까 생각합니다. 사업을 하든 회사를 다니든 자신만의 확고한 의미, 그러니깐 그걸 통해 앞으로 어떻게 할 것이며 최선을 다하겠다는 생각이 중요합니다. 그러면 그것이 또 우리 가족한테 영향을 줍니다.

5. 나누어 주고 정의롭게 살고 친지를 보호하며 비난 받지 않는 행동을 하니 이것이야말로 더 없는 축복입니다.

다섯 번째로 부처님께서 말씀하신 것은 사회에 대한 겁니다. 가족도 그렇지만 우리가 활동하고 사는 사회 역시 우리한테 영향을 줍니다. 안전하고 풍요로운 사회 속에서 우리는 더욱 잘 살아갈 수 있습니다. 부처님께서 말씀하신 사회에 대한 태도는 세 가지입니다. 나누어

주며, 법답게 살고, 비난 받지 않는 행동을 하는 겁니다. 내 것만 움켜잡는 게 아니라 필요한 곳에 나누는 삶이 중요합니다. 불교적으로 이야기하면 보시의 삶입니다. 나한테 굳이 없어도 되는 것도 있습니다. 그것을 필요한 사람한테 주면 나도 좋고 남도 좋습니다. 주는 행위 자체가 또 우리한테 좋은 영향을 줍니다. 그다음에 불자로서 또는 좋은 사회 구성원으로서 법답게 사는 것이 중요합니다. 구체적으로는 십선업의 실천이라고 할 수 있습니다. 마지막으로 비난 받지 않을 행동을 하라는 건 십선업의 반대인 십악업을 짓지 않는 걸 말한다고 할 수 있습니다. 이 세 가지를 항상 염두에 두면 편안하게 살 수 있습니다.

6. 악함을 싫어하여 멀리하고 술 마시는 것을 절제하고 가르침에 게으르지 않으니 이것이야말로 더 없는 축복입니다. 존경하는 것과 겸손한 것, 만족과 감사할 줄 아는 마음으로 때에 맞추어 가르침을 듣는 것, 이것이야말로 더 없는 축복입니다.

여섯 번째로 말씀하신 것은 수행입니다. 첫째가 악을 싫어하고 멀리하는 겁니다. 악업은 나만 위하고 남한테 피해를 주는 겁니다. 그런데 더 자세히 보면 자신을 위하는 것 같지만 그렇지도 않습니다. 우리 마음에 나쁜 영향을 미치고 결국 과보로 돌아옵니다. 둘째는 술을 절제하는 겁니다. 술은 가능하면 마시지 않는 것이 좋고 꼭 필요하면 꼭 필요한 만큼만 마셔야 합니다. 저는 2003년도부터는 금주를 비롯해 오계를 철저히 지키기 시작했습니다. 제가 이 정도로 불교 공부하고 수행할 수 있었던 것은 오계를 지킨 것의 결과가 아닌가 합니다. 셋째는 가르침에 게으르지 않은 겁니다. 가르침에 게으르지 않으려면 순간 순간 마음을 잘 관찰해야 합니다.

우선 가르침을 대하는 태도가 중요합니다. 법을 들을 때 존경의 마음을 가지고, 겸손해야 됩니다. 겸손하면서 만족하는 마음이 있어야 합니다. 만족하면 감사한 마음이 생깁니다. 만족은 굉장한 지혜가 있어야 합니다. 만족 못하는 사람들은 자기에게 있는 건 당연하게 생각하고 없는 것에 대해서 '어, 왜 없어.'라고 생각하는 사람입니다. 하지만 뭐든지 우리에게 있는 것은 그것이 있게 한 우리의 노력이 있었기 때문입니다. 내가 노력했든 다른 사람이 노력했든 그렇습니다. 그렇게 보면 지금 있는 그것에 대한 만족과 감사의 마음을 가지게 됩니다.

그러면서 때에 맞게 법을 들어야 합니다. 적절한 때에 들어야 합니다. 마음도 차분히 안정될 때 들어야 합니다. 온화한 마음을 가져야 합니다. 누구하고 다투고 난 뒤에 가서 듣는 것은 적절치 않습니다. 이 셋이 가장 중요합니다.

7. 인내하고 온화한 마음으로 수행자를 만나서 가르침을 서로 논의하니 이것이야말로 더 없는 축복입니다.

자신이 법을 공부하고 수행을 하는 동안 또 다른 수행자를 만날 수 있고 또 법을 서로 논의할 수 있습니다. 그때는 온화한 마음을 가져야 합니다. 적절할 때를 살피고 적절한 법담을 나누어야 합니다. 대략 이 세 가지를 통해서 법을 배우고, 수행해야 불교 공부와 수행이 더 나아갈 수 있습니다.

8. 감관을 수호하여 청정하게 살며 거룩한 진리를 관조하여 열반을 이루니 이것이야말로 더 없는 축복입니다.

여덟 번째로 말씀하신 것은 열반입니다. 열반이라고 하면 나와는 무관하고 어딘가 멀리 있는 것처럼 생각하시는데, 그렇지 않습니다. 괴로움이 하나도 없는 상태가 열반입니다. 괴로움은 우리의 몸과 마음에서 나옵니다. 그런데 몸과 마음을 가지면서 괴로움이 없는 상태를 경험하는 게 열반입니다. 열반은 우리가 이룰 수 있는 가장 최상의 축복입니다. 열반이 되기 전에는 어떤 형태로든 괴로움이 있습니다. 본인 스스로 지금 평안한 상태라고 생각하시는 분도 있지만 언젠가 우리 안에 있는 잠재된 괴로움이 불쑥 튀어나올 수 있습니다. 우리가 화를 잘 다스렸다고 말할 수 있으려면 현재 화를 내지 않는 것도 중요하지만 잠재적으로 있는 화도 없애야 완전히 화가 없어졌다고 할 수 있습니다. 욕심도 마찬가지입니다. 결국 열반에 이르러야 완전한 괴로움의 소멸을 볼 수 있습니다. 『위대한 축복의 경』에서는 감각기관을 잘 수호하고, 잘 지켜야 한다고 말합니다. 감각기관을 잘못 수호하면 탐욕과 화가 밀려들어올 수 있습니다. 감각기관을 잘 수호하면서 정진해야 합니다. 정진이란 악법이 있으면 없애고, 또 일어나지 않은 악법은 일어나지 않게 하고, 선법이 있으면 선법을 증장시키고, 일어나지 않은 선법은 일어나게 하는 겁니다. 감각의 문을 잘 지키면서 정진하고, 청정한 생활을 하고, 그 바탕 위에서 사성제를 잘 수행하면 열반을 경험할 수 있습니다. 사성제를 잘 관조하고, 수행해서 열반을 얻는 겁니다. 열반을 이루면 성자의 반열에 들어서게 됩니다. 열반을 한 번 체험하면 다시는 사악처에 태어나지 않습니다. 그때부터는 정말 어려움 없이 가정생활도 할 수 있고, 직장생활도 할 수 있습니다. 열반은 언제나 우리의 최종 목표입니다.

9. 세상살이 많은 일에 부딪쳐도 마음이 흔들리지 아니하고, 슬픔 없이 티끌 없이 안온한 것 이것이야말로 더 없는 축복입니다.

부처님께서 이 게송에서 말씀하신 이유는 세상사에 부딪혀도 마음이 흔들리지 않고 슬픔과 더러움이 없이 안온하게 세상을 살아가라는 겁니다. 세상사에 부딪히는 것을 불교에서는 팔풍이라고 합니다. 여덟 가지 바람이 부는 겁니다. 이(利)·쇠(衰)·훼(毁)·예(譽)·칭(稱)·기(譏)·고(苦)·락(樂)의 바람입니다.

우선 이(利)와 쇠(衰)는 이익과 손해를 말합니다. 너무나 당연한 이야기지만 이익을 볼 만하니 이익을 보고, 손해를 볼 만하니 손해를 봅니다. 그런데 이런 인과를 잘 보지 못하고 그것에 연연합니다.

훼(毁)와 예(譽)는 명예와 치욕입니다. 칭(稱)과 기(譏)는 칭찬과 비방입니다. 고(苦)와 락(樂)은 즐거움과 괴로움입니다.

이익과 손해든, 명예와 치욕이든, 칭찬과 비방이든, 즐거움과 괴로움이든, 다 그럴 만하니 그렇게 되는 겁니다. 이런 것에 일희일비할 것이 아니라 인정하고 고쳐나가려고 해야 합니다. 그래야 안온하게 살 수 있습니다.

지금까지 말한 아홉 가지를 지키면 실패가 없고 언제나 번영만이 있습니다. 그래서 '위대한 축복', '최상의 축복'이라고 말씀하십니다.

우리는 밖으로 보이는 것에 너무 많이 신경을 씁니다. 지혜가 없어서 그렇습니다. 그러니 세상이 어떤지 명확하게 보지 못하고 자신에게 돌아와 나의 것, 나의 행복에 집착하고 끄달립니다.

저는 요즘 이런 생각이 많이 듭니다. '아, 나는 부처님 가르침의 해설자다.' 프로이트 정신분석 해설가들도 있지 않습니까? 그렇듯이 나는 부처님 가르침의 해설가로서 해설을 똑바로 잘해야 되겠다는 생각을 합니다. 부처님 말씀인 『위대한 축복의 경』을 정리해 드렸는데 남방의 스님들이 매일 독송하고 실천하듯이 우리도 그래야 합니다. 그렇게 된다면 어디서나 실패 없이 행복한 삶이 될 수 있을 것입니다.

17

경전에서 배우는 우정

경전은 부처님의 가르침이나 출가자의 수행에 대한 이야기로 대부분 채워져 있지만 재가자가 지켜야 할 윤리나 도덕에 대한 이야기도 종종 등장합니다. 그 중에서도 우리를 둘러싸고 있는 '관계', 그러니깐 부모, 스승, 아내, 친구와 동료, 하인과 고용인 등에 대한 이야기가 많습니다. 그 중에 오늘은 '친구' 그리고 '우정'에 대해 살펴보겠습니다.

우정에 대한 이야기는 경전에 비교적 자주 등장합니다. 그만큼 중요한 이야기라는 겁니다. 그런데 제가 하는 이야기를 듣고 상대로서의 '친구'만 생각하시면 안 됩니다. 내게 그런 친구가 필요하듯이 다른 사람도 내게 그런 친구가 되길 바랄 겁니다. 친구에 대해 이야기하지만 결국 또 나를 돌아보는 이야기인 것입니다. '내가 상대한테 어떤 친구였나?' 하고 균형 있게 보셔야 한다는 이야기입니다. '아, 저 사람은 안 좋은 친구야.'라고 생각할 수 있지만 나 역시 그 사람한테 해가 되는 친구는 아니었는지 역지사지(易地思之)로 생각해 보아야 한다는 겁니다. 관계는 상호적이고 상대적이기 때문입니다.

싱갈라를 훈계하신 부처님

우리를 둘러싸고 있는 '관계', 그리고 이에 대처하는 자세에 대해 자세히 나와 있는 경이 있습니다. 『교계 싱갈라 경』(D:31)입니다. 싱갈라를 가르치고 훈계한[敎誡] 경이라는 뜻입니다. 중국에서는 『선생경(善生經)』으로 번역돼 아함경에 등장합니다. 싱갈라(싱갈라까)를 중국어로 음차하면 선생(善生)이 되기 때문입니다. 한문 경전을 좀 많이 보신 분들은 『육방예경(六方禮經)』이라는 이름이 좀 더 친숙하실 겁니다. 싱갈라카(선생)가 여섯 방향으로 경배를 하기 때문에 이런 제목이 붙었습니다.

경전 속으로 들어가 보겠습니다.

하루는 부처님께서 길을 가시는데 어떤 젊은이(바라문 장자의 아들 싱갈라까)가 아주 경건하게 여섯 방향(동서남북과 상하)에 절을 하면서 경배를 하고 있었습니다.

그래서 부처님이 묻습니다. '왜 여섯 방향에 절을 하는가?'

싱갈라까는 부친이 임종하면서 말씀하신 것이기에 따르고 있다고 대답합니다.

그러자 부처님이 말씀하십니다. "장자의 아들이여, 그러나 성자의 율에서는 이렇게 육방으로 절을 해서는 안 된다." 여기서 '성자의 율'은 불교의 율을 말합니다.

싱갈라까가 묻습니다. '성자의 율에서는 어떻게 육방으로 절을 해야 합니까.'

이에 부처님이 말씀하십니다.

장자의 아들이여, 성스러운 제자는 네 가지 업의 오염원들을 제거하고 네 가지 경우로 사악한 업을 짓지 않으며 여섯 가지 타락의 입구가 되는 재물을 추구하지 않는다. 그는 이와 같은 열네 가지 사악함을 없애고 육방을 감싸는 자가 되어 두 세상을 얻기 위해서 도를 닦는다. 그는 이 세상과 저 세상을 다 얻는다. 그는 몸이 무너져 죽은 뒤 좋은 곳[善處]이나 천상에 태어난다.

불교 경전에는 이처럼 기존에 있던 관습이나 관행을 새롭게 해석해 불교적 의미를 담도록 하는 경우가 많이 나옵니다. 이 경에서도 마찬가지입니다. '그렇게 하되 이런 의미를 담아서 하면 좋은 과보가 있고 선처에 태어난다.'고 말하는 겁니다.

그리고 이어 경전은 앞에 말한 열네 가지를 각각 설명합니다.

첫 번째 네 가지는 살아 있는 것을 죽이지 말고, 주지 않는 것에 손대지 말고, 삿된 음행을 하지 말고, 거짓말 하지 않는 것입니다. 그다음 네 가지는 사악한 업을 짓지 않는 것입니다. 열의 때문에, 성냄 때문에, 어리석음 때문에, 두려움 때문에 사악한 업을 짓지 않는 것입니다. 마지막에는 '여섯 가지 타락의 입구', 즉 우리를 파멸로 이끄는 여섯 가지와 그것 각각의 여섯 가지 위험에 대한 이야기입니다. 술과 중독성 물질, 때 아닌 때에 길거리를 배회하는 것, 구경거리를 보러 다니기에 몰두하는 것, 노름에 몰두하는 것, 사악한 친구를 사귀는 것, 게으른 것입니다. 여섯 가지에 여섯 가지 위험을 말씀하시는데 그 중에 게으른 것에 대한 것만 대표로 살펴보겠습니다.

장자의 아들이여, 게으름에 빠진 자에게는 다음의 여섯 가지 위험이 있다. 너무 춥다면서 일을 하지 않는다. 너무 덥다면서 일을 하지 않는다. 너무 이르다면서 일을 하지 않는다. 너무 늦었다면서 일을 하지 않는다. 너무 배고프다면서 일을 하지 않는다. 너무 배부르다면서 일을 하지 않는다. 그가 이와 같이 해야 할 일에 대한 핑곗거리를 많이 가지고 사는 동안 아직 벌지 못한 재산은 벌지 못하며 번 재산을 다 써 버리게 된다. 장자의 아들이여, 이것이 게으름에 빠진 자의 여섯 가지 위험이다.

이렇게 하고 그다음 경배를 합니다. 동쪽, 남쪽, 서쪽, 북쪽 그리고 아래 위 모두 여섯 방향입니다. 인도에서는 항상 동쪽이 먼저입니다. 부처님께서는 동쪽은 부모라고 생각하라고 말씀하십니다. 부모에 대해서 이렇게 해라 하고 도리를 가르쳐 주십니다. 남쪽은 스승입니다. 서쪽은 부모와 자식, 북쪽은 친구나 동료이고 아래 방향은 고용인입니다. 요즘 같으면 노사관계라고 볼 수 있겠지요. 위쪽은 사문이나 바라문, 성직자들입니다. 그것에 대해서 각각의 도리들을 가르쳐주십시다. 저는 이 부분에서 부처님에 대해서 감탄을 했습니다. 대단한 지혜가 없으면 이렇게 현장에서 가르침을 줄 수가 없습니다. 이 중에 친구에 대해서 이야기해 보겠습니다.

친구가 아닌 친구, 가슴을 나누는 친구

경전에는 우선 친구인 척하지만 친구가 아닌 네 가지, 그리고 가슴을 나누는 친구 네 가지에 대해서도 말씀하십니다.

친구인 것 같기도 하고 아닌 것 같기도 한 좀 알쏭달쏭한 친구가 있습니다. 잘 구별해야 합니다. 정말 친구인 것 같으면서도 나중엔 아닌 사람도 있고, 친구 아닌 것 같은데 진정한 친구인 사람도 있습니다. 친구인 척하면서 친구 아닌 사람 네 종류는 다음과 같습니다. 첫 번째는 자기가 뭘 가져오지 않았는데 분명히 가져왔다고 말하는 자입니다. 두 번째는 말만 최고로 하는 자입니다. 그런데 말하고 행동은 다릅니다. 세 번째는 듣기 좋은 말만 하는 자입니다. 네 번째는 나쁜 일 하는데 동무가 되는 자입니다. 이 네 부류의 친구는 친구인 것 같으면서도 친구는 아닙니다. 이 네 가지에 각각 또 네 부류가 있습니다.

첫 번째는 뭔가 가져오지 않으면서 자기는 가져왔다고 주장하는 사람입니다. 이런 사람들은 적게 주고, 많은 것을 원하고, 두려움 때문에 의무를 행하고, 자신의 이익만을 챙기는 네 부류라고 부처님은 말씀하십니다. 진정으로 친구를 돕기 위해서 하는 게 아니라 비난받을까 봐 또는 자기한테 손해될까 봐, 그래서 두려움 때문에 하는 겁니다. 두려움이 없으면 안 하겠죠.

두 번째는 말만 최고로 하는 사람입니다. 과거에 이렇게 하려 했다는 번지르르한 말에 의지하고, 미래에 이렇게 할 것이라는 번지르르한 말에 의지하고, 아무 의미 없는 말로 호의를 얻으려 하고, 일이 생겼을 때는 문제가 생겨서 도와줄 수 없다고 합니다. 이것이 말만 최고로 하는 사람의 네 부류입니다.

세 번째는 듣기 좋은 말만 하는 사람입니다. 여기에도 네 부류가 있습니다. 사악한 것에는 동의를 하고, 좋은 것에는 동의를 하지 않으며, 면전에서는 칭송하는 말을 하고, 등 뒤에서는 비난하는 말을 합니다.

네 번째는 나쁜 일 하는 데 항상 친구가 되는 사람입니다. 여기에도 네 부류가 있습니다. 술이나 중독이 되는 물질을 취할 때 친구가 됩니다. 때가 아닌 때, 적절한 때가 아닌 데 길거리를 배회할 때 친구가 됩니다. 구경거리를 보러 다닐 때 친구가 됩니다. 노름할 때 친구가 됩니다.

역으로 부처님께서는 가슴을 나누는 친구가 있다고 하셨습니다. 역시 크게 네 부류가 있고 그 네 부류 안에 다시 네 부류가 있다고 말씀하셨습니다. 첫 번째는 우리에게 도움을 주는 친구입니다. 두 번째는 즐거우나 괴로우나 한결같은 친구입니다. 세 번째는 바른 것을 조언해 주는 친구입니다. 네 번째는 연민하는 친구입니다.

첫 번째, 도움을 주는 친구의 네 부류는 이렇습니다. 취해 있을 때 보호해 주고, 취한 자의 소지품을 보호해 주고, 두려울 때 의지처가 되어 주고, 해야 할 일이 생겼을 때 두 배로 필요한 물품을 보태어 주는 친구입니다.

두 번째, 즐거우나 괴로우나 한결같은 친구의 네 부류는 이렇습니다. 비밀을 털어놓고, 비밀을 지켜주고, 재난에 처했을 때 떠나지 않고, 목숨까지도 친구를 위해 버리는 친구입니다.

세 번째, 바른 것을 조언해주는 친구인데 역시 네 부류가 있습니다. 사악함으로부터 멀리하게 하고, 선에 들어가게 하고, 배우지 못한 것을 배우게 하고, 천상의 길을 가르쳐주는 친구입니다.

네 번째, 연민하는 친구인데 또 네 부류가 있습니다. 친구의 불행에 대해서 기뻐하지 않고, 친구의 행운에 대해서 기뻐하며, 친구를 비난하는 자를 멀리하고, 친구를 칭송하는 자를 칭찬한 친구입니다.

부처님께서 이렇게 친구가 아닌 친구, 가슴을 나누는 친구를 말씀하시고 난 뒤 북쪽 방향인 친구와 동료에 대해 어떻게 해야 하는지를 말씀하십니다.

> 장자의 아들이여, 선남자는 다음의 다섯 가지 경우로 북쪽 방향인 친구와 동료들을 섬겨야 한다. 베풀고, 친절하게 말하고, 그들에게 이익이 되도록 행하고, 자기 자신에게 하듯이 대하고, 언약을 어기지 않는다. 장자의 아들이여, 이와 같이 선남자는 북쪽 방향인 친구와 동료들을 섬긴다.
> 그러면 친구와 동료들은 다시 다음의 다섯 가지 경우로 선남자를 사랑으로 돌본다. 취해 있을 때 보호해 주고, 취해 있을 때 소지품을 보호해 주고, 두려울 때 의지처가 되어 주고, 재난에 처했을 때 떠나지 않고, 그의 자녀들을 존중한다.

좋은 친구와 나쁜 친구를 알아보는 방법

좋은 친구와 나쁜 친구를 한눈에 알아볼 수 있는 방법이 있으면 참 좋을 것 같습니다. 『자따까』에 「참 벗과 아닌 벗의 전생 이야기 경」에서 부처님은 이런 방법을 제시합니다.

부처님 당시 인도 지역에 있었던 유력국 코살라에 대해서 들어본 적이 있으실 겁니다. 그곳의 왕은 빠세나디로 부처님과 동년배였다고 합니다. 하루는 빠세나디 왕이 부처님을 찾아옵니다. 자신이 총애하는 신하가 있는데 다른 대신들이 자꾸 시기를 한다고 합니다. 대신들이 '저 대신은 대왕님께 이롭지 않은 일을 하고 있다.'고 해서 불러다 조사를 했지만 전혀 그런 게 없었습니다. 어떻게 해야 할지 몰라 부처님을 찾아와 묻습니다. 부처님은 '전생에도 현자들은 이 질문을 하여 나쁜 친구는 피하고 진정한 친구는 사귀었다.'고 하면서 전생 이야기를 들려줍니다.

부처님께서 보살이었을 때 왕이 보살에게 진정한 친구에 대해 묻자 보살은 '진정한 친구는 열여섯 가지 특징이 있고 나쁜 친구도 열여섯 가지 특징이 있다고 대답합니다. 심오한 것 같지만 굉장히 평범한 특징들입니다.

첫 번째, 나쁜 친구는 친구를 보고 크게 웃질 않습니다. 진정으로 크게 웃지 않는다는 말입니다. 두 번째, 친구를 보고도 반갑게 맞이하지 않습니다. 세 번째, 친구 쪽에 눈을 안 줍니다. 뭔가 꺼리는 게 있다는 이야기입니다. 네 번째, 친구가 하는 일마다 반대를 합니다. 진정으로 마음에서 하는 경우도 있겠지만 자꾸 반대하는 경우는 안 좋은 친구인지 의심해 봐야 합니다. 다섯 번째, 나쁜 친구를 자꾸 사귑니다. 그런 친구는 좋은 친구가 아닙니다. 여섯 번째, 좋은 친구는 가까이하지 않습니다. 일곱 번째, 자기의 좋은 점을 누가 칭찬하면 그걸 거부합니다. 여덟 번째, 이건 좀 이상한 심리 같은데 누가 비난하면 그걸 또 좋아합니다. 이런 경우도 좋은 친구는 아닙니다. 아홉 번째, 비밀을 친구한 테 말하지 않습니다. 열 번째, 친구가 비밀을 말한 게 있으면 그걸 지켜 주지 않습니다. 열한 번째, 친구가 하는 일을 칭찬하지 않습니다. 열두 번째, 친구가 지혜로운 걸 또 칭찬하지 않습니다. 열세 번째, 친구가 잘 되면 좋아하지 않습니다. 열네 번째, 친구가 안 되면 좋아합니다. 열다 섯 번째, 뭔가 좀 귀한 물건을 얻어도 '아, 내 친구도 좀 가졌으면.' 하고 생각하지 않습니다. 열여섯 번째, '그 친구 이게 없으니까 안 좋다. 너도 좀 가졌으면 좋겠다.'는 말도 하지 않습니다. 이것이 나쁜 친구 감별법 열여섯 가지입니다. 평범하게 이야기했는데 이것 속에 어찌 보면 진리 가 들어 있습니다.

좋은 친구 열여섯 가지는 대략 '나쁜 친구'의 반대라고 보시면 됩 니다. 다만 처음 네 가지는 차이가 납니다. 첫 번째, 친구가 멀리 다른 나라에 가면 그 친구를 잊지 않고 생각합니다. 눈에 안 보이니까 잊어 버리는 게 아니라 그 친구를 생각하고 또 기억합니다. 두 번째, 친구가 온다는 사실을 들으면 기뻐합니다. 세 번째, 친구가 오면 굉장히 기뻐 합니다. 네 번째, 다정한 말로써 환영을 합니다. 그 뒤에 부분은 말씀드 린 대로 '나쁜 친구'의 반대로 생각하시면 됩니다.

어려울 때 도와준 친구의 배신

친구에 대해 이야기한 경전은 이밖에도 꽤 많습니다. 그 중에 제가 가 장 감명 깊게 읽은 것은 『자따까』「주지 않음의 전생 이야기 경」입니다.

옛날 마가다 국의 왕사성에서 마가다 왕이 나라를 다스리고 있을 때 보살은 8억금의 재산을 가진 장자였고, 이름을 상카라고 했습니다. 8억금이면 아마 지금으로 치면 몇 백억, 몇 천억 부자였을 겁니다. 그때 바라나시에도 8억금의 재산을 가진 피리야라는 장자가 살고 있었습니다. 그 둘은 매우 친한 사이였습니다.

그런데 피리야 장자가 어떤 사정으로 전 재산을 잃고 말았습니다. 피리야 장자는 의지할 곳이 없어 상카 장자를 찾아옵니다. 상카 장자는 그를 맞아 아무것도 묻지 않고 반가이 얼싸안고 정중히 대우합니다. 며칠 그냥 편히 쉬게 한 후에 상카 장자가 피리야 장자에게 묻습니다. '벗이여, 당신은 무슨 일로 여기 왔습니까?' 그랬더니 피리야 장자가 '불행한 일을 당해 전 재산을 다 없애고 의지가 할 곳이 없게 되었다.'고 말합니다. 상카 장자는 걱정하지 말라고 하면서 자기 창고를 열어 4억금을 내어 주고 그 밖의 다른 재산과 하인과 자기 소유의 가축이며 물품에 이르기까지 모두 둘로 나누어 반을 그에게 줍니다. 피리야 장자는 그걸 받아서 바라나시로 돌아가 다시 일어섭니다.

그런데 그 뒤에 상카 장자에게도 같은 불행한 일이 일어납니다. 가족을 데리고 피리야 장자를 찾아가다가 그 사람 집 가까이 오니까 부인을 보고 '당신이 나와 함께 거리를 걸어 다니는 것은 아무래도 당신에게 어울리지 않는다.'고 말합니다. 좋지 않는 일로 가는데 부인이 같이 가는 것은 적절하지 않다고 생각한 것 같습니다. '내가 마차를 보낼 테니까 나중에 타고 오라.'고 부인에게 말합니다. 친구가 마차를 줄줄 알았죠. 부인은 거기 머물고 상카 혼자 갑니다. 친구 집에 도착하여 하인한테 자신이 찾아왔다고 하니까 그 친구가 나왔습니다. 딱 나와 보니까 이상하잖아요? 망한 것 같거든요. 왜 왔냐고 묻습니다. 망해서 왔다고 하니간 '그래 어디 묵냐?'고 묻습니다. '지금 내 처는 저쪽에 있다.'고 하니 '여기 잘 방이 없다. 당장 끓여 먹을 것을 조금 줄 테니까 가져가라.'고 말합니다. 마침 그날 그 집에 추수한 쌀을 천 수레를 넣은 날이었습니다. 무지하게 많이 넣은 날이었습니다. 그런데 하인한테 시키기를 쌀 껍데기 있죠? '껍질 두 되를 좀 가져 오너라.'고 합니다. 하인은 시키는 대로 합니다. 쌀 껍질 두 되를 가져와서 주는 겁니다. 파리야는 상카에게 그걸 끓여 먹고 가라고 말합니다. 제 생각에는 아마도 옛날에 보살(상카)에게서 받은 것을 다시 돌려줄 것이 두려워서 그랬지 않나 생각합니다. 그때 보살(상카)이 생각을 합니다. '아, 이 친구가 지금 우정을 깨고 있다. 내가 이걸 안 받으면 나도 우정을 깨는 거다. 나는 우정을 깰 수 없다.' 그래서 그걸 받고 돌아갑니다. 돌아가 부인에게 자초지종을 이야기합니다. '나는 우정을 깨지 않기 위해서 받았다.' 그러니까 지금 무슨 소리 하냐고 부인이 막 엉엉 울면서 소리를 지릅니다. 상카도 어떻게 할 수가 없잖아요. 막 부인이 울고 그러니까. 그런데 옛날 하인이 지나가다가 귀에 익은 목소리가 들려 찾아옵니다. 보니까 자기 옛날 주인인 겁니다. 인사를 하고 어떻게 된 거냐고 물으니 상카가 자초지종을 이야기합니다. 그러니까 '아, 걱정하지 마시라.'고 하면서 자기 집에 머무르게 합니다. 집에 머무는 동안 다른 옛날 하인들이 다 와서 인사를 합니다. 그리고 난 뒤에 이 하인들이 모여서 왕궁으로 찾아갑니다. 왕궁에 찾아가서 막 떠드는 거죠. 왕이 굉장히 시끄러우니까 '저거 뭐냐?'고 묻습니다. 밑의 사람들이 알아봐서 보고하니 '떠든 사

람을 불러와 봐라.' 해서 하인들이 들어갑니다. 왕이 자초지종을 듣고
보니 사회에 영향을 주는 심각한 이야기입니다. 그래서 왕이 상카 장
자와 파리야 장자 두 사람을 부릅니다. 두 사람을 불러서 확인을 합니
다. 왕이 먼저 상카 장자에게 파리야 장자를 도와준 사실에 대해 묻고
대답을 들은 후 파리야 장자에게 '옛날에 이렇게 도와준 일이 있냐?'고
물으니 파리야 장자가 '있다.'고 합니다. 그래서 왕이 '이번에 어떻게 했
냐?' 물으니 피라야 장자가 대답을 못합니다. 그러니까 대신들하고 의
논해서 판결을 내립니다. '파리야 장자의 전 재산을 몰수해서 상카 장
자에게 주어라.' 그러니까 보살(상카)이 '나는 다 필요하지 않다. 내가 준
것만 받겠다.'고 합니다. 그래서 상카 장자가 전에 파리야 장자에게 준
자신의 재산을 받아 가지고 오는 게 이야기의 끝입니다. 저에게는 굉
장히 인상적인 이야기였습니다.

나의 부족함을 메워주는 친구

부처님께서 우리에게 어떤 친구를 사귀라고 한 건 앞에 나와 있기도
하지만 직접적으로 하신 말씀은 다음의 두 경에 나와 있습니다. 하나
는 『숫따니빠다』 「코뿔소의 외뿔의 경」에 있습니다. "우리는 참으로 친
구를 얻는 것을 칭송한다. 훌륭하거나 비슷한 친구를 사귀되, 이런 친
구를 만나지 못하면 허물없음을 즐기며 코뿔소의 외뿔처럼 혼자서 가
라." 나보다 못한 사람을 친구로 사귀지 마라는 말씀입니다. 또 하나는
앞의 말과는 다른 말입니다. 『자따까』 「길상초의 전생 이야기」에 부처

님께서 급고독 장자에게 "장자여, 벗은 어떤 벗도 못한 벗은 없다. 벗을 보호할 수 있기 때문이다. 벗이라 할 때는 나보다 못하거나 나와 같더라도 다 나보다 낫다고 생각해야 한다. 왜 그러냐면 모든 벗들은 자기에게 오는 무거운 짐을 반드시 덜어주기 때문이다."라고 말하며 자기보다 못한 친구도 소중하게 생각하라고 하셨습니다.

아나타삔디까(급고독) 장자가 어릴 때부터 영 떨어지는 친구를 사귀니 사람들이 자꾸 '왜 저 친구와 사귀냐. 사귀지 마라.'고 말했지만 아나타삔디까 장자는 개의치 않고 사귀었습니다. 한번은 아나타삔디까 장자가 어디를 가면서 자기 집을 이 사람한테 맡깁니다. 그런데 집을 잘 지켜야지 하는데 도둑이 온 겁니다. 도둑이 저 밖에서 웅성웅성하니까 이걸 듣고 이 사람이 꾀를 발휘합니다. '자 누구는 뭘 준비하고…' 하는 말을 막합니다. 사람은 아무도 없고 자기뿐인데 '누구는 뭘 준비하고 누구는 뭘 준비하고…' 막 이러니까 도둑들이 와서 '아, 사람이 없는 줄 알고 왔는데 사람이 많구나.' 하고 도망을 갑니다. 아나타삔디까 장자가 돌아와서 보니까 자기 재산이 고스란히 남아 있습니다. 그래서 사람들 보고 못하다고 안 사귀면 곤란하다는 이야기를 합니다. 부처님이 나보다 나은 친구 사귀라는 건 나쁜 친구의 영향을 받지 말라는 겁니다. 그렇지만 사람이 살다 보면 우리가 무슨 일이 일어날지 어떻게 알겠습니까? 그래서 사람은 두루두루 사귀는 게 필요합니다.

정신건강적인 측면에서 볼 때도 친구의 존재는 굉장히 중요합니다. 왜 중요하냐면 우리는 완전하지 못하기 때문입니다. 우리가 가지고 있는 어떤 품성이나 이런 것은, 예를 들면 순한 사람은 순한 것만 있잖아요. 또 어떤 사람은 차분하면 차분한 것만 있고. 그렇지만 세상은 또 다른 게 필요합니다. 모범생도 실제로 자기는 막 놀진 않았지만 그런 세계를 이해도 해야 할 필요가 있습니다. 어떤 친구를 사귀게 되면 깊게 사귀잖아요. 그러면 그 친구의 어떤 것이 간접 경험으로 자기한 테 들어올 수 있습니다. 그래서 우리가 살아가다 보면 어떤 친구를 사귀면서 우리에게 부족한 부분이 메워질 수 있습니다. 특히 성장기에는 굉장히 중요합니다. 예를 들면 역사에 관심 있는 친구와 과학을 하는 친구가 만나서 이야기하다 보면 과학적인 게 들어올 수 있습니다. 살아가면서 우리 속에 있는 걸 다 털어놓을 수 있는 친구가 필요합니다. 그 자체만으로도 굉장히 정신건강에 좋습니다. 자신의 생각을 다 말할 수 있고 또 이야기도 들을 수 있는 친구가 필요하기 때문에 친구는 굉장히 소중합니다. 그런데 저를 찾아오는 환자분들을 보면 보면 어떤 분은 진짜 친구가 한 명도 없는 사람도 있습니다. 그래서 '당신은 왜 친구가 없어졌습니까?' 물으니 어떤 친구 만나면 피곤해가지고 자꾸 끊다보니까 한 명도 안 남았다고 대답을 합니다. 친구 만나면 좀 손해 보는 것 같고 기분 나쁘더라도 끊지 마십시오. 끊지 말고 거기서 오는 것은 또 오는 대로 해결하세요. 친구는 다양하게 사귀는 것이 좋습니다.

한 살 한 살 먹어갈수록 친구에 대한 개념도 바뀔 수 있습니다. 보통 친구하면 어릴 때 친구, 또 학교 다닐 때 친구 이렇게 생각하잖아요. 이십여 년 전에 어느 날 이런 생각이 들더라고요. 내가 고등학교 다닐 때 굉장히 친했던 친구가 두 명이 있었는데, 이제는 멀리 떨어져 살아서 보지도 못하는 겁니다. 그러면 지금 나에게 그런 것이 의미가 있을까? 그러면서 제가 생각한 게 '아, 가까이에서 자주 보는 사람이 소중하구나.' 그런 생각을 하게 됐습니다. 오래 사귄 친구는 사귄 만큼 또 소중하지요. 지금 또 만나는 사람은 만나는 대로 소중하지요. 그래서 모든 사람을 소중히 하고 내가 너무 친구라는 데 집착해서 '아, 이 사람은 내 친구 아니야.' 이거는 좀 곤란하지 않을까? 이런 생각이 들었습니다. 그래서 저는 점심 먹으면 점심 먹는 친구, 차 마시면 차 마시는 친구, 어디 갈 때 같이 가면 같이 가는 친구 그렇게 대해야겠다는 생각이 그 당시에 들었습니다.

18
__

운명을
뛰어넘는 길

운명이나 팔자에 대한 관심이 많으신 분들이 꽤 됩니다. 점집에 가서 운세나 사주를 보는 사람들도 적지 않습니다. 그런 곳에 '왜 가느냐?'고 물어보면 '답답해서', '궁금해서', '그냥 심심풀이'로 등 이유가 다양합니다. 그런데 자꾸 그쪽으로 길을 내면 그런 길로 가게 되어 있는 것이 이치입니다.

정해진 인생의 항로가 있다는 건 아주 뿌리 깊은 믿음입니다. 부처님 당시에도 어떤 창조주가 있어 세상을 창조하고 관장한다고 보는 관점, 그냥 일어나는 건 아무런 원인도 없고 그 어떤 과보도 없다는 관점과 함께, 모든 것은 운명에 의해 결정된다는 설을 지지하는 사람들도 있었습니다. 부처님 당시의 이런 사상 흐름은 지금도 다른 이름으로, 물론 세련된 형태로 계속되고 있습니다.

운명은 자기 스스로 만드는 것이고 복은 자기 자신에게 구하는 것이다

이것이 '나의 운명이다.' 하고 믿으면 그대로 됩니다. 내가 노력해서 바꿀 수 있겠지 하고 생각하면 그게 또 시작입니다.

어느 날 환자와 상담을 하는데 그분이 '아주 좋은 책이 있습니다.'

하며 책을 한 권 소개해 주시더라고요. '운명'에 대해 아주 재밌게 풀어놓은 책입니다. '요범사훈'이 원래 제목인데 우리나라에는 『운명을 뛰어넘는 길』이라는 제목으로 번역되어 나왔습니다. 저자는 원황으로 16세기 명나라 시대 사람입니다. 요범(了凡)은 그의 호입니다. 사훈(四訓)은 네 가지 가르침을 말합니다. 제목에서도 알 수 있듯이 이 책을 쓴 목적은 자신의 아들에게 자신이 겪은 일들을 들려주며 교훈으로 삼게 하기 위해서입니다. 중국에서는 이 책을 모든 아동교육에 필수 교재로 사용할 정도로 아주 중요하게 여기는 책입니다. 경전은 아니지만 그 가르침이 불교와 아주 가까이 맞닿아 있어 청나라 시대부터 근세까지 내로라하는 중국의 큰스님들도 이 책에 대한 강설을 많이 남겼습니다.

원황이 살아온 과정은 대략 이렇습니다.

원황은 어릴 때 아버지를 여의었는데 그의 어머니는 '의학을 배워 생활하며 남들 돕는 것이 좋다.'고 설득합니다. 그러던 어느날 자운사(慈雲寺)라는 절에 갔다가 고귀한 모습의 나이든 노인을 만나게 됩니다. 그런데 대뜸 '그대는 관리가 될 운명을 타고 났소. 내년에 그대는 현립학교에 진학할 것이오. 왜 시험공부를 안 하오?' 하고 말합니다. 옛날 중국에서는 의원이 되려면 의원을 따라 다니면서 심부름도 하며 도제식으로 학습을 받습니다. 책을 따로 읽을 필요가 없었습니다.

원황이 이 노인에게 자초지종을 물으니 노인은 운남(雲南)에서 온 공(孔) 씨라고 했습니다. 원황은 공 선생을 집으로 초대해 가족과 함께 그의 예지 능력을 시험합니다. 그랬더니 큰일은 물론 작은 일의 예언도 정확했습니다. 그래서 친지들과 상의해 공 선생의 말에 따라 다시 시험공부를 시작하게 됩니다.

　나중에 공 선생은 원황을 위해 몇 가지 예언을 더 합니다. 현(縣)에서 보는 고시에 14등을 하고, 부(府)에서 보는 고시에는 71등을 하고, 성(省)에서 보는 고시에는 9등을 할 거라고 말합니다. 그런데 다음해에 원황이 이 세 시험을 쳤는데 모두 공 선생이 예언한 석차대로 합격을 합니다.

　원황이 받아 적은 공 선생의 예언은 몇 개가 더 있었습니다. 어떤 해에 어떤 시험에 합격하고 어떤 해에 품생(稟生, 고등학생)이 되고 어떤 해에 공생(貢生, 대학생)으로 승진하고 나중에 사천성(四川省)의 지사가 되리라고 예언합니다. 그리고 마지막에 '이 직위에 3년 반 근무한 후, 은퇴하여 고향에 돌아오게 되어 있다. 그리고 53세 되는 해인 8월 14일 축시(丑時)에 죽게 되어 있다. 불행히도 자식은 없다.'고 예언합니다.

　모든 시험 결과는 예언대로 되었습니다. 특히 '식량 배급량으로 모두 쌀 아흔한 가마 다섯 되를 받은 후에야 승진하리라.'고 예언했는데 일흔한 가마를 받습니다. 아흔한 가마에서 스무 가마가 빠지는데 교육청장인 도종사가 승진을 추천합니다. 하지만 도종사의 후임이 이 승진을 기각합니다. 몇 년이 지난 후에 부임한 교육청장인 은종사가 현감에게 후보로 추천합니다. 복잡한 승진 후에 계산 해보니 정말 쌀 일흔한 가마를 받습니다. 원황은 공 선생이 예언한 '운명'을 완전히 믿습니다. 그래서 그냥 운명대로 살게 됩니다. 노력도 없고 걱정도 없었습니다.

　그러다 원황이 37세가 되던 해 우연히 남경 서하산에 머무르고 있던 운곡 선사를 만나 가르침을 듣게 됩니다. 운곡 선사는 매사를 운수

소관으로 맡기고 아무 생각 없이 살아가던 원황에게 "명유아작 복자기구(命由我作 福自己求)", 즉 운명은 자기 스스로 만드는 것이고 복은 자기 자신에게 구하는 것이라고 꾸짖습니다. 원황이 선사에게 운명을 어찌하면 피할 수 있을 것인지를 묻자 운곡 선사는 '지금 당장 생각과 습관을 바꿀 것'과 '다른 사람에게 좋은 일을 많이 할 것' 두 가지를 실천하도록 합니다. 이 가르침에 느낀 바가 많았던 원황은 그때까지 쓰던 호학해(學海)를 평범한 삶을 마친다는 뜻의 요범(了凡)으로 바꾸고 선사의 가르침을 실천하기 시작합니다.

요범은 평소 화를 잘 내고 타인에게 불친절하던 자신의 성격과 나쁜 버릇들을 고쳐나가기 위해 노력하는 한편 고을의 백성들에게 세금을 감면해 주는 등의 선행에도 힘을 씁니다. 이후 요범은 예부 과거시험에 3등으로 합격 하리라는 공노인의 예언과 달리 1등을 하게 되고, 아들도 얻었으며, 69세에 인생지침서인 『요범사훈』을 써서 아들에게 물려주고 73세에 세상을 떠나게 됩니다.

이 책에 나온 것처럼 운명은 얼마든지 바뀔 수 있습니다. 그런데 그냥 있는다고 바뀌는 건 아닙니다. 좋은 일을 하고 남을 도와야 바뀌는 겁니다.

자신을 길들이고 노력한 자가 승리한다

『자따까』에도 재미있는 이야기가 하나 있습니다. 「작은 가링가 왕녀의 전생 이야기」입니다. 부처님이 전생에 보살로 계실 때 가링가라는 아주 강력한 왕이 있었습니다. 이 왕은 싸움을 좋아했습니다. 그런데 전쟁을 하고 싶어도 아무도 이 왕과는 대적하려고 하지 않습니다. 그만큼 강했다는 이야기죠. 그러니까 왕이 신하들한테 '내가 좀 싸움을 할 수 있는 길이 뭐가 있겠나?' 묻습니다. 어떤 신하가 '대왕님의 딸 넷이 있는데 딸이 참 아름다우니 딸을 다른 나라로 보내면 사람들이 욕심이 나서 불러들일 것입니다. 그걸 빌미로 전쟁을 하면 됩니다.'라고 이야기합니다. 왜 우리 딸을 데려갔냐고 시비를 걸겠다는 겁니다. 그래서 딸들을 타지로 보냅니다. 그런데 다 소문이 나 있으니까 아무도 그 왕녀들을 들이지 않습니다. 그냥 대접만 하고 다 보내버립니다. 그런데 어느 나라에 앗사카라는 왕이 있었고 그 밑에는 아주 현명한 대신이 한 명 있었습니다. 그 대신은 왕녀들을 왕비로 맞아들이고 그냥 싸워도 이길 수 있다고 왕한테 이야기를 합니다. 그래서 앗사카 왕은 아름다운 왕녀들을 왕비로 맞아들였고 곧 가링가 왕과 앗사카 왕 간에 전쟁이 벌어집니다. 옛날 전쟁은 지금하고 다릅니다. 옛날 전쟁은 서로 딱 대치한 상태에서 시작합니다.

서로 대치를 하고 있는 그 중간 지점에 수행자인 보살의 초막이 있었습니다. 싸움을 건 왕인 가링가 왕이 대치한 상황에서 보살을 발견하고는 '수행자는 무엇이든 잘 안다. 누가 이기는지 물어보자.'고 생각하고 변장을 하고 보살을 찾아가 묻습니다. "존자시여, 가링가 왕과 앗사카 왕이 싸우려고 각각 그 국경에 머물고 있습니다. 그 승패가 어떻게 되겠습니까?" 보살이 "큰 공덕주여, 나는 그 승패를 모릅니다. 그런데 제석천이 여기 올 것입니다. 그에게 물어 말해 주겠습니다. 내일 오십시오." 하고 말합니다. 제석천이 보살에게 와서 인사를 하고 앉았을 때 보살이 제석천에게 그 일을 묻습니다. 제석천은 "존자시여, 가링 가가 이기고 앗사카가 질 것입니다. 그런데 앞서서 어떤 일이 벌어질 것입니다."라고 말합니다. 다음 날 찾아온 가링가 왕에게 보살은 이 말을 전해 줍니다. 가링가 왕은 자신이 이긴다는 말에만 기뻐하고 어떤 일이 먼저 벌어지는 것에 대해서는 물어보지도 않고 돌아가 자신이 들은 것에 대해 소문을 냅니다. 이 소문을 듣고 앗사카 왕이 현명한 대신에게 걱정을 토로하니 현명한 대신은 "대왕님, 누가 이기고 누가 진다는 것을 누가 알겠습니까. 대왕님은 걱정 마십시오." 하고 안심을 시킨 후 보살을 찾아가 앞서서 어떤 일이 벌어지는지를 물어봅니다. 보살은 제석천에게 들은 대로 말해줍니다. "큰 공덕주여, 이기는 편의 수호천은 전신이 새하얀 소고, 지는 편은 전신이 새까만 소입니다. 그 두 수호천이 싸움하여 승패가 결정될 것입니다." 현명한 대신은 그 말을 듣고 돌아가 왕의 친구로서 전쟁을 잘 아는 천 명에게 왕을 위해서 목숨을 바칠 수 있냐고 묻습니다. 왕의 친구들은 그렇게 하겠다고 대답을 합니다. 그러자 현명한 대신은 천 명을 산으로 데려갑니다. 산꼭대기 낭떠러지에 데려가서 '자, 한 번 굴러 떨어져 봐라.'라고 말합니다. 충성심 많은 왕의 친구들은 구르기 시작합니다. 그러니까 현명한 대신은 '됐다. 여기서 죽으면 무의미하다. 이제 벌어질 싸움에서 왕을 위해서 물러나지 마라.'고 말합니다. 전쟁이 임박해서도 가링가 왕은 자기가 이긴다고 하면서 게을렀고, 그 군대도 전쟁 준비에 게을렀습니다. 전쟁이 시작이 되자 두 왕이 앞에 서고 두 수호천도 왕 앞에 섰습니다. 수호천은 왕의 눈에만 보였습니다. 앗사카 왕의 현명한 대신이 왕에게 "잘 훈련된 말을 타고 가서 가링가 왕의 수호천을 창으로 찌르면 그때

천 명의 전사도 천 개의 창으로 찌를 것입니다." 하고 말하고 실제 그렇게 했습니다. 전쟁은 앗사카 왕이 이겼습니다. 가링가 왕이 달아나면서 보살이 거짓말을 했다고 비난을 합니다. 며칠 후에 제석천이 왔을 때 시로써 "모든 천신은 거짓말을 초월했나니 진실은 그대의 보배이니라. 그런데 그대는 거짓말을 했네. 그것은 무슨 까닭인가." 하고 묻습니다. 그러자 제석천이 시로써 다음과 같이 대답합니다. "천신은 인간의 노력을 시샘하지 않는다. 자신을 길들이고 마음이 안정되고 마음이 딱 집중되고 확고하고 노력한 앗사카 군대가 승리한 것이다." 제석천의 말을 미루어볼 때 운명도 있고 의지도 있는데 센 놈이 이기는 겁니다. 상당히 흥미로운 경전입니다.

남에게 의지하기보다는 자신을 잘 알아야

지혜로운 사람을 만나기는 어렵지만 점집은 많습니다. 사람들은 앞날을 모르니 궁금합니다. 그러니 점술가가 하는 말에 귀가 솔깃합니다. 자주 찾아가다 보면 어떤 건 맞는 경우도 있어서 또 찾아가게 됩니다.

하지만 경전에서는 점을 치지 말라고 분명히 얘기합니다. 디가 니까야 첫 번째 경전이 『범망경』(D1)이고 두 번째 경전이 『사문과경』(D2)인데 『사문과경』에서는 출가한 사문에게 점을 치지 말라고 분명히 얘기합니다. 구체적으로는 해몽을 한다든지, 관상을 본다든지, 택일을 한다든지, 집자리를 본다든지 등등을 하지 말라고 되어 있습니다. 비구들은 그런 걸 하지 않는다, 그러면서 아예 계로 딱 못을 박아버립니다.

그런데 가끔 보면 우리나라에는 점을 봐주는 스님들이 계십니다. 그런데 결국 이건 신도들의 잘못이기도 합니다. 우리가 사실 스님들을 잘 보호해야 합니다. 아예 묻지를 말아야 합니다. '아, 이런 것은 어기게 하지 않아야 되겠구나.' 하고 우리가 잘 보호해야 합니다. 술 같은 것도 마찬가지입니다. 물론 그러려면 스님들이 지켜야 할 계를 잘 알아야 합니다.

여하튼 부처님께서도 말씀하셨지만 제가 볼 때는 모든 건 자기한테 달려 있습니다. 저는 이렇게 생각합니다. 우리는 마라톤을 한다고 봅니다. 마라톤 출발선에 많은 사람들이 서 있습니다. 뜁니다. 가다가 낙오하는 사람도 있고 계속 뛰는 사람도 있습니다. 그런데 마라톤을 하면 누가 도와줍니까? 누가 방해합니까? 자기 스스로 컨디션 조절, 스피드 조절을 해야 합니다. 저는 인생도 마찬가지라고 생각합니다. 자기를 잘 알 필요가 있습니다.

자기를 잘 아는 방법으로 카렌 호나이(Karen Horney)가 개발한 자기분석이라는 게 있습니다. 보통 정신분석이라고 하면 내담자가 있고 그의 얘기를 듣고 분석을 하는 분석가가 있습니다. 찾아간 사람은 '나는 이렇다.'고 솔직하게 이야기하는 것이 자기 역할입니다. 분석은 분석가가 합니다. 그런데 자기분석은 스스로 두 가지 역할을 다하게 됩니다. 일단은 분석 받는 사람의 역할을 합니다. 자기 마음에 떠오르는 것을 적습니다. 이걸 '자유연상'이라고 합니다. 그걸 가지고 이렇게 가만히 보고 있으면 '아, 이래서 이렇구나.' 하는 게 탁 떠오르는 경우가 많습니다. 이렇게 하다 보면 연결이 되는 경우가 많습니다.

예를 하나 들어보겠습니다. 카렌 호나이가 쓴 『자기분석』에는 두통을 자기분석으로 해결한 사람 이야기가 나옵니다. 이 사람은 사업을 하는 사람인데, 자기 부인이랑 자기 친구 둘하고 연극을 보러갔습니다. 그런데 연극을 보는 중간에 두통이 굉장히 심했습니다. 연극이 끝나고 집으로 돌아왔는데도 두통이 가시질 않습니다. 이 사람은 자기분석을 하는 사람이니까 '이상하다. 내가 연극 보러 가기 전에는 두통이 없었다. 연극이 썩 재미있지는 않았다. 그렇다고 재미없는 것도 아니었다. 전에도 재미없는 연극을 본다 해서 두통이 온 건 아니다.' 하는 식으로 자꾸 자유연상을 하다가 '내가 오늘 본 연극은 버나드 쇼 연극처럼 재밌진 않았다.' 하면서 탁 떠오른 생각이 있는 겁니다. 이 연극을 보러 가기 전에 무슨 연극을 보러 갈까 하면서 자기 부인하고 이야기하다가 자기 의견이 묵살당한 겁니다. 부인이 가자는 대로 간 겁니다. 그때 자기가 '아, 내 의견이 묵살됐구나.' 하는 걸 탁 깨닫자 두통이 탁 없어졌습니다. 이렇게 분석이 제대로 되면 두통이 탁 없어집니다. 그래서 그땐 두통이 사라졌습니다. 그런데 며칠 지나고 잠자리에 들었는데 깨면서 두통이 굉장히 심했습니다. 그래서 '아, 이상하다. 왜 두통이 이렇게 심하지?' 하고 가만히 생각을 해보니까 그 전날 회의가 있었고 회의를 하고 난 뒤에 술을 많이 먹었습니다. 그래서 '아, 술을 먹어서 이런가?' 하고 생각을 합니다. 그런데 그렇게 생각해도 두통이 사라지지 않습니다. 그래서 계속 자기가 분석을 합니다. 연상을 합니다. 연상을 하면서 깨어 있는 데 파리가 윙윙 날아 다녔습니다. 파리가 윙윙 날아다니니까 짜증이 굉장히 많이 났습니다. 그때 갑자기 어젯밤 꾼 꿈이 생각나는 겁니다. 빈대가 두 마리 있고 빈대를 자기가 종이로 짓눌러서 죽인 꿈이 탁 생각난 겁니다. 그러면서 종이에 대한 연상이 또 든 겁니다. '종이' 하니까 자신이 어렸을 때 그림을 잘 그려서 엄마한테 보여줬는데 엄마가 시큰둥하게 반응한 게 또 생각이 난 겁니다. 뭔가 다 감정하고 연관이 된 겁니다. 그러다가 가만히 있는데 어제 회의가 생각이 났습니다. 그 회의에서 자기가 좋은 의견을 냈는데 의장하고 자기 반대파한테 묵살을 당합니다. 반대파가 느낌에 꼭 흡혈귀 같고 빈대 같다는 생각이 든 겁니다. 그러면서 왜 빈대를 종이로 짓눌러서 죽인 꿈을 꿨는지 알고 두통이 없어졌습니다. 이런 식으로 자기한테 힘든 일이 있을 때, 있는 그대로 자기 마음의 흐름을 보다 보면 연결이 되고 그래서 자기를 좀 더 알고 '아, 그때 내가 뭔가 속으로 억압된 분노가 있었구나. 그 분노가 두통이 오게 했구나.' 이렇게 연상하면서 자기 문제가 풀리는 경험을 하는 겁니다. 문제가 있을 때마다 분석하면 병원에 갈 필요 없어지는 겁니다. 그게 자기분석입니다.

성격이 운명이다

여러분들이 명절에 가족들하고 모여서 화투를 치잖아요. 화투칠 때 네 명이 치면 패가 비슷한 확률로 갑니까? 그렇지 않으면 특별히 어떤 사람한테 잘 갑니까? 비슷하게 가지요. 확률은 비슷한 겁니다. 그 패를 보고 '아, 이걸 어떻게 쳐야 되겠다.' 하면서 상대방이 패 처음 낸 걸 보고 '아, 저기는 뭐가 있을 거다.' 하면서 잘 운용하죠. 잘 운용하면 딸 수 있습니다. 마찬가지로 우리도 살아가면서 사람을 만납니다. 또 어떤 조직에 속하기도 합니다. 그럴 때 잘 운용하면 화투판에서 돈 따듯이 인생판에서 성공을 하는 겁니다. 그게 저는 운명이라고 생각합니다. 그러니까 어떻게 세상을 보고 있느냐에 따라서 인생이 전개가 됩니다. 제가 볼 때 재벌 회장 같은 분은 돈이 막 보일 겁니다. 이렇게 하면 돈이 되는데…. 그런데 다른 사람 눈에는 보이지 않습니다. 자기가 바뀌어서 그렇게 보이는 사람으로 바뀌면 운명은 바뀌는 거겠죠. 운명이 바뀔 수 있는 길은 여러 가지가 있다고 봅니다.

우선 분석이나 치료를 받아도 바뀔 수 있습니다. 예를 들면 그 전에는 자기보다 나은 사람을 보면 언제나 경쟁자로 보고 질투를 합니다. 기분이 나쁘겠죠. 그런데 상담이나 또 다른 걸 통해서 나은 사람을 보면 그 사람한테 뭔가 배우는 걸로 바뀌면서 자기가 점점 좋아지는 거죠. 그렇듯이 치료나 분석을 통해서 세상을 보는 게 바뀌면 그 사람 인생은 다르게 전개될 겁니다. 이런 비유를 자꾸 해서 그렇지만 화투도 어떻게 치는지 요령이 계속 생기면 점수를 훨씬 잘 딸 수 있을 겁니다. 그렇듯이 우리도 세상 살아가는 법을 잘 배우면 잘 살아갈 수 있는 겁니다. 저는 '성격이 운명이다.' 이렇게 생각합니다. 언젠가 보니까 어떤 분이 이렇게 말씀하셨더라고요. '성격이 바뀌면 사업이 달라진다.' 제가 볼 때는 성격을 바꿀 수 있는 것의 하나가 치료나 분석입니다.

둘째는 수행을 통해서 운명이 바뀐다고 생각합니다. 수행도 여러 가지가 있겠지요. 그렇지만 우리가 우리 자신을 순간순간 있는 그대로 관찰하는 수행을 하면, 내 마음에서 나한테 진정으로 도움 안 되는 게 올라오면 그걸 자꾸 도움이 되는 쪽으로 바꿔 갈 수 있습니다. 사람을 보면 저 사람이 나한테 필요한 사람인데 내가 그냥 화가 나고, 말 이상하게 해 버리면 그 사람을 놓칩니다. 그럴 때 자기 마음을 잘 다스리고 그 사람과 더불어 좋은 관계를 맺으면 내 인생이 잘 풀립니다. 그렇듯이 수행을 제대로 해도 인생은 풀린다고 생각합니다. 그리고 저는 이런 생각을 참 많이 하는데, 여러분들 중에 나이도 지긋하신 분들도 있고 하니까 고혈압, 당뇨 같은 성인병이 많을 겁니다. 어떤 집안에 보면 아버지도 당뇨병, 형제도 당뇨병인데 유일하게 아닌 사람이 있습니다. 그 사람을 잘 보면 아버지와 형제들하곤 운동이나 식사 등 여러 면에서 다른 식으로 산 사람입니다. 또 집안사람 대부분 고혈압으로 쓰러져서 중풍이 왔는데, 어떤 사람은 고혈압 없이 잘 사는 사람도 있습니다. 그 사람을 자세히 보면 다른 사람하고 다르게 살아갑니다. 어떻게 하느냐에 따라 다른 겁니다. 어떤 사람은 '아, 나는 혈압이 높은 집에 태어났으니까 당연히 고혈압이고 때 되면 고혈압 약 먹어야지.' 하는 사람은 운명을 피해가긴 어렵습니다. 그렇지만 '아, 나는 그런 상황속에 있더라도 그 속에서 내가 다르게 해서 이걸 벗어나겠다.' 하면 달라지는 겁니다. 그러니까 어떻게 하느냐에 따라서 달라진다고 봐야죠. 그런 것들이 운명을 바꾸는 겁니다. 그러니까 독창적으로 지혜롭게 살 필요가 있습니다. 그건 굉장히 중요하다고 생각합니다.

부처님께서 말씀하신 '일곱 가지 재산'이 있습니다. '이 일곱 가지 재산을 가지고 세상을 잘 살아가라. 이 재산은 이 세상을 사는 데도 도움이 되지만 다음 세상에도 도움이 되는 재산이다.'라고 말씀하셨습니다.

첫째가 믿음입니다. 둘째가 계, 그리고 셋째가 잘못을 하고 부끄러워하는 마음입니다. 넷째는 잘못하는 것을 두려워하는 마음, 다섯째는 배움입니다. 자신에게 도움이 되는 것을 많이 배우는 것이라고 할 수 있습니다. 여섯째는 남에게 베푸는 것입니다. 그리고 마지막이 지혜입니다.

이것만 잘 보살피고 기억하더라도 우리의 운명은 우리가 개척할 수 있습니다.

19 죽음에 대한 두려움을 극복하는 법

인간이 가지고 있는 뚜렷한 성향 중 하나가 바로 집착입니다. 그 중에서도 가장 뿌리 깊고 또 근원적인 것이 '생에 대한 집착'입니다. 우리는 평소에 '죽음'을 잊고 살아갑니다. 그런데 언제나 죽음을 상기시키는 일들이 생깁니다. 어차피 아무리 피하고자 해도 못 피하는 게 죽음입니다. 하지만 죽음에 대한 확실한 대책을 세우면 좀 힘들지 않게 죽음을 맞이할 수도 있습니다. 죽음은 전혀 준비 없이 맞닥뜨리면 마치 살인자나 도둑, 맹수를 만난 것과 같습니다. 하지만 준비가 되어 있으면 두려움과 공포 때문에 혼비백산 하지 않을 수 있습니다.

죽음을 두려워 하지 않는 세 가지 방법

죽음에 대한 두려움과 공포를 극복하는 길을 말씀드리겠습니다. 크게 세 가지입니다. 나름대로 수행도 하고 공부도 하면서 터득한 것입니다. 이 세 가지 방법이라면 죽음에 대한 두려움을 줄일 수 있습니다. 사실 죽음에 대한 두려움은 생각만으론 안 됩니다. 끊임없이 훈련을 통해서 우리 몸 세포 속에서 자연스레 반응이 안 올 정도로 수련을 해야 합니다. 생각만으로는 힘듭니다. 그렇지만 우선 그 시작은 이해죠. 그다음 실천을 계속하면서 자동적으로 그냥 담담하게 되는 상태까지 가야 합니다.

세 가지 길을 통해서 죽음에 대한 두려움을 줄일 수 있다고 저는 생각합니다. 첫째는 몸과 마음이 내 것이 아니라는 걸 분명히 알게 되면 죽음에 대한 공포가 줄어듭니다. 잘 생각해 보세요. 자기 것이 없어질 때 신경을 쓰지 남의 것이 없어지면 신경 안 씁니다. 여러분들 차가 부서질 때 신경 쓰지 남의 차가 부서질 때 신경 씁니까? 안 쓰죠. 남의 나라에서 자연재해로 사람이 많이 죽는 일이 종종 발생합니다. 마음이 많이 아프기는 하지만 내 마음이 그렇게 동요되지는 않잖아요. 하지만 내 가족이, 또 내가 죽는다면 문제는 달라집니다. '내 것'하고 관계되는 것이기 때문에 동요가 됩니다.

여기까지 이해가 되셨지요? 이제 많은 분들이 몸과 마음이 내 것이 아니라는 것을 분명히 알면 죽음에 대한 두려움을 해결할 수 있는 길이 있다는 것을 아실 겁니다. 몸과 마음이 없어지는 게 죽음입니다. 내 것이 아니면 없어져도 별로 신경 안 씁니다.

이사를 가는 것과 같습니다. 자가든, 전세든, 월세든 오래 살았던 집이라면 이사를 갈 때 조금 섭섭한 마음이 듭니다. 하지만 영영 내 것은 아니라고 생각하고, 또 이사 갈 집이 있으니 크게 신경 안 씁니다. 매매가 됐든 계약이 끝났든 이제 살 집을 옮겨가는 겁니다. 내 것이라고 생각해서 살 곳으로 건물을 옮겨갈 수는 없는 법입니다. 이처럼 여러분들의 몸과 마음도 철저히 내 것이 아니라는 생각이 사무치면 죽음에 대해서 좀 더 담담해집니다. 이게 한 가지 방법입니다. 몸과 마음이 내 것이 아니라는 사실을 순간순간 깨닫고 있으면 죽음이 별로 문제가 안 됩니다.

두 번째는 현재에 계속 깨어 있어도, 현재에 계속 집중해 있어도 죽음이 없어집니다. 어떻게 없어지는지 잘 생각해 보십시오. '내가 죽을 것이다.' 하는 것이 생각 속에 있습니까? 없습니까? 생각 속에 있습니다. 내가 죽을 거라는 생각을 하는 거죠. 현재에 집중한다는 건 생각이 없는 상태입니다. 내가 죽을 거라는 건 미리 생각하는 겁니다. 현재에만 집중하면 사실 죽음은 없는 겁니다. 살아 있어야 '죽을 거다.', '죽는다.', '괴롭다.'지 죽으면 죽음을 느낄 수 있겠습니까? 우린 사는 날까지 사는 겁니다. 그러고 나서 죽는 거예요. 산 사람은 죽음을 경험할 수 없습니다. 그리고 사실은 죽는 순간 바로 존재가 다시 시작됩니다. 아라한만이 죽을 때 다음 존재의 시작이 없습니다. 아라한이 아닌 이상 존재의 연속만이 있습니다. 여러분이 아침에 눈을 떠서부터 잘 때까지 현재에만 한번 계속 집중해 보십시오. 죽음이라는 단어 자체가 없어집니다. 제가 볼 때 동물들은 죽음이라는 단어 자체가 없을 겁니다. 우리 인간이 유일하게 죽음이라는 단어를 가지고 있습니다.

세 번째는 불교 수행을 통해서, 내지는 꼭 불교 수행이 아니라도 관찰을 통해서 모든 것이 원인과 결과에 따라서 일어난다는 것을 깨닫는 겁니다. '아, 내가 이렇게 분명한 이유로 죽게 된다.'는 것을 알면 그걸 받아들이게 되어 있습니다. 다른 사람들은 멀쩡히 다 살고 나만 죽는다면 억울할 겁니다. 내가 죽을 때가 아닌데 죽는 것 같다고 생각하면 또 억울하고 받아들이기 어려울 겁니다. 그런데 이게 올 것이 왔다, 철저한 원인과 결과에 따라서 인연의 법칙에 따라서 분명히 찾아온 죽음이다, 하면 그걸 받아들이게 됩니다. 그러면 두려움이 줄어듭니다.

수행을 통해서 모든 것이 일어날 때는 그럴 만한 이유가 있고 원인과 결과에 따라서 일어난다, 인연의 법칙에 따라서 일어난다는 것을 분명히 알게 되면 죽음에 대한 두려움이 많이 옅어집니다.

앞에 제시한 세 가지를 모두 수행해도 괜찮고, 셋 중에 가장 마음에 드는 것 혹은 자신 있다고 생각하는 것을 한 가지를 실천해도 괜찮습니다. 제가 추천 드리는 가장 손쉬운 방법은 현재에 집중하는 겁니다. 설거지를 하면 설거지하는 데만, 밥 먹을 땐 밥 먹는 데만, 아이와 이야기할 땐 이야기에만, 또 잔다고 누워 있을 땐 자는 것에만 딱 집중해 보십시오. 하루를 그렇게 보내고, 한 달을 그렇게 보내고, 몇 년을 그렇게 보내면 죽음이라는 것은 적어도 머릿속에서는 없어집니다.

제가 상담했던 환자 분 중에 암 진단을 받으셨던 분이 있습니다. 굉장히 불안해하셨습니다. 여러 가지 이야기를 하는 중에 앞에 말씀드린 세 가지를 말씀드렸습니다. 재밌는 건 나중에 이게 오진이었음이 밝혀졌습니다. 시쳇말로 죽다 살아난 거죠.

죽음 앞에 슬퍼하는 사람들을 위한 부처님의 법문

불교는 죽음에 굉장히 친숙한 종교입니다. 불교는 완벽한 지혜를 추구합니다. 완벽한 지혜를 추구한다는 것은 세상에 대해 모르는 게 없다는 말입니다. 그러니 죽음처럼 우리 삶에 굉장히 중요한 물음에 답이 없지 않겠지요. 태어나기 전부터 죽고 난 이후에 대한 설명이 가능합니다. 현대 과학이 모든 것을 밝혀줄 것처럼 말하지만 태어나기 전은 모릅니다. 또 죽고 난 뒤도 모르죠. 반면 불교에는 태어나기 전부터 죽은 이후까지 모든 것이 설명되어 있기 때문에 불교를 공부하다 보면 안식을 찾을 수 있습니다.

죽음에 대해 부처님이 어떻게 말씀하셨는지 경전을 통해 보겠습니다. 『숫따니빠따』 중 「화살의 경」입니다.

이 경은 한 재가 신자가 아들이 죽어서 슬퍼하며 일주일 동안 아무것도 먹지 않자 그를 불쌍히 여긴 부처님이 찾아가서 설하신 경입니다.

경을 읽어보면 아시겠지만 부처님은 특별한 위로를 하지는 않습니다. 진리를 말씀하시고 그걸 알게 해 슬픔에서 벗어나도록 해 주십니다.

먼저 다음과 같이 모든 사람은 다 죽고 죽음을 피할 수 없다는 말씀을 하십니다.

젊은이도 장년도 어리석은 이도 현명한 이도 모두 죽음에는 굴복해 버립니다. 모든 사람은 반드시 죽습니다.

죽음에 패배 당하여 저 세상으로 가지만, 아비도 그 자식을 구하지 못하고 친지들도 그가 아는 자를 구하지 못합니다.

친지들이 지켜보지만, 보라 매우 애통해하는 자들을! 죽어야하는 자들은 하나씩 도살장으로 끌려가는 소처럼 끌려갑니다.

이렇듯 세상 사람은 죽음과 늙음에 삼켜져버립니다. 그러므로 현명한 사람들은 세상의 이치를 알아 슬퍼하지 않습니다.

그대는 오거나 가는 사람의 그 길을 알지 못합니다. 그대는 그 양극을 보지 않고 부질없이 슬퍼 웁니다.

미혹한 자가 자기를 해치며, 비탄해 한다고 해서 무슨 이익이라도 생긴다면, 현명한 자도 그렇게 할 것입니다.

울고 슬퍼하는 것으로서는 평안을 얻을 수 없습니다, 다만 더욱더 괴로움이 생겨나고 몸만 여윌 따름입니다.

스스로 자신을 해치면서 몸은 여위고 추하게 됩니다. 그렇다고 죽은 자들을 수호할 수 있는 것도 아닌데, 비탄해 하는 것은 무익한 일입니다.

그 뒤에 다음과 같이 죽음에 대한 슬픔을 극복하라고 말씀하십니다.

그러므로 거룩한 님에게 배워, 죽은 망자를 보고서는 '나는 그를 더 이상 보지 못한다.'라고 비탄해 하는 것을 그만두어야 합니다.

보금자리에 불난 것을 물로 꺼버리듯이, 단호하고 지혜롭고 잘 닦인 현명한 사람이라면, 바람이 솜을 날리듯, 생겨난 슬픔을 날려버려야 합니다.

자신을 위해 행복을 구하는 사람이라면, 자신에게 있는 비탄과 탐욕과 근심과 자기 번뇌의 화살을 뽑아버려야 합니다.

번뇌의 화살을 뽑아, 집착 없이 마음의 평안을 얻는다면, 모든 슬픔을 뛰어넘어 슬픔 없는 자로 열반에 들 것입니다.

「앗사카 왕의 전생 이야기」가 『자타카』에 있습니다. 오늘의 주제와 관련해 시사하는 바가 많아서 들려드리겠습니다.

옛날에 앗사카라는 왕이 있었습니다. 그에게는 웁바리라는 첫째 왕비가 있었는데 무척 매혹스러운 여인이었습니다. 경전에는 '다만 천녀에게만 미치지 못할 뿐'이라며 그 얼굴의 아름다움을 비유했습니다.

그런데 어느 날 왕비가 죽고 맙니다. 비탄에 빠진 왕은 시체를 관에다가 넣어서 부패하지 않게 기름도 붓고 진흙도 붓고 해서 자기 방에다 두고 일주일째 음식도 안 먹고 슬퍼하면서 누워만 있었습니다.

왕의 가족이나 친척, 친구, 신하들이 와서 '대왕님, 비탄하지 마십시오. 모든 것은 무상합니다.' 등 온갖 말을 해도 왕에게는 소용이 없었습니다. 그런데 그때 부처님이 전생에 보살로 설산에 계실 때였습니다. 다섯 가지 신통과 여덟 가지 선정을 얻은 행자였습니다. 보살이 하늘눈으로 둘러보다가 앗사카 왕이 지독하게 슬퍼하고 있음을 알게 됩니다. 그래서 보살은 왕을 슬픔에서 건져낼 결심을 하게 되죠.

그때 마침 바라문 족의 한 젊은이가 설산 지방의 동산에 왔다가 보살을 만나게 됩니다.

보살이 묻습니다.

"청년이여, 대왕은 여법하게 나라를 다스리는가?"

청년은 그렇다고 말하고 나서 왕이 왕비가 죽어 앞서 말한 것처럼 밥도 먹지 않고 아무것도 하고 있지 않다고 말합니다. 그러자 보살은 청년에게 이렇게 말합니다.

"청년이여, 나는 아직 한 번도 왕을 뵌 적이 없다. 그러나 만일 왕이 내게 와서 묻는다면, 나는 그 왕비가 죽어서 어디로 갔다는 것도 말해 드릴 수 있고 또 왕의 앞에서 그 왕비에게 말을 시킬 수도 있다."

청년이 왕에게 달려가 이 말을 전하자 왕이 솔깃했겠지요. 죽은 왕비를 다시 만날 수 있다니요.

왕이 보살을 찾아와서 다음과 같은 대화가 오고갑니다.

"당신은 참으로 왕비가 죽어서 다시 태어난 곳을 아는가?"

"예, 알고 있습니다."

"어디에 태어났는가?"

"대왕님, 그 왕비님은 얼굴이 잘났다고 자랑하며 게으르고 선업을 쌓지 않았습니다. 그래서 이 동산에서 쇠똥을 먹고 사는 갑충(甲蟲)으로 태어났습니다."

"아니, 나는 그것을 믿을 수 없다."

"그러면 그와 만나 이야기하도록 해 드리겠습니다."

보살은 조용히 목소리를 가다듬고 위신의 힘을 발휘했습니다.

"쇠똥 뭉치를 굴리는 두 마리는 왕의 앞으로 나오너라."

그러자 쇠똥구리 두 마리가 쇠똥을 굴리면서 왕 앞으로 나왔습니다.

보살이 이야기합니다.

"대왕님, 이것이 읍바리 왕비입니다. 당신을 버리고 지금은 쇠똥을 먹는 갑충 뒤를 따라다닙니다. 잘 보십시오."

"존자여, 나는 내 읍바리 왕비가 쇠똥을 먹는 갑충으로 태어났다는 말은 결코 믿을 수 없습니다."

"대왕님 그러면 이야기를 시켜 보겠습니다."

"존자여, 이야기를 시켜 보아라."

보살은 위신의 힘으로 그녀에게 "웁바리 왕비여." 하고 불렀고, 그러자 그녀가 "존자님, 왜 그러십니까?" 하고 사람의 말로 대답을 합니다.

　　"그대는 전생에 이름이 무엇이었던가?"

　　"존자님, 저는 전생에 앗사카 왕의 첫째 왕비로서 이름을 웁바리라 하였습니다."

　　"지금 그대는 앗사카 왕을 사랑하는가? 그렇지 않으면 지금 당신이 따라다니는 남편 갑충을 사랑하는가?"

　　"존자님, 제 전생의 일을 말하자면 저는 그때에 이 동산에서 왕과 함께 빛깔·소리·냄새·맛·닿임 등을 즐기고 있었습니다. 그러나 거기서 죽어 생(生)을 바꾼 지금에 있어서 그런 일이 제게 무슨 관계가 있겠습니까? 지금 저는 앗사카 왕을 죽여 그 머리의 피로 제 남편 갑충의 발에 발라주고 싶습니다."

　　그러고는 다음과 같은 게송을 외웁니다.

　　이 동산은 저 앗사카 왕과
　　다 같이 놀고 거닐던 곳
　　내 사랑하는 남편과 함께
　　서로 사랑하며 사랑 받던 곳

　　새로운 괴로움, 새로운 즐거움 때문
　　과거는 이미 돌릴 수 없는 것
　　그러므로 이제는 앗사카 왕에 비해

우리 이 갑충이 더욱 귀엽네.

이 말을 듣고 왕은 후회하면서 서 있는 자리에서 곧 왕비의 시체를 가져다 버리라고 명령합니다. 그러고 나서 머리를 씻고는 보살에게 인사하고 성 안으로 들어갑니다. 그리하여 다른 부인을 첫째 왕비로 삼고 나라를 정의로 다스렸다고 합니다. 또 보살은 왕에게 충고를 해 슬픔을 가시게 한 뒤에 설산으로 돌아갔습니다.

파괴될 성질의 것은 파괴되고 죽을 성질의 것은 죽는다

불교에서는 누구나 태어나는 순간 죽음이 예정돼 있다고 말합니다. 너무 당연한 이야기죠. 그래서 죽음을 자연스럽게 받아들이라고 말합니다. 『자따까』에 죽음과 관련된 또 다른 이야기가 있습니다. 「뱀의 전생 이야기」입니다. 한 가족이 등장합니다.

부처님이 계실 때 누가 아들을 잃고 한 일주일 동안 먹지도 않고 있으니까 부처님께서 찾아가서 "부서질 속성을 가진 것은 부서질 수밖에 없다. 이것은 한 사람의 일만이 아니다. 한 마을의 일만도 아니다. 무수한 큰 세계와 삼계에서 죽지 않는 것은 없다. 조건지어진 것은 어느 하나도 오래 보존되는 것은 없다. 모든 중생은 죽어야 할 속성을 가지고 있고 모든 조건지어진 것은 다 부서질 속성을 가졌다. 옛날 지혜로운 사람들은 아들이 죽었을 때 '부서져야 할 것이 부서졌다.'고 생각하고 슬퍼하지 않았다."고 말씀하시자 그 사람이 옛날 지혜로운 사람이 아들이 죽었을 때 슬퍼하지 않았던 이야기를 해달라고 하여 보살이 아들을 잃었을 때의 이야기를 해 주었습니다.

보살이 어느 촌에서 농사를 지으며 살고 있었습니다. 부인도 있고 아들도 있고 딸도 있고 하녀도 하나 있었습니다. 그러다가 아들이 결혼을 합니다. 그래서 며느리가 들어왔습니다. 그래서 식구는 총 여섯 명이 되었습니다. 보살은 가족들에게 다음과 같이 말합니다.

"그대들은 각기 그 힘에 따라 보시를 행하고 계율을 받들며 자자일을 지키시오. 항상 죽음을 생각하고 자신이 죽고 있다는 것을 생각하시오. 이런 중생들의 죽음은 확실하지만 삶이란 확실한 것이 아닙니다. 모든 유위(有爲)의 법은 무상하여 멸망하는 성질의 것입니다. 밤이나 낮이나 항상 정진하시오."

가족들은 그 말을 따라 실천하였고 항상 죽음을 생각했습니다. 불교에서는 보시를 굉장히 중요시합니다. 보시는 보시를 하는 사람과 불교에 굉장히 좋습니다. 포살일이라 해서 안거 기간에 15일마다 자기를 점검하는 행사가 있습니다. 그 여섯 명의 가족은 항상 죽음에 대한 마음챙김을 하고 살았습니다. 그러던 어느 날 사건이 발생합니다. 남자들은 밭에 가서 일을 했습니다. 보살하고 그 아들 둘이서 밭에서 일을 하는데, 하루는 아들이 쓰레기를 모아 불에 태웠습니다. 그 옆에 독사가 살았는데 연기가 독사의 눈을 찔렀습니다. 뱀이 화가 나서 자기 집에서 나와서 아들을 물었습니다. 아들이 그 자리에서 즉사합니다. 아버지가 보니까 아들이 죽었거든요. 아들을 안아 나무 밑에 앉히고 자기 옷을 벗어서 그 위에 덮었습니다. 그러나 보살은 울거나 슬퍼하지 않았습니다.

"파괴될 성질의 것은 파괴되고 죽을 성질의 것은 죽는다. 모든 유위의 법은 다 무상한 것으로서 죽음으로 마치는 것이다." 이렇게 생각하면서 계속 밭을 갈았습니다. 점심때가 됐습니다. 이웃 사람이 지나가니까 "우리 집에 좀 들러서 집사람에게 말해 주십시오. '오늘은 이전처럼 두 사람 도시락을 가져오지 말고 한 사람 분만 가져오라. 그리고 지금까지는 하녀 혼자서 도시락을 가져왔는데 오늘은 네 사람이 다 깨끗한 옷을 입고 향과 꽃을 가지고 오라.'고" 그 말을 들은 보살의 아내인 어머니는 두 사람 중 한 사람이 죽었다는 것을 눈치 챕니다. 그렇지만 죽음에 대한 마음챙김으로 단련이 돼 있기 때문에 동요가 없었습니다. 나머지 가족도 다 압니다. 누구 한 사람 죽었다는 것을. 그래서 보살의 아내가 심부름을 하는 사람에게 물어보죠. "누가 그렇게 하라고 합니까?" 하니까 "주인이 그럽니다."고 말하니 아들이 죽었다는 것을 압니다. 그래서 나머지 네 사람이 깨끗한 옷을 입고 향과 꽃과 도시락을 가지고 밭으로 갑니다. 아무도 울거나 슬퍼하지 않아요. 보살은 아들이 누워 있는 나무 밑에 앉아 도시락을 먹습니다. 다른 전생에 보면 자기 부인이 죽을 때도 밥을 먹습니다. 밥을 먹고는 나무를 모아 쌓아올려서 화장을 할 수 있게 만들고 향과 꽃을 바치고는 화장을 합니다. 아무도 한 방울의 눈물도 흘리지 않아요. 모두 죽음에 대한 마음챙김 수행을 했기 때문입니다.

천상에 제석천이 있습니다. 갑자기 제석천이 앉았던 자리가 뜨뜻해집니다. 그건 뭔가 불안한 징조거든요. '이거 왜 이렇지. 누가 나를 밀어내려고 하나?' 하고 봤더니만 이 사람들이 덕이 높기 때문에 그런 현상이 일어난 거예요. 이상한 현상이 벌어지고 있으니까 제석천이 내려옵니다. '이 사람들을 시험해 보고 좋은 선물을 줘야 되겠다.'고 생각합니다. 무덤 옆에 서서 물었습니다.

"당신들은 무엇을 하고 있습니까?"

"어르신, 우리는 사람을 태우고 있습니다."

"당신들은 사람을 태우는 것이 아니라 사슴을 한 마리 잡아 요리하고 있겠지요."

"아닙니다. 사람을 태우고 있습니다."

"그렇다면 그 사람은 당신들의 원수겠지요."

"아닙니다. 내 아들입니다. 원수가 아닙니다."

"그렇다면 그는 당신들의 미워하는 아들이겠구려."

"아닙니다. 매우 사랑하는 아들이었습니다."

"그렇다면 왜 울지 않습니까?"

보살은 다음 게송으로 울지 않는 이유를 설명합니다.

뱀이 허물을 벗는 것처럼
그 몸을 버리고 떠나갔나니.
이렇게 사람이 이미 죽어 간 것은
그 몸이 아무 필요 없는 때이네.

불에 타는 사람은 그 친족의
슬피 우는 것 알지 못하네.
그러므로 나는 슬퍼하지 않나니
그는 제 갈 곳으로 이미 떠났네.

제석천은 보살의 이 말을 듣고 다시 보살의 아내에게 묻습니다.

"부인이여, 죽은 사람은 당신과 어떤 관계입니까?"

"열 달 동안 배 안에 두었고 젖을 먹였으며 그 손을 잡고 일으켜 세우면서 기른 내 아들입니다. 나으리님."

"부인이여, 아버지는 남자니까 슬퍼하지 않을는지 모르지만 어머니 마음은 연약한 것인데 왜 당신은 울지 않습니까?"

그녀는 울지 않는 이유를 다음 게송으로 말합니다.

그는 불리지 않았는데 저 세상에서 왔고
하직하는 말이 없이 이 세상을 떠났다.
올 때와 같이 그는 떠나갔나니
여기에 그 어떤 슬픔이 있겠는가.

불에 타는 사람은 그 친족의
슬피 우는 것 알지 못하네.
그러므로 나는 슬퍼하지 않나니
그는 이미 제 갈 곳으로 이미 떠났네.

제석천은 그 부인의 말을 듣고 이제는 그 여동생에게 묻습니다.

"처녀여, 그 죽은 사람은 당신과 어떤 관계입니까?"

"나으리님, 제 오빠입니다."

"처녀여, 남매간이라면 그 애정이 매우 깊은 것입니다. 그런데 왜 당신은 울지 않습니까?"

그녀도 또 울지 않는 이유를 다음 게송(偈頌)으로 말합니다.

만일 내가 운다면 내 몸만 축나리니
그것이 내게 무슨 이익 있으랴.
우리 친족과 벗과 친지들에게
불쾌한 생각만 더 줄 뿐이리.

불에 타는 사람은 그 친족의
슬피 우는 것 알지 못하네.
그러므로 나는 슬퍼하지 않나니
그는 제 갈 곳으로 이미 떠났네.

제석천은 그 여동생의 말을 듣고 그 죽은 사람의 아내에게 묻습니다.
"부인이여, 그는 당신과 어떤 관계입니까?"
"나으리님, 내 남편입니다."
"아내란 그 남편이 죽으면 과부가 되어 의지할 곳이 없는 몸이 됩니다. 그런데 당신은 왜 울지 않습니까?"
그녀도 또 다음 게송으로 그 울지 않는 이유를 설명합니다.

허공에 가는 달을 쫓아가면서
울면서 슬퍼하는 소년들처럼
죽은 이를 쫓아가며 슬퍼하는 것

또한 그와 같아 아무런 보람 없네.

불에 타는 사람은 그 친족들
울며 슬퍼하는 것 알지 못하네.
그러므로 나는 슬퍼하지 않나니
그는 제 갈 곳으로 이미 떠났네.

제석천은 그 아내의 말을 듣고 다음에는 하녀에게 묻습니다.

"부인, 그 사람은 당신과 어떤 관계였던가?"

"나으리님, 그 사람은 우리 주인이었습니다."

"그대는 그 주인에게 압제와 학대를 받으며 부리어졌구나. 그래서 잘 죽었다 생각하고 울지 않는 것이구나?"

"나으리님, 그런 말씀 할 것이 아닙니다. 그런 말은 이분에 대해 당치도 않는 말입니다. 우리 젊은 주인은 참을성이 강하고 깊은 동정심을 가지고 계셨습니다. 그래서 내가 품에 안고 기른 분과 같습니다."

"그렇다면 왜 울지 않는가?"

그녀도 울지 않는 이유를 다음 게송으로 말합니다.

그것은 마치 깨어진 물병을
다시 붙일 수 없는 것처럼
죽은 이를 쫓아가며 슬퍼하는 것
또한 그와 같아 아무런 보람 없네.

불에 타는 사람은 그 친족들
울며 슬퍼하는 것 알지 못하네.
그러므로 나는 슬퍼하지 않나니
그는 제 갈 곳으로 이미 떠났네.

제석천(帝釋天)은 그들의 이 바른 말들을 듣고 신앙심을 일으켜 "당신들은 부지런히 죽음에 대한 마음챙김을 수행하였다. 지금부터는 당신들은 손으로 일할 필요가 없다. 나는 제석천왕이다. 나는 당신들 집에 제한 없이 칠보를 만들 것이다. 보시를 행하고 계율을 지니며 자자를 행하십시오." 하면서 그를 훈계한 뒤에 그들 집에 무수한 보물을 가져다주고 돌아갑니다.

참 감동적인 이야기에요. 제가 볼 때는 그런 가족은 어떤 일이 일어나도 불행하지 않을 겁니다.

번뇌를 제거하기 위해 죽음에 대한 마음챙김을 하라

아라한이 돼서 다시 태어나는 조건을 없애면 다음 생이 없습니다. 존재가 소멸이 됩니다. 그렇지 않으면 불교에서는 생이 계속된다고 봅니다. 그렇기 때문에 살아 있는 동안에 어찌 보면 다음 생을 준비하는 게 중요합니다. 죽음은 그런 면에서 의미가 있습니다.

『죽음에 대한 마음챙김 경 1』(A8:73)에 보면 하루는 부처님께서 비구들을 불러 "비구들이여, 죽음에 대한 마음챙김을 많이 닦으면 큰 결실이 있고 큰 이득이 있고 죽지 않는 경지에 이르고 죽지 않는 경지를 완성할 수 있다. 비구들이여, 그대들은 죽음에 대한 마음챙김을 닦아야 한다."라고 말씀합니다.

그러니까 어떤 비구가 이야기를 합니다. "저는 죽음에 대한 마음챙김을 닦고 있습니다." 그러자 부처님께서 "그러면 그대는 어떻게 죽음에 대한 마음챙김을 닦는가?" 하니까 그 비구가 이런 말을 합니다. "세존이시여, 저는 이렇게 생각합니다. '참으로 나는 하루 밤낮밖에 살 수 없을지도 모른다. 세존의 교법을 마음에 잡도리하리라. 그러면 참으로 지은 것이 많을 것이다.'라고. 세존이시여, 저는 이렇게 죽음에 대한 마음챙김을 닦습니다."

또 다른 비구가 자신도 죽음에 대한 마음챙김을 닦고 있다고 하니 부처님께서 어떻게 하고 있냐고 물으세요. 그러자 자신은 하루 낮밖에 살 수 없을지도 모른다고 생각하면서 앞의 비구처럼 하는 것을 말합니다.

이어서 계속 다른 비구들이 이야기합니다. 반나절, 한번 밥 먹는 시간, 밥을 반쯤 먹는 시간, 네다섯 입의 음식을 씹어 삼키는 시간, 한 입의 음식을 씹어 삼키는 시간, 숨을 들이쉬었다가 내쉬는 시간밖에 살 수 없을지도 모른다고 말합니다.

다 들으시고 부처님께서 다음과 같이 말씀하십니다.

비구들이여, 하루 밤낮, 하루 낮, 반나절, 한 번 밥 먹는 시간, 밥을 반쯤 먹는 시간, 네다섯 입의 음식을 씹어 삼키는 시간 밖에 살 수 없을지도 모른다고 생각하고 노력하는 비구들은 방일하게 살고, 번뇌를 멸하기 위하여 죽음에 대한 마음챙김을 둔하게 닦는다고 한다. 한 입의 음식을 씹어 삼키는 시간밖에 없고, 숨을 들이쉬었다가 내쉬는 시간밖에 살 수 없을지도 모른다고 생각하고 노력하는 비구들은 부지런하게 살고, 번뇌를 멸하기 위하여 죽음에 대한 마음챙김을 예리하게 닦는다고 한다. 비구들이여, 그러므로 이와 같이 공부지어야 한다. '우리는 방일하지 않고 머무르리라. 번뇌를 멸하기 위하여 죽음에 대한 마음챙김을 예리하게 닦으리라.'라고, 비구들이여, 그대들은 참으로 이와 같이 공부지어야 한다."

이 경에 이어진 『죽음에 대한 마음챙김 경 2』(A:74)에서 부처님은 다음과 같이 말씀하십니다.

비구들이여, 여기 비구는 날이 지고 밤이 돌아왔을 때 이와 같이 숙고한다. '내게 죽음을 가져올 여러 조건이 있다. 뱀이 나를 물지도 모른다. 혹은 전갈이 나를 물지도 모른다. 혹은 지네가 나를 물지도 모른다. 그것으로 인해 죽을지도 모르고, 그것이 내게 장애가 될지도 모른다. 혹은 발부리가 걸려 넘어질지도 모른다. 혹은 내가 먹은 음식이 탈이 날지도 모른다. 혹은 담즙이 성가시게 할지도 모르고, 가래가 성가시게 할지도 모르고, 마치 칼처럼 [관절을 끊는] 바람이 성가시게 할지도 모른다. 혹은 사람들이 나를 공격할지도 모르고, 비인간들이 나를 공격할지도 모른다. 그것으로 인해 죽을지도 모르고, 그

것이 내게 장애가 될지도 모른다.'

비구들이여, 그 비구는 이와 같이 숙고해야 한다. '내가 이 밤에 죽게 되면 내게 장애가 될, 아직 제거되지 않은 나쁘고 해로운 법[不善法]들이 내게 남아 있는 것은 아닌가? 비구들이여, 만일 비구가 자신을 반조해서 '내가 이 밤에 죽게 되면 내게 장애가 될, 아직 제거되지 않은 나쁘고 해로운 법들이 내게 남아 있다.'라고 알게 되면 그는 그 나쁘고 해로운 법들을 제거하기 위해 강한 의욕과 노력과 관심과 분발과 불퇴전과 마음챙김과 알아차림을 행해야 한다.

비구들이여, 예를 들면 옷이나 머리에 불이 붙은 자는 옷이나 머리의 불을 끄기 위해서 아주 강한 의욕과 노력과 관심과 분발과 불퇴전과 마음챙김과 알아차림을 행해야 하는 것과 같다. 그와 같이 그 비구는 나쁘고 해로운 법들을 제거하기 위해서 강한 의욕과 노력과 관심과 분발과 불퇴전과 마음챙김과 알아차림을 행해야 한다.

비구들이여, 만일 비구가 자신을 반조해서 '내가 이 밤에 죽더라도 내게 장애가 될, 아직 제거되지 않은 나쁘고 해로운 법들이 [더 이상] 내게 없다.'라고 알게 되면 그 비구는 밤낮으로 유익한 법에 공부 지으면서 희열과 환희로 머물 것이다.

이어서 밤이 지나고 낮이 돌아왔을 때도 앞서 말한 밤에 숙고한 것처럼 하라고 말씀하십니다.

살인자가 나를 쫓아오는 듯 생각하라

『청정도론(淸淨道論)』은 5세기 경에 인도 출신의 붓다고사(Buddhaghosa)라는 스님이 스리랑카로 건너와서 지은 논서입니다. 『청정도론』은 붓다고사 스스로 경장인 4부 니까야에 대한 주석서라고 말했지만 부처님 가르침의 핵심을 잘 설명하고 있는 경·율·논 삼장의 안내서로 알려져 있습니다. 그래서 남방불교에서는 『청정도론』을 경전만큼이나 중요시합니다. 『청정도론』에서도 역시 죽음에 대한 마음챙김을 여러 가지로 이야기합니다. 언제나 살인자가 나를 쫓아다닌다고 생각하라고 말합니다. 우리는 태어난 순간부터 죽음을 향해서 가고 있습니다. 언제 죽을지 모른다는 거죠. 저는 가끔 이런 생각을 합니다. 우리는 다 사형수입니다. 날짜를 받지 않은 사형수입니다. 감옥에 있는 사형수는 날짜를 받았고요. 언제나 살인자가 나를 죽이려고 쫓아온다, 이렇게 생각하면서 언제 죽음이 닥칠지 모른다고 항상 생각하라는 겁니다. 이 세상에 존재했던 많은 사람들이 있습니다. '아주 힘이 장사였던 사람, 훌륭한 사람, 도를 깨친 사람, 심지어 부처님까지도 모든 사람은 죽었다. 나도 죽는다. 이렇게 생각하라.'고 합니다. 우리 목숨이라는 게 약하다는 겁니다. 왜 약하냐면 숨 쉬는 데 의존하기 때문입니다. 숨 안 쉬면 죽습니다. 제 친구가 그러더라고요. 자기 가까운 사람 임종을 지켜봤는데 마지막으로 숨을 쫙 쉬더랍니다. 그러고 안 쉬더래요. 그러면서 저를 보고 그러더라고요. 숨 안 쉬면 죽는다. 수명은 자세에도 많이 의존돼 있습니다. 행·주·좌·와 네 가지 자세가 고를 때 수명이 존속되지, 어느 하나가 우세하면 수명이 끊어집니다. 먹어야 됩니다. 또 더위나 추위나 이런 외부 환경에 지배를 받습니다. 여러 가지로 영향을 받고 있기 때문에 우리 몸은 허약한 겁니다. 그러니까 언제 죽음이 찾아올지 모른다고 생각하라는 겁니다. 내가 언제 죽을지 몰라요. 또 내가 어디에서 죽을지도 몰라요. 내가 무슨 병으로 죽을지 몰라요. 또 내가 어디에 태어날지도 몰라요. 이렇게 불확실하다는 걸 언제나 생각하고 있어야 합니다.

이렇게 죽음이 언제 찾아올지 모른다고 생각하고 죽음에 대한 마음챙김을 꾸준히 하면 그 사람은 항상 부지런합니다. 게으를 수가 없습니다. 또 욕심이 많이 없어집니다. 이런 것은 챙기고 이런 것은 없애고 살아야 되겠다는 집착이 없어집니다. 집착이 없어지면서 모든 건 변하고 괴롭고 내가 아니라는 인식이 자연스레 생깁니다. 그렇게 된 사람은 죽음이 언제 찾아와도 두렵고 공포스럽고 무지몽매한 게 없어집니다. 그렇지 않은 사람은 마치 강도를 만나듯이 또는 짐승을 만나듯이 두려움, 공포, 몽매함에 빠진다고 『청정도론』에서는 이야기합니다.

달라이 라마가 '죽음'에 대해 말씀하신 책을 보니 지금까지 말한 게 잘 요약이 되어 있습니다. 여러분들은 이것만 외우시면 될 겁니다. 죽음에 대한 마음챙김 또는 명상, 사색 이렇게 되겠죠. 죽음에 대한 마음챙김은 세 가지로 구성돼 있습니다.

첫 번째는 죽는 것은 확실한 겁니다. '죽음은 꼭 온다.' 이게 첫 번째 명상이나 사유의 대상입니다. 마음챙김의 대상이에요. 세 가지 이유가 있습니다. 1. 죽음은 꼭 오고 피할 수 없습니다. 2. 우리의 생명은 연장이 되지 않습니다. 태어나는 순간부터 계속 줄어갑니다. 3. 이것은 이유라기보다 우리의 상황을 말하고 있습니다. 사실 우리가 살아 있더라도 시간을 잘 활용하기는 그렇게 쉽지 않습니다. 또 수행하기도 그리 쉽지 않습니다. 수행할 시간이 별로 없다는 겁니다. 이것을 확실히 알고 나면 마음이 딱 서겠죠. '아! 수행해야 되겠다.'는 마음이 딱 설 겁니다. 우리가 보통은 죽는 걸 잊어버리고 삽니다. 죽는 건 내 일이 아닌 거예요. 열심히 사는 거예요. 그렇지만 앞에 말씀 드린 걸 아침에 눈 떠서부터 잘 때까지 순간순간 생각하면 '아! 내가 수행해야 되겠다.'는 게 딱 떠오를 겁니다.

두 번째 중요한 주제는 죽는 때가 정해져 있지 않다는 겁니다. 불확실하다는 거예요. 언제 죽을지 모른다는 겁니다. 죽는 건 확실한데 죽을 때가 언젠지 모른다는 거예요. 때를 알면 좀 일하다가 대비하면 되겠죠. 첫째 이유는 우리가 이 세상에 태어나서 수명이 딱 정해져 있지 않다는 거예요. 둘째는 사실 보면 우리가 살 수 있는 조건은 굉장히 적습니다. 우리가 사는 건 사실은 먹고 숨쉬기 때문에 사는 겁니다. 그렇지만 우리가 죽을 수 있는 조건은 무한히 많습니다. 차에 받혀도 죽죠. 뭐가 물어도 죽죠. 죽기가 쉽다는 겁니다. 셋째는 우리 몸 자체가 견고하질 못합니다. 이게 언제 부서질지 모르기 때문입니다. 그래서 죽을 때를 정확하게 알 수 없다는 겁니다. 이런 것이 확고하게 들어서면 뭐가 되겠습니까? 수행을 하되 지금 해야 되겠다는 생각이 들겠죠. 지금 수행해야 되겠다. 자동적인 결론 아닙니까? 언제 죽을지 모르니까. 그래서 아까 밥을 한 입 먹을 때, 숨을 들이쉬고 내쉴 때 이야기가 다 여기서 나오는 겁니다.

세 번째는 중요한 이야기입니다. 죽을 때 수행 말고 도움 되는 건 없다는 겁니다. 우릴 도와줄 수 있는 건 없다는 거예요. 가족이 도움이 됩니까? 친구가 도움 됩니까? 부가 도움이 됩니까? 몸이 도움이 됩니까? 아무것도 도움 안 되죠. 결론이 뭐냐면 이 세상에는 멋진 일들이 많죠? 안 그래요? 좋은 차도 있고 멋진 것이 많지만 이 세상에 멋진 것에 애착을 하지 않겠다는 것을 계속 수행하는 겁니다.

이 세 가지는 외우긴 쉽죠. 이것을 수행하는 것도 하나의 방법입니다. 달라이 라마 책은 읽어보면 굉장히 도움이 많이 됩니다. 탁 와 닿습니다. 이건 보편적인 이야기잖아요. 다 동의가 될 수 있는 것 아닙니까? 이것을 잊지 않고 계속 사색을 하셔도 죽음에 대해서 준비가 많이 돼서 살 때는 열심히 살고 죽음이 와도 또 동요되지 않고 그렇게 죽을 수 있습니다.

불교와 관련이 있는 건 아니지만 굉장히 인상적인 분이 한 명 있습니다. 스콧 니어링(Scott Nearing, 1883~1983)이라는 분입니다. 미국 사람인데 펜실베이아 대학에서 경제학을 가르쳤습니다. 그런데 아동 문제에 관심을 갖고 아동의 노동력 착취하는 것에 반대하는 운동을 하다가 대학에서 해직이 됐습니다. 이후에 톨레도 대학에서 근무했으나 전쟁에 대한 비판적인 견해를 주장하다가 또 해직됐습니다. 해직 후에는 시골에 들어가서 농사를 짓고 살았는데 딱 100살이 되어서 죽었습니다. 죽기 두 달 전에는 "나는 일어나서 감자를 심고, 나무를 자르며, 무언가 건설적인 일을 하고 싶소." 하다가 100세 생일을 한 달 앞둔 어느 날 테이블에 여러 사람과 앉아 있을 때 "나는 더 이상 먹지 않으려고 합니다." 하면서 그때부터 딱딱한 음식을 먹지 않았습니다. 주스만 먹는 거죠. 그러다가 나중에는 주스도 안 먹고 물만 먹다가 죽었습니다. 그

의 부인 헬렌 니어링(Helen Nearing)이 전해 준 이야기입니다. 전 이런 것
역시 참 대단하고 위대한 죽음이라고 생각합니다.

죽음에 대해서 살펴보고 수행하는 건 잘 살기 위한 겁니다. 우리
는 지금 눈이 산만하게 흩어져서 의미 없고 중요하지 않은 일에 자꾸
시간을 허비합니다. 죽음에 대한 명상은 그걸 하지 말라는 겁니다.

20

환자나 죽음을 앞둔 사람을
불교적으로 대하는 법

교회에 다니시는 분들은 병문안을 가면 성경도 읽어주고 찬송가도 불러주고 합니다. 하지만 절에 다니시는 분들이 경전을 읽어주거나 찬불가를 부르는 건 보지 못했습니다. 그런데 경전을 읽고 공부하면서 '아, 이런 구절은 아픈 사람들에게, 혹은 임종을 앞둔 사람들에게 읽어주면 참 좋겠다.'고 생각이 드는 대목이 있었습니다. 이번 장에서는 이런 구절이 담긴 경전들을 살펴보겠습니다.

병문안 가서 남을 위해 이런 구절을 읽어 주어도 좋지만 자신이 감기나 몸살처럼 사소한 병에 걸렸을 때 읽어봐도 참 좋을 것 같습니다. 사실 점점 나이가 들면 몸이 아프지 않을 때보다 몸이 아플 때가 더 많습니다. 그런데 아파도 마음이 동요하지 않으면 그냥 아픈 걸로만 끝날 수도 있습니다. 몸이 아플 때 우리 몸을 잘 살펴보면 우리는 몸과 마음, 특히 몸의 실상을 알 수 있습니다. 몸의 속성과 진리를 볼 수 있는 기회입니다. 우리는 보통 건강할 때는 몸이 우리 말을 잘 듣는 걸로 압니다. 그런데 한번 아파 보세요. 몸이 내 맘대로 안 됩니다. 내가 몸과 같이 있지만 몸이 내 것이 아니구나, 하고 알 수 있습니다. 이런 통찰이 깊이가 더해지면 깨달음에 한걸음 더 다가가는 겁니다.

과학에서는 확실하지 않은 건 절대로 받아들이지 않습니다. 그래서 죽고 나면 어떻게 되느냐 하는 주제는 섣불리 건드리지 않습니다. 그런데 불교는 그렇지 않습니다. 불교는 일체지(一切智), 즉 모든 것을 아는 걸 추구합니다. 일체지 속에는 당연하게 죽음의 문제도 들어가 있습니다. 부처님이 통찰을 통해 죽고 난 뒤 아무것도 없었으면 아무것도 없었다고 이야기했겠지요. 그런데 다음 생이 있다는 걸 아셨기 때문에 있다고 하신 겁니다. 부처님께서는 다음 생은 다음 세 가지에 의해서 결정된다고 말씀하셨습니다. 첫째, 이생에서 했던 일이 다음 생을 결정한다. 둘째, 이생 이전에 있었던 무수한 생 중에 결과를 가지지 않은 것도 다음 생을 결정한다. 그러니깐 과보를 받지 않은 그것이 또 하나의 원인으로 다음 생을 결정합니다. 셋째, 죽을 때의 상태가 다음 생을 결정한다. 즉 죽을 때 어떤 상태 속에서 죽느냐 하는 게 굉장히 중요한 요인입니다. 요약하자면 이생, 과거생 그리고 죽을 때 상태가 다음 생을 결정합니다.

　　저는 부처님의 열반을 알려주는 경전을 읽으면서 '아, 나도 죽음의 순간에 부처님처럼 죽었으면 좋겠다.' 하고 생각했습니다. 부처님께서는 열반에 들기 전 3개월 동안 열반할 곳을 향해 계속해서 걸어가십니다. 『대반열반경』에 잘 나와 있습니다. 부처님은 마지막까지 중생 구제를 멈추지 않습니다. 그리고 '의심이 있다면 물어보라.'고 마지막까지 제자들에게 물을 기회를 주십니다. 그러면서 마지막 남긴 말씀이 '세상의 모든 형성된 것들은 사라진다. 그러니 게으르지 말고 열심히 수행하라.'는 것이었습니다. 이 말씀을 마지막으로 남기고 열반에 들어가십니다. 그런데 그냥 열반에 드시는 게 아닙니다. 우선 선정에 들어갑니다. 초선에 듭니다. 그다음에 초선에서 나와서 이선에 듭니다. 또 이선에서 나와서 삼선에 듭니다. 삼선에서 나와서 사선에 듭니다.

사선에서 나와서 공무변처에 들고, 거기서 나와서 식무변처에 듭니다. 식무변처에 나와서 무소유처에 듭니다. 무소유처에서 나와서 비상비비상처에 듭니다. 거기서 나와서 상수멸에 들어요. 상수멸은 보통 사람은 들어가기 어려운 경지입니다. 상수멸에 드니까 시자인 아난다가 '아, 부처님이 돌아가셨구나.' 하고 생각합니다. 그런데 천안통을 가진 아누룻다가 '돌아가신 게 아니라, 상수멸에 들어 있다.'고 이야기합니다. 부처님은 상수멸에서 나와서 다시 비상비비상처, 무소유처, 식무변처, 공무변처, 그다음에 사선, 삼선, 이선, 초선까지 내려옵니다. 그러고 나서 다시 올라갑니다. 이선, 삼선, 사선. 그리고 사선에서 열반에 드십니다. 경전을 읽으면서 저도 부처님처럼 임종을 맞으면 정말 좋겠다는 생각을 했습니다.

환자에게 부처님이 들려준 법문

이제 본격적으로 경전 이야기로 들어가겠습니다. 『나꿀라 경』(A6:16)에는 환자나 죽음을 앞둔 사람을 어떻게 대해야 하는지 잘 나와 있습니다. 나꿀라삐따(나꿀라의 아버지)가 병에 걸려 극심한 고통에 시달립니다. 그러자 나꿀라삐따의 아내 나꿀라마따가 장자에게 이렇게 말합니다.

> 장자여, 애착을 가지고 임종을 하지 마십시오. 애착을 가지고 임종하는 것은 괴로움입니다. 세존께서는 애착을 가지고 임

종하는 것을 나무라셨습니다. 장자여, 아마 당신은 '내가 가고나면 내 아내 나꿀라 어미가 아이들을 양육하고 집안일을 돌볼 수 없을 것인데.'라고 생각할지도 모릅니다. 장자여, 그러나 그렇게 생각하지 마십시오. 장자여, 저는 솜을 타고 [양털을] 뽑는데 능숙합니다. 장자여, 당신이 가신 뒤에도 아이들을 양육하고 집안일을 돌볼 수 있습니다. 그러니 당신은 애착을 가지고 임종을 하지 마십시오. 애착을 가지고 임종하는 것은 괴로움입니다. 세존께서는 애착을 가지고 임종하는 것을 나무라셨습니다.

장자여, 아마 당신은 '내가 가고나면 내 아내 나꿀라 어미가 다른 집으로 [시집]갈지도 모른다.'라고 생각할지도 모릅니다. 장자여, 그러나 그렇게 생각하지 마십시오. 장자여, 당신과 내가 16년을 재가에서 순결한 삶을 살았다는 것을 당신은 잘 압니다. 그러니 당신은 애착을 가지고 임종을 하지 마십시오. 애착을 가지고 임종하는 것은 괴로움입니다. 세존께서는 애착을 가지고 임종하는 것을 나무라셨습니다.

장자여, 아마 당신은 '내가 가고나면 내 아내 나꿀라 어미는 세존을 친견하고자 하지 않고 비구 승가를 친견하고자 하지 않을지도 모른다.'라고 생각할지도 모릅니다. 장자여, 그러나 그렇게 생각하지 마십시오. 장자여, 저는 당신이 가신 뒤에 더욱더 세존을 친견하고자 할 것이고 비구 승가를 친견하고자 할 것입니다. 그러니 당신은 애착을 가지고 임종을 하지 마십시오. 애착을 가지고 임종하는 것은 괴로움입니다. 세존께서는 애착을 가지고 임종하는 것을 나무라셨습니다.

장자여, 아마 당신은 '내가 가고나면 내 아내 나꿀라 어미는 계를 원만히 하지 않을지도 모른다.'라고 생각할지도 모릅니다. 장자여, 그러나 그렇게 생각하지 마십시오. 장자여, 계를 성취한 흰옷 입은 재가 여신도들이 그분 세존 곁에 있는 한, 저는 그들 가운데 한 사람입니다. 누구든지 의심과 혼란이 있으면 지금 그분 세존·아라한·정등각께서 박가에서 베사깔라 숲에 있는 녹야원에 머물고 계시니 그분 세존을 찾아뵙고 질문을 드릴 수 있습니다. 그러니 당신은 애착을 가지고 임종을 하지 마십시오. 애착을 가지고 임종하는 것은 괴로움입니다. 세존께서는 애착을 가지고 임종하는 것을 나무라셨습니다.

장자여, 아마 당신은 '내가 가고나면 내 아내 나꿀라 어미는 안으로 마음의 사마타를 얻지 못할지도 모른다.'라고 생각할지도 모릅니다. 장자여, 그러나 그렇게 생각하지 마십시오. 장자여, 안으로 마음의 사마타를 얻은 흰옷 입은 재가 여신도들이 그분 세존 곁에 있는 한, 저는 그들 가운데 한 사람입니다. 누구든지 의심과 혼란이 있으면 지금 그분 세존·아라한·정등각께서 박가에서 베사깔라 숲에 있는 녹야원에 머물고 계시니 그분 세존을 찾아뵙고 질문을 드릴 수 있습니다. 그러니 당신은 애착을 가지고 임종을 하지 마십시오. 애착을 가지고 임종하는 것은 괴로움입니다. 세존께서는 애착을 가지고 임종하는 것을 나무라셨습니다.

장자여, 아마 당신은 '내가 가고나면 내 아내 나꿀라 어미는 이 법과 율에서 발판을 얻지 못하고 확고함을 얻지 못하고 위안을 얻지 못하고 의심을 건너지 못하고 혼란을 제거하지 못하고 무외를 얻지 못하고 스스로를 의지하지 못하고 스승의 교법에서 머물지 못할지도 모른다.'라고 생각할지도 모릅니다. 장자여, 그러나 그렇게 생각하지 마십시오. 장자여, 이 법과 율에서 발판을 얻고 확고함을 얻고 위안을 얻고 의심을 건너고 혼란을 제거하고 무외를 얻고 스스로를 의지하고 스승의 교법에 머무는 흰옷 입은 재가 여신도들이 그분 세존 곁에 있는 한, 저는 그들 가운데 한 사람입니다. 누구든지 의심과 혼란이 있으면 지금 그분 세존·아라한·정등각께서 박가에서 베사깔라 숲에 있는 녹야원에 머물고 계시니 그분 세존을 찾아뵙고 질문을 드릴 수 있습니다. 그러니 당신은 애착을 가지고 임종을 하지 마십시오. 애착을 가지고 임종하는 것은 괴로움입니다. 세존께서는 애착을 가지고 임종하는 것을 나무라셨습니다.

나꿀라삐따 장자는 장자의 아내 나꿀라마따의 이러한 교계를 받고는 마음이 안정되었습니다. 그리고 곧 완쾌되어 병실을 나옵니다. 병실에서 나온 나꿀라삐따 장자는 지팡이를 짚고 세존께 갑니다. 세존은 나꿀라삐따 장자에게 이런 이야기를 들려줍니다.

장자여, 연민을 가졌고 이익을 바라고 교계하고 조언하는 나꿀라마따를 아내로 두다니 그것은 그대에게 참으로 이득이고, 참으로 큰 이득이로다. 장자여, 계를 성취한 흰옷 입은 재가 여신도들이 내 곁에 있는 한, 장자의 아내 나꿀라마따는 그들 가운데 한 사람이다. 장자여, 안으로 마음의 사마타를 얻은 흰옷 입은 재가 여신도들이 내 곁에 있는 한, 장자의 아내 나꿀라마따는 그들 가운데 한 사람이다. 장자여, 이 법과 율에서 발판을 얻고 확고함을 얻고 위안을 얻고 의심을 건너고 혼란을 제거하고 무외를 얻고 스스로를 의지하고 스승의 교법에 머무는 흰옷 입은 재가 여신도들이 내 곁에 있는 한, 장자의 아내 나꿀라마따는 그들 가운데 한 사람이다. 장자여, 연민을 가졌고, 이익을 바라고 교계하고 조언하는 나꿀라마따를 아내로 두다니 그것은 그대에게 참으로 이득이고, 참으로 큰 이득이로다.

부처님뿐만 아니라 제자들도 '내가 병이 있었을 때 이것을 수행해서 그 병에서 나았다.'고 말하는 경우가 경전에 자주 나옵니다. 대표적으로 『기리마난다 경』(A10:60)에 나온 이야기가 있습니다. 부처님이 찾아가지 않고 '방법'만 알려 주었는데 그걸 듣고 완쾌한 경우입니다.

한때 세존께서는 사왓티에서 제따 숲의 급고독원에 머무셨다. 그 무렵에 기리마난다 존자가 병에 걸려 극심한 고통에 시달리고 있었다. 그때 아난다 존자가 세존께 다가갔다. 가서는 세존께 절을 올리고 한 곁에 앉았다. 한 곁에 앉은 아난다 존자는 세존께 이렇게 말씀드렸다.

"세존이시여, 기리마난다 존자가 병에 걸려 극심한 고통에 시달리고 있습니다. 세존께서 연민하는 마음을 내시어 기리마난다 존자를 직접 방문해 주시면 감사하겠습니다."

"아난다여, 만일 그대가 기리마난다 비구에게 가서 열 가지 인식에 대해 말해 준다면, 기리마난다 비구는 열 가지 인식에 대해 듣자마자 병이 즉시 가라앉게 될 것이다. 무엇이 열인가?

[오온에 대해] 무상(無常)이라고 [관찰하는 지혜에서 생긴] 인식, 무아라고 [관찰하는 지혜에서 생긴] 인식, 부정(不淨)이라고 [관찰하는 지혜에서 생긴] 인식, 위험을 [관찰하는 지혜에서 생긴] 인식, 버림을 [관찰하는 지혜에서 생긴] 인식, 탐욕이 빛바램을 [관찰하는 지혜에서 생긴] 인식, 소멸을 [관찰하는 지혜에서 생긴] 인식, 온 세상에 대해 기쁨이 없다는 인식, 모든 형성된 것들[諸行]에 대해 무상이라고 [관찰하는 지혜에서 생긴] 인식, 들숨날숨에 대한 마음챙김이다."

이어서 부처님께서 열 가지 인식에 대해 자세히 말씀하십니다. 아난다가 그것을 듣고 기리마난다 비구를 찾아가 열 가지 인식을 말해 줍니다. 그 사람이 수행을 했으면 부처님이 말씀하신 것에 대한 어떤 기억이 있겠지요. 그래서인지 기리마난다 비구가 그걸 듣자마자 병이 즉시 가라앉았고 병석에서 일어났고 그 병에서 완쾌됩니다. 병에서 회복한 겁니다. 수행으로써 어지간한 병은 또 낫는 경우가 굉장히 많습니다.

또 직접 방문을 하셔서 병을 낫게 한 경우도 있습니다.

『환자 경 1』(S35:74)에는 부처님께서 아픈 비구를 찾아가 어떻게 하셨는지가 잘 나와 있습니다.

그때 어떤 비구가 세존께 다가갔다. 가서는 세존께 절을 올리고 한 곁에 앉았다. 한 곁에 앉은 그 비구는 세존께 이렇게 말씀드렸다.

"세존이시여, 어느 승원에 잘 알려지지 않은 어떤 신참 비구가 중병에 걸려 아픔과 고통에 시달리고 있습니다. 세존이시여, 그러니 세존께서 연민심을 내셔서 그 비구에게 가 주시면 참으로 감사하겠습니다.

그러자 세존께서는 신참이라는 말을 들으시고 '중병에 걸린 잘 알려지지 않은 비구로구나.'라고 아신 뒤 그 비구에게 가셨다. 그 비구는 세존께서 멀리서 오시는 것을 보고 침상에서 [몸을] 움직였다. 그때 세존께서는 그 비구에게 이렇게 말씀하셨다.

"그만 하거라, 비구여, 침상에서 움직이지 말라. 여기에 마련된 자리가 있구나. 나는 앉아야겠다."

세존께서는 마련된 자리에 앉으셨다. 자리에 앉으신 뒤 세존께서는 그 비구에게 이렇게 말씀하셨다.

"비구여, 어떻게 견딜 만한가? 그대는 편안한가? 괴로운 느낌이 물러가고 더 심하지는 않은가? 차도가 있고 더 심하지 않다는 것을 알겠는가?"

"세존이시여, 저는 견디기가 힘듭니다. 편안하지 않습니다. 괴로운 느낌은 더 심하기만 하고 물러가지 않습니다. 더 심하기만 하고 차도가 없다고 알아질 뿐입니다."

"비구여, 그대는 후회할 일이 있는가? 그대는 자책할 일이 있는가?"

"그러합니다, 세존이시여, 저는 후회할 일이 적지 않고 자책할 일이 적지 않습니다."

"그러면 그대는 계행에 대해서 자신을 비난할 일을 하지 않았는가?"

"그렇지 않습니다, 세존이시여, 저는 계행에 대해서 자신을 비난할 일을 하지 않았습니다."

"비구여, 만일 계행에 대해서 자신을 비난할 일을 하지 않았다면 그대는 무엇을 후회하고 무엇을 자책하는가?"

"세존이시여, 세존께서는 계행을 청정하게 하기 위해서 법을 설하지는 않으셨다고 저는 잘 알고 있습니다."

"비구여, 만일 내가 계행을 청정하게 하기 위해서 법을 설하지는 않았다고 그대가 잘 알고 있다면 내가 무엇을 위해서 법을 설하였다고 그대는 알고 있는가?"

"세존이시여, 탐욕을 빛바래게 하기 위해서 세존께서는 법을 설하셨다고 저는 잘 알고 있습니다."

"장하고 장하구나, 비구여, 비구여, 그대는 탐욕을 빛바래게 하기 위해서 내가 법을 설하였다고 잘 알고 있으니 참으로 장

하구나, 비구여, 참으로 나는 탐욕을 빛바래게 하기 위해서
법을 설하였기 때문이다."

"비구여, 이를 어떻게 생각하는가? 눈은 항상한가, 무상한
가?"
"무상합니다. 세존이시여."
"그러면 무상한 것은 괴로움인가, 즐거움인가?"
"괴로움입니다. 세존이시여."
"그러면 무상하고 괴로움이고 변하기 마련인 것을 두고 '이것
은 내 것이다. 이것은 나다. 이것은 나의 자아다.'라고 관찰하
는 것이 타당하겠는가?"
"그렇지 않습니다, 세존이시여."
"비구들이여, 이를 어떻게 생각하는가? 귀는 … 코는 … 혀는
… 몸은… 마노는 항상한가, 무상한가?"
"무상합니다, 세존이시여."
"그러면 무상한 것은 괴로움인가, 즐거움인가?"
"괴로움입니다, 세존이시여."
"그러면 무상하고 괴로움이고 변하기 마련인 것을 두고 '이것
은 내 것이다. 이것은 나다. 이것은 나의 자아다.'라고 관찰하
는 것이 타당하겠는가?"
"그렇지 않습니다, 세존이시여"
"비구여, 이렇게 보는 잘 배운 성스러운 제자는 눈에 대해서
도 염오하고 … 마노에 대해서도 염오한다. 염오하면서 탐욕

이 빛바래고, 탐욕이 빛바래므로 해탈한다. 해탈하면 해탈했
다는 지혜가 있다. '태어남은 다했다. 청정범행은 성취되었다.
할 일을 다 해 마쳤다. 다시는 어떤 존재로도 돌아오지 않을
것이다.'라고 꿰뚫어 안다."

세존께서는 이렇게 말씀하셨다. 그 비구는 마음이 흡족해져
서 세존의 말씀을 크게 기뻐하였다. 이 상세한 설명[授記]이
설해졌을 때 그 비구에게 '일어나는 법은 그 무엇이건 모두
소멸하기 마련인 법이다[集法卽滅法].'라는 티없고 때가 없는
법의 눈[法眼]이 생겼다.

환자를 간호하는 사람에게 들려주는 법문

아픈 사람만큼 힘들고 또 중요한 사람이 있습니다. 바로 간병인입니
다. 사실 간병인이라고 특별한 사람은 아닙니다. 아픈 사람 옆에 있으
면 다 간병인이죠. 물론 요즘은 간병인도 하나의 직업이 됐습니다. 특
별한 소양이 필요하니 교육도 시키고 자격증도 주고 합니다.

경전에도 이렇게 병을 간호하는 사람에 대해 이야기한 것이 있습
니다. 『간병인 경』(A5:124~125)입니다. 1과 2로 나누어져 있는데 1은 나
쁜 간병인에 대해 2는 환자를 돌보기에 적당한 요소를 갖춘 간병인에
대해 나와 있습니다.

좋은 간병인이 갖춘, 환자를 돌보기에 좋은 요소 다섯 가지 중 첫
번째는 우선 약을 잘 준비하는 겁니다. 두 번째는 이로운 것하고 해로

운 것을 잘 구별하는 겁니다. 이로운 것은 하고 해로운 것은 하지 말아야 합니다. 거꾸로 하면 안 되겠죠. 세 번째는 사랑의 마음으로 간호하는 겁니다. 자애로운 마음으로 해야지 물질적인 것만 바라고 해서는 안 됩니다. 네 번째는 대변과 소변과 토한 것과 뱉어낸 침을 혐오하지 않는 겁니다. 아픈 사람들에게는 일상적인 일인데 그런 걸 혐오하면 좋은 간병인은 아니겠죠. 마지막은 법다운 이야기로 격려도 하고 기쁘게도 하고 깨우쳐 주는 겁니다. 몸이 아픈 건 우리 몸의 본질을 알 수 있는 좋은 기회입니다. 그때 진리를 볼 수 있는 가르침을 줄 수 있으면 제일 좋은 간병인이겠죠. 이 다섯 가지가 환자를 돌보는 간병인이 갖추어져야 할 요소입니다.

반대로 환자가 가져야 할 조건도 있습니다.

첫 번째, 이로운 것을 해야 합니다. 두 번째, 이로운 것의 한계를 알아야 합니다. 이롭다고 너무 과하게 하는 것도 나쁠 수 있습니다. 세 번째, 약을 적절히 써야 합니다. 네 번째, 아프다 보면 아픈 게 찾아올 때도 있고, 지속될 때도 있고, 사라질 때도 있습니다. 그것을 간병인에게 있는 그대로 밝혀야 합니다. 다섯 번째, 병이 있을 때는 괴롭잖아요? 어떤 때는 우리가 이제 목숨을 앗아갈 정도면 굉장한 괴로움이 오거든요. 그걸 잘 견뎌야 합니다. 이것이 환자가 갖춰야 할 다섯 가지입니다.

아픈 사람 이야기만 했는데 솔깃한 이야기 하나 해 드리겠습니다. 『간병인 경』 뒤에 바로 『수명 증가의 경』(A5:125~126)이 이어집니다. 모두 일곱 가지가 있습니다. 첫째, 자신에게 이로운 것이 무엇인지 잘 알고 실천해야 합니다. 둘째, 이로운 것의 한계를 알아야 합니다. 셋째, 익은 음식을 먹어야 합니다. 이건 부처님이 활동하셨던 지역의 특성이 감안된 것으로 보입니다. 넷째, 적절한 시간에, 알맞은 시간에 돌아다녀야 합니다. 예전 인도에서는 야생동물이 많아서 밤에 돌아다니면 자기 명대로 못 살았습니다. 다섯째, 청정범행을 닦아야 합니다. 청정하고 올바른 삶을 살라는 이야기입니다. 여섯째, 계를 잘 지켜야 합니다. 그리고 마지막으로 좋은 친구를 사귀어야 합니다. 이런 일곱 가지를 잘 실천하면 오래 산다고 했습니다. 물론 당시 시대에만 적용되는 것도 있습니다. 시대에 맞게 적절히 응용해야겠지요.

죽음을 두려워 하는 조건, 두려워 하지 않는 조건

다시 죽음이라는 주제로 돌아오겠습니다. 죽음을 앞둔 사람은 본능적으로 불안하고 초조합니다. 평소에는 죽음과 아무 관련이 없는 듯 살다가 막상 닥치면 두려울 겁니다. 부처님 당시에도 그랬겠죠. 부처님 당시에 바라문교가 있었습니다. 바라문교를 믿는 바라문 중에서 유명한 바라문들이 경전에 많이 등장합니다. 그 중에 자눗소니라는 바라문이 있었습니다. 이 사람은 흰 옷을 입고, 자기 하인들도 흰색으로 치장하고, 수레도 흰색으로 만들어서 유명한 사람입니다. 자눗소니는 여러 경전에 자주 등장합니다. 이 사람과 부처님의 대화를 옮긴 경전 중에 『무외 경』(A4:184)이라는 경전이 있습니다. 이 경전을 읽어보면 죽음을 두려워하고 떨 때는 그럴 만한 조건이 있고 그렇지 않을 때는 그렇지 않은 조건이 있다는 것을 알 수 있습니다. 우선 자눗소니가 '죽기 마련인 자가 죽음을 두려워하지 않고 죽음에 대해 떨지 않는 자는 없다.'라고 주장합니다. 이에 대해 부처님은 이렇게 말씀하십니다.

바라문이여, 죽기 마련인 자가 죽음을 두려워하고 죽음에 대해 떠는 자가 있다. 그러나 바라문이여, 죽기 마련인 자가 죽음을 두려워하지 않고 죽음에 대해 떨지 않는 자도 있다.

바라문이여, 그러면 어떤 자가 죽기 마련이면서 죽음을 두려워하고 죽음에 대해 떠는 자인가?

바라문이여, 여기 어떤 자는 감각적 욕망에 대한 탐욕을 여의지 못하고 의욕을 여의지 못하고 애정을 여의지 못하고 갈증을 여의지 못하고 열병을 여의지 못하고 갈애를 여의지 못하였다. 그런 그가 어떤 혹독한 병에 걸렸다. 그가 혹독한 병에 걸리자 이런 생각이 들었다. '저 사랑하는 감각적 욕망들은 나를 버릴 것이다. 나도 저 사랑하는 감각적 욕망들을 버리게 될 것이다.'라고. 그는 근심하고 상심하고 슬퍼하고 가슴을 치고 울부짖고 광란한다.

바라문이여, 이런 자가 죽기 마련이면서 죽음을 두려워하고 죽음에 대해 떠는 자이다.

다시 바라문이여, 여기 어떤 자는 몸에 대한 탐욕을 여의지 못하고 … 갈애를 여의지 못하였다. 그런 그가 어떤 혹독한 병에 걸렸다. 그가 혹독한 병에 걸리자 이런 생각이 들었다. '저 사랑하는 몸은 나를 버릴 것이다. 나도 저 사랑하는 몸을 버리게 될 것이다.'라고, 그는 근심하고 상심하고 슬퍼하고 가슴을 치고 울부짖고 광란한다.

바라문이여, 이런 자도 죽기 마련이면서 죽음을 두려워하고 죽음에 대해 떠는 자이다.

다시 바라문이여, 여기 어떤 자는 선행을 하지 않았고, 덕행을 하지 않았고, 두려움으로부터 피난처를 만들지 않았으며, 사악한 짓을 했고, 잔인한 짓을 했고, 악독한 짓을 했다. 그는 어떤 혹독한 병에 걸렸다. 그가 혹독한 병에 걸리자 이런 생각이 들었다. '나는 선행을 하지 않았고, 덕행을 하지 않았고, 두려움으로부터 피난처를 만들지 않았으며, 사악한 짓을 했고, 잔인한 짓을 했고, 악독한 짓을 했다. 아, 참으로 나는 죽은 뒤에 선행을 하지 않았고 … 악독한 짓을 한 자들이 태어나는 그곳으로 갈 것이다.'라고, 그는 근심하고 상심하고 슬퍼하고 가슴을 치고 울부짖고 광란한다.

바라문이여, 이런 자도 죽기 마련이면서 죽음을 두려워하고 죽음에 대해 떠는 자이다.

다시 바라문이여, 여기 어떤 자는 정법을 회의하고 의심하고 바른 결론에 도달하지 못한 채 어떤 혹독한 병에 걸렸다. 그가 혹독한 병에 걸리자 이런 생각이 들었다. '나는 정법을 회의하고 의심하고 결론에 도달하지 못했다.'라고, 그는 근심하고 상심하고 슬퍼하고 가슴을 치고 울부짖고 광란한다.

바라문이여, 이런 자도 죽기 마련이면서 죽음을 두려워하고 죽음에 대해 떠는 자이다.

바라문이여, 죽기 마련이면서 죽음을 두려워하고 죽음에 대해 떠는 자는 이러한 네 부류가 있다.

이어서 부처님께서 죽음을 두려워하지 않고 죽음에 대해 떨지 않는 경우를 말씀하십니다. 앞서 말한 경우와는 다르게 할 때 죽음을 두려워하지 않고 죽음에 대해 떨지 않게 된다고 말씀하십니다. 감각적 욕망에 대한 탐욕·애정·갈증·열병·갈애를 여의고, 몸에 대한 탐욕·애정·갈증·열병·갈애를 여의고, 사악한 짓을 하지 않고, 잔인한 짓을 하지 않고, 악독한 짓을 하지 않고, 선행을 하고, 덕행을 하고, 두려움으로부터 피난처를 만들고, 정법을 회의하지 않고 의심하지 않고 바른 결론에 도달하면, 죽음을 두려워하지 않고 죽음에 대해 떨지 않는다고 말씀하십니다. 부처님의 가르침을 듣고 자눗소니 바라문은 불·법·승 삼보에 귀의하게 됩니다.

이밖에도 죽음에 대한 이야기는 경전에 자주 나옵니다. 『자따까』 「세 마리 새의 전생 이야기」에 다음과 같은 게송이 나옵니다.

죽음과는 합의도 없고
뇌물도 받지 않는다.
죽음과는 전쟁도 없고 승리도 없이
모든 것은 죽음을 향해.

제대로 불교를 믿으면 죽음에 대한 공포는 없어집니다. 열심히 살다가 그냥 죽는 거예요. 공포는 자기 문제입니다. 번뇌입니다. 다음의 경은 임종에 다다랐을 때 여러분이 쓸 수 있는 경전입니다. 누가 의식은 있지만 며칠 안돼서 돌아가실 분이다 하면 이 경전을 읽어 주면 참 좋습니다.

『아나타삔디까를 교계한 경』(M143)에는 중병에 걸려 극심한 고통에 시달린 아나타삔디까가 사리뿟따와 대면하는 이야기가 나옵니다.

아나타삔디까가 어떤 사람을 불러 다음과 같이 이야기합니다. "여보게, 그대는 세존을 찾아뵙게. 세존을 뵙고 내 이름으로 세존의 발에 머리 조아려 절을 올리고, '세존이시여, 아나타삔디까 장자가 중병에 걸려 극심한 고통에 시달리고 있습니다. 그가 세존의 발에 머리 조아려 절을 올립니다.'라고 문안을 여쭙게. 그리고 사리뿟따 존자를 찾아뵙게. 뵙고 내 이름으로 사리뿟따 존자의 발에 머리 조아려 절을 올리고, '존자시여, 아나타삔디까 장자가 중병에 걸려 극심한 고통에 시달리고 있습니다. 그가 사리뿟따 존자의 발에 머리 조아려 절을 올립니다.'라고 문안을 여쭙게. 그리고 이렇게 말씀드려 주게. '존자시여, 사리뿟따 존자께서는 연민을 일으키시어 아나타삔디까 장자의 거처를 방문해주시면 감사하겠습니다.'라고."

사리뿟따는 마하목갈라나와 함께 부처님의 상수제자로 칭해졌던 분입니다. 지혜가 대단했습니다. 부처님은 종종 사리뿟따를 시켜 법문을 대신하게 했을 정도입니다. 아나따삔디까도 그런 사리뿟따에 대한 존경심이 대단했던 것 같습니다. 여하튼 사리뿟따가 부처님을 대신해 아난다를 시자로 해서 아나따삔디까를 찾아갑니다. 그러곤 이렇게 묻습니다.

"장자여, 어떻습니까? 견딜 만합니까? 지낼 만합니까? 괴로운 느낌이 진정되고 더하지는 않습니까? 차도는 좀 있고 더 심하지는 않습니까?" 아나따삔디까는 너무 힘들어서 도저히 참을 수 없다고 하면서 죽음을 앞두고 굉장한 고통이 있는 사람이 하는 비유를 합니다. 어떤 힘센 사람이 칼로 머리를 내려치는 것처럼 바람이 내 머리를 내려쳐 굉장히 괴롭다고 합니다. 그다음에 어떤 힘센 사람이 혁대 같은 것으로 머리를 조아서 머리가 막 아프다고 합니다. 세 번째는 푸줏간 같은데 근무하는 사람들이 고기 창자를 후비듯이 내 창자가 막 후비는 거 같다고 합니다. 마지막으로 어떤 힘센 사람이 나를 거꾸로 들고 숯불에다가 갖다놓은 것 같은 그런 고통이 있다고 합니다. 그러니까 사리뿟따가 이렇게 이야기합니다.

장자여, 그러므로 여기서 그대는 이렇게 공부지어야 합니다.
'나는 눈을 취착하지 않으리라. 그러면 나의 알음알이는 눈에 의지하지 않을 것이다.'라고 공부지어야 합니다.
장자여, 그러므로 여기서 그대는 이렇게 공부지어야 합니다.
'나는 귀를 취착하지 않으리라. … 나는 코를 취착하지 않으리라. … 나는 혀를 취착하지 않으리라. … 나는 몸을 취착하지 않으리라. … 나는 마노[意]를 취착하지 않으리라. 그러면 나의 알음알이는 마노에 의지하지 않을 것이다.'라고 공부지어야 합니다.
장자여, 그러므로 여기서 그대는 이렇게 공부지어야 합니다.
'나는 형색을 취착하지 않으리라. 그러면 나의 알음알이는 형색을 의지하지 않을 것이다.'라고 공부지어야 합니다.
장자여, 그러므로 여기서 그대는 이렇게 공부지어야 합니다.
'나는 소리를 취착하지 않으리라. … 나는 냄새를 취착하지 않으리라. … 나는 맛을 취착하지 않으리라. … 나는 감촉을 취착하지 않으리라. ··· 나는 [마노의 대상인] 법을 취착하지 않으리라. 그러면 나의 알음알이는 [마노의 대상인] 법에 의지하지 않을 것이다.'라고 공부지어야 합니다.

장자여, 그러므로 여기서 그대는 이렇게 공부지어야 합니다. '나는 눈의 알음알이를 취착하지 않으리라, 그러면 나의 알음알이는 눈의 알음알이에 의지하지 않을 것이다.'라고 공부지어야 합니다.

장자여, 그러므로 여기서 그대는 이렇게 공부지어야 합니다. '나는 귀의 알음알이를 취착하지 않으리라. ··· 나는 코의 알음알이를 취착하지 않으리라. ··· 나는 혀의 알음알이를 취착하지 않으리라. ··· 나는 몸의 알음알이를 취착하지 않으리라. ··· 나는 마노의 알음알이를 취착하지 않으리라. ··· 그러면 나의 알음알이는 마노의 알음알이에 의지하지 않을 것이다.'라고 공부지어야 합니다.

장자여, 그러므로 여기서 그대는 이렇게 공부지어야 합니다. '나는 눈의 감각접촉을 취착하지 않으리라. 그러면 나의 알음알이는 눈의 감각접촉에 의지하지 않을 것이다.'라고 공부지어야 합니다.

장자여, 그러므로 여기서 그대는 이렇게 공부지어야 합니다. '나는 귀의 감각접촉을 취착하지 않으리라. ··· 나는 코의 감각접촉을 취착하지 않으리라. ··· 나는 혀의 감각접촉을 취착하지 않으리라. ··· 나는 몸의 감각접촉을 취착하지 않으리라. ··· 나는 마노의 감각접촉을 취착하지 않으리라. 그러면 나의

알음알이는 마노의 감각접촉에 의지하지 않을 것이다.'라고
공부지어야 합니다.

장자여, 그러므로 여기서 그대는 이렇게 공부지어야 합니다.
'나는 눈의 감각접촉에서 생긴 느낌을 취착하지 않으리라. 그
러면 나의 알음알이는 눈의 감각접촉에서 생긴 느낌에 의지
하지 않을 것이다.'라고 공부지어야 합니다.

장자여, 그러므로 여기서 그대는 이렇게 공부지어야 합니다.
'나는 귀의 감각접촉에서 생긴 느낌을 취착하지 않으리라. …
나는 코의 감각접촉에서 생긴 느낌을 취착하지 않으리라. …
나는 혀의 감각접촉에서 생긴 느낌을 취착하지 않으리라. …
나는 몸의 감각접촉에서 생긴 느낌을 취착하지 않으리라. …
나는 마노의 감각접촉에서 생긴 느낌을 취착하지 않으리라.
그러면 나의 알음알이는 마노의 감각접촉에서 생긴 느낌에
의지하지 않을 것이다.'라고 공부지어야 합니다.

장자여, 그러므로 여기서 그대는 이렇게 공부지어야 합니
다. '나는 땅의 요소를 취착하지 않으리라. 그러면 나의 알음
알이는 땅의 요소에 의지하지 않을 것이다.'라고 공부지어야
합니다.

장자여, 그러므로 여기서 그대는 이렇게 공부지어야 합니다.
'나는 물의 요소를 취착하지 않으리라. … 나는 불의 요소를
취착하지 않으리라. … 나는 바람의 요소를 취착하지 않으리
라. … 나는 허공의 요소를 취착하지 않으리라. … 나는 알음
알이의 요소를 취착하지 않으리라. 그러면 나의 알음알이는

알음알이의 요소에 의지하지 않을 것이다.'라고 공부지어야
합니다.

장자여, 그러므로 여기서 그대는 이렇게 공부지어야 합니다.
'나는 물질을 취착하지 않으리라. 그러면 나의 알음알이는 물
질에 의지하지 않을 것이다.'라고 공부지어야 합니다.

장자여, 그러므로 여기서 그대는 이렇게 공부지어야 합니다.
'나는 느낌을 취착하지 않으리라. … 나는 인식을 취착하지
않으리라. … 나는 심리현상들[行]을 취착하지 않으리라. …
나는 알음알이를 취착하지 않으리라. … 그러면 나의 알음알
이는 알음알이에 의지하지 않을 것이다.'라고 공부지어야 합
니다.

장자여, 그러므로 여기서 그대는 이렇게 공부지어야 합니다.
'나는 공무변처를 취착하지 않으리라. 그러면 나의 알음알이
는 공무변처에 의지하지 않을 것이다.'라고 공부지어야 합니
다.

장자여, 그러므로 여기서 그대는 이렇게 공부지어야 합니다.
'나는 식무변처를 취착하지 않으리라. … 나는 무소유처를 취
착하지 않으리라. … 나는 비상비비상처를 취착하지 않으리
라. 그러면 나의 알음알이는 비상비비상처에 의지하지 않을
것이다.'라고 공부지어야 합니다.

장자여, 그러므로 여기서 그대는 이렇게 공부지어야 합니다.
'나는 이 세상을 취착하지 않으리라. 그러면 나의 알음알이는
이 세상에 의지하지 않을 것이다.'라고 공부지어야 합니다.

장자여, 그러므로 여기서 그대는 이렇게 공부지어야 합니다. '나는 저 세상을 취착하지 않으리라. 그러면 나의 알음알이는 저 세상에 의지하지 않을 것이다.'라고 공부지어야 합니다. 장자여, 그러므로 여기서 그대는 이렇게 공부지어야 합니다. '나는 보고 듣고 생각하고 알고 탐구하고 마음으로 고찰한 것을 취착하지 않으리라. 그러면 나의 알음알이는 그것에 의지하지 않을 것이다.'라고 공부지어야 합니다.

이 말을 듣고 아나따삔디까가 눈물을 흘립니다. 그때 곁에 있던 아난다가 "장자여, 그대는 집착이 생겼거나 낙담하고 낙심했습니까?" 하고 묻습니다. 아나따삔디까가 대답합니다. "아난다 존자시여, 저는 집착이 생기거나 실의에 빠지지 않습니다. 저는 오랜 세월을 스승님을 섬기고 마음을 잘 닦은 비구들을 섬겼지만 이러한 법문을 들은 적이 없습니다." 이에 아난다가 다시 대답합니다. "장자시여, 흰옷을 입은 재가자에게 이러한 법문을 하지 않습니다. 장자여, 출가자에게 이런 법문을 설합니다." 그러자 아나따삔디까가 사리뿟따에게 청합니다. "사리뿟따 존자시여, 그렇다면 흰옷을 입은 재가자들에게도 이러한 법문을 설해 주십시오. 눈에 먼지가 적게 들어간 선남자들이 있습니다. 법을 듣지 않으면 그들은 타락할 것입니다. 그 법을 이해할 만한 자들이 있을 것입니다." 이런 대화를 나눈 뒤 사리뿟따와 아난다가 떠났고 얼마 지나지 않아 아나따삔디까가 죽어 도솔천에 태어납니다. 그 후 천신이 된 아나따삔디까가 부처님을 방문하여 사리뿟따를 칭송하는 게송을 읊고는 떠납니다. 다음날 비구들을 불러 그 이야기를 하던 중에 아난다가 '그 천신은 아나따삔디까 천신일 것입니다.'고 하니 부처님께서 아난다에게 '그대의 추론이 맞다.'고 합니다.

범천의 일원이 되는 법

사리뿟따가 죽음을 앞둔 사람을 제도하는 경전은 또 있습니다. 『다난자니 경』(M97)입니다. 다난자니라는 사람은 바라문 혈통의 사람이었습니다. 불교 재가 신자는 아니었지만 사리뿟따가 많이 챙긴 사람입니다. 하루는 사리뿟따가 어느 지역에 있는데 다난자니가 사는 곳에서 어떤 스님이 옵니다. 서로 인사하면서 부처님은 잘 계시는지 다른 비구는 잘 계시는지 쭉 묻다가 다난자니는 잘 있는지 모르겠다, 건강한지 모르겠다고 사리뿟따가 묻습니다. 건강하다는 답변을 듣습니다. 사리뿟따는 그가 열심히 정진하는지도 물어봅니다. 그런데 오히려 왕을 빙자하여 바라문 장자들을 수탈하고 장자들을 빙자해서 왕을 수탈한다고 대답이 돌아옵니다. 그리고 신심 있는 가문에서 시집온 신심 있는 아내는 죽고 다른 신심 없는 가문 출신인 신심 없는 새 아내를 맞이했다고 합니다. 그러니까 사리뿟따가 기회가 되면 그 사람을 만나야 되겠구나 하고 있다가 그 지역으로 가게 됩니다. 그 집을 방문하니까 그 사람이 소젖을 짜고 있다가 소젖을 줍니다. 그러니까 사리뿟따가 '난 이제 공양을 끝냈다. 내가 어디 가서 머물 테니까 찾아왔으면 좋겠다.'라고 말합니다. 다난자니가 찾아갑니다. 사리뿟따가 다난자니한테 묻습니다. "다난자니여, 그대는 방일하지 않습니까?" 다난자니가 이렇게 대답합니다. "사리뿟따 존자시여, 어찌 저희들이 방일하지 않겠습니까? 저희들은 부모를 봉양해야 하고, 처자를 부양해야 하고, 하인과 일꾼들을 거두어야 하고, 친구와 동료들에게 친구와 동료들에 대한 도의를 지켜야 하고, 일가친척들에게 일가친척에 대한 도의를 지켜야 하고, 손님들에게 손님에 대한 도의를 지켜야 하고, 조상들에게는 조상에 대한 예의를 지켜야 하고, 신들에게는 신에 대한 도의를 지켜야 하고, 왕에게는 왕에 대한 도리를 다해야 합니다. 이 몸도 원기를 돋우어 주고 잘 먹여줘야 합니다."

그러자 사리뿟따가 다음과 같이 묻습니다. "다난자니여, 이를 어떻게 생각합니까? 여기 어떤 사람이 부모 때문에 비법(非法)을 행하고 잘못을 행하면, 비법을 행하고 잘못을 행한 이유로 지옥지기가 그를 지옥으로 끌고 갈 것입니다. 그가 '나는 부모 때문에 비법을 행하고 잘못을 행했으니 지옥지기는 나를 지옥으로 [끌고 가지 마시오.]'라고 하는 것이 통하겠습니까? 혹은 그의 부모가 '이 사람은 우리 때문에 비법을 행하고 잘못을 행했으니 지옥지기는 그를 지옥으로 [끌고 가지 마시오.]'라고 하는 것이 통하겠습니까?" 다난자니가 대답합니다. "사리뿟따 존자시여, 그렇지 않습니다. 비록 그가 울부짖더라도 지옥지기는 그를 지옥으로 던져버릴 것입니다." 이어서 처자, 하인과 일꾼들, 친구와 동료들, 일가친척들, 손님들, 조상들, 신들, 왕, 자기 몸에 대해서 똑같이 말을 합니다. 그러자 다시 사리뿟따가 묻습니다. "다난자니여, 이를 어떻게 생각합니까? 부모 때문에 비법을 행하고 잘못을 행하는 자와 부모 때문에 법을 따르고 바르게 행하는 자 중에서 어떤 자가 더 낫습니까?"

"사리뿟따 존자시여, 부모 때문에 비법을 행하고 잘못을 행하는 자는 더 나은 자가 아닙니다. 사리뿟따 존자시여, 부모 때문에 법을 따르고 바르게 행하는 자가 더 낫습니다. 비법을 행하고 잘못을 행하는 자보다 법을 따르고 바르게 행하는 자가 더 낫습니다."

"다난자니여, 자신의 부모를 봉양하면서도 악한 업을 짓지 않고 공덕을 쌓기 위해 [선한] 원인이 되는 다른 종류의 법다운 일들이 있습니다."

이어서 처자, 하인과 일꾼들, 친구와 동료들, 일가친척들, 손님들, 조상들, 신들, 왕, 자기 몸에 대해서 똑같이 말을 합니다. 그러자 다난자니가 사리뿟따의 말에 기뻐하고 감사드리고 자리에서 일어나 물러갔습니다. 그 후에 다난자니가 중병에 걸려 극심한 고통에 시달립니다. 죽음을 앞두고 부처님에게도 사람을 보내서 문안을 드리고 사리뿟따에게도 문안을 드린 후 사리뿟따가 방문하기를 요청합니다. 그래서 사리뿟따가 다시 다난자니를 찾아오게 됩니다. 다음은 사리뿟따와 다난자니의 대화입니다.

"다난자니여, 이를 어떻게 생각합니까? 지옥과 축생의 모태 중에 어떤 것이 더 낫습니까?"
"사리뿟따 존자시여, 지옥보다는 축생의 모태가 더 낫습니다."
"다난자니여, 이를 어떻게 생각합니까? 축생의 모태와 아귀의 영역 중에서 어떤 것이 더 낫습니까?"
"사리뿟따 존자시여, 축생의 모태보다는 아귀의 영역이 더 낫습니다.”

“다난자니여, 이를 어떻게 생각합니까? 아귀의 영역과 인간의 영역 중에서 어떤 것이 더 낫습니까?”

“사리뿟따 존자시여, 아귀의 영역보다는 인간의 영역이 더 낫습니다.”

“다난자니여, 이를 어떻게 생각합니까? 인간의 영역과 사대왕천 중에서 어떤 것이 더 낫습니까?”

“사리뿟따 존자시여, 인간의 영역보다는 사대왕천이 더 낫습니다.”

“다난자니여, 이를 어떻게 생각합니까? 사대왕천과 삼십삼천 중에서 어떤 것이 더 낫습니까?”

“사리뿟따 존자시여, 사대왕천보다는 삼십삼천이 더 낫습니다.”

“다난자니여, 이를 어떻게 생각합니까? 삼십삼천과 야마천 중에서 어떤 것이 더 낫습니까?”

“사리뿟따 존자시여, 삼십삼천보다는 야마천이 더 낫습니다.”

“다난자니여, 이를 어떻게 생각합니까? 야마천과 도솔천 중에서 어떤 것이 더 낫습니까?”

“사리뿟따 존자시여, 야마천보다는 도솔천이 더 낫습니다.”

“다난자니여, 이를 어떻게 생각합니까? 도솔천과 화락천 중에서 어떤 것이 더 낫습니까?”

“사리뿟따 존자시여, 도솔천보다는 화락천이 더 낫습니다.”

"다난자니여, 이를 어떻게 생각합니까? 화락천과 타화자재천 중에서 어떤 것이 더 낫습니까?"

"사리뿟따 존자시여, 화락천보다는 타화재천이 더 낫습니다."

"다난자니여, 이를 어떻게 생각합니까? 타화재천과 범천의 세상 중에서 어떤 것이 더 낫습니까?"

"범천의 세상이라고 사리뿟따 존자께서는 말씀하셨습니다."

그러자 사리뿟따 존자에게 이런 생각이 들었다.

"참으로 바라문들은 범천의 세상에 확고한 믿음이 있다. 나는 다난자니 바라문에게 범천의 일원이 되는 길을 설해야겠다."

"다난자니여, 나는 그대에게 범천의 일원이 되는 길을 설하겠습니다. 그것을 듣고 마음에 잘 잡도리하십시오, 나는 설하겠습니다."

"그러겠습니다, 존자시여."라고 다난자니 바라문은 사리뿟따 존자에게 대답했다. 사리뿟따 존자는 이렇게 설했다.

"다난자니여, 어떤 것이 범천의 일원이 되는 길입니까? 다난자니여, 여기 비구는 자애가 함께한 마음으로 한 방향을 가득 채우면서 머뭅니다. 그처럼 두 번째 방향을, 그처럼 세 번째 방향을, 그처럼 네 번째 방향을 가득 채우면서 머뭅니다. 이와 같이 위로, 아래로, 옆으로, 모든 곳에서 모두를 자신처럼 여기고, 모든 세상을 풍만하고, 광대하고, 무량하고, 원한 없고, 악의 없는, 자애가 함께한 마음으로 가득 채우고 머뭅니다. 다난자니여, 이것도 범천의 일원이 되는 길입니다.

다시 다난자니여, 비구는 연민이 함께한 마음으로 … 더불어 기뻐함이 함께한 마음으로 … 평온이 함께한 마음으로 한 방향을 가득 채우면서 머뭅니다. 그처럼 두 번째 방향을, 그처럼 세 번째 방향을, 그처럼 네 번째 방향을 가득 채우면서 머뭅니다. 이와 같이 위로, 아래로, 옆으로, 모든 곳에서 모두를 자신처럼 여기고, 모든 세상을 풍만하고, 광대하고, 무량하고, 원한 없고, 악의 없는, 평온이 함께한 마음으로 가득 채우고 머뭅니다. 다난자니여, 이것도 범천의 일원이 되는 길입니다."

임종 후 다난자니는 범천의 세상에 태어납니다. 사리뿟따가 다난자니의 부탁을 받고 부처님을 찾아뵙자 부처님께서 사리뿟따에게 "사리뿟따여, 다난자니 바라문은 임종하여 범천의 세상에 태어났다."고 말씀하십니다.

지금까지 몇 개 소개해 준 경들은 불교신자를 병문안 갈 때 같이 읽으면 좋을 것 같습니다.

3장

범부와
성자의
길

존재의
네 가지 음식

남방불교에서는 여전히 오후불식을 지킵니다. 아침을 비교적 간단히 먹고 12시가 되기 전에 점심 공양을 마칩니다. 아침을 거르고 12시 전에 점심 공양만 하시는 분도 조금 있습니다.

교단이 생기고 처음부터 오후 불식을 했던 것 같지는 않습니다. 원래 세 끼를 먹었는데 부처님이 두 끼만 먹을 것을 지시하셨고, 또 나중에 저녁에 탁발을 나가는 건 위험하니 한 끼만 먹으라고 말씀하셔서 한 끼만 먹게 됩니다. 이에 반발하는 비구들도 있었지만 여하튼 부처님 당시에는 하루에 한 끼만 먹고 오후 불식이었습니다.

존재를 유지하기 위한 네 가지 음식

우리 존재가 생기고 또 이 생긴 존재를 유지하는 데 필요한 네 가지 음식이 있습니다. 『아들 고기 경』(S12:63), 『탐욕 있음 경』(S12:64)에는 이 네 가지 음식에 대해 설명해 놓았습니다.

첫째가 '거칠거나 미세한, 덩어리진 [먹는] 음식'입니다. 우리가 흔히 생각하는 '음식'입니다. 둘째는 '감각접촉'이고 셋째가 '마음의 의도'입니다. '내가 저 사람을 때려야지.'라고 생각하면 이것도 음식이 됩니다. 넷째는 식(마음)입니다.

하나씩 살펴보겠습니다.

우리는 '음식'이 없으면 살 수가 없습니다. 물론 의도적으로 음식을 먹지 않는 단식을 하거나 치료나 종교적 목적으로 금식을 하는 경우도 있습니다만 한계가 있습니다. 이슬람에서도 라마단 기간에는 해가 떠 있는 동안 음식을 먹지 않습니다. 성경에는 예수가 40일간 금식을 했다는 기록이 있습니다. 역사상 최장 기간 단식을 한 기록은 74일입니다. 아일랜드 독립을 위해 아일랜드 독립군 사령관이 74일간 단식을 하고 사망했다고 합니다.

여하튼 '먹지 않으면 죽는다.'는 자명한 진리인데 이 먹는다는 행위 자체가 잘못하면 우리에게 욕망이나 번뇌를 일으킵니다. 그래서 부처님은 음식에 대해 '조심'하라고 경계를 하십니다.

『아들 고기의 경』(S12:63)에서 아주 적나라하게 비유를 하십니다.

비구들이여, 예를 들면 남편과 아내 두 사람이 적은 양식만을 가지고 사막의 길을 떠났다 하자. 그들에게는 사랑스럽고 소중한 외동아들이 있었다. 비구들이여, 그런데 남편과 아내 두 사람이 사막의 길을 떠나서 그 적은 양식이 다 떨어져버리고 다 소비되어버렸지만 아직 사막은 남아 있고 끝에 도달하지 못했다. 비구들이여, 그러자 남편과 아내 두 사람에게 이런 생각이 들었다. '우리들의 적은 양식이 이미 다 떨어져버리고 다 소비되어버렸지만 아직 사막은 남아 있고 끝에 도달하지 못했다. 그러니 우리는 이 외동아들이 사랑스럽고 소중하지만 이를 잡아서 육포를 만들고 꼬치에 꿰어 구워서 아들의 고기를 먹으면서 아직 남아 있는 사막을 건너야 하지 않을까? 우리 셋 모두 다 죽어서는 안 되니까.'라고

비구들이여, 그래서 남편과 아내 두 사람은 외동아들이 사랑스럽고 소중하지만 그 아이를 잡아서 육포를 만들고 꼬치에 꿰어 구워서 아들의 고기를 먹으면서 아직 남아 있는 사막을 건널 것이다. 그들은 아들의 고기를 먹으면서 '외아들아, 너는 어디에 있니! 외아들아, 너는 어디에 있니!'라고 하면서 가슴을 치며 울 것이다.

이들은 '오락을 위해 음식을 먹고, 취하기 위해 음식을 먹고, 장식을 위해서 음식을 먹고, 꾸미기 위해서 음식을 먹는' 게 아닙니다. 생존을 위해서입니다.

우리는 먹는 것을 통해서도 번뇌와 욕망이 자주 생깁니다. 부처님은 '먹는 음식에 대해서 철저히 알면 눈·귀·코·혀·몸으로 좋은 걸 추구하는 다섯 가지 종류의 감각적인 욕망에 대한 탐욕을 철저히 알게 된다.'고 말씀하셨습니다. 그리고 다섯 종류의 욕망에 대한 탐욕을 철저히 알게 되면 불환자가 된다고도 하셨습니다. 불환자가 되면 한 번 죽고 난 뒤에 이 세상에 돌아오지 않고 천상에서 열반에 듭니다. 불환자에게는 다섯 가지 족쇄가 없습니다. 다섯 가지 족쇄는 △ 유신견(有身見, 자아가 있다는 견해) △ 계율과 의식에 대한 집착[戒禁取] △ 의심(불·법·승에 대한 의심) △ 감각적 욕망 △ 적의(반감, 증오, 분개, 적대감 등)입니다.

그런데 부처님은 먹는 음식에 대해 철저히 알면 이런 다섯 가지

종류의 욕망에 대해 알게 되고 그것을 알면 불환자가 된다고 말씀하셨습니다.

앞에서도 살펴봤지만 우리는 음식을 '아들의 고기'처럼 생각해야 합니다. 음식은 다 생명이 있는 것으로부터 오기 때문입니다.

음식의 속성을 바로보기

『청정도론』에는 우리가 삼매를 닦는 방법 마흔 가지가 나옵니다. 그 중의 하나가 음식에 대한 인식입니다. 음식을 혐오스러운 것으로 보는 겁니다. 예를 들면 스님들이 탁발을 나갑니다. 번거롭고 힘든 일입니다. 또 음식을 먹을 때는 씹어야 하는데 그때 음식과 침이 뒤섞이고 죽처럼 변합니다. 이런 현상을 보면 혐오스럽습니다. 그리고 소화가 돼서 위장에 갈 때의 상태도 혐오스럽습니다. 이렇게 바라보라는 것입니다. 그렇게 되면 음식은 정말 필요한 것만, 생존을 위해서 섭취하게 됩니다.

우리는 보통 음식을 궁극적 실재가 아닌 덩어리로 봅니다. 맛있는 케이크다, 포도다. 그런데 이렇게 보는 건 그냥 관습적으로 보는 겁니다. 본질로 보면 음식은 여덟 가지 구체적인 물질로 이루어져 있습니다. 또 물질을 궁극적으로 보면 구체적인 물질 열여덟 가지와 추상적인 물질 열 가지가 있습니다. 궁극적인 물질은 고유의 성질을 가지고 있습니다. 존재하는 동안은 고유의 성질이 변하지 않습니다. 물론 그것이 어떤 조건에 의해서 발생하고 조건에 의해서 소멸되지만, 그 유지되는 기간은 고유의 성질을 그대로 가지고 있는 겁니다. 궁극적인 물질에는 지·수·화·풍·색깔·냄새·맛·영양소 등의 열여덟 가지 구체적 물질이 있습니다. 추상적인 물질은 궁극적인 물질들이 일으키는 물질 현상을 말합니다. 관습적인 물질은 그것의 덩어리입니다. 음식을 볼 때 음식은 궁극적인 물질 여덟 가지로 된 물질이다, 이렇게 보는 게 궁극적인 것으로 정확하게 보는 겁니다. 음식을 먹으면 그 물질이 우리의 혀에 탁 부딪힐 겁니다. 혀, 이것도 물질로 이루어진 겁니다. 혀의 감성물질이라는 게 있거든요. 혀는 두 가지로 돼 있습니다. 이 음식 맛을 보는 감성물질하고 그냥 살덩어리로서의 혀하고 두 가지로 되어 있습니다. 혀의 감성물질하고 음식을 이루는 궁극적 물질이 탁 부딪히는 겁니다. 이때 감각접촉이 일어납니다. 그러면서 어떤 느낌, 인식이 일어나고, 그다음에 의도, 식이 있습니다. 이렇게 자세히 관찰하면 우리를 이루는 오온(물질, 느낌, 인식, 행, 식)을 우리가 정확하게 알게 됩니다. 음식에 대해서 있는 그대로 정확하게 보면 그때 우리의 존재를 정확하게 파악하게 됩니다. 우리는 색·수·상·행·식으로 돼 있습니다. 크게 나누면 몸하고 정신입니다. 음식 먹는 행위에서 우리는 이걸 모두 관찰할 수 있습니다. 그것들이 어떤 조건에서 그렇게 생긴다는 것, 그것을 일단 보는 겁니다. 세 가지를 봐야 되는데, 첫 번째가 음식을 철저하게 안다는 것, 그런 음식이 구체적으로 혀에 닿을 때 오온이 발생하는 그 조건들을 정확하게 아는 겁니다. 정확한 것을 알고 난 뒤에 두 번째로 그것들의 속성을 봅니다. 물질의 속성, 그다음에 정신의 속성을 봅니다. 물질과 정신의 속성을 자세히 보면 무상·고·무아입니다. 일어났다 사라지고 일어났다 사라지고 합니다. 일어났다 사라지는 것이 무상이고, 무상한 것이 괴로움이고, 그것을 통제 못하니 무아입니다. 영양소나 지수화풍 그런 것도 일어났다 사라지고 일어났다 사라집니다. 이걸 알면 정확하게 보는 겁니다. 그렇게 되면 세 번째로 다섯 가지 감각적 욕망에 대한 탐욕을 제거하게 됩니다. 그걸 음식을 앞에 두고 철저히 알라는 것입니다.

음식을 철저히 알면 다섯 가지 감각적 욕망에 대한 탐욕을 철저히 알게 된다고 말씀드렸습니다. 우리가 음식을 혀를 통해서 맛을 보잖아요. 그 맛보는 것을 정확히 알게 되면 첫째, 다섯 가지 감각적 욕망의 어떤 속성을 정확하게 알게 되는 겁니다. 예를 들어서 내가 이 혀로써 맛을 보면 어떤 느낌이 옵니다. 그렇듯이 눈으로 봐서도 그런 것이 오겠구나, 귀로 들어서도 그런 게 오겠구나, 코 그리고 몸이 대상을 접하면 그런 것이 오겠구나, 하는 걸 유추해서 알 수 있다는 겁니다. 맛에 대해서 정확히 알면 맛이 혀의 감성물질을 통해서 접촉이 일어나고 그것에 대해서 느낌이 있고, 그 느낌으로 인해서 갈애가 일어나겠구나, 하는 것을 아는 겁니다. 그렇듯이 눈에도 그게 똑같이 일어나겠구나 하는, 감각적 욕망의 실체에 대해서, 속성에 대해서 잘 알게 된다는 겁니다.

둘째, 감각적 욕망에 대한 탐욕을 철저히 안다는 것입니다. 우리가 맛있는 것을 먹으면 맛에 대한 것만 일어나는 게 아닙니다. 그때 나머지 감각기관들이 다 이걸 좋게 봅니다. 맛있는 것을 보면 저게 맛있구나, 하고 눈에 대한 감각적 욕망이 음식을 통해서 생기게 됩니다. 냄새도 작용합니다. 또 소리, 기억 등 여러 가지가 작용하게 됩니다. 이렇게 다섯 가지 감각기관에서 감각적 욕망에 대한 탐욕이 생깁니다.

셋째는 음식이 모든 감각적 욕망의 근본이 된다는 점입니다. 아까 네 가지 음식 중에 하나가 음식이라고 말씀드렸습니다. 음식을 먹고 뭐가 돼야 눈·귀·코·혀·몸·정신도 다 욕망을 충족할 수 있는 겁니다. 그래서 모든 감각적 욕망의 근본이 음식입니다. 그걸 알게 되는 겁니다. 이것이 활성화될 때 다른 것들도 활성화가 됩니다. 건강 상태가 좋고 영양소가 많으면 그때 이것도 활성화될 수 있으니까 조심해야 됩니다. 아플 때는 욕망이 별로 없습니다. 보기도 싫고 듣기도 싫습니다.

감각접촉의 음식

경전에서 얘기한 네 가지 음식 중 두 번째는 감각접촉입니다. 모든 현상은 접촉에 의해서 성립이 됩니다. 음식이 혀 감성물질에 닿아야 되거든요. 그때 접촉이 일어나는 겁니다. 감각접촉은 모든 것의 바탕이라고 볼 수 있습니다. 그 위에 모든 게 생기는 겁니다. 그런데 우리는 좋은 느낌이면 그냥 흘러가게 놔두는 게 아니라 갈애가 생깁니다. 그래서 부처님께서는 예리하게 이 감각접촉을 음식에 넣은 겁니다.

음식을 외아들의 고기에 비유하셨는데 그 감각접촉을 이렇게 비유하십니다.

비구들이여, 그러면 감각접촉의 음식은 무엇과 같다고 봐야 하는가?

비구들이여, 예를 들면 소가 가죽이 통째로 벗겨져서 벽에 기대어 서 있다 하자. 그러면 그 벽에 붙어 사는 생물들이 그것을 뜯어먹을 것이다. 만일 나무 곁에 서 있으면 나무를 의지해서 살고 있는 생물들이 그것을 뜯어먹을 것이다. 만일 물속에 서 있으면 물을 의지해서 살고 있는 생물들이 그것을 뜯어먹을 것이다. 만일 노지에 서 있으면 노지를 의지해서 살고 있는 생물들이 그것을 뜯어먹을 것이다. 비구들이여, 소가 가죽이 통째로 벗겨져서 의지해서 서 있는 곳마다 각기 거기에 의지해서 살고 있는 생물들이 그것을 뜯어먹을 것이다.

비구들이여, '감각접촉의 음식은 이와 같다고 봐야 한다.'고 나는 말한다. 비구들이여, 감각접촉의 음식을 철저히 알 때 세 가지 느낌을 철저히 알게 되고, 세 가지 느낌을 철저히 알 때 성스러운 제자가 더 이상 해야 할 바가 없게 된다고 나는 말한다.

감각접촉을 정확하게 보면 감각접촉에 연해서 느낌이 생기는 것을 알 수 있습니다. 그 느낌이 생기면 느낌에 따라서 갈애가 생기게 됩니다. 감각접촉을 정확하게 알면 느낌을 알게 됩니다. 느낌까지는 우리에게 그냥 있는 겁니다. 거기에 대해서 갈애가 안 일어나면 됩니다. 느낌을 정확하게 알 때 우리는 아라한이 될 수 있습니다. 12연기의 고리를 느낌에서 끊을 수 있습니다. 그래서 감각접촉의 음식을 철저히 알 때 세 가지 느낌을 철저히 알게 되고, 세 가지 느낌을 철저히 알 때 아라한이 될 수 있습니다. 감각접촉이라는 걸 잘 보면 아까 소의 예에서 봤듯이 뭘 접촉하면 거기에 어떤 영향이 다 들어오잖아요. 오염원이 들어올 수 있습니다. 불교에서는 세상을 삼계로 봅니다. 욕계·색계·무색계의 세상으로 봅니다. 지혜로운 자는 이 삼계의 세상에서 어떤 접촉도 그렇게 달가워하지 않습니다. 접촉에 대해서 누구와 어떤 접촉하는 것, 어떤 대상과 접촉하는 것, 이것에 대해서 면밀히 깨어 있는 겁니다. 이게 훌륭한 수행입니다. 일상생활에서 실천할 수 있습니다. 누굴 만나면 내 속에 어떤 영향이 오나? 술 마시면, 술과 접촉되면 어떤 현상이 오나? 나한테 일어나는 현상을 면밀히 보면 감각접촉의 음식을 잘 아는 겁니다.

음식을 잘 알게 되면 불환자가 되고 감각접촉 수행을 잘하면 아라한이 될 수 있습니다. 거기서 잘못 알고 잘못 안 걸 바탕으로 잘못된 욕망이 생기고 이러면 곤란하죠. 뭐든지 정확하게 보는 게 중요합니다.

의도의 음식

존재의 네 가지 음식 중에서 마음의 의도가 있습니다. 의도는 정말 어떤 존재의 생성과 관계가 있습니다. 우리 존재의 시작이 재생연결입니다. 처음으로 생긴 존재가 재생연결입니다. 재생연결의 마음과 물질이 있습니다. 그게 처음인데, 이것은 업에 의해서 생깁니다. 그런데 마음의 의도가 업을 만듭니다. 업이 없으면 우리는 존재하지 않습니다. 다음 존재가 없는 겁니다. 『아들 고기의 경』에서 부처님께서는 이런 말씀을 하셨습니다.

비구들이여, 예를 들면 한 길이 넘는 숯불 구덩이가 있는데 연기도 없이 활활 타오르는 숯불로 가득 차 있다 하자. 그때 살기를 바라고 죽기를 바라지 않으며 행복을 바라고 괴로움을 혐오하는 사람이 힘센 두 남자에 의해 각각 양손을 붙잡힌 채로 숯불 구덩이 가까이로 끌려온다 하자. 비구들이여, 그러면 이것은 그 사람의 의도와는 거리가 멀고 소망과도 거리가 멀고 염원과도 거리가 멀 것이다.

마음의 의도가 업입니다. 의도가 없는 건 업이 되지 않습니다. 왜 의도를 업이라 할까요? 우리가 무언가를 할 때는 마음에서 뭔가가 생겨서 하는 겁니다. 마음을 정확하게 궁극적인 실재로서 보면 마음과 마음부수입니다. 원래의 마음이 하나 있고, 기능을 하는 많은 마음부수가 있는데 이것이 있어서 어떤 행동을 하게 합니다. 그런데 의도는 마음부수 중에 지도자 같은 역할을 합니다. 주도적인 역할을 하는 겁니다. 다른 것은 따라가는 거죠. 그래서 의도를 업이라고 합니다. 재생연결도 업에서 생깁니다. 업에서 계속 만드는 물질이 있습니다. 눈 감성물질, 귀 감성물질, 코 감성물질, 혀 감성물질, 몸 감성물질, 심장 토대, 생명기능, 남성물질, 여성물질은 업에서 계속 만듭니다. 인식 작용이라고 해서 안식이라든지 받아들임, 조사, 등록, 이런 것들은 또 업에서 계속 일으킵니다. 업이 없으면 생존 자체가 안 됩니다. 업이란 것은 쉽게 이야기하면 우리가 일으킨 행동입니다. 나도 좋고 남도 좋은 걸 하면 좋은 결과가 옵니다. 나는 좋은데 남이 안 좋으면 별로 내가 원하지 않는 결과가 옵니다. 그게 업입니다.

마음의 의도 음식을 통해서도 수행이 가능합니다. 부처님께서 건

장한 남자 두 사람이 원치 않는 사람을 들고 숯불 구덩이로 간다고 그랬잖아요. 거기서 건장한 남자 둘은 업입니다. 하나는 유익한 업이고, 하나는 해로운 업입니다. 선업과 악업이에요. 숯불 구덩이는 삼계입니다. 윤회는 욕계·색계·무색계에서 일어납니다. 거기로 이 범부를 끌고 가는 겁니다. 의도는 자세히 보면 갈애에 의해서 일어납니다. 내가 뭔가 갈구하기 때문에 업을 일으키는 겁니다. 의도를 잘 보면 갈애를 볼 수 있습니다. 갈애가 원인이 돼서 의도가 일어난다는 것입니다. 물론 갈애는 또 느낌이 바탕이 돼서 갈애가 일어나고 느낌은 또 접촉을 바탕으로 합니다. 의도를 잘 보면 '아, 갈애가 이것을 하게 만드는구나.' 해서 갈애를 제거하게 됩니다. 그래서 아라한이 되는 겁니다. 면밀히 일상생활하면서 잘 보면 그게 다 수행입니다. 우리는 업 앞에 평등합니다. 우리가 한 것에 의해서 결과를 다 받아요. 남 원망할 필요 하나도 없습니다.

식(마음)의 음식

존재의 네 가지 음식 중에 마지막이 식인데 식은 마음입니다. 우리 존재는 물질적인 토대가 있고, 정신이 있고, 그 정신은 어떤 대상에 딱 가 있습니다. 이 세 가지를 항상 생각하셔야 됩니다. 마음이 없으면 존재가 성립이 되지 않습니다. 재생연결에도 마음이 있는 거거든요. 마음이 있어서 시작되고, 마음이 있으면 마음부수가 있습니다. 마음이 물질을 일으키는 겁니다. 예를 들면 내가 '이걸 집어야지.' 하고 마음을 일으키면 마음에서 만든 물질이 심장 토대에서 나옵니다. 그 물질이 이동하면서 물건을 집습니다. 말도 마찬가지입니다. 우리 생존에 필수인 게 마음입니다. 마음에 대해서 『아들 고기의 경』에서 부처님은 이런 말씀을 하셨습니다.

"비구들이여, 그러면 식의 음식은 무엇과 같다고 봐야 하는가?

비구들이여, 예를 들면 죄를 지은 도둑을 붙잡아 '폐하, 이 자는 죄를 지은 도둑입니다. 폐하께서 원하시는 처벌을 내리십시오.'라고 하면서 대령하는 것과 같다. 그러면 왕은 이렇게 말할 것이다. '여봐라, 그렇다면 너희들은 가서 아침에 백 개의 창으로 찔러라.' 그러면 그들은 아침에 그 사람을 백 자루의 창으로 찌를 것이다.

다시 왕은 한낮에 이렇게 말할 것이다. '여봐라, 그 사람은 어떻게 되었느냐?' '폐하, 아직 살아 있습니다.' 그러면 왕은 이렇게 말할 것이다. '그렇다면 너희들은 가서 한낮에 백 개의 창으로 찔러라.' 그러면 그들은 한낮에 그 사람을 백 자루의 창으로 찌를 것이다.

다시 왕은 해거름에 이렇게 말할 것이다. '여봐라, 그 사람은 어떻게 되었느냐?' '폐하, 아직 살아 있습니다.' 그러면 왕은 이렇게 말할 것이다. '그렇다면 너희들은 가서 해거름에 백 개의 창으로 찔러라.' 그러면 그들은 해거름에 그 사람을 백 개의 창으로 찌를 것이다.

비구들이여, 이를 어떻게 생각하는가? 그 사람은 삼백 자루
의 창에 찔려서 그 때문에 육체적 고통과 정신적 고통을 겪겠
는가?”

“세존이시여, 한 개의 창에 찔려도 그 때문에 육체적 고통과
정신적 고통을 겪을 것인데 삼백 자루의 창에 찔린 것은 다시
말해서 무엇하겠습니까?”

“비구들이여, ‘식의 음식은 이와 같다고 봐야 한다.’고 나는 말
한다. 비구들이여, 식의 음식을 철저히 알 때 정신·물질을 철
저히 알게 되고, 정신·물질을 철저히 알 때 성스러운 자가 더
이상 해야 할 바가 없게 된다고 나는 말한다.”

마음은 항상 마음부수와 같이 존재합니다. 그래서 마음이 있음으
로써 마음부수가 있습니다. 마음에서 만든 물질이 있습니다. 그런 것
들 통해서 우리가 계속 존재할 수 있는 겁니다. 우리가 덩어리(궁극적 실
재인 궁극적 정신이나 궁극적 정신이 아닌 것)로서 살기 바빠서 생존에 급급한
데, 수행이나 우리 자신을 잘 관찰해 보면 이런 현상들이 끊임없이 일
어나는 겁니다. 그걸 부처님께서 네 가지 음식적인 측면에서 이야기하
고 있는 겁니다.

식의 음식도 수행이 가능합니다. 앞서 죄인을 비유해서 부처님이
말씀하셨습니다. 포졸이나 담당관한테 창을 백 대, 또 백 대, 또 백 대,
모두 삼백 대를 찌르라고 했잖아요. 창 하나만 찔려도 힘이 듭니다. 삼
백 대 찔리면 너무 힘들잖아요. 그런데 여기서 명령하는 왕은 업입니
다. 자기가 지은 업이에요. 삼백 대의 창에 찔린 것은 존재입니다. 업 때

문에 존재가 있어서 삼백 대의 창을 맞는 겁니다. 존재하면 몸과 마음을 가지고 이 몸과 마음에서 오는 고통을 피할 수 없습니다. 그 고통을 계속 당한다는 겁니다. 식을 정확하게 보면 정신 물질에 대해서 정확하게 알게 됩니다. 정신·물질이 우리를 구성하는 요소입니다. 12연기에 따르면 식이 있어서 정신·물질이 생깁니다. 식에서 정신·물질이 생기는 것입니다. 우리 존재에 대해서 정확하게 알게 되면 아라한이 될 수 있습니다. '아, 이래서 이렇구나. 우리를 이루는 존재는 정신과 물질이고 그건 원인에 따라 생겼구나, 그것들이 무상·고·무아고, 이것들이 고통의 근원이구나.' 하고 알고 거기서 벗어나게 되면 아라한이 되는 겁니다.

네 가지 음식에 탐욕이 생기면 벌어지는 일

부처님께서는 탐욕을 경계하셨습니다. 탐욕이 결국은 괴로움으로 연결되기 때문입니다. 불교는 괴로움의 문제에 아주 정통합니다. 사실은 우리 존재 자체가 어찌 보면 부끄러운 일입니다. 존재는 문제가 있어서 생긴 겁니다. 탐·진·치가 없으면 존재가 생기지 않습니다. 불교는 보는 시각 자체가 다릅니다. 그래서 인과의 법칙이 불교에서 가장 중요한 겁니다. 모든 것은 결과를 남깁니다. 내가 생각한 것도 결과를 남깁니다. 내가 밥을 먹어도 결과를 남깁니다. 모든 것은 인과의 법칙으로 돌아가지 내 맘대로 되는 것은 하나도 없습니다. 이게 무아입니다. 내가 통제할 수 있는 몸과 마음이 없다는 겁니다. 또 인과의 법칙으로 윤회하는 겁니다. 어찌 보면 우리가 '아, 의미 있고 좋다.' 이렇게 보는 것도 그렇게 볼 수밖에 없는 조건 속에 있어 그렇게 봐야 되는 상태 속에 있는 것입니다. 지혜로워지면 부처님 말씀을 다 이해하게 됩니다.

네 가지 음식에 대한 중요한 경 중 다른 하나가 『탐욕 있음 경』(S:12.64)입니다. 여기에 보면 네 가지 음식에 탐욕이 있으면 어떤 현상이 있는지 알 수 있습니다. 우리는 먹는 음식, 감각접촉의 음식, 의도의 음식, 식의 음식, 이것에 대한 어떤 욕망이 있습니다. 그걸 즐깁니다. 그런데 갈애가 있으면 식이 생깁니다. 식이 확립되고 증량합니다. 그렇게 식이 확립되고 증량할 때는 정신·물질이 출현하게 됩니다. 정신·물질이 출현하게 되면 의도적 행위들이 일어나게 됩니다. 의도적 행위가 일어나게 되면 태어남이 일어날 수 있는 근거가 생기는 겁니다. 그 근거를 바탕으로 태어나게 됩니다. 태어나면 늙고 죽습니다. 또 태어나면 고민과 번민과 고뇌와 절망 이런 것들이 생깁니다. 그래서 탐욕의 시작을 하지 말라는 겁니다. 부처님은 비유를 들어 이렇게 말씀하십니다.

비구들이여, 예를 들면 염색공이나 화가가 물감이나 붉은 랙이나 노란 심황이나 남색의 쪽이나 심홍색의 꼭두서니로 잘 연마된 판자나 벽이나 흰 천에다 사지를 모두 다 갖춘 여인의 모양이나 남자의 모양을 그리는 것과 같다.

염색공이나 화가가 각종의 염색 재료를 가지고 그림을 그립니다.

어떤 화가는 잘 그릴 것이고, 어떤 화가는 잘 그리지 못할 겁니다. 그런데 그림을 그릴 때 보면 나무판에 그릴 수도 있고, 벽에도 그릴 수 있고, 하얀 천에도 그릴 수 있습니다. 부처님께서는 이 비유에서 염색공혹은 화가는 업이라고 말씀하십니다. 그리는 나무판은 좀 거칠 것입니다. 그것은 욕계입니다. 벽은 색계이고, 천은 무색계입니다. 좋은 화가는, 말하자면 좋은 업을 지은 사람은 좋은 형상을 짓는 겁니다. 업이 안좋은 사람은 이상한 것, 안 좋은 것을 그리게 됩니다.

네 가지 음식에 대한 욕망이나 즐기는 것이나 갈애가 없어지면 식이나 정신물질, 의도적 행위, 태어남의 근거, 태어남, 늙음, 죽음, 고뇌나 절망, 번민이 없어집니다. 부처님께서는 비유의 대가, 천재이신 것 같습니다. 아래의 비유를 보고 그런 생각이 많이 들었습니다.

"비구들이여, 예를 들면 누각이나 중각강당에 북쪽이나 남쪽이나 동쪽으로 창이 나 있다고 하자. 그러면 태양이 떠오를 때 창을 통해 빛이 들어와서는 어디에 머물겠는가?"
"서쪽 벽입니다, 세존이시여."
"비구들이여, 그런데 만일 서쪽 벽이 없다면 어디에 머물겠는가?"
"땅입니다, 세존이시여."
"비구들이여, 만일 땅이 없다면 어디에 머물겠는가?"
"물입니다, 세존이시여."
"비구들이여, 만일 물이 없다면 어디에 머물겠는가?"
"그렇다면 확립되지 못합니다, 세존이시여."

부처님 당시의 누각이나 법당은 지금처럼 사방을 다 막은 게 아니었던 것 같습니다. 뚫려서 그냥 앉을 수 있고 비만 피할 수 있는 구조물이었던 것 같습니다. 거기에 창문이 있을 수 있습니다. 그 창을 통해서 햇빛이 들어오잖아요. 햇빛이 비출 때 벽이 있으면 벽에 비추겠죠. 벽이 없으면 땅에 비추겠죠. 땅도 없어서 절벽 같으면 물에 비추겠죠. 물도 없으면 아무 데도 비칠 수 없잖아요. 햇빛이 어쨌든 비치는 데가 필요한 겁니다.

여기서 벽은 욕계를 상징합니다. 땅은 색계, 물은 무색계입니다. 이 세 군데 어디에도 빛이 머물지 않으면 빛은 확립되지 못합니다. 햇빛이 머물지 않는 것은 아라한의 경지를 상징합니다. 탐·진·치가 없으면 아라한입니다. 아라한은 어떤 행위는 하지만 그게 업을 남기지 않고 작동만 합니다. 그래서 아라한의 어떤 행위는 업을 동반하지 않기 때문에 어디든 결과를 남길 수 없습니다.

> 비구들이여, 그와 같이 만일 덩어리진 [먹는] 음식에 대한 … 만일 감각접촉의 음식에 대한 … 만일 마음의 의도의 음식에 대한 … 만일 식의 음식에 대한 탐욕이 없고 기쁨이 없고 갈애가 없으면 거기서 식이 확립되지 않고 증장하지 않는다. 식이 확립되지 않고 증장하지 않는 곳에 정신·물질이 출현하지 않는다. 정신·물질이 출현하지 않는 곳에 의도적 행위들이 증장하지 않는다. 의도적 행위들이 증장하지 않는 곳에 내생에 다시 태어남의 발생이 없다. 내생에 다시 태어남의 발생이 없는 곳에 내생의 태어남과 늙음·죽음이 없다. 내생의 태

어남과 늙음·죽음이 없는 곳에 근심과 고뇌와 절망이 없다고
나는 말한다.

부처님 말씀은 짧습니다. 그래서 주석서를 보는 게 중요합니다.
주석서는 부처님 당시에 수준 높은 제자들, 주로 아라한들이 들었거나
봤거나 안 내용들이거나 후대에 수준 높은 제자들이 부처님 말씀에 대
해 해설한 것이기 때문에 아주 좋은 참고가 됩니다. 앞에 인용한 『아들
의 고기 경』 주석서에 의하면 그 당시 비구 승가가 탁발음식과 다른 필
수품들을 너무 풍족하게 보시 받아 사용하고 있었기 때문에 부처님께
서 이 경을 설하셨다고 합니다. 부처님께서 이 경을 법의 거울로 삼아
서 스스로를 제어하게 하기 위해서, 그리고 미래의 비구들이 바르게
반조한 뒤에 네 가지 필수품을 사용하도록 하기 위해서 이 경을 설하
셨다고 합니다.
여러분도 음식에 대해 다시 한번 생각하는 계기가 되기를 바랍
니다.

22

범부·유학·아라한·
여래가 보는 세상

초기불교에서 범부와 성자를 가르는 기준은 여러 가지가 있지만 그 중에 하나가 바로 '윤회'입니다. 범부는 윤회 문제가 해결이 안 된 사람입니다. 죽으면 어디로 갈지 모릅니다. 하지만 성자는 윤회가 얼마나 계속될 것인지 아니면 끝날 것인지, 그리고 어디서 태어날지가 결정이 된 사람입니다.

두 부류의 범부와 네 부류의 성자

범부도 두 종류로 나눠집니다. '배우지 못한 범부'하고 '선한 범부'입니다. 배우지 못한 범부는 세상을 이해하는 데 도움이 되는 법을 잘 모르는 사람입니다. 오온, 12처, 18계, 연기에 대해서 알지 못합니다. 또 수행을 하지 않아서 캄캄하게 살아가고 있는 사람입니다. 반대로 오온, 12처, 18계, 연기를 이해하고 수행해 성자가 되기 위해 노력하고 있는 사람은 선한 범부입니다.

성자는 두 종류로 나누기도 하고 네 종류로 나누기도 합니다. 예류자, 일래자, 불환자, 아라한으로 나누면 네 종류로 분류하는 겁니다. 또 유학(有學)과 무학(無學)으로 나누면 두 종류로 분류하는 겁니다. 유학은 아직 배울 게 남아 있는 사람, 무학은 더 이상 배울 것이 없는 사람을 말합니다. 불교에서 배움은 법을 배우는 것과 수행하는 것을 포함합니다. 유학은 배우고 닦을 게 있고, 무학은 배우고 닦을 게 없다는 겁니다. 앞서 말한 예류자(預流者), 일래자(一來者), 불환자(不還者)는 유학이고 아라한(阿羅漢)은 무학입니다. 각각 어떤 단계인지 알아보겠습니다.

예류자가 되면 사악처에 태어나지 않습니다. 흔히 육도윤회라고 해서 업에 따라 생을 반복하는데, 천상·아수라·인간·축생·아귀·지옥, 여섯 군데입니다. 여기서 천상과 인간은 좋은 곳이라고 하여 선처라고 하고 아수라·아귀·축생·지옥은 나쁜 곳이라고 하여 사악처라고 합니다. 그런데 예류자가 되면 적어도 사악처라고 하는 아수라·축생·아귀·지옥에는 태어나지 않습니다. 그리고 천상·인간으로 최대 일곱 번을 윤회합니다. 예류자에게 여덟 번째 생은 없습니다. 최대라고 말씀드렸습니다. 한 번에 끝날 수도, 두 번에 끝날 수도 있습니다. 어쨌든 일곱 번은 넘어가지 않습니다. 예류자에게는 세 가지 족쇄가 없습니다. 바로 자아가 있다는 견해, 계율과 의식에 대한 집착, 불·법·승 삼보에 대한 의심입니다.

일래자는 예류자처럼 세 가지 족쇄가 없고 탐·진·치가 엷어진 상태입니다. 인간으로는 한 번만 태어납니다. 그리고 윤회를 끝냅니다. 그래서 일래(一來)자입니다.

불환(不還)자는 말 그대로 인간 세상으로는 돌아오지 않습니다. 색계 4선정을 닦아서 도달한 천상 중에 정거천이 있습니다. 불환자는 거기에 태어나서 윤회를 끝냅니다.

아라한은 그냥 이 생에서 살다가 죽으면 윤회가 끝납니다. 다시 태어나거나 하지 않습니다.

윤회를 계속하게 하는 '족쇄'

앞에 족쇄에 대해서 말씀드렸습니다. 그 족쇄가 모두 풀리면 윤회가 끝나는 겁니다. 예를 들어 마당에 쇠기둥이 하나 있다고 생각해 보세요. 거기에다가 개를 묶어두면 개는 그 줄의 길이 이상은 갈 수가 없습니다. 그냥 그 줄이 뻗는 데에서 빙빙 돌고 맙니다.

이렇듯 우리에게도 열 가지 족쇄가 있습니다. △ 자아가 있다는 견해 △ 계율과 의식에 대한 집착 △ 불·법·승 삼보에 대한 의심 △ 감각적 욕망 △ 적의 △ 색계에 대한 탐욕 △ 무색계에 대한 탐욕 △ 자만 △ 들뜸 △ 무명입니다. 앞의 다섯 가지를 낮은 단계, 뒤의 다섯 가지를 높은 단계라고 부릅니다.

첫 번째 족쇄는 자아가 있다는 견해 즉, 유신견(有身見)입니다. '나'라는 존재 또는 '나'라는 개체가 있다고 생각하는 겁니다. 내 몸이고, 내 마음이라고 보는 게 유신견입니다. 사실 평범한 사람에게는 몸과 마음이 없다고 이야기하는 게 어불성설처럼 느껴질 수도 있습니다. 하지만 거꾸로 생각해 보면 '나라고 할 만한 고정불변한 것이 없다.'고 생각해 보십시오. 우리 몸과 마음은 내 마음대로 되지 않습니다. 우리가 완전히 통제할 수 있는 몸과 마음은 없습니다. 업과 인과의 법칙으로 돌아가는 겁니다. 또 모였다 흩어지기도 합니다. 이런 것에 어떤 고정불변한 실체가 있다고 얘기할 수 있겠습니까? 유신견이라는 잘못된 견해를 잘 알아야 합니다. 나머지 족쇄의 중심이 되기 때문입니다.

두 번째 족쇄는 계율과 의식에 대한 집착, 즉 계금취(戒禁取)입니다. 계율과 의식을 잘 지키면 해탈할 수 있다고 믿는 겁니다. 불교를 수행하는 사람들에게도 이런 집착이 있지만 다른 종교에도 이런 집착이 있습니다. 무언가를 성취하려면 그것을 성취할 수 있는 것을 해야 하는데 계와 의식을 지키면 모든 것을 얻을 수 있다고 생각하는 것입니다.

대표적인 비유 하나만 들어보겠습니다. 예전에 어떤 스승이 제사를 지내면서 제사상을 뒤엎을까봐 고양이를 기둥에 묶어 두고 제사를 지냈다고 합니다. 그런데 스승이 죽고 난 뒤 그 이유를 모르는 제자가 고양이를 일부러 사서 기둥에 묶어 두고 제사를 지냈다는 말이 있습니다. 계를 지키는 건 중요한 수행 중 하나입니다. 하지만 그 이유를 모른 채 거기에만 집착하면 이것 역시 족쇄가 됩니다.

세 번째 족쇄는 불·법·승 삼보에 대한 의심입니다.

지금까지 말씀드린 세 가지가 없으면 예류자가 됩니다. 그리고 이 세 가지 족쇄가 없어지면서 탐진치가 옅어지면 일래자가 됩니다. 또 낮은 단계의 다섯 가지 족쇄인 유신견, 계금취, 의심, 감각적 욕망, 분노가 없어지면 불환자입니다. 감각적 욕망은 눈·귀·코·혀·몸과 같은 감각기관으로 좋은 걸 취하려고 하는 것입니다. 주위에서 '나는 불환자다.'라고 하는데 그 사람이 화를 내는지 내지 않는지 살펴보면 그 사람이 불환자인지 아닌지 알 수 있습니다. 그리고 높은 단계의 다섯 가지 족쇄가 있습니다. 높은 단계의 다섯 가지 족쇄까지 완전히 없어지면 아라한이 되는 겁니다.

높은 단계의 다섯 가지 족쇄 중 첫 번째가 색계에 대한 욕망입니다. 색계 존재에 대한 욕망, 즉 탐욕입니다. 탐욕이 있으니 거기에 태어나야 되고, 또 즐겨야 하니 윤회를 벗어날 수 없습니다. 두 번째가 무색계에 대한 욕망이고 세 번째가 자만입니다. 자만은 '내가 남보다 우월하다.'는 생각입니다. 네 번째가 들뜸입니다. 이들 네 가지 족쇄의 밑바닥에는 유신견이 있습니다. 그리고 마지막으로 무명이 있습니다. 사성제에 대해 모르는 겁니다. 이 높은 단계의 다섯 가지 족쇄까지 완전히 없어지면 아라한이 됩니다.

지금까지 말씀드린 내용을 경전을 통해서 보겠습니다. 『마할리경』(D6)이라는 경전입니다.

> 마할리여, 여기 비구는 세 가지 족쇄를 완전히 없애고 흐름에 든 자(예류자)가 되어, 악취에 떨어지지 않는 법을 얻었고 [해탈이] 확실하며 바른 깨달음으로 나아가는 자이다. 마할리여, 이것이 더 높고 더 수승한 법이니 이것을 실현하기 위해서 비구들은 내 아래서 청정범행을 닦는다.
> 다시 마할리여, 세 가지 족쇄를 완전히 없애고 탐욕과 성냄과 어리석음이 옅어져서 한 번만 더 돌아올 자[일래자]가 되어, 한 번만 더 이 세상에 와서 괴로움의 끝을 만든다. 마할리여, 이것도 더 높고 더 수승한 법이니 이것을 실현하기 위해서 비구들은 내 아래서 청정범행을 닦는다.
> 다시 마할리여, 비구는 다섯 가지 낮은 단계의 족쇄를 완전히

없애고 [정거천에] 화생하여 그곳에서 완전히 열반에 들어 그 세계로부터 다시 돌아오지 않는 법을 얻는다[불환자] 마할리여, 이것도 더 높고 더 수승한 법이니 이것을 실현하기 위해서 비구들은 내 아래서 청정범행을 닦는다.

다시 마할리여, 비구는 모든 번뇌가 다하여 아무 번뇌가 없는 마음의 해탈과 통찰지의 해탈을 바로 지금 여기에서 스스로 최상의 지혜로 실현하고 구족하여 머문다.[아라한] 마할리여, 이것도 더 높고 더 수승한 법이니 이것을 실현하기 위해서 비구들은 내 아래서 청정범행을 닦는다.

마할리여, 이러한 더 높고 더 수승한 법들이 있나니 그것을 실현하기 위해서 비구들은 내 아래서 청정범행을 닦는다.

유학(有學)에서 여래까지

우리는 눈이 있어야 볼 수 있고, 볼 수 있는 상태가 되어야 볼 수 있습니다. 또 똑같은 세상을 봐도 다 다르게 보입니다. 그렇듯이 범부와 성자 그리고 여래도 각각 보는 세상이 다릅니다.

이런 걸 알려주는 아주 좋은 경이 있습니다. 『뿌리에 대한 법문경』(M1)입니다. 다소 어려울 수도 있지만 소개해 드립니다.

이 경이 속해 있는 맛지마 니까야는 주로 부처님의 전법이 시작되고 25년 이후에 비구들을 상대로 법문한 것을 모은 것입니다. 전법 25년 이후면 교단이 어느 정도 안정을 갖춘 시기입니다. 그래서 아주 중요한 경들이 많습니다. 그 중에서도 지금 살펴보는 『뿌리에 대한 법문 경』은 맛지마 니까야의 맨 처음에 나오는 경입니다.

그런데 이 경은 좀 특이합니다. 대부분 부처님 말씀이 끝나면(경전이 끝나면) 부처님의 말씀을 듣고 흡족하고 기뻐했다, 신수봉행(信受奉行)했다고 나옵니다. 그런데 이 경을 들은 비구들은 기뻐하지 않았다고 나옵니다.

이유는 주석서에 나와 있습니다.

이 경전은 3베다에 통달한 오백 명의 바라문을 위한 것입니다. 오백 명의 3베다에 통달한 바라문들은 처음 부처님의 법문을 듣고는 굉장히 감화를 받았습니다. '감각적 욕망을 추구하는 건 우리에게 큰 위험이 있고, 세속적인 걸 벗어나는 출리가 큰 이익이구나.' 이렇게 해서 오백 명이 출가를 합니다. 그런데 출가를 하고 나서 문제가 좀 생깁니다. 출가한 지 얼마 되지 않아 부처님의 말씀을 모두 습득하고서는 그 배움에 의해 자만이 생긴 겁니다. '부처님이 말씀하시면 즉각 내가 다 안다.' 이렇게 된 겁니다. 그래서 나중에는 부처님도 찾아오지도 않고 법문을 들으러 오지도 않습니다. 그래서 그런 사람한테 충격을 주기 위해서 부처님께서 '이런 것은 당신들 모르지?' 하면서 어려운 법문을 하신 겁니다. 그 사람들이 듣고 이해가 안 된 거예요. '뭐 이렇게 어렵게 이야기 하나.' 내지는 이해가 충분히 되지 않았기 때문에 기뻐하지 않았습니다. 이 법문을 듣고 난 후 그들은 부처님은 위대하시고, 견줄 이 없다고 생각해 자만심이 꺾였고 이내 부처님께 문안드리고 법을 듣는 것에 성심을 다했습니다. 그렇게 한 번 충격을 주시고 부처님이 시간이 지난 후 '아! 저 사람들이 지혜가 무르익었다.' 하는 걸 아시고 다시 또 설법을 합니다. 『고따마까 경』(A:3.123)에는 다음과 같은 구절이 나옵니다.

> 비구들이여, 나는 최상의 지혜로 모든 법을 안 뒤에 법을 설한다. 최상의 지혜로 알지 못하고 설하지 않는다. 비구들이여, 나는 조건을 갖추어서 법을 설한다. 조건을 갖추지 않고 법을 설하지 않는다. 비구들이여, 나는 [가르침의] 기적을 갖추어 법을 설한다. [가르침의] 기적을 갖추지 않고 법을 설하지 않는다.
>
> 비구들이여, 내가 이렇게 최상의 지혜로 모든 법을 안 뒤에 법을 설하고 조건을 갖추어서 법을 설하고 [가르침의] 기적을 갖추어 법을 설하면서 나는 교계하고 가르친다. 비구들이여, 그대들은 지족하기를! 그대들은 마음이 흡족하기를! 그대들은 기뻐하기를! 세존은 정등각이고 법은 세존에 의해서 잘 설해졌으며 승가는 잘 도를 닦는다.
>
> 세존께서는 이렇게 말씀하셨다. 비구들은 흡족한 마음으로 세존의 말씀을 크게 기뻐하였다.

이 법문을 듣고 이 비구들이 흡족한 마음으로 세존의 말씀을 크게 기뻐하고 다 아라한이 됩니다. 사무애해(四無碍解)를 얻었다고 합니다. 사무애해는 법에 대한 정확한 이해, 법이 가지고 있는 의미에 대한 정확한 이해, 말과 언어에 대한 막힘없는 이해와 표현, 그리고 법을 설하는 데 있어서 막힘이 없는 것을 말합니다. 이 오백 명의 비구들이 사무애해를 갖춘 아라한이 됩니다.

다시 『뿌리에 대한 법문 경』입니다.

부처님은 누가 질문해서 법을 설하는 경우도 있고, '비구들이여 오라.' 해서 법문을 하는 경우가 있는데, 이 경은 처음에 '비구들이여' 하고 부릅니다. 그리고 듣는 사람들이 '예. 세존이시여.'라고 하면서 법문이 시작됩니다. 부처님께서 서두에 이렇게 말씀하십니다. '모든 법들[諸法]의 뿌리에 대한 법문을 설하겠다.' 여기서 말한 모든 법들, 일체법은 오취온입니다. 우선 오온은 색·수·상·행·식입니다. 여기에 집착이 가해진 것이 오취온입니다. 오온은 누구에게나 있습니다. 그런데 유신견이 있는 범부는 오취온이 있는 겁니다. 유신견이 없다면 오취온도 없겠지요. 그냥 오온만 있습니다. 여기서 말한 모든 법의 뿌리는 오취온이 있게 하는 원인을 이야기합니다. 주석서에는 그 뿌리는 갈애, 자만, 사견, 무명이라고 이야기합니다.

그런데 부처님께서는 이 경에서 이렇게 말씀을 하십니다.

비구들이여, 여기 배우지 못한 범부는 성자들을 친견하지 못하고 성스러운 법에 능숙하지 못하고 성스러운 법에 인도되지 못하고, 바른 사람들을 친견하지 못하고 바른 사람들의 법에 능숙하지 못하고 바른 사람들의 법에 인도되지 않아서, 땅을 땅으로 인식한다. 땅을 땅으로 인식하고서는 [자신을] 땅이라 생각하고, [자신을] 땅에서 생각하고, [자신을] 땅으로부터 생각하고, 땅을 내 것이라고 생각한다. 그는 땅을 기뻐한다. 그것은 무슨 까닭인가? 그는 그것을 철저히 알지 못했기 때문 이라고 나는 설한다.

이어서 물, 불, 바람과 여러 가지에 대해서 똑같은 말씀을 하십니다. 성자는 보통 부처님이나 벽지불이나 부처님의 제자들을 말합니다. 그러니까 하여튼 수준 높은 사람들입니다.

여기서 땅은 우리 몸은 사대로 이루어졌다 할 때 지·수·화·풍 중에 땅으로, 어떤 속성으로서의 땅을 말합니다. 딱딱한 것은 다 땅입니다. 뼈 같은 것은 땅이라고 보시면 됩니다. 물론 그 속에 땅만 있는 건 아닙니다. 물 성분도 있고 여러 가지 있습니다. 땅이 우세한 상태입니다. 그런데 땅을 땅으로 인식한다고 말했습니다. 땅을 땅으로 인식하고 난 뒤에 자신을 땅으로 생각합니다. 몸은 지·수·화·풍으로 이루어져 있습니다. 그런 몸을 자기로 생각합니다. 이게 잘못된 인식입니다. 그다음에 자신을 땅에서부터 생각합니다. 그다음에 자신을 땅으로부터 생각합니다. 그다음에 땅을 내 것이라고 생각합니다. 그러면서 땅에 대해서 기뻐합니다. 땅에 대해서 기뻐하는 이유는 땅에 대해서 철저히 알지 못했기 때문입니다. 그러면서 땅뿐만 아니라 물에 대해서도 똑같이 그렇게 생각을 합니다. 피는 물입니다. 화나면 열이 나잖아요. 열은 화로 봅니다. 그다음에 지·수·화·풍뿐만 아니라 다른 존재가 있다고 하면 그 존재가 자기를 생각할 땐 그 존재로 생각하는 겁니다. 또 욕계 천상이 있습니다. 욕계 천상의 존재들, 그다음에 빠자빠띠라 해서 마라라고 안 좋은 신입니다. 그다음에 천상의 범천, 광음천, 무상 유정천이라고 있습니다. 그다음에 공무변처, 식무변처, 무소유처, 비상비비상처가 있습니다. 존재할 수 있는 건 다 이야기합니다. 그다음에 우리가 본 것에 대해서 '내가 본 게 내 것이다.' 이런 식으로 본 것, 들은 것, 그다음에 감지한 것, 접촉하고 맛본 것, 이런 똑같은 것에 대해서도 똑같이 여기는 겁니다. 그다음 아는 것, 그다음에 경전에서는 동일한 것이라고 했는데, 수승하게 자기가 성취한 것을 말합니다. 선정 같은 것이 동일한 것입니다. 다른 것은 수준이 낮은 것으로, 욕계적인 것입니다. 그다음에 일체, 그다음에 열반도 이야기합니다. 여기서 말하는 열반은 외도들이 말한 열반입니다. 그들이 말하는 열반은 그들이 생각하는 지금 여기에서의 최고의 경지, 궁극적 경지를 이야기합니다. 외도들도 감각적 욕망의 행복과 네 가지 색계 선정의 행복을 즐길 수 있습니다. 그걸 열반이라고 봅니다. 이런 모든 것에 대해 똑같이 이야기를 합니다. 아주 복잡하긴 하지만 차분하게 보면 부처님이 뭘 말씀하셨는지 알 수 있습니다.

누구나 땅을 인식합니다. 그런데 유학, 무학, 여래는 정확하게 인식을 합니다. 하지만 범부는 땅에 대해 전도된 인식이 있습니다. 전도된 인식이라는 것은 무상·고·무아·부정을 항상하고, 행복하고, 내가 있고, 또 깨끗하다고 보는 겁니다. 이렇게 전도된 인식이 있게 되면 갈애, 자만, 사견이 생깁니다. 그래서 이 갈애에 의해서 어떤 허황된 생각이 일어나게 됩니다. 그다음에 자만에 의해서 어떤 허황된 생각이 일어나고, 사견에 의해서 또 어떤 허황된 생각이 일어나게 됩니다.

갈애에 의해서 일어나는 것을 보겠습니다. 우리 몸은 서른두 가지로 이루어져 있습니다. 머리털, 몸털, 손톱, 발톱 등이 그것입니다. 그 중에 땅을 땅으로 인식한다고 했습니다. 땅이 우세한 게 머리털,

몸털, 손톱, 발톱 등 스무 가지가 있습니다. 머리털, 몸털 등에 대해서 욕망을 일으킵니다. 욕망을 일으키고 그것을 즐기고, 예쁘다고 하고, 기뻐하고, 그것에 대해서 집착합니다. 그래서 나의 머리털, 몸털이 앞으로 이렇게 될 것이다, 또 저렇게 될 것이다 하면서 그에 대해서 욕망과 집착이 생깁니다. 이것이 갈애입니다. 심지어는 내가 이렇게 계를 잘 지키고 청정범행을 하니까 내 머리털이 아주 윤기가 있어지고 멋있어질 것이다, 라고 생각합니다. 우리가 뭔가 얻은 것도 있고 얻지 못한 것도 있습니다. 그럴 때 얻은 것에 대해서는 '아, 뛰어나다.' '잘한다.'고 하고, 못하면 '못하다.', 비슷하면 '비슷하다.'고 합니다. 이 세 가지가 불교적으로는 자만입니다. 못하다, 비슷하다에도 다 밑에 자만이 깔려 있습니다. 자만을 이 세 가지로 보는 것은 부처님의 탁월한 견해입니다. 내가 수행을 많이 해서 얼굴이 윤기가 있다고 생각하는 그것 역시 일종의 자만입니다. 그리고 '이 몸이 나의 생명이다.' 하는 식으로 사견을 일으킵니다. 범부는 자기가 보는 대상에 대해서 전부 전도된 것으로 보면서 갈애와 자만과 사견을 일으켜서 그런 생각 속에 계속 사는 겁니다. 그건 진리하고 거리가 멉니다. 이게 범부가 보는 세상입니다.

유학이 보는 세상은 어떤지 경을 더 읽어보겠습니다.

비구들이여, 어떤 비구는 아라한과를 얻지 못한 유학으로 위 없는 유가안은을 원하면서 머문다. 그는 땅을 땅이라고 최상의 지혜로 잘 안다. 땅을 땅이라고 최상의 지혜로 잘 알아 [자

신을] 땅이라 생각하지 않아야 하고, [자신을] 땅에서 생각하지
않아야 하고, [자신을] 땅으로부터 생각하지 않아야 하고, 땅이
자신이라고 생각하지 않아야 한다. 그는 땅을 기뻐하지 않아
야 한다. 그것은 어떤 이유 때문인가? 그는 그것을 철저히 알
아야 하기 때문이라고 나는 설한다.

범부는 최상의 지혜 없이 그냥 땅으로 인식했습니다. 유학은 최
상의 지혜를 가지고 땅을 땅으로 인식합니다. 제대로 봐서 자신을 땅
이라고 생각하지 않으려고 합니다. 범부는 땅을 땅이라고 생각했습니
다. 이렇게 보면 땅을 땅으로 인식하는 것은 범부나 유학이나 똑같습
니다. 하지만 유학은 무상·고·무아로 인식하는 겁니다. 그러다 보
니까 자신을 땅이라고 생각하지 않으려고 합니다. 자신을 땅에서 생각
하지 않으려고 해요. 자신을 땅으로부터 생각하지 않고 땅을 내 것이
라고 생각하지 않으려고 합니다. 그래서 땅에 대해서 기뻐하지 않으
려고 합니다. 그 이유는 유학은 땅에 대해서 철저히 알려고 하기 때문
입니다.

그런데 집착이 완전히 없는 건 아닙니다. 노력하는 겁니다. 그게
무학과의 차이입니다. 유학은 아직 완전한 경지는 아닙니다. 그렇다
보니까 최상의 지혜로 알긴 알았습니다. 그래서 사견은 없습니다. 견
해가 바로 선 존재가 이 성자들이거든요. 그래서 정확히 알긴 알아가
지고 사견은 없어졌지만 갈애와 자만은 아직 떨어지지 못한 것입니다.

우리를 속박하고 있는 네 가지가 있습니다. 감각적 욕망, 존재, 사
견, 무명입니다. 이것으로부터 안전한 상태가 바로 유가안입니다. 괴

로움이 없는 상태, 아라한의 경지를 말합니다.

무학은 아라한인데, 아라한은 네 종류가 있습니다. 경에서 부처님은 첫 번째 종류의 아라한에 대해 이렇게 말씀하십니다.

비구들이여, 어떤 비구는 아라한이어서 번뇌가 다 했고 삶을 완성했으며 할 바를 다 했고 짐을 내려놓았으며 참된 이상을 실현했고 삶의 족쇄를 부수었으며 바른 구경의 지혜로 해탈했다. 그는 땅을 땅이라고 최상의 지혜로 잘 안다. 땅을 땅이라고 최상의 지혜로 잘 알아 [자신을] 땅이라 생각하지 않고, [자신을] 땅에서 생각하지 않고, [자신을] 땅으로부터 생각하지 않고, 땅을 내 것이라 생각하지 않는다. 그는 땅을 기뻐하지 않는다. 그것은 어떤 이유 때문인가? 그는 그것을 철저히 알았기 때문이라고 나는 설한다.

여기서 철저히 안다는 것은 세 가지 통찰지로써 정확히 아는 것을 말합니다. 세 가지 통찰지는 안 것의 통찰지, 조사의 통찰지, 버림의 통찰지입니다. 안 것의 통찰지는 만약에 땅이라 치면 땅의 특징이 뭐고, 땅의 기능은 뭐고, 땅의 나타남은 뭐고, 땅의 가까운 원인이 뭔지 아는 겁니다. 조사의 통찰지는 무상·고·무아로 아는 겁니다. 정확하게 현상을 알고 난 뒤에 그것의 속성을 본 게 조사의 통찰지입니다. 버림의 통찰지는 무상·고·무아니까 내가 집착할 필요가 없잖아요. 이 세 가지 통찰지에 의해 갈애, 자만, 사견이 떨어진 겁니다.

무학은 자신을 땅이라고 생각하지 않고 땅에서 생각하지 않습니다. 땅에서 생각한다는 건 '내 자아가 땅에 있다.'라고 생각하는 겁니다. 자기 몸에서 뭘 찾는 게 땅에서 생각하는 겁니다. 자신을 땅으로부터 생각하지 않는다는 것은 '아, 나는 몸에서 났고 또 몸으로 사라지고' 이런 식으로 땅으로부터 뭔가를 찾는 걸 땅으로부터 안 한다는 겁니다. 그러니까 땅에 대해 갈애와 자만과 사견이 하나도 없는 것입니다. 그게 첫 번째 아라한입니다.

두 번째 아라한이 첫 번째 아라한과 다른 것은 땅에 대해 기뻐하지 않는 이유입니다. 첫 번째 아라한이 철저히 알았기 때문이라고 한 것에 비해 두 번째 아라한은 탐욕을 끊어버렸습니다. 탐·진·치가 없으면 아라한이라고 합니다. 첫 번째 아라한은 철저히 알았기 때문이고, 두 번째 아라한은 탐욕을 끊어서 탐욕으로부터 벗어났기 때문입니다.

세 번째 아라한은 성냄을 완전히 끊고 그로부터 벗어난 겁니다.

네 번째 아라한은 어리석음을 끊고 어리석음에서 완전히 벗어난 겁니다. 땅을 땅으로 인식한다는 것은 무상·고·무아로 인식한다는 겁니다. 유학부터 땅을 땅으로 인식한다는 것은 땅의 속성을 그대로 본다는 거예요. 무상·고·무아·부정으로 정확하는 보는 겁니다. 그래서 기뻐하지 않습니다.

여래는 부처님의 경지입니다. 부처님을 여래라고도 합니다. 경에서는 여래에 대해 두 가지를 말씀하십니다.

하나는 다음과 같습니다.

비구들이여, 아라한이고 정등각자인 여래도 역시 땅을 땅이라고 최상의 지혜로 잘 안다. 땅을 땅이라고 최상의 지혜로 잘 알아 [자신을] 땅이라 생각하지 않고, [자신을] 땅에서 생각하지 않고, [자신을] 땅으로부터 생각하지 않고, 땅을 내 것이라 생각하지 않는다. 그는 땅을 기뻐하지 않는다. 그것은 어떤 이유 때문인가? 여래는 그것을 철저히 알았기 때문이라고 나는 설한다.

첫 번째는 아라한과 같습니다. 두 번째, 여래는 첫 번째 여래와 기뻐하지 않는 이유가 다릅니다. 부처님의 말씀을 직접 들어보겠습니다.

비구들이여, 아라한이고 정등각자인 여래도 역시 땅을 땅이라고 최상의 지혜로 잘 안다. 땅을 땅이라고 최상의 지혜로 잘 알아 [자신을] 땅이라 생각하지 않고, [자신을] 땅에서 생각하지 않고, [자신을] 땅으로부터 생각하지 않고, 땅을 내 것이라 생각하지 않는다. 그는 땅을 기뻐하지 않는다. 그것은 어떤 이유 때문인가? 그는 즐김이 괴로움의 뿌리라는 것을 알았으며, 존재[有]로 인해 태어남[生]이 있고, 중생들의 늙음과 죽음이 있다고 알았기 때문이다. 비구들이여, 그러므로 여기 여래는 갈애들을 모두 끊고 빛바래게 하고 소멸하고 포기하고 놓아버려 위없는 정등각을 완전하게 깨달았다고 나는 말한다.

지금까지 범부부터 시작해 유학, 무학 그리고 여래에 대해 알아보았습니다. 경에서 보듯이 각각은 보는 세상이 다르다는 걸 알 수 있습니다.

23

예류과를
성취하는 길

앞장에서 '성자'는 네 단계가 있다고 말씀드렸습니다.

그 중 첫 번째가 예류자였습니다.

예류과를 성취해야 하는 이유가 있습니다. 사람으로 태어나는 것이 쉽지 않기 때문입니다. 끝없이 계속되는 윤회에서 사람으로 태어나는 것은 쉬운 일이 아니기 때문에 사람으로 태어났을 때 예류과를 성취할 기회를 놓치면 괴로운 윤회의 영역에서 고생을 해야 하고, 다시 또 인간으로 태어난다고 해도 지금처럼 부처님 법을 만난다는 보장이 없습니다. 그래서 이렇게 사람으로 태어났을 때 윤회에 대해 대비를 하는 것이 무엇보다도 중요합니다.

부처님 말씀 중에 눈 먼 거북이 이야기가 있습니다. 눈 먼 거북이가 만 년에 한 번 바다 속에 있다가 바다 위로 올라온다고 합니다. 그런데 이 거북이 망망대해에 떠다니는 나무판의 구멍에 머리가 쏙 들어가는 확률을 생각해 보세요. 이런 확률이 사람으로 태어날 확률입니다. 어쨌든 사람으로 태어나 이 기회를 놓치면 다음에는 뭐가 될지 모릅니다. 사람으로 태어났을 때 우리한테 가장 도움 되는 일을 하는 게 좋습니다. 보살의 길을 걷고자 하는 사람도 있습니다. 보살의 길은 부처님들이 걸었던 끝없는 윤회의 길을 통해서 10바라밀을 닦아서 부처가 되고자 하는 것입니다. 그 보살의 길을 걸으신다고 마음먹은 사람 외에는 예류과를 성취하는 게 이 생에서 가장 의미 있는 일이 아닐까 생각합니다. 니까야, 율장, 아비담마를 보면 부처님께서 우리에게 보살의 길을 걸으라고 말한 적은 한 번도 없습니다. 단지 스스로가 보살의 모범을 보이셨습니다. 이렇게 하면 보살이 된다는 것을 사람들에게 보여주셨습니다. 초기불교에는 불·법·승 삼보가 언제나 중생을 제도하는 겁니다.

『친구와 동료 경 2』(S55:17)에서 부처님은 예류과에 대해 다음과 같이 말씀하십니다.

비구들이여, 그대들이 연민심을 가지고 있고 그들 또한 그대들 말이라면 귀 기울여야 한다고 생각하고 있는 그런 친구나 동료나 친지나 혈육들에게 그대들은 네 가지 예류[과]를 얻은 자의 구성요소에 대해서 격려해야 하고 안주하도록 해야 하고 [믿음을] 확립하도록 해야 한다. 무엇이 넷인가?
비구들이여, 여기 성스러운 제자는 '이런 [이유로] 그분 세존께서는 아라한[應供]이시며, … 세존이시다.'라고 부처님께 흔들림 없는 청정한 믿음을 지닌다.
(중략)
'법은 세존에 의해서 잘 설해졌고, … 지자들이 각자 알아야 하는 것이다.'라고 법에 흔들림 없는 청정한 믿음을 지닌다.
(중략)
'세존들의 제자들의 승가는 잘 도를 닦고, … 세상의 위없는 복밭[福田]이시다.'라고 승가에 흔들림 없는 청정한 믿음을 지닌다.

(중략)

성자들이 좋아하며 … 삼매에 도움이 되는 계를 지닌다.

부처님을 부르는 열 가지 이름이 있습니다. 아라한·정등각(正等覺)·명행족(明行足)·선서(善逝)·세간해(世間解)·무상사(無上士)·조어장부(調御丈夫)·천인사(天人師)·붓다·세존(世尊)입니다. 이 열 가지 이름에서 말하는 그대로 부처님은 그런 능력을 가지고 계셨다고 완전히 믿어야 합니다. 이것이 '부처님에 대해 흔들림 없는 청정한 믿음'을 지니는 것입니다.

경전에 반복해서 나오는 구절이 몇 개 있는데 그 중에 하나가 '법은 세존에 의해서 잘 설해졌고, 스스로 보아 알 수 있고, 시간이 걸리지 않고, 와서 보라는 것이고, 향상으로 인도하고, 지자들이 각자 알아야 하는 것이다.'입니다. '법에 대해 흔들림 없는 청정한 믿음'은 바로 앞에 나온 정형구에 대해 확실히 이해하고 믿는 것입니다.

승에 대한 믿음은 '세존의 제자들의 승가는 잘 도를 닦고, 세존의 제자들의 승가는 바르게 도를 닦고, 세존의 제자들의 승가는 참되게 도를 닦고, 세존의 제자들의 승가는 합당하게 도를 닦으니, 곧 네 쌍의 인간들이요[四雙] 여덟 단계에 있는 사람들[八輩]이시다. 이러한 세존의 제자들의 승가는 공양 받아 마땅하고, 선사 받아 마땅하고, 보시 받아 마땅하고, 합장 받아 마땅하며, 세상의 위없는 복밭[福田]이시다.'라고 흔들림 없이 믿는 겁니다. 니까야에 있는 부처님의 말씀에 의하면 단순히 출가했다고 해서 승가의 일원이 되는 것은 아닙니다. 승가는 부처님이 말씀하신 가르침의 핵심을 경험한 분들인 성자들이 모인 집단입니다. 그래서 부처님이 계시지 않더라도 부처님의 가르침을 전할 수 있고, 부처님의 가르침이 진리라는 걸 증명할 수 있고, 또 부처님을 대신해서 가르칠 수 있습니다.

계를 지니는 것은 이렇습니다. "그는 성자들이 좋아하며 훼손되지 않았고 뚫어지지 않았고 오점이 없고 얼룩이 없고 벗어나게 하고 지자들이 찬탄하고 [성취한 것에] 들러붙지 않고 삼매에 도움이 되는 계를 지닌다."

이렇게 불·법·승 삼보에 대한 흔들림 없는 믿음과 계를 구족하는 것. 이것이 예류자의 네 가지 요소입니다.

이밖에도 경전에는 예류자에 대한 다양한 설명이 있습니다.

『합송경』(D33)에 보면 예류자가 갖춰야 할 네 가지 요소 중 한 다발은 앞에 말한 불·법·승 삼보에 대한 흔들림 없는 믿음과 계를 구족하는 것이고, 다른 한 다발은 △ 바른 사람을 섬김 △ 바른 법을 경청함 △ 지혜로운 주의 △ [출세간]법에 이르게 하는 법을 닦음입니다.

우리도 마음만 먹으면 언제든 실천할 수 있습니다. 바른 사람을 존경하고 가까이 하는 것, 어렵지 않습니다. 바른 법을 잘 듣는 것도 마찬가지입니다. 지혜로운 주의는 숙고가 좀 필요합니다. 예를 들어 우리가 대하는 대상 모두가 무상·고·무아의 속성을 가지고 있다고 숙고해야 합니다. 그런데 우리는 보통 거꾸로 생각합니다. 그래서 지혜로운 주의가 필요합니다. 마지막 [출세간] 법에 이르게 하는 법을 닦음이란 이렇습니다. 앞에 사쌍팔배라고 나온 적이 있는데 순서대로 예류도

– 예류과 – 일래도 – 일래과 – 불환도 – 불환과 –아라한도 – 아
라한과입니다. 여기에 열반을 합치면 아홉 가지가 됩니다. 이 아홉 가
지 출세간법을 닦아야 한다는 겁니다. 그걸 닦으려고 노력하면 예류과
가 될 수 있다는 겁니다.

　물론 이 생에 바로 윤회를 끝낼 수 있으면 좋겠지만 흐름으로 보
면 우선 이 생에 어떻게든 예류자가 되겠다고 굳게 마음을 먹어야 합
니다.

예류자가 되기 위한 여섯 가지 조건

부처님은 앞서와 같이 말씀하시기도 하고 다음의 여섯 가지를 닦으면
예류자가 된다고도 말씀하십니다. 세 가지 족쇄인 유신견, 계금취, 의
심을 없애고 악처에 태어나게 하는 탐욕, 성냄, 어리석음을 없애는 겁
니다. 그런데모든 탐욕, 성냄, 어리석음을 없애는 것이 아닙니다. 악처
에 태어나게 하는 정도의 탐욕, 성냄, 어리석음을 없애면 예류자가 될
수 있다는 말입니다.

　어찌 보면 안 좋은 방향으로 가는 이유는 모두 '나', '내가 있다.'라
는 사견이 있기 때문입니다. 그래서 유신견이 모든 것의 뿌리라고 말
하는 것입니다. 유신견이 없어지면 예류자가 되는 교두보를 확보했다
고 해도 과언이 아닙니다. 유신견은 자기 몸과 마음을 있는 그대로 관
찰하면 떨어지게 되어 있습니다. 있는 그대로 오랜 시간에 걸쳐서 자
꾸 관찰해 보면 몸과 마음이 내 것이 아니라는 사실을 알게 됩니다. 조

건 또는 인과의 법칙에 따라 돌아가는 것을 알 수 있습니다. 물론 고정된 조건에 따르는 것은 아닙니다. 새로운 조건이 계속 들어오고 새로운 결과가 발생하면서 아주 복잡하게 돌아가기 때문에 사람들이 알기가 쉽지 않습니다. 그래도 꾸준히 자기 몸과 마음을 관찰하면 몸과 마음이 결국 내가 아니구나, 내 것이라고 할 수 없구나, 하는 것을 알게 됩니다. 이렇게 유신견을 없애는 겁니다.

경전에는 유신견이 어떻게 해서 생기고 어떻게 없어지는지 명쾌하게 밝히고 있습니다.

『교리문답의 짧은 경』(M44)은 위사카 청신사가 담마딘나 비구니를 만나러 가는 것으로 시작합니다. 위사카 청신사는 출가 전 담마딘나의 남편이었습니다. 위사카는 처음 불법을 듣고 예류자가 되었고 나중에는 불환자까지 됩니다. 담마딘나는 출가해 숲속에서 홀로 거주하며 수행해 무애해를 갖춘 아라한이 되었다고 합니다. 특히 담마딘나는 비구니 중에 설법제일이었다고 합니다.

위사카가 담마딘나를 찾아가 어떻게 유신견이 생기고 어떻게 유신견이 생기지 않는지 묻습니다.

스님, 그러면 어떻게 해서 [불변하는] 존재 더미가 있다는 견해
[有身見]가 생깁니까?

도반 위사카여, 여기 배우지 못한 범부는 성자들을 친견하지 못하고 성스러운 법에 능숙하지 못하고 성스러운 법에 인도되지 못하고, 바른 사람들을 친견하지 못하고 바른 사람들

476

의 법에 능숙하지 못하고 바른 사람들의 법에 인도되지 않아서, 물질을 자아라고 관찰하고, 물질을 가진 것이 자아라고 관찰하고, 자아 안에 물질이 있다고 관찰하고, 물질 안에 자아가 있다고 관찰합니다. 느낌을 자아라고 관찰하고, 느낌을 가진 것이 자아라고 관찰하고, 자아 안에 느낌이 있다고 관찰하고, 느낌 안에 자아가 있다고 관찰합니다. 인식을 자아라고 관찰하고, 인식을 가진 것이 자아라고 관찰하고, 자아 안에 인식이 있다고 관찰하고, 인식 안에 자아가 있다고 관찰합니다. 심리현상들을 자아라고 관찰하고, 심리현상들을 가진 것이 자아라고 관찰하고, 자아 안에 심리현상들이 있다고 관찰하고, 심리현상들 안에 자아가 있다고 관찰합니다. 알음알이를 자아라고 관찰하고, 알음알이를 가진 것이 자아라고 관찰하고, 자아 안에 알음알이가 있다고 관찰하고, 알음알이 안에 자아가 있다고 관찰합니다. 도반 위사카여, 이렇게 해서 [불변하는] 존재 더미가 있다는 견해[有身見]가 생깁니다.

스님, 그러면 어떻게 해서 [불변하는] 존재 더미가 있다는 견해[有身見]가 생기지 않습니까?

도반 위사카여, 잘 배운 성스러운 제자는 성자들을 친견하고 성스러운 법에 능숙하고 성스러운 법에 인도되고, 바른 사람들을 친견하고 바른 사람들의 법에 능숙하고 바른 사람들의 법에 인도되어서, 물질을 자아라고 관찰하지 않고, 물질을 가진 것이 자아라고 관찰하지 않고, 자아 안에 물질이 있다고 관찰하지 않고, 물질 안에 자아가 있다고 관찰하지 않습니다. 느낌을 자아라고 관찰하지 않고, 느낌을 가진 것이 자아라고 관찰하지 않고, 자아 안에 느낌이 있다고 관찰하지 않고, 느낌 안에 자아가 있다고 관찰하지 않습니다. 인식을 자아라고 관찰하지 않고, 인식을 가진 것이 자아라고 관찰하지 않고, 자아 안에 인식이 있다고 관찰하지 않고, 인식 안에 자아가 있다고 관찰하지 않습니다. 행들을 자아라고 관찰하지 않고, 행들을 가진 것이 자아라고 관찰하지 않고, 자아 안에 행들이 있다고 관찰하지 않고, 행들 안에 자아가 있다고 관찰하지 않습니다. 식을 자아라고 관찰하지 않고, 식을 가진 것이 자아라고 관찰하지 않고, 자아 안에 식이 있다고 관찰하지 않고, 식 안에 자아가 있다고 관찰하지 않습니다. 도반 위사카여, 이렇게 해서 [불변하는] 존재 더미가 있다는 견해[有身見]는 생기지 않습니다.

유신견이 어떻게 생기고 어떻게 없어지는지 이해하는 데 도움이 되었는지요.

유신견에 이어서 예류자가 되는데 중요한 계에 대해 살펴보겠습니다.

계를 건물에 비유하면 기단이라고 할 수 있습니다. 바닥 공사를 하지 않고 그 위에 건물을 쌓을 수는 없습니다.

『계 경』(S22:122)에는 지혜제일인 사리뿟따 존자와 무애해를 이해하는 데 제일인 마하꼿띠따가 만나 예류자가 되는 것에 대해 나눈 대화가 나옵니다.

도반 사리뿟따여, 계를 지키는 비구는 어떤 법들을 지혜롭게 마음에 잡도리해야 합니까?

도반 꼿티따여, 계를 지키는 비구는 취착의 [대상이 되는] 다섯 가지 무더기를 무상하다고 괴로움이라고, 병이라고, 종기라고, 쇠살이라고, 재난이라고, 질병이라고, 남[他]이라고 부서지기 마련인 것이라고, 공한 것이라고, 무아라고 지혜롭게 마음에 잡도리해야 합니다.
어떤 것이 다섯입니까? 취착의 [대상이 되는] 물질의 무더기 … 취착의 [대상이 되는] 알음알이의 무더기입니다. 도반 꼿티따여, 계를 지키는 비구는 취착의 [대상이 되는] 다섯 가지 무더기를 무상하다고 괴로움이라고 … 무아라고 지혜롭게 마음에 잡도리해야 합니다.
도반이여, 계를 지키는 비구가 취착의 [대상이 되는] 다섯 가지 무더기를 무상하다고 괴로움이라고 … 무아라고 지혜롭게 마음에 잡도리하면 예류과를 실현하게 된다는 것은 이치에 맞습니다.

예류자가 되는데 중요한 계에 대해서 알아보았습니다. 그럼 이제 예류자가 되는 길, 실천 등에 대해 좀 더 살펴보겠습니다.

예류자가 되기 위한 '실천'

예류자가 되면 윤회를 끝내는 길에 들기 때문에 '보살'이 될 수 없습니다. 그리고 예류자가 되는 데는 출가자와 재가자의 차이가 없습니다. 물론 출가자가 훨씬 좋은 조건입니다. 부처님 당시에는 하루에 한 끼만 먹고 나머지 시간은 법문을 듣고 수행하는 데 오롯이 집중했습니다. 이만큼 좋은 조건이 없습니다. 하지만 재가자라도 예류자가 될 수 있는 길이 막혀 있는 건 아닙니다. 불·법·승 삼보에 대한 흔들리지 않는 믿음과 계를 지킨다면 재가자도 예류자가 될 수 있습니다. 재가에 있으면 할 일은 많고 시간은 없어서 공부와 수행을 게을리 할 수 있습니다. 하지만 반대로 생각하면 그만큼 더 절박한 마음을 낼 수 있고 생활과 수행을 하나로 만들 수 있습니다.

시절의 변화도 우리에게 좋은 조건을 만들어 줍니다. 예전에는 법문을 듣는 것도 책을 보는 것도 쉽지 않았습니다. 그래서 재가자들에게는 일부러 수준 높은 법문을 하지 않았다고 합니다. 대신 계를 지키고 보시를 열심히 해 천상에 태어나는 노력을 하도록 했다고 합니다. 물론 부처님을 만났을 때는 다릅니다. 계를 지키고 천상에 태어나는 기반을 닦도록 하고 또 나중에는 예류과에 들어갈 수 있는 법문을 하셨습니다. 보시제일인 아나타삔디까(급고독) 장자에게 부처님이 예류자에 대해 하신 법문이 있습니다. 『증오 경』(A10:92)입니다.

> 장자여, 성스러운 제자에게 다섯 가지 두려움과 증오가 가라
> 앉고, 또 그가 네 가지 예류도를 얻기 위한 구성요소를 구족

하고, 성스러운 방법을 통찰지로 잘 보고 잘 꿰뚫을 때, 그가 원하면 스스로가 스스로에 대해서 설명할 수 있다. '나는 지옥을 다했고, 축생의 모태를 다했고, 아귀계를 다했고, 처참한 곳·불행한 곳·파멸처를 다했다. 나는 흐름에 든 자[預流者]이니, [악취에] 떨어지지 않고 [해탈이] 확실하며 정등각으로 나아가는 자다.'라고.

여기서 성스러운 방법을 통찰지로 잘 보고 잘 꿰뚫는 것은 12연기를 잘 이해하는 것을 말합니다. 그러니까 요약하면 계를 지키고 불·법·승 삼보에 대해 흔들림 없는 청정한 믿음을 가지고 12연기를 잘 이해하면 예류자가 된다는 것입니다.

예류자가 되기 위해 조금 쉽게 실천할 수 있는 경이 또 하나 있습니다. 『깔리고다 경』(S55:39)입니다. 불·법·승 삼보에 대한 흔들림 없는 믿음은 다른 경들과 내용이 같습니다. 이 경에서는 불·법·승 삼보에 대한 흔들림 없는 믿음을 가지고 보시를 하면 예류자가 된다고 말합니다. 보시 부분에 대한 부처님의 말씀을 보겠습니다.

인색함의 때가 없는 마음으로 재가에 사나니, 아낌없이 보시하고, 손은 깨끗하고, 주는 것을 좋아하고, 다른 사람의 요구에 반드시 부응하고, 보시하고 나누어 가지는 것을 좋아한다.

불·법·승 삼보에 대한 의심 없음이 기본이고, 여기에 재가에 살면서 보시를 하는 것도 예류자로 갈 수 있는 길입니다.

예류자가 되는데 불·법·승 삼보에 대한 믿음을 굉장히 강조는 하셨지만, 그것만으로는 부족하다고 말씀하시는 경이 있습니다. 샤까의 왕자 중에 밧디야라는 분이 있었습니다. 이분의 어머니가 고다입니다. 마하나마 역시 샤까족의 왕자였고 나중에 샤까족 왕이 되신 분입니다. 마하나마와 고다가 예류자가 갖추어야 할 법에 대해 이야기를 하는데 고다는 불·법·승 삼보에 대한 흔들림 없는 믿음만 있으면 된다고 이야기 하니깐 마하나마는 하나 더, 즉 계를 구족해야 된다고 말합니다. 이 의문을 풀기 위해 두 사람은 부처님을 찾아가는데, 부처님께서는 마하나마의 말이 맞다고 하십니다.

어떤 경우는 사성제를 잘 알면 예류자가 된다는 말씀도 하십니다. 『사리뿟따 경 2』(S55.5)에 보면 팔지성도가 흐름이라고 하시면서 팔정도를 구족하면 흐름에 든 자(예류자)가 된다고 말씀하십니다.

예류자가 되면 보통 견해가 바로 섰다고 이야기를 합니다. 정확하게 볼 수 있다는 겁니다. 정확하게 본다는 것은 지혜가 많다는 겁니다. 앞장에서도 이야기했지만 범부에는 '배우지 못한 범부', '선한 범부' 두 종류가 있습니다. 선한 범부는 공부도 열심히 하고 수행도 열심히 하는 사람입니다. 선한 범부에 비해서 예류자의 지혜는 견줄 수가 없다고 했습니다. 소부 니까야의 하나인 『빠띠삼비다막가』에는 이런 말이 있습니다. "선함을 추구하는 보통 사람의 지혜는 '흐름에 나아가는 이'(예류도)의 지혜로부터 먼 곳에 있고, 아주 먼 곳에 있고, 극히 먼 곳에 있어, 가까이 있지 않고, 인접해 있지 않다."

예류과의 이익

그럼 예류과에 들면 어떤 이익이 있을까요? 『이익 경』(A6.97)에서는 여섯 가지를 이야기합니다.

> 정법에 확고하고, 쇠퇴하지 않는 법을 얻고, [갈애에] 에워싸인 괴로움이 없고, [범부들과] 공통되지 않는 지혜를 구족하고, 원인이 바르게 드러나고, 원인에서 생긴 법들도 바르게 드러난다.

『릿차위 경』에는 이밖에도 예류과에 들면 다른 좋은 점이 있다고 말합니다.

> 난다까여, 이러한 네 가지 법을 구족한 성스러운 제자는 긴 수명을 타고나고 천상과 인간의 용모를 타고나고 천상과 인간의 행복을 타고나고 천상과 인간의 명성을 타고나고 천상과 인간의 권위를 타고난다.
> 난다까여, 이것은 내가 다른 사문이나 바라문으로부터 들은 것이 아니라고 나는 말한다. 이것은 내가 직접 알고 내가 직접 보고 내가 직접 체득한 것을 말하는 것이다.

『법구경』 66번 게송의 주석에 아주 재미있는 이야기가 있습니다. 숩빠붓다라는 문둥병이 있는 사람이 부처님의 설법을 듣고 예류자가 됐습니다. 지금은 문둥병이라고 하면 비하의 소지가 있어서 한센병이라고 순화해서 부르고 또 한센병에 대해서 의학적으로 많이 밝혀져 있습니다. 한센병이 전염병이긴 하지만 한센균을 많이 배출하는 급성기 한센병 환자와 밀접한 접촉을 장기간 해야 감염이 되고 또 균을 죽이는 약을 며칠만 먹어도 전염력이 현저히 떨어진다는 사실이 밝혀져 있습니다. 하지만 예전에는 이런 병을 가진 사람들은 아예 사회생활이 불가능해서 정말 가난했고 또 비천한 취급을 받았습니다. 여하튼 제석천이 이 예류자에 든 숩빠붓다를 시험하기 위해서 내려옵니다. "당신은 가난하고 참 불쌍하다. 당신이 불·법·승 삼보를 부정하면 내가 당신에게 막대한 재산을 주겠다."고 말합니다. 숩빠붓다는 "그대는 나를 가난하고 불쌍하다고 했지만 나는 행복하다. 나에게는 아주 대단한 재산이 일곱 가지 있다." 하면서 그것에 대해 이야기를 합니다. △ 믿음 △ 계행 △ 악행을 부끄러워 함 △ 악행을 두려워함 △ 법문을 들음 △ 보시 △ 지혜. 이렇게 일곱 가지입니다. 그러면서 다음과 같이 말합니다. "이러한 재산을 가지고 있는 사람은 가난하지 않다. 그러한 사람의 삶은 헛되지 않다." 제석천이 부처님한테 이 이야기를 전합니다. 그러자 부처님께서 이렇게 말씀하십니다. "숩빠붓다에게 수없이 많은 재산을 줘도 불·법·승 삼보를 부정하게 만들 수는 없다."

『법구경』 314 게송에 대한 주석서 내용도 좀 특이합니다. 우리한테 희망을 주는 경이라는 생각도 듭니다.

부처님 당시 어떤 여자가 있었습니다. 그런데 자기가 부리는 하녀가 남편하고 불륜을 저지릅니다. 이 사실을 알고 질투심이 나서 그

렸는지 또는 하녀에게 두려움을 갖게 하기 위해서였는지 하녀의 손발을 묶고 손을 자르고 귀를 자릅니다. 그러고는 동굴에다가 가두고 문을 잠갔습니다. 그런데 남편한테 그걸 숨기기 위해서 '우리 부처님 법문 들으러 절에 가자.'고 해서 남편과 같이 절에 갑니다. 그 사이에 하녀의 친지가 하녀를 찾아왔다가 이런 사실을 알고 하녀를 풀어 줍니다. 하녀는 그 길로 부처님을 찾아가 이런 사실을 알립니다. 그러자 부처님께서 게송을 읊습니다. '악행은 저지르지 마라. 괴로움이 따라온다. 선행은 하는 게 좋다. 괴로움이 없다.' 이 게송을 듣고 부처님 앞에 있던 여자와 남편은 예류자가 됩니다. 남의 손과 귀를 자르는 건 엄청난 악행입니다. 그렇지만 그 자리에서 신심을 일으켜 예류자가 된 겁니다. 그들은 죄를 참회하고 하녀를 자유민으로 만들어 줍니다.

『법구경』124번 게송에 대한 주석서에 나오는 이야기도 재미있습니다. 사냥꾼의 아내가 있었습니다. 부처님은 이 여자가 '예류자이다.'라고 말씀하셨습니다. 비구들이 '어떻게 예류자가 사냥꾼의 뒷바라지를 할 수 있는가?' 하고 의아해 했습니다. 그러니까 부처님께서 "예류자는 생명을 해치지 않는다. 그녀는 남편의 명령에 순종한 것이다. 상처가 없으면 손으로 독약을 만져도 그 영향을 받지 않는 것과 같다."고 하시면서 124번 게송을 읊으셨다고 합니다. "손에 상처가 전혀 없으면 손으로 독을 만질 수 있다. 상처 없는 님에게 독이 미치지 못하듯 악을 짓지 않는 님을 악이 해치지 못한다."

예류자에게 절대로 일어날 수 없는 일

예류자는 특별한 사람입니다. 완전히 세상을 부처님 보듯이 보고, 다시는 돌아갈 수 없는 길에 들어선 겁니다. 그렇기 때문에 예류자에게 절대로 일어날 수 없는 일이 열네 가지가 있습니다. 『스승 경』(A6:92)을 비롯해 이어진 경(A6:93-96)에 나온 것을 정리해 보겠습니다.

1. 스승에 대해서 존중하고 공경하면서 따르지 않는 일은 일어날 수 없습니다.
2. 법에 대해서도 존중하고 공경하면서 따르지 않는 일은 일어날 수 없습니다.
3. 승가에 대해서도 존중하고 공경하면서 따르지 않는 일은 일어날 수 없습니다.
4. 배움과 수련을 존중하고 공경하면서 따르지 않는 일은 일어날 수 없습니다.
5. 가지 말아야 될 것으로 되돌아간다는 것은 있을 수 없습니다.
6. 여덟 번째 생은 불가능합니다.
7. 조건지어진 것을 영원하다고 절대로 생각하지 않습니다.
8. 조건지어진 것을 즐겁다고 생각하지 않습니다.
9. 조건지어진 것을 실체가 있다, 나다, 라고 생각하지 않습니다.
10. 무간업을 짓지 않습니다. 무간업은 다섯 가지가 있는데 아버지를 죽인다든지, 어머니를 죽인다든지, 아라한을 죽인다든지 오염된 마음으로 부처님의 몸에 피를 흘리게 한다든지 승

가를 분열시키는 것입니다.

11. 미신적인 것으로서 청정을 구하지 않습니다. 올바른 견해로써 언제나 청정을 구합니다.

12. 외도들 가운데서 보시 받을 만한 사람을 찾지 않습니다.

13. 외도에서 스승을 찾지 않습니다.

14. 우리가 살다보면 괴로움이나 즐거움이 옵니다. 그 괴로움이나 즐거움을 내가 만든 것이라는 생각을 하지 않습니다. 또 남이 만든 것이라는 생각도 하지 않습니다. 또 내가 만든 것이기도 하고 남이 만든 것이기도 하다는 생각도 하지 않습니다. 내가 만든 것이 아니고 우연히 발생한 것이라고 생각하지 않습니다. 그리고 남이 만든 것이 아니고 우연히 발생한 것이라고 생각하지 않습니다. 또 자신이 만든 것도 아니고 남이 만든 것도 아니고 우연히 발생한 것이라고 생각하지도 않습니다. 오직 원인과 결과의 법으로 생각합니다.

이처럼 부처님은 예류자가 되는 길, 지도를 다 주셨습니다. 불·법·승 삼보에 대한 청정한 믿음, 계를 지키는 것, 또 족쇄 면에서 여러 가지를 말씀하셨습니다. 철저히 노력해서 그걸 얻으면 예류자가 되는 겁니다.

우선은 예류자를 특별한 사람이나 된다, 나하고는 무관하다, 그렇게 생각하지 마시기 바랍니다. 일상생활을 하면서 현재에 자꾸 집중을 하십시오. 아침에 눈 떠서부터 잘 때까지 내 몸과 마음에서 일어나는 데 집중을 하다보면 우리 마음은 아는 기능이 있습니다. 그래서 몸과 마음의 속성을 잘 알게 됩니다. 몸과 마음의 속성이라는 게 무아입니다. 몸과 마음은 내 것이 아닙니다. 그걸 잘 알면 유신견이 떨어지게 되어 있습니다. 더불어 경전을 계속 읽으십시오. 계속 읽으면서 '아, 부처님이 이렇게 세상을 보시고 이렇게 말씀하셨고, 그 가르침대로 사는 사람이 깊이는 차이가 있지만 부처님과 똑같은 걸 경험했구나.' 하는 걸 생각하세요. 그런 걸 자꾸 보면서 '내가 윤회의 모습은 보지 않았지만 윤회는 사실이구나.'라는 걸 알고 부처님이 말씀하신 것이 사실이고 부처님 말씀하신 대로 하며 그대로 경험할 수 있는 승가도 사실이라는 것을 알게 됩니다. 어느 날 그냥 이렇게 믿음으로 옵니다. 생활에서 현재 집중하면서 몸과 마음을 지켜보고 그다음에 경전을 읽으면 흔들림 없는 믿음이 생길 수 있습니다. 재가 신자니까 5계를 지키고 그렇게 생활하다보면 예류과에 가까워질 것이라 확신합니다.

24

아라한에
이르는 길

성자의 네 단계 중에 앞에서는 첫 번째 단계인 예류자에 대해 말씀드렸습니다. 이번 장에서는 마지막 단계인 아라한에 대해 알아보겠습니다.

대승불교에서는 부처님이 되려고 노력하는 사람을 '보살'이라고 표현합니다. 그런데 초기불교에서는 부처가 되라고 하지 않고 예류자가 되라, 일래자가 되라, 불환자가 되라, 아라한이 되라고 말합니다.

아라한은 이 세상에서 모든 번뇌를 해결하고 괴로움을 다 없애버린 사람입니다. 죽어서는 다시 존재하지 않습니다.

아라한에게는 앞에 22장에서 언급한 열 가지 족쇄가 없습니다. 어떤 경전에서는 다음의 열 가지를 없애면 아라한이 된다고 말합니다. △ 욕심 △ 성냄 △ 어리석음 △ 분노 △ 원한 △ 위선 △ 앙심 △ 인색 △ 질투 △ 자만입니다.

부처님에 대해 말할 때도 '아라한'이라는 표현을 사용합니다. 그런데 부처님을 표현하는 말 중에는 아라한 말고도 아홉 개가 더 있습니다. 부처님은 최상의 아라한이라고 생각하면 됩니다.

어떻게 아라한이 되는가?

『자자(自恣) 경』(S8:7)이라는 경전이 있습니다. 자자는 3개월 동안의 우기 안거를 끝낸 참가자 전원이 모여 수행 도중 생긴 허물이 있는지를 서로 점검하고 참회하는 행사입니다. 이 경전은 모두가 아라한인 500명의 비구가 포살일의 보름밤에 자자를 하기 위해 모여 있는 장면으로 시작합니다. 부처님이 제일 먼저 자신에게 허물이 있는지 묻고, 이어서 사리뿟따가 자신에게 허물이 있는지 묻고, 뒤이어 나머지 500명의 비구가 자신들에게 허물이 있는지 묻는 식으로 자자가 진행됩니다. 이 경전을 읽어보면 어떻게 아라한이 되는지를 알 수 있습니다.

> "비구들이여, 이제 나는 그대들에게 정성을 다하여 청하노라. 혹시 내가 몸이나 말로써 행한 것들 가운데 그대들이 책망해야 할 것은 없는가?"
> 이렇게 말씀하시자 사리뿟따 존자가 자리에서 일어나서 한쪽 어깨가 드러나게 윗옷을 입고 땅에 오른쪽 무릎을 꿇은 뒤 세존을 향해 합장하고 이렇게 여쭈었다.
> "세존이시여, 세존께서 몸이나 말로써 행한 것들 가운데 저희들이 책망해야 할 것은 아무것도 없습니다. 세존께서는 아직 일어나지 않은 도를 일으켰고 아직 생기지 않은 도를 생기게 했고, 아직 설해지지 않은 도를 설했고 도를 알고 도를 발견했고 도에 정통한 분입니다. 그리고 지금의 제자들은 그 도를 쫓아서 머물고 나중에 그것을 구족하게 됩니다.

세존이시여, 이제 저도 세존께 정성을 다하여 청합니다. 혹시 제가 몸이나 말로써 행한 것들 가운데 세존께서 책망하셔야 할 것은 없습니까?"

"사리뿟따여, 그대가 몸이나 말로써 행한 것들 가운데 내가 책망해야 할 것은 없다.

사리뿟따여, 그대는 현명하다. 사리뿟따여, 그대는 큰 통찰지를 가졌다. 사리뿟따여, 그대는 광활한 통찰지를 가졌다. 사리뿟따여, 그대는 미소 짓는 통찰지를 가졌다. 사리뿟따여, 그대는 전광석화와 같은 통찰지를 가졌다. 사리뿟따여, 그대는 예리한 통찰지를 가졌다. 사리뿟따여, 그대는 꿰뚫는 통찰지를 가졌다. 사리뿟따여, 예를 들면 전륜성왕의 큰아들(태자)이 아버지가 굴렸던 바퀴를 정의로움으로 굴리는 것과 같다. 그와 같이 그대는 나의 위없는 법의 바퀴[法輪]를 정의로움으로 굴린다."

"세존이시여, 만일 제가 몸이나 말로써 행한 것들 가운데 세존께서 책망하셔야 할 것이 없다면, 이들 오백 명의 비구들이 몸이나 말로써 행한 것들 가운데 세존께서 책망하셔야 할 것은 없습니까?"

"사리뿟따여, 이들 오백 명의 비구들이 몸이나 말로써 행한 것들 가운데 내가 책망해야 할 것은 없다. 비구들이여, 이들 오백 명의 비구들 가운데 60명의 비구들은 삼명을 갖추었고, 60명의 비구들은 육신통을 갖추었고, 60명의 비구들은 양면으로 해탈하였고, 나머지는 통찰지를 통한 해탈[慧解脫]을 하였다."

이 경전에서 보듯이 아라한이 되는 길이 삼명, 육신통, 양면 해탈(심해탈과 혜해탈), 통찰지(혜해탈)를 통한 해탈로 다르긴 하나, 공통점은 전부다 번뇌가 없어지고 다음 생이 없다는 겁니다.

라훌라는 부처님의 속가 자식입니다. 라훌라가 출가하자 부처님은 사리뿟따에게 라훌라의 수행을 지도하게 합니다. 또 몇몇 경전에는 부처님이 직접 라훌라의 수행을 점검하고 교계하는 장면도 나옵니다.

『암발랏티까에서 라훌라를 교계한 경』(M61)은 라훌라가 일곱 살일 때 부처님이 설했던 경전이라고 합니다. 아주 쉽고 친절한 비유를 들어 일곱 살 난 어린 수행자에게 거짓말이 나쁜 것임을 알려주고 있습니다.

『라훌라를 교계한 짧은 경』(M147)은 라훌라가 스무 살쯤 됐을 때 부처님께서 라훌라에게 설하신 경전입니다.

부처님께서 한적한 곳에서 홀로 앉아 명상하시던 중에 이런 생각이 마음에 떠올랐습니다. '라훌라의 해탈이 무르익게 하는 법들이 성숙했다. 나는 라훌라를 더 나아가 번뇌의 소멸로 인도하리라.' 그래서 부처님께서 아침 공양을 하시고 라훌라에게 "라훌라야, 자리를 가지고 오라. 장님의 숲으로 가서 낮 동안의 한거를 하자."고 말씀하십니다. 거기서 라훌라는 부처님의 가르침을 듣고 아라한이 됩니다. 라훌라의 나이 스무 살 무렵이었습니다. 그 과정을 경전을 통해 자세히 보겠습니다. 이것이 아라한이 되는 하나의 길입니다.

"이를 어떻게 생각하는가, 라홀라여, 눈은 항상한가, 무상한가?"

"무상합니다, 세존이시여."

"무상한 것은 괴로움인가, 즐거움인가?"

"괴로움입니다, 세존이시여."

"무상하고 괴로움이고 변하기 마련인 것을 두고 '이것은 내 것이다. 이것은 나다, 이것은 나의 자아다.'라고 보는 것이 타당하겠는가?"

"그렇지 않습니다, 세존이시여."

"이를 어떻게 생각하는가, 라홀라여? 형색은 항상한가, 무상한가? … 눈의 의식은 항상한가, 무상한가? … 눈의 감각접촉은 항상한가, 무상한가? … 눈의 감각접촉을 조건으로 하여 일어난 느낌이든, 인식이든, 행들이든, 의식이든, 그것은 항상한가, 무상한가?"

"무상합니다, 세존이시여."

"무상한 것은 괴로움인가, 즐거움인가?"

"괴로움입니다, 세존이시여."

"무상하고 괴로움이고 변하기 마련인 것을 두고 '이것은 내 것이다. 이것은 나다. 이것은 자아다.'라고 보는 것이 타당하겠는가?"

"그렇지 않습니다, 세존이시여."

"이를 어떻게 생각하는가, 라홀라여? 귀는 … 소리는 … 귀의 의식은 … 귀의 감각접촉은 … 귀의 감각접촉을 조건으로 하여 일어난 느낌에 포함된 것이나 인식에 포함된 것이나 행들에 포함된 것이나 의식에 포함된 것은 항상한가, 무상한가? …

코는 … 냄새는 … 코의 의식은 … 코의 감각접촉은 … 코의 감각접촉을 조건으로 하여 일어난 느낌에 포함된 것이나 인식에 포함된 것이나 행들에 포함된 것이나 의식에 포함된 것은 항상한가, 무상한가? …

혀는 … 맛은 … 혀의 의식은 … 혀의 감각접촉은 … 혀의 감각접촉을 조건으로 하여 일어난 느낌에 포함된 것이나 인식에 포함된 것이나 행들에 포함된 것이나 의식에 포함된 것은 항상한가, 무상한가? …

몸은 … 감촉은 … 몸의 의식은 … 몸의 감각접촉은 … 몸의 감각접촉을 조건으로 하여 일어난 느낌에 포함된 것이나 인식에 포함된 것이나 행들에 포함된 것이나 의식에 포함된 것은 항상한가, 무상한가? …

마노는 … 법은 … 마노의 의식은 … 마노의 감각접촉은 … 마노의 감각접촉을 조건으로 하여 일어난 느낌에 포함된 것이나 인식에 포함된 것이나 행들에 포함된 것이나 의식에 포함된 것은 항상한가, 무상한가? …"

"무상합니다, 세존이시여"

"무상한 것은 괴로움인가, 즐거움인가?"

"괴로움입니다, 세존이시여."

"무상하고 괴로움이고 변하기 마련인 것을 두고 '이것은 내

것이다. 이것은 나다. 이것은 자아다.'라고 보는 것이 타당하
겠는가?"

"그렇지 않습니다, 세존이시여."

"라훌라여, 이와 같이 보면서 잘 배운 성스러운 제자는 눈에
대해서도 염오하고 형색들에 대해서도 염오하고 눈의 의식
에 대해서도 염오하고 눈의 감각접촉에 대해서도 염오하고
눈의 감각접촉을 조건으로 하여 일어난 느낌이든, 인식이든,
행들이든, 의식이든, 그것에 대해서도 염오한다.

귀에 대해서도 … 소리에 대해서도 … 귀의 의식에 대해서도
… 귀의 감각접촉에 대해서도 … 포함된 것에 대해서도 …

코에 대해서도 … 냄새에 대해서도 … 코의 의식에 대해서도
… 코의 감각접촉에 대해서도 … 포함된 것에 대해서도 …

혀에 대해서도 … 맛에 대해서도 … 혀의 의식에 대해서도 …
혀의 감각접촉에 대해서도 … 포함된 것에 대해서도 …

몸에 대해서도 … 감촉에 대해서도 … 몸의 의식에 대해서도
… 몸의 감각접촉에 대해서도 … 포함된 것에 대해서도 …

마노에 대해서도 염오하고 법에 대해서도 염오하고 마노의
의식에 대해서도 염오하고 마노의 감각접촉에 대해서도 염
오하고 마노의 감각접촉을 조건으로 하여 일어나는 즐겁거
나 괴롭거나 괴롭지도 즐겁지도 않은 느낌에 포함된 것이나
인식에 포함된 것이나 행들에 포함된 것이나 알음알이에 포
함된 것에 대해서도 염오한다.

염오하므로 탐욕이 빛바랜다. 탐욕이 빛바래므로 해탈한다.

해탈하면 해탈했다는 지혜가 생긴다. '태어남은 다했다. 청정
범행은 성취되었다. 할 일을 다 해 마쳤다. 다시는 어떤 존재
로도 돌아오지 않을 것이다.'라고 꿰뚫어 안다."
세존께서는 이와 같이 말씀하셨다. 라훌라 존자는 흡족한 마
음으로 세존의 말씀을 크게 기뻐하였다. 이 가르침이 설해졌
을 때 라훌라 존자는 취착 없이 마음이 번뇌에서 해탈했다.
그리고 그 수천 명의 천신들에게도 '생긴 것은 무엇이건 모두
멸하기 마련이다.[集法卽滅法]'라는 티끌 없고 때 없는 법의 눈
이 생겼다.

아라한들은 아라한이 되면 자신이 아라한이 된 것을 알 수 있습니
다. '태어남은 다했다. 청정범행은 성취되었다. 할 일을 다 해 마쳤다.
다시는 어떤 존재로도 돌아오지 않을 것이다.'라는 지혜가 생깁니다.
그리고 그것을 선언하기도 합니다.

아라한에 대해서 가만히 한번 생각해 보세요. 아라한은 우리하고
똑같이 생겼습니다. 그런데 정신세계가 다릅니다. 아라한은 사람의 몸
과 마음을 가지고 있는데, 자연처럼 된 상태입니다. 땅이 비가 오든 눈
이 오든 거부하나요? 거부하지 않습니다. 그렇듯이 아라한들은 무엇
이 닥쳐도 거부하지 않습니다. 사람의 몸을 가지고 마치 자연처럼 된
겁니다. 죽음이 와도 별로 신경 쓰지 않습니다. 자기 할 일을 마쳤으니
언제 죽어도 상관이 없는 사람입니다. 죽음을 두려워하지 않고 오히려
죽음을 기다리는 사람입니다.

아라한은 근심 걱정도 없습니다. 화도 내지 않습니다. 물론 화는

불환자 단계에서부터 내지 않으니 아라한은 더할 나위가 없겠죠. 그런데 아라한은 크게 웃지도 않습니다. 그냥 미소만 짓습니다. 화를 내면 불환자가 아니듯이 크게 웃는 사람도 아라한은 아닙니다.

몇 년 전에 미얀마 파욱센터의 파욱 사야도께서 한국을 방문하셨을 때 어떤 분이 스님에게 이런 질문을 했습니다. '아라한은 어떤 사람입니까? 아라한은 어떻게 삽니까?' 파욱 사야도의 대답이 무척 재미있었습니다. '월급을 기다리는 공무원이다.' 여기서 말씀하신 월급은 죽음입니다. 평소에는 남을 돕고 하다가 그냥 죽음을 맞이하는 겁니다. 어떤 두려움이 있겠습니까? 할 일을 다 마친 사람이기 때문에 언제 죽어도 상관없습니다. 물론 그렇다고 아무 일도 하지 않는다는 뜻은 아닙니다. 남을 돕는 데 주력합니다. 사리뿟따는 항상 병자들을 돌보는데 앞장섰다고 합니다. 환자를 돌보던 사리뿟따가 하루에 한 번 있는 공양(식사)을 거르는 일도 있었다고 합니다. 다 이루었으니 편안했을 겁니다. 서두르는 것도 없었을 겁니다. 물론 그런 사람을 두고 재미없다고 이야기할 사람도 있겠지만 그에게는 괴로움이 없습니다. 괴로움 없이 순간순간 세상을 본질 그대로 보고 충실히 살았을 겁니다.

아라한을 검증하는 다섯 단계

그런데 어떤 분이 아라한인지 우리가 어떻게 알 수 있을까요? 물론 앞에 말씀드린 것이 단서가 될 수 있습니다. 그런데 경전에 구체적인 '검증' 방법이 나옵니다. 이런 대목이 경전에도 나오는 걸 보면 당시에도 아라한이냐 아니냐 하는 것을 놓고 문제가 됐던 일이 왕왕 있었던 것 같습니다.

『여섯 가지 청정 경』(M112)에는 어떤 사람이 아라한인지를 알 수 있는 방법이 나와 있습니다. 부처님께서 비구들한테 이런 말씀을 하십니다. "비구들이여, 여기 비구는 구경의 지혜를 선언한다. '태어남은 다 했다. 청정범행은 성취되었다. 할 일을 다 해 마쳤다. 다시는 어떤 존재로도 돌아오지 않을 것이라고 꿰뚫어 안다.'라고." 이럴 때 다섯 가지 단계로 그 비구가 아라한인 것을 검증하라고 부처님께서 말씀하십니다. 다섯 가지 단계를 하나하나 보겠습니다.

먼저 부처님께서 바르게 말씀하신 네 가지 표현에 대해 어떻게 알고 어떻게 보아서 취착 없이 번뇌들로부터 마음이 해탈했느냐는 것이 첫 번째 질문입니다. 부처님께서는 우리가 항상 올바르게 표현해야 된다고 말씀하셨습니다. 올바른 표현은 보면 본대로 말하는 겁니다. 이렇게 들으면 이렇게 들었다고 말해야 합니다. 내가 이렇게 생각했으면 이렇게 생각했다고 말해야 합니다. 또 내가 이렇게 알고 있으면 이렇게 알고 있다고 말해야 합니다. 이것이 올바른 표현입니다. '당신께서는 보고 듣고 생각하고 아는 것에 대해서 어떻게 보고 어떻게 듣고 어떻게 생각하고 어떻게 알길래 당신은 집착 없이 해탈했습니까?' 하고 물어보라는 겁니다. 경전의 내용을 직접 보겠습니다.

> 비구들이여, 그 비구의 말을 동의하지도 않아야 하고 반대하
> 지도 않아야 한다. 동의하지도 말고 반대하지도 말고 질문을
> 해야 한다.

'도반이여, 아시는 분, 보시는 분, 아라한, 정등각자이신 그분 세존께서는 이 네 가지 인습적 표현을 바르게 말씀하셨습니다. 무엇이 넷인가요? 본 것에 대해서 보았다고 말하고, 들은 것에 대해서 들었다고 말하고, 생각한 것에 대해서는 생각했다고 말하고, 안 것에 대해서는 알았다고 말하는 것입니다, 도반이여, 이것이 아시는 분, 보시는 분, 아라한, 정등각자이신 그분 세존께서 바르게 설하신 네 가지 인습적 표현입니다. 존자는 이 네 가지 표현들에 대해 어떻게 알고 어떻게 보아서 취착 없이 번뇌들로부터 마음이 해탈했습니까?'

비구들이여, 번뇌가 다했고 삶을 완성했으며 할 바를 다 했고 짐을 내려놓았으며 참된 이상을 실현했고 삶의 족쇄를 부수었으며 바른 구경의 지혜로 해탈한 비구는 자연스럽게 이와 같이 설명할 것이다.

'도반들이여, 나는 볼 때 홀리지 않고 저항하지 않고 집착하지 않고 매이지 않고 벗어나고 자유롭고 한계가 없는 마음으로 머뭅니다. 도반들이여, 나는 들을 때 … 도반들이여, 나는 생각할 때 … 도반들이여, 나는 알 때 홀리지 않고 저항하지 않고 집착하지 않고 매이지 않고 벗어나고 자유롭고 한계가 없는 마음으로 머뭅니다. 도반들이여, 나는 이 네 가지 인습적 표현들에 대해 이렇게 알고 이렇게 보아서 취착 없이 번뇌들로부터 마음이 해탈했습니다.'

범부는 무언가를 보면 마음이 솔깃합니다. 솔깃하면 빠져들고 자꾸 생각하게 되고 마음이 거기로 갑니다. 하지만 해탈한 사람은 보고 듣고 경험할 때 그런 게 없다는 겁니다. 뭘 보거나 듣거나 지각하거나 경험할 때 그런 게 없이 묶이지 않는다는 거예요. 오로지 그냥 담담하게 보는 겁니다. 그래서 자유로운 마음이 됩니다. 그래서 경전에 '내가 집착 없이 해탈했다.'고 표현한 겁니다.

네 가지 표현에 대해 어떻게 알고 어떻게 보아서 취착 없이 번뇌들로부터 마음이 해탈했느냐는 질문에 대한 대답이 부처님 말씀하신 대로이면 '좋습니다.'라고 말하고 기뻐하고 즐거워한 뒤 두 번째 단계의 질문을 해야 합니다. 두 번째 단계의 질문은 오취온에 대해 어떻게 알고 어떻게 보아서 취착 없이 번뇌들로부터 마음이 해탈했느냐는 것에 대한 것입니다.

도반이여, 아시는 분, 보시는 분, 아라한, 정등각자이신 그분 세존께서는 취착의 [대상인] 다섯 가지 무더기들[五取蘊]을 바르게 말씀하셨습니다. 무엇이 다섯인가요? 취착의 [대상인] 물질의 무더기, 취착의 [대상인] 느낌의 무더기, 취착의 [대상인] 인식의 무더기, 취착의 [대상인] 행들의 무더기, 취착의 [대상인] 식의 무더기입니다. 도반이여, 이것이 아시는 분, 보시는 분, 아라한, 정등각자이신 그분 세존께서 바르게 설하신 취착의 [대상인] 다섯 가지 무더기들입니다. 존자는 취착의 [대상인] 다섯 가지 무더기들에 대해 어떻게 알고 어떻게 보아서 취착 없이 번뇌들로부터 마음이 해탈했습니까?

비구들이여, 번뇌가 다했고 삶을 완성했으며 할 바를 다 했고 짐을 내려놓았으며 참된 이상을 실현했고 삶의 족쇄를 부수었으며 바른 구경의 지혜로 해탈한 비구는 자연스럽게 이와 같이 설명할 것이다.

'도반들이여, 나는 물질은 힘이 없고 본성이 변하는 것이고 안식을 주지 못한다고 알고서 물질에 대한 끌림과 취착, 또한 물질에 대한 마음의 고집과 천착과 잠재 성향을 부수고 탐욕을 빛바래고 소멸하고 버리고 완전히 놓아버렸기 때문에, 나의 마음은 해탈했다고 꿰뚫어 압니다.

도반들이여, 나는 느낌은 … 인식은 … 행들은 … 식은 힘이 없고 본성이 변하는 것이고 안식을 주지 못한다고 알고서 식에 대한 끌림과 취착, 또는 식에 대한 마음의 고집과 천착과 잠재 성향을 부수고 탐욕을 빛바래고 소멸하고 버리고 완전히 놓아버렸기 때문에, 나의 마음은 해탈했다고 꿰뚫어 압니다.

도반들이여, 이와 같이 나는 이 취착의 [대상인] 다섯 가지 무더기들에 대해 이렇게 알고 이렇게 보아서 취착 없이 번뇌들로부터 마음이 해탈했습니다.'

질문을 받은 비구가 대답을 이렇게 합니다. 몸에 대해서 힘이 없다고 보는 겁니다. 허약한 거라고 보는 거죠. 몸 자체를 안 좋게 보는 겁니다. 강하지 않다고 보는 거예요. 허약하며 사라질 거고, 나에게 진정한 편안함을 주는 것이 아니다. 이렇게 보고 난 뒤에 그것에 대해서 가까이하거나 또는 집착하거나, 내 몸을 가지고 어떻게 하겠다고 마음을 먹거나 결정하거나 거기에 빠지거나 하는 경향을 없애버린 겁니다. 그걸 버리고 그래서 집착으로부터 해탈한 겁니다. 그다음 느낌입니다. 우리는 느낌을 중시합니다. 느낌 현상에 대해서 몸과 똑같이 생각하는 겁니다. 그것은 허약한 것이고, 힘이 없고, 사라지는 것이고, 진정하게 나한테 위안을 못 주는 것으로 보는 겁니다. 그래서 그것에 대해서 가까이하거나 집착을 가지거나 그걸 가지고 내가 어떻게 하겠다든지 혹은 그곳에 빠져들고 하는 걸 완전히 없애 버리는 겁니다. 마찬가지로 인식에 대해서 똑같이 그렇게 판단합니다. 그다음에 우리의 의지에 대해서도 그렇게 판단합니다. 우리는 의지는 내 것이라고 생각합니다. 이것이야 말로 정말 '나다.' 하고 생각하는 겁니다. 그렇게 보지 않습니다. 그다음에 마음에 대해서 그렇게 보지 않는 겁니다. 우리를 이루는 다섯 가지 요소인 물질, 느낌, 인식, 행, 식(마음)에 대해서 그렇게 정확하게 보는 겁니다.

두 번째 질문인 오취온에 대해 어떻게 알고 어떻게 보아서 취착 없이 번뇌들로부터 마음이 해탈했느냐는 것에 대한 대답이 부처님 말씀하신 대로이면 '좋습니다.'라고 말하고 기뻐하고 즐거워한 뒤 세 번째 단계의 질문을 해야 합니다. 세 번째 단계의 질문은 여섯 가지 요소(6계)에 대해 어떻게 알고 어떻게 보아서 취착 없이 번뇌들로부터 마음이 해탈했느냐는 것입니다.

> 도반이여, 아시는 분, 보시는 분, 아라한, 정등각자이신 그분 세존께서는 여섯 가지 요소[界]들을 바르게 말씀하셨습니다. 무엇이 여섯인가요? 땅의 요소[地界], 물의 요소[水界], 불

의 요소[火界], 바람의 요소[風界], 허공의 요소[空界], 식의 요소[識界]입니다. 도반이여, 이것이 아시는 분, 보시는 분, 아라한, 정등각자이신 그분 세존께서 바르게 설하신 여섯 가지 요소들입니다. 존자는 이 여섯 가지 요소들에 대해 어떻게 알고 어떻게 보아서 취착 없이 번뇌들로부터 마음이 해탈했습니까?

비구들이여, 번뇌가 다했고 삶을 완성했으며 할 바를 다 했고 짐을 내려놓았으며 참된 이상을 실현했고 삶의 족쇄를 부수었으며 바른 구경의 지혜로 해탈한 비구는 자연스럽게 이와 같이 설명할 것이다.

'도반들이여, 땅의 요소는 무아이며, 땅의 요소를 의지한 자아란 없다는 데 나는 도달했습니다. 땅의 요소에 의지한 끌림과 취착, 또한 땅의 요소에 의지한 마음의 편견과 천착과 잠재 성향을 부수고 탐욕을 빛바래고 소멸하고 버리고 완전히 놓아버렸기 때문에, 나의 마음은 해탈했다고 꿰뚫어 압니다. 도반들이여, 물의 요소는 … 불의 요소는 … 바람의 요소는 … 허공의 요소는 … 식의 요소는 무아이며, 식의 요소를 의지한 자아란 없다는 데 나는 도달했습니다. 식의 요소에 의지한 끌림과 취착, 또한 식의 요소에 의지한 마음의 편견과 천착과 잠재 성향을 부수고 탐욕을 빛바래고 소멸하고 버리고 완전히 놓아버렸기 때문에, 나의 마음은 해탈했다고 꿰뚫어 압니다.

도반들이여, 이와 같이 나는 이 여섯 가지 요소들에 대해 이

렇게 알고 이렇게 보아서 취착 없이 번뇌들로부터 마음이 해
탈했습니다.'

불교에서는 모든 것이 여섯 가지 요소(6계)로 구성되어 있다고 봅
니다. 지·수·화·풍·공·식입니다. 세 번째 질문인 여섯 가지 요소에 대
해 어떻게 알고 어떻게 보아서 취착 없이 번뇌들로부터 마음이 해탈했
느냐는 질문에 대한 대답이 부처님 말씀하신 대로이면 '좋습니다.'라
고 말하고 기뻐하고 즐거워한 뒤 네 번째 단계의 질문을 해야 합니다.
네 번째 단계의 질문은 여섯 가지 안과 밖의 감각장소(6근, 6경)에 대해
어떻게 알고 어떻게 보아서 취착 없이 번뇌들로부터 마음이 해탈했느
냐는 것입니다. 여섯 가지 안과 밖의 감각장소(6근과 6경)는 눈·귀·코·
혀·몸·의식과 그 대상인 색·성·향·미·촉·법입니다.

도반이여, 아시는 분, 보시는 분, 아라한, 정등각자이신 그분
세존께서는 여섯 가지 안과 밖의 감각장소들을 바르게 말씀
하셨습니다. 무엇이 여섯인가요? 눈과 형색들, 귀와 소리들,
코와 냄새들, 혀와 맛들, 몸과 감촉들, 마노[意]와 법들입니다.
도반이여, 이것이 아시는 분, 보시는 분, 아라한, 정등각자이
신 그분 세존께서 바르게 설하신 여섯 가지 안과 밖의 감각장
소들입니다. 존자는 이 여섯 가지 안과 밖의 감각장소들에 대
해 어떻게 알고 어떻게 보아서 취착 없이 번뇌들로부터 마음
이 해탈했습니까?
비구들이여, 번뇌가 다했고 삶을 완성했으며 할 바를 다 했고

짐을 내려놓았으며 참된 이상을 실현했고 삶의 족쇄를 부수
었으며 바른 구경의 지혜로 해탈한 비구는 자연스럽게 이와
같이 설명할 것이다.

'도반들이여, 나는 눈과 형색과 눈의 식과 눈의 식에 의해 알
수 있는 법들에 대한 열망, 탐욕, 기쁨, 갈애, 끌림, 취착, 그들
에 대한 마음의 편견, 천착, 잠재 성향을 부수고 탐욕을 빛바
래고 소멸하고 버리고 완전히 놓아버렸기 때문에 나의 마음
은 해탈했다고 꿰뚫어 압니다.

도반들이여, 귀와 소리와 귀의 식과 귀의 식에 의해 알 수 있
는 법들에 대한 … 코와 냄새와 코의 식과 코의 식에 의해 알
수 있는 법들에 대한 … 혀와 맛과 혀의 식과 혀의 식에 의해
알 수 있는 법들에 대한 … 몸과 감촉과 몸의 식과 몸의 식에
의해 알 수 있는 법들에 대한 … 마노[意]와 법과 마노의 식과
마노의 식에 의해 알 수 있는 법들에 대한 열망, 탐욕, 기쁨, 갈
애, 끌림, 취착, 그들에 대한 마음의 편견, 천착, 잠재 성향을
부수고 탐욕을 빛바래고 소멸하고 버리고 완전히 놓아버렸
기 때문에 나의 마음은 해탈했다고 꿰뚫어 압니다.

도반들이여, 이와 같이 나는 이 여섯 가지 안과 밖의 감각장
소들에 대해 취착 없이 번뇌들로부터 마음이 해탈했습니다.'

네 번째 질문인 여섯 가지 안과 밖의 감각장소(6근과 6경)에 대해 어
떻게 알고 어떻게 보아서 취착 없이 번뇌들로부터 마음이 해탈했느냐
는 질문에 대한 대답이 부처님 말씀하신 대로이면 '좋습니다.'라고 말

하고 기뻐하고 즐거워한 뒤 다섯 번째 단계의 질문을 해야 합니다. 다섯 번째 질문은 제일 심오합니다. 다섯 번째 질문은 의식을 가진 이 몸과 외부의 모든 표상들에 대해 어떻게 알고 어떻게 보아서 나라는 생각과 내 것이라는 생각과 자만의 잠재 성향이 제거되는가에 대한 것입니다. 이 질문에 대해 다음과 같이 대답을 하면 그렇게 대답한 비구에게 '좋습니다.'라고 말하고 기뻐하고 즐거워한 뒤 이렇게 말해야 한다고 부처님께서는 말씀하십니다. "도반이여, 우리가 존자와 같은 동료 수행자를 만나다니 그것은 참으로 우리에게 축복이고 큰 행운입니다."

질문을 받은 비구가 한 대답을 간략하게 요약해 보겠습니다. "내가 부처님의 가르침을 알기 전에는 무지했다. 그러다가 어느 날 부처님과 부처님의 제자에게 법을 듣고 부처님께 믿음을 가졌다. 그래서 '재가의 삶이란 번잡하고 때가 낀 길이지만 출가의 삶은 열린 허공과 같다. 재가에 살면서 청정범행을 실천하기란 쉽지 않다. 그러니 이제 출가해야 되겠다.' 하고 출가를 했다. 출가를 해서는 계를 지켰다. 옷이라는 것은 몸을 보호하는 정도로 입고, 음식이란 것은 배 채우는 정도로만 만족했다. 어디를 가더라도 그 정도의 옷과 발우를 몸에 지니고 다녔다. 그러면서 감각의 문을 잘 지켜서 욕심과 싫어하는 마음의 나쁘고 해로운 법들이 흘러들어오지 않게 하고 안으로 더럽혀지지 않는 행복을 경험했다. 그리고 현재에 항상 집중해서 내가 뭘 하는지 알면서 행했다. 그런 후 선정을 닦아 초선, 이선, 삼선, 사선을 경험한 후 사성제를 있는 그대로 꿰뚫어 알아 감각적 욕망에 기인한 번뇌, 존재에 기인한 번뇌, 무명에 기인한 번뇌로부터 마음이 해탈했다. 해탈했을 때 해탈했다는 지혜가 생겼다. '태어남은 다했다. 청정범행은 성취되었다. 할 일을 다해 마쳤다. 다시는 어떤 존재로도 돌아오지 않을 것이다.' 의식을 가진 이 몸과 외부의 모든 표상들에 대해 이렇게 알고 이렇게 보아야 나라는 생각과 내 것이라는 생각과 자만의 잠재 성향이 제거된다."

이상이 경전에서 말한 아라한을 알아보는 방법입니다. 부처님 당시 어떤 분이 깨달았다면 아마 이런 검증 방법을 통과했을 겁니다. 마찬가지로 오늘날 내가 염불을 하든, 참선을 하든 어떤 수행법으로 수행을 해서 경지를 경험하면 이런 경을 통해서 내가 부처님 말씀하신 것을 제대로 깨달았나 하고 이 경에 있는 내용대로 검증한다면 잘못된 길로 가진 않을 겁니다. 이 아라한 검증법은 그런 면에서 수행을 많이 하신 분한테도 필요하고 또 우리에게도 의미가 있습니다. 지금까지 말한 다섯 가지를 잘 실천하시면 아라한에 가까워지는 거죠.

아라한이 된 사람에게 항상 먼저 묻는 게 '어떻게 알고 어떻게 봅니까?'입니다. 다 우리의 본질과 관계가 된 겁니다. 우리 몸과 마음에 관계되는 것이죠. 대상을 정확하게 본질에 따라서 보고 그에 따라 살면 아라한에 가까워질 수 있습니다. 이걸 아라한 검증법이라고 불러도 좋고 아라한에 도달하는 방법이라고 불러도 좋을 겁니다.

4장

부처님과
제자들

보살의 삶에서
배울 수 있는 것

초기경전과 대승경전에 공히 쓰이고 있지만 그 쓰임에 차이가 많이 나는 용어 중에 하나가 바로 '보살'입니다.

니까야에서 '보살'이라는 용어는 다음의 두 가지 경우에만 사용됩니다. 하나는 부처님이 과거 생에 완전한 깨달음을 이루기 위해 보냈던 무수한 생을 말할 때 씁니다. 또 하나는 싯다르타가 29세에 출가해 35세에 부처님이 되는데, 출가해 부처님이 되기 전에 수행을 할 때의 자신을 가리켜 보살이라고 부릅니다. 니까야에 보면 '내가 아직 깨닫지 못한 보살이었을 때'라는 표현을 쓰고 있는데 이때가 바로 출가 후 깨닫기 전까지의 기간을 가리킵니다. 그 외 다른 사람에게는 보살이란 용어를 일체 쓰지 않습니다. 반면에 대승불교로 가면 많은 '보살'들이 탄생합니다. 부처님의 과거 생뿐 아니라 부처님 이외의 사람들에게도 보살이라는 표현을 사용합니다.

그런데 쓰임에 이런 차이가 있지만 부처님이 한 생의 수행을 통해 '부처님'이 된 게 아니라는 데는 니까야나 대승경전이나 내용의 차이가 없습니다. 오랜 세월 반복된 시간 속에서 부단히 공부하고 실천한 삶이 쌓이고 쌓여 '부처님'이 된 것입니다. 그래서 부처님이 보살이었던 시절의 삶을 알고 배우면 불교가 어떤 건지 알 수 있고 또 우리 삶에도 굉장히 도움이 됩니다. 과거 '보살'의 삶이란 것도 결국 우리가 처했던 이런저런 어려운 상황과 다르지 않았습니다. 그걸 어떻게 극복하고 어떤 방향을 향해 정진했는지는 살펴보면 우리에게도 적용 가능한 것들을 발견하고 또 같은 방법으로 실천해 나갈 수 있습니다.

앞에서 부처님이 과거 생에 완전한 깨달음을 이루기 위해 보냈던 무수한 생을 말할 때 보살이라는 말을 쓴다고 했습니다. 그래서 이 용어는 과거에 출현했던 부처님들의 생을 언급할 때도 사용됩니다.

『대전기경』(D14)에는 고따마 붓다 이전 여섯 분의 부처님 이야기가 나옵니다. 91겁 전에 한 분, 37겁 전에 두 분, 이번 겁에 고따마 붓다를 포함해 네 분, 이렇게 모두 일곱 분입니다. 이번 겁에는 네 분의 부처님과 『대전기경』에는 언급되어 있지 않지만 다른 경에서 이번 겁에 오시는 것으로 말씀한 미륵 부처님까지 모두 다섯 분의 부처님이 오시기기 때문에 '행운의 겁'이라고 표현합니다.

모두 일곱 분이지만 이분들이 나타나시는 과정은 본질적으로는 똑같습니다. 『대전기경』에서 고따마 부처님이 '이것이 여기서 정해진 법칙이다.'라고 표현하듯이 모든 부처님들이 정해진 법칙에 따라 탄생하고, 부처님이 되고, 가르침을 펴지만 부모님의 이름이나 제자들의 숫자라든지 상수제자의 이름과 활동 지역 등은 다릅니다. 성이 고따마인 그분이 부처님이 됐기 때문에 그분을 우리는 고따마 부처님이라고 부릅니다. 그 부처님의 삶을 쭉 이야기하면 다른 부처님도 그렇구나 하고 생각하시면 됩니다.

고따마 부처님께서 부처님이 되신 역사를 이야기하면 이 속에 불교가 다 들어 있습니다. 이야기를 들어보면 그게 불교라는 걸 알 수 있게 됩니다. 고따마 부처님의 시작은 4아승지 십만 겁 전에 수메다 바라문으로부터 시작됩니다. 한역에서는 흔히 선혜(善慧)라고 부릅니다. 좋은 지혜가 많은 분이라는 뜻입니다. 수메다 존자는 자신이 부처가 될 때까지 모두 23분의 부처님을 만납니다. 그 과정에서 보살행을 마친 후 2,600여 년 전에 태어나셔서 부처님이 되신 겁니다. 이게 불교의 역사입니다.

보살의 실천

보살의 행을 한마디로 정리하면 바라밀행이라고 할 수 있습니다. 보통 열 가지로 얘기하는데 아래 표처럼 초기불교에서 말하는 10바라밀과 대승불교에서 말하는 10바라밀이 약간 차이가 있습니다.

초기불교	대승불교
보시	보시
지계	지계
출리(벗어남)	인욕
지혜	정진
정진	지혜
인욕	선정
진실	방편
결정	원(願)
자애(사랑)	력(力)
평온	지(智)

표를 보시면 알겠지만 보시, 지계, 지혜, 정진, 인욕의 다섯 가지는 초기불교와 대승불교가 같습니다. 초기불교의 10바라밀 중 출리, 진실, 결정, 자애, 평온에 대해 간단하게 설명하면 다음과 같습니다. 출리는 세속적인 것을 추구하지 않고 본질적이고 중요한 것을 추구하는 것입니다. 진실은 거짓말을 하지 않고 항상 진실을 말하고 진실을 추구한다는 것입니다. 결정은 무엇을 하겠다고 결정하면 그것을 번복하지 않고 끝까지 달성될 때까지 한다는 것입니다. 자애는 남을 아끼고 사랑하는 마음을 말합니다. 평온은 모든 존재들은 업에 따라 살 수밖에 없기 때문에 담담하게 본다는 것입니다. 반면 대승불교의 10바라밀 중 네 개는 설명이 좀 필요합니다. 방편 바라밀은 말 그대로 중생을 제도하기 위해 여러 가지 방편을 쓰는 것을 말합니다. 여러 다른 형상으로 나타날 때도 있습니다. 원(願) 바라밀은 내가 중생을 제도하겠다는 원을 세우는 것을 말하고, 력(力) 바라밀은 바르게 판단하고 수행하는 힘을 성취하는 것입니다. 그다음에 지(智)바라밀이라 해서 남을 깨달음으로 인도하는 데 필요한 지식을 말합니다. 대승불교는 10바라밀보다는 육바라밀을 얘기하는 경우가 많은데, 보시·지계·인욕·정진·지혜·선정바라밀 여섯 가지를 말합니다.

10바라밀은 우리가 갖춰야 할 품성이나 자질이라고 할 수 있습니다. 정신과 의사 입장에서 얘기하자면 10바라밀을 다 외우고 매일 실천한다면, 조금이라도 오늘은 어제보다 나은 걸 닦아 간다면 우리는 절대로 신경증, 정신병에는 안 걸린다고 장담을 드립니다.

10바라밀을 갖춘 사람은 사람들이 다 좋아할 수밖에 없습니다. 보시, 아낌없이 주는 사람은 주변 사람들이 좋아할 수밖에 없습니다. 지계 같은 항목도 마찬가지입니다. 우리는 완전하지 못한 존재입니다. 그래서 우리가 원하지 않아도 자꾸 나쁜 짓을 하게 됩니다. 이럴 때 계를 지키는 것은 자기를 보호하는 겁니다. 계는 절대로 여러분들 억압하는 것이 아닙니다. 완성될 때까지는 계를 지키지 않고는 앞으로 나갈 수가 없습니다. 지혜바라밀은 뭐든지 정확하게 있는 그대로 아는 겁니다. 지혜가 완성됐다는 것은 세상에 모르는 게 없다는 겁니다. 사랑의 마음, 또 담담하게 보는 마음, 이런 바라밀을 갖춘다는 것은 또 우리 인생을 굉장히 풍부하게 합니다. 우리가 삶을 굉장히 잘 살다 가게 하는 겁니다. 여러분도 그 덕목을 하나씩 조금씩이라도 어느 수준에 있나 하고 보고, 또 조금씩 실천하려고 노력하면 부처님들처럼 될 수 있습니다.

부처님이 어느 날 그냥 어느 나라 왕자로 태어나서 29세에 그냥 출가해서 한 6년 열심히 해서 부처가 되었다, 이렇게 생각하시면 절대 안 됩니다. 4아승지 10만 겁이라는 세월이 걸렸습니다. 무한한 시간이 걸리지만 우리 역시 어떤 가능성을 발견하고 충분히 실천한다면 우리도 언젠가 부처님처럼 대단한 존재가 될 수 있습니다.

그러기 위해선 우선 10바라밀을 여러분들이 외우셔야 됩니다. 외우는 게 굉장히 중요합니다. 특별히 보시를 잘하시는 분이 있고, 또 어떤 사람은 계를 잘 지키시는 분도 있고, 지혜가 뛰어나신 분도 있습니다. 10가지 바라밀을 그래프를 그려보세요. 그래프를 통해 현재 상황을 알고 조금씩 노력하면 달라질 수 있습니다. 지금 여기서 그렇게 하면 분명히 여러분들 삶이 나아지고, 주위 사람들이 좋아하는 사람이 됩니다.

보살로 산 부처님의 전생

다가 니까야 주석서 서문에 보면 부처님이 열반하시고 두 달 정도 후에 아라한 제자들 가운데 삼장 전체에 대한 교설을 잘 구분하여 호지하고, 무애해를 얻었으며, 큰 위력을 가졌고, 부처님께서 최고의 경지라고 인정하셨으며, 삼명을 갖춘 아라한 499명과 결집을 앞두고 아라한이 된 아난다가 7개월 동안 모여서 경·율·논 삼장 결집 작업을 합니다.

삼장은 처음에는 암송으로 전승되다가 남방불교 전승에 따르면 제4차 경전 결집이 있었던 스리랑카에서 B.C. 29년에 문자로 기록이 됩니다. 니까야에는 말씀하신 분이 있고, 보고 들은 분이 있으며, 또 그것이 일어난 장소가 다 있습니다. 니까야는 역사적인 기록입니다.

그런데 소부 니까야라고 부르는 묶음에 『자따까』라는 경전이 있습니다. 부처님의 전생이 들어 있는 경전입니다. 이 경전에는 모두 547경이 있습니다. 547번의 부처님의 전생이 들어 있습니다. 『자따까』547경은 비구들이 부처님에 대해 '부처님은 참으로 제도하기 어려운 사람을 제도하셨다.'고 일어난 일에 대해 이야기하고 있으면 부처님께서 '내가 그 사람을 제도한 것은 이 생뿐만 아니다. 전생에도 제도했다.'고 하시면서 그 사람과 같이 한 과거 생을 말하는 구조로 되어 있습니다.

이렇게 부처님의 전생 이야기를 듣다 보면 불교가 어떤 건지 이해가 잘 됩니다. 예를 들면 고따마 부처님이 왕자였을 때 농경제에 참석합니다. 그때 명상에 들어 선정을 체험합니다. 선정 체험은 쉽지 않습니다. 엄청난 수행을 해도 들기 어려운 선정을 어린 나이에 들게 된 겁니다. 이해가 잘 안되지요? 그런데 『자따까』를 읽어보면 이해가 됩니다. 과거 많은 생에서 8선정, 5신통을 언제나 닦았던 것이 인연이 된 겁니다. 그렇게 숙달되신 분이니까 조금만 기회가 되어도 선정에 드는 겁니다.

부처님의 사촌 데와닷따가 있습니다. 이 사람 역시 출가하고 수행을 많이 해서 선정도 얻었습니다. 그런데 이 사람이 부처님을 해치려고 합니다. 돌도 떨어뜨리고, 코끼리도 동원하죠. 그런데 데와닷따의 행동이 뜬금없는 게 아니었습니다. 역시 『자따까』의 전생 이야기를 들어보면 이해가 잘 됩니다. 『자따까』에 보면 부처님의 제자들이 과거 생에도 여러 가지 관계로 부처님의 전생인 보살과 인연을 맺습니다. 많은 사람이 등장하는 데 그 중에서도 아주 많이 등장하는 사람이 데와닷따입니다. 이번 생 이전에도 여러 생에 걸쳐 부처님을 해치려고 했습니다. 부처님이 전생에 원숭이로 태어난 적이 있습니다. 그때 데와닷따는 원숭이의 왕이었습니다. 자기를 위협할 만한 원숭이가 있으면 자기 새끼라도 죽이는 왕이었습니다. 그런데 부처님이 원숭이 왕의 자식으로 태어납니다. 어미는 자기 남편의 성향을 잘 알았습니다. 그래서 원숭이로 태어난 부처님을 싹 빼돌려 다른 곳에서 키웁니다. '난 아버지가 누굽니까?'라고 묻지만 가르쳐 주지 않습니다. 하지만 원숭이로 태어난 부처님이 '나는 꼭 아버지를 만나겠다.'는 마음을 먹고 찾아다니다 원숭이 왕으로 태어난 데와닷따를 만납니다. 그런데 역시 데와닷따가 자기 새끼를 보고 '아, 저 놈은 크면 나를 위협할 놈이다.' 하면서 죽이려는데 원숭이로 태어난 부처님은 어떻게 살아납니다. 이런 식으로 무수한 생에서 데와닷따와 부처님의 인연이 있었습니다. 이런 걸 이해하면 왜 데와닷따와 부처님이 결국은 원수로 만나야 했는지 잘 이해가 됩니다.

『자따까』를 보면 불교가 굉장히 입체적으로 이해가 됩니다. 부처님이 오셨을 때 제자가 된 사람들은 전에도 제자였습니다. 『자따까』에는 왕들도 굉장히 많이 등장하는데 이 왕의 거개가 아난다입니다. 전생에 아난다는 굉장히 현명한 왕이었다고 합니다. 경전에는 아난다가 인물이 좋고 사람들이 좋아했다고 묘사가 되어 있는데 그런 것도 바로 다 전생의 삶과 관련이 있었을 겁니다.

전 개인적으로 나라를 운영하는 지도자들이 이 『자따까』를 꼭 한 번 읽었으면 하는 바람이 있습니다. 지도자들이 갖춰야 할 덕목들이 굉장히 많이 나오기 때문입니다. 시대가 변해도 사람이 사는 건 똑같습니다. 백성들을 잘 살게 해 주고, 평화로운 세상 만드는 게 왕의 임무죠. 그런 면에서 『자따까』는 전생에 왕이었던 아난다의 이야기를 비롯해 지도자를 위한 덕목이 참 많이 나옵니다.

보살의 특징

『자따까』에는 보살의 특징이 나와 있습니다.

보살은 삶의 목적이 뚜렷합니다. 보살이 최고의 가치로 두는 건 일체지입니다. 모든 것에 대한 지혜죠. 일체지를 얻기 위해서 자신의 모든 것을 바칩니다. 누가 눈을 필요로 한다고 하면 눈을 바칩니다. 누군가 묻습니다. '왜 눈을 바치려 하느냐? 다음 생에 천상에 태어나기 위해서냐 아니면 명예를 드높이기 위해서냐?' 그러면 보살은 이렇게 얘기합니다. '이 눈은 나에게 굉장히 소중하다. 하지만 그 어떤 것도 일체지만큼 소중한 것은 없다.' 보살은 본질적으로 보는 겁니다. 떠도는 가치관이나 관습으로 보지 않습니다. 본질적으로 봐서 도움 안 되는 건 절대로 하지 않습니다. 예를 들어 자기 아들이 죽었는데도 밥을 먹습니다. 가까운 가족이 죽어도 울지 않습니다. 물론 오해도 받습니다. 어떤 대목에서는 자기 형이 죽었는데 울지 않으니 사람들이 수군댑니다. '형의 재산을 탐내었구나.' 그런데 보살은 이렇게 얘기합니다. '내가 울어서 도움이 되면 우는데 내가 울어봤자 내가 피폐해지고 죽은 사람에게도 아무 도움이 안 되니 나는 울지 않는다.'

보살의 또 하나의 특징은 용기입니다. 다른 사람이 볼 때는 도저히 할 수 없는 일을 합니다. 아무도 상상 못하는 일을 합니다. 무슨 일을 하든지 철저하게 해요. 예를 들면 내가 저 사람을 내 사람으로 맞이해야 되겠다, 내 아내로 삼아야 되겠다, 하면 무슨 수단과 방법을 쓰더라도 합니다. 물론 완력으로 하는 건 아닙니다. 순리대로 철두철미하게 합니다. 어떤 난관이라도 뚫고 나갑니다. 최선을 다하는 겁니다.

이밖에 보살은 보시를 굉장히 우선적으로 생각합니다. 자애의 마음도 계속 닦습니다. 그리고 보살은 관찰력이 대단합니다. 그냥 허투루 보는 게 없습니다. 그리고 뭐든지 확인합니다. '그냥 그렇겠지.' 하는 건 없습니다. 그러니까 보살은 속일 수가 없습니다. 보살이 사람으로 태어나든 동물로 태어나든 속일 수가 없는 거예요. 어떤 사람이 마음이 괜찮은 사람으로 있을 때는 믿습니다. 그러다 조금 바뀌면 확인을 합니다. 관찰력이 아주 뛰어납니다.

또 보살은 어떤 경우에도 자기를 위험에 빠뜨리지 않습니다. 굉장히 안전하게 합니다.

애욕의 문제, 명예, 술 이런 것에 대해 엄청나게 조심하라고 말씀하십니다.

그리고 보살은 참을성이 굉장히 강합니다. 앞에서 10바라밀 이야기를 할 때 인욕바라밀이라는 게 있었습니다. 보살은 이 생에 날 때 '나는 참겠다.' 하는 마음을 가지고 태어나는 것 같습니다. 그래서 '내가 목표한 바를 꼭 이루겠다.'고 생각하고 어떠한 경우에도 참습니다. 그 참는 능력이 극대화되는 거죠. 용왕으로 태어나서 꼬리만 탁하면 자기를 괴롭히는 사람을 죽일 수 있어도 절대로 죽이지 않습니다. 참는 게 굉장합니다. 그다음에 남을 절대로 해치지 않습니다. 오히려 자기를 죽이러 오는 사람이 있으면 그냥 자기 목숨을 바치기도 합니다.

앞에서 말한 보살의 특징들을 닮아갈 수 있어야 합니다. 다시 한번 강조하지만 10바라밀은 꼭 외워두고 실천해야겠다고 마음을 먹어야 합니다. 어떤 일을 하든 잊지 않는 게 중요합니다.

26

보살의 삶에서
배울 수 있는 것
②

정신과 의사의 입장에서 이야기하자면, 건강한 정신의 모델은 바로 보살입니다. 그분들의 삶을 잘 살펴보고 또 가능하면 실천해 가고자 노력한다면 이보다 좋은 정신치료가 없습니다.

누누이 말씀드리지만 초기불교에서 보살의 삶을 주로 보여주는 경전은 『자따까』입니다. 모두 547개의 경으로 되어 있는 『자따까』는 부처님과 제자들의 전생 이야기입니다. 그 중에 대표적인 이야기 열 개 정도만 뽑아서 같이 살펴보고자 합니다. '보살이 어떻게 살았나?', '내가 어떻게 하면 보살처럼 살 수 있나?' 하는 걸 함께 연구하는 시간이 될 겁니다. 물론 보살의 삶을 어떤 측면에서 볼 것인가는 주제와 상태에 따라 많이 다르긴 합니다만 여기서는 우리의 삶과도 밀접하고 또 실천할 수 있는 것 위주로 살펴보겠습니다.

진정한 힘은 사람을 얻는 것

첫 번째로 보살의 삶에서 배울 수 있는 걸 꼽으라면 '진정으로 힘을 얻으려면 사람을 얻어야 한다.'는 겁니다. 『자따까』 462번째 경은 「방호 동자의 전생 이야기」입니다. 줄거리는 이렇습니다.

옛날 바라나시에서 범여왕이 나라를 다스릴 때였습니다. 왕에게
는 백 명의 아들이 있었습니다. 그 중에 맨 끝의 아들이 바로 방호 동자
입니다.

왕은 백 명의 아들 각각에 공부를 시킬 스승을 한 명씩 붙여줬고
각자 공부가 끝날 때마다 적당한 지역으로 내려 보내 그곳을 다스리게
했습니다.

방호 동자의 스승이 된 대신이 바로 보살이었습니다. 방호 동자가
공부를 마치고 지역으로 내려갈 때쯤 되자 방호 동자는 스승에게 의견
을 구합니다.

"선생님, 만일 아버지가 나를 지방으로 보내신다면 저는 어떻게
해야 하겠습니까?"

그러자 스승은 "만일 아버지께서 당신에게 지방을 맡기시거든 당
신은 그것을 받지 말고 '모든 왕자가 떠나면 대왕께서 적적하실 터이
니 저는 대왕님 곁에 머물겠다.'고 이야기하십시오."라고 알려줍니다.
그 당시에 지방을 맡지 않는다는 것은 자신의 세력을 만들지 않겠다는
것을 의미했습니다.

방호 동자는 왕 앞에 가서 스승이 가르쳐 준 대로 이야기를 했고
왕은 무척 흡족해 하며 방호 동자의 요청을 승낙합니다.

방호 동자는 또 스승을 찾아가 이제 어찌해야 하냐고 묻습니다.
스승은 '왕에게 부탁해서 오래된 동산을 하나 얻으라.'고 이야기합니
다. 방호 동자는 스승의 말을 따라 왕에게 부탁해 동산 하나를 얻습니
다. 방호 동자는 거기서 나는 꽃과 과실로 그 도시의 유력한 사람들을
사귀게 됩니다.

어느 때 또 방호 동자가 보살에게 '이제 어찌해야 하냐?'고 묻자 보살은 "왕에게 청해서 시내에 있는 사람들에게 음식과 의복을 나누어 주라."고 이야기합니다. 방호 동자는 또 보살이 시키는 대로 합니다.

이어 보살은 '외국 사신이 오면 잘 머무를 수 있는 곳을 마련해 주고, 상인들은 세금을 좀 깎아주라.'고 합니다. 방호 동자는 또 그대로 따랐습니다.

이후에도 방호 동자는 스승에게 의견을 묻고 그대로 따릅니다. 스승이 '말도 잘 먹이고 군인들도 잘 돌보고 사람들도 잘 돌보라.'고 하자 또 그렇게 합니다.

그러다가 왕의 임종이 가까워졌습니다. 대신들이 왕의 곁에 둘러앉아 "누구를 다음 왕으로 추대할까요?" 하고 묻습니다. 왕은 "백 명의 왕자가 나에게는 모두 평등하다."며 "대신들이 원하는 사람을 추대하라."고 합니다. 대신들은 평소 지혜롭던 백 번째 왕자 방호 동자를 추천합니다. 왕은 그렇게 하라고 허락합니다.

그런데 이 소식을 들은 99명의 왕자들이 즉각 반발을 합니다. 99명의 왕자들이 연합을 해서 궁으로 쳐들어옵니다. 왕위를 내놓든지 전쟁을 하든지 하자는 겁니다.

방호 동자는 다시 보살에게 가서 묻습니다. 그러자 보살은 '지금 가진 재산을 99등분해서 다 나눠주고 나는 전쟁을 원하지 않는다.'고 이야기하게 합니다. 방호 동자는 그대로 따릅니다.

그러자 왕위 계승 서열 1위였던 첫째가 다른 아우들에게 말합니다. "저 동생은 결코 우리를 적으로 대하지 않는다. 도리어 우리에게 아버지의 재산을 보내 주려고 한다. 우리는 방호 동자가 영토를 가지게 한 뒤 각자 지방으로 돌아가자." 이 말에 다른 형제도 마음을 돌립니다.

불교는 지혜의 종교입니다. 방호 동자는 자신의 욕심을 버리고 다른 사람을 이익되게 해 결국 모든 사람의 마음을 얻은 겁니다. 보살은 지혜로웠기 때문에 어떻게 하면 일이 된다는 것을 알았고, 지혜로운 보살의 말에 귀를 기울인 방호 동자 역시 지혜로웠습니다. 이런 지혜가 보살에게 그리고 방호 동자에게 없었다면 어느 때고 방호 동자는 어려움을 겪었을 겁니다. 지혜가 이만큼 소중합니다.

진심 그리고 관찰력

두 번째는 살아가면서 필요한 힘에 대한 이야기입니다.

『자따까』 521번째 경인 「세 마리 새의 전생 이야기」에 보면 다섯 가지 힘에 대한 이야기가 나옵니다. 첫째는 주먹의 힘입니다. 둘째는 재물의 힘, 셋째는 권력의 힘, 넷째는 가문의 힘, 그리고 다섯 번째는 지혜의 힘입니다. 짐작하시겠지만 가장 약한 힘은 '주먹의 힘'입니다. 가장 강력한 힘은 다섯 번째 지혜의 힘입니다. 우리는 주위에서 몸이 불편한데도 기업을 잘 운영하고 학업에 큰 성취를 이룬 사람들을 종종 보게 됩니다. 머리를, 지혜를 썼기 때문에 그런 겁니다.

세 번째는 진심으로 사람을 대하는 것에 대한 이야기입니다. 『자따까』 261번째 경인 「연화의 전생 이야기」에 나옵니다.

보살이 살던 어느 때에 축제가 벌어져서 화환이 필요했습니다. 그래서 보살이 친구 두 명과 함께 꽃을 얻으러 연꽃이 피어 있는 연못에

갑니다. 그런데 그 연못을 지키고 있는 사람이 코가 없었습니다. 한 친구가 코가 없는 사람을 보고 이렇게 말합니다. '자, 수염을 잘라도 다시 수염이 나오듯이 너도 코가 나올 것이다. 연꽃을 좀 다오.' 코가 없는 사람은 그 친구에게 연꽃을 주지 않았습니다. 그러자 다음의 친구가 이렇게 말합니다. '봄에 씨를 뿌리면 가을에 열매를 맺듯이 네 코가 다시 자라날 것이다.' 두 번째 친구에게도 연꽃을 주지 않습니다. 그러자 보살이 이렇게 말합니다. '앞의 두 친구는 거짓말을 했다. 너의 코는 절대로 다시 나오지 않는다. 연꽃을 좀 다오.' 코가 없는 사람은 보살에게 연꽃을 건네줍니다. 진실하게 대하고 진실하게 말했기 때문입니다. 이것이 그 코 없는 사람의 마음을 움직입니다.

네 번째는 관찰력에 대한 이야기입니다. 『자따까』 54번째 경인 「과실의 전생 이야기」에 담긴 내용입니다.

한때 보살이 큰 상인이었습니다. 그 보살이 일꾼 몇백 명을 이끌고 사람이 없는 어떤 큰길에 들었습니다. 보살은 일꾼들에게 '여기는 독이 있는 나무도 많고 마시지 못하는 물도 많으니 절대 함부로 나무나 물에 손을 대거나 먹지 말라.'고 했습니다. 그런데 한참을 가다 어느 마을 입구에 다다라 보니 망고나무에 망고가 아주 탐스럽게 달려 있었습니다. 몇몇 일꾼들은 보살의 경고를 무시하고 망고를 따 먹고는 바로 정신을 잃었습니다. 하지만 보살의 경고를 기억하고 있던 많은 일꾼들은 망고나무에 손을 대지 않았습니다. 다음날 그 마을에 있던 사람들이 상인의 행렬이 있던 곳으로 올라옵니다. 그 마을 사람들은 지나는 사람들이 항상 그 망고나무의 과일을 먹고 죽는 걸 봐왔던 겁니다. 그래서 '아, 저 사람들이 끌고 가는 수레가 또 우리 것이 되겠구나.'

했던 겁니다. 그런데 상인과 일꾼들이 멀쩡하게 있는 겁니다. 마을 사람들이 '망고나무 열매를 따 먹지 않았느냐?'고 물으니 상인이 이렇게 이야기합니다. '이상했다. 망고나무가 마을 어귀에 있고, 탐스럽게 열매를 맺고 있고, 또 나무에 올라가기도 어렵지 않는데, 열매가 여전히 있는 이유가 반드시 있을 것이다. 그래서 우리는 먹지 않았다.' 관찰력이 뛰어났던 겁니다.

『자따까』 20번째 경인 「노음촌의 전생 이야기」에도 '관찰'에 대한 이야기가 나옵니다. 어떤 야차가 사는 연못이 있었습니다. 그때도 마찬가지로 보살이 장사하는 사람을 데리고 갔는데 자세히 보니 내려간 발자국은 있는데 올라온 발자국이 없는 겁니다. 이에 보살은 '여기는 들어가면 죽는구나.' 하고 들어가지 않습니다.

이밖에도 『자따까』에는 관찰의 힘에 대한 이야기가 여럿 있습니다. 그만큼 아주 중요하다는 방증이겠지요. 어떤 이야기에는 보살이 도마뱀으로 태어납니다. 그 도마뱀을 잘 보살피고 또 법문도 해 주는 사람이 있었습니다. 그런데 어느 날 이 사람이 왔는데 분위기가 다릅니다. 그래서 도마뱀이 바람이 부는 쪽으로 딱 가서 자리를 잡습니다. 그런데 그 사람에게서 도마뱀 냄새가 나는 겁니다. 다른 도마뱀을 잡아먹고 온 거죠. 그래서 도마뱀이 그 사람을 피해 달아납니다. 관찰력으로 목숨을 구한 겁니다.

『자따까』의 첫 번째 경은 「희론 없는 전생 이야기」입니다. 여기서도 보살은 장사를 하는 사람으로 나옵니다.

장사를 하러 가면서 물이 없는 곳을 지나가게 됩니다. 그래서 보살은 물을 많이 준비해 갑니다. 그런데 야차들이 보살이 가져간 물을 버리게 하려고 그 지역에 물이 많은 것처럼 속입니다. 길도 위장을 하고 '비가 오고 있다.'고 거짓말을 하기도 합니다. 보살과 비슷할 때 그곳을 통과한 사람들은 야차들의 말에 속아 물을 버립니다. 사실 그렇게 많은 물을 들고 이동하는 게 불편했기 때문입니다. 그런데 보살은 거기서 관찰을 합니다. '만약 저기에 비가 오고 있다면 비바람이 불 텐데 그렇지 않다.', '비가 오면 천둥이 치고 소리가 들려야 하는데 그렇지 않다.' 보살은 야차들의 말을 믿지 않고 끝까지 물을 지고 갑니다. 먼저 길을 떠났던 장사꾼들은 야차들의 말을 믿고 물을 버려서 목이 말라 죽게 되지만 보살은 끝까지 살아남습니다. 관찰을 잘해서 위험한 상황에 처하지 않았던 겁니다.

자비와 용기

보살의 삶에서 배울 수 있는 다섯 번째는 어떤 경우에도 남에게 해를 끼치지 않는다는 것입니다. 상상을 초월할 정도입니다. 『자따까』 51번째 경인 「대구계왕의 전생 이야기」에 나옵니다.

그때 보살은 왕이었습니다. 그런데 이웃나라에서 쳐들어옵니다. 쳐들어온 곳에는 한때 보살 밑의 신하로 있던 자가 있었습니다. 음모를 꾸며 보살을 해하려 했는데 발각됩니다. 보통 왕 같으면 그 신하를 죽일 텐데 재산을 가지고 처자와 함께 다른 나라로 가라고 보냅니다. 이 신하는 다른 나라로 가서 다른 왕을 섬깁니다. 이 신하가 새로 섬긴 왕을 설득합니다. '저쪽에 있는 왕은 매우 약해서 군사를 조금만 보내도 정복할 수 있습니다.' 신하의 말을 들은 이웃나라 왕도 이것저것 살펴봅니다. 사람들을 보내 그 나라 사람들을 죽였지만 보살은 전혀 보복을 하지 않았습니다. 이웃나라 왕이 오판을 합니다. 그런데 보살의 나라에는 아주 용맹스런 군인들이 굉장히 많았습니다. 훈련이 잘 되어 있어 얼마든지 이웃나라 군대를 무찌를 수 있었지만 왕인 보살이 '전부 무기를 버리라.'고 명령해 왕을 비롯해 신하들이 다 포로가 됩니다. 산 채로 잡혀서 목만 남기고 땅에 묻히게 됩니다. 그런데 이리 떼들이 사람 냄새가 나니까 뜯어먹으려고 옵니다. 재밌게도 왕한테는 이리 두목이 오고 신하들에게는 부하가 옵니다. 보살인 왕은 겁을 먹지 않습니다. 죽은 듯이 있다가 이리 두목이 다가오자 딱 목을 뭅니다. 다른 이리 떼들이 두목 이리에게서 비명이 나니깐 혼비백산 도망을 갑니다. 두목 이리는 살려고 발버둥을 치면서 흙을 파헤치기 시작합니다. 보살 왕은 흙이 파헤쳐지자 흙구덩이에서 빠져 나옵니다. 흙구덩이에서 나온 보살왕은 다른 대신들도 모두 흙구덩이에서 구합니다. 그런 일이 있은 뒤 보살은 숲속의 경계에서 시체를 발견합니다. 야차 둘이 그 시체 처리를 두고 힘들어 하는데 보살이 그 문제를 해결해 줍니다. 야차는 고마움의 표시로 보살의 왕국을 침범한 왕과 대화를 나눌 기회를 보살에게 제공합니다. 그런데 보살 왕의 이야기를 들은 이웃나라 왕이 보살의 인품에 감화됩니다. '아, 이렇게 훌륭한 왕을 내가 죽인다는 게 있을 수가 없다. 이제 우리가 다 물러가겠다.'고 말합니다. 그리고 자기한테 잘못된 정보를 준 신하를 처단합니다.

보살은 이렇게 절대로 남에게 해를 끼치지 않습니다. 감동으로 상대방의 마음을 움직입니다. 어찌 보면 어리석게 보이지만 이런 마음이 천지를 감동시킵니다.

이 이야기를 읽고 저는 달라이 라마 생각이 났습니다. 아시겠지만 역사적으로 티베트 사람들은 굉장히 용맹하기로 이름이 나 있었습니다. 한때 중국의 침략에 대항해 무장투쟁을 계속한 적도 있습니다. 그때 달라이 라마가 메시지를 보냅니다. '총칼을 놔라. 중국 사람도 죽기를 원하지 않는다.' 결국 무장 투쟁을 하던 사람들은 흩어집니다. 이 과정에서 무장 투쟁을 지도했던 사람은 자살을 선택합니다. 폭력이 폭력을 낳는 악순환을 달라이 라마는 잘 보신 겁니다.

여섯 번째로 소개하고 싶은 이야기는 용기와 지혜에 관한 겁니다. 『자따까』 22번째 경인 「개의 전생 이야기」에 나오는 이야기입니다.

어느 때 보살이 개로 태어납니다. 『자따까』에는 이렇게 부처님이 전생에 동물로 태어난 이야기가 많습니다. 그런데 이 개는 용기와 지혜가 출중했습니다.

왕궁에 왕이 타는 수레가 있었습니다. 흰 말들이 그 수레를 끌었습니다. 이 말과 수레를 연결하는 건 가죽끈이었습니다. 어느 날 왕이 동산에 나가 늦게까지 놀다가 해가 저물어 성 안으로 들어옵니다. 수레는 왕의 뜰에 세워놨습니다. 그런데 그날 밤에 비가 내려 수레와 말을 이어 주는 가죽끈이 모두 젖습니다. 가죽끈이 젖고 냄새가 나자 왕궁에서 키우는 혈통 좋은 개들이 와서 그 가죽끈을 물어뜯습니다. 그런데 이 사달이 나자 다음날 신하들이 책임을 추궁당할 것이 두려워 허위보고를 합니다. '밖에 있던 개들이 하수구로 들어와서 가죽끈을 다 먹었습니다.' 노한 왕은 신하들에게 왕궁 밖 눈에 보이는 개는 전부 죽이라고 명령합니다.

그때 개로 태어난 보살은 몇백 마리의 개들에 둘러싸여 큰 묘지 근처에 살고 있었습니다. 동족들이 죽어나간다는 소식을 듣자 생각합니다. '우리 개들은 왕궁을 지키는 군졸들 때문에 함부로 왕궁에 들어가지 못한다. 성 안에 있는 개들이 그랬을 터인데 아무 짓도 안 한 다른 개들이 죽임을 당한다. 어떤 사연인지 내가 밝혀야겠다.' 그래서 해가 지자 개로 태어난 보살이 왕궁으로 들어갑니다. 그런데 그냥 가지 않습니다. 자신이 과거에 닦은 바라밀을 생각하면서 자애수행을 하면서 갑니다. 왕궁으로 들어간 보살로 태어난 개는 왕을 발견합니다. 왕이 개들을 모두 죽이라는 명령을 한 후에 법정에 앉아 있었습니다. 보살 개는 쏜살같이 왕이 앉아 있는 평상 밑으로 쑥 들어갔습니다. 굉장한 용기죠. 그런데 이를 본 신하들이 보살 개를 끌어내리려고 합니다. 이를 본 왕이 웬일인지 가만히 놔두라고 명령을 합니다. 보살 개가 평상에서 나와 왕에게 예를 표한 뒤 묻습니다. 개와 사람이 어떻게 대화를 했는지는 잘 모르겠습니다. 그런데 대화 내용이 이렇습니다. 우선 왕이 개들을 죽이라고 명령했는지 확인합니다. 왕이 그렇다고 하니깐 보살 개가 그 이유를 묻습니다. 왕이 자기 수레의 가죽끈을 개들이 먹었다고 하니깐 왕에게 그걸 직접 보았는지 물어봅니다. 그렇지 않다고 왕이 대답하니 확실하지 않은 사실을 가지고 개를 마구 죽이는 것은 옳지 않다고 말합니다. 또 보살 개가 모든 개를 죽이느냐 아니면 죽이지 않는 개도 있느냐고 물어봅니다. 왕은 왕궁에서 키우는 귀한 종자의 개는 죽이지 않는다고 대답합니다. 그러자 보살 개는 '왕은 원인을 조사할 때 저울처럼 공평하지 않으면 안 된다.'고 하면서 이렇게 말합니다. "귀한 종자의 개는 죽이지 않고 약한 개만 죽인다면 모든 개를 죽이는 것이 아니라 약한 개만 죽이는 것입니다. 지금 왕이 하시는 일은 법에 맞지 않습니다.” 그러자 왕이 보살 개를 보고 묻습니다. “가죽 끈을 먹은 자를 아느냐?” 보살 개는 왕궁에 사는 개가 먹었다고 말합니다. 그러자 왕이 증거를 보여달라고 합니다. 보살 개는 왕에게 왕궁에서 키우는 개를 데려오고 소나 양의 젖과 길상초를 가져오라고 부탁합니다. 왕은 시키는 대로 합니다. 보살 개는 왕궁의 개들에게 길상초를 탄 소나 양의 젖을 먹게 합니다. 그러자 왕궁에 있던 개들이 먹은 것들을 다 토해내는데 그 중에 가죽끈도 발견됩니다. 왕은 깊이 후회하며 보살 개를 일체지자처럼 대합니다. 보살은 왕에게 법을 행하라고 말하고 오계를 줍니다. 왕은 일생 동안 보살 개의 가르침에 따라 보시 등의 선행을 했다고 합니다.

오류·종교적 결단·후회

보살의 삶에서 배울 수 있는 일곱 번째는 오류에 대한 이야기입니다. 사람들은 자신을 드러내려고 하다가 위험에 처합니다. 자신은 ‘아, 나는 잘한다.’고 생각하지만 다른 사람이 보기에 이상한 사람도 있습니다. 무엇이 잘못됐는지 모르니 이런 일을 반복하고 반복합니다. 그러니 듣는 사람 입장에서는 모두 똑같은 이야기입니다.

　『자따까』188번째 경인 「사자 승냥이의 전생 이야기」에 나오는 이야기입니다. 부처님 당시에 데와닷따를 따르는 사람 중에 고깔리까라는 비구가 있었습니다. 그 사람이 다른 사람들이 경을 막 외우니까 자기는 실력도 안 되면서 '나도 시켜만 주면 잘 외운다.'고 말합니다. 그러니까 사람들이 한번 시켜봤습니다. 그런데 고깔리까가 경전을 외우지 못합니다. 창피를 당하죠. 비구들이 모여 그 얘기를 하고 있으니 부처님께서 오셔서 어떤 이야기를 하고 있었는지 묻습니다. 자초지종을 들은 부처님은 '과거 생에도 그랬다.'면서 이야기를 들려줍니다. 과거 생에 보살이 사자로 태어났습니다. 암승냥이 한 마리와 살면서 새끼 한 마리를 낳았는데 그 새끼는 외모는 아버지를 닮고 소리는 어머니를 닮았습니다. 어느 날 그 새끼가 다른 사자들과 놀면서 자기도 다른 사자처럼 크게 울어보려고 했는데 승냥이 소리가 났습니다. 그 이야기를 듣고 보살인 사자가 "너는 지금부터는 여기서 살더라도 잠자코 있어라. 만일 또 울기만 한다면 너는 승냥이 새끼라는 것을 모두 알게 될 것이다." 이 훈계를 듣고 다시는 울지 않았다고 합니다.

여덟 번째는 보살의 종교적 결단력에 대한 이야기입니다. 『자따까』144번째 경인 「코끼리 꼬리의 전생 이야기」에 나오는 이야기입니다. 당시에는 아이가 태어나면 불을 하나 피웠습니다. 그 불을 죽을 때까지 꺼뜨리지 않으면 범천에 태어난다고 믿었습니다. 보살이 아이로 태어나자 부모가 아이를 위해 불을 만듭니다. 보살이 크고 난 뒤에 부모가 말합니다. '네가 이 세상에 살려면 베다를 배우든지 범천에 태어나고 싶으면 이 불을 가지고 숲속으로 들어가서 평생 꺼뜨리지 말아라.' 그래서 보살이 그 불을 가지고 숲속으로 들어갑니다. 보살은 항상 그 불을 숭배하면서 삽니다. 그러다가 하루는 소를 한 마리 얻습니다. 보살이 훌륭히 수행하니 누가 소를 준 거죠. 보살이 소를 신에게 바치려고 보니깐 소금이 없습니다. 간이 맞아야 먹잖아요. 그래서 소금을 구해서 공양을 해야겠구나 하고 소금을 구하러 갑니다. 그런데 소금을 구하러 간 사이에 도둑이 와서 소를 잡아먹습니다. 남은 건 뼈뿐이었습니다. 보살이 와서 보니 소가 없어졌습니다. 보살이 생각합니다. '자기한테 준 것도 못 먹는 신이 어떻게 나를 보호해 주는가. 그런 신은 필요 없다.' 그러면서 그냥 불을 끄고 다시 수행을 합니다. 믿고 있던 것도 진리가 아니면 과감히 버릴 줄 아는 결단이 필요합니다.

아홉 번째로 후회에 대한 이야기입니다. 보살은 우리에게 열 가지 후회할 일을 만들지 말라고 말합니다. 하나는 열심히 일해서 돈을 벌어야 합니다. 열심히 하지 않아서 재산이 없으면 그것은 후회될 일이라고 말합니다. 둘은 학문을 닦고 기술 배우는 것을 게을리 하지 말라고 말합니다. 셋은 거짓말 하지 않는 것입니다. 그렇지 않으면 후회한다고 말합니다. 넷은 베풀어야 한다고 말합니다. 그렇지 않으면 나중에 후회합니다. 다섯은 부모님을 봉양하지 않은 것, 여섯은 훌륭한 수행자들을 공경하지 않는 것, 일곱은 훌륭한 성직자들을 공경하지 않는 것, 여덟은 스승을 잘 공양하지 않는 것, 아홉은 수행을 하지 않는 것, 열은 가정 있는 사람하고 같이 어울려서 바람을 피우는 것입니다. 이렇게 열 가지를 이야기합니다.

모든 것을 아는 지혜

마지막으로 보살이 가장 중요하게 생각한 것이 일체지입니다. 일체지는 모든 것에 대한 앎입니다.

어느 때 보살이 왕으로 태어납니다. 그런데 그 왕은 보시를 무척 많이 했습니다. 그런데 하루는 이렇게 생각합니다. '내가 소유한 모든 것은 다 나누어 주었다. 이제 내가 가진 몸뚱이를 줄 차례다. 어느 집에서 내게 일을 해달라고 하면 하인이 되어 일을 해 줄 것이고 눈을 달라고 하면 눈을 줄 것이다.'

이 말을 들은 제석천이 이 왕을 지켜봅니다. '과연 왕이 자기가 한 말처럼 할 것인가?' 인간세상으로 내려온 제석천은 장님으로 모습을 나툽니다. 그러고는 왕에게 '당신은 눈이 두 개 있고 나는 하나도 없다. 하나씩 나누자.'고 말합니다. 왕은 주저 없이 '아, 참 잘됐다. 내가 오늘 눈을 정말 줄 수 있구나.' 하면서 '이 눈이 나에게도 소중하지만 보시를 해서 일체지를 얻을 수 있다면 난 기꺼이 눈을 보시하겠다.'고 말합니다.

좀 극단적인 이야기 같지만 일체지가 얼마나 중요한지 알려 주는 내용입니다.

이렇게 보살만큼 노력한다면 우리도 그렇게 될 수 있을 겁니다. 우리가 꾸준히 노력하면 우리 속에서 엄청난 뭐가 나올 수 있습니다. 그렇게 나에 대해 믿음을 가지고 조금씩 나아지는 쪽으로 가는 노력을 하는 게 제일 중요하다고 생각합니다.

27

사리뿟따의
설법 ①

'스승과 같은 제자다.'라는 말이 있습니다. 부처님의 제자이긴 하나 다른 제자들의 스승이 될 수 있는 제자라는 뜻입니다. 『역마차 교대 경』(M24)이라는 경전에 보면 우리에게 부루나로 잘 알려진 뿐나 만따니뿟따 존자가 사리뿟따를 그렇게 부릅니다. 이걸 보면 부처님 당시 사리뿟따를 다른 제자들이 실제로 그렇게 불렀던 것 같습니다.

석가모니 부처님이 도달한 경지는 오직 석가모니 부처님만 도달할 수 있다고 하면 아마 불교를 '보편적 진리'라고 부르긴 힘들 겁니다. 하지만 누구나 부처님처럼 정진해서 그 경지에 도달할 수 있다고 하면 불교를 '보편적 진리'라고 부를 수 있습니다. 그런 점에서 사리뿟따는 불교가 '보편적 진리'라는 걸 몸소 보여준 분 중의 한 분입니다.

경전에 나와 있는 사리뿟따와 부처님의 대화를 보면 서로 어떤 경지를 공유하고 있었다는 걸 잘 알 수 있습니다. 대화 수준이 아주 높습니다. 그래서 경전을 읽다 보면 '만약 사리뿟따가 없었다면 부처님의 가르침이 온전히 전달되었을까?' 하는 생각이 들기도 합니다.

이런 사리뿟따에게 부처님은 가끔 아주 막중한 임무를 맡기기도 하고 각별한 대우를 하기도 합니다.

경전을 보면 대개 설법은 부처님의 몫입니다. 하지만 경전 곳곳에서 사리뿟따가 부처님의 설법을 대신하고 있는 걸 볼 수 있습니다.

부처님은 사리뿟따에 대해 '지혜는 많고, 광대하고, 예리하다.'고 표현합니다.

부처님이 속가 아들인 라훌라를 출가시키면서 스승으로 삼게 한 사람도 바로 사리뿟따입니다.

또 제자들이 안거 수행을 마치고 만행을 떠날 때가 되어 부처님을 찾아오면 부처님은 제자들에게 '사리뿟따를 찾아가 보았으냐?'고 묻기도 합니다. 그래서 제자들이 사리뿟따를 찾아가면 사리뿟따는 다른 제자들에게 수행에 도움이 되는 이야기를 해 주고는 합니다.

'당신들이 돌아다니다 보면 지혜로운 사람을 만날 수 있다. 왕이든 바라문이든 누구든지 만났을 때 당신의 스승은 누구고 당신의 스승의 가르침은 무엇이냐? 이렇게 물었을 때, 스승이 부처님이고 스승의 가르침은 탐욕과 욕망을 없애는 것을 가르침으로 한다.' 그렇게 대답하라고 이야기해 줍니다. 또 '무엇에 대한 욕망과 탐욕이냐?'고 물으면 '우리 몸과 마음을 구성하는 오온인 색·수·상·행·식(온) 그것에 대한 탐욕과 욕망을 없애는 것이고 그것을 왜 없애야 하는지 이유를 말해야 한다.'고 이야기합니다.

사리뿟따는 부처님보다 몇 달 일찍 열반에 듭니다. 그런데 사리뿟따의 열반을 보면 부처님과 다음과 같은 점에서는 똑같습니다. 초선정부터 상수멸까지 들고 다시 상수멸에서 초선정까지 내려왔다가 다시 사선정까지 가 사선정에서 나와 열반에 듭니다.

『자따까』의 주석서를 보면 부처님께서 사리뿟따는 부처 경지의 지혜를 가지고 있다고 이야기합니다. 그걸 증명하기 위해 부처님은 범부가 할 수 있는 대답, 그리고 성스러운 단계마다 각자가 대답할 수 있는 질문을 합니다. 그러면 그 단계에 도달한 사람만 대답을 하고 나머지는 못합니다. 여기서 구별이 되겠죠. 아라한에 도달한 사람만이 대답할 수 있는 질문을 던지면 아라한만 대답을 하겠지요. 그리고 마지막에 부처의 경지에 대해 질문을 합니다. 아무도 대답을 하지 못하는데 유일하게 사리뿟따가 대답을 합니다. 사리뿟따는 부처님에 가까이 간, 거의 부처의 경지에 간, 그런 분이라고 얘기할 수 있습니다.

사리뿟따의 전생 수행

사리뿟따의 설법은 맛지마 니까야에 많이 나와 있습니다. 부처님께서 열반하신 후 경이 결집이 되었을 때 4부 니까야 중 맛지마 니까야는 사리뿟따 문중에서 관리를 할 정도로 사리뿟따의 설법이 많습니다.

부처님의 제자는 경전에 등장하는 숫자만 해도 꽤 많습니다. 그 중에 상수제자라고 해서 부처님 옆에 항상 계시는 두 제자가 있습니다. 오른쪽에 사리뿟따가 있고 왼쪽에 마하목갈라나가 있습니다. 그다음에 10대 제자, 80대 제자가 있고, 1250 비구가 경전에 등장합니다. 부처님이 워낙 훌륭하신 분이니깐 훌륭한 제자들도 많이 나왔습니다. 그 중에 사리뿟따와 마하목갈라나는 으뜸인 상수제자입니다. 그런데 사리뿟따는 부처님의 상수제자가 되려고 1아승지 10만 겁 전에 원을 세웠다고 합니다. 1아승지 10만 겁 전에도 사리뿟따와 마하목갈라나는 친구였다고 합니다. 굉장히 깊은 인연이죠.

사리뿟따와 마하목갈라나가 부처님에게 출가할 때 사리뿟따와 마하목갈라나에게는 이미 250명의 제자가 있었습니다. 250명의 제자들은 부처님의 법문을 듣고 그 자리에서 모두 아라한이 됩니다. 그런데 의아하게도 같이 있었던 사리뿟따와 마하목갈라나는 그때 아라한이 되지 못합니다. 마하목갈라나는 7일 만에, 그리고 사리뿟따는 보름 만에 아라한이 됩니다. 이 속에도 다 나름의 의미가 있습니다. 상수제자가 되려면 지혜가 많아야 합니다. 준비도 많이 해야겠지요. 만약 우리가 여행을 간다면 여권과 짐만 준비하면 됩니다. 하지만 대통령이 해외 순방을 간다면 엄청나게 많은 준비를 해야 될 겁니다. 그처럼 상수제자 되려면 엄청난 준비가 필요합니다. 부처님께서 출현하셨을 때 제자가 되는 것도 사실 여러 가지 이유로 쉬운 일이 아니었습니다. 더군다나 상수제자가 되는 것은 참으로 어려운 일입니다. 미얀마 밍군 사야도의 『마하붓다왕사』 중 제자들 부분을 따로 번역한 『부처님의 제자들』(오원탁 번역)을 보면 이에 대한 내용이 나옵니다.

사리뿟따와 마하목갈라나 두 사람은 특별한 인연이 있습니다. 두 사람은 항상 '같이'였습니다. 사리뿟따가 상수제자가 된 인연은 1아승지 10만 겁 전입니다. 아승지는 우리가 셀 수 없는 숫자입니다. 그때 사리뿟따는 아주 부유한 집에서 태어났습니다. 부모님이 돌아가시니 재산을 관리하는 사람들이 사리뿟따에게 설명합니다. 이 대목은 부처님의 전생과 아주 비슷합니다. 부처님도 4아승지 10만 겁 전에 부모님의 돌아가시자 '아, 할아버지 또 아버지는 가지고 갈 수 없는 재산을 만들었다. 난 이제 가지고 갈 수 있는 재산을 만들겠다.' 하면서 다 나눠주고 출가를 합니다. 사리뿟따도 비슷합니다. 부모님이 돌아가시고 대대로 전해 내려오는 재산을 점검하고 관리하는 도중에 사리뿟따에게 이런 생각이 듭니다. '내가 아는 것은 이번 생에 대한 것뿐이고 미래는 어떻게 될지 모른다. 태어난 중생이 죽게 되어 있다는 것은 틀림없는 사실이다. 그러므로 은둔자가 되어 윤회로부터 해방되는 가르침을 추구하는 것이 좋겠다.' 그래서 미래에 마하목갈라나가 될 친구를 찾아가 함께 하자고 이야기합니다. 그런데 마하목갈라나는 '나는 함께 가지 않겠네. 친구여, 잘 가게.'라고 말합니다. 결국 사리뿟따는 재산을 어려운 사람들에게 모두 나눠주고 산속에 가 고행자가 됩니다. 그때 74,000명이 따라왔다고 합니다. 결국 사리뿟따와 제자들은 8선정 5신통을 얻습니다. 이 대목 역시 부처님의 과거 생과 유사합니다.

그렇게 있는데 아노마닷시(Anomadassi)라는 부처님이 출현을 합니다. 당시 사리뿟따의 이름은 사라다(Sarada)였습니다. 부처님은 중생계를 둘러보는 중에 사라다 수행자에 대해서 이렇게 생각합니다. '사라다에게 가서 위대한 법문을 하겠다. 그는 미래의 어떤 부처님의 오른쪽 자리를 차지하는 상수제자가 되겠다고 서원할 것이다. 그의 친구도 비슷하게 왼쪽 자리를 차지하겠다고 할 것이다. 법문이 끝나면 사라다를 따라다니는 74,000명의 추종자들이 아라한이 될 것이다. 그러니 산속에 있는 사라다의 처소를 방문해야겠다.'

그렇게 해서 아노마닷시 부처님이 사라다를 직접 찾아옵니다. 사리뿟따의 전생인 사라다는 아노마닷시 부처님의 장엄하고 훌륭한 외모를 보고 부처님이 틀림없다고 생각합니다. 그래서 74,000명의 제자와 함께 공양을 올립니다. 그 후에 먼저 아노마닷시 부처님의 두 상수제자가 설법을 합니다. 두 상수제자가 설법을 했지만 74,000명의 수행자 중 단 한 명도 진리를 체험하거나 해탈을 얻지 못합니다. 그 뒤 아노마닷시 부처님이 법문을 하자 74,000명의 수행자가 아라한이 됩니다. 그런데 사라다만 아무런 깨달음도 얻지 못합니다. 이유는 이렇습니다. 아노마닷시 부처님의 오른쪽 상수제자가 설법하는 걸 보고 사리뿟따가 '나도 미래의 부처님 시절에 상수제자의 지위를 얻었으면 좋겠다.'라고 생각했기 때문입니다. 들떠 있었던 겁니다. 이런 들뜸으로 인하여 도와 과의 지혜를 통찰하여 얻지 못했던 겁니다. 사리뿟따가 아노마닷시 부처님에게 '미래의 부처님 시대에 진정한 오른쪽 상수제자가 되기를 소원합니다.'라고 말하니 아노마닷시 부처님은 관찰을 합니다. 그래서 1아승지 10만 겁 후에 그의 소원이 성취되는 것을 아셨습니다. 그걸 사라다에게 이야기해 줍니다. 그러고 나서 사라다가 돌아와 자기 친구한테 '이렇게 해서 내가 상수제자가 될 수기를 받았다.'고 이야기를 합니다. 그러면서 사라다가 친구에게 부처님에게 공양을 올릴 것을 권유하자 친구가 그렇게 하겠다고 하여 부처님을 모시고 일주일간 커다란 공양을 올린 후 부처님께 다음과 같이 말합니다. "존귀하신 부처님, 저의 친구 사라다는 고따마 부처님의 오른쪽 상수제자 자리를 간청했습니다. 저도 또한 바로 고따마 부처님의 왼쪽 상수제자 지위를 열망합니다." 부처님이 보니 친구의 열망도 성취되리라는 것을 알았습니다. 그래서 그렇게 된다고 수기를 주게 됩니다.

이생에서 사리뿟따와 마하목갈라나 집안은 7대에 걸쳐 가까운 사이가 됩니다. 자연스레 두 사람은 어릴 때부터 친구였습니다. 두 집안 모두 풍족했지만 그런 삶에 흥미를 느끼지 못하고 둘은 출가를 합니다.

출가 당시 사리뿟따와 마하목갈라나의 스승은 육사외도 중 한 명인 산자야였습니다. 그런데 사리뿟따는 산자야를 스승으로 섬긴 지 2~3일 만에 그의 교지(敎旨)를 통달합니다. 그래서 산자야의 신뢰를 받고 마하목갈라나와 함께 산자야의 제자 250인을 통솔합니다. 더 배울 게 없었던 사리뿟따와 마하목갈라나는 각각 유행을 떠나는데 떠나면서 둘 중에 먼저 스승을 찾은 사람이 알려 주기로 약조를 합니다.

그러다 사리뿟따가 길가에서 앗사지라는 비구를 보게 됩니다. 앗사지 존자는 최초의 아라한이 된 다섯 비구 가운데 한 분입니다. 그의 걸음이 품위가 있고 법답게 행동하는 걸 보고 다가가 '당신의 스승은 누구고, 가르침은 뭐냐?'고 묻습니다. 그러자 앗사지가 '나의 스승은 석가모니 부처님이며 그분이 알려준 가르침'이라며 사성제에 대해 들려줍니다. 사리뿟따는 그 법문을 듣고 바로 예류과를 얻습니다. 그리고 그 길로 마하목갈라나에게 달려가 함께 석가모니 부처님을 찾아갈 것을 상의하고 산자야의 제자 250명과 함께 부처님께로 갑니다.

사리뿟따의 마지막 유행과 열반

사리뿟따는 부처님보다 조금 일찍 태어났습니다. 열반도 부처님보다 몇달 전에 맞이합니다. 그런데 사리뿟따의 열반은 다음에 나오는 것을 보면 알 수 있듯이 어떤 면에서는 부처님과 비슷한 면이 있습니다.

우선 사리뿟따는 자신의 열반이 일주일 정도밖에 남지 않았다는 걸 압니다. 그래서 '아, 내가 부처님보다 먼저 열반에 들어야 되겠구나.' 하고 부처님께 가서 허락을 받습니다. 그러고는 '어디에 가서 열반에 들까?' 숙고합니다. 그런데 사리뿟따의 형제들도 거의 다 출가해 아라한이 되었습니다. 사리뿟따를 포함해 모두 일곱 명이었습니다. 한 어머니 밑에서 일곱 명의 아라한이 나온 겁니다. 그런데 정작 그 어머니는 불·법·승에 대한 믿음이 없었습니다. 그래서 '아, 내가 어머님을 제도하고 열반에 들어야 되겠구나.' 이렇게 결심하고 고향 집으로 갑니다. 혼자 가지 않고 속가 친동생인 쭌다 그리고 제자 500명을 데리고 갑니다. 그런데 마을에 도착하기 전에 조카를 만나게 됩니다. 그래서 '가서 할머님께 우리들이 마을에 왔다고 말씀드려라. 만약 우리들이 왜 왔는지 묻거든 우리가 여기서 하루 묵을 것이라고 말씀드리고, 내가 태어난 방을 청소하시고, 스님 500명의 숙소를 준비해 주십사고 내가 부탁드리더라고 전하여라.'고 말합니다. 그 말을 들은 사리뿟따의 어머니는 이상하게 생각을 합니다. '왜 나보고 방 청소를 하라고 하고 500명이나 되는 스님의 숙소를 마련하라고 하지? 젊어서 출가하더니 이제 나이 들어서 환속하려나 보다.' 아마 어머니는 당시 사문의 생활에 대해서는 무지했던 것 같습니다. 그런데 사리뿟따와 제자들의 도착 소식에 천신들과 범천들이 왔다 갔다 하며 예를 표합니다. 그것을 본 어머니는 아들에게 와서 예를 표하는 이들이 누구인지 궁금해집니다. 그래서 그녀는 방문 근처로 가서 거기에 있는 작은 아들 쭌다에게 묻습니다. '쭌다야, 무슨 일이냐?' 그러자 쭌다 비구가 사리뿟따가 아프다고 대답하니 어머니가 직접 사리뿟따를 보고 누가 방문한지를 물어봅니다. 천신과 범천이라고 대답하면서 '어머님, 마지막에 온 이는 어머님의 신이요 스승인 대범천입니다.'라고 하니 '사랑하는 아들아, 네가 우리의 신인 대범천보다도 높다는 말이냐?' 하고 묻습니다. 사리뿟따가 그렇다고 대답하자 어머니는 '지금 내가 본 것은 내 아들의 훌륭함이다. 그러니 내 아들의 스승인 존귀하신 부처님은 도대체 얼마나 훌륭하실까? 한없이 훌륭하실 것임에 틀림없다.'는 생각을 하게 됩니다. 그런 생각을 간파한 사리뿟따가 이제 어머니에게 법문을 할 알맞은 때라고 생각을 하고 어머니에게 법을 설합니다. 사리뿟따의 법문을 듣고 어머니가 예류자가 됩니다. 어머니를 제도한 후 사리뿟따는 데려간 500명의 비구를 모이게 한 후 '도반들이여, 여러분들이 나와 함께 44년간 유행하면서 내가 여러분들에게 불쾌한 행동이나 말을 했다면 너그럽게 용서하기 바랍니다.'라고 말을 합니다. 비구들은 '존자시여, 존자를 떠나지 않고 44년간 함께 유행하는 동안 존자께서 불쾌한 행동이나 말씀을 하시는 것을 본 적이 없습니다. 존자시여, 사실상 우리를 용서하실 분은 당신입니다.'라고 대답합니다.

그 대화가 있은 후 사리뿟따가 열반에 들 준비를 합니다. 나중에 부처님이 열반에 드시는 모습하고 똑같습니다. 처음에 초선에 듭니다. 초선에서 나와서, 2선, 3선, 4선, 그다음에 공무변처, 식무변처, 무소유처, 비상비비상처, 그다음 상수멸에 들었다가 다시 비상비비상처, 무소유처, 식무변처, 공무변처, 4선, 3선, 2선, 초선으로 내려와서 다시 초선부터 2선, 3선, 4선에 들었다가 4선에서 나와서 열반에 듭니다.

사리뿟따가 열반에 드니까 동생 쭌다 비구가 유골, 발우, 가사를 들고 부처님이 계신 곳으로 돌아옵니다. 우선 부처님의 시자인 아난다를 찾아갑니다. 그때까지만 해도 아난다는 침착했습니다. "부처님께 가서 말씀드립시다." 그러고는 쭌다와 함께 부처님께 갑니다. 그런데 그때 아난다가 감정이 북받쳐 오릅니다. "존귀하신 부처님이시여, 사리뿟따 존자의 반열반 소식을 들은 다음부터, 제 몸은 뻣뻣해지는 것 같고, 눈은 희미해지고, 법문이 머릿속에 들어오지 않습니다."라고 말합니다. 그러니까 부처님께서 재밌는 말씀을 하십니다. "나의 사랑하는 아난다여, 사리뿟따가 반열반에 들면서 너의 계의 무더기를 빼앗아 갔느냐, 아니면 집중, 지혜, 해탈, 해탈했음을 아는 것의 무더기를 빼앗아 갔느냐?"라고 묻습니다. 아난다가 "그렇지 않습니다. 저를 훈계했으며, 법에 뛰어들게 했으며, 법을 이해하게 했으며, 법을 확립하게 했습니다. 저로 하여금 법을 열심히 실천하게 했고, 실천하는데 행복을 느끼게 했고, 저에게 열심히 설법했습니다. 사리뿟따 존자는 동료들에게 호의를 베풀었습니다. 저는 언제나 그의 법과 관련된 영향력과, 법을 가르치는 방편과, 그의 올바른 지원을 기억합니다."라고 말합니다. 그러니까 부처님께서 또 다음과 같이 말씀하십니다. 앞의 책 『부처님의 제자들』에 나오는 내용입니다.

> 사랑하는 아난다여, 내가 오래 전에 너에게 사랑하는 사람과 살아 있는 동안 이별, 죽음으로 인한 이별, 다른 생으로의 이별에 대해서 말하지 않았더냐? 사랑하는 아난다여, 여기서 새로이 탄생하는 본성을 가진 것, 즉 분명히 존재계로 오고 조건지어져 있고 파괴되기로 되어 있는 것이 사라지지 않기를 바라는 것이 어떻게 가능하겠느냐? 실로 그런 가능성은 없다!
> 사랑하는 아난다여, 가지가 많은 커다란 나무가 서 있는 동안 언젠가는 그 중 가장 큰 가지가 부러지는 날이 있다. 마찬가

지로 훌륭한 비구들의 승가가 존재하는 동안 사리뿟따의 삶이 끝날 때가 있다. 여기서 새로이 탄생하는 본성을 가진 것, 즉 분명히 존재계로 오고 조건지어져 있고 파괴되기로 되어 있는 것이 사라지지 않기를 바라는 것이 어떻게 가능하겠느냐? 실로 그런 가능성은 없다.

사랑하는 아난다여, 남에게 의지하면서 살지 말고 자신에게 의지하면서 살아라. 다른 교리에 의지하면서 살지 말고 출세간의 교리에 의해서 살아라!

사랑하는 아난다여, 비구가 어떻게 남에게 의지하면서 살지 않고 자신에게 의지하면서 사는가? 어떻게 다른 교리에 의지하면서 살지 않고 출세간의 교리에 의해서 사는가?

사랑하는 아난다여, 나의 가르침에서 비구는, 힘써 노력함에 의해, 숙고함에 의해, 마음챙김에 의해, 몸(身)을 몸이라고 되풀이해서 봄에 의해, 갈망과 슬픔을 뿌리 뽑으면서 살아간다. 느낌(受)을 느낌이라고 되풀이해서 봄에 의해, 갈망과 슬픔을 뿌리 뽑으면서 살아간다. 마음(心)을 마음이라고 되풀이해서 봄에 의해, 갈망과 슬픔을 뿌리 뽑으면서 살아간다. 법을 법이라고 되풀이해서 봄에 의해, 갈망과 슬픔을 뿌리 뽑으면서 살아간다.

사랑하는 아난다여, 이런 식으로 비구는 남에게 의지하면서 살지 않고 자신에게 의지하면서 살아간다. 그는 다른 교리에 의지하면서 살지 않고 출세간의 교리에 의해서 살아간다.

사랑하는 아난다여, 만약 비구들이 지금이나 혹은 내가 세상을 떠난 다음에, 계·정·혜 삼학을 잘 실천하면서, 남에게 의지하지 않고 자신에게 의지하면서 살아간다면, 다른 교리에 의지하지 않고, 출세간의 교리에 의해서 살아간다면, 실로 그들은 모두 가장 고귀한 이(아라한)가 될 것이다.

이런 식으로 말씀하시어 부처님께서는 아난다 존자를 어느 정도 안심시켰습니다. 그런 다음 사리뿟따 존자의 유골을 사위성의 사당에 안치하도록 했습니다.

사리뿟따의 가르침에 의해서 성스러운 경지에 이른 사람은 수도 없이 많습니다. 경전에 의하면 천신까지도 제도했다고 합니다.

사리뿟따가 단순히 설법을 통해 사람들을 제도한 것만은 아닙니다. 언제나 남을 도왔다고 합니다. 몸소 실천한 거죠. 사람들이 공양을 하러 가면 청소하고 정리하고, 아픈 사람한테 약이 필요하면 약 구하러 가고 … 항상 그렇게 남을 도왔다고 합니다.

법을 가르치는 것도 굉장히 열심이었습니다. 사람들이 잘 이해하지 못하면 이해할 때까지 가르쳤다고 합니다. 이런 사리뿟따의 행동 때문에 아라한이 된 사람은 수도 없이 많습니다.

앞에서도 말했지만 부처님은 사리뿟따에게 종종 설법을 맡겼습니다. 부처님이 육신의 고통 때문에 대신 설법을 맡기신 경우도 있고, 특별한 상황이 아니었는데 사리뿟따에게 설법을 맡기신 경우도 있습니다. 이런 것과 상관없이 사리뿟따가 평범하게 비구들에게 설법한 것도 경전에 남아 있고 사리뿟따와 제자들의 대화도 경전에 많이 남아 있습니다. 비구뿐만 아닙니다. 재가자들에게 가르침을 설한 내용도 있고 외도들과 대화한 내용도 남아 있습니다.

행복과 괴로움

괴로움이 없으면 행복입니다. 열반은 괴로움이 없는 경지입니다. 사리
뿟따가 열반이 행복이라고 말하고 그 이유를 밝히고 있는 경이 있어
소개합니다.

『열반경』(A9:34)입니다. 사리뿟따가 "비구들이여." 하고 부릅니다.
불러서 "열반은 행복이다."라고 말합니다. 그러니깐 법문을 듣고 있
던 우다이 존자가 "도반 사리뿟따여, 열반에서는 느껴지는 것이 없는
데 어떻게 행복이라 합니까?"라고 의문을 표시합니다. 사리뿟따가 "도
반이여, 열반에서는 느껴지는 것이 없는 그것이 바로 행복입니다." 하
면서 알아듣기 쉽게 이야기를 합니다. 우리가 눈으로써 좋은 걸 취합
니다. 또 귀로써, 코로써, 혀로써, 몸으로써 취하는 것은 감각적 욕망에
서 오는 행복입니다. 이걸 취하는 사람도 있습니다. 그런데 이것보다
감각적 욕망을 없애고 선정에 들어갑니다. 초선에 들어가면 초선에 들
어 있는 사람한테는 초선에 들어 있는 게 행복입니다. 그런데 그 전의
감각적 욕망이 나타나면 그땐 괴로움입니다. 그러니까 이때 이게 없는
게 행복입니다. 초선보다 위에는 2선입니다. 2선은 초선적인 요소가
나타나면 괴로움입니다. 그런 식으로 올라가면 열반이 제일 위에 있는
겁니다. 열반은 더 이상 괴로울 게 없는 경지입니다. 그래서 열반은 진
정한 행복입니다. 불교에서 행복이란 개념은 따로 뭘 추구하는 게 아

닙니다. 그냥 괴로운 게 없어진 상태가 행복입니다. 열반이 행복인 이유입니다. 물론 이해하기가 쉽지 않습니다. 그런데 공부를 자꾸 하다 보면 이게 이해가 됩니다. 예를 들어 여러분들이 교도소에 있다고 한번 생각해 보십시오. 그러면 교도소에서 나오는 게 행복이겠죠. 불교에서는 존재가 괴로움입니다. 공부하다 보면 이해가 됩니다.

앞에 말한 것과 비슷한 경전이 있습니다.

『행복경 1』(A10:65), 『행복경 2』(A10:66)입니다.

다른 종교 수행자가 행복과 괴로움에 대해서 사리뿟따에게 묻고 사리뿟따가 대답을 합니다.

"도반 사리뿟따여, 무엇이 행복이고 무엇이 괴로움입니까?"
"도반이여, 다시 태어남이 괴로움이고 태어나지 않음이 행복입니다. 도반이여, 태어남이 있으면 다음과 같은 괴로움이 예상되나니, 그것은 차가움, 더움, 배고픔, 목마름, 대변, 소변이며, 불의 재난과 만나고, 몽둥이의 재난과 만나고, 무기의 재난과 만나고, 친척들과 친구들도 만나거나 함께 모이면 화나게 합니다. 도반이여, 태어남이 있으면 이러한 괴로움이 예상됩니다.
도반이여, 태어나지 않으면 다음과 같은 행복이 예상되나니, 그것은 차가움도 없고, 더움도 없고, 배고픔도 없고, 목마름도 없고, 대변도 없고, 소변도 없으며, 불의 재난과 만남도 없고, 몽둥이의 재난과 만남도 없고, 무기의 재난과 만남도 없고, 친척들과 친구들도 만나거나 함께 모여 화가 날 일이 없습니다. 도반이여, 태어나지 않으면 이러한 행복이 예상됩니다."

"도반 사리뿟따여, 이 법과 율에서는 무엇이 행복이고 무엇이 괴로움입니까?"

"도반이여, 이 법과 율에서는 '싫증을 냄이 괴로움이고 기뻐함이 행복입니다. 도반이여, 싫증을 내면 다음과 같은 괴로움이 예상되나니, 갈 때도 설 때도 앉을 때도 누울 때도 행복과 편안함이 생기지 않고, 마을에 가거나 숲에 가거나 나무 아래에 가거나 빈집에 가거나 노지에 가거나 비구들 사이에 있을 때에도 행복과 편안함이 생기지 않습니다. 도반이여, 싫증을 내면 이러한 괴로움이 예상됩니다.

도반이여, 기뻐함이 있으면 다음과 같은 행복이 예상되나니, 갈 때도 설 때도 앉을 때도 누울 때도 행복과 편안함이 생기고, 마을에 가거나 숲에 가거나 나무 아래에 가거나 빈집에 가거나 노지에 가거나 비구들 사이에 있을 때에도 행복과 편안함이 생깁니다. 도반이여, 기뻐함이 있으면 이러한 행복이 예상됩니다."

이 대화의 내용을 이해하려면 상당한 불교 수행이 필요합니다. 우리가 점점 더 본질을 보고 자기 마음을 잘 보면 아마 많이 와 닿을 겁니다. 와 닿을 때까지 공부하셔야 합니다. 오히려 잘못 이해하고 불교를 오해하는 경우가 있어서 특별히 말씀드립니다.

청정범행을 닦는 목적

다른 이야기입니다. 부처님 당시에 마하꼿띠따라는 수행자가 있었습니다. 경전을 많이 보신 분들은 자주 접한 이름일 겁니다. 부처님 제자 중에서 무애해(無礙解)제일입니다. 무애해는 분석적 지혜입니다. 법을 분석하는 지혜가 제일이었던 분입니다. 그분이 하루는 사리뿟따에게 와서 묻습니다. 서로 대단한 경지에 이르신 분들인 만큼 대화의 수준이 굉장히 높습니다. 내용은 청정범행을 닦는 목적에 대한 것인데 아주 중요합니다. 이 내용은 『꼿티따경』(A9:13)에 나옵니다.

> "도반 사리뿟따여, '금생에 경험해야 할 업을 내가 내생에 경험하기를.'이라는 목적 때문에 세존 아래서 청정범행을 닦습니까?"
>
> "그렇지 않습니다. 도반이여."
>
> "도반 사리뿟따여, 그러면 '내생에 경험해야 할 업을 내가 금생에 경험하기를.'이라는 목적 때문에 세존 아래서 청정범행을 닦습니까?"
>
> "그렇지 않습니다. 도반이여."
>
> "도반 사리뿟따여, '즐거움을 일으킬 업이 내게는 괴로움을 일으킬 업이 되기를.'이라는 목적 때문에 세존 아래서 청정범행을 닦습니까?"
>
> "그렇지 않습니다. 도반이여."
>
> "도반 사리뿟따여, '괴로움을 일으킬 업이 내게는 즐거움을

일으킬 업이 되기를.'이라는 목적 때문에 세존 아래서 청정범
행을 닦습니까?"

"그렇지 않습니다. 도반이여."

"도반 사리뿟따여, '과보를 받을 업이 내게는 받지 않을 업이
되기를.'이라는 목적 때문에 세존 아래서 청정범행을 닦습니
까?"

"그렇지 않습니다. 도반이여."

"도반 사리뿟따여, '과보를 받지 않을 업이 내게는 과보를 받
을 업이 되기를.'이라는 목적 때문에 세존 아래서 청정범행을
닦습니까?"

"그렇지 않습니다. 도반이여."

"도반 사리뿟따여, '많은 [과보를] 낼 업이 내게는 적은 [과보를]
낼 업이 되기를.'이라는 목적 때문에 세존 아래서 청정범행을
닦습니까?"

"그렇지 않습니다. 도반이여."

"도반 사리뿟따여, '적은 [과보]를 낼 업이 내게는 많은 [과보]를
낼 업이 되기를.'이라는 목적 때문에 세존 아래서 청정범행을
닦습니까?"

"그렇지 않습니다. 도반이여."

"도반 사리뿟따여, '경험해야 할 업을 내가 경험하지 않기를.'
이라는 목적 때문에 세존 아래서 청정범행을 닦습니까?"

"그렇지 않습니다. 도반이여."

"도반 사리뿟따여, '경험하지 않을 업을 내가 경험하기를.'이

라는 목적 때문에 세존 아래서 청정범행을 닦습니까?"

"그렇지 않습니다. 도반이여."

"도반 사리뿟따여, '금생에 경험해야 할 업을 내가 내생에 경험하기를.'이라는 목적 때문에 세존 아래서 청정범행을 닦습니까?"라고 물으면, 그대는 "그렇지 않습니다. 도반이여."라고 말합니다.

(중략)

"도반 사리뿟따여, '경험하지 않을 업을 내가 경험하기를.'이라는 목적 때문에 세존 아래서 청정범행을 닦습니까?라고 물으면, 그대는 '그렇지 않습니다. 도반이여.'라고 말합니다. 도반이여, 그러면 도대체 어떤 목적 때문에 세존 아래서 청정범행을 닦씁니까?"

"도반이여, 알지 못하고 보지 못하고 증득하지 못하고 실현하지 못하고 통달하지 못한 것을, 알고 보고 증득하고 실현하고 통달하기 위해서 세존 아래서 청정범행을 닦습니다."

"도반이여. 그러면 어떤 것을 알지 못하고 보지 못하고 증득하지 못하고 실현하지 못하고 통달하지 못했기에, 그것을 알고 보고 증득하고 실현하고 통달하기 위해서 세존 아래서 청정범행을 닦습니까?"

"도반이여, '이것은 괴로움이다.'라고 알지 못하고 보지 못하고 증득하지 못하고 실현하지 못하고 통달하지 못했습니다. 그것을 알고 보고 증득하고 실현하고 통달하기 위해서 세존 아래서 청정범행을 닦습니다.

도반이여, '이것은 괴로움의 일어남이다.'라고 … '이것은 괴
로움의 소멸이다.'라고 … '이것은 괴로움의 소멸로 인도하는
도닦음이다.'라고 알지 못하고 보지 못하고 증득하지 못하고
실현하지 못하고 통달하지 못했습니다. 그것을 알고 보고 증
득하고 실현하고 통달하기 위해서 세존 아래서 청정범행을
닦습니다.

도반이여, 알지 못하고 보지 못하고 증득하지 못하고 실현하
지 못하고 통달하지 못한 이것을, 알고 보고 증득하고 실현하
고 통달하기 위해서 세존 아래서 청정범행을 닦습니다."

불교에서는 사성제가 제일 중요합니다. 경전에는 사성제에 대해
'동물의 발자국은 코끼리 발자국에 다 들어가듯 모든 법은 사성제 안
에 다 들어간다.'고까지 표현합니다. 이 문답에도 역시 이런 내용이 잘
나와 있습니다.

자만·들뜸·후회의 제거

니까야에는 일반인들이 읽어도 아주 감동적인 이야기들이 많습니다.
그 중에 『아누룻다 경 2』도 있습니다. 아누룻다는 부처님의 10대 제자
이기도 하고 천안제일이라고 불렸습니다. 그런데 아누룻다가 깨닫기
전에, 그러니깐 아라한이 되기 전에 사리뿟따를 찾아갑니다. 아마 답
답하니깐 찾아간 것 같습니다. 사리뿟따에게 도움을 요청합니다.

도반 사리뿟따여, 여기 나는 인간을 넘어선 청정한 하늘눈[天眼]으로 1000의 세계를 살펴봅니다. 나에게는 불굴의 정진이 생겼고 마음챙김은 확립되어 잊어버림이 없고 내 몸은 편안하여 동요가 없고 마음은 집중되어 하나가 되었습니다. 그러나 나는 아직 취착이 없어지지 않아 번뇌들로부터 마음이 해탈하지는 못하였습니다.

아누룻다의 말을 들었을 때 사리뿟따는 말투나 태도에서 어떤 느낌을 받았겠지요. 이에 대해 사리뿟따가 다음과 같이 대답합니다. 저는 무척 감동을 받았습니다.

도반 아누룻다여, 그대가 '여기 나는 인간을 넘어선 청정한 하늘눈[天眼]으로 1000의 세계를 살펴봅니다.'라고 하는 것은 그대의 자만(mana)입니다. 도반이여, 그리고 그대가 '나에게는 불굴의 정진이 생겼고 마음챙김은 확립되어 잊어버림이 없고 내 몸은 편안하여 동요가 없고 마음은 집중되어 하나가 되었습니다.'라고 하는 것은 그대의 들뜸(uddhacca)입니다. 도반 아누룻다여, 그러나 그대가 '그러나 나는 아직 취착이 없어지지 않아 번뇌들로부터 마음이 해탈하지는 못하였습니다.'라고 하는 것은 그대의 후회(kukkucca)입니다. 아누룻다 존자는 이러한 세 가지 법을 버리고 이러한 세 가지 법을 마음에 잡도리 하지 말고 불사(不死)의 경지로 마음을 향하게 하십시오.

아누룻다가 가만히 들으니 사리뿟따의 말이 맞습니다. 그래서 다시 정진을 해 아누룻다는 마침내 아라한이 됩니다. 아라한은 열 가지가 없어야 된다고 다른 장에서 이야기를 했습니다. 그 중에 자만과 들뜸이 들어 있습니다. 자만과 들뜸이 있으면 아라한이 되지 못합니다. 또 사리뿟따가 보기에 아누룻다는 아직 후회가 있습니다. 마음을 괴롭히는 뭔가가 있다는 것이겠죠. 사리뿟따는 아누룻다의 이야기를 듣고 정확히 알았던 겁니다.

보통 사람들은 선정에 들면 '아, 나는 선정에 들었다.' 하겠죠. 사리뿟따의 선정에 대한 태도를 알 수 있는 경이 있습니다. 쌍윳따 니까야에는 '사리뿟따 상윳따'가 있습니다. 상윳따 니까야 28.1부터 28.9에 모두 아홉 개의 경전이 들어 있는데 거기에 나와 있는 이야기입니다. 경전에 보면 하루는 아난다가 사리뿟따가 멀리서 오는 것을 봅니다. 그러자 사리뿟따 앞에 가서 묻고 사리뿟따가 아난다에게 답하는 장면이 나옵니다.

> "도반 사리뿟따여, 그대의 감각기관들은 참으로 고요하고 안
> 색은 아주 맑고 빛납니다. 사리뿟따 존자는 어떤 머묾으로 오
> 늘 하루를 보냈습니까?"
> "도반이여, 여기 나는 감각적 욕망들을 완전히 떨쳐버리고 해
> 로운 법[不善法]들을 떨쳐버린 뒤, 일으킨 생각[尋]과 지속적
> 인 고찰[伺]이 있고, 떨쳐버렸음에서 생긴 희열[喜]과 행복[樂]
> 이 있는 초선(初禪)에 들어 머물렀습니다. 도반이여, 그러나
> 그런 나에게는 '나는 초선을 증득한다.'거나 '나는 초선을 증

득했다.'거나 '나는 초선으로부터 출정했다.'라는 그런 생각이
없었습니다."

"그것은 사리뿟따 존자가 오랜 세월을 '나'라는 생각과 '내 것'
이라는 생각과 자만의 잠재 성향을 완전히 뿌리 뽑았기 때
문입니다. 그래서 사리뿟따 존자에게는 '나는 초선을 증득한
다.'거나 '나는 초선을 증득했다.'거나 '나는 초선으로부터 출
정했다.'라는 그런 생각이 없었던 것입니다."

2선, 3선, 4선, 공무변처, 식무변처, 무소유처, 비상비비상처, 상수
멸까지 다 마찬가지로 사리뿟따가 말합니다. 내가 떨어진 겁니다. 그
냥 선정에 들어오고 머물고 나오는 현상만 있는 거죠. 내가 들어오고
머물고 나오는 건 없습니다.

사리뿟따의 법다운 공양

『수찌무키 경』(S 28:10)은 사리뿟따가 탁발에 임했던 자세에 대해 알려
줍니다.

사리뿟따는 항상 남을 돕는 허드렛일을 하고 탁발을 했는데 탁발
을 나가서는 누가 무엇을 주든지 불평하지 않고 얻어오고 먹었습니다.
하루는 라자가하에서 차례대로 빠짐없이 탁발을 해서 어떤 담벼락을
의지해서 그 탁발 음식을 먹고 있었습니다. 이때 수찌무키라는 다른
종교 여자 수행자가 사리뿟따에게 묻고 사리뿟따가 답합니다.

"사문이여, 그대는 고개를 숙이고 먹습니까?"

"누이여, 나는 고개를 숙이고 먹지 않습니다."

"사문이여, 그러면 그대는 고개를 들고 먹습니까?"

"누이여, 나는 고개를 들고 먹지 않습니다."

"사문이여, 그러면 그대는 사방(정방위, 正方位)을 마주하고 먹습니까?"

"누이여, 나는 사방을 마주하고 먹지 않습니다."

"사문이여, 그러면 그대는 간방위를 마주하고 먹습니까?"

"누이여, 나는 간방위를 마주하고 먹지 않습니다."

"그런데 내가 '사문이여, 그대는 고개를 숙이고 먹습니까?'라고 물으니 그대는 '누이여, 나는 고개를 숙이고 먹지 않습니다.'라고 대답하고, … 내가 '사문이여, 그러면 그대는 간방위를 마주하고 먹습니까?'라고 물으니 그대는 '누이여, 나는 간방위를 마주하고 먹지 않습니다.'라고 대답합니다. '사문이여, 그렇다면 도대체 그대는 어떻게 먹습니까?"

"누이여, 집터 보기와 같은 하천한 지식을 통한 삿된 생계수단으로 삶을 영위하는 사문이나 바라문들이 있습니다. 이런 사문이나 바라문들은 고개를 숙이고 먹는다고 말합니다.

누이여, 별자리 보기와 같은 하천한 지식을 통한 삿된 생계수단으로 삶을 영위하는 사문이나 바라문들이 있습니다. 이런 사문이나 바라문들은 고개를 들고 먹는다고 말합니다.

누이여, 남의 심부름꾼이나 전령으로 가는 것과 같은 삿된 생계수단으로 삶을 영위하는 사문이나 바라문들이 있습니다.

이런 사문이나 바라문들은 사방을 마주하고 먹는다고 말합니다.

누이여, 몸의 특징으로 예언하기와 같은 하천한 지식을 통한 삿된 생계수단으로 삶을 영위하는 사문이나 바라문들이 있습니다. 이런 사문이나 바라문들은 간방위를 마주하고 먹는다고 말합니다.

누이여, 그러나 나는 집터 보기와 같은 하천한 지식을 통한 삿된 생계수단으로 삶을 영위하지 않습니다. 별자리 보기와 같은 하천한 지식을 통한 삿된 생계수단으로 삶을 영위하지 않습니다. 남의 심부름꾼이나 전령으로 가는 것과 같은 삿된 생계수단으로 삶을 영위하지 않습니다. 몸의 특징으로 예언하기와 같은 하천한 지식을 통한 삿된 생계수단으로 삶을 영위하지 않습니다. 나는 법답게 음식을 탁발합니다. 법답게 음식을 탁발해서 그것을 먹습니다."

그러자 수찌무키 여자 유행승은 라자가하에서 이 거리에서 저 거리로 이 광장에서 저 광장으로 다니면서 이렇게 선언하였다.

"석가족 후예인 [고따마]의 제자인 사문들은 법답게 음식을 먹습니다. 석가족 후예인 [고따마]의 제자인 사문들은 비난받지 않고 음식을 먹습니다. 석가족 후예인 [고따마]의 제자인 사문들에게 탁발 음식을 공양하십시오."

부루나 존자와 사리뿟따의 만남

우리가 흔히 부루나 존자라고 부르는 뿐나 만따니뿟따 존자와 사리뿟따의 대화가 있는 경전도 있습니다. 『역마차 교대 경』(M24)입니다. 이 경전은 무척 재미있습니다. 뿐나 만따니뿟따 존자가 대화를 나눈 분이 사리뿟따라는 사실을 알고 매우 기뻐하는 모습이 담겨 있기 때문입니다.

시작은 이렇습니다. 당시는 안거를 한곳에 모여서 하기도 했지만 각자 본인에게 알맞은 수행처를 찾아가 하기도 했습니다. 안거가 끝나면 부처님이 있는 곳으로 모입니다. 그때 아마 고향에서 안거를 마친 비구들이 있었던 모양입니다. 그들에게 부처님이 다음과 같이 말씀하십니다.

> "비구들이여, [내] 고향에서는 [내] 고향에 머무는 동료 수행자 비구들 가운데서 누가 이와 같이 존경을 받는가?
> '자신이 욕심이 없고 비구들에게 욕심 없음에 관해 이야기해 주고, 자신이 만족하고 비구들에게 만족함에 관해 이야기해 주고, 자신이 한거를 하고 비구들에게 한거에 관해 이야기해 주고, 자신이 교제하지 않고 비구들에게 교제하지 않는 것에 관해 이야기해 주고, 자신이 열심히 정진하고 비구들에게 정진에 관해 이야기해 주고, 자신이 계를 구족하고 비구들에게 계의 구족에 관해 이야기해 주고, 자신이 삼매를 구족하고 비구들에게 삼매의 구족에 관해 이야기해 주고, 자신이 통찰지

를 구족하고 비구들에게 통찰지의 구족에 관해 이야기해 주고, 자신이 해탈을 구족하고 비구들에게 해탈의 구족에 관해 이야기해 주고, 자신이 해탈지견을 구족하고 비구들에게 해탈지견의 구족에 관해 이야기해 주고, 동료 수행자들을 훈도하고 알게 하고 보게 하고 격려하고 분발하게 하고 기쁘게 하는 자이다.'라고."

부처님의 말씀을 듣고 비구들이 뿐나 만따니뿟따 존자가 그런 비구라고 대답하는 것을 부처님 가까이 있던 사리뿟따가 듣습니다. 그러자 사리뿟따에게 이런 생각이 들었습니다. '뿐나 만따니뿟따 존자는 이득이 생겼구나. 뿐나 만따니뿟따 존자는 큰 이득이 생겼구나. 지자인 동료 수행자들이 스승님 앞에서 열 가지 대화의 주제를 놓고 하나씩 조목조목 그를 칭송하고 스승님께서는 그것을 크게 기뻐하시는 구나. 내가 언제 어디서든 뿐나 만따니뿟따 존자를 만나 허심탄회하게 어떤 대화를 한번 나누어 보리라.'

그러던 중에 한번은 뿐나 만따니뿟따 존자가 부처님을 찾아옵니다. 부처님께 인사하고 부처님 가르침을 듣고 어떤 숲속으로 갑니다. 그 사실을 듣고 사리뿟따가 숲속으로 가는 뿐나 만따니뿟따 존자를 따라가서 만납니다. 숲속에서 두 분이 다음과 같은 중요한 대화를 나눕니다.

"도반이여, 그대는 세존의 문하에서 청정범행을 닦으십니까?"

"그러합니다, 도반이여,"

"도반이여, 그러면 ① 계행의 청정을 위해 세존의 문하에서 청정범행을 닦으십니까?"

"그렇지 않습니다, 도반이여,"

"도반이여, 그러면 ② 마음의 청정을 위해 세존의 문하에서 청정범행을 닦으십니까?"

"그렇지 않습니다, 도반이여,"

"도반이여, 그러면 ③ 견의 청정을 위해 세존의 문하에서 청정범행을 닦으십니까?"

"그렇지 않습니다, 도반이여,"

"도반이여, 그러면 ④ 의심을 극복함에 의한 청정을 위해 세존의 문하에서 청정범행을 닦으십니까?"

"그렇지 않습니다, 도반이여,"

"도반이여, 그러면 ⑤ 도와 도 아님에 대한 지견에 의한 청정[道非道知見淸淨]을 위해 세존의 문하에서 청정범행을 닦으십니까?"

"그렇지 않습니다, 도반이여,"

"도반이여, 그러면 ⑥ 도닦음에 대한 지견에 의한 청정[行道知見淸淨]을 위해 세존의 문하에서 청정범행을 닦으십니까?"

"그렇지 않습니다, 도반이여,"

"도반이여, 그러면 ⑦ 지견에 의한 청정[知見淸淨]을 위해 세존의 문하에서 청정범행을 닦으십니까?"

"그렇지 않습니다, 도반이여,"

"도반이여, 내가 '도반이여, 그러면 계행의 청정을 위해서 세존의 문하에서 청정범행을 닦으십니까?'라고 물으면 그대는 '그렇지 않습니다, 도반이여.'라고 대답합니다.

'도반이여, 그러면 마음의 청정을 위해 ⋯ 견의 청정을 위해 ⋯ 의심을 극복함에 의한 청정을 위해 ⋯ 도와 도 아님에 대한 지견에 의한 청정을 위해 ⋯ 도 닦음에 대한 지견에 의한 청정을 위해 ⋯ 지견에 의한 청정을 위해 세존의 문하에서 청정범행을 닦으십니까?'라고 물어도 그대는 '그렇지 않습니다, 도반이여.'라고 대답합니다.

도반이여, 그대는 그러면 무엇을 위해 세존의 문하에서 청정범행을 닦습니까?"

"도반이여, 취착 없는 완전한 열반을 위해 세존의 문하에서 청정범행을 닦습니다."

"도반이여, 그러면 계행의 청정이 취착 없는 완전한 열반입니까?"

"그렇지 않습니다, 도반이여."

"도반이여, 그러면 마음의 청정이 ⋯ 견의 청정이 ⋯ 의심을 극복함에 의한 청정이 ⋯ 도와 도 아님에 대한 지견에 의한 청정이 ⋯ 도 닦음에 대한 지견에 의한 청정이 ⋯ 지견에 의한 청정이 취착 없는 완전한 열반입니까?"

"그렇지 않습니다, 도반이여."

"도반이여, 그러면 계행의 청정이 취착 없는 완전한 열반입니까?'라고 물으면 그대는 '그렇지 않습니다, 도반이여.'라고 대답합니다.

'도반이여, 그러면 마음의 청정이 … 견의 청정이 … 의심을 극복함에 의한 청정이 … 도와 도 아님에 대한 지견에 의한 청정이 … 도 닦음에 대한 지견에 의한 청정이 … 지견에 의한 청정이 취착 없는 완전한 열반입니까?'라고 물으면 그대는 '그렇지 않습니다, 도반이여.'라고 대답합니다.

도반이여, 그러면 이 말의 뜻을 어떻게 이해해야 합니까?"

"도반이여, 만일 세존께서 계행의 청정을 취착 없는 완전한 열반이라고 천명하셨다면, 취착이 있는 것도 취착 없는 완전한 열반이라고 천명하신 것이 되고 맙니다.

도반이여, 만일 마음의 청정을 … 견의 청정을 … 의심을 극복함에 의한 청정을 … 도와 도 아님에 대한 지견에 의한 청정을 … 도닦음에 대한 지견에 의한 청정을 … 지견에 의한 청정을 세존께서 취착 없는 완전한 열반이라고 천명하셨다면 취착이 있는 것도 취착이 없는 완전한 열반이라고 천명하신 것이 되고 맙니다.

도반이여, 그러나 만일 이 법들이 없이도 취착 없는 완전한 열반을 성취한다고 한다면, 범부도 완전한 열반을 성취할 것입니다, 도반이여, 범부는 이런 법들이 없기 때문입니다."

"도반이여, 이것에 관해 이제 그대에게 비유를 하나 들겠습니다. 여기 이 비유로 어떤 지혜로운 사람들은 이 말의 뜻을 잘 이해할 것입니다,

도반이여, 예를 들면 사왓티에 살고 있는 빠세나디 꼬살라 왕

에게 사께따에 어떤 긴급한 용무가 있다고 합시다. 이제 그를 위해 사왓티와 사께따 사이에 일곱 대의 역마차가 준비되어 있습니다. 이제 빠세나디 꼬살라 왕은 사왓티를 나오면서 내전의 문에 있는 첫 번째 역마차에 올라탑니다. 첫 번째 역마차로 이제 두 번째 역마차가 있는 곳에 도착하여 첫 번째 역마차를 보내고 두 번째 역마차에 올라탑니다. 두 번째 역마차로 이제 세 번째 역마차가 있는 곳에 도착하여 … 세 번째 역마차로 이제 네 번째 역마차가 있는 곳에 도착하여 … 네 번째 역마차로 이제 다섯 번째 역마차가 있는 곳에 도착하여 … 다섯 번째 역마차로 이제 여섯 번째 역마차가 있는 곳에 도착하여 … 여섯 번째 역마차로 이제 일곱 번째 역마차가 있는 곳에 도착하여 여섯 번째 역마차를 보내고 일곱 번째 역마차에 올라탑니다.

그는 그 일곱 번째 역마차로 사께따의 내전의 대문에 당도합니다. 내전의 대문에 당도한 그에게 그의 친구와 동료들과 일가친척들은 이렇게 물을 것입니다.

'대왕이시여, 대왕께서는 이 역마차로써 사께따의 내전의 문에 당도하셨습니까?'

도반이여, 그러면 빠세나디 꼬살라 왕은 어떻게 설명을 해야 바르게 설명하는 것입니까?"

"도반이여, 이와 같이 설명을 해야만 빠세나디 꼬살라 왕은 바르게 설명을 하는 것입니다.

'내가 사왓티에 있을 때 사께따에 긴급한 용무가 생겼소. 이제 그런 나를 위해 사왓티와 사께따 사이에 일곱 대의 역마차가 준비되었소. 나는 사왓티를 나오면서 내전의 문에 있는 첫 번째 역마차에 올라탔소. 첫 번째 역마차로 이제 두 번째 역마차가 있는 곳에 도착하여 첫 번째 역마차를 보내고 두 번째 역마차에 올라탔소.

두 번째 역마차로 이제 세 번째 역마차가 있는 곳에 도착하여 … 세 번째 역마차로 이제 네 번째 역마차가 있는 곳에 도착하여 … 네 번째 역마차로 이제 다섯 번째 역마차가 있는 곳에 도착하여 … 다섯 번째 역마차로 이제 여섯 번째 역마차가 있는 곳에 도착하여 … 여섯 번째 역마차로 이제 일곱 번째 역마차가 있는 곳에 도착하여 여섯 번째 역마차를 보내고 일곱 번째 역마차에 올라탔소. 그 일곱 번째 역마차로써 사께따의 내전의 문에 당도했소.'

이와 같이 설명을 해야 빠세나디 꼬살라 왕은 바르게 설명을 한 것입니다."

"도반이여, 그와 같이 계행의 청정은 마음의 청정을 위한 것입니다. 마음의 청정은 견의 청정을 위한 것입니다. 견의 청정은 의심을 극복함에 의한 청정을 위한 것입니다. 의심을 극복함에 의한 청정은 도와 도 아님에 대한 지견에 의한 청정을 위한 것입니다. 도와 도 아님에 대한 지견에 의한 청정은 도 닦음에 대한 지견에 의한 청정을 위한 것입니다. 도닦음에 대한 지견에 의한 청정은 지견에 의한 청정을 위한 것입니다. 지견에 의한 청정은 취착 없는 완전한 열반을 위한 것입니다.

도반이여, 이 취착 없는 완전한 열반을 위해 세존의 문하에서 청정범행을 닦는 것입니다."

이렇게 말하자 사리뿟따 존자는 뿐나 만따니뿟따 존자에게 이와 같이 물었다.

"존자의 성함은 무엇입니까, 동료 수행자들이 존자를 어떻게 부릅니까?"

"도반이여, 내 이름은 뿐나입니다. 동료 수행자들은 저를 만따니뿟따라고 부릅니다."

"경이롭습니다, 도반이시여, 놀랍습니다, 도반이시여, 이처럼 스승님의 가르침을 잘 이해하는 잘 배운 제자인 뿐나 만따니뿟따 존자께서는 심오하고 심오한 문제를 하나씩 조목조목 잘 설명해 주셨습니다.

동료 수행자들에게는 이득이 생겼습니다. 뿐나 만따니뿟따 존자를 만날 수 있고 공경할 수 있는 기회를 얻은 동료 수행자들에게는 큰 축복입니다. 만약 동료 수행자들이 머리에 방석을 얹고 뿐나 만따니뿟따 존자를 머리에 이고 다녀서라도 만날 수 있고 공경할 수 있는 기회를 얻는다면 그들에게는 이득이고 그들에게는 큰 축복일 것입니다. 제게도 이득이 생겼습니다. 뿐나 만따니뿟따 존자와 같은 분을 만날 수 있고 공경할 수 있는 기회를 얻은 제게도 큰 축복입니다."

이렇게 말하자 뿐나 만따니뿟따 존자도 사리뿟따 존자에게 이렇게 묻습니다.

"존자의 성함은 무엇입니까? 동료 수행자들이 존자를 어떻게 부릅니까?"

"도반이여, 내 이름은 우빠띳사입니다. 동료 수행자들은 저를 사리뿟따라고 부릅니다."

"참으로 스승과 같은 제자와 이야기하면서도 저는 사리뿟따 존자인 줄을 몰랐습니다. 만일 참으로 제가 사리뿟따 존자이신 줄 알았더라면 이와 같이 많은 말을 하지 않았을 것입니다. 경이롭습니다, 도반이시여, 놀랍습니다, 도반이시여. 이처럼 스승님의 가르침을 잘 이해하는 잘 배운 제자인 사리뿟따 존자께서 심오하고 심오한 문제를 하나씩 조목조목 잘 질문해 주셨습니다.

동료 수행자들에게는 이득이 생겼습니다. 사리뿟따 존자를 만날 수 있고 공경할 수 있는 기회를 얻은 동료 수행자들에게는 큰 축복입니다, 만일 동료 수행자들이 머리에 방석을 얹고 사리뿟따 존자를 머리에 이고 다님에 의해서라도 만날 수 있고 공경할 수 있는 기회를 얻는다면 그들에게는 이득이고 그들에게는 큰 축복일 것입니다. 제게도 이득이 생겼습니다. 사리뿟따 존자와 같은 분을 만날 수 있고 공경할 수 있는 기회를 얻은 제게도 큰 축복입니다."

이 경의 끝은 '이렇게 그들 두 큰 용들은 서로가 서로의 좋은 말[金言]을 기뻐했다.'로 끝납니다.

동료 수행자의 본보기

사리뿟따의 설법 중에 중요한 것들을 좀 더 살펴보겠습니다.

『본보기 경』(A5:56)은 사리뿟따가 도반들에게 어떤 비구가 본보기가 되는지 설한 경전입니다.

> "비구들이여, 다섯 가지 법을 갖춘 비구는 동료 수행자들의
> 본보기가 되기에 적합하다. 무엇이 다섯인가?
> 비구들이여, 여기 비구는 자신이 계를 구족하고 계의 구족에
> 대해서 받은 질문을 잘 설명한다. 여기 비구는 자신이 삼매를
> 구족하고 삼매의 구족에 대해서 받은 질문을 잘 설명한다. 여
> 기 비구는 자신이 통찰지를 구족하고 통찰지의 구족에 대해
> 서 받은 질문을 잘 설명한다. 여기 비구는 자신이 해탈을 구
> 족하고 해탈의 구족에 대해서 받은 질문을 잘 설명한다. 여기
> 비구는 자신이 해탈지견을 구족하고 해탈지견의 구족에 대
> 해서 받은 질문을 잘 설명한다. 비구들이여, 이러한 다섯 가
> 지 법을 갖춘 비구는 동료 수행자들의 본보기가 되기에 적합
> 하다."

계·삼매·지혜·해탈·해탈지견을 갖춘 비구가 다른 도반들의 본보기라고 이야기합니다. 당시는 이런 비구들이 많았을 겁니다. 그리고 이런 설법을 하는 사람 역시 이런 본보기가 되었다고 짐작할 수 있을 겁니다.

『사리뿟따 경』(S35:120)에는 청정한 삶이란 어떤 것인지에 대해 어떤 비구와 사리뿟따의 대화가 나옵니다.

"도반 사리뿟따여, 저의 제자가 공부지음을 버리고 낮은 [재가자의] 삶으로 되돌아갔습니다."

"도반이여, 감각기능들의 문을 보호하지 않고, 음식에 적당한 양을 알지 못하고, 깨어 있음에 전념하지 못하면 그렇게 될 수밖에 없을 것입니다. 도반이여, 비구가 감각기능들의 문을 보호하지 않고, 음식에 적당한 양을 알지 못하고, 깨어 있음에 전념하지 못하는데도 그가 살아 있는 동안 더할 나위 없이 완벽하고 지극히 청정한 범행(梵行)을 지킬 것이라는 그런 경우는 있지 않습니다. 도반이여, 그러나 비구가 감각기능들의 문을 보호하고, 음식에 적당한 양을 알고, 깨어 있음에 전념하면 그가 평생 동안 더할 나위 없이 완벽하고 지극히 청정한 범행을 지킬 것이라는 그런 경우는 있습니다."

경전에는 이어서 앞에 나온 세 가지를 구체적으로 어떻게 실천할 것인지에 대해 자세히 나옵니다. 그런데 이 세 가지는 다른 경전에서 부처님이 말씀하신 여섯 가지 중 반을 말한 겁니다. 부처님의 설법에는 이밖에 계를 지키는 것, 마음챙기는 것, 선정이 들어 있습니다. 여하튼 사리뿟따가 말한 이 세 가지를 지키지 못하면 청정한 생활을 하기 어렵다고 말합니다.

28

사리뿟따의
설법 ②

사리뿟따는 비구들을 대상으로 굉장히 많은 설법을 했습니다. 『바른 견해 경』(M9)은 그 중에서도 굉장히 중요합니다. 사리뿟따는 부처님 법에 들어와서 어떻게 하면 자신을 잘 지키고, 부처님의 가르침을 잘 실천할 수 있는지에 초점을 두고 구체적인 이야기를 많이 했습니다. 사리뿟따의 설법은 굉장히 구체적입니다. 생활에서 실천할 수 있는 게 많습니다. 이런 걸 보면 부처님은 우리보다 너무 높이 있고 멀리 떨어 져 있지만, 사리뿟따는 우리와 비슷한 높이에 그리고 좀 가까이 있다 고 느껴질 겁니다.

사리뿟따가 말한 바른 견해

『바른 견해 경』에서 사리뿟따가 "도반 비구들이여" 하고 불러서 다음 과 같이 말합니다. "도반들이여, '바른 견해', '바른 견해'라고 말합니다. 도반들이여, 그런데 어떻게 하면 성스러운 제자가 바른 견해를 가지 고, 견해가 올곧으며, 법에 대해 흔들리지 않는 깨끗한 믿음을 지니고, 정법에 도달했다고 합니까?"

비구들이 사리뿟따에게 그것을 설명해 달라고 요청하자 다음과 같이 하나하나 말해 줍니다. 유익함(선)과 해로움(불선), 음식, 사성제, 12연기, 번뇌에 대해서 꿰뚫어 알 때 바른 견해를 가지고, 견해가 바르며, 법에 대해 흔들리지 않는 깨끗한 믿음을 가지고, 정법에 도달했다고 한다고 말합니다. 각각에 대해서 자세히 보겠습니다.

첫 번째가 유익함[善]과 해로움[不善]입니다. 해로움은 열 가지가 있습니다. △ 생명을 죽이는 것 △ 주지 않은 것을 가지는 것 △ 삿된 음행을 하는 것 △ 거짓말을 하는 것 △ 중상모략을 하는 것 △ 욕설을 하는 것 △ 잡담을 하는 것 △ 욕심 △ 악의 △ 삿된 견해입니다. 그런데 이 해로움의 뿌리가 있습니다. 바로 탐진치입니다. 여기서 모든 해로움이 올라옵니다.

거꾸로 해로움이 없는 게 유익함입니다. 해로움에는 열 가지가 있다고 했습니다. 그런데 그 열 가지가 없으면 유익함입니다. 마찬가지로 유익함의 뿌리는 탐진치가 없는 겁니다.

사리뿟따는 비구들에게 유익함(선)과 해로움(불선)을 철저히 알 때 어떤 이득이 있는지를 다음과 같이 말합니다.

도반들이여, 성스러운 제자가 이와 같이 해로움을 꿰뚫어 알고, 해로움의 뿌리를 꿰뚫어 알고, 유익함을 꿰뚫어 알고, 유익함의 뿌리를 꿰뚫어 알 때, 그는 욕망의 잠재 성향을 완전히 버리고, 적대감의 잠재 성향을 제거하고, '내가 있다.'는 삿된 견해와 이와 비슷한 자만의 잠재 성향을 뿌리 뽑고, 무명을 버리고 명지를 일으켜서 지금·여기에서 괴로움을 끝냅니다. 이렇게 하면 성스러운 제자가 바른 견해를 가지고, 견해

가 올곧으며, 법에 대해 흔들리지 않는 깨끗한 믿음을 지니
고, 정법에 도달했다고 합니다.

여기서 잠재 성향이란 지금은 없지만 조건이 되면 언제든 일어날
수 있는 겁니다. 잠재 성향이 없어지면 어떤 상태가 되어도 그런 것이
있을 수 없습니다. 욕망, 적대감, 자만의 잠재 성향이 없다는 것은 어떤
경우에도 욕망, 적대감, 자만이 일어나지 않는다는 것입니다.

이렇게 되면 올바른 견해가 바로 섭니다. 이게 올바른 견해의 한
가지 방법입니다.

두 번째는 음식입니다.

도반들이여, 성스러운 제자가 음식을 꿰뚫어 알고, 음식의 일
어남을 꿰뚫어 알고, 음식의 소멸을 꿰뚫어 알고, 음식의 소
멸로 인도하는 도닦음을 꿰뚫어 알 때, 그는 바른 견해를 가
지고, 견해가 올곧으며, 법에 대해 흔들리지 않는 깨끗한 믿
음을 지니고, 정법에 도달했다고 합니다.

이 경에서는 음식을 우리가 직접 보고 먹는 것을 포함해 네 가지
종류로 나눕니다. △ 거칠거나 미세한 덩어리진 [먹는] 음식 △ 접촉 △
의도 △ 알음알이(의식)입니다. 이 음식들은 갈애가 소멸하면 같이 소
멸합니다. 이것은 취착된 음식과 취착되지 않은 음식의 조건이 되는
갈애가 소멸하므로 음식도 소멸한다는 말입니다. 갈애의 소멸은 팔정
도를 통해서 가능합니다.

세 번째는 사성제입니다. '성스러운 제자가 괴로움을 꿰뚫어 알고, 괴로움의 일어남을 꿰뚫어 알고, 괴로움의 소멸을 꿰뚫어 알고, 괴로움의 소멸로 인도하는 도닦음을 꿰뚫어 알 때' 바른 견해를 가지고, 견해가 올곧으며, 법에 대해 흔들리지 않는 깨끗한 믿음을 지니고 정법에 도달한다고 합니다.

　　네 번째는 12연기입니다. 사리뿟따는 늙음 죽음, 태어남, 존재, 취착, 갈애, 느낌, 감각접촉, 여섯 감각장소, 정신 물질, 식, 행, 무명에 대해 상세히 설명한 후 그것들, 그것들의 일어남, 소멸, 소멸로 인도하는 도닦음을 꿰뚫어 알 때 욕망, 적대감의 잠재 성향, '내가 있다.'는 삿된 견해와 자만의 잠재 성향을 뿌리 뽑고, 무명을 버리고 명지를 일으켜 지금 여기에서 괴로움을 끝낸다고 말합니다.

　　마지막으로 번뇌를 말합니다. 번뇌는 세 가지가 있습니다. 감각적 욕망, 존재, 무명의 번뇌입니다. 무명이 일어나기 때문에 번뇌가 일어나고 무명이 소멸하면 번뇌가 소멸합니다. 성스러운 팔정도가 번뇌의 소멸로 인도하는 도닦음이라고 정의하고 마지막으로 다음과 같이 말하고 사리뿟따의 법문이 끝납니다.

　　　　도반들이여, 성스러운 제자가 번뇌[漏]를 꿰뚫어 알고, 번뇌의 일어남을 꿰뚫어 알고, 번뇌의 소멸을 꿰뚫어 알고, 번뇌의 소멸로 인도하는 도닦음을 꿰뚫어 알 때, 그는 욕망의 잠재 성향을 완전히 버리고, 적대감의 잠재 성향을 제거하고, '내가 있다.'는 삿된 견해와 이와 비슷한 자만의 잠재 성향을 뿌리 뽑고, 무명을 버리고 명지를 일으켜서 지금·여기에서 괴로움을 끝냅니다. 이렇게 하면 성스러운 제자가 바른 견해를 가지고, 견해가 올곧으며, 법에 대해 흔들리지 않는 깨끗한 믿음을 지니고, 정법에 도달했다고 합니다.

흠이 있으면 있는 줄 아는 사람이 수승한 사람

『흠 없음 경』(M5)에는 우리가 알면 큰 도움이 되고 우리에게도 적용이 될 수 있는 내용이 들어있습니다. 사리뿟따가 "도반 비구들이여."라고 비구들을 불러서 다음과 같이 말합니다.

> 도반들이여, 세상에는 네 부류의 사람들이 있습니다. 무엇이 넷인가요? 도반들이여, ① 여기 어떤 사람은 흠이 있으면서도 '내 안에 흠이 있다.'라고 있는 그대로 꿰뚫어 알지 못합니다. ② 그러나 여기 어떤 사람은 흠이 있으면 '내 안에 흠이 있다.'라고 있는 그대로 꿰뚫어 압니다. ③ 여기 어떤 사람은 흠이 없으면서도 '내 안에 흠이 없다.'라고 있는 그대로 꿰뚫어 알지 못합니다. ④ 여기 어떤 사람은 '내 안에 흠이 없다.'라고 있는 그대로 꿰뚫어 압니다.
> 여기서 흠이 있으면서도 '내 안에 흠이 있다.'라고 있는 그대로 꿰뚫어 알지 못하는 사람은 흠이 있는 두 사람 가운데서 열등한 사람이라고 불립니다. 흠이 있으면 '내 안에 흠이 있다.'라고 있는 그대로 꿰뚫어 아는 사람은 흠이 있는 두 사람

가운데서 수승한 사람이라고 불립니다. 여기서 흠이 없으면 서도 '내 안에 흠이 없다.'라고 있는 그대로 꿰뚫어 알지 못하는 사람은 흠이 없는 두 사람 가운데서 열등한 사람이라고 불립니다. 여기서 흠이 없으면 '내 안에 흠이 없다.'라고 있는 그대로 꿰뚫어 아는 사람은 흠이 없는 두 사람 가운데서 수승한 사람이라고 불립니다.

사리뿟따가 이렇게 설했을 때 마하목갈라나가 사리뿟따에게 다음과 같이 묻습니다. "무슨 원인과 무슨 조건으로 흠이 있는 두 사람 가운데서 한 사람은 열등한 사람이라고 불리고, 다른 사람은 수승한 사람이라 불립니까? 다시 무슨 원인과 무슨 조건으로 흠이 없는 두 사람 가운데서 한 사람은 열등한 사람이라고 불리고, 다른 사람은 수승한 사람이라 불립니까?"

사리뿟따는 "흠이 있을 때 있는 줄 아는 사람은 흠이 있지 않기 위해서, 그걸 없애기 위해서 노력한다."고 대답합니다.

예를 들면 집이 더러운데 '아, 집이 더럽구나.' 하고 생각이 든 사람은 집을 치울 겁니다. 그런데 집이 더러워도 더러운지 모르면 치우지 않을 겁니다. 치우기 않기 때문에 항상 더러움 속에 있는 겁니다. 그래서 흠이 있으면 있는 줄 아는 사람이 수승한 사람입니다. 그리고 흠이 없을 때 흠이 없다는 것을 아는 사람은 흠이 없다는 게 소중한 것을 압니다. 흠과 흠 아닌 것의 구별을 아는 사람입니다. 이 사람은 흠 없는 상태를 유지하기 위해서 계속 노력할 겁니다. 예를 들면, 집이 깨끗한데 깨끗한 줄 아는 사람은 계속 깨끗함을 유지합니다. 그런데 흠이 없을 때 흠이 없는 줄 모르는 사람은 그에 대한 자각이 없기 때문에 자칫 흠이 있기 쉽습니다. 예를 들면 자기 속에 흠이 없는데 없는 줄도 모르는 사람은 아름답고 멋있는 게 나타나면 마음이 거기로 쏙 갑니다. 쏙 가서 마음이 어지럽혀지는 겁니다. 그렇기 때문에 이것들에도 차이가 있습니다. 그러니까 우리가 나쁘면 나쁜 대로 알고, 좋으면 좋은 대로 정확히 알아야 합니다. 그래야 그 상태를 유지시키거나 없앨 수 있습니다.

사리뿟따의 대답을 듣고 난 후 마하목갈라나가 "도반이여, '흠', '흠'이라고 하는데 그것은 무엇을 두고 하는 말입니까?" 하고 물으니 사리뿟따는 "도반이여, 흠이란 나쁘고 해로운 바람[願]의 영역들을 두고 하는 말입니다."라고 대답합니다. 그렇게 말한 후 구체적인 예를 듭니다.

> 도반이여, 여기 어떤 비구에게 '내가 계를 범하더라도 '비구들이 내가 계를 범했다.'라는 것을 알지 못했으면.' 하는 바람이 생기는 경우가 있습니다. 도반이여, 그러나 비구들이 '그비구가 계율을 범했다.'라고 알게 되는 경우가 있습니다. 그는 '비구들이 '내가 계를 범했다고 아는구나.'라고 생각하면서 화를 내고 기분 나빠합니다. 도반이여, 화냄과 기분 나빠함 둘 다가 흠입니다.

이때 자신이 잘못한 것에 대해 뉘우치고 반성하고 고치려는 노력을 하기보다는 화를 내고 기분이 나쁜 것이 흠입니다. 이어서 사리뿟따가 비구들에게 일어날 수 있는 여러 가지 일을 언급합니다. 그때 자신이 잘못한 것에 대해 뉘우치고 반성하고 고치려는 노력을 하기보다는 화를 내고 기분 나빠하는 경우에 흠이 생기는 겁니다.

비록 내가 계를 어겼지만 비구들이 남의 눈을 피해서 나를 질책하기를 바랍니다. 그렇지 않을 때 화가 나고 기분이 나쁘겠죠. 또 내가 계를 어겼을 때 나와 동등한 사람이 질책해 주기를 바랍니다. 또 스승이 오직 나에게 질문을 많이 하면서 법을 설하시고 다른 비구에게는 그렇게 하지 않기를 바라는 경우도 있습니다. 탁발을 갈 때 나를 앞세워 가기를 바랍니다. 식당에서 내가 가장 좋은 자리, 가장 좋은 물, 가장 좋은 음식을 얻고 다른 비구는 그렇지 않기를 바랍니다. 식당에서 공양한 후 내가 축원하기를 바랍니다. 다른 비구가 아닌 내가 승원에 모인 비구, 비구니, 청신사, 청신녀들에게 설법하기를 원합니다. 비구, 비구니, 청신사, 청신녀들이 나만을 존경하고 존중하고 공경하고 숭배하기를 바랍니다. 내가 수승한 의복, 음식, 거처, 약품을 얻기를 바랍니다. 이런 바람이 이루어지지 않을 때 화가 나고 기분이 나쁘면 흠이 있는 것입니다. 이런 비구들에 대해 동료 수행자들이 어떻게 보는지를 사리뿟따가 다음과 같이 말합니다.

도반이여, 누구든지 이런 나쁘고 해로운 바람[願]의 영역들을 버리지 못한 비구를 보거나 그에 대해서 듣게 되면, 비록 그 비구가 숲속에 머물거나, 외딴 거주처에 머물거나, 탁발 음식만을 수용하거나, 집의 차례대로 탁발하거나, 분소의만 입거나, 조악한 옷만을 입더라도, 동료 수행자들은 결코 그를 존경하지도 존중하지도 공경하지도 숭배하지도 않습니다. 그

것은 무슨 까닭인가요? 그 존자가 이런 나쁘고 해로운 바람
[願]의 영역들을 버리지 못한 것을 보고 듣기 때문입니다.

그런데 비구가 그 흠을 없애려고 노력해서 흠이 없으면 사람들이
보고 듣게 되겠죠. 그러면 사리뿟따는 사람들이 다음과 같이 대한다고
말합니다.

도반이여, 그와 같이 누구든지 이런 나쁘고 해로운 바람의 영
역들을 버려버린 비구를 보거나 그에 대해서 듣게 되면, 비록
그 비구가 마을 안에 살거나, 공양청에 응하거나, 장자들이
준 [값비싼] 가사를 입더라도, 동료 수행자들은 반드시 그를 존
경하고 존중하고 공경하고 숭배합니다. 그것은 무슨 까닭인
가요? 그 존자가 이런 나쁘고 해로운 바람의 영역들을 버려
버린 것을 보거나 듣기 때문입니다.

이 경의 내용은 우리에게도 적용이 될 수 있을 것 같습니다. 사리
뿟따의 말을 잘 실천한다면 우리 자신도 편안하고 사람들로부터도 좋
은 평을 들을 수 있을 것입니다.

비구를 향한 사리뿟따의 경책

사리뿟따는 참 한없이 따뜻하고 남을 도와주는 사람이지만 잘못한 비

구가 있으면 그냥 넘어가지 않았습니다. 꼭 지적을 하고 고치게 했습니다. 그 당시 비구들은 숲속에서 수행을 많이 했습니다. 우리는 숲속이라고 하면 굉장히 낭만적으로 생각합니다. 하지만 부처님 당시 인도의 숲속은 그런 곳이 아니었습니다. 물론 다 그렇지는 않았겠지만 당시 숲속은 맹수와 도둑이 들끓는 곳이었습니다. 그렇기 때문에 숲속에서 수행한다는 것은 굉장한 결심이 아니면 되지 않았습니다. 당시에 굴릿사니라는 비구가 있었습니다. 숲속에서 수행하는 자였지만 품행이 단정하지 못했던 것 같습니다. 그가 사원으로 내려와 다른 비구들과 함께 머물게 되었습니다. 사리뿟따가 이런 굴릿사니 비구를 어떻게 교화했는지가 『굴릿사니 경』(M69)에 나와 있습니다.

도반들이여, 숲속에 거주하는 비구가 승가 대중에 와서 승가 대중에 머물면 동료 수행자들에 대해 공경하고 순응해야 합니다. 도반들이여, 만일 숲속에 거주하는 비구가 승가 대중에 와서 승가 대중에 머물 때 동료 수행자들에 대해 공경하지 않고 순응하지 않으면 그를 두고 이렇게 말하는 자들이 있을 것입니다.
'이 숲속에 거주하는 존자는 혼자 숲속에서 마음대로 머물더니 얻은 것이 무엇인가? 이 존자는 동료 수행자들에 대해 공경하지 않고 순응하지도 않는구나.'
그러므로 숲속에 거주하는 비구가 승가 대중에 와서 승가 대중에 머물 때 동료 수행자들에 대해 공경하고 순응해야 합니다.

이어서 지켜야 할 것들을 말합니다. 앉을 자리에 대해 '장로 비구들의 자리에 앉지 않고 신참 비구들을 자리에 앉지 못하게 하지 않으리라.'고 마음먹어야 합니다. 너무 일찍 마을에 들어가서도 안 되고 한낮에 돌아와서도 안 됩니다. 식사 전이나 식사 후에 가정집을 방문해서도 안 됩니다. 오만불손해서도 안 되고 경거망동해서도 안 됩니다. 승가 대중에 머물면서 험한 말을 해서도 안 되고 수다스러워도 안 됩니다. 훈계를 쉽게 받아들이고 좋은 도반과 사귀어야 합니다. 감각의 문을 잘 지켜야 합니다. 음식에 적당한 양을 알아야 합니다. 깨어 있음에 몰두해야 합니다. 부지런히 정진해야 합니다. 마음챙김을 확립해야 합니다. 마음이 집중되어 있어야 합니다. 통찰지를 가져야 합니다. 높은 법과 높은 율에 전념해야 합니다. 물질을 초월한 무색계의 평화로운 해탈에 전념해야 합니다. 인간을 초월한 법에 전념해야 합니다.

이런 내용을 말하자 마하목갈라나가 사리뿟따에게 묻습니다. "숲속에 거주하는 비구만이 이러한 법들을 수지해야 합니까? 아니면 마을에 거주하는 자도 마찬가지로 수지해야 합니까?" 그러자 사리뿟따는 "숲속에 거주하는 비구도 이 법들을 수지해야 하는데 마을 부근에 거주하는 자는 다시 말해서 무엇하겠습니까?"라고 반문합니다.

우리는 보통 이렇게 생각할 수 있습니다. '아, 여기서는 살림한다고 바쁘니까 안하고, 숲속에 있는 사람만 한다.' 하지만 사리뿟따는 그렇게 대답하지 않습니다. 어디 있든 간에 수준 높은 공부를 해서 부처님의 가르침이 옳다는 걸 사람들이 알 수 있도록 해야 된다는 겁니다. 여기에 나오는 내용은 우리에게도 적용된다고 할 수 있습니다. 불교를 열심히 공부하고 수행하는 사람이 잘못된 행동을 하면 사리뿟따처럼 말할 수 있습니다.

어떤 비구가 숲을 빛나게 하는가

고싱가살라 숲이라는 아름다운 숲이 있었습니다. 한때 그 숲에 부처님
과 사리뿟따, 마하목갈라나, 마하깟사빠, 아난다, 아누룻다, 레와따와
그 외 잘 알려진 여러 장로 비구들이 머물고 있었습니다. 그 당시 교단
은 확산일로에 있었습니다. 함께 머무는 대중이 무척 많았습니다. 『고
싱가살라 긴 경』(M32)에는 사리뿟따, 마하목갈라나, 마하깟사빠, 아난
다, 아누룻다, 레와따와 그 외 잘 알려진 여러 장로 비구의 문답이 나옵
니다. 사리뿟따가 이 법문을 설할 때 부처님은 고싱가살라 숲의 다른
한쪽에 머물고 계셨다고 합니다. 우선 사리뿟따가 아난다에게 한 질문
과 아난다의 답변을 먼저 보겠습니다. 앞에 말한 다른 비구들과도 비
슷한 문답이 오고 갔습니다.

> "도반 아난다여, 고싱가살라 숲은 아름답습니다. 밤이면 달
> 빛이 밝고 살라 꽃이 만개하여 마치 천상의 향기가 두루 퍼져
> 있는 것 같습니다. 도반 아난다여, 어떤 비구가 이 고싱가살
> 라 숲을 빛나게 합니까?"
> "도반 사리뿟따여, 여기 비구가 있어 많이 배우고[多聞] 배운
> 것을 바르게 호지하고 배운 것을 잘 정리합니다. 그는 시작도
> 훌륭하고 중간도 훌륭하고 끝도 훌륭하며 의미와 표현을 구

족했고 더할 나위 없이 완벽하고 지극히 청정한 법을 설하고, 범행(梵行)을 드러내나니, 그는 그러한 가르침들을 많이 배우고 호지하고 말로써 친숙해지고 마음으로 숙고하고 견해로써 잘 꿰뚫습니다. 그는 잠재 성향을 뿌리 뽑기 위해 사부대중에게 잘 장엄된 언구와 표현을 두루 갖추어서 법을 설합니다. 도반 사리뿟따여, 이런 비구가 고싱가살라 숲을 빛나게 합니다."

아난다가 표현한 비구는 사실 아난다와 같은 사람입니다. 아난다의 대답을 듣고 사리뿟따가 아난다가 자신의 경지에 따라서 대답했다고 하면서 레와따에게 물어봅니다. 레와따도 자신의 경지와 관계된 비구를 말합니다. 레와따는 선정제일입니다. 그러니까 선정을 많이 닦고 선정을 바탕으로 통찰지를 갖춘 사람이 숲을 빛나게 할 거라고 대답합니다.

도반 사리뿟따여, 여기 비구가 혼자 머묾[獨居]을 즐깁니다. 혼자 머묾을 기뻐하여 안으로 마음의 고요함[止]에 몰두하고 선[禪]을 경원시하지 않으며 위빳싸나[觀]를 구족하여 빈집에 머물기를 즐깁니다.
도반 사리뿟따여, 이런 비구가 고싱가살라 숲을 빛나게 합니다.

대답을 듣자 사리뿟따는 레와따가 자신의 경지에 따라서 대답했다고 하면서 아누룻다에게 묻습니다. 아누룻다는 천안통이 있어서 천의 세계를 보는 그런 사람이 숲을 빛낼 것이라고 대답합니다.

도반 사리뿟따여, 여기 비구는 인간의 능력을 넘어선 청정한 하늘 눈으로 1,000의 세계를 봅니다. 마치 눈을 가진 자가 궁궐의 누각에 올라가서 1,000개의 수레바퀴를 보듯이 그와 같이 비구는 인간의 능력을 넘어선 청정한 하늘 눈으로 1,000의 세계를 봅니다. 도반 사리뿟따여, 이런 비구가 고싱가살라 숲을 빛나게 합니다.

마하까사빠와의 문답도 이어집니다.

"도반 깟사빠여, 아누룻다 존자가 자신의 경지에 따라서 표현했습니다. 도반 깟사빠여, 이제 우리는 마하깟사빠 존자에게 묻겠습니다. 도반 깟사빠여, 고싱가살라 숲은 아름답습니다. 밤이면 달빛이 밝고 살라 꽃이 만개하여 마치 천상의 향기가 두루 퍼져 있는 것 같습니다. 도반 깟사빠여, 어떤 비구가 이 고싱가살라 숲을 빛나게 합니까?"

"도반 사리뿟따여, 여기 비구는 스스로 숲속에서 살고 또 숲속에서 사는 것을 찬탄하며, 스스로 탁발 음식만을 수용하고 또 탁발 음식만 수용하는 것을 찬탄하며, 스스로 분소의를 입고 또 분소의 입는 것을 찬탄하며, 스스로 세벌 옷[三衣]만 지니고 또 세벌 옷만 지니는 것을 찬탄하며, 스스로 소욕하고 소욕을 찬탄하며, 스스로 지족하고 지족을 찬탄하며, 스스로 한

거하고 한거하는 것을 찬탄하며, 스스로 교제하지 않고 교제
하지 않는 것을 찬탄하며, 스스로 정진을 시작하고 정진을 시
작하는 것을 찬탄하며, 스스로 계(戒)를 구족하고 계의 구족을
찬탄하며, 스스로 삼매[定]를 구족하고 삼매의 구족을 찬탄하
며, 스스로 통찰지[慧]를 구족하고 통찰지의 구족을 찬탄하며,
스스로 해탈을 구족하고 해탈의 구족을 찬탄하고, 스스로 해
탈지견을 구족하고 해탈지견의 구족을 찬탄합니다. 도반 사
리뿟따여, 이런 비구가 고싱가살라 숲을 빛나게 합니다."

그다음은 마하목갈라나한테 물어봅니다. 마하목갈라나는 신통제
일입니다. 앞의 사람들과 다른 대답을 합니다.

도반 사리뿟따여, 여기 두 비구가 있어 아비담마에 대해 논의
를 하는데 그들은 서로에게 질문을 하고 각자 받은 질문에 대
답하며 그칠 줄을 모르고 그들의 대화는 법에 근거하여 계속
됩니다. 도반 사리뿟따여, 이런 비구가 고싱가살라 숲을 빛나
게 합니다.

그런데 사리뿟따는 마하목갈라나도 자신의 경지에 따라 대답했
다고 말합니다.
그러자 마하목갈라나 존자가 사리뿟따 존자에게 이렇게 말합니
다.

"도반 사리뿟따여, 우리 모두가 이렇게 자신의 경지에 따라서 표현했습니다. 도반 사리뿟따여, 이제 우리는 사리뿟따 존자에게 묻겠습니다. 도반 사리뿟따여, 고싱가살라 숲은 아름답습니다. 밤이면 달빛이 밝고 살라 꽃이 만개하여 마치 천상의 향기가 두루 퍼져 있는 것 같습니다. 도반 사리뿟따여, 어떤 비구가 이 고싱가살라 숲을 빛나게 합니까?"

"도반 목갈라나여, 여기 비구는 마음을 지배할 뿐 마음의 지배를 받지 않습니다. 오전에 어떤 증득에 머물기를 원하면 오전에 그 증득에 머물고, 한낮에 어떤 증득에 머물기를 원하면 한낮에 그 증득에 머물고, 해거름에 어떤 증득에 머물기를 원하면 해거름에 그 증득에 머뭅니다.

도반 목갈라나여, 예를 들면 왕이나 왕의 대신에게 여러 가지 색깔의 옷이 가득 찬 옷장이 있어서 그가 오전에 어떤 옷 한 벌을 입기를 원하면 오전에 그 옷을 입고, 한낮에 어떤 옷 한 벌을 입기를 원하면 한낮에 그 옷을 입고, 해거름에 어떤 옷 한 벌을 입기를 원하면 해거름에 그 옷을 입는 것과 같습니다.

도반 목갈라나여, 그와 같이 비구는 마음을 지배할 뿐 마음의 지배를 받지 않습니다. 오전에 어떤 증득에 머물기를 원하면 오전에 그 증득에 머물고, 한낮에 어떤 증득에 머물기를 원하면 한낮에 그 증득에 머물고, 해거름에 어떤 증득에 머물기를 원하면 해거름에 그 증득에 머뭅니다. 도반 목갈라나여, 이런 비구가 고싱가살라 숲을 빛나게 합니다."

이렇게 대화가 끝나고 함께 대화를 나눴던 비구들이 모두 부처님을 찾아갑니다. 그리고 나눴던 이야기를 부처님께 이야기합니다. 이에 대해 부처님은 '각자가 대답하면서 말한 대로 각자 했던 것을 말했다. 참으로 장한 일이다.'고 말씀하십니다.

그러자 사리뿟따가 어떤 비구가 가장 잘 말했는지 부처님께 묻습니다. 이에 부처님이 다시 대답합니다.

> 사리뿟따여, 그대들 모두가 다 각자의 방법에 따라 잘 말했다. 이제 어떤 비구가 고싱가살라 숲을 빛나게 하는지에 대한 나의 말을 들어라.
> 사리뿟따여, 여기 비구는 공양을 마치고 탁발에서 돌아와 가부좌를 틀고 상체를 곧추세우고 전면에 마음챙김을 확립하여 앉는다. 그는 '취착 없이 내 마음이 번뇌에서 해탈할 때까지 이 가부좌를 풀지 않으리라.'라고 결심한다. 사리뿟따여, 이런 비구가 고싱가살라 숲을 빛나게 한다.

이렇게 이 경이 마무리됩니다.

모함에 대처하는 자세

남이 나를 헐뜯을 때 거기 말려들어 가면 안 됩니다. 사람들은 다른 사람이 기분 나쁜 이야기를 하면 거기 너무 쉽게 휩쓸립니다. 휩쓸리면 다른 사람이 볼 때는 '아, 저럴 만하니까 저러는 모양이다.' 이렇게 생각하기 쉽습니다. 하지만 그럴 때가 오히려 올바름을 드러낼 수 있는 기회입니다.

『안거를 마침 경』(A9:11)에는 이런 상황에서 사리뿟따가 어떻게 올바르게 대처했는지 나와 있습니다.

부처님 당시에는 안거가 끝나면 만행에 나섰습니다. 사리뿟따도 안거가 끝나자 부처님께 가서 '이제 만행을 떠나고자 합니다.' 하고 보고를 합니다. 그러자 부처님은 '그러면 네가 적당한 때라 생각되면 가라.'고 합니다. 그래서 사리뿟따는 만행을 떠나려고 채비를 합니다. 그런데 어떤 비구가 부처님께 달려가 모함을 합니다. "사리뿟따가 나를 모욕하고 용서를 구하지도 않고 만행을 떠나려고 합니다." 그러니까 부처님께서 "그러면 사리뿟따에게 가서 스승이 부른다고 해라." 하고 사리뿟따를 부릅니다. 부처님께서는 누구를 부를 때 항상 이런 식으로 말씀하십니다. 여하튼 사리뿟따가 불려옵니다. 그때 마하목갈라나와 아난다가 이 승원에서 저 승원으로 다니면서 "존자들은 나오십시오. 존자들은 나오십시오. 지금 사리뿟따 존자가 세존의 면전에서 사자후를 토할 것입니다."라고 말합니다. 보통 사자후는 부처님이 말씀하시는 걸 표현하는데 사리뿟따에게도 이런 표현을 쓰고 있습니다.

부처님께서 사리뿟따에게 "사리뿟따여, 여기 어떤 동료 수행자가 그대에 대해서 '세존이시여, 사리뿟따 존자는 저에게 모욕을 주고 용서를 구하지 않고 만행을 떠나려고 합니다.'라고 불만을 가지고 있다."고 이야기하자 사리뿟따가 다음과 같이 대답합니다.

세존이시여, 참으로 몸에서 몸에 대한 마음챙김을 확립하지 못한 자는 다른 동료 수행자에게 모욕을 주고 용서를 구하지 않고 만행을 떠날 것입니다. [그러나 저는 그렇지 않습니다.]

세존이시여, 예를 들면 그들이 땅에 깨끗한 것을 던지기도 하고 더러운 것을 던지기도 하고 똥을 누기도 하고 오줌을 누기도 하고 침을 뱉기도 하고 고름을 짜서 버리기도 하고 피를 흘리기도 하지만 땅은 그 때문에 놀라지도 않고 주눅 들지도 않고 넌더리치지도 않듯이, 세존이시여, 그와 마찬가지로 저는 땅과 같이 풍만하고 광대하고 무량하고 원한 없고 고통 없는 마음으로 머뭅니다. 세존이시여, 참으로 몸에서 몸에 대한 마음챙김을 확립하지 못한 자는 다른 동료 수행자에게 모욕을 주고 용서를 구하지 않고 만행을 떠날 것입니다. [그러나 저는 그렇지 않습니다.]

이어서 물, 불, 바람처럼 자신이 할 것이라고 말한 후 비유를 들어서 다음과 같이 말합니다.

세존이시여, 예를 들면 먼지 닦는 걸레가 깨끗한 것을 닦아내기도 하고 더러운 것을 닦아내기도 하고 똥을 닦아내기도 하고 오줌을 닦아내기도 하고 침을 닦아내기도 하고 고름을 닦아내기도 하고 피를 닦아내기도 하지만 먼지 닦는 걸레는 그 때문에 놀라지도 않고 주눅 들지도 않고 넌더리치지도 않듯이, 세존이시여, 그와 마찬가지로 저는 먼지 닦는 걸레와 같이 풍만하고 광대하고 무량하고 원한 없고 고통 없는 마음으로 머뭅니다. 세존이시여, 참으로 몸에서 몸에 대한 마음챙김을 확립하지 못한 자는 여기서 다른 동료 수행자에게 모욕을 주고 용서를 구하지 않고 만행을 떠날 것입니다. [그러나 저는 그렇지 않습니다.]

세존이시여, 예를 들면 천민의 사내아이나 천민의 딸아이가 동냥그릇을 들고 다 떨어진 옷을 입고 마을이나 성읍으로 들어가면서 하심하는 마음을 확립하여 들어가듯이, 세존이시여, 그와 마찬가지로 저는 천민의 사내아이와 같이 풍만하고 광대하고 무량하고 원한 없고 고통 없는 마음으로 머뭅니다. 세존이시여, 참으로 몸에서 몸에 대한 마음챙김을 확립하지 못한 자는 여기서 다른 동료 수행자에게 모욕을 주고 용서를 구하지 않고 만행을 떠날 것입니다. [그러나 저는 그렇지 않습니다.]

세존이시여, 예를 들면 뿔이 잘린 황소가 유순하고 잘 길들여지고 잘 제어되어 이 골목 저 골목, 이 거리 저 거리를 누비지만 발굽이나 뿔로 어느 누구도 해치지 않듯이, 세존이시여, 그와 마찬가지로 저는 뿔이 잘린 황소와 같이 풍만하고 광대하고 무량하고 원한 없고 고통 없는 마음으로 머뭅니다. 세존이시여, 참으로 몸에서 몸에 대한 마음챙김을 확립하지 못한 자는 여기서 다른 동료 수행자에게 모욕을 주고 용서를 구하지 않고 만행을 떠날 것입니다. [그러나 저는 그렇지 않습니다.]

세존이시여, 예를 들면 여자나 남자가 어리거나 젊거나 간에 장식을 좋아하여 머리를 감은 뒤 뱀의 사체나 개의 사체나 사람의 시체를 그의 목 주위에 감으면 그는 전율을 느끼고 혐오스러워 하고 넌더리를 내듯이, 세존이시여, 그와 마찬가지로 저는 썩어문드러질 이 몸에 대해서 전율을 느끼고 혐오스러워하고 넌더리를 냅니다. 세존이시여, 참으로 몸에서 몸에 대한 마음챙김을 확립하지 못한 자는 다른 동료 수행자에게 모욕을 주고 용서를 구하지 않고 만행을 떠날 것입니다. [그러나 저는 그렇지 않습니다.]

세존이시여, 예를 들면 사람이 터지고 금가고 [기름이] 스며 나오고 뚝뚝 떨어지는 기름단지를 가지고 가듯이, 세존이시여, 그와 마찬가지로 저는 터지고 금가고 [오염원이] 스며나오고 뚝뚝 떨어지는 이 몸을 가지고 다닙니다. 세존이시여, 참으로 몸에서 몸에 대한 마음챙김을 확립하지 못한 자는 여기서 다른 동료 수행자에게 모욕을 주고 용서를 구하지 않고 만행을 떠날 것입니다. [그러나 저는 그렇지 않습니다.

사리뿟따가 이렇게 말하자 사리뿟따를 모함했던 비구가 "세존이시여, 저는 잘못을 범했습니다. 세존이시여, 제가 어리석고 미혹하고 나빠서 사실이 아니고 헛된 거짓말을 하여 사리뿟따 존자를 비방했습니다. 세존이시여, 세존께서는 제가 미래에 [다시 이와 같은 잘못을 범하지 않고] 제 자신을 단속할 수 있도록 제 잘못에 대한 참회를 섭수해 주소서."라고 말합니다. 부처님께서 그 비구가 잘못을 인정하고 법답게 참회를 했기 때문에 받아들인다고 하면서 사리뿟따에게 용서를 해 주라고 합니다. 그러자 사리뿟따가 '저 사람이 나한테 용서를 구하면 나는 용서해 준다.'고 대답을 합니다.

사리뿟따에 대한 다른 식의 모함이 있는 경전도 있습니다. 『깔라라 경』(S12:32)입니다.

하루는 깔라라깟띠야라는 비구가 사리뿟따를 찾아와 몰리야팍구나라는 비구가 환속을 했다는 말을 합니다. 그러자 사리뿟따가 "그 존자는 이 법과 율에서 안식을 얻지 못했기 때문일 것입니다."라고 이야기합니다. 그러자 깔라라깟띠야 비구가 "그렇다면 사리뿟따 존자는 이 법과 율에서 안식을 얻었습니까?" 하고 반문합니다. 사리뿟따는 "도반이여, 나는 그것에 대하여 의문이 없습니다."라고 대답을 하죠. 다시 깔라라깟띠야 비구가 "도반이여, 그러면 미래에도 그렇습니까?" 하고 묻습니다. 사리뿟따는 "도반이여, 나는 결코 의심하지 않을 것입니다."라고 대답합니다.

그런데 이 대화가 있고 난 후 깔라라깟띠야 비구가 바로 부처님을 찾아가 "사리뿟따 존자가 '태어남은 다했다. 청정범행은 성취되었다. 할 일을 다 해 마쳤다. 다시는 어떤 존재로도 돌아오지 않을 것이다라고 꿰뚫어 안다.'라고 구경의 지혜를 드러내었습니다."고 이야기합니다.

부처님이 생각하시기에 이상했습니다. 사리뿟따는 그렇게 말할 사람이 아니거든요. 그러니까 '그럼 사리뿟따를 좀 오라 해라.'고 해서 사리뿟따가 도착하자 다음과 같이 묻고 답합니다.

"사리뿟따여, 그대가 '태어남은 다했다. 청정범행은 성취되었다. 할 일을 다 해 마쳤다. 다시는 어떤 존재로도 돌아오지 않을 것이다라고 꿰뚫어 안다.'라고 구경의 지혜를 드러낸 것이 사실인가?"

"세존이시여, 저는 그러한 단어와 그러한 문장으로 그런 뜻을 말하지 않았습니다."

"사리뿟따여, 어떠한 방법으로든 선남자가 구경의 지혜를 드러내면 드러낸 것은 드러낸 것이라고 봐야 한다."

"세존이시여, 제가 '세존이시여, 그러한 단어와 그러한 문장으로 그런 뜻을 말하지 않았습니다.'라고 이렇게 말씀드리지 않았습니까?"

"사리뿟따여, 만일 그대에게 묻기를 '도반 사리뿟따여, 어떻게 알고 어떻게 보기 때문에 그대는 〈태어남은 다했다. 청정범행은 성취되었다. 할 일을 다 해 마쳤다. 다시는 어떤 존재로도 돌아오지 않을 것이라고 꿰뚫어 안다.〉라고 구경의 지혜를 드러냅니까?'라고 한다면 그대는 어떻게 설명하겠는가?"

"세존이시여, 만일 제게 묻기를 '도반 사리뿟따여, 어떻게 알고 어떻게 보기 때문에 그대는 〈태어남은 다했다. 청정범행은 성취되었다. 할 일을 다 해 마쳤다. 다시는 어떤 존재로도 돌아오지 않을 것이다라고 꿰뚫어 안다.〉라고 구경의 지혜를 드러냅니까?'라고 한다면 저는 이렇게 설명하겠습니다.
'도반들이여, 어떤 원인 때문에 태어남이 있는데 그 원인이 다하기 때문에 다함에 대해서 다함이라고 압니다. 다함에 대

해서 다함이라고 안 뒤에 나는 〈태어남은 다했다. 청정범행
은 성취되었다. 할 일을 다 해 마쳤다. 다시는 어떤 존재로도
돌아오지 않을 것이다.〉라고 꿰뚫어 압니다.'라고 이렇게 설
명하겠습니다."

"사리뿟따여, 만일 그대에게 묻기를 '도반 사리뿟따여, 그러
면 태어남은 무엇이 그 근원이며, 무엇으로부터 일어나고, 무
엇으로부터 생기며, 무엇으로부터 발생합니까?'라고 한다면
그대는 어떻게 설명하겠는가?"

"세존이시여, 만일 제게 묻기를 '도반 사리뿟따여, 그러면 태
어남은 무엇이 그 근원이며, … 무엇으로부터 발생합니까?'
라고 한다면 저는 이렇게 설명하겠습니다.

'도반들이여, 태어남은 존재[有]가 그 근원이며, 존재로부터
일어나고 존재로부터 생기며, 존재로부터 발생합니다.'라고
이렇게 설명하겠습니다."

이어서 존재, 취착, 갈애의 원인에 대해서도 부처님이 사리뿟따에
게 묻습니다.

"사리뿟따여, 만일 그대에게 묻기를 '도반 사리뿟따여, 어떻
게 알고 어떻게 보기 때문에 느낌들에 대한 기쁨이 자리 잡지
않습니까?'라고 한다면 그대는 어떻게 설명하겠는가?"

"세존이시여, 만일 제게 묻기를 '도반 사리뿟따여, 어떻게 알
고 어떻게 보기 때문에 느낌들에 대한 기쁨이 자리 잡지 않습

니까?'라고 한다면 저는 이렇게 설명하겠습니다.

'도반들이여, 세 가지 느낌이 있습니다. 무엇이 셋입니까? 즐거운 느낌, 괴로운 느낌, 괴롭지도 즐겁지도 않은 느낌입니다. 도반들이여, 이러한 세 가지 느낌은 무상합니다. 무상한 것은 괴로움이라고 분명하게 알아질 때 느낌들에 대한 기쁨이 자리 잡지 않습니다.'라고 저는 이렇게 설명하겠습니다."

"장하고도 장하구나, 사리뿟따여, 그대가 말한 이 방법은 간략하게 설명하면 '느껴진 것은 무엇이든지 괴로움에 포함된다.'라는 것이다.

사리뿟따여, 만일 그대에게 묻기를 '도반 사리뿟따여, 어떻게 해탈하였기 때문에 그대는 〈태어남은 다했다. 청정범행은 성취되었다. 할 일을 다 해 마쳤다. 다시는 어떤 존재로도 돌아오지 않을 것이라고 꿰뚫어 안다.〉라고 구경의 지혜를 드러냅니까?'라고 한다면 그대는 어떻게 설명하겠는가?"

"세존이시여, 만일 제게 묻기를 '도반 사리뿟따여, 어떻게 해탈했기 때문에 그대는 〈태어남은 다했다. 청정범행은 성취되었다. 할 일을 다 해 마쳤다. 다시는 어떤 존재로도 돌아오지 않을 것이라고 꿰뚫어 안다.〉라고 구경의 지혜를 드러냅니까?'라고 한다면 저는 이렇게 설명하겠습니다.

'도반들이여, 나는 안으로 해탈을 하였고 모든 취착이 다 하였기 때문에 번뇌들이 더 이상 흐르지 않는 그러한 마음챙김으로 머물며, 또한 나 자신을 경멸하지 않습니다.'라고 저는 이렇게 설명하겠습니다."

"장하고도 장하구나, 사리뿟따여, 그대가 말한 이 방법은 간략하게 설명하면 '사문에 의해서 설해진 번뇌들에 대해서 나는 의문을 가지지 않으며 나는 그러한 번뇌들을 제거하였음에 대해서 의심하지 않습니다.'라는 것이다."

이렇게 해서 이 일이 명확해집니다. 부처님께서 가신 후 오래되지 않아서 사리뿟따는 비구들을 부릅니다. 그러고 나서 부처님과 있었던 문답에 대해서 말을 합니다. 이 문답은 불교를 이해하는 아주 귀중한 자료입니다.

도반들이여, 세존께서 첫 번째 질문을 하셨을 때 나는 먼저 그분의 [의향을] 알지 못하였기 때문에 느리게 답을 하였습니다. 그러나 세존께서 첫 번째 질문에 대한 나의 답을 기뻐하셨을 때 나에게는 이런 생각이 들었습니다.
'만일 세존께서 낮이 다가도록 여러 가지 단어들과 여러 가지 방법들로 나에게 이러한 뜻에 대해서 질문을 하시면 나는 여러 가지 단어들과 여러 가지 방법들로 낮이 다가도록 세존께 그 뜻을 설명해드리리라.
만일 세존께서 밤새도록 여러 가지 단어들과 여러 가지 방법들로 나에게 이러한 뜻에 대해서 질문을 하시면 나는 여러 가지 단어들과 여러 가지 방법들로 밤새도록 세존께 그 뜻을 설명해드리리라.
만일 세존께서 하루 동안 여러 가지 단어들과 여러 가지 방법들로 나에게 이러한 뜻에 대해서 질문을 하시면 나는 여러 가지 단어들과 여러 가지 방법들로 하루 동안 세존께 그 뜻을 설명해드리리라.

만일 세존께서 이틀 동안 … 사흘 동안 … 나흘 동안 … 닷새 동안 … 엿새 동안 … 이레 동안 여러 가지 단어들과 여러 가지 방법들로 나에게 이러한 뜻에 대해서 질문을 하시면 나는 여러 가지 단어들과 여러 가지 방법들로 이레 동안 세존께 그 뜻을 설명해드리리라.'라고.

사리뿟따가 비구들에게 말한 것을 깔라라캇띠야 비구가 부처님에게 가서 또 말을 합니다. 그 말을 듣고 부처님께서 사리뿟따에 대해 다음과 같이 말씀하십니다.

비구여, 사리뿟따는 법의 요소[法界]를 잘 꿰뚫었기 때문이다. 그는 법의 요소를 잘 꿰뚫었기 때문에 만일 내가 낮이 다가도록 여러 가지 단어들과 여러 가지 방법들로 사리뿟따에게 이러한 뜻에 대해서 질문을 하면 사리뿟따는 여러 가지 단어들과 여러 가지 방법들로 낮이 다가도록 나에게 그 뜻을 설명할 것이다.

만일 내가 밤새도록 하루 동안 … 이틀 동안 … 사흘 동안 … 나흘 동안 … 닷새 동안 … 엿새 동안 … 이레 동안 여러 가지 단어들과 여러 가지 방법들로 사리뿟따에게 이러한 뜻에 대해서 질문을 하면 사리뿟따는 여러 가지 단어들과 여러 가지 방법들로 이레 동안 나에게 그 뜻을 설명할 것이다.

이런 사리뿟따가 구체적으로 어떤 경지를 가졌는지 부처님이 직접 설명하기도 합니다. 『차례대로 경』(M111)에 그런 내용이 아주 자세히 나와 있습니다.

비구들이여, 사리뿟따는 현자이다. 비구들이여, 사리뿟따는 큰 통찰지를 가졌다. 비구들이여, 사리뿟따는 광대한 통찰지를 가졌다. 비구들이여, 사리뿟따는 명쾌한 통찰지를 가졌다. 비구들이여, 사리뿟따는 전광석화와 같은 통찰지를 가졌다. 비구들이여, 사리뿟따는 예리한 통찰지를 가졌다. 비구들이여, 사리뿟따는 꿰뚫는 통찰지를 가졌다. 비구들이여, 사리뿟따는 보름 동안 차례대로 법에 대해 위빳사나를 닦았다. 비구들이여, 이것이 사리뿟따가 차례대로 법에 대해 위빳사나를 닦은 것이다.

비구들이여, 여기 사리뿟따는 감각적 욕망을 완전히 떨쳐버리고 해로운 법[不善法]들을 떨쳐버린 뒤 일으킨 생각[尋]과 지속적 고찰[伺]이 있고, 떨쳐버렸음에서 생긴 희열[喜]과 행복[樂]이 있는 초선(初禪)을 구족하여 머문다.

초선에는 일으킨 생각[尋]과 지속적 고찰[伺], 희열[喜], 행복[樂], 마음이 한 끝에 집중됨[心一境性], 감각접촉[觸], 느낌[受], 인식[想], 의도[思], 마음[心], 열의[欲], 결심[信解], 정진, 마음챙김[念], 평온[捨], 마음에 잡도리함[作意]의 법들이 있는바. 그는 이 법들을 차례대로 결정지었다. 그에게 이 법들이 분명하게 드러나면서 일어나고, 분명하게 드러나면서 머물고, 분명하게 드러나면서 사라진다. 그는 이와 같이 꿰뚫어 안다. '이와 같이 이 법들은 없었는데 생겨나고, 있다가는 사라진다.'라고. 그는 그 법들에 대해 홀리지 않고 저항하지 않고 집착하지 않고 매이지 않고 벗어나고 자유롭고 한계가 없는 마음으로 머문다. 그는 '이보다 높은 벗어남이 있다.'라고 꿰뚫어 안다. 그것을 많이 닦았기 때문에 반드시 그것이 있다고 확신했다.

이어서 사리뿟따는 제2선에 들어가 앞서 초선에서 언급한 일으킨 생각, 지속적 고찰, 희열, 행복, 마음이 한 끝에 집중됨, 감각접촉, 느낌, 인식, 의도, 마음, 열의, 결심, 정진, 마음챙김, 평온, 마음에 잡도리함의 열여섯 가지 중 일으킨 생각과 지속적 고찰을 제외한 열네 가지를 앞서 말한 것처럼 관찰합니다. 제3선에서는 제2선의 열네 가지 중에서 희열이 빠집니다. 그 대신에 알아차림과 또 다른 평온이 추가되어 열다섯 가지가 됩니다. 제4선에는 제3선의 열다섯 가지에서 행복과 알아차림이 빠지고 대신에 괴롭지도 즐겁지도 않은 느낌, 편안함에 기인한 마음의 무관심, 마음챙김의 완전한 청정이 추가되어 열여섯 가지가 됩니다. 그것을 관찰합니다.

공무변처에 들어 제4선의 열여섯 가지 중 두 가지 평온 중 하나의 평온, 괴롭지도 즐겁지도 않은 느낌, 편안함에 기인한 마음의 무관심, 마음챙김의 완전한 청정이 빠지고 공무변처의 인식이 추가되어 열세 가지를 관찰합니다. 다시 식무변처에 들어 공무변처의 열세 가지 중 공무변처의 인식이 빠지고 식변처의 인식이 추가되어 열세 가지를 관찰합니다. 다시 무소유처에 들어 식무변처의 열세 가지 중 식무변처의 인식이 빠지고 무소유처의 인식이 추가되어 열세 가지를 관찰합니다. 다시 비상비비상처와 상수멸에 듭니다.

상수멸에 드는 것은 앞의 내용들과 약간 달라서 부처님의 말씀을 바로 들어보겠습니다.

비구들이여, 다시 사리뿟따는 무소유처를 완전히 초월하여 비상비비상처(非想非非想處)를 구족하여 머문다.

그는 그 증득에서 마음챙기며 출정(出定)한다. 그는 그 증득에서 마음챙기며 출정하여 과거에 소멸하고 변해버린 그 법들을 관찰(觀察)한다. '이와 같이 이 법들은 없었는데 생겨나고, 있다가는 사라진다.'라고 그는 그 법들에 대해 홀리지 않고 저항하지 않고 집착하지 않고 매이지 않고 벗어나고 자유롭고 한계가 없는 마음으로 머문다. 그는 '이보다 높은 벗어남이 있다.'라고 꿰뚫어 알았다. 그것을 많이 닦았기 때문에 반드시 그것이 있다고 확신했다.

비구들이여, 다시 사리뿟따는 비상비비상처(非想非非想處)를 완전히 초월하여 상수멸(想受滅)을 구족하여 머문다. 그리고 그의 통찰지로 [진리를] 보아서 번뇌를 남김없이 소멸하였다. 그는 그 증득에서 마음챙기며 출정(出定)한다. 그는 그 증득에서 마음챙기며 출정하여 과거에 소멸하고 변해버린 그 법들을 관찰[觀察]한다. '이와 같이 이 법들은 없었는데 생겨나고, 있다가는 사라진다.'라고, 그는 그 법들에 대해 홀리지 않고 저항하지 않고 집착하지 않고 매이지 않고 벗어나고 자유롭고 한계가 없는 마음으로 머문다. 그는 '이보다 높은 벗어남은 없다.'라고 꿰뚫어 안다. 그것을 많이 닦았기 때문에 그것이 없다고 확신했다.

이렇게 말씀하시고 난 후 사리뿟따에 대해 다음과 같이 말씀하시면서 이 경이 끝이 납니다. 부처님께서 사리뿟따를 어떻게 생각하시는지 잘 나타나 있습니다.

비구들이여, '그는 성스러운 계(戒)에서 자재를 얻고 완성을 얻었으며, 성스러운 삼매에서 자재를 얻고 완성을 얻었으며, 성스러운 통찰지[慧]에서 자재를 얻고 완성을 얻었으며, 성스러운 해탈에서 자재를 얻고 완성을 얻었다.'라고 바르게 말을 하는 어떤 자가 말한다면, 그는 사리뿟따를 두고 바르게 말하면서 '그는 성스러운 계(戒)에서 자재를 얻고 완성을 얻었으며, 성스러운 삼매에서 자재를 얻고 완성을 얻었으며, 성스러운 통찰지[慧]에서 자재를 얻고 완성을 얻었으며, 성스러운 해탈에서 자재를 얻고 완성을 얻었다.'라고 말해야 한다.
비구들이여, '그는 세존의 아들이고, 적출이고, 입으로 태어났고, 법에서 태어났고, 법에 의해 생겨났고, 법의 상속자이지 재물의 상속자가 아니다.'라고 바르게 말하는 어떤 자가 말한

다면, 그는 사리뿟따를 두고 바르게 말하면서 '그는 세존의
아들이고, 적출이고, 입으로 태어났고, 법에서 태어났고, 법에
의해 생겨났고, 법의 상속자이지 재물의 상속자가 아니다.'라
고 말해야 한다.

비구들이여, 사리뿟따는 여래가 굴린 위없는 법륜을 바르게
계속해서 굴릴 것이다.

반조(返照)

초기경전에서 공(空)은 없는 것을 주로 말하는데 어떤 경지로서의 공
을 생각해볼 수 있는 경이 있어 소개합니다. 『탁발음식의 청정 경』
(M151)입니다.

　　하루는 부처님이 계신 곳으로 사리뿟따가 걸어옵니다. 사리뿟따
의 얼굴은 청정하고 깨끗하고 밝았습니다. 이에 부처님이 사리뿟따에
게 이렇게 묻습니다. "사리뿟따여, 그대의 감관은 맑구나. 피부색은 깨
끗하고 빛나는구나. 사리뿟따여, 그대는 요즈음 어떤 머묾으로 많이
머무는가?" 사리뿟따가 "세존이시여, 저는 요즈음 자주 공에 들어 머
뭅니다."라고 대답하니 부처님께서 어떻게 공에 대한 머묾에 머무를
수 있는지에 대한 가르침을 사리뿟따에게 줍니다.

　　장하구나, 사리뿟따여, 장하구나, 사리뿟따여. 그대는 요즈음
　　자주 대인(大人)의 머묾으로 머무는구나. 사리뿟따여, 이것이

대인의 머묾이니 그것은 바로 공이다.

사리뿟따여, 그러므로 여기 비구가 만일 '내가 요즈음 자주 공에 들어 머물리라.'라고 원한다면 그 비구는 다음과 같이 숙고해야 한다.

'내가 마을로 탁발을 들어가는 길이거나 그 지역에서 탁발을 하거나 마을에서 탁발을 마치고 돌아올 때, 거기서 눈으로 인식되는 형색들에 대해 욕구나 탐욕이나 성냄이나 어리석음 이나 적의가 내 마음에 있는가?'

사리뿟따여, 만일 비구가 반조하여 '내가 마을로 탁발을 들어가는 길이거나 그 지역에서 탁발을 하거나 마을에서 탁발을 마치고 돌아올 때, 거기서 눈으로 인식되는 형색들에 대해 욕구나 탐욕이나 성냄이나 어리석음이나 적의가 내 마음에 있다.'라고 안다면 그 비구는 그런 나쁘고 해로운 법들을 버리기 위해 정진해야 한다.

사리뿟따여, 만일 비구가 반조하여 '내가 마을로 탁발을 들어가는 길이거나 그 지역에서 탁발을 하거나 마을에서 탁발을 마치고 돌아올 때, 거기서 눈으로 인식되는 형색들에 대해 욕구나 탐욕이나 성냄이나 어리석음이나 적의가 내 마음에 없다.'라고 안다면 그 비구는 희열과 환희심으로 유익한 법들을 밤낮으로 공부지으면서 머물 수 있다.

사리뿟따여, 다시 비구는 다음과 같이 숙고해야 한다. '내가 마을로 탁발을 들어가는 길이거나 그 지역에서 탁발을 하거나 마을에서 탁발을 마치고 돌아올 때, 거기서 귀로 인식되는 소리들에 대해 … 코로 인식되는 냄새들에 대해 … 혀로 인식되는 맛들에 대해 … 몸으로 인식되는 감촉들에 대해 … 마노로 인식되는 법들에 대해 욕구나 탐욕이나 성냄이나 어리석음이나 적의가 내 마음에 있는가?'

사리뿟따여, 만일 비구가 반조하여 '내가 마을로 탁발을 들어가는 길이거나 그 지역에서 탁발을 하거나 마을에서 탁발을 마치고 돌아올 때, 거기서 귀로 인식되는 소리들에 대해 … 코로 인식되는 냄새들에 대해 … 혀로 인식되는 맛들에 대해 … 몸으로 인식되는 감촉들에 대해 … 마노로 인식되는 법들에 대해 욕구나 탐욕이나 성냄이나 어리석음이나 적의가 내 마음에 있다.'라고 안다면 그 비구는 그런 나쁘고 해로운 법들을 버리기 위해 정진해야 한다.

사리뿟따여, 만일 비구가 반조하여 '내가 마을로 탁발을 들어가는 길이거나 그 지역에서 탁발을 하거나 마을에서 탁발을 마치고 돌아올 때, 거기서 귀로 인식되는 소리들에 대해 … 코로 인식되는 냄새들에 대해 … 혀로 인식되는 맛들에 대해 … 몸으로 인식되는 감촉들에 대해 … 마노로 인식되는 법들에 대해 욕구나 탐욕이나 성냄이나 어리석음이나 적의가 내 마음에 없다.'라고 안다면 그 비구는 희열과 환희심으로 유익한 법들을 밤낮으로 공부지으면서 머물 수 있다.

사리뿟따여, 다시 비구는 다음과 같이 숙고해야 한다.

'나에게 다섯 가닥의 얽어매는 감각적 욕망은 제거되었는가?'

사리뿟따여, 만일 비구가 반조하여 '나에게 다섯 가닥의 얽어 매는 감각적 욕망은 제거되지 않았다.'라고 안다면 그 비구는 다섯 가닥의 얽어매는 감각적 욕망을 버리기 위해 정진해야 한다.

사리뿟따여, 만일 비구가 반조하여 '나에게 다섯 가닥의 얽어 매는 감각적 욕망은 제거되었다.'라고 안다면 그 비구는 희열 과 환희심으로 유익한 법들을 밤낮으로 공부지으면서 머물 수 있다.

사리뿟따여, 다시 비구는 다음과 같이 숙고해야 한다.

'나에게 다섯 가지 장애[五蘊]들은 제거되었는가?'

사리뿟따여, 만일 비구가 반조하여 '나에게 다섯 가지 장애들 은 제거되지 않았다.'라고 안다면 그 비구는 다섯 가지 장애 들을 버리기 위해 정진해야 한다.

사리뿟따여, 만일 비구가 반조하여 '나에게 다섯 가지 장애들 은 제거되었다.'라고 안다면 그 비구는 희열과 환희심으로 유 익한 법들을 밤낮으로 공부지으면서 머물 수 있다.

사리뿟따여, 다시 비구는 다음과 같이 숙고해야 한다.

'나는 취착의 [대상인] 다섯 가지 무더기들[五取蘊]을 철저하게 알았는가?'

사리뿟따여, 만일 비구가 반조하여 '나는 취착의 [대상인] 다섯 가지 무더기들[五取蘊]을 철저하게 알지 못했다.'라고 안다면 그 비구는 취착의 [대상인] 다섯 가지 무더기들을 철저하게 알 기 위해 정진해야 한다.

사리뿟따여, 만일 비구가 반조하여 '나는 취착의 [대상인] 다섯 가지 무더기들을 철저하게 알았다.'라고 안다면 그 비구는 희열과 환희심으로 유익한 법들을 밤낮으로 공부지으면서 머물 수 있다.

사리뿟따여, 다시 비구는 다음과 같이 숙고해야 한다.

'나는 네 가지 마음챙김의 확립을 닦았는가?'

사리뿟따여, 만일 비구가 반조하여 '나는 네 가지 마음챙김의 확립을 닦지 못했다.'라고 안다면 그 비구는 네 가지 마음챙김의 확립을 닦기 위해 정진해야 한다.

사리뿟따여, 만일 비구가 반조하여 '나는 네 가지 마음챙김의 확립을 닦았다.'라고 안다면 그 비구는 희열과 환희심으로 유익한 법들을 밤낮으로 공부지으면서 머물 수 있다.

사리뿟따여, 다시 비구는 다음과 같이 숙고해야 한다.

'나는 네 가지 바른 노력[四正勤]을 … 네 가지 성취수단[四如意足]을 … 다섯 가지 기능[五根]을 … 다섯 가지 힘[五力]을 … 일곱 가지 깨달음의 구성요소[七覺支]를 … 성스러운 팔정도[八支聖道]를 … 사마타와 위빳사나를 닦았는가?'

사리뿟따여, 만일 비구가 반조하여 '나는 사마타와 위빳사나를 닦지 않았다.'라고 안다면 그 비구는 사마타와 위빳사나를 닦기 위해 정진해야 한다.

사리뿟따여, 만일 비구가 반조하여 '나는 사마타와 위빳사나를 닦았다.'라고 안다면 그 비구는 희열과 환희심으로 유익한 법들을 밤낮으로 공부지으면서 머물 수 있다.

사리뿟따여, 다시 비구는 다음과 같이 숙고해야 한다.

'나는 명지와 해탈을 실현했는가?'

사리뿟따여, 만일 비구가 반조하여 '나는 명지와 해탈을 실현하지 못했다.'라고 안다면 그 비구는 명지와 해탈을 실현하기 위해 정진해야 한다.

사리뿟따여, 만일 비구가 반조하여 '나는 명지와 해탈을 실현했다.'라고 안다면 그 비구는 희열과 환희심으로 유익한 법들을 밤낮으로 공부지으면서 머물 수 있다.

사리뿟따여, 누구든지 과거세의 사문·바라문들이 탁발 음식을 청정하게 했다면, 그들은 모두 이와 같이 거듭거듭 반조해서 탁발 음식을 청정하게 했다. 사리뿟따여, 누구든지 미래세의 사문·바라문들이 탁발 음식을 청정하게 할 것이라면, 그들은 모두 이와 같이 거듭거듭 반조해서 탁발 음식을 청정하게 할 것이다. 사리뿟따여, 누구든지 지금의 사문·바라문들이 탁발 음식을 청정하게 한다면, 그들은 모두 이와 같이 거듭거듭 반조해서 탁발 음식을 청정하게 한다.

사리뿟따여, 그러므로 그대는 이와 같이 공부지어야 한다. '우리는 거듭거듭 반조해서 탁발 음식을 청정하게 하리라.'라고. 사리뿟따여, 그대는 참으로 이와 같이 공부지어야 한다.

사리뿟따에게 법문을 맡기신 부처님

『우빠띳사 경』(S21:2)에는 죽음에 대해 어떻게 대했는지 알 수 있는 대목이 나옵니다. 사리뿟따가 비구들을 불러 이렇게 말합니다.

> 도반들이여, 여기 나는 한적한 곳에 가서 홀로 앉아 있는 중에 문득 이런 생각이 일어났습니다.
> '변하고 다른 상태로 되어가기 때문에 나에게 근심·탄식·육체적 고통·정신적 고통·절망을 일어나게 하는 그런 것이 이 세상에는 있는가?
> 도반들이여, 그런 내게 이런 생각이 들었습니다.
> '변하고 다른 상태로 되어가기 때문에 나에게 근심·탄식·육체적 고통·정신적 고통·절망을 일어나게 하는 그런 것은 이 세상에는 없다.'"

사리뿟따가 스스로 한 생각은 어떤 존재가 죽더라도 슬픔과 고통이 없다는 겁니다. 그걸 듣고 있던 아난다가 부처님이 돌아가셨을 때도 그럴 수 있냐고 물어봅니다. 그에 대해 사리뿟따가 이렇게 대답을 합니다.

> 도반이여, 스승께서 변하고 다른 상태로 되어간다 하더라도 나에게는 근심·탄식·육체적 고통·정신적 고통·절망이 일어나지 않습니다. 그러나 내게 이런 생각이 들 것입니다.

'이처럼 크나큰 영향력이 있고 이처럼 크나큰 신통력이 있고 이처럼 크나큰 위력이 있는 스승께서 사라지셨구나. 만일 그분 세존께서 오래 긴 세월을 머무셨다면 그것은 많은 사람의 이익을 위하고 많은 사람의 행복을 위하고 세상을 연민하고 신과 인간의 이상과 이익과 행복을 위하는 것이었을 것이다.' 라고.

그러자 아난다가 다음과 같이 자신의 생각을 말합니다.

그렇다면 그것은 사리뿟따 존자가 오랜 세월동안 '나'라는 생각과 '내 것'이라는 생각과 자만의 잠재 성향을 완전히 뿌리 뽑은 채로 [머물렀기] 때문입니다. 그래서 스승께서 변하고 다른 상태로 되어간다 하더라도 사리뿟따 존자에게는 근심·탄식·육체적 고통·정신적 고통·절망이 일어나지 않는 것입니다.

부처님이 사리뿟따에 대해 부정적으로 말씀하신 적도 있습니다. 『찌뚜마 경』(M67)입니다. 니까야를 통틀어서 딱 한 번 나옵니다.

사리뿟따와 마하목갈라나가 오백 명의 비구와 함께 찌뚜마라는 마을에 도착을 합니다. 그런데 새로 도착한 비구들과 그곳에 이미 거주하고 있는 비구들이 서로 담소를 나누고, 잠자리와 좌구를 준비하고, 발우와 가사를 정리하면서 큰소리로 시끄럽게 떠들었습니다. 그러자 부처님께서 아난다에게 "아난다여, 그런데 이들은 누구인데 이렇게 큰소리로 시끄럽게 떠드는가? 꼭 어부가 물고기들을 끌어올릴 때와 같구나." 하고 말씀을 하십니다. 부처님께서는 시끄러울 때 '어부가 고기를 잡는 것 같구나.'라는 표현을 자주 쓰셨습니다. 그래서 아난다가 어떤 상황인지 설명합니다. 그러니까 부처님께서 모두를 부르더니 "비구들이여, 물러가라. 나는 그대들을 내쫓는다. 그대들은 나와 함께 머물 수 없다."라고 말씀하십니다.

결국 비구들이 다 쫓겨납니다. 그때 찌뚜마에 사는 부처님과 고향이 같은 석가족 사람들이 비구들이 쫓겨나는 것을 보고 마음이 아파 비구들에게 거기 잠시 머물라고 말한 다음에 부처님의 신리를 회복하도록 노력해 보겠다고 말합니다. 그러고는 부처님께 가서 이렇게 말합니다.

세존이시여, 세존께서는 비구 승가를 기쁘게 해 주소서. 세존이시여, 세존께서는 비구 승가를 반겨 주소서. 세존이시여, 세존께서는 마치 이전에 비구 승가를 섭수하셨듯이 지금의 비구 승가를 섭수해 주소서,
세존이시여, 여기에는 갓 출가하여 근래에 이 법과 율에 입문한 신참 비구들이 있습니다. 그들이 세존을 친견할 기회를 얻지 못하면 다른 생각을 품게 되고 변할 수도 있을 것입니다.
세존이시여, 마치 어린 씨앗이 물을 얻지 못하면 달라지고 변하는 것과 같습니다. 세존이시여, 그와 같이 여기에는 갓 출가하여 근래에 이 법과 율에 입문한 신참 비구들이 있습니다. 그들이 세존을 친견할 기회를 얻지 못하면 다른 생각을 품게

되고 변할 수도 있을 것입니다.

세존이시여, 마치 막 태어난 어린 송아지가 어미를 보지 못하면 달라지고 변하는 것과 같습니다. 세존이시여, 그와 같이 여기에는 갓 출가하여 근래에 이 법과 율에 입문한 신참 비구들이 있습니다. 그들이 세존을 친견할 기회를 얻지 못하면 다른 생각을 품게 되고 변할 수도 있을 것입니다.

세존이시여, 세존께서는 비구 승가를 기쁘게 해 주소서. 세존이시여, 세존께서는 비구 승가를 반겨 주소서. 세존이시여, 세존께서는 마치 이전에 비구 승가를 섭수하셨듯이 지금의 비구 승가를 섭수해 주소서.”

석가족 사람들이 이렇게 말하자 사함빠띠 범천도 나타나 석가족 사람들이 말한 것과 똑같이 말을 합니다. 결국 부처님은 비구들을 다시 받아들입니다. 그러고 나서 부처님은 사리뿟따에게 이렇게 질문합니다. “사리뿟따여, 내가 비구 승가를 내칠 때 그대에게 어떤 생각이 들었는가?” 그러자 사리뿟따가 다음과 같이 대답을 합니다.

세존이시여, 제게 이런 생각이 들었습니다.
‘세존께서는 비구 승가를 내치시는구나. 세존께서 이제 무심히 지금·여기에서의 행복한 삶에 열중하여 머무실 것이다. 우리도 이제 무심히 지금·여기에서의 행복한 삶에 열중하여 머물러야겠다.’

사리뿟따의 대답을 들으시고 부처님은 사리뿟따에게 이렇게 말합니다. "그만하라. 사리뿟따여, 그만하라. 사리뿟따여, 사리뿟따여, 그대는 다시는 그런 마음을 일으키지 마라." 아마 사리뿟따를 좀 질책한 것 같습니다. 이것이 제가 알기로는 사리뿟따에 대해 유일하게 부정적으로 말한 대목입니다. 이어지는 마하목갈라나와 부처님의 대화도 똑같습니다.

> "세존이시여, 제게 이런 생각이 들었습니다.
> '세존께서는 비구 승가를 내치시는구나. 세존께서는 이제 무심히 지금·여기에서의 행복한 삶에 열중하여 머무실 것이다. 나와 사리뿟따 존자가 비구 승가를 돌보아야겠다.'"
> "장하구나, 장하구나, 목갈라나여, 목갈라나여, 참으로 내가 비구 승가를 돌보아야 하고, 아니면 사리뿟따와 목갈라나가 그렇게 해야 한다."

사리뿟따는 부처님보다 몇 달 전에 열반에 듭니다. 두 분 다 열반에 들기 얼마 전에 오고간 대화를 기록한 경전이 있습니다. 『날란다경』(S47:12)입니다.

> 세존이시여, 저는 세존께 이러한 청정한 믿음이 있습니다. 바른 깨달음에 관한 한 세존을 능가하고 세존을 초월하는 사문이나 바라문은 이전에도 없었고 앞으로도 없을 것이며 지금도 없습니다.

그러니까 부처님께서 다음과 같이 말씀하십니다. 부처님은 허점이 보이면 언제든지 딱 지적하시는 분입니다.

"사리뿟따여, 그대는 '세존이시여, 저는 세존께 이러한 청정한 믿음이 있습니다. 바른 깨달음에 관한 한 세존을 능가하고 세존을 초월하는 사문이나 바라문은 이전에도 없었고 앞으로도 없을 것이며 지금도 없습니다.'라고 이처럼 황소같이 우렁찬 목소리로 말을 하고 확신에 찬 사자후를 토하는구나. 사리뿟따여, 그런데 그대는 '그분 세존들께서는 이러한 계를 가진 분들이셨다. 그분 세존들께서는 이러한 법을 가진 분들이셨다. 그분 세존들께서는 이러한 통찰지를 가진 분들이셨다. 그분 세존들께서는 이러한 머묾을 가진 분들이셨다. 그분 세존들께서는 이런 해탈을 성취한 분들이셨다.'라고 과거의 모든 세존·아라한·정등각들을 마음으로 마음을 통하여 알았는가?"

"아닙니다. 세존이시여."

"사리뿟따여, 그러면 그대는 '그분 세존들께서는 이러한 계를 가진 분들이실 것이다. 그분 세존들께서는 이러한 법을 가진 분들이실 것이다. 그분 세존들께서는 이러한 통찰지를 가진 분들이실 것이다. 그분 세존들께서는 이러한 머묾을 가진 분들이실 것이다. 그분 세존들께서는 이런 해탈을 성취한 분들이실 것이다.'라고 미래의 모든 아라한·정등각들을 마음으로 마음을 통하여 알았는가?"

"아닙니다. 세존이시여."

"사리뿟따여, 나는 지금 이 시대의 아라한·정등각이다. 그러면 그대는 '세존께서는 이러한 계를 가진 분이다. 세존들께서는 이러한 법을 가진 분이다. 세존께서는 이러한 통찰지를 가진 분이다. 세존께서는 이러한 머묾을 가진 분이다. 세존께서는 이런 해탈을 성취한 분이다.'라고 [나에 대해서] 마음으로 마음을 통하여 알았는가?"

"아닙니다. 세존이시여."

"사리뿟따여, 여기서 참으로 그대에게는 과거와 미래와 현재의 아라한·정등각들에 대해서 [남의] 마음을 아는 지혜[他心通]가 없다. 사리뿟따여, 그런데 어떻게 그대는 '세존이시여, 저는 세존께 이러한 청정한 믿음이 있습니다. 바른 깨달음에 관한 한 세존을 능가하고 세존을 초월하는 사문이나 바라문은 이전에도 없었고 앞으로도 없을 것이며 지금도 없습니다.'라고 이처럼 황소같이 우렁찬 목소리로 말을 하고 확신에 찬 사자후를 토하는가?"

그러자 사리뿟따가 다음과 같이 대답을 합니다.

세존이시여, 제게는 분명 과거와 미래와 현재의 아라한·정등각들의 마음을 아는 지혜[他心通]가 없습니다. 그러나 저는 법다운 추론으로 알았습니다.

세존이시여, 예를 들면 왕의 국경에 있는 도시는 튼튼한 기초와 튼튼한 성벽과 망루를 가지고 있고 하나의 대문을 가지고 있습니다. 거기서 지혜롭고 입지가 굳고 현명한 문지기가 모르는 자들은 제지하고 아는 자들만 들어가게 합니다. 그는 그 도시의 모든 다니는 길을 순찰하면서 성벽의 이음매와 갈라진 틈으로 고양이가 지나다니는 정도로까지는 보지 않습니다. 그에게 이런 생각이 들 것입니다. '이 도시를 들어오고 나가는 큰 생명체는 누구든 모두 이 대문으로 들어오고 나간다.'라고. 세존이시여, 그와 마찬가지로 저는 법다운 추론으로 알았습니다.

세존이시여, 과거의 모든 세존·아라한·정등각들께서는 다섯 가지 장애(五蓋)들을 제거하셨고 마음의 오염원들을 통찰지로써 무력하게 만드셨고 네 가지 마음챙김의 확립[四念處]에 마음이 잘 확립되셨으며 일곱 가지 깨달음의 구성요소[七覺支]들을 있는 그대로 닦으신 뒤 위없는 정등각을 완전하게 깨달으셨습니다.

세존이시여, 미래의 모든 세존·아라한·정등각들께서도 다섯 가지 장애(五蓋)들을 제거하시고 마음의 오염원들을 통찰지로써 무력하게 만드시고 네 가지 마음챙김의 확립에 마음이 잘 확립되시며 일곱 가지 깨달음의 구성요소들을 있는 그대로 닦으신 뒤 위없는 정등각을 완전하게 깨달으실 것입니다.

세존이시여, 현재의 세존께서도 아라한·정등각이시니 다섯 가지 장애(五蓋)들을 제거하셨고 마음의 오염원들을 통찰지로써 무력하게 만드셨고 네 가지 마음챙김의 확립에 마음이

잘 확립되셨으며 일곱 가지 깨달음의 구성요소들을 있는 그
대로 닦으신 뒤 위없는 정등각을 완전하게 깨달으셨습니다.

앞서 말한 『날란다 경』과 비슷한 내용이긴 하나 사리뿟따가 경험
한 것이 구체적으로 자세히 나오는 경이 있습니다. 『확신경』(D28)인데
그 경에 보면 자신이 부처님한테 와서 법을 배우고 또 법을 익혀서 내
가 그걸 완전히 알고 체득해서 완성의 경지에 도달해 보니까 '부처님
께서는 올바로 깨달으신 분이고, 부처님 법은 잘 설해져 있고 부처님
제자들의 승가는 도를 잘 닦는다.'는 청정한 믿음이 생겼다고 말합니
다. 그러면서 자신이 체득한 것을 37조도품부터 시작해서 열일곱 가지
로 이야기를 합니다. 부처님께서 다 들으시고 사리뿟따에게 "사리뿟따
여, 그러므로 그대는 자주 비구들과 비구니들과 청신사들과 청신녀들
에게 이 법문을 설해야 한다. 사리뿟따여, 어리석은 인간들에게 여래
에 대한 의문과 혼란이 생기게 되면 그들은 이 법문을 듣고 여래에 대
한 의문과 혼란이 제거될 것이다."라고 말씀하셨고 사리뿟따는 부처님
의 앞에서 확고한 믿음을 드러내 보였습니다.
　『합송경』(D33)은 부처님 돌아가시기 얼마 전 사리뿟따가 부처님
의 가르침을 정리해서 비구들과 함께 노래한 것을 담은 경입니다. 부
처님의 핵심 가르침을 암송하기 위해 노래 형식으로 만든 겁니다.
　부처님 당시 육사외도 중에 니간타 나따뿟따라고 있었습니다. 그
런데 그가 죽고 나자 제자들 사이에서 다툼이 일어납니다. 이에 대해
사리뿟따가 이렇게 말합니다.

도반들이여, 니간타 나따뿟따가 빠와에서 막 임종하였습니다. 그가 임종하자 니간타들은 분열하여 둘로 갈라져서 입의 칼로써 서로를 찌르며 지내고 있었다.

즉 '그대는 이 법과 율을 제대로 모른다. 나야말로 이 법과 율을 제대로 안다.'

'어찌 그대가 이 법과 율을 제대로 알겠는가?'

'그대는 그릇된 도를 닦는 자이고 나는 바른 도를 닦는 자이다.'

'[내 말은] 일관되지만 그대는 일관되지 않는다.'

'그대는 먼저 설해야 할 것을 뒤에 설했고 뒤에 설해야 할 것을 먼저 설했다.'

'그대가 [오랫동안] 주장해오던 것은 [한 마디로] 논파되었다.'

'나는 그대의 [교설의] 허점을 지적했다. 그대는 패했다. 비난으로부터 도망가라. 혹은 만약 할 수 있다면 [지금] 설명해 보라.'라고.

니간타 나따뿟따의 제자들 사이에서는 오직 투쟁만이 있는 듯하였다. 니간타 나따뿟따의 흰 옷을 입은 재가 제자들도 니간타 나따뿟따의 제자들에게 넌더리를 내고 질려 버리고 실망한 모습이 역력하였다. 그것은 법과 율이 제대로 설해지지 못하고 잘못 선언되고 출리로 인도하지 못하고 고요에 이바지하지 못하고 바르게 깨달은 분에 의해서 선언된 것이 아니며 탑이 부서진 것이고 귀의처가 없게 된 경우에 속하였기 때문입니다. 도반들이여, 그것은 참으로 법과 율이 제대로 설해

지지 못하고 잘못 선언되고 출리로 인도하지 못하고 고요에
이바지하지 못하고 바르게 깨달은 분에 의해서 선언된 것이
아니기 때문에 그렇습니다.

도반들이여, 그러나 우리들의 법은 세존에 의해서 제대로 설
해졌고 잘 선언되고 출리로 인도하고 고요에 이바지하고 바
르게 깨달은 분에 의해서 선언된 것입니다. 그러므로 우리 모
두는 함께 합송해야 하며 분쟁을 해서는 안 됩니다. 그래서
이 청정범행이 길이 전해지고 오래 머물게 해야 합니다. 이것
이 많은 사람의 이익을 위하고 많은 사람의 행복을 위하고 세
상을 연민하고 신과 인간의 이상과 이익과 행복을 위하는 것
입니다.

도반들이여, 그러면 어떠한 법이 세존에 의해서 우리들에게
제대로 설해졌고 잘 선언되고 출리로 인도하고 고요에 이바
지하고 바르게 깨달은 분에 의해서 선언된 것입니까?

도반들이여, 아시고 보시는 그분 세존·아라한·정등각께서
는 한 가지로 구성된 법을 분명하게 설하셨습니다. 그러므로
우리 모두는 함께 합송해야 하며 분쟁을 해서는 안 됩니다.
그래서 이 청정범행이 길이 전해지고 오래 머물게 해야 합니
다. 이것이 많은 사람의 이익을 위하고 많은 사람의 행복을
위하고 세상을 연민하고 신과 인간의 이상과 이익과 행복을
위하는 것입니다.

그러면 어떤 것이 한 가지로 구성된 법입니까?

(1) 모든 중생들은 음식(ahara)으로 생존합니다.

(2) 모든 중생들은 상카라(行, sankhara)로 생존합니다.

도반들이여, 이것이 아시고 보시는 그분 세존·아라한·정등 각께서 분명하게 설하신 한 가지 법입니다. 그러므로 우리 모두는 함께 합송해야 하며 분쟁을 해서는 안 됩니다. 그래서 이 청정범행이 길이 전해지고 오래 머물게 해야 합니다. 이것이 많은 사람의 이익을 위하고 많은 사람의 행복을 위하고 세상을 연민하고 신과 인간의 이상과 이익과 행복을 위하는 것입니다.

이렇게 해서 하나의 법부터 시작해서 열 개의 법까지 230가지 법을 합송합니다.

『십상경』(D34) 역시 흥미롭습니다. 이 경전은 제가 볼 때 우리가 지녀야 할 '지도'입니다. 법의 지도예요. 우리는 이 경전을 통해 내가 어떤 것은 성취했고 어떤 것은 실천하지 못했는지 알 수 있습니다.

사리뿟따가 하루는 비구들을 불러서 다음과 같이 말을 합니다.

하나씩 더 하여 열까지 [증가하며]
모든 매듭을 풀어 버리는 법을
이제 나는 설할 것이니
열반을 증득하고 괴로움을 끝장내기 위해서입니다.

도반들이여, 한 가지 법은 많은 것을 만듭니다. 한 가지 법은 닦아야 합니다. 한 가지 법은 철저히 알아야 합니다. 한 가지 법은 버려야 합니다. 한 가지 법은 퇴보에 빠진 것입니다. 한 가지 법은 수승함에 동참하는 것입니다. 한 가지 법은 꿰뚫기 어렵습니다. 한 가지 법은 일어나게 해야 합니다. 한 가지 법은 최상의 지혜로 알아야 합니다. 한 가지 법은 실현해야 합니다.

(1) 어떤 한 가지 법이 많은 것을 만듭니까(bahu-kara)? 유익한 법들에 대해서 방일(放逸)하지 않는 것입니다. 이 한 가지 법이 많은 것을 만듭니다.

(2) 어떤 한 가지 법을 닦아야 합니까(bhavetabba)? 행복이 함께한 몸에 대한 마음챙김입니다. 이 한 가지 법을 닦아야 합니다.

(3) 어떤 한 가지 법을 철저히 알아야 합니까(parinneyya)? 번뇌와 취착의 [조건이 되는] 감각접촉입니다. 이 한 가지 법을 철저히 알아야 합니다.

(4) 어떤 한 가지 법을 버려야 합니까(pahatabba)? 내가 존재한다는 자아의식입니다. 이 한 가지 법을 버려야 합니다.

(5) 어떤 한 가지 법이 퇴보에 빠진 것입니까(hana-bhagiya)? 지혜롭지 못한 주의[非如理作意]입니다. 이 한 가지 법이 퇴보에 빠진 것입니다.

(6) 어떤 한 가지 법이 수승함에 동참하는 것입니까(visesa-bhagiya)? 지혜로운 주의[如理作意]입니다. 이 한 가지 법이 수승함에 동참하는 것입니다.

(7) 어떤 한 가지 법이 꿰뚫기 어려운 것입니까(duppativijjha)?

[위빳사나에] 뒤따라오는 [도인] 마음의 삼매입니다. 이 한 가지 법이 꿰뚫기 어려운 것입니다.

(8) 어떤 한 가지 법이 일어나게 해야 하는 것입니까 (uppadetabba)? 확고부동한(akuppa) 지혜입니다. 이 한 가지 법이 일어나게 해야 하는 것입니다.

(9) 어떤 한 가지 법이 최상의 지혜로 알아야 하는 것입니까 (abhinneyya)? 모든 중생들은 음식으로 생존한다는 것입니다. 이 한 가지 법이 최상의 지혜로 알아야 하는 것입니다.

(10) 어떤 한 가지 법이 실현해야 하는 것입니까(sacchikatabba)? 확고부동한 마음의 해탈입니다. 이 한 가지 법이 실현해야 하는 것입니다.

이와 같이 이들 열 가지 법은 사실이고, 옳고, 진실이고, 거짓이 아니며, 그렇지 않은 것이 아니며, 바르고, 여래께서 바르게 깨달으신 것입니다.

이어서 같은 식으로 열 가지 법까지 550가지 법을 말합니다.

『십상경』은 외우는 게 좋습니다. 550개 모두를 외우는 게 물론 쉽지는 않습니다. 하지만 앞에서도 말씀드렸지만 이걸 지도 삼아 부처님 법으로 가야 합니다.

29

부처님 제자들 이야기 ①

부처님 당시 제자들의 이야기만을 모아놓은 경전이 있습니다. 바로 『테라가타(Theragāthā)』와 『테리가타(Therīgāthā)』입니다. 한역으로는 각 각 『장로게(長老偈)』, 『장로니게(長老尼偈)』라고 합니다. 『장로게』는 비구들의 이야기가, 『장로니게』는 비구니의 이야기가 담겨 있습니다.

그런데 불교에 익숙하지 않거나 이 경전의 이름을 처음 들으신 분들은 의아해 하실 수도 있습니다. '장로'라는 말은 개신교에서나 쓰는 말로 알고 계신 분들이 있기 때문입니다. 그런데 장로의 원래 뜻은 '나이가 많고 덕이 높은 사람'입니다. 불교에서는 출가한 지 20년 이상 되며 지혜가 깊고 덕망이 높은 분을 장로, 장로니라고 합니다.

사실 이렇게 불교에서 유래해 이웃종교에서 사용하는 단어들은 아주 많습니다. 기도, 전도 같은 말도 사실 불교에서 유래한 용어입니다. 선교사들이 우리나라에 와서 『성경』에 나와 있는 용어를 번역하면서 기존에 있던 불교 용어들을 차용한 경우가 많았기 때문입니다. 천당, 지옥, 말세 등도 역시 불교에서 유래한 단어입니다.

여하튼 『장로(니)게』에는 부처님 당시 수행승들의 이야기가 담겨 있습니다. 특이한 경우를 제외하고는 출가하고 수행이 깊어진 수행자들 이야기입니다.

우리는 경전이라고 하면 보통 부처님 말씀만 생각합니다. 그런데 경전 곳곳에 제자들의 이야기도 많이 나옵니다. 그런데 『장로(니)게』는 온전히 부처님 제자들의 이야기입니다. 제자들이 어떻게 부처님과 만났고, 그 밑에서 수행하며 어떤 걸 경험했으며, 어떻게 깨쳤는지에 대한 이야기입니다.

앞에서도 누누이 이야기 했지만 불교는 '보편적인 진리'입니다. '특이한 이야기'가 아닙니다. 부처님처럼 수행했는데 부처님처럼 될 수 없다면 그건 보편적인 진리라고 할 수 없습니다. 부처님 역시 깨닫고 검증하고 난 뒤에 제자들에게 자신과 똑같은 방식으로 가르쳤고, 물론 깊이에는 차이가 있었지만 제자들 역시 똑같은 경지를 체험합니다. 『장로(니)게』는 그것을 온전히 증명하고 있습니다. '내가 부처님 가르침대로 했더니만 하나도 어긋남이 없었다. 부처님 가르침은 사실이다.'라는 겁니다. 그래서 저는 『장로(니)게』가 굉장히 중요한 경전이라고 말씀드립니다.

불교의 수승한 경지 중에 삼명(三明)이 있습니다. 이걸 깨치고 아라한이 됩니다. 삼명은 세 가지 큰 지혜라는 뜻입니다. 숙명통, 천안통, 누진통이 그것입니다. 숙명통은 자기의 과거 생을 쫙 보는 겁니다. 천안통은 업에 따라서 어떻게 태어나는지를 보는 것이고, 누진통은 번뇌가 완전히 없어지는 겁니다. 아라한이 된 걸 증명하는 길은 여러 가지가 있습니다. 그 중에 대표적인 게 이렇게 삼명을 깨치는 겁니다. 『장로(니)게』에는 '수행을 해서 삼명을 깨쳤다.'는 얘기가 반복해서 나옵니다. 부처님의 가르침이 진리라는 걸 증명하는 것이라고 볼 수 있습니다.

『장로(니)게』의 구성

『장로(니)게』에는 부처님의 말씀과 제자들이 부처님을 어떻게 생각했는지 뿐만 아니라 당시의 시대상과 승단의 모습이 자세히 묘사되어 있습니다.

『장로(니)게』에 나오는 제자들의 눈을 통해서 실제로 부처님이 어떤 분이셨는지 좀 자세히 알 수 있습니다. 부처님과 제자들이 어디에서 어떻게 만났고 또 그 느낌은 어땠는지도 알 수 있습니다. 물론 제자들이 어떻게 살고 수행했는지, 어떤 욕망의 경계에 부딪혔는지 등도 나와 있습니다. 특히 『장로니게』에는 당시 여인들의 삶도 자세히 나와 있습니다.

아마 『장로(니)게』를 읽으면 뜬구름 같던 수행이 좀 더 가깝게 다가올 수도 있을 겁니다. 부처님은 먼 분으로 느껴질 수 있지만 『장로(니)게』에 나오는 수행자들은 우리와 같은 처지에서 수행을 시작한 분들이기 때문입니다. 출신이나 직업도 다양했고 성별이나 나이도 다양했습니다. 읽다 보면 자신과 비슷한 처지의 사람들이 등장해서 '아, 저분들이 저렇게 해서 저걸 경험했다면 나도 할 수 있겠다.'는 희망이 생길 수도 있습니다. 저 역시 『장로(니)게』를 보고 '아, 나도 할 수 있다.'는 생각을 했습니다.

그럼 『장로(니)게』가 어떻게 구성되어 있는지 좀 살펴보겠습니다.

『장로(니)게』에는 총 356명의 비구와 비구니가 등장합니다. 이름이 나오는 경우도 있고 그렇지 않은 경우도 있습니다.

우선 『장로게』에는 1,279편의 게송이 나옵니다. 여기에 등장하는 비구는 총 264명입니다. 어떤 분은 짧막하게 게송을 읊은 분도 있고, 어떤 분은 긴 게송을 읊은 분도 있습니다. 우리가 잘 아는 아난다, 마하깟사빠, 사리뿟따, 이런 분들의 게송은 굉장히 깁니다.

『장로니게』에는 522편의 게송이 나옵니다. 여기에 등장하는 비구니는 총 92명입니다.

이렇게 두 경을 합치면 1,801개의 게송이 나오고 등장하는 인물은 모두 356명입니다.

이 경전에서 부처님을 목격하고 그 상황을 묘사한 분의 숫자는 장로가 열세 분, 장로니가 네 분입니다. 특이하게 나이가 일곱 살에 불과한데 아라한이 된 사람도 넷이나 등장합니다. 이 부분은 다음 강의에서 좀 더 자세히 살펴보겠습니다. 여하튼 읽어 보면 '현장감' 같은 걸 느끼실 수 있을 겁니다.

마음의 조련사

불교 수행은 몸에 대한 수행이 아닙니다. 마음에 대한 수행입니다. 불교에서 가장 중요한 게 마음입니다. 우리가 순간순간 마음을 닦으면 수행하고 있는 겁니다. 마음을 잘 봐야 됩니다.

『장로게』에 나오는 비지따세나 장로의 게송을 보면 마음을 어떻게 봐야 하는지 잘 나와 있습니다. 비지따세나 장로는 출가 전에 코끼리를 조련하던 사람이었습니다. 그는 자기 자신의 경험을 토대로 해서 코끼리 다루듯이, 코끼리 길들이듯이 마음을 길들이는 걸 묘사했습니다. "마음이여, 그대가 코끼리를 작은 문에 매어놓듯이, 그대를 이제 내가 붙들어 매겠다." 하며 마음을 길들이는 방법을 이야기합니다. "이제 나는 그대가 악한 일을 하도록 부추기지 않겠다. 당신은 몸에서 생긴 욕망의 올가미다." 마음이란 걸 우리를 잡아두는 올가미로 본 겁니다. "이제 마음, 너는 붙들어 매졌기 때문에 못 돌아다닌다." 코끼리가 문에 갇히면 문을 열고 나오지 못하잖아요? 그런 것처럼. "이제 과거처럼 활개를 치면서 나쁜 일도 하고, 막 돌아다니는 일은 이제 없다." 코끼리를 갈고리를 가지고 훈련을 시키는 모양입니다. "힘센 사람이 갈고리를 가지고, 잡혀온 지 얼마 안 되는 거친 코끼리를 빨리 길들이듯이 내가 너를 길들이겠다." 그러면서 구체적인 방법을 이야기합니다. "내가 이제 마음을 챙기고 내 자신을 제어해서 너를 내가 길들이겠다. 그대는 이제 나의 정진력이라는 굴레가 탁 씌워져서 이제 마음대로 돌아다니지 못한다. 훌륭한 말 조련사가 태생이 아주 좋은 준마를 훈련시키듯이 나는 오력에 의해서 당신을 길들이겠다."

수행자가 가지는 다섯 가지 힘이 있습니다. 믿음·정진·마음챙김·삼매·지혜입니다. 이 오력(五力)의 힘에 의해서 당신을 길들이겠다는 겁니다. 마음이 내 안에 있기 때문에 나를 길들여야 마음을 길들일 수 있는 겁니다.

그런데 믿음이라는 건 있다가도 없어질 수 있습니다. 그런 걸 읊어 놓은 재미난 대목이 있습니다. 사띠마띠야 장로가 읊은 게송입니다.

그 사람이 전에는 나에게 믿음이 있었다. 이제는 믿음이 없다. 그대의 것은 다만 그대의 것일 뿐 내게 악행은 존재하지 않는다. 믿음은 덧없고, 변하기 쉬운 것이다. 사람들은 흥미를 어떤 때는 가지기도 하고 그 흥미를 잃어버리기도 한다. 성자는 그런데 마음을 쏟지 않는다. 나의 양식은 믿음을 가진 그 집뿐만 아니라 이 집에서 조금 마련하고, 저 집에서 조금 마련한 그 양식으로 성자의 먹을 것이 만들어진다. 나 이제 탁발가야 되겠다. 나 아직 걸어 다닐 힘이 있다.

사람들의 믿음에 대한 담담한 심정이 잘 나와 있습니다.

『장로(니)게』에는 아라한들이 우리 삶과 죽음을 어떻게 보는지도 잘 나와 있습니다. 10여 년 전에 미얀마에서 파욱 사야도라는 큰 스님이 오셔서 집중 수련 지도를 할 때 어떤 분이 이런 질문을 했습니다. "아라한의 삶은 어떤 겁니까?" 이 질문을 한 사람은 물론 어떤 기대가 있었을 겁니다. 그런데 파욱 사야도께서 아주 간단하게 대답을 하십니다. "월급 받는 사람들이 월급 기다리듯이 죽음을 기다리는 사람이다." 그렇죠. 초기불교의 기본적인 개념이 이런 겁니다. 아라한들이 항상 하는 말이 이겁니다. "나는 죽음을 기뻐하지 않는다. 삶도 기뻐하지 않는다. 고용된 사람이 월급날을 기다리듯이 죽음이 올 날을 기다린다." 이게 항상 아라한들의 태도입니다. 삶이 허무하다고 자살하고 그러지 않습니다. 죽음도 삶도 순리를 따르는 것처럼 열반의 날을 기다리는 겁니다.

부처님을 만난 사람들

『장로(니)게』에서는 부처님을 직접 만났을 때 과연 어떤 느낌이었을까를 알 수 있는 게송도 만날 수 있습니다. 부처님도 우리하고 똑같습니다. 외모에 특징이 있긴 하셨지만 우리처럼 눈, 귀, 코가 다 있었습니다. 그런데 사람들에게는 아주 특별하게 보였던 것 같습니다. 보는 사람에게 뭔가 다른 느낌을 준 겁니다. 장로 열세 명, 장로니 네 명이 자기가 부처님을 본 것을 쭉 묘사합니다. 그 중에 우리에게 잘 알려진 분이 쭐라빤타까입니다. 그분은 머리가 아주 안 좋았던 거 같습니다. 우리가 머리가 안 좋고 공부 못한다 해서 전혀 기죽을 필요 없어요. 쭐라빤타까도 그렇게 공부도 못하고 힘이 들었는데도 아라한이 되거든요. 쭐라빤타까에게 형이 있었습니다. 바로 마하빤타까입니다. 쭐라는 작다는 뜻이고 마하는 크다는 뜻입니다. 형이 동생에게 '너는 아무래도 안 되겠다. 집에 가라.'고 쫓아냅니다. 노력을 했는지 안 했는지는 모르지만 뭘 가르쳐줘도 못 알아들으니까 환속을 권유합니다. 어쨌든 절에서 쫓겨난 거죠. 쭐라빤타까가 마음이 아주 안 좋아가지고 밖에 서 있었습니다. 그래도 부처님 도움을 마음속으로 기대했던 것 같습니다. 그러고 있는데, 부처님이 나타났습니다. 게송에 보면 머리를 쓰다듬었다고 합니다. 『장로(니)게』에는 그런 게 잘 묘사돼 있습니다.

> 내가 있는 곳에 거룩한 스승이 오셔서 내 머리를 쓰다듬으면
> 서 팔을 잡고 절 안으로 데리고 가셨다. 자비로운 마음으로
> 스승은 내게 발 닦는 수건을 건네주시며 '여기에 집중해라.

이 깨끗한 수건에 집중해라.'고 말씀하셨다. 나는 스승의 말씀을 듣고 가르침 속에 즐겁게 머물렀다. 최상의 도리를 깨닫기 위해 마음을 하나로 모았다. 삼명을 얻었다. 부처님의 가르침은 실현되었다.

'깨끗한 수건에 오로지 집중하라.'는 부처님의 가르침은 어렵지 않습니다. 주석서를 보면 과거 생에 쭐라빤타까가 부처님하고 인연이 있었습니다. 그때도 간단한 것에 의해서 깨닫게 됩니다. 간단한 것에 의해서 법을 이해하는 그런 것이 쭐라빤타까에게 있기 때문에 그렇게 하셨습니다. 부처님께서는 근기를 잘 보십니다. 깨끗한 수건을 주면서 '거기에 오로지 집중하라.' 고 해서 쭐라빤타까는 그것에 오로지 집중을 합니다. 집중이 깊어지니 삼매에 들었고 그러면서 삼명을 깨치게 됩니다. 그래서 '부처님의 가르침이 나에게 이제 실현되었다.'고 선언을 합니다.

부처님께서는 출신 성분이나 재산의 유무, 사회적 지위의 고하에 따라 사람을 판단하지 않았습니다. 어떤 직업이든 어떤 신분이든 인간으로서 노력하면 된다고 생각하고 편견 없이 대했습니다. 이것과 관계된 재미있는 게송이 있습니다. 수니따 장로는 천한 집안에서 태어났습니다. 그 당시에는 수행자들에게 꽃공양을 많이 했습니다. 수니따는 이런 꽃이 시들면 그 꽃을 청소하는 청소부였습니다. 게송에 있는 내용에 따르면 출가 전 청소부였을 때 사람들이 경멸하고 하대했지만 자신은 겸손하게 많은 사람들을 공경했다고 하는 것으로 미루어봐 아주 괜찮았던 사람 같습니다. 게송을 직접 보겠습니다.

나는 천한 집안에 태어나 시든 꽃을 청소하는 사람이었다. 사람들은 나를 혐오하고 경멸하며 야단쳤다. 그러나 나는 겸손하게 많은 사람들을 공경했다. 그때 온전히 깨달으신 분이고 위대한 영웅이신 분께서 한 무리의 비구들에 둘러싸여 마가다 국에 오신 것을 나는 보았다. 청소 도구를 내던지고 스승님께 예배드리기 위해 가까이 갔다. 부처님께서는 나를 어여삐 여기시어 그 자리에 멈추셨다. 스승의 발에 예배를 드리고 한쪽에 서서 최상의 어른이신 부처님께 '출가시켜주십시오.'라고 간청했다. '오라, 비구여.'로 나는 구족계를 받았고 노력하여 삼명을 얻었다. 삼명을 얻은 그날 해가 솟을 무렵 제석천과 범천이 와서 내게 합장하며 말했다. '가문이 훌륭하신 분, 당신께 예배드립니다. 최상의 어른, 당신께 예배드립니다. 당신의 번뇌는 소멸되었습니다. 당신은 공양 받을 만한 분입니다.' 내가 천신들에 둘러싸여 예배를 받는 모습을 보시고 스승님은 미소를 지으며 다음과 같이 말씀하셨습니다. '수행과 청정한 삶, 범행, 그리고 나를 제어하고 길들이는 것, 이것으로 사람은 브라만이 된다. 브라만은 사람으로서 최고의 경지다.'

이 사람도 준비가 되어 있던 사람 같습니다. 기회가 왔을 때 그 기회를 놓치지 않았습니다.

반대의 경우도 있습니다. 젠따라는 장로는 출가 전 왕실 사제의 아들이었습니다. 당연히 돈과 권력이 있었겠지만 용모도 훌륭했고 풍

채도 좋았던 것 같습니다. 그런데 부모를 비롯해 누구의 말도 듣지 않았다고 합니다. 자만심이 아주 높았던 것 같습니다. 그러다가 부처님을 만나서 자만심을 버린 이야기가 나옵니다.

나는 젊음을 뽐내고 또한 재산과 세력에 취해 있었다. 나는 육신의 용모와 풍채만을 한껏 뽐내고 있었다.
나와 비교할 만한 사람은 아무도 없다고, 또한 나보다 뛰어난 사람은 아무도 없다고 나는 생각하고 있었다. 나만이 잘났다는 자만(自慢)에 사로잡힌 어리석은 자로서, 기고만장하고 오만했다.
어머니에게도 아버지에게도, 또한 존경할 만하다고 일반에게 인정받고 있는 분들에게도 나는 예경(禮敬)을 드리지 않았다. 기고만장하여 아무런 경의도 표하지 않았다.
밝게 빛나는 태양과 같이 뭇 수행자들로부터 추앙받는 최고의 지도자, 최상의 조어자(調御者) 붓다를 뵙고, 나는 오만불손한 태도와 자만심(自慢心)을 버린 맑고 깨끗한 마음으로 만인(萬人) 가운데 가장 높으신 분의 두 발에 머리를 조아려 예배드렸다.
지나친 자만과 다른 사람에 대한 경멸을 깨끗이 버렸다. '나는 이러이러한 사람이다, 라는 아만심(我慢心)'도 근절하였다.
일체의 만심(慢心)이 소멸되었다.

앞에 나온 쭐라빤타까의 형 마하빤타까 장로도 부처님을 만났고 그 느낌을 이야기한 게 『장로게』에 나옵니다.

아무것도 두려워하지 않는 스승을 처음 뵈었을 때 가장 훌륭한 분을 만났다는 기쁨으로 큰 전율이 일어났다. 스승님께 손발과 함께 머리를 조아려 예경을 드리는 사람이 어찌 잘못하겠는가. 그때 나는 처자와 재물과 곡물을 뒤로 하고 머리 깎고 출가하였다. 삼명을 얻었다. 부처님의 가르침은 실현되었다.

수자따라는 장로니는 몸단장을 좋아했던 것 같습니다. 그러던 중 부처님을 만나고 삼명을 얻습니다.

몸단장하고 아름다운 옷을 입고 꽃을 꽂고 전단향 가루를 발라 전신을 치장한 채 시녀들의 시중을 받고 있었다. 놀이터를 찾아 놀고 오는 도중에 절을 보고 들어가서 그곳에서 세간의 등불이신 부처님을 뵙고 예배를 드리고 가까이 갔다. 부처님은 자비를 베푸시어 나에게 진리의 말씀을 설해 주셨다. 그 자리에서 진리를 깨달았다. 그래서 출가하여 삼명을 얻었다. 부처님의 가르침은 빈말이 아니다.

부처님 당시 교단과 수행 생활

『장로(니)게』를 보면 당시 비구(니)들이 어떻게 살았는지도 엿볼 수 있습니다. 고닷따 장로의 게송을 보면 살아가는 방식을 다섯 가지로 이야기합니다. 하나는 "부당한 방법으로 이익을 얻을 수 있다. 바른 방법으로 손해를 볼 수 있다. 그럴 때 부당한 방법으로 이익을 보기보다는 올바른 방법으로 손해를 봐라."입니다. 이게 살아가는 마음 자세입니다. 두 번째는 "지혜가 적은 사람이 명예를 얻기도 하고 지혜로운 사람이 불명예를 당하는 일도 있다. 지혜로운 사람의 불명예가 지혜가 적은 사람의 명예보다 낫다."입니다. 세 번째는 "어리석은 사람한테 칭송을 받기도 하고 지혜로운 사람한테 비난을 받기도 한다. 어리석은 사람의 칭송보다는 지혜로운 사람의 비난이 더 낫다."입니다. 네 번째는 "감각적 욕망의 쾌락으로부터 오는 쾌감도 있고 혼자 멀리 떨어져 사는 데서 오는 고통이 있다. 감각적 욕망의 쾌락으로부터 오는 쾌감보다는 혼자 멀리 떨어져 사는 데서 오는 고통이 더 낫다."입니다. 마지막은 "부정한 방법으로 살아가는 수도 있고 법답게 살다 죽는 수도 있다. 부정한 방법으로 살아가기보다는 법답게 살다가 죽는 것이 낫다."입니다. 이것이 비구(니)들의 삶의 살아가는 길입니다. 지금 우리 모습을 반조해 봐도 배울 게 참 많습니다.

당시 교단의 모습을 좀 더 자세히 알 수 있는 내용도 있습니다. 마하깟사빠는 두타행 제일입니다. 그분이 문둥병을 가진 사람한테 탁발하는 장면이 나옵니다. 이분이 침상에서 나와서 탁발하러 갑니다. 가는데 문둥병을 가진 사람이 밥을 먹고 있으니까 그 옆에 가만히 섭니다. 그러니깐 탁발하는 비구를 보고 자기 먹던 밥 중에 한 덩어리를 건네줍니다. 그런데 밥덩이와 함께 문둥병자의 손가락이 같이 떨어집니다. 탁발한 음식에 문둥병 있는 사람의 손가락이 떨어진 거죠. 그걸 받아가지고 마하깟사빠는 한쪽 구석진 곳에 가서 먹습니다. 그러면서 이런 말을 합니다. "내가 그가 준 밥을 먹고 있는 동안 또 먹고 난 뒤에도 전혀 혐오스럽다는 마음이 들지 않았다."

『장로(니)게』에서는 부처님 당시의 승가 모습뿐 아니라 부처님이 열반하시고 난 뒤의 승가의 모습도 구체적으로 볼 수 있습니다. 빠라빠리야라는 장로가 부처님 돌아가시고 난 뒤의 상황을 이렇게 묘사합니다.

세간의 수호자이시고 가장 빼어난 분인 부처님이 계실 때는 지금과 같지 않았다. 네 가지 필수품인 음식, 옷, 거처, 약품을 법에 맞게 수용했고, 마음가짐이나 걸음걸이, 식사, 행이 맑고 깨끗했다. 그런데 지금은 그렇지 않다. 번뇌를 여의고 사람들한테 큰 이익이 되는 비구들은 죽음을 초월했다. 요즈음은 그런 사람이 별로 없다. 사악한 기질과 번뇌가 계속 늘고 있다. 지금도 멀리 떨어져 살고 있는 비구들에게는 아직도 정법이 어느 정도 남아 있기는 하다. 비구들이 바른 가르침을 버리고 서로 싸운다. 삿된 견해를 '야! 이게 대단한 가르침이다.' 하고 따른다. 지금은 음식 먹는 것을 중시하고 잡담도 하고 재주를 중시한다. 자기가 얻기 위해서 남한테 베푼다. 온갖 술수로 재물을 모은다. 부끄러움도 없다. 옛날에는 법을 논하기 위해서 또 계율이 제대로 제정되나 안하나 해서 회의를 많이 했다. 이제는 법을 위해서 회의를 하는 게 아니라 자기 자신의 이익을 위해서 회의를 한다. 지금은 수행에 힘쓰지 않고 공양물이나 이득에만 눈이 어두워 남들이 자기를 받들어 주기만을 바란다. 옛 수행자들과 그들이 한 덕을 상기하면서 지금이 마지막 기회라고 생각하고 열심히 해서 불사의 경지를 얻어야 된다.

이런 이야기는 오늘날에도 해당된다고 봅니다. 이 게송을 보면서 우리 자신을 돌아볼 수 있어야 합니다.

그리고 아난다 역시 자기 감회를 읊습니다. 아난다는 120살까지 살았습니다. 부처님이 열반하신 후에도 몇십 년을 더 산 겁니다. 이런 아난다가 이런 짧은 게송을 읊습니다.

착한 벗, 좋은 벗들이 세상을 떠나고 스승도 열반에 든 지금은 몸에 대한 마음챙김과 같은 착한 벗은 존재하지 않는다. 나는 오늘 홀로 선정에 들어 머문다. 마치 비 오는 날 새가 둥지에 머물 듯이 나는 혼자 선정에 들어서 머문다.

위대한 스승이기 때문에 그 빈자리가 더 크게 느껴지지 않았나 싶습니다.

아난다의 다른 게송도 있습니다. 불교의 가르침을 흔히 8만 4천 가르침이라고 하는데 그에 대한 이야기입니다. "나는 부처님으로부터

8만 2천의 가르침을 받았다. 그리고 비구들에게서 2천의 가르침을 받았다. 그래서 8만 4천의 법이 있다." 아난다는 후대에 법을 전하기 위해 하나하나 다 센 것 같습니다. 니까야를 읽으면서 놀란 게 부처님의 가르침도 있지만 제자들의 가르침이 많았습니다. 특히 사리뿟따 같은 경우는 설법을 많이 하거든요. 여러 제자들이 자기가 소화한 내용으로 말하는 것들이 굉장히 많습니다. 그런 게 한 이천 개가 되는 거죠. 8만 2천은 부처님한테서 온 겁니다. 2천은 제자들이 부처님의 가르침을 받아서 자기 것으로 만들어서 전하였고 그래서 모두 합해서 8만 4천이라고 한 겁니다.

사리뿟따, 레와따, 그리고 그 당시에 수행이 아주 높은 경지에 이른 분들의 게송을 보면 사유를 초월하는 내용이 있습니다. 선정 중에 초선, 이선, 삼선, 사선이 있습니다. 이선부터는 사유를 초월합니다. 게송에 보면 온전하게 깨달은 부처님의 제자들은 "사유를 초월하는 경지에 도달했다. 언제나 거룩한 침묵 속에 있다."고 했습니다. 부처님 당시는 법을 이야기하거나 침묵을 지켰습니다. 부처님 당시는 하루 한 끼만 먹었거든요. 거의 하루 종일 수행에 다 투자한 거죠. 선정을 얻은 사람은 언제나 쉽게 선정에 들어가고, 그래서 사유를 초월한 경지에 들어가고, 침묵 속에 있었습니다.

그 당시엔 아들을 굉장히 중시했습니다. 아들이 없으면 자기 인생이 끝나는 그런 시대였던 것 같습니다. 바싯티 장로니는 출가 전에 아들이 죽자 3년을 정신을 잃고 아무것도 안 입고 길거리를 헤매고 다녔다고 합니다. 당시 미틸라라는 곳에 부처님이 여러 번 오시는 걸 이 여자가 봤던 것 같습니다. 그러다가 인연이 되어서 부처님께 예배를 드리고 자리에 앉았는데, 부처님께서 자비를 베풀어 이분에게 진리의 가르침을 설하셨습니다. 바싯티는 진리의 가르침을 듣고 출가를 합니다. 이후 그녀는 지복한 경지를 체득했다는 이야기가 있습니다.

다른 스승을 모시다가 부처님을 만나고 나서 부처님의 제자가 된 비구들도 굉장히 많은데, 비구니 중에도 있습니다. 마가다 국에 독수리봉이라고 있었습니다. 지금도 가서 볼 수 있습니다. 저 역시 인도 방문 당시에 가봤는데 기운이 굉장히 좋았습니다. 거기에 부처님이 쉬시던 곳이 있습니다. 다른 종교의 유행승인 여자가 거기서 쉬고 있었던 모양입니다. 그런데 부처님께서 한 무리의 비구들 무리에 싸여서 계시는 걸 본 거죠. 쉬러 올라오신 것 같습니다. 다가가서 예배를 올린 다음 그 앞에 합장을 하고 서 있었어요. 그러니까 그때 부처님께서 이 사람 이름을 부르면서 "밧다여, 오라." 하고 말합니다. 생전처음 봤는데 이름을 아신 겁니다. 그래서 구족계를 받고, 수행해 해탈을 얻게 됩니다.

『장로(니)게』 보면 부처님의 가르침은 틀림이 없습니다. 틀림이 없으니까 부처님에 대해서 믿음을 가지시고 불교를 열심히 공부하는 게 필요합니다.

30

부처님 제자들
이야기 ②

부처님 당시 출가자들은 성별은 물론 출가 전 신분이나 나이가 아주 다양합니다. 그 중에 더욱 특별한 분들을 소개해 드리겠습니다.

앞 강의에서도 잠깐 언급했지만 일곱 살인데 아라한의 경지를 체득한 비구들이 있습니다. 일곱 살은 『장로게』에 나오는 최연소 비구들입니다. 우연인지는 몰라도 이분들은 출가한 그날 날이 저물기 전에 모두 깨달음을 얻습니다. 물론 성인이 된 비구 중에서도 단 하나의 게송을 듣고 깨닫는 경우가 종종 경전에 등장합니다. 하지만 좀 특별한 경우라고 할 수 있습니다. 그런데 일곱 살밖에 되지 않은 분들이 출가한 날 바로 깨달았다는 건 더욱 특별해 보입니다. 하지만 거꾸로 생각해 보면 특이하다고만 할 수는 없습니다. 이미 깨달을 인연이 있었던 겁니다. 이미 무수한 과거 생에 깨달음의 종자를 심었던 거죠.

일곱 살에 깨달음을 얻은 비구

『장로게』에 나오는 일곱 살 아라한은 모두 네 사람입니다. 그 중에 세 분을 소개하겠습니다.

첫 번째로 소개할 분은 소빠까 비구입니다. 어느 날 부처님께서 높은 땅 위 나무 그늘 밑에서 걷고 있었습니다. 그 모습을 본 아이가 부처님을 보고 예배를 한 후에 옷을 한쪽 어깨에 걸치고 손을 모은 후 부처님을 따라갑니다. 부처님이 아이에게 핵심을 꿰뚫는 질문을 여럿 합니다. 그런데 아이가 아무런 두려움과 망설임 없이 분명하게 대답을 합니다. 그 대답을 듣고 부처님께서 "소빠까여, 언제든지 나를 만나고 싶으면 오라. 소빠까여, 이로써 그대의 수계식은 이루어졌노라." 하고 말씀하십니다. 이 말을 듣고 소빠까는 "겨우 일곱 살의 나이로 나는 출가할 수 있었으며 최후의 몸을 이루었다. 아아! 진리인 훌륭한 가르침이여!"라고 게송에서 읊습니다. 최후의 몸을 이루었다는 것은 이번 생이 마지막이라는 겁니다. 앞으로 윤회가 없다는 거지요. 아라한이 됐다는 겁니다.

다른 일곱 살 아라한은 바로 밧다 비구입니다. 그의 부모는 기도와 선행을 많이 했습니다. 그 끝에 얻은 아이가 바로 밧다입니다. 부모는 아이를 어려움 없이 키웠습니다. 그렇게 귀하게 낳은 아들, 또 잘 키운 아이를 부처님한테 데리고 갑니다. 그런데 이 부모님이 참 대단했던 것 같습니다. 부처님께 아이를 시자로 바치겠다고 말합니다. 그러자 부처님이 아난다를 불러서 말합니다. "이 아이를 속히 출가시켜라. 이 아이는 훌륭한 수행자가 될 것이다." 그러고는 아이에게 "오, 밧다여."라고 합니다. 부처님이 이렇게 부른 건 수계를 했다는 겁니다. 그런데 이 아이 역시 그날 해가 지기 전에 삼명을 얻습니다.

또 한 분은 수마나 장로입니다. 부처님 당시 아노탓타라는 호수가 있었습니다. 수마나는 거기서 물을 길어다가 부처님께 갖다드립니다. 부처님께서 사리뿟따에게, "물병을 들고 이곳에 온 이 어린 동자를 보

라. 그는 마음이 잘 안정되어 있다. 아누룻따의 시자인 이 행자승은 맑고 깨끗하고 할 일을 충분히 하며 몸가짐이 훌륭하고 또한 신통력이 뛰어나다. 저 행자승 수마나는 최상의 평온에 도달하여 부동의 경지를 얻고 '아무도 나를 알아보는 일이 없기를!' 이라고 기원하고 있다."라고 말했다고 합니다.

곁가지 같지만 여기서 당시 스님들의 '나이'에 대해 잠깐 살펴보겠습니다.

부처님 당시 그리고 또 현재 남방불교에서 깨달은 사람을 어떻게 대했는지 보면 좀 미묘한 대목이 있습니다. 제가 미얀마의 절에서 수행을 하면서 본 것입니다. 다른 비구를 가르치는 강사가 있었습니다. 남들을 가르칠 만큼 수행도 많이 하고 경지도 높은 스님이었습니다. 그런데 법랍이 높지 않으니 법랍이 높은 다른 승려들 뒤에서 밥을 받습니다. 특별한 대우를 받는 것도 아니었습니다. 부처님 당시도 그랬습니다. 출가 순서에 따라 청소부터 시작해 방사 배정까지 다 자기 임무가 있었습니다. 『장로(니)게』에 나오는 어린 출가자들이 다른 사람보다 먼저 깨달았다고 해서 특별한 대우를 받거나 그러지는 않았을 겁니다.

여인들의 깨달음

부처님 당시 비구(니)들의 출가 전 직업을 보면 참 다양합니다. 비구니 중에는 출가 전에 남자들에게 노래나 웃음을 팔던 신분의 사람들도 있었습니다. 우리말로 번역된 경전에는 주로 '유녀'로 표현합니다. 그밖에도 출가 전의 신분과 직업은 다양했습니다.

이런 다양한 분들의 게송을 보면 당시 여성의 삶, 그리고 여성 출가자들의 수행이 어떠했는지 일면을 볼 수 있습니다.

비구니 중에 '삼명'을 얻었다는 명확한 선언을 하신 분이 수십 분 있습니다. 아다까시 장로니도 그런 분 중에 한 분입니다. 이분은 출가 전 유녀였습니다.

기생 시절의 내 몸값이 까시국의 세금 거둬들인 돈만큼 많았다. 그곳의 한량들은 내 값을 그렇게 정해놓고 '돈으로는 살 수 없는 여자'라고 나를 불렀다. 나는 그런 나의 외모가 싫었다. 나는 싫어서 욕망을 버렸다. 거듭되는 윤회에 시달리지 않도록! 곧 삼명을 얻고 비로소 부처님의 가르침을 다 이루었다.

경전에 나오는 유녀 중에 가장 유명한 분을 꼽으라면 바로 암바빨리 장로니입니다. 그 미모가 우리가 출중하다는 표현을 넘어선 정도였다고 합니다. 그 아름다운 자신의 신체 하나하나를 소개하면서 부처님의 말씀을 전합니다.

나의 이 머리카락은 젊었을 때 까만 꿀벌의 빛깔과 같이 까맸다. 머리끝은 곱슬곱슬했다. 이제 늙어서 머리카락은 삼 껍질처럼 되었다. 그러나 진리를 가르치신 부처님의 말씀에는 하나도 틀림이 없다.

(중략)

젊었을 때 내 가슴은 풍만하고 균형이 잡혀 위로 봉긋했지
만 이제는 늙어서 물 빠진 가죽자루와 같이 축 늘어져 있다.
그러나 진리를 가르치신 부처님의 말씀에는 하나도 틀림이
없다.

이렇게 자신의 신체 하나하나를 언급하면서 "부처님의 말씀에는
하나도 틀림이 없다."고 반복합니다. 여성으로서 가장 민감한 몸의 부
분들 각각과 부처님 말씀을 대비해 쭉 이야기하는데, 굉장히 마음에
와 닿았습니다.

위의 유녀와는 달리 그 당시 여자들의 위치랄까 처한 상황을 엿볼
수 있는 경우가 있어 소개합니다. 출가 전 가난한 바라문의 딸로 태어
나 곱추 바라문에게 시집을 갔다가 그와 불화를 겪은 뒤 출가한 뭇따
장로니라는 분이 있었습니다. 그분이 이런 게송을 읊습니다.

육신을 굽어지게 만드는 게 세 개 있다. 절구통, 절구공이, 그
리고 포악한 남편이다. 그 세 가지로부터 놓여진 나는 아주
홀가분하다. 나는 삶과 죽음으로부터 자유롭다. 존재로 이끄
는 것은 뿌리가 뽑혔다.

비구니들의 수행 역시 비구들 못지않게 치열했습니다. 그 길에 장
애가 있다면 어떤 것이든 바칠 준비를 했다고 볼 수 있습니다. 특히나
당시 여성의 사회적 신분이나 지위는 수행에 좀 더 혹독한 조건이었을

겁니다.

지바까의 망고 숲에 사는 수바 장로니는 대장장이의 딸이었습니다. 미모도 남달랐다고 합니다. 그런데 숲속에서 어떤 남자하고 마주칩니다. 이 남자가 '당신은 너무나 젊고 아름답다. 특히 당신의 눈을 보면 내가 깊은 욕망을 느낀다.'고 하니 수바 장로니는 '그런 건 가능하지 않다. 말이 안 되는 이야기다. 가라.'고 했습니다. 그런데도 남자가 추근대니 수바 장로니가 갑자기 자신의 눈알을 빼버립니다. 그러고는 그 눈알을 가져가라고 합니다. 남자는 두려움에 떨면서 잘못했다고 용서를 빕니다. 이 일이 있고 난 후에 수바 장로니가 부처님을 찾아갑니다. 그런데 부처님의 청정한 모습을 보면서 다시 눈을 되찾게 된다는 얘기가 있습니다.

수바 장로니의 게송 중에 이런 것도 있습니다. "일체의 감각적 욕망은 공포가 닥치는 것이고 뱀의 아가리로 비유된다. 하지만 어리석고 맹목적인 사람들은 이를 즐긴다." 감각적 욕망에 대해 어떤 태도를 갖고 있는지 명쾌합니다.

감각적 욕망과 수행

앞에 수바 장로니의 게송에서도 봤듯이 기본적으로 부처님을 따르는 사람들은 감각적 욕망에 대한 분명한 태도를 갖고 있었습니다. 깨달았든 깨닫지 못했든 감각적 욕망에 대해서는 '칼에 몸이 베이면 칼을 빼듯이 머리에 불이 붙으면 꺼야 하듯이.'라고 나옵니다. 그렇듯이 이 감각적 욕망을 없애기 위해서 수행자들은 마음챙김을 하고 다녀야 된다는 겁니다.

우린 6근으로 이루어져 있습니다. 눈·귀·코·혀·몸·정신으로 돼 있는데, 이 6근 중에서 의근, 이 정신과 앞에 있는 다섯 가지 근의 관계에 대해서 왈리야 장로가 게송으로 명확하게 표현한 게 있습니다.

원숭이가 다섯 개의 문이 나 있는 오두막집 문을 똑똑 두드리면서 이 문 저 문으로 순간순간 들락거리고 있다. 원숭이여, 가만히 있으라. 뛰어다니지 말라. 상황은 그대에게 전과 같지 않다. 그대는 지혜에 의해 다스려지고 있다. 이제 그대는 여기서 멀리 가지 못하리.

감각적 욕망을 뱀의 아가라다, 공포가 엄습하는 것이라고 대하듯이 몸 자체에 대해선 항상 정형구가 있습니다. 게송에도 여러 번 나옵니다. "몸은 혐오스러운 것! 악취를 풍기고 악마와 한패이며 흘러내린다. 그대의 몸에는 아홉 개의 구멍이 있어 늘 흘러내린다." 비구들은 몸을 그렇게 봤습니다.

이런 감각적 욕망을 극복하기 위한 마음가짐과 수행은 무엇이었을까요?

부처님은 '무소의 뿔처럼 혼자서 가라.'고 하셨습니다. 게송에도 보면 재밌는 게 있습니다. 삐얀자하 장로의 게송입니다. "사람들이 나다닐 때는 머물러라. 사람들이 머무르면 멀리 떠나라. 사람들이 머무르지 않는 곳에 머물러라. 다른 사람들이 즐기고 있을 때는 더욱 정진해라." 이게 비구(니)들의 마음가짐입니다.

아소자 장로는 더 재밌게 표현합니다. "홀로 있는 사람은 범천과 같고, 둘이 있으면 천신과 같고, 셋이면 집에 있는 것 같고, 넷 이상이면 난장판이다."

부처님의 가르침에서 가장 핵심이 사성제입니다. 사성제에 대해서 간략하게 읊은 게송이 있습니다. 앗주나 장로의 게송입니다. "진정 나는 물속으로부터 땅위로 무사히 올랐다. 커다란 물결에 휩쓸려가고 있던 나는 사성제를 터득할 수 있었다." 사성제에 의해서 안전한 곳에 있을 수 있는 겁니다.

화를 다스리는 것, 또 남을 해치는 게 어떤 의미가 있는지 이걸 잘 이야기를 하고 있는 경전이 있습니다. 『욕설 경』(S 7:2)입니다. 부처님한테 엄청 욕을 막 하는 사람한테 부처님께서 지혜롭게 대답을 하니까 그걸 듣고 어떤 사람이 부처님에게 '당신도 화내고 있지 않느냐?'고 합니다. 그 사람한테는 부처님이 지혜롭게 편안한 마음으로 이야기하는 게 약 올리고, 화내는 것처럼 느껴졌던 모양입니다. 그래서 화내는 것이 아니라면서 부처님께서 다음의 게송을 말씀하십니다.

자신을 잘 길들이고 바른 방법으로 생계를 이끌고 바른 구경의 지혜로써 해탈하고 지극히 안온한 상태에 이르면, 그런 분노가 없는 자가 어떻게 화를 내겠는가? 분노하는 자에 맞서서 분노를 하게 되면 그로 인해서 악이 자꾸 생긴다. 분노하는 자에 맞서서 분노하지 않으면 아주 어려운 전쟁에서 이기는 것이다. 나 자신과 남의 이익을 같이 도모하는 사람은 화

내는 사람 있으면 그때 마음 챙기고 고요하게 그 사람을 대한
다. 그래서 나도 구제하고 남까지 구제하는 사람을 화내고 있
다고 말하는 사람은 어리석은 사람이다. 그 사람은 법을 모르
는 사람이다.

이 게송도 『장로게』에 나옵니다. 남을 해치는 사람은 자기부터 먼
저 해친다는 내용입니다. 이와 비슷한 내용의 게송이 『장로게』에 또 나
옵니다. 와사바라는 장로가 읊은 겁니다. "그는 먼저 자신을 해치고 그
다음 남을 해친다. 새를 잡는 사람이 새를 미끼로 다른 새를 잡듯 그는
아주 잘 자신을 해친다."

남한테 피해를 줄 목적으로 뜨거운 쇠공을 던지려고 합니다. 그런
데 그러려면 내가 먼저 그 뜨거운 공을 쥐어야겠죠. 당연히 내 손부터
먼저 타게 될 겁니다. 남한테 해를 끼친 사람은 자기가 먼저 해를 입게
돼 있다는 것을 비유한 겁니다.

깨달음의 정형구

수행자들은 보통 자기가 어떤 '성취'를 이뤘다 해도 잘 이야기하지 않
습니다. 율장에서도 그런 것은 경계합니다. 다만, 아라한의 경지가 되
었을 때는 다릅니다. 아라한이 되면 아라한의 게송을 읊습니다. 아라
한의 정형구가 있습니다. "태어남은 다 했다. 청정한 범행은 성취되었
다. 할 일을 다 마쳤다. 이제 다시 내가 존재하는 일은 없다. 태어나는

일은 없다." 그게 부처님께서 말씀하신 전형적인 아라한 선언입니다. 그런데 에까담마사와니야 장로의 게송은 좀 특이합니다. "나의 번뇌는 다 없어졌다. 나의 일체 존재는 뿌리 뽑혔다. 태어나는 윤회는 이제 나에게 없어졌다. 다시 태어나는 일은 없다."

라홀라의 게송도 좀 특이합니다. 라홀라 장로를 사람들은 '행운의 라홀라'라고 불렀습니다. 라홀라도 잘 알았던 모양입니다. 라홀라의 아라한 선언은 이렇습니다.

> 사람들은 나를 행운의 라홀라로 부른다. 나는 두 가지 행운이 있다. 하나는 내가 부처님의 아들이라는 것이고 또 하나는 법의 눈을 가지고 있다는 것이다. 나의 오염원은 다 소멸되어 이제 다시 태어나 윤회를 하지 않는다. 나는 존경받아야 할 사람, 공양 받아야 할 사람, 삼명을 체득한 사람, 불사를 얻은 사람이다.

지금은 육신통 얻은 사람을 거의 볼 수 없으니 '그런 게 과연 있나?' 하고 의문이 드시는 분들이 많을 겁니다. 그걸 '비유'라고 이해하시는 분도 있습니다. 하지만 『장로(니)게』를 보면 실제 그런 경지에 이른 사람이 수없이 많습니다. 그 당시는 열심히 했기 때문에 됐고, 지금은 열심히 하지 않기 때문에 안 될 뿐입니다. 우리는 누구나 그런 잠재적 능력을 갖고 있습니다. 육신통은 계발하면 가질 수 있는 능력입니다. 다만 노력하지 않았기 때문에 가질 수 없는 겁니다. 앞에서 삼명을 깨친 사람이 여든 세 분이 있다고 말씀드렸습니다. 삼명에 대한 언급은 없지만 '나는 나의 과거 생을 알았다.'고 하는 것은 또 굉장히 많습니다.

부처님께서 '전생을 기억하는 자 중에서는 소비따 비구가 제일이다.'고 말씀하십니다. 과거 생을 완전히 기억하는 것을 숙명통이라고 합니다. 소비따 비구는 숙명통으로 오백 겁까지 기억했다고 합니다. 소비따 비구는 이 오백 겁을 하룻밤 사이에 기억합니다. 소비따 장로의 게송에 보면, "지혜로운 수행자인 나는 마음챙기고 열심히 노력해서 마침내 하룻밤 사이에 오백 겁의 과거 생을 기억했다. 사념처, 칠각지, 팔정도를 수행해서 오백 겁을 하룻밤에 기억했다."고 합니다.

고따마 장로는 "실제로 나는 윤회하는 동안에 지옥에도 갔다. 아귀계에도 여러 번 들어갔다. 축생의 괴로움도 내가 오랫동안 많이 겪었다. 인간으로도 태어나고, 천상에도 태어나고, 색계, 무색계, 비상비비상처에도 머물렀다. 생성된 것은 본질이 없고 만들어진 것이고 흔들리고 늘 동요하고 있다는 것을 분명히 깨달았다. 많은 것이 나로부터 시작된다는 것을 알고 마음챙겨 마침내 평안을 얻었다."고 게송에서 노래합니다.

왕기사 비구는 시를 잘 읊었다고 합니다. 부처님이 '읊어보라.'고 해서 왕기사가 읊었던 시들이 상윳따 니까야에 『왕기사 품』 등 여러 곳에 들어 있습니다.

『장로(니)게』에는 사리뿟따의 게송도 나오고 왕기사가 사리뿟따를 묘사한 게송도 나오고 마하목갈라나가 사리뿟따를 묘사한 게송도 나옵니다. 이런 게송들을 보면 사리뿟따가 어떤 존재였는지 좀 더 알 수 있습니다.

먼저 사리뿟따의 게송에 들어 있는 것을 보면 "크게 지혜롭고 마음이 하나로 모아져 있고 부처님을 따라 법의 수레바퀴를 굴리는 사리뿟따 장로는 땅과 물과 불과 같아서 오염되지 않고 청정하다."고 나옵니다.

땅, 물, 불처럼 되었다는 것은 자연처럼 됐다는 겁니다. 땅에 뭘 던져도 그 땅이 '너 왜 던져?' 하지 않습니다. 사리뿟따를 보면 대지 같은 느낌이 드는 겁니다. 자연 같은 느낌이 들었기 때문에 그런 표현을 썼다고 봅니다. 누가 사리뿟따를 화낼 수 있다 해서 뒤에서 등을 엄청 세게 쳐도 그냥 그대로 갑니다. 마치 바람이 불어도 그냥 가는 것과 같습니다. 바람에 돌아보는 사람은 없습니다. 그렇듯이 사리뿟따가 그렇게 간 겁니다. 자연처럼 된 존재입니다.

마하목갈라나의 게송에도 사리뿟따를 언급한 것이 있습니다. 사리뿟따가 어떤 사람이었는지 아는 데 도움이 됩니다.

"사리뿟따는 지혜와 계행과 내적인 평안을 통하여 피안에 이른 수행자이며, 참으로 가장 빼어나신 분이다."

왕기사 게송에 나오는 사리뿟따의 묘사 부분도 중요합니다. 왕기사는 시인이었던 만큼 묘사가 뛰어납니다.

깊은 지혜와 총명한 예지를 갖추고 온갖 도에 통달한 지혜제일 사리뿟따가 모든 수행자들에게 법을 설한다. 그는 간략하게도 말하고 상세하게도 말한다. 구관조의 지저귐과 같이 자유자재로 변설을 펼친다. 그가 매혹적이며 듣기도 좋은 감미로운 목소리로 가르침을 설할 때 그 훌륭한 음성에 취하여 수행자들은 환희심을 가지고 법문에 귀 기울였다.

지금까지 수행자들의 성취 그리고 깨달음 이후의 평온에 대해 『장로(니)게』에 나오는 게송 몇 편을 살펴보았습니다.

목숨까지 바치려한 수행자

장로, 장로니 각각 한 분은 너무 힘들어서 자살하는 그 순간에 깨달은 경우도 있습니다. 삿빠다사 장로는 출가한 지 25년이 됐습니다. 그동안 너무 힘들어 자살을 시도하다가 마음이 해탈한 것을 게송으로 노래했습니다.

출가한 지 스물다섯 해가 되지만 그동안 손가락 한 번 튕기는 사이라도 마음 편한 적이 없었다. 쾌락에의 욕망에 시달려 마음이 하나로 되지 못하고 두 팔을 내저으며 울면서 나는 정사를 뛰쳐나왔다. 칼을 가지고 올까? 내가 살아 있을 필요가 있을까? 수행을 버린 나와 같은 사람은 어떤 식으로 죽어야 하나? 그리하여 나는 면도칼을 손에 들고 자리에 앉았다. 혈관을 끊기 위해 칼을 빼들었다. 그때 이치에 맞는 생각이 들었다. 재앙이라는 생각이 들었다. 세상이 혐오스러워졌다. 바로 내 마음이 해탈했다. 보라, 가르침이 진리에 훌륭하게 부합되는 것을! 삼명을 체득했다. 부처님의 가르침은 실현되었다.

다른 자살 시도도 있었습니다. 시하라는 장로니입니다. 그분은 엄청난 감각적 욕망에 시달렸습니다. 마음의 평안을 얻지 못하고 바짝 여의고 흉한 몰골로 7년을 헤맵니다. 그러다 '비참하게 살아가기보다는 이만 목을 매는 것이 낫겠다.'라고 생각하고는 숲속에 들어가서 단단하게 매듭을 지어 나뭇가지에 매고 자살을 하려고 합니다. 그 순간 마음의 해탈을 얻게 됩니다.

앞에 말씀드린 내용은 아주 극단적인 경우입니다. 부처님은 자살은 물론 자신의 신체를 상하게 하는 것에 대해 극단적으로 경계하셨습니다.

일상에서 자기의 생업이나 생활과 수행이 하나가 되도록 하는 게 중요합니다. 그걸 결합시키는 게 중요합니다. 이걸 결합할 수 있는 길은 마음챙김입니다. 현재 집중입니다. 불교는 마음챙김교라 할 정도로 마음챙김이 가장 중요합니다. 아라한들은 종일 마음챙김이 유지되는 사람들입니다. 주부 같으면 설거지를 하잖아요. 설거지할 때 거기에 집중하면 그 설거지 한 시간만큼 수행이 됩니다. 그렇기 때문에 내가 수행할 시간이 나면 수행하겠다, 그러지 마시고 생활과 수행을 결합하시기 바랍니다. 그 결합은 하는 일에 집중을 하는 것입니다. 이것이 굉장히 중요한 수행입니다.

31

밀린다 왕과
나가세나 존자의
대화 ①

『밀린다 왕문경』은 아주 흥미로운 경전입니다. 그런데 다른 경전에 비해 잘 알려져 있지 않습니다. 그리고 대개는 서양인과 동양인의 대화 또는 서양의 지성인하고 불교의 아라한 사이의 대화 정도로 피상적으로만 알고 있습니다. 하지만 이 경전에는 불교의 많은 것이 담겨져 있습니다. 또 불교를 어렴풋이 알고 있는 사람들이 궁금해하는 것도 잘 나와 있습니다. 우리가 경이나 율 그리고 논장을 읽고 생기는 의문들이 밀린다 왕의 질문과 나가세나 비구의 답변을 통해 잘 정리되어 있습니다. 또 '아, 이렇게도 생각해 볼 수 있구나.' 하는 힌트를 주기도 합니다. 석가모니 부처님께서 전법을 하시고 또 그것이 경·율·론 삼장으로 결집된 것도 의미가 있지만 그것에 대한 의문을 가지고 이런 경이 만들어졌다는 것도 역시 상당한 의미가 있습니다.

그래서 이번 강의부터 두 차례에 걸쳐 『밀린다 왕문경』이라는 경전에 대해 그리고 그 안에 담겨진 이야기에 대해 살펴보려고 합니다.

첫 번째 강의에서는 이 경이 만들어진 인연과 경전의 구조 등을 집중해서 살펴보고 두 번째 강의에서는 경전의 내용에 대해 집중해서 살펴보겠습니다.

『밀린다 왕문경』은 부르는 이름이 많습니다. 『미란다왕문경(彌蘭陀王問經)』 혹은 『밀린다 팡하』라고도 하고 내용은 유사하지만 편집 체계가 다른 『나선비구경(那先比丘經)』이라는 버전도 있습니다.

　　이 경전의 배경이 되는 시대는 기원전 2세기 후반입니다. 당시 지금의 파키스탄 지역에 그리스 인이 세운 왕국이 있었습니다. 그곳 왕의 이름이 밀린다였으며 수도는 사아가라라고 경전에 나옵니다.

경전이 설해진 인연

경전은 밀린다 왕이 다스리던 도시를 설명한데 이어 바로 밀린다 왕과 나가세나 존자의 전생에 대해 이야기를 꺼냅니다.

　　깟사빠 부처님(가섭불) 시대 인도 갠지스 강 근처에 비구 승가가 있었습니다. 당시 나가세나는 비구였고 밀린다 왕은 사미였습니다. 어느 날 비구가 사미에게 쓰레기 더미를 치우라고 지시합니다. 그런데 사미는 못 들은 척하고 지나가 버립니다. 그러자 비구가 이 사미가 아주 고집 센 풋내기라고 생각해 화를 내며 빗자루로 때립니다. 사미는 결국 두려움에 떨면서 쓰레기 더미를 모두 치웁니다.

　　여기서 사미가 발원을 합니다. "이 쓰레기를 치우는 공덕으로 열반에 이를 때까지 어디에 태어나든지, 한낮 태양처럼 커다란 위력과 광채를 갖게 해 주십시오."

　　사미는 쓰레기 더미를 치우고 나서 목욕을 하기 위해 갠지스 강으로 갑니다. 갠지스 강의 물결이 세차게 치는 걸 보며 사미는 두 번째 발원을 합니다. "열반에 이를 때까지 다시 어디에 태어나든지 갠지스 강 물결이 파도치는 것처럼 척척 대답하는 말재주와 다할 줄 모르는 말재주를 갖게 해 주십시오."

　그런데 비구가 역시 목욕을 하러 갠지스 강가에 갔다가 사미의 발원을 듣게 됩니다. 사미의 발원을 들은 비구는 속으로 생각합니다. '내가 시키는 대로 움직이는 사미도 이제 저렇게 원을 세웠는데 어떻게 내게 이 원이 이루어지지 않을 수 있겠는가.'

　그러고는 비구도 원을 세웁니다. "나는 열반에 이르기까지 이 세상 어디에서 다시 태어나든지 이 갠지스 강의 거센 물결처럼 다함 없는 말재주를 지니고 싶다. 이 사미가 묻는 낱낱 질문과 어떠한 재빠르고 어려운 물음도 명쾌하게 풀어줄 수 있었으면 싶다."

　결국 두 사람은 각기 천상과 인간계를 윤회하면서 한 부처님의 출현에서 다음 부처님의 출현까지의 시간을 보냅니다. 깟사빠 부처님 다음이 석가모니 부처님입니다. 석가모니 부처님은 이렇게 예언합니다. "내가 죽은 오백 년 뒤, 두 사람은 다시 이 세상에 태어날 것이다. 그리고 내가 가르친 오묘한 진리와 계율은 두 사람의 문답과 비유의 적용으로 풀기 어려운 실마리가 풀리고 분명하게 될 것이다."

　이런 인연으로 밀린다 왕과 나가세나 존자가 다시 만나게 됩니다.

대론을 좋아한 밀린다 왕

오늘날의 눈으로 보면 밀린다 왕은 대단한 사람입니다. 경전에는 그가 천계서, 교의서, 상캬[數論派], 요가, 니야야(논리학과 인식론 중심의 철학 사조), 바이세시카(인도 굽타 시대 자연주의 철학)의 모든 철학과 수학, 음악, 의학, 네 가지 베다 성전, 푸라나 성전, 역사, 전설, 천문학, 환술, 논리학, 주술, 병법학, 시학, 지산 등 열아홉 가지 학문에 능통했다고 나옵니다.

왕이었지만 논자로서 접근하기 어렵고 이기기 어려워 여러 사상가들 가운데 '최상자'라고 일컬어졌습니다. 게다가 용기도 대단했고 거침이 없었다고 합니다.

전생의 발원대로 그는 대론을 즐겼습니다. "누구라도 좋다. 현자, 수행자 혹은 바라문으로 교단을 거느리는 자, 학파를 통솔하는 자, 대중의 스승인 자, 또는 존경할 만한 사람, 깨달은 사람이라고 자인하는 자로서 나와 대론하여 의문을 명쾌하게 풀어줄 자는 없는가?" 하고 물으며 대론할 사람들을 찾아다닙니다.

처음에는 여섯 명의 논사를 찾아갑니다. 세상의 시작과 끝, 선악 등에 대해 묻지만 그들의 대답은 모두 밀린다 왕에게 논파당합니다.

그때 십억의 아라한들이 히말라야 산에 살고 있었다고 합니다. 그리하여 존자 앗사구따는 천이통으로 밀린다 왕의 말을 듣고 비구대중을 모아 물어 봅니다.

"벗들이여, 밀린다 왕과 대론하여 의심을 풀어줄 비구가 있습니까?"

아무도 대답하는 이가 없자 앗사구따 존자는 비구 대중에게 다음과 같이 말합니다. "벗들이여, 삼십삼천계의 베쟈얀타 궁전 동쪽에 케투마티라는 천궁이 있고 거기에는 마하세나라 불리는 천자가 머물고 있다. 그는 밀린다 왕과 대론하여 의심을 제거할 능력을 가지고 있다." 그 후 앗사구따와 비구들은 천제 인드라(제석천)를 찾아갑니다.

"대왕이여, 인도 사가라에 밀린다라는 왕이 있습니다. 그는 논객으로서 가까이하기 어렵고 이기기 어려워 이교의 스승들 가운데 최상자라고 일컬어집니다. 그는 비구 상가에 접근, 잘못된 견해에 입각한 주장으로서 질문을 던져 비구 상가를 괴롭히고 있습니다."

그러자 천제 인드라가 존자 앗사구따에게 말했다.

"존자여, 그 밀린다 왕이야말로 여기 천계를 떠나 인간계에 태어난 자입니다. 존자여, 케투마티 천궁에 마하세나라고 하는 천자가 살고 있습니다. 그는 밀린다 왕과 대론하여 의심을 풀어줄 수가 있습니다. 나는 그 천자에게 인간계에 태어나기를 간청하겠습니다."

제석천이 아라한들과 함께 마하세나를 찾아갑니다. '지금 지상에서 이런 일이 벌어지고 있으니까 좀 도와줘야 되겠다. 당신이 인간 세상으로 다시 돌아가서 그 사람을 격파해야 된다.' 하니까 마하세나가 대답합니다. '인간계는 업의 고통으로 가득 찬 세상이다. 고통스러운 곳에 나는 돌아가고 싶지 않다. 나는 이 천상에서 좀 더 높은 천상으로 태어나 열반에 들고 싶다.' 앗사구따 존자는 마하세나에게 다시 간곡하게 이야기합니다.

"벗이여, 지금 이곳에서 우리들이 인간계와 천계를 둘러보았으나 그대 말고는 밀린다 왕의 주장을 타파하고 붓다의 가르침을 왕에게 이해시킬 수 있는 이는 아무도 없습니다. 벗이여, 비구 상가는 그대에게 인간계에 태어날 것을 간청하면서 말하고 있습니다. '위대한 분이여, 부디 행복함이 없는 인간계에 태어나 부처님의 가르침을 사람들에게 권하소서.'라고 말입니다."

그러자 천자 마하세나는 생각했다. 자신은 분명 밀린다 왕의 주장을 타파하고 붓다의 가르침을 왕에게 이해시킬 수 있을 것이라 확신했다. 그는 기뻤고 만족했으며 환희에 넘쳤다. 그래서 그는 그들의 간청을 수락했다.

"존자여, 좋습니다. 나는 인간계에 태어나겠습니다."

그렇게 마하세나가 인간계에 나가세나라는 이름을 얻었고, 아라한들은 잘 교육을 시킵니다. 여러 가지 교육을 잘 시켜가지고 아라한으로 만들죠.

인간계에 내려온 나가세나를 만나기 전에 밀린다 왕은 여러 승려도 만났습니다. 하지만 그의 이해를 충족시켜 주는 사람을 만나지 못했습니다. 오히려 설명하려고 왔던 승려들이 밀린다 왕의 논리에 밀리기도 합니다. 밀린다 왕이 나가세나 존자를 만나기 전에 만났던 스님이 아유파라 삼장법사입니다. 둘 사이에 다음과 같은 대화가 있은 후 아유파라 삼장법사는 밀린다 왕을 더 이상 상대하지 못합니다.

"존자 아유파라여, 당신이 출가하신 것은 무엇을 목적으로 하고 있습니까? 또 당신들에게 있어서 최고의 목적은 무엇입니까?"

장로는 답했다.

"대왕이여, 실로 우리가 출가한 것은 진리를 실천하고, 마음의 평안을 실천하기 위해서입니다."

"존자여, 그렇다면 또한 재가자들도 누군가 진리를 실천하고 마음의 평안을 실천한 자가 있습니까?"

"그렇습니다, 대왕이여, 재가자들도 진리를 실천하고 마음의 평안을 실천한 자가 있습니다. 대왕이여, 예를 들면 위대한 스승 붓다가 베나레스 이시파타나(선인들이 살던 곳), 즉 미가다야(사슴의 동산)에서 진리의 가르침인 법륜을 굴리셨을 때 일억 팔천의 범천이 법현관, 즉 진리의 파악에 통달하였고, 또 셀 수 없는 무수한 모든 천신들도 진리의 파악에 통달하였습니다. 그들은 모두 재가자였고 출가자는 없었습니다. 그리고 또 대왕이여, 위대한 스승께서 『마하사마야 수따(대회경)』, 『마하망갈라 수따(대길상경)』, 『마하찌따빠리야야 수따(등심경)』, 『라후로와다 수따(교계라후라경)』, 『빠라바와 수따(파멸법경)』를 설하셨을 때 셀 수 없는 무수한 모든 천신들이 진리의 파악에 통달하였습니다. 그들은 모두 재가자이고 출가자는 없었습니다."

밀린다 왕이 말했다.

"존자 아유파라여, 그렇다면 당신이 출가했다고 하는 것은 무의미합니다. 전생에 지은 악한 행위의 결과에 따라 석가의 제자인 수행자들은 출가하여 여러 가지 두타의 지분을 엄격히 지켜야 하는 것입니다. 존자 아유파라여, 그들 '한 자리에서 식사하는 자'인 비구들은 모두 아마 전생에서 남의 음식물을 빼앗은 도둑이었고 그들이 전생에서 남의 음식물을 취한 행위의 결과에 의해 지금 '한 자리에서 식사하는 자'가 되어 있을 것입니다. 그들은 적당한 때에 따라 먹을 수가 없습니다. 그들에게는 계행이 없고 고행이 없고 청정한 수행이 없습니다. 게다가 또한 존자 아유파라여, 그들 '집밖에서 사는 자'인 비구들은 모두들 아마 전생에서 촌락을 빼앗은 도적이었고 그들이 전생에서 남의 집을 파괴한 행위의 결과에 의해 '집 밖에서 사는 자'가 되었을 것입니다. 그들은 잠자고 앉을 곳을 사용할 수 없습니다. 그들은 계행이 없고 고행이 없고 청정한 수행이 없습니다. 그리고 또한 존자 아유파라여, 그들 '앉은 채로 눕지 않는 자'인 비구들은 모두들 아마 전생에 노상강도거나 도적이었고 그들이 전생에 길 가는 사람들을 붙잡아 묶어 앉힌 행위의 결과에 따라 지금 '앉은 채로 눕지 않는 자'가 되었을 것입니다. 그들은 침대에 누울 수가 없습니다. 그들에게는 계행이 없고 고행이 없고 청정한 수행이 없습니다."

이렇게 말했을 때 존자 아유파라는 침묵할 뿐 한마디도 대답하지 못했다. 그러자 오백 명의 요나카인들은 밀린다 왕에게 이렇게 말했다.

"대왕이여, 장로는 현자입니다. 그러나 그는 자신이 없어서 한 마디도 답하지 않은 것입니다."

그러자 밀린다 왕은 존자 아유파라가 침묵하는 것을 보고 손

670

백을 쳐 부르고 나서 요나카인에게 이렇게 말했다.

"아아! 실로 인도는 텅 비었도다. 아아! 참으로 인도는 왕겨와 같다. 나와 함께 대론하여 의심을 제거해 줄 수 있는 수행자 또는 바라문은 단 한 사람도 없구나!"

마침내 밀린다 왕과 나가세나 존자가 만나게 됩니다.

경전의 구성

『밀린다 왕문경』은 전체가 3편으로 구성되어 있습니다. 각 편 앞에는 서문이 있어서 총 3개의 서문이 있습니다.

1편에는 무아와 윤회를 비롯해 부처님의 존재, 불교의 우주설과 시간관 등 불교 전반에 대한 것들을 다룹니다. 어찌 보면 불교 바깥의 눈으로 불교를 철저히 검증하는 형식이라고 할 수 있습니다. 1편이 모두 끝나면 밀린다 왕이 '저분은 정말 지혜로운 사람이구나. 내 지혜에는 한계가 있구나.' 하는 걸 깨닫고 승복을 합니다.

1편에 나온 대론이 끝난 후 밀린다 왕이 나가세나한테 가서 불교의 내용에 대해 다 배우고 난 뒤에 삼장에 통달하게 됩니다. 삼장에 통달했다 해도 여전히 어려운 문제가 있음을 발견하게 됩니다. 밀린다 왕은 '이것은 정말로 사람들에게 계속 문제가 될 것 같다. 이 문제는 나가세나 존자같이 지혜로운 사람과 나같이 지혜로운 사람 두 사람이 해결해야 한다. 그렇지 않으면 미래에 많은 사람들이 의문을 가질 것이다.'고 생각해 그런 것들에 대해 질문하고 나가세나 존자가 답변하는 형태로 진행 됩니다. 이 문답이 2편의 내용입니다.

3편에서는 밀린다 왕이 나가세나 존자에게 아라한이 되는 길을 묻습니다. 물론 이미 삼장을 통달한 밀린다 왕은 아라한이 되는 길에 대해 알고 있었습니다. 그런데도 다시 묻습니다. "존자 나가세나여! 어떤 요소를 갖춘 비구는 아라한의 지위를 실제로 증득합니까?" 나가세나는 "대왕이여! 아라한의 지위를 증득하기를 원하는 비구는 다음의 요소를 파악해야 합니다." 하면서 아라한이 되는 105가지 방법을 말해 줍니다. 여러 가지 동물, 나무, 사람, 도둑 등이 언급되면서 그것이 가진 요소를 파악해야 한다고 말합니다. 다른 경전에서 볼 수 없는 굉장히 심오한 내용으로 되어 있습니다.

밀린다 왕은 나가세나 존자가 간략히 말한 것을 다음과 같이 다시 묻고 나가세나 존자는 그에 대해 자세히 대답합니다. 한 가지 예를 들어 말해보겠습니다. "존자 나가세나여! 당신은 '당나귀의 한 가지 요소를 파악해야 한다.'라고 말했는데 그 파악해야 할 한 가지의 요소란 어떤 것입니까?" "대왕이여! 예를 들면 당나귀는 먼지가 쌓인 곳이거나 사거리거나 십자로거나 마을 입구거나 볏단을 쌓아둔 위에서나 그 어떤 곳에서도 누우며 오래 눕지 않는 것처럼 수행자는 풀로 만든 자리건 잎으로 만든 자리건, 껍질옷을 펼쳐서 어디에서나 누워야 하면 오래 누워서는 안 됩니다. 이것이 파악해야 할 당나귀의 한 가지 요소입니다."

대론이 모두 끝나고 난 후 밀린다 왕은 나가세나 존자의 위대한 지혜에 감명을 받아서 깨끗한 믿음을 일으켜 왕자에게 왕국을 넘기고 출가했고, 위빠사나 수행을 통해 아라한이 된다고 『밀린다 왕문경』의 끝에 나와 있습니다. 『밀린다 왕문경』은 미얀마에서는 소부 경전에 넣고 있고 스리랑카에서는 외전으로 취급하고 있습니다. 굳이 불설이 아님에도 이 경전을 중요하게 취급하는 이유가 있습니다. 우리가 기본적으로 불교에 대해 알아야 할 것은 이 경전에 모두 들어가 있기 때문입니다. 다만 그 범위가 넓고 심오해서 읽기가 쉽지만은 않습니다.

저는 니까야 읽기를 마치고 율장을 읽기 전에 『밀린다 왕문경』을 접했습니다. 그런데 니까야를 읽으면서 궁금했던 걸 밀린다 왕이 나가세나 존자에게 다 질문을 했더라고요. 그래서 개인적으로 큰 도움이 되었습니다.

그런데 율장이나 아비담마까지 어느 정도 읽고 보니 제가 여러분에게 추천 드리고 싶은 순서는 니까야 – 율장 – 아비담마 그리고 마지막으로 『밀린다 왕문경』입니다.

다음 강의에서는 『밀린다 왕문경』의 내용에 대해 중점적으로 살펴보겠습니다.

32

밀린다 왕과
나가세나 존자의
대화 ②

앞 장에 이어서 이번 장에서도 『밀린다 왕문경』의 내용에 대해 알아보
겠습니다.

　나가세나 존자는 밀린다 왕과 대론하기 전에 한 가지를 분명히 해
둡니다. 왕은 위험한 존재입니다. 예전에는 재산이 없어지는 이유 중
에 '왕'이 들어 있었습니다. 신체든 재산이든 모두 왕 마음대로였기 때
문입니다. 나가세나 존자같이 지혜로운 분이 처음에 정말 '대론'을 하
기 위한 준비를 안했을 리가 없죠.
　"왕이시여, 현자(賢者)로서 대론을 원한다면 나도 응하겠습니다.
그러나 제왕의 권위로써 대론을 원한다면 나는 응할 뜻이 없습니다."
　그러자 밀린다 왕이 '현자의 대론은 어떻게 하고 왕의 대론은 어
떻게 하는지' 묻습니다.
　나가세나 존자의 답은 이것입니다. '우리가 대론을 하다 보면 설
명도 할 수 있고, 비판도 할 수도 있고, 고치기도 하고 세세하게 구별해
야 되는 게 있다. 현자는 그것 때문에 노여워하는 일이 없다. 현자는 그
렇게 대론을 한다. 그에 비해서 왕은 대론에 있어서 한 가지만을 인정
한다. 만일 그 말을 따르지 않는 자가 있다면 저자에게 벌을 주어라 하
여 그 사람에게 처벌을 명령한다.'

밀린다 왕은 "존자여, 나는 현자의 논으로 대론하겠습니다. 왕의 논으로 대론하지 않겠습니다. 존자는 안심하시고 격의 없이 대론하십시오. 이를테면 존자가 비구나 사미 혹은 재가 신자나 종무원과 대론하듯이 안심하시고 허물없이 대론하십시오. 두려워하지 마십시오."

이렇게 해서 대론이 시작됩니다.

이름에 대하여

처음 만났으니 밀린다 왕이 나가세나 존자에게 묻습니다. "이름이 뭡니까? 존자님을 사람들은 뭐라 부릅니까?" 나가세나 존자가 대답합니다. "나가세나라고 부릅니다. 그렇지만, 그것은 명칭이고 호칭이고 이름일 뿐입니다. 거기에 개별적인 사람이 있는 것은 아닙니다."라고 대답합니다. 밀린다 왕은 허점을 잡았다고 생각했던 모양입니다. 자기가 가장 자신 있는 부분을 가지고 상대의 허점을 노리는 게 대론입니다. '이름이 뭡니까?' 하고 물은 것도 그냥 물은 게 아닙니다.

> 나가세나 존자여. 만일 인격적 개체를 인정할 수 없다고 한다면 그대에게 의복과 음식과 좌침구(床座)와 질병에 쓰는 약물 등의 필수품을 제공하는 자는 누구입니까. 또 그것을 받아서 사용하는 자는 누구입니까. 계행(戒行)을 지키는 자는 누구입니까. 수행(修行)에 힘쓰는 자는 누구입니까. 수도(修道)한 결과 열반에 이르는 자는 누구입니까. 살생(殺生)을 하는 자는

누구입니까. 남의 것을 훔치는 자는 누구입니까. 세속적인 욕망 때문에 바르지 못한 행위를 하는 자는 누구입니까. 거짓말을 하는 자는 누구입니까. 술을 마시는 자는 누구입니까. 무간지옥(無間地獄)에 떨어질 5역죄(五無間業)를 짓는 자는 누구입니까. 만일 인격적 개체가 없다고 한다면, 선도 없고 악도 없으며, 선행, 악행의 과보(果報)도 없을 것입니다. 나아가 세나 존자여, 설령 그대를 죽이는 자가 있더라도 거기에 살생의 죄는 없을 것입니다. 따라서 그대 승단에는 스승[和尙]도 수계사(아사리)도 구족계(具足戒)도 없다는 결론이 나옵니다. 그대는 나에게 말하기를 '승단의 수행 비구들은 그대를 나가세나라 부르고 있다.'고 하였습니다. 그러면 나가세나라고 불리는 것은 대체 무엇입니까. 나가세나 존자여, 머리털이 나가세나라는 말씀입니까.

이 첫 번째 대론은 왕궁에서 진행됐습니다. 좌우에 대신들이 많았습니다. 밀린다 왕은 불교에 대해 잘 알고 있는 사람이었습니다. 불교에서 인간은 서른두 가지 부분으로 구성됐다고 봅니다. 머리털, 몸털, 손톱, 발톱, 이빨, 피부 …. 그 하나하나에 대해서 밀린다 왕은 나가세나에게 '그것이 나가세나입니까?' 하고 묻습니다. 물론 나가세나는 '아니다.'라고 답합니다.

그러자 밀린다 왕이 '그러면 오온이 나가세나입니까?' 하고 묻습니다. 물론 나가세나는 그것도 아니라고 합니다. '오온 밖에 나가세나가 있는가?'라고 물어도 역시 나가세나는 아니라고 답합니다.

마침내 밀린다 왕이 이렇게 결론 내립니다.

존자여, 나는 당신에게 몇 번이나 물어보았습니다만 나가세나를 발견할 수 없습니다. 존자여, 나가세나는 실은 말에 지나지 않는 것입니까? 그렇다면 거기에 존재하는 나가세나는 어떤 존재입니까? 존자여, 당신은 '나가세나는 존재하지 않는다.'고 하여 진실이 아닌 거짓말을 한 것입니다.

나가세나가 반론을 준비합니다. "대왕님이여, 뭘 타고 왔습니까?" 하고 묻습니다. 밀린다 왕은 '수레를 타고 왔다.'고 답합니다. 그러자 나가세나가 "수레의 차축이 수레입니까?" 하고 묻습니다. 물론 아니라고 답합니다. 연이어 나가세나 존자는 수레나룻, 굴대, 바퀴, 차체, 수레틀, 멍에, 바퀴살, 채찍을 열거하면서 수레의 요소 하나하나에 대해 같은 질문을 합니다. 밀린다 왕은 역시 아니라고 답합니다. 그러자 수레나룻, 굴대, 바퀴, 차체, 수레틀, 멍에, 바퀴살, 채찍이 수레냐고 물으니 역시 아니라고 답합니다.
　　나가세나 존자는 바지라 비구의 게송으로 대답을 마무리합니다.

대왕이여, 바지라 비구가 위대한 스승이신 붓다 앞에서 이런 시구를 읊었습니다.

이를테면 여러 부분의 집합에 의해
'수레'라는 말이 생기듯

그와 같이 다섯 가지 구성요소가 존재할 때
'중생'이라는 호칭이 있다.

나가세나 존자의 답을 듣고 밀린다 왕이 다음과 같이 말하면서 이 주제에 대한 대론이 끝납니다.

멋집니다. 존자 나가세나여, 훌륭합니다. 존자 나가세나여, 나의 질문은 아주 멋지게 해결되었습니다. 만일 붓다가 여기에 계셨더라면 칭찬의 말씀을 주셨을 것입니다. 좋습니다. 정말 좋습니다. 나가세나여, 나의 질문은 아주 멋지게 해결되었습니다.

영혼에 대하여

이제는 경전의 순서와는 상관없이 여러분이 좀 더 흥미로워 할 부분 순서로 이야기해 볼까 합니다. 처음은 영혼에 대한 이야기입니다.

밀린다 왕이 나가세나 존자에게 "영혼이 존재합니까?" 하고 물어봅니다. 그러니깐 나가세나 존자가 반문합니다. "대왕님이 생각하는 영혼이 뭡니까?"

대왕이 이렇게 대답합니다.

우리 내면에 존재하는 개체적인 본질을 가진 자아입니다. 그 본질적인 자아가, 눈·귀·코·혀·몸·정신을 통해서 바깥 대상을 감지합니다. 비유를 하면, 이 궁전에 앉아 있는 내가 어느 창문으로든 바라보고자 하면 그 창문을 통해 바라볼 수 있습니다. 즉 동쪽의 창문을 통해서 바라볼 수도 있고, 서쪽의 창문을 통해서 바라볼 수도 있고, 북쪽의 창문을 통해서 바라볼 수도 있고, 남쪽의 창문을 통해서 바라볼 수도 있습니다. 존자여, 그와 마찬가지로 내면에 존재하는 개체적 자아는 보려고 생각하는 바대로 어떤 문(감각기관)에 의해서 볼 수 있습니다. 그런 개체적인 자아를 영혼이라 합니다.

이 말을 듣고 나가세나 존자는 네 가지 비유를 들어 그런 영혼이 없다는 것을 말합니다.

나가세나의 주장을 요약해서 보겠습니다.

첫 번째가 내면에 존재하는 어떤 개체적인 본질, 자아, 영혼이 있어서 감각을 통해 바깥을 지각한다면, 비유적으로 감각기관이 단순히 창문이라면, 지각하는 것이 영혼이라면, 그리고 눈·귀·코·혀·몸·정신이 단순히 창문이라면 영혼은 어떤 창문을 통해서든 지각할 수 있어야 합니다. 어느 창문을 통해서든 다 볼 수 있듯이 우리가 눈을 통해서도 볼 수 있고, 들을 수 있고 냄새 맡을 수 있어야 합니다. 마찬가지로 귀를 통해서도 볼 수 있고 들을 수 있고 냄새를 맡을 수 있어야 합니다. 그런데 그렇지 않습니다.

두 번째는 만약에 개체적인 영혼이 있어서 눈을 통해서 본다면, 비유를 하자면 지금 왕이 창을 통해서 본다고 가정해 보겠습니다. 창이라는 건 어떻게 보면 제약입니다. 창을 부숴버리면 훨씬 큰 허공을 바로 볼 수 있습니다. 그처럼 눈을 빼버리면 더 잘 봐야 되는데 더 잘 볼 수가 없습니다. 그래서 말이 맞지 않습니다.

세 번째는 왕이 있고, 눈·귀·코·혀·몸을 문이라 볼 수 있습니다. 문에 문지기가 있습니다. 문지기가 있으면 문 밖에 있어도 알 수 있고 안에 있어도 알 수 있어야 됩니다. 그런데 사실은 우리가 음식을 혀로써 맛을 볼 때 음식이 혀에 있을 때는 알 수 있지만, 다른 데 있으면 모르거든요. 혀에 의존돼 있기 때문에 그렇습니다. 그래서 또 말이 맞지 않다고 합니다.

네 번째는 이렇게 얘기합니다. 꿀이 든 항아리를 백 개를 가져와서 어떤 방에다 다 붓고 그 안에 들어가는데, 입을 딱 막아버리면 꿀맛을 알 수가 없습니다. 이런 비유를 듭니다.

나가세나 존자는 이렇게 준비를 시키고 난 뒤에 다음과 같이 이야기합니다. 눈이 있고, 대상이 있기 때문에 안식이라는 게 생깁니다. 눈에 의식이 생기는 겁니다. 눈에 의식이 생길 때는 그것 하나만 생기지 않습니다. 따라오는 일곱 가지가 있습니다. 접촉·느낌·인식·의도·집중·생명력·주의입니다. 이 일곱 가지가 언제나 있다는 것이 아비담마에 나와 있고, 수행해 보면 그게 다 보입니다. 그런 것들이 있어서 우리가 뭔가를 감지할 수 있고 모든 현상은 조건으로부터 생기는 것이지 독립된 영혼은 존재하지 않는다고 말해 줍니다.

밀린다 왕은 지혜로운 사람입니다. 이런 비유를 들려 알려 주니 단번에 알아챕니다.

윤회에 대하여

밀린다 왕은 그리스 출신입니다. 그래서 그런지 윤회에 대해 관심이 많았습니다. 윤회에 대한 주제는 대론에 자주 등장합니다. 그런데 윤회하는 주체가 무엇인지 궁금했습니다.

"존자 나가세나여, 사람이 죽었을 경우 윤회의 주체가 다음 세상으로 옮기는 일이 없는데도 다시 태어나는 것입니까?"

"대왕이시여, 그렇습니다. 하나의 존재에서 다른 존재로 윤회하는 주체가 옮기는 것은 아니지만 다시 태어납니다."

"존자 나가세나여, 어떻게 해서 하나의 존재에서 다른 존재로 윤회하는 주체가 옮기는 것은 아니지만 다시 태어납니까? 예를 들어 말씀해 주십시오."

"대왕이여, 예를 들면 어떤 사람이 하나의 등불에서 다른 등불로 불을 붙일 경우 등불이 하나의 등불에서 다른 등불로 옮겨갑니까?"

"존자여, 그렇지는 않습니다."

"대왕이여, 그와 마찬가지로 하나의 존재에서 다른 존재로 윤회하는 주체가 옮기는 것은 아니지만 다시 태어납니다."

"다시 예를 들어 말씀해 주십시오."

"대왕이여, 당신이 어렸을 때 시인 스승 밑에서 어떤 시를 배운 것을 스스로 기억하고 계십니까?"

"존자여, 그렇습니다."

"대왕이여, 그 시는 스승에게서 당신에게로 옮겨온 것입니까?"

"존자여, 그렇지 않습니다."

"대왕이여, 그와 마찬가지로 하나의 존재에서 다른 존재로 윤회하는 주체가 옮기는 것은 아니지만 다시 태어납니다."

"잘 알았습니다. 존자 나가세나여."

당시 밀린다 왕뿐만 아니라 지금을 살아가는 우리도 정말 윤회가 있는 것인지 궁금해합니다. 아주 오래전에 밀린다 왕이 우리를 위해 대신 질문해 준 격입니다.

밀린다 왕은 당시 여러 사상을 모두 섭렵하고 있었습니다. 불교에 대해서도 어느 정도 지식이 있었던 것으로 보입니다. 밀린다 왕은 다음과 같은 질문도 합니다.

"다음 생을 받지 않는 사람은 지혜로운 주의에 의해서 받지 않는 것이 아닙니까?"

나가세나 존자는 "지혜로운 주의도 필요하고, 지혜도 필요하고, 또 다른 선법에 의해서 그것을 받지 않는다."라고 대답합니다.

밀린다 왕은 '선법'이 무엇인지 물어봅니다. 나가세나 존자는 "계, 믿음, 정진, 마음챙김, 삼매입니다."라고 분명히 대답합니다.

이후의 문답도 이어지는데 생략하겠습니다.

대신 아라한이 되어 태어남이 없는 것에 대한 밀린다 왕과 나가세나 존자의 대론을 살펴보겠습니다.

"존자 나가세나여, 다음 세상에서 생을 받는 일이 없는 사람은 '나는 다음 세상에서 생을 받는 일이 없다.'라고 하는 것을 알고 있습니까?"

"대왕이여, 그렇습니다, 다음 세상에서 생을 받는 일이 없는 사람은 '나는 다음 세상에서 생을 받는 일이 없다.'라고 하는 것을 알고 있습니다."

"존자 나가세나여, 어떻게 그걸 알고 있습니까?"

"다음 세상에서 생을 받기 위한 인과 연이 소멸되어 있기 때문에 그는 '나는 다음 세상에서 생을 받는 일이 없다.'라고 하는 것을 알고 있습니다."

"비유를 들어 설명해 주십시오."

"대왕이여, 예를 들면 농부인 집주인이 경작하고 파종하여 곡물을 창고에 가득 채웠으나 나중에는 경작도 하지 않고 파종도 하지 않고 저장된 곡물을 먹기도 하고 다른 물품과 교환하기도 하고 필요에 따라 쓰기도 한다고 칩시다.

그 경우 농부인 집주인은 '나의 곡물 창고는 비어 있을 것이다.'라는 것을 알고 있습니까?"

"존자여, 그는 알고 있을 것입니다."

"어떻게 그는 알고 있겠습니까?"

"곡물 창고가 가득 찰 인과 연이 소멸되어 있기 때문에 '나의 곡물 창고는 비어 있을 것이다.'라는 것을 알고 있습니다."

"대왕이여 그와 마찬가지로 다음 세상에서 생을 받기 위한 인과 연이 소멸되어 있기 때문에 그는 '나는 다음 세상에서 생을 받는 일이 없다.'라고 하는 것을 알고 있습니다."

"잘 알겠습니다. 존자 나가세나여."

밀린다 왕은 또 "아라한은 고통을 느낍니까?" 하고 물어봅니다. 이에 대해 나가세나 존자는 "육체적 고통을 느낄 수 있는 인과 연은 있기 때문에 육체적 고통은 느낍니다. 그렇지만 정신적인 고통을 느낄 인과 연은 없어서 아라한들은 정신적인 고통은 없습니다."라고 대답합니다.

업에 대해

선업과 악업에 대한 대론도 있습니다.

> "존자 나가세나여, 당신들은 이렇게 말합니다. '가령 백 년 동안 악행을 하더라도 임종에 이르러 한 번 부처님을 생각할 수만 있다면 그 사람은 천상에 태어날 수 있다.'라고. 나는 이 말을 믿지 않습니다. 또 당신들은 이렇게 말합니다. '한 번 살생을 했더라도 지옥에 떨어질 것이다.'라고. 나는 이 말도 또한 믿지 않습니다."
>
> "대왕이여, 당신은 어떻게 생각합니까? 작은 돌이라도 배가 없이 물 위에 뜰 수 있을까요?"
>
> "존자여, 그렇지 않습니다."

"대왕이여, 백 대의 수레에 실을 만큼 많은 돌이라도 배에 싣는다면 물 위에 뜨겠습니까?"

"존자여, 그렇습니다. 물 위에 뜰 것입니다."

"대왕이여, 선업은 마치 배와 같다고 보아야 합니다."

"잘 알겠습니다. 존자 나가세나여."

'강력한 선업이 있으면 그렇게 많은 악행이 있어도 천상에 태어날 수 있다.' 하는 것을 비유를 들어서 이야기한 것입니다.

악업에 대해 이런 대론도 있었습니다.

밀린다 왕이 묻습니다. "악을 행할 때 알고 행하는 것하고 악을 모르고 행하는 것하고 어느 것이 더 재앙이 큽니까?" 나가세나 존자는 "악을 모르면서 하는 게 알고 하는 것보다 훨씬 재앙이 크다."고 답합니다. 이 말을 들은 밀린다 왕이 약간 비꼬듯 말합니다. "그러면 왕자들이나 대신들이 모르고 하면 두 배나 처벌해야 되겠군요." 그러니까 나가세나가 바로 예를 들어 이야기합니다. '아주 뜨겁게 달군 쇠공이 있다. 그걸 알고 쥐었을 때와 모르고 쥐었을 때 어떨 때가 더 심하게 손이 타는가?' 아마 알고 쥐면 탁 놓을 겁니다. 모르고 쥐면 그것보다는 조금 더 시간이 오래 걸리겠죠. "그와 같다."고 이야기합니다.

그런데 좀 주의해서 보셔야 합니다. 악에는 '의도'가 있습니다. 그냥 길을 가다 팔을 흔들었는데 어떤 사람과 팔이 부딪혔다고 해서 그걸 '악'을 행했다고 표현하지는 않습니다. 그래서 지금 우리가 '악'이라고 하는 건 상대방을 의도적으로 불편하게 한다든지 피해를 주고자 할 때 써야 합니다.

신통에 대하여

밀린다 왕이 대론은 즐겼지만 수행은 많이 하지 않았던 것 같습니다. 그에게 신통은 없었을 것입니다. 그래서 수행자들이 갖고 있는 신통에 대해서 궁금했던 것 같습니다. 밀린다 왕이 이런 이야기를 합니다. "존자 나가세나여, 이 인간의 육체를 하고 웃따라꾸루(북방의 이상향)에 갈 수 있습니까? 또 범천에 갈 수 있습니까? 안 그러면 또 다른 나라를 갈 수 있습니까?" 그 당시에는 사람들에게는 당시의 세계관이 있었을 겁니다. 북쪽의 어떤 이상적인 곳을 웃따라꾸루라 했던 모양입니다. 나가세나 존자는 "대왕이여, 가능합니다. 이 네 가지 요소로 구성된 몸을 가지고 그렇게 할 수 있습니다." 하고 대답합니다. 이 말을 듣고 밀린다 왕이 "그러면 그게 어떤 원리로 가능합니까?" 하고 묻습니다. 이에 나가세나 존자가 이렇게 이야기합니다. "대왕이여, 당신은 이 지상에서 한 자 혹은 두 자 정도 뛰어오를 수 있으리라 생각합니까?" 밀린다 왕은 무예에도 능했습니다. 당연히 그렇다고 대답합니다. 그러자 나가세나 존자는 "대왕이여, 당신은 어떻게 2미터까지 뛰어오른다는 것입니까?" 하고 묻습니다. 밀린다 왕은 "존자여, 나는 여기서 뛰어오를 것이라는 마음을 일으키고 그 마음을 일으킴과 동시에 나의 몸이 가벼워졌습니다." 하고 대답합니다. '내가 뛰어야지 하는 마음을 가지고 탁 뛴다.'고 한 거죠. 그때는 내 몸이 들릴까 안 들릴까 생각 안하는 거죠. 그냥 내가 위로 뛰어야 되겠다는 그 마음에서 그 순간만은 탁 이렇게 뛸 수 있다고 이야기합니다. 나가세나 존자가 "대왕이여, 그와 마찬가지로 신통력이 있고 마음의 자재를 얻은 수행자는 마음속에 육체를 넣어 마음에 의해 공중을 가는 것입니다."라고 대답합니다. 밀린다 왕은 바로 "이해했다."고 대답합니다.

이처럼 신통력이 있고 마음이 자유자재한 경지가 되면 마음에 몸을 넣어서 몸을 움직일 수 있습니다. 몸이 마치 마음처럼 돼 있는 겁니다.

사실 이런 대답은 나가세나가 처음으로 한 말은 아닙니다. 니까야에도 부처님과 아난다의 대화에서 비슷한 내용이 나옵니다.

마음의 작용

나가세나 존자가 밀린다 왕에게 이런 이야기도 들려줍니다. "대왕이여, 위대한 스승 부처님께서는 어려운 일을 하셨습니다."

밀린다 왕이 무슨 어려운 일인지 물어봅니다.

"대왕이여, 위대한 스승 붓다께서는 어려운 일을 하셨습니다.
즉 정신이 어떤 대상을 대할 때 있는 마음과 마음부수가 어떤
것이라는 것을 잘 밝혀 주셨습니다. '이것은 접촉이다. 이것
은 느낌이다. 이것은 인식이다. 이것은 의도다. 이것은 마음이
다'라고."
"비유를 들어 설명해 주십시오."
"대왕이여, 예를 들면 어떤 사람이 배를 타고 바다에 나가 손
주걱으로 바닷물을 퍼 혀로 맛보았다고 한다면 그 사람은 '이

688

것은 갠지스 강의 물이다. 이것은 야무나 강의 물이다. 이것은 아찌라와띠 강의 물이다. 이것은 사라부 강의 물이다. 이것은 마히 강의 물이다.'라는 것을 알 수 있겠습니까?"

"존자여, 그것을 아는 일은 곤란합니다."

"대왕이여, 그보다 더욱 어려운 일을 위대하신 스승 붓다께서는 하셨습니다. 즉 정신이 어떤 대상을 대할 때 있는 마음과 마음부수가 어떤 것이라는 것을 잘 밝혀 주셨습니다. '이것은 접촉이다. 이것은 느낌이다 이것은 인식이다. 이것은 의도다. 이것은 마음이다.'라고."

당시 대론에는 참관인들이 있었습니다. 대신들이 있었고 다른 사람들도 있었습니다. 그 사람들이 이구동성으로 말합니다. "참, 대왕님이 대단하셨고, 그다음에 나가세나 존자는 정말로 지혜로운 사람이다." 밀린다 왕은 "참말로 그렇다. 나가세나 존자는 참으로 지혜로운 사람이다." 그러면서 "나와 같은 사람이 있고, 나가세나 같이 대단히 지혜로운 사람이 있으면 앞으로 사람들이 진리를 터득하는데, 그렇게 많은 시간이 걸리지 않을 것 같다."고 말합니다. 대론이 끝나고 집에 돌아온 밀린다 왕은 가만히 생각을 합니다. '오늘 내가 모든 것에 대해서 올바르게 질문을 했는가? 그리고 나가세나 존자는 모든 것을 올바르게 대답했는가?' 가만히 보니까 자기도 올바르게 질문하고 나가세나 존자도 올바르게 대답을 했다고 확신합니다. 그다음에 나가세나 존자도 거처로 돌아가서 밀린다 왕과 똑같이 생각합니다. '밀린다 왕이 올바르게 질문하고 내가 올바르게 대답했는가?'

두 사람은 모두 올바르게 질문하고 올바르게 답했다고 만족합니다.

이렇게 1편에서는 불교는 물론이고 세속의 진리까지 일반사람들이 궁금해 할 만한 내용의 대론이 오고 갑니다. 이후 밀린다 왕은 수시로 나가세나 존자를 찾아가 궁금한 것에 대해 질문도 하고 공부도 합니다. 자연스레 밀린다 왕은 부처님 가르침에 대해 잘 알게 됩니다. 경·율·론 삼장에 대해 통달하게 되는 거죠.

그런데 충분히 이해하고 난 뒤에 면밀히 부처님의 가르침을 보니까 자신은 알겠지만 보통사람은 납득하기 어려울 만한 것들이 있습니다. 그래서 '아, 나와 같이 현명한 사람과 나가세나 존자같이 지혜로운 사람이 묻고 답해서 앞으로 후세에 사람들이 이런 어려운 문제 때문에 번민이 생기고 의심이 생기지 않도록 해야 되겠다.'고 결심합니다. 그것에 대해서 충분하게 묻고 답하는 게 2편입니다

담론하기 좋은 때와 장소 그리고 사람

밀린다 왕은 대론을 하기 전에 마음의 준비를 해야겠다고 생각하고는 과거, 현재, 미래 부처님을 떠올리면서 7일 동안 8계를 지킵니다. 8계 중에는 치장을 하지 않는 것이 있습니다. 왕은 왕의 옷을 벗고 법의를 입습니다. 머리에는 두건을 두르고 침묵하는 성자가 됩니다. 또 오후 불식을 실천합니다.

마음가짐도 다잡습니다. 일주일 동안은 탐진치를 일으키지 않겠다, 겸손하겠다, 눈·귀·코·혀·몸·정신을 잘 보호해야 되겠다, 마음

을 자애로 가득 차게 하겠다 등의 각오를 하고 실천합니다. 그러고 나서 나가세나 존자를 찾아갑니다. "존자님과 내가 해야 될 일이 있습니다. 여기에는 제 삼자가 개입이 되서는 안 됩니다. 우리 두 사람이 해야 됩니다. 두 사람이 할 수 있는 적합한 곳에서, 마을에서 좀 떨어진 곳 그리고 개방된 확 트인 곳에서, 그리고 마을에서 떨어지고 서로 묻고 답하는 것이 적합한 곳에서 해야 되겠습니다. 나가세나 존자님이 비밀로 해야 될 건 없습니다. 모든 건 다 말씀해주시고 나는 들을 가치가 있습니다." 이렇게 둘이서 숲속으로 가서 2편이 전개됩니다.

밀린다 왕이 "여덟 가지 장소는 담론을 하기에 적합하지 않습니다."라고 하면서 "적합하지 않은 장소를 피하고자 합니다. 여덟 가지 장소는 다음과 같습니다."고 말합니다.

1. 땅이 평평하지 못하고 울퉁불퉁한 데는 곤란하다. 거기선 암만 해도 산만하게 흩어져서 담론의 결과가 없기 쉽다. 평평한 곳이 적합한 곳이다.
2. 두려움을 주는 장소는 좋지 않다. 사람이 두렵게 되면 올바르게 제대로 뭘 못한다.
3. 바람이 많이 부는 데는 소리가 잘 안 들릴 수 있다. 그래서 좋지 않다.
4. 폐쇄된 곳은 누가 와서 들을 수 있다. 그래서 그것도 곤란하다.
5. 신전은 무거워질 수 있다. 주제가 그 영향을 받아서 무거워질 수 있다.

6. 길거리에서는 뭔가 공허해지기 쉽다.

7. 다리 위도 뭔가 번거로울 수 있다. 다리 위에 사람이 왔다 갔다 한다.

8. 수영장에서는 세속적인 주제로 전락할 수 있다.

이 여덟 개 장소는 적합하지 않으니 그 장소를 피해서 개방되고 마을에서 멀리 떨어진 그런 곳을 둘러서 찾은 거죠. 그러니까 아주 철저합니다. 조금이라도 이 위대한 일이 흠이 가면 안 된다는 겁니다.

담론이라는 것도 말이 잘 통해야지 대화가 잘 이어질 수 있습니다. 담론하기 좋은 사람 아니면 피해야 되는 사람이 있습니다. 우리에게도 적용할 수 있습니다.

다음은 담론을 피해야 할 사람입니다.

1. 감각적인 욕망을 가지고 사는 사람

2. 화를 잘 내는 사람

3. 미망, 어리석음으로 사는 사람

4. 교만한 사람

5. 한 가지만 딱 생각하는 사람

6. 게으른 사람

7. 어리석은 사람

8. 탐욕이 많은 사람

9. 비밀을 함부로 이야기하는 사람

다음과 같은 사람도 피해야 할 사람입니다.

1. 미망에 사로잡혀서 사는 사람

2. 욕망으로 사는 사람

3. 화냄이 많은 사람

4. 겁쟁이

5. 재물을 중시하는 사람

6. 술주정뱅이

7. 여자

8. 어린아이

9. 거세된 사람

이 중에 여자는 재고의 여지가 있습니다. 당시 시대상이 반영되었을 뿐입니다. 현재 상황하고는 맞지 않지요.

여하튼 밀린다 왕은 이 아홉 가지는 비밀을 잘 유지하기 어렵다고 봤습니다.

중생이 세상에서 못 벗어나는 것은 그만한 이유가 있습니다. 이 경전에서는 '열 가지 속박이 있다.'고 표현합니다. 윤회를 하게 하는 열 가지 족쇄하곤 다릅니다. 세속에 붙들리는 거죠. 열 가지는 다음과 같습니다.

1. 어머니 2. 아버지 3. 아내와 배우자 4. 자식 5. 친척 6. 친구 7. 재산, 재물 8.이익과 명예 9. 권력, 통치권 10. 눈·귀·코·혀·몸의 대상인 색·소리·냄새·맛·감촉

그런데 나가세나 존자가 이렇게 말합니다. "부처님 전생인 보살은 이 열 가지 속박을 완전히 끊었다. 그래서 퇴전하지 않는다."

우리의 마음을 약하게 하는 것들에 대해서 나온 것도 있습니다. 나가세나가 스물다섯 가지로 이야기합니다. 다른 경전에선 보기 힘듭니다. 가능하면 외워두시는 게 좋습니다. 외워서 '아, 이것들이 나의 마음을 약하게 한다.' 하고 항상 유념하셔야 합니다. 외우기 쉽게 분류를 좀 했습니다.

첫 번째가 분노 계열입니다. 1. 분노 2. 원한 3. 질투 4. 인색함 5. 불쾌감

두 번째가 위선 계열입니다. 6. 위선 7. 남 속이는 것 8. 배신하는 것

세 번째가 번민 계열입니다. 9. 번민 10. 완고함 11. 성급함

네 번째가 교만 계열입니다. 12. 교만한 것 13. 지나치게 교만한 것 14. 우쭐대는 것

다섯 번째가 나태 계열입니다. 15. 정진하지 않는 방일 16. 해태와 혼침 17. 게으름 18. 나태함 19. 악한 친구와 어울리는 것

여섯 번째가 오욕락의 대상 계열입니다. 20. 눈의 대상인 색. 21. 소리 22. 냄새 23. 맛 24. 촉감

마지막으로 25. 배가 고프고 목마른 것

위의 스물다섯 가지는 언제나 우리의 마음을 약하게 하는 것들입니다. 항상 경계해야 합니다.

반면 선한 마음에 대한 문답도 있어서 소개합니다.

"존자 나가세나여, 어떤 이유에서 선은 함께 나눌 수 있지만 악은 함께 나눌 수 없는 것입니까? 이유를 들어서 나를 납득시켜 주십시오. 나는 맹인도 아니고 관찰력이 없는 자도 아닙니다. 들으면 이해할 것입니다."

"대왕이여, 악은 작고 선은 크고 많습니다. 악은 작기 때문에 행위자에게만 부착되고 선은 크고 많기 때문에 모든 천신들과 인간들 사이에 퍼져나갑니다."

"존자 나가세나여, 어떤 이유에 의해 악은 작고 선은 크고 많습니까?"

"대왕이여, 예를 들면 보시를 하고 계행을 지키고 포살의 행사를 한 사람은 그 누구든 기뻐하고 크게 기뻐하며 환희하고 크게 환희하고 흡족해하고 마음이 만족하고 감격합니다. 그에게 끊임없이 기쁨이 생기고 마음이 기뻐지면 선은 더욱 증대합니다. 대왕이여, 만일 어떤 사람이 백 년 동안이나 자신이 행한 선에 마음을 경주한다면 마음을 경주할 때마다 점점 선은 증대해 갈 것이며 그는 그 선을 바라는 사람들과 함께 선을 나눌 수 있을 것입니다.

그렇지만 악을 행한 사람은 다음 날 '나는 악한 행을 하였다.'라고 생각하고서 후회합니다. 후회한 사람의 마음은 정체되고 위축되고 퇴전하고 나아가지 못하며 비탄하고 고통스러워하고 소침해지고 소모되고 마음이 고양되지 못하며 그 자리에서 소멸되어 버립니다."

"잘 알겠습니다. 존자 나가세나여, 이것은 그대로라고 나는 인정합니다."

밀린다 왕이 재가자가 아라한이 되었을 때 두 가지 길밖에 없다고 한 것이 이해가 되지 않는다고 하면서 질문을 합니다. 부처님의 친설이 실린 경전에는 "재가자가 아라한이 되면 가야될 길은 딱 두 가지뿐이다. 하나는 그날 바로 출가를 하거나 출가하지 못하면 완전한 열반에 든다."고 하는 대목이 있습니다. 그런데 저도 이것을 보고 사실 처음에는 잘 이해가 안 됐습니다. 염려가 섞인 질문입니다. "존자 나가세나여, 아라한의 지위에 도달한 자가 생명을 잃게 된다면 아라한이라는 지위의 평화로운 상태는 버려지게 됩니다." 나가세나는 "재가자의 어떤 특징, 즉 재가자가 가진 속성이 아라한에게 맞지 않기 때문에 두 가지 길밖에 없습니다."고 대답합니다. 이어 "그것은 아라한에 허물이 있는 게 아니라 재가자의 속성, 특징이 아라한이라는 그릇을 담기에는 부족하기 때문이다."라고 말합니다.

나가세나 존자는 아라한이 출가하지 않으면 견딜 수 없기 때문에 완전한 열반에 든다고 하면서 비유를 세 가지를 듭니다. 첫째, 음식물은 모든 중생의 수명을 지키고 생명을 수호하는데 위가 소화하기에 적당하지 않고 소화력이 미약할 때는 소화를 하지 못하기 때문에 생명을 잃고 맙니다. 그럴 때 음식물이 문제가 있는 것이 아니라 소화력이 문제인 겁니다. 그런 것처럼 아라한은 문제가 없는데, 재가자의 특징이 그걸 감당할 수 없는 것이라고 비유합니다. 둘째, 큰 무거운 돌이 풀 위에 딱 올려져 있으면 그 풀이 견디지 못합니다. 풀이 바위를 감당해 낼 힘이 없습니다. 이런 비유를 듭니다. 셋째, 왕에 대한 비유를 듭니다. 어떤 사람이 신분도 미천하고 지혜도 없고 어리석고 무능한데 큰 왕국의 왕이 됐습니다. 왕이 된 순간에 그는 나라를 다스릴 수 없고 힘을 잃고 왕권을 유지하기 힘듭니다. 나가세나 존자가 이런 비유를 들자 밀린다 왕은 "알겠다."고 대답합니다.

부처님에 대한 질문도 있습니다.

밀린다 왕이 "부처님은 모든 걸 아는 분입니까?" 하고 물으니 나가세나 존자가 "모든 것을 아는 분입니다. 그러나 부처님에게 지혜의 견해가 항상 끊임없이 나타나는 것은 아닙니다. 부처님의 모든 것을 아는 지혜는 주의를 기울여야 나타납니다."라고 답합니다. 그러니까 밀린다 왕이 "존자 나가세나여, 만일 부처님의 모든 것을 아는 지혜가 주의를 기울여 조사해서 아는 것이라면 부처님은 전지자일 리가 없습니다."라고 의문을 품고 말합니다. 밀린다 왕은 '뭘 조사를 해야 알면 보기 전엔 모르는 것 아니냐. 그 전에는 몰랐던 것 아니냐. 봐야 아는 것 아니냐. 그럼 그게 일체지자가 아니지 않느냐.'는 생각을 한 것 같습니다. 이에 나가세나 존자는 일곱 종류의 마음을 가지고 설명합니다.

> 대왕이여, 여기 각 수레마다 일곱 암마나 반의 쌀을 실은 백 대의 수레가 있다고 합시다. 사람은 한 번 보고 일으킨 마음에 의해 몇 백만의 쌀알이 있는가 하고 숫자를 들어 계산할 수 있겠습니까?
> 그런데 여기에 다음과 같은 일곱 종류의 마음이 있습니다. 대왕이여, 탐심·분노·미망·번뇌를 지니고 신체의 수양을 닦지 않고, 계행의 수양을 닦지 않고, 마음의 수양을 닦지 않고, 지

혜의 수양을 닦지 않은 사람들에게 있어서 그 마음의 움직임은 둔하고 마음의 작용은 더딥니다. 그 이유는 무엇일까요? 마음의 수양이 되어 있지 않기 때문입니다. 대왕이여, 예를 들면 대나무 줄기가 번성하고, 무성하고, 성장하고, 뻗어나가고, 얽히고설켜 가지가 뒤엉켜 있는 것을 끌어낼 때 그 동작은 둔하고 또한 더딥니다. 그 이유는 무엇일까요? 가지가 뒤엉켜 있기 때문입니다. 그와 마찬가지로 탐심·분노·미망·번뇌를 지니고 신체의 수양을 닦지 않고 계행의 수양을 닦지 않고 마음의 수양을 닦지 않고 지혜의 수양을 닦지 않은 사람들에게 있어서 그 마음의 움직임은 둔하고 마음의 작용은 더딥니다. 그 이유는 무엇일까요? 온갖 번뇌에 의해 얽혀 있기 때문입니다. 이것이 제1의 마음입니다.

첫 번째가 범부의 마음입니다. 탐진치로 꽉 차있습니다. 그런 사람의 마음은 느리고 뭘 제대로 볼 수 없습니다. 두 번째가 예류자의 마음입니다. 세 가지 족쇄인 유신견·계금취·의심을 부수어서 견해가 바로 선 사람의 마음이 있습니다. 그 마음은 앞에 말한 범부의 마음과 달리 굉장히 빠르고 정확하게 봅니다. 그렇지만 그 위의 경지에 비하면 느립니다. 그 위의 경지란 건 세 번째 마음으로, 일래자의 마음입니다. 일래자는 세 가지 족쇄를 없애고 탐진치가 옅어진 상태입니다. 그 사람의 마음은 예류자보다 훨씬 빠릅니다. 그렇지만 그 위에 보다는 또 느립니다. 네 번째는 불환자의 마음을 이야기합니다. 불환자는 다섯 가지 족쇄인 유신견·계금취·의심·감각적 욕망·화를 없앤 사람입니다. 그 사람의 마음은 굉장히 빨리 움직입니다. 그렇지만 한계는 있습니다. 다섯 번째가 아라한의 마음입니다. 아라한의 마음은 번뇌가 없기 때문에 굉장히 빠르고 정확합니다. 그렇지만 또 한계는 있습니다. 여섯 번째가 벽지불의 마음입니다. 벽지불은 깨닫긴 깨달았는데, 한계가 있습니다. 마지막인 일곱 번째는 여래, 부처님의 마음인데 십력이라고 해서 엄청난 힘이 있습니다. 그리고 모든 것에 대해서 알고 있습니다. 그 마음으로 뭘 보려고 하면 다 볼 수 있습니다. 그런데 이 설명으로는 밀린다 왕이 이해가 안 되었던 모양입니다. 역시 비유를 들어서 말해 달라고 합니다. 나가세나 존자는 다음과 같은 비유를 듭니다.

> "엄청난 부호의 집에 사람들이 식사를 하려고 방문했을 때 그 집에 요리된 음식이 없어 손님들을 위해 음식 재료를 꺼내 음식을 요리한다고 합시다. 그 부호 집에 황금과 은과 재보와 많은 곡류가 있는데도 불구하고 식사할 때가 아닌데 음식이 없다는 이유만으로 부유하지 않고 가난하다고 할 수 있습니까?"
> "존자여, 그렇지는 않습니다. 존자여, 전륜성왕의 집에 있어서도 식사 때 이외에는 요리된 음식이 없습니다. 하물며 보통 사람들 집에서는 더할 나위 없습니다."
> "대왕이여, 그와 마찬가지로 세존은 경주하고 있지 않을 때에도 모든 것을 아는 지혜를 지니고 계시고 주의를 기울인 뒤 하고자 하는 대로 아시는 것입니다.

여러분은 잘 이해가 되시는지 모르겠습니다. 여하튼 밀린다 왕에게는 적절한 비유였던 것 같습니다. 밀린다 왕은 충분히 이해했다고 말합니다.

부처님이 먼저 계율을 정하지 않은 이유

부처님께서 계율은 한 가지 예외를 빼고는 먼저 제정하진 않았습니다. 교단이 처음 만들어졌을 때 여성은 출가를 할 수 없었습니다. 그런데 마하파자파티가 출가를 하겠다고 찾아왔습니다. 부처님은 처음에는 출가할 수 없다고 분명히 말씀하셨지만 아난다의 간청으로 결국 마하파자파티의 출가가 허락됩니다. 최초의 여성 출가자였습니다. 그런데 부처님은 여성 출가자들에게 '특별히' 지켜야 할 여덟 가지를 말씀하십니다. 흔히 비구니 팔경계라는 것입니다. 이것이 앞에서 말한 '한 가지 예외'입니다. 그 외 모든 계율은 어떤 일이 일어나고 그것을 계기로 계율이 제정이 됩니다. 이것에 대해 밀린다 왕이 '잘못된 것이 아니냐?'고 묻자 나가세나 존자가 대답하는 장면이 있습니다.

> "존자 나가세나여, 어찌하여 전지자이신 여래께서는 붓다의 지혜에 의해서 장차 일어날 행동을 미리 알고서 '이러이러한 사건에 있어서 틀림없이 이러이러한 계율을 제정해야만 한다.'라고 단정해서 남김없이 계율을 제정하지 않으셨단 말입니까?"

"대왕이여, 여래는 이미 '이러이러한 때에 이러이러한 사람들에게 백오십 가지 계율을 제정해야만 한다.'라는 것을 알고 계셨습니다. 그렇지만 여래는 이렇게 말씀하셨습니다. '만일 내가 백오십 가지 계율을 단번에 제정하였다면 많은 사람들은 두려움을 일으켰을 것이다. 즉 이곳 상가에서는 계율이 많다. 아아, 실로 사문인 고따마의 가르침에 있어서 출가하기란 어렵다고 말하고서 저들은 출가하려고 뜻하지도 않고 출가하지도 않았을 것이다. 저들은 나의 말을 믿지 않았을 것이고 믿지 않은 저 사람들은 악한 존재로 태어났을 것이다. 그런 까닭에 나는 사건이 일어났을 때 그때마다 설법에 의해서 그것을 식별하여 알게 하였고 그리고 잘못이 널리 알려졌을 때 계율을 제정하리라.'라고 말입니다."

"모든 부처님은 참으로 훌륭하십니다."

지금까지 초기불교에 대해 세 가지 관점에서 이야기를 했습니다. 하나는 부처님은 어떤 분이고 그분이 경험한 것은 무엇이냐입니다. 두 번째는 그분의 가르침은 어떤 것이냐입니다. 세 번째는 그분이 경험한 것이 보편적인 경험이고 진리라는 것이 어떻게 증명이 되었나 하는 것입니다. 제자들의 검증을 통과하고 제자들이 해 보니 부처님과 정도 차이는 있지만 부처님이 말씀하신대로 되었습니다. 이 세 가지 관점에서의 강의를 할 수 있어서 기뻤습니다. 감사합니다.

정신과 의사가 들려주는
초기불교 32강

2020년 12월 28일 초판 1쇄 발행
2023년 6월 26일 초판 3쇄 발행

글 전현수
발행인 박상근(至弘) • 편집인 류지호 • 상무이사 김상기 • 편집이사 양동민
편집 김재호, 양민호, 김소영, 최호승, 하다해 • 디자인 쿠담디자인
제작 김명환 • 마케팅 김대현, 이선호 • 관리 윤정안
콘텐츠국 유권준, 정승채
펴낸 곳 불광출판사 (03169) 서울시 종로구 사직로10길 17 인왕빌딩 301호
        대표전화 02) 420-3200 편집부 02) 420-3300 팩시밀리 02) 420-3400
        출판등록 제300-2009-130호(1979. 10. 10.)

ISBN 978-89-7479-877-2 (03220)

값 32,000원

잘못된 책은 구입하신 서점에서 바꾸어 드립니다.
독자의 의견을 기다립니다. www.bulkwang.co.kr
불광출판사는 (주)불광미디어의 단행본 브랜드입니다.